抗日战争
正面战场

KANGRI
ZHANZHENG
ZHENGMIAN ZHANCHANG

中国第二历史档案馆 编

凤凰出版社

图书在版编目（ＣＩＰ）数据

抗日战争正面战场／中国第二历史档案馆编． －－ 南京：凤凰出版社，2005.8（2025.6重印）
ISBN 978-7-80643-969-2

Ⅰ．抗… Ⅱ．中… Ⅲ．国民党军—抗日战争—史料 Ⅳ．K265.210.6

中国版本图书馆CIP数据核字（2005）第069481号

书　　　名	抗日战争正面战场
编　　　者	中国第二历史档案馆
责 任 编 辑	陈晓清
装 帧 设 计	姜　嵩
责 任 监 制	程明娇
出 版 发 行	凤凰出版社(原江苏古籍出版社)
	发行部电话 025-83223462
出版社地址	江苏省南京市中央路165号,邮编:210009
照　　　排	南京凯建文化发展有限公司
印　　　刷	江苏凤凰通达印刷有限公司
	江苏省南京市六合区冶山镇,邮编:211523
开　　　本	850毫米×1168毫米　1/32
印　　　张	89.5
字　　　数	2241千字
版　　　次	2005年8月第1版
印　　　次	2025年6月第5次印刷
标 准 书 号	ISBN 978-7-80643-969-2
定　　　价	380.00元(全三册)

(本书凡印装错误可向承印厂调换,电话:025-57572508)

⇧ 1937年7月7日,日本华北驻屯军在北平西南郊的卢沟桥肇事,向中国军队发起进攻。图为中国驻军第二十九军在卢沟桥奋起反击。

⇧ 日军占领平津后,一路由晋东北向太原进犯。1939年9月25日,八路军第115师在平型关附近设伏,歼灭进犯日军。图为第115师的机枪阵地。

⇧淞沪会战中,中国军队增援前线。

⇧徐州会战中,中国军队攻入台儿庄,与敌巷战,将日军逐出。

⇧ 武汉会战中,在德安作战的中国军队向日军猛烈射击。

⇧ 武汉会战中,在信阳作战的中国军队用迫击炮向日军发射。

⇧ 1939年冬,在昆仑关战役中作战的中国机械化部队。

⇧ 长沙会战中,日本士兵被中国军队俘虏。

1943年10月,中国驻印军与中国远征军开始进行打通中印公路的作战。图为卫立煌(右一)与史迪威(中)在筹划作战事宜。

1945年1月27日,中国驻印军与中国远征军在芒友胜利会师,升起中美两国国旗。

⇧ 1945年9月9日,中国战区在南京举行受降典礼。中国陆军总司令何应钦接受原日本中国派遣军参谋长小林浅三郎(左)呈递的冈村宁次签署的投降书。

⇦ 1945年10月25日,中国战区在台湾省举行受降典礼,台湾回归祖国。图为受降典礼后中方代表合影。

⇡ 1937年9月23日，参加江阴血战的中国海军"宁海"舰。是役，该舰伤亡60多人，中国军队击落日机4架。

⇡ 中国海军布雷队登艇出发。

⇧ 1938年1月9日,在武汉上空一举击落12架日机的中国空军。

⇧ 1938年5月19日,中国空军第14中队队长徐焕升,领队远征日本,撒传单后胜利归来。

编辑说明

1987年,为纪念"七七"全面抗战爆发五十周年,由中国第二历史档案馆史料编辑部、研究室和《民国档案》杂志编辑部合作编辑了《抗日战争正面战场》专题档案资料。这里所指的抗日战争时期的正面战场,是与中国共产党所开辟的敌后战场相对而言的。国共第二次合作,造就了抗日战场的有利条件,两个战场,互相依存,共同对敌,为保卫祖国的独立、领土完整和民族尊严,各自作出了贡献。本专题资料辑录的档案文件,仅是反映这一时期有关国民党方面的战场史料。其主要内容有:(一)国民政府的对日作战方针与计划部署;(二)战略防御阶段的主要战役,如卢沟桥事变、淞沪抗战、南京保卫战、太原会战、徐州会战、武汉会战的战况;(三)战略相持阶段的主要战役,如南昌会战、随枣会战、桂南会战、枣宜会战、上高会战、晋南会战、长沙会战(第一、二、三次)、常德会战、豫中会战、长衡会战、桂柳会战、湘西会战,以及中国远征军入缅作战等战况。此外,还附有抗日战争时期中国军队陆军序列表等资料。这些档案资料,由于当时的局限,少数战报的记载虽有不尽确实之处,但基本上反映了抗日战争期间国民党方面对日作战方针的变化和各个主要战役的情况。它对于研究中国抗日战争史和世界反法西斯战争中国战场史,都具有重要的参考价值。

本专题资料的编辑分工:第一部分的国民政府对日作战方针与计划部署,编者为陈长河,审阅者为万仁元。第二部分的卢沟桥事变、淞沪抗战、南京保卫战,编者为丁思泽,审阅者为方庆秋;太原会战的编者为胡震亚,审阅者为丁思泽、陈长河;徐州会战、武汉会战的编者为马振犊,审阅者为万仁元、方庆秋、陈长河。第三部分的南昌会战和随枣、桂南、枣宜、上高、晋南各次会战的编者为郑会欣,审阅者为陈长河、万仁元;第一、二、三次长沙会战的编者为张士杰,审阅者为万仁元、丁思泽、方庆秋;常德、豫中、长衡、桂柳、湘西会战的编者为杨斌,审阅者为方庆秋、丁思泽、陈长河;滇缅会战的编者为毕春富,审阅者为方庆秋。附录抗日战争时期中国军队陆军序列表的编者为戚厚杰,审阅者为万仁元。全书最后由万仁元、方庆秋定稿。

本专题资料由于编辑时间匆促,加以编者的水平限制,存在的缺点或错误,谨希读者批评指正。

编　者

一九八七年六月

《抗日战争正面战场》增补版编辑说明

1987年,中国第二历史档案馆为配合纪念"七七"全面抗战爆发五十周年的活动,编辑出版了一套《抗日战争正面战场》档案史料专辑。此书面世后,曾受到海内外学术界的广泛关注和好评,推动了中国抗日战争史的学术研究。

随着抗日战争史研究的不断深入,学术界对抗日战争时期正面战场资料的需求也逐步增加。加之当初编辑此书时,因时间紧迫,只辑录了正面战场中中国陆军抗战的有关史料,对中国海军和空军参加抗战的作战史料,未予收录,实为编辑本书之一大缺憾。有鉴于此,在纪念抗战全面胜利六十周年之际,我们应凤凰出版社之约,一方面对原书某些讹误之处做了校订,补充一些新发现的重要史料;一方面重新编选海军与空军抗战资料,加以增补,以便尽可能全方位地展现中国军队在陆海空三方面对日本侵略的抵抗情形。

本次增补的中国军队海空军抗战史料,其主要内容有:(一)海军抗战部分,包括封锁江阴要塞、粤海军抗战纪实、长江布雷作战、中国海军抗战纪实等;(二)空军抗战部分,包括空军抗战概要,中苏、中美空军联合抗日经过,空军常德、中原、长沙、衡阳、桂柳、湘西等会战经过等。在资料编排上,因海、空军抗战与陆军抗战的每个战役不同,不可能按陆军每次战役区分清楚,只能按大类和时间的先后来排列。由于馆藏资料的不完整性,部分战役空军作战资料仍有空缺,但收进本书的资料,已基本上反映了抗日战争时期中国海军、空军以及苏联空军、美国空军与中国军队并肩抗日的概况。它对研究中国军队对日作战史和中苏、中美军队联合抗日战史,都有较高的参考价值。

本专题资料的编辑分工,对原有陆军抗战史料部分大多保持原状,只在第一大项国民政府对日作战方针与计划部署和卢沟桥事变两部分中增加了部分史料,并重新加以校订。其校订分工为:第一部分增补内容和抗日战争时期中国军队陆军序列表,校订者为戚厚杰;卢沟桥事变、淞沪抗战,校订者为李琴芳;南京保卫战、太原会战、徐州会战,校订者为冯敏;武汉会战、南昌会战、随枣会战、桂南会战,校订者为夏军;枣宜会战、上高会战、晋南会战(中条山会战)、长沙会战,校订者为陈宝珠;常德会战、豫中会战、长衡会战、桂柳会战,校订者为杨斌;湘西会战、滇缅会战,校订者为任骏。

新增补的海空军部分,其编例仍沿用原编例。具体分工情况为:资料收集者为戚厚杰、夏军、冯敏、李琴芳;编辑加工者为杨斌、戚厚杰、冯敏、李琴芳、夏军、陈宝珠、任骏、王晓华。抗日战争时期中国军队海空军序列表的编者为戚厚杰。英文目录译校者为沈岚。全书由马振犊、杨斌定稿,审阅者为马振犊、杨斌。

本专题由于受到时间和编者水平的限制,缺点与不足在所难免,尚请读者不吝指正。

编　者

二〇〇五年六月

编　　例

一、本专题所选的资料,除少数注明其出处者外,均选自中国第二历史档案馆藏国民政府国防部史政局战史编纂委员会档案。

二、本专题所选的资料,为保持档案文件的原貌,一般均按原文照录。少数文件因内容重复或与主题无关部分,则略加删节。电报发报地点,一般从略,但从战区发出者,则于文后注明其发报地点,以便参考。

三、本专题所选的资料,一般以一件为一题,但同一作者先后发出的多篇文电,或同一事的往来文电,则分别组合为一人一题或一日一事一题,并按问题分类,依照文件形成的时间顺序排列。

四、本专题所选的资料,一般均由编者拟定标题,并加标点。其沿用原标题原标点者,则加注说明之。

五、本专题所选的资料,凡遇损坏缺漏或字迹不清者,以□号代之;错别字和衍文的校勘以及简单的注释,均加在正文之内,以〔　〕号标明之;较长的注释,则在正文之后,以①②号注明之;增补的字,以【　】号标明之;前后文整段删节者,以〔上略〕、〔下略〕注明之;内容部分删节者,以……号标明之;待考的字,以〔?〕号标明存疑。

六、本专题所选的资料,凡部队番号均保持原字样,例如:A 为军、D 为师、B 为旅、R 为团、AG 为集团军、CA 为兵团、K 为骑兵、SB 为独立旅、RD 为预备师、WA 为战区,不再一一加注。

目 录

壹、国民政府的对日作战方针与计划部署

〔一〕战略防御阶段 …………………………………………… 3
〔二〕战略相持至局部反攻阶段 …………………………… 56

贰、战略防御阶段的主要战役

〔一〕卢沟桥事变 …………………………………………… 191
 （一）事变前后的政治军事动态 ………………………… 191
 （二）日军武装挑衅与中国守军的坚决抵抗 ………… 205
 （三）卢沟桥事变的会报记录 ………………………… 234
〔二〕淞沪抗战 ……………………………………………… 323
 （一）战前敌我态势 …………………………………… 323
  一、日军的挑衅活动与虹桥机场事件 ……………… 323
  二、国民政府的抗战准备 …………………………… 332
 （二）战争爆发后敌我双方的作战部署 ……………… 341
  一、日军的兵力调动与侵略企图 …………………… 341
  二、中国军队的作战计划与部署 …………………… 361
 （三）作战经过 ………………………………………… 409
 （四）国民政府与驻沪各国领事之交涉 ……………… 455

1

〔三〕南京保卫战 …… 466
　（一）战前部署 …… 466
　（二）战斗经过及突围情况 …… 472

〔四〕太原会战 …… 517
　（一）作战计划 …… 517
　（二）平型关战役 …… 521
　（三）忻口战役 …… 546
　（四）娘子关保卫战 …… 588
　（五）太原保卫战 …… 609

〔五〕徐州会战 …… 623
　（一）作战计划与初期战况 …… 623
　（二）台儿庄大捷与临沂保卫战 …… 634
　（三）徐州会战经过与总结 …… 683

〔六〕武汉会战 …… 711
　（一）作战计划与初期战况 …… 711
　（二）武汉外围保卫战 …… 734
　（三）武汉三镇之战 …… 810
　（四）战役尾声与检讨 …… 835

叁、战略相持阶段的主要战役

〔一〕南昌会战 …… 841
　（一）敌我态势及作战部署 …… 841
　（二）会战经过 …… 856
　（三）战斗总结 …… 870

〔二〕随枣会战 …… 881
　（一）敌我态势及我军部署 …… 881

（二）会战经过 ………………………………………… 889
　　（三）战斗总结 ………………………………………… 902
〔三〕桂南会战 …………………………………………… 915
　　（一）南宁失陷 ………………………………………… 915
　　（二）昆仑关战役 ……………………………………… 922
　　（三）宾阳战役 ………………………………………… 949
　　（四）收复南宁 ………………………………………… 968
〔四〕枣宜会战 …………………………………………… 981
　　（一）敌我态势与战前军事部署 ……………………… 981
　　（二）襄东（枣阳）战斗 ……………………………… 992
　　（三）张自忠殉国经过 ………………………………… 1002
　　（四）襄西（宜昌）战斗 ……………………………… 1006
　　（五）战斗总结 ………………………………………… 1018
〔五〕上高会战 …………………………………………… 1024
〔六〕晋南会战（中条山战役） ………………………… 1042
　　（一）战前作战会议记录 ……………………………… 1042
　　（二）会战期间来往密电 ……………………………… 1052
　　（三）第一战区中条山会战要报 ……………………… 1057
〔七〕长沙会战 …………………………………………… 1076
　　（一）第一次长沙会战 ………………………………… 1076
　　　一、战前敌我态势与作战部署 ……………………… 1076
　　　二、会战经过 ………………………………………… 1090
　　　　1. 赣北方面 ………………………………………… 1090
　　　　2. 鄂南方面 ………………………………………… 1108
　　　　3. 湘北方面 ………………………………………… 1111
　　　三、会战的经验教训 ………………………………… 1124
　　（二）第二次长沙会战 ………………………………… 1127

3

一、战前敌我态势与作战部署 ………………………… 1127
　　二、会战经过 …………………………………………… 1132
　　三、会战检讨 …………………………………………… 1151
　（三）第三次长沙会战 ……………………………………… 1165
　　一、战前敌我态势与作战部署 ………………………… 1165
　　二、会战经过 …………………………………………… 1178
　　　1. 湘北主战场 ………………………………………… 1178
　　　2. 赣北策应战场 ……………………………………… 1203
　　三、会战的经验教训 …………………………………… 1210
〔八〕常德会战 ………………………………………………… 1220
　（一）战前敌我态势与作战部署 …………………………… 1220
　（二）作战经过与检讨 ……………………………………… 1224
〔九〕豫中会战 ………………………………………………… 1253
　（一）敌我态势与作战准备 ………………………………… 1253
　（二）作战经过与检讨 ……………………………………… 1259
〔十〕长衡会战 ………………………………………………… 1291
　（一）作战部署 ……………………………………………… 1291
　（二）作战经过与检讨 ……………………………………… 1299
〔十一〕桂柳会战 ……………………………………………… 1334
　（一）作战部署 ……………………………………………… 1334
　（二）作战经过与总结 ……………………………………… 1347
〔十二〕湘西会战 ……………………………………………… 1373
　（一）战前敌我态势与作战部署 …………………………… 1373
　（二）作战经过与总结 ……………………………………… 1389
〔十三〕滇缅会战 ……………………………………………… 1418
　（一）缅甸战役 ……………………………………………… 1418
　　一、作战计划与战斗部署 ……………………………… 1418

二、中国远征军入缅作战经过 …………………… 1434
 1. 同古保卫战 ……………………………………… 1434
 2. 罗衣考战斗 ……………………………………… 1441
 3. 斯瓦逐次抵抗 …………………………………… 1444
 4. 乔克巴党行动 …………………………………… 1446
 5. 雷列姆—棠吉战斗 ……………………………… 1449
 6. 腊成保卫战 ……………………………………… 1452
三、中国远征军的艰难转进与滇西滇南相持战局的
   形成 …………………………………………………… 1455
 1. 第六十六军退出缅北与滇西的相持战局 ……… 1455
 2. 第六军的转进与滇南相持战局 ………………… 1458
 3. 第五军转进滇西印度 …………………………… 1462
四、缅甸战役军势检讨 ………………………………… 1465

(二)缅北会战 …………………………………………… 1467
 一、作战计划 …………………………………………… 1467
 二、中国驻印军缅北会战第一期作战经过与检讨
   …………………………………………………………… 1470
 1. 虎关河谷的攻略 ………………………………… 1470
 2. 孟拱河谷的攻略 ………………………………… 1478
 3. 密支那的攻略 …………………………………… 1492
 4. 作战经验与教训 ………………………………… 1496
 三、中国驻印军缅北会战第二期作战经过与检讨
   …………………………………………………………… 1499
 1. 八莫的攻略 ……………………………………… 1499
 2. 南坎的攻略 ……………………………………… 1505
 3. 新维腊成战役 …………………………………… 1513
 4. 会战尾声与作战检讨 …………………………… 1515
 四、缅北会战结束前后的滇缅战场 ………………… 1523

    1. 日军在缅甸战场的溃退 ·················· 1523
    2. 中印公路通车与英美在滇缅的活动 ·········· 1525
  (三) 滇西会战 ···························· 1527
    一、中国远征军策应驻印军作战方案 ············ 1527
    二、中国远征军策应驻印军作战概况 ············ 1531
    1. 腾冲战役 ···························· 1531
    2. 松山战役 ···························· 1533
    3. 龙陵战役 ···························· 1536
    4. 芒市、遮放战役 ························ 1543
    5. 畹町战役 ···························· 1545
    6. 中国远征军与驻印军胜利会师 ············ 1549
    三、滇西会战简况与经验教训 ·················· 1553

附录：抗日战争时期中国军队陆军序列表 ······ 1559

肆、海空军抗战

〔一〕海军抗战 ································ 1721
 （一）抗战爆发后海军部往来电报 ·············· 1721
 （二）海军总司令部编《海军抗战纪事》(1939年) ······ 1740
 （三）海军总司令部等往来文件
     (1940年7月—1941年8月) ················ 1763
 （四）海军官兵出国参战受训的函电 ············ 1777
 （五）海军总司令部编《海军战史续集(1941年10月—
     1945年12月)》 ························ 1785
 （六）粤桂区海军抗战纪实(1946年) ············ 1808
 （七）中国海军对日抗战经过概要(1947年2月) ······ 1826

〔二〕空军抗战 ································· 1905
　(一) 空军作战概述 ······························ 1905
　　1. 敌对我使用空军之兵力调查表 ·············· 1905
　　2. 第一届第四次国民参政会空军报告书 ········ 1908
　　3. 空军独立作战计划 ························ 1948
　　4. 军委会抄发空军军区司令官路司令官职权范围
　　　 规定函 ···································· 1952
　　5. 空军沿革史初稿 ·························· 1961
　　6. 敌空军在我国境内作战损失统计表 ·········· 1967
　　7. 空军业务报告 ···························· 1970
　　8. 空军各路司令部、各部队概况 ·············· 2008
　　9. 空军作战统计表 ·························· 2021
　　10. 抗战中的中国空军 ······················· 2025
　(二) 空军战斗要报及往来电函
　　　(1937年8月—1938年7月) ················· 2046
　(三) 桂南会战空军战史辑要初稿
　　　(1939年11月—1940年1月) ················ 2181
　(四) 空军战斗要报及往来电函
　　　(1940年1月—1944年4月) ················· 2223
　(五) 中原会战空军战史纪要
　　　(1944年) ································ 2515
　(六) 长衡会战空军战史纪要
　　　(1944年) ································ 2588
　(七) 桂柳会战空军战史纪要
　　　(1944年) ································ 2606
　(八) 空军滇西作战日志
　　　(1944年5—12月) ························ 2617

7

(九）湘西会战空军战史纪要
　　（1945 年） ································· 2672
(十）豫西鄂北会战空军战史纪要
　　（1945 年 5 月） ··························· 2684
(十一）中美空军联合作战经过 ················ 2698
(十二）一九四一至一九四二年中国空军美志愿大队战
　　史纪要(1943 年) ························· 2800

附录:抗日战争时期中国军队海空军序列表 ··· 2809

THE SECOND SINO—JAPANESE WAR: REGULAR WARFARE AT THE FRONT

MAIN CONTENTS

Ⅰ. National Government's Anti-Japanese Operational Policy and Strategy
    (Ⅰ) The Strategic Defencive Stage ·············· 3
    (Ⅱ) From Military Stalemate to the Partial Counteroffensive Stage ·············· 56

Ⅱ. Major Military Operations in the Strategic Defensive Stage
    (Ⅰ) The Lugouqiao Incident ·············· 191
    1. Political and Military Situations around the Incident ······ 191
    2. Armed Provocation of Japanese Aggressor Troops and Strong Resistance of Chinese Troops ·········· 205
    3. Reports on the Lugouqiao Incident ·············· 234
    (Ⅱ) The August 13th Wusong-Shanghai Armed Conflict ·············· 323
    1. Military Positions of the Belligerent Parties before the Conflict ·············· 323
    (1) Provocation of Japanese Aggressor Troops and the Hongqiao Airport Incident ·········· 323
    (2) National Government's Preparations

for the Anti-Japanese War	332

2. Operational Preparations of the Belligerent Parties after the Outbreak of the Armed Conflict ········ 341
  (1) Deployment and Invasion Attempt by the Japanese Aggressor Troops ········ 341
  (2) Operational Program and Deployment of Chinese Troops ········ 361
3. An Account of the August 13th Wusong-Shanghai Armed Conflict ········ 409
4. Negotiations between the National Government and Foreign Consuls at Shanghai ········ 455

(Ⅲ) The Nanjing Defensive Campaign ········ 466
1. Operational Preparations before the Campaign ········ 466
2. Fighting and the Breaking out of Chinese Troops ········ 472

(Ⅳ) The Taiyuan Campaign ········ 517
1. Operational Program of Chinese Troops ········ 517
2. The Battle of Pingxingguan ········ 521
3. The Battle of Xinkou ········ 546
4. The Defensive Battle of Niangziguan ········ 588
5. The Defensive Battle of Taiyuan ········ 609

(Ⅴ) The Xuzhou Campaign ········ 623
1. Operational Program and Situation on the Battlefield in the Early Period of the Campaign ········ 623
2. Great Victory at Taierzhuang, and the Defensive Battle of Linyi ········ 634
3. An Account of the Xuzhou Campaign and Its

  Conclusion ··· 683
 (Ⅵ) The Wuhan Campaign ································ 711
 1. Operational Program and Situation on the Battlefield
  in the Early Period of the Campaign ···················· 711
 2. Operations around Wuhan ································ 734
 3. Engagements at Hankou, Hanyang and Wuchang
  ·· 810
 4. Conclusion and Summary of the Campaign ············ 835

Ⅲ. Major Military Operations in the Strategic
 Stalemate Stage of the War
 (Ⅰ) The Nanchang Campaign ··························· 841
 1. Military Positions of the Belligerent
  Parties, and Operational Preparations ··················· 841
 2. An Account of the Campaign ··························· 856
 3. A Summary of the Campaign ··························· 870
 (Ⅱ) The Suixian-Zaoyang Campaign ····················· 881
 1. Military Positions of the Belligerent Parties and the
  Deployment of Chinese Troops ··························· 881
 2. An Account of the Campaign ··························· 889
 3. A Summary of the Campaign ··························· 902
 (Ⅲ) The Southern Guangxi Campaign ···················· 915
 1. The Loss of Nanning ······································ 915
 2. The Battle of Kunlunguan ································ 922
 3. The Battle of Bingyang ··································· 949
 4. The Recovery of Nanning ································ 968
 (Ⅳ) The Zaoyang-Yichang Campaign ····················· 981
 1. Military Positions of the Belligerent Parties and

Military Preparations before the Campaign 981
2. Fighting at Zaoyang 992
3. Zhang Zizhong's Death for the Nation 1002
4. Fighting at Yichang 1006
5. Conclusion of the Campaign 1018
(Ⅴ) The Shanggao Campaign 1024
(Ⅵ) The Southern Shanxi Campaign (The Zhongtiao
    Mountain Campaign)..................... 1042
1. Minutes of the Operational Meeting before the
   Campaign 1042
2. Correspondence during the Campaign 1052
3. Brief Report on the Zhongtiao Mountain Campaign
   in the First Theatre of War 1057
(Ⅶ) The Changsha Campaign 1076
1. The First Changsha Operation 1076
(1) Military Positions and Operational Preparations
    of the Belligerent Parties before the Campaign ... 1076
(2) An Account of the Operation 1090
  a. Engagements in Northern Jiangxi 1090
  b. Engagements in Southern Hebei 1108
  c. Engagements in Northern Hunan 1111
(3) Experience and Lessons from the Campaign 1124
2. The Second Changsha Operation 1127
(1) Military Positions and Operational
    Preparations of the Belligerent Parties 1127
(2) An Account of the Operation 1132
(3) A Summary of the Operation 1151
3. The Third Changsha Operation 1165

(1) Military Positions and Operational Preparations of
    the Belligerent Parties 1165
(2) An Account of the Operation 1178
a. The Northern Hunan Main Battlefield 1178
b. The Northern Jiangxi Theatre 1203
(3) Experience and Lessons from the Operation 1210
(Ⅷ) The Changde Campaign 1220
1. Military Positions and Operational Preparations
   of the Belligerent Parties 1220
2. An Account and a Summary of the Campaign 1224
(Ⅸ) The Central Henan Campaign 1253
1. Military Positions and Operational Preparations
   of the Belligerent Parties before the Campaign 1253
2. An Account and a Summary of the Campaign 1259
(Ⅹ) The Changsha-Hengyang Campaign 1291
1. Operational Preparations 1291
2. An Account and a Summary of the Campaign 1299
(Ⅺ) The Guilin-Liuzhou Campaign 1334
1. Operational Preparations 1334
2. An Account and a Summary of the Campaign 1347
(Ⅻ) The Western Hunan Campaign 1373
1. Military Positions and Operational Preparations
   of the Belligerent Parties before the Campaign 1373
2. An Account and a Summary of the Campaign 1389
(ⅩⅢ) The Yunnan-Burma Campaign 1418
1. Operations in Burma 1418
(1) Battle Plan and Operational Preparations 1418
(2) Chinese Expeditionary Troops Fighting in Burma

.... 1434
a. The Defence of Toungoo 1434
b. Engagement at Loikaw 1441
c. Resistance at Swa 1444
d. Action at Kyaupadaung 1446
e. Engagement at Lolem-Taunggyi 1449
f. The Defence of Lashio 1452
(3) Chinese Expeditionary Troops' Retreat from Burma, and the War Situation in Western and Southern Yunnan 1455
a. The 66th Army's Retreat from Northern Burma and the Military Stalemate in Western Yunnan 1455
b. Removal of the 6th Army and the Military Stalemate in Southern Yunnan 1458
c. The 5th Army's Removal to Western Yunnan and India 1462
(4) Views on the Military Situation of the Burma Campaign 1465
2. The Northern Burma Campaign 1467
(1) Operational Program 1467
(2) An Account and a Summary of the First Stage of the Northern Burma Campaign Launched by the Chinese Troops Stationed in India 1470
a. The Attack on Hukwang Valley 1470
b. The Attack on Mogaung Valley 1478
c. The Attack on Myitkyina 1492
d. Experience and Lessons from the Battles 1496
(3) An Account and a Summary of the Second Stage

	of the Northern Burma Campaign Launched by the Chinese Troops Stationed in India	1499
a.	The Attack on Bhamo	1499
b.	The Attack on Nanhkam	1505
c.	The Battle of Hsenwi-Lashio	1513
d.	Experience and Lessons from the Campaign	1515
(4)	Fighting in Yunnan and Burma around the Conclusion of the Northern Burma Campaign	1523
a.	The Defeat of Japanese Troops in Burma Battlefield	1523
b.	The Sino-Indian Road's Being Open to Traffic and the Actives of British and American Troops in Yunnan and Burma	1525
3.	The Western Yunnan Campaign	1527
(1)	Operational Program of Chinese Expeditionary Troops for Supporting the Troops Stationed in India	1527
(2)	A Brief Account of the Progress of Battles Given by Chinese Expeditionary Troops	1531
a.	The Battle of Tengchong	1531
b.	The Battle of Songshan	1533
c.	The Battle of Longlin	1536
d.	The Battle of Manshi-Zhefang	1543
e.	The Battle of Wanding	1545
f.	The Joint Forces of Chinese Expeditionary Troops and the Troops Stationed in India	1549
3.	A Brief Account of the Western Yunnan Campaign and Its Experience and Lessons	1553

Appendix:
  Lists of Chinese Army Commanders in the War of
Resistance against Japan ··· 1559

Ⅳ. The Navy and the Air Force of China in the
   Anti-Japanese War
   (Ⅰ) Chinese Navy's Anti-Japanese Operations ·········· 1721
   1. Telegrams Exchanged by Departments of the
      Ministry of Navy after the Outbreak of the
      Anti-Japanese War ·· 1721
   2. Records of Chinese Navy's Anti-Japanese
      Operations Compiled by General Headquarters of
      the Navy (Compiled in 1939) ···························· 1740
   3. Correspondences among General Headquarters of
      the Navy and Concerned Departments from Jul,
      1940 to Aug, 1941 ·· 1763
   4. Messages and Telegrams on the Navy Officers
      and Soldiers' Receiving Training for Being Sent
      Abroad to Fight ·· 1777
   5. Continuation of the Account of Chinese Navy's
      Anti-Japanese Operations(Oct, 1941-Dec, 1945)
      Compiled by General Headquarters of the Navy
      ··· 1785
   6. Records of Chinese Navy's Resistance against
      Japan in Guangdong and Guangxi (Compiled
      in 1946) ·· 1808
   7. A Summary of Chinese Navy's Resistance against
      Japan (Compiled in Feb, 1947) ························ 1826

(Ⅱ) Chinese Air Force's Anti-Japanese Operations
.... 1905
1. A Summary of Chinese Air Force's Operations ··· 1905
(1) A Table on the Armed Forces of Japanese Air
    Force Operated against China ························· 1905
(2) Report of Chinese Air Force in the Forth Meeting
    of the 1st People's Political Council ·················· 1908
(3) Independent Operational Program of Chinese Air
    Force ··· 1948
(4) An Official Letter Transmitted by the National
    Government Military Council about the Function
    and Power Limits of Military Commander and Its
    Subordinate Commanding Officers of Chinese Air
    Force ··· 1952
(5) First Draft of the History of Chinese Air Force
    1961
(6) A Statistical Table on the Loss of Japanese Air
    Force in China ·· 1967
(7) Working Reports of Chinese Air Force ············· 1970
(8) A Brief Account of Headquarters and Troops of
    Chinese Air Force ··· 2008
(9) A Statistical Table on Chinese Air Force's
    Operations ··· 2021
(10) The Air Force of China in the Anti-Japanese
    War ·· 2025
2. Brief Reports and Correspondences on Chinese Air
   Force's Fighting during the Period from Aug, 1937
   to Jul, 1938 ·· 2046

3. First Draft of the Summary of Chinese Air Force's Operations in the Southern Guangxi Campaign from Nov, 1939 to Jan, 1940 ·································· 2181
4. Reports and Correspondences on Chinese Air Force's Fighting from Jan, 1940 to Apr, 1944 ··· 2223
5. An Account of Chinese Air Force's Operations in the Central Plains Campaign in 1944 ···················· 2515
6. An Account of Chinese Air Force's Operations in the Changsha-Hengyang Campaign in 1944 ·········· 2588
7. An Account of Chinese Air Force's Operations in the Guilin-Liuzhou Campaign in 1944 ················ 2606
8. Daily Records of Chinese Air Force's Operations in Western Yunnan from May to Dec, 1944 ······ 2617
9. An Account of Chinese Air Force's Operations in the Western Hunan Campaign in 1945 ············· 2672
10. An Account of Chinese Air Force's Operations in the Western Henan-Northern Hubei Campaign in May, 1945 ··· 2684
11. An Account of Chinese and American Air Force's United Operations ·· 2698
12. An Account of American Volunteer Group of Chinese Air Force's Operations from 1941 to 1942 (Compiled in 1943) ······························· 2800

Appendix:

Lists of Commanders of Chinese Navy and Air Force in the War of Resistance against Japan ································ 2809

壹、国民政府的对日作战方针与计划部署

〔一〕战略防御阶段

民国二十六年度作战计划(甲案)

(1937年1月)

第一 敌情判断

甲、敌之企图及行动

(一)敌国之军备及一切物质上,均较我优势,并掌握绝对的制海权,且在我华北造成强大之根据地。故其对我之作战方针,将采取积极之攻势,而期速战速决。

(二)敌军之攻击方向,为对黄河迤北,由古北口—山海关经北平—天津,沿平汉—津浦两路,向郑州—济南—徐州前进期将我主力军歼灭,或将我国军向西北贫瘠之区压迫,期以封锁之。其副作战,由多伦经张家口—绥远—河套—大同,及由北平经保定、石家庄,向太原前进,取包围山西之势。

此外更将利用其有绝对制海权,由胶州湾—海州等处登陆,以威胁我在黄河北岸作战军之侧背。

(三)长江下游太湖附近之地区,为我国最重要之经济工业中心及首都所在地,敌今在上海已构成相当根据地,将以有力之部队,在本方面登陆,协同海军而进攻,期挫折我国抵抗之意志。

(四)在二、三两项之作战,敌为贯彻其根本国策,具有极重大之意义,然敌国惯以武力恫吓之手段,以遂其要求。今我国既有坚决抵抗之意志,则将来战争爆发之初期,或不即实现大规模之武装冲突,而由局部战斗以揭开其序幕。

(五)敌我两国如已入于正式战争中,惹起俄日战或美日战,甚至中俄英美联合对日战。则敌将以陆空军主力应付俄军,海军主力应付英美,对我者只有一部兵力而已。

(六)在中日战争而演成世界大战之初期,或由俄日或美日战开其端绪,则敌军为略[掠]取资源,筑固作战之基础,或将以主力先对我国军取攻势,使在短期内消灭我抵抗之能力与意志。

(七)杭州湾迤南沿海岸各要地,预料只有局部之攻击,以达其扰乱之目的;唯福州—厦门—广东之汕头等地可与台湾—琉球亘日本三岛,构成一中国海之防御线,敌将有占领之企图。

(八)敌国为对俄形成包围有利之态势,或将以一部协助伪匪由多伦经张北—化德—归绥—包头—河套前进,以为向蒙古及陕甘新攫取根据。

乙、敌之兵力及输送力

(一)陆军

(子)查敌国常备军有十七个师团及军属部队。战争初期,即可征编第一批预备兵十七个师团。战争开始后,又可征编第一〔二〕批预备兵十七师团。总计约六十万余人。此外当可征集预备及后备部队,除去警备后方外,可以用于最前线之兵力约九十三师团十七旅,约二百万人左右。

(丑)只中日两国发生武装冲突时,则日本为编成预备师,而实行总动员,非万不得已时,必不出此。故预计敌将酌留必要之兵力,以任警备。而对我使用之兵力,以十二至十四个师团为最高额。若只局部发生战斗之时机,则其使用兵力,或将不超过常备军之半数。

(寅)由中日战争而惹起俄英美等之对日战,则苏俄平时常备军已有一百五十余万,极[关]东军亦有廿五万,预计苏俄即受欧洲方面牵制,亦可出兵五十万以上。故敌军为对我先取攻势,最多只能使用卅至四十师团,即六十万至八十万之兵力。若在我国方面取守势,恐将自信其素质上之优越,而使用廿师团以下之兵力。

(卯)敌国之输送其陆军经朝鲜至满洲者,每星期约二至三师团并直属部队与其补给。经海道向我国任何海岸者,每十天约一梯团,计二至三师团连同一切附属品及补给。

(辰)敌国在伪满及朝鲜驻屯军为六个师团。天津—北平一带驻屯军有约　个加强师团。

伪满计廿六个步兵旅,骑兵六旅,独立骑兵六团。

故预计敌军如左:

北正面:驻伪满及天津三师团,在八至十日可由国内续送二至三师团,是以一星期后当有五至六个师,并伪满部队若干。

海正面:加入第一梯团二至三师团,须一星期。尔后续加同等兵力,为八至十日,是以十四日至十八日后,能有兵力五至六个师团,或分用于山东半岛—海州及长江下游地区,或合用于一处。

(二)海军

现敌驻我沿海及内河之第三舰队,为廿三艘,三万余吨。台湾马公要港所属舰队四艘,三千吨。以我海岸线之延长,海军兵力之薄弱,即敌不增加其主力舰,亦足以扰乱海疆而有余。故将利用其海军之优势,行动完全自由,仅以一部协同空军掩护陆军之登陆,余或集中于长江协同其陆军作战。或于开战初期,破坏我沿海要地,并袭用其不宣而战之故技,以阻碍我长江交通。

(三)空军

敌之空军合计属于陆、海两军者,殆不下飞机三千余架,民间飞机不与焉,故战时当可扩充。然苏联在远东之实力已不下飞机五百架,美国空军亦有协助苏联袭三岛之可能,英在新加坡、香港之空军根据地,亦足以威胁敌国之西部,故敌之空军主力,将以自卫。其使用对我侵略者,或先以主力轰炸我重要城市及我空军根据地并主要交通线及铁路之要点,而以其一部协助其陆军之作战。

综合以上各种敌人可能的行动,预计对敌作战之时机如左:

(甲)敌国贯以武装恫吓,以达其不战而胜,遂行其外交谈判,以局部军事行动,实行其国策,或因局部军事行动,而揭开战争之序幕。如：

一、敌军为扩大冀东伪组织,实行侵占平津,而与冀察部队惹起武装冲突之时期。

二、敌军越过长城实行武力威胁我北方将领,而欲成立其所谓华北五省自治国之时期。

三、敌增兵淞沪,或以海空军袭击我首都,企图遂行其强迫谈判及威胁挟持等时期。

四、敌军利用伪匪,侵占扰乱我绥远边围时期。

五、敌军借防共之名,欲在我国自由军事行动,并利用走私,破坏我行政及经济系统,而与我武装冲突时期。

六、敌军越海侵入山东半岛及陇海路东段,与该地驻军惹起武装冲突之时期。

七、敌军欲封锁台湾海峡,实行侵占闽粤沿海岸,与该地驻军惹起武装冲突之时期。(作战计划甲)

(乙)我国因世界趋势及国情上之需要,为复兴民族而自动的自主的对敌实行作战,以收复失地之时期。(作战计划乙)

第二　敌情判决

敌惯以武装恫吓,以达其不战而胜,遂行其外交谈判,以局部军事行动,实行其国策。

第三　作战方针

国军以捍卫国土、确保民族独立之自由,并收复失地之目的,在山东半岛经海州—长江下游亘杭州湾迤南沿海岸,应根本击灭敌军登陆之企图。在黄河迤北地区,应击攘敌人于天津—北平—张家口之线,并乘时机越过长城,采积极之行动,而歼灭敌军。不得已时,应逐次占领预定阵地,作韧强之抗战,随时转移攻势,以求最后之胜利。

第四　作战指导要领

一、国军对恃强凌弱轻率暴进之敌军,应有坚决抵抗之意志、必胜之信念。虽守势作战,而随时应发挥攻击精神,挫折敌之企图,以达成国军之目的;于不得已,实行持久战,逐次消耗敌军战斗力,乘机转移攻势。

二、开战之初,如情况所许,则国军以主力于沧州—河间—保定之线,保持重点于平汉路方面,对经北平—天津之敌军,实行决战。

三、开战初期之状况,国军如不能进出沧保线时,则以主力使用于德州—束鹿—石家庄附近之线,仍保持重点于平汉路方面,与敌行第一次之会战。

四、开战初期之状况,国军如不能进出德石线,则冀察绥部队,逐次占领预定阵地,行持久战,迟滞敌之前进,主力占领黄河下游—东阿—寿张—观城—内黄—安阳之既设阵地。左翼与山西侧面阵地相连系,实行攻势防御。

五、如第一次会战失利,则向预设阵地后退,并补充实力,准备随时移转攻势,歼灭侵入之敌军。

六、山东半岛方面,以一部于沿海岸直接阻止敌之登陆,主力保持机动,对已登陆之敌军,断行攻击。不得已时,应固守潍河之线,以掩护主力军之侧背。

七、海州方面,应直接阻止敌之登陆,对登陆成功之敌军,断然决行攻击而歼灭。不得已时,应逐次后退固守运河之线。

八、长江下游地区之国军,于开战之初,应首先用全力占领上海,无论如何,必须扑灭在上海之敌军,以为全部作战之核心,尔后直接沿江海岸阻止敌之上陆,并对登陆成功之敌,决行攻击而歼灭之。不得已时,逐次后退占领预设阵地,最后须确保乍浦—嘉兴—无锡—江阴之线,以巩卫首都。对杭州湾、江阴之江面,实行封锁,阻绝敌舰之侵入。

九、闽粤方面之国军,应直接阻止敌之上陆,不得已时,应固守龙岩—延平—广州之线,以确保我东南资源之地。

十、空军于作战之先,以主力扑灭长江内之敌舰,及沪、汉两地敌之根据地。集中间:以主力对敌海上航空母舰与舰队及运输船舶攻击,并协助我海岸防守部队之作战,以一部协同陆军作战。会战间:以主力协同北正面陆军作战,以一部协同海军正面作战。准备全部重轰炸队袭击敌之佐世保—横须贺及其空军根据地,并破坏东京—大阪各大都市,以获得我空中行动之自由。

十一、海军以全力于战争初期迅速集中于长江,协力陆空军扫荡敌舰。

十二、作战时间,应有专门机关指导民众,组织义勇军并别动队,采游击战术,以牵制敌军,并扰乱其后方。

十三、作战军应乎状况之必要,若须向后撤退时,暂时放弃国土一部之时机,应利用现有之城垣,尤以天津—北平—青岛—上海—福州—广州等名城,配置守备部队,死力固守,并破坏交通机关与毁灭资源,以妨害敌军之前进。

十四、作战期间,如"赤匪"尚未肃清,则内地未列入战斗序列之国军,继续清剿及绥靖警备之责,并统编总预备军待命集中。

第五　战斗序列及战场区分

〔略〕

第六　集　　中

甲、集中配备　（如别纸附图）

乙、平时配置　（如别纸附图）

丙、集中输送

一、要领

国军之集中,应于宣战同时,并用火车及徒步行军,迅速开始输送,故平时应有周到与确实之整备,方能迅速。是宜确实注意者也。

二、集中输送计划　（如别册）

丁、最高统帅部

一、最高统帅部位置于南京。

二、在郑州、徐州、南昌设置行营。

三、编成一行营列车,俾便随时亲往各处指挥国军作战。
第七　各兵团之任务及行动
甲、第一方面军　(津浦及陇海路东段)
一、第一集团军

壹. 开战之初,如情况所许,则国军以主力于沧州—河间—保定之线,保持重点于平汉路方面,对经北平—天津南下之敌军,实行决战之时期:

(子)胶东方面,应以一部直接配备于青岛—威海卫—烟台—龙口一带地区,阻止敌人上陆,控制主力于胶县—平度间地区,准备于判明敌主力于上陆点时,则断行攻击而扑之之。不得已时,可逐次向潍河东岸山地之线后退,迟滞敌之前进,最后务固守潍县之线,以掩护主力军之侧背。

(丑)集中于德州附近之部队,沿津浦路两侧地区,向毕孟镇—沧州—景和镇之线前进,左翼与第二集团军连系,拒止由天津经津浦路南下之敌军。

(寅)集中于济南附近之部队,保持机动,使随时能策应胶东与津浦两方面之作战。

贰. 开战初期之状况,国军如不能进出沧保线时,仍保持重点于平汉路方面,与敌行第一次之会战之时期:

集中于德州附近之部队,应占领德平—陵县—德州—龙华镇等北方地区之线,拒止由天津经津浦南下之敌军。

叁. 开战初期之状况,国军如不能进出德石线时之时期:

(子)集中于济南之部队,应沿黄河南岸占领利津—济东—湾口—长清之线,拒止由天津经津浦路南下之敌军。

(丑)集中于泰安—沂水附近之部队,应保持机动,使随时能策应胶东与黄河沿岸两方之作战。

二、第二集团军

壹. 开战之初,如情况所许,则国军以主力于沧州—河间—保

定之线保持重点于平汉路方面,对经北平—天津南下之敌军,实行决战之时期:

(子)驻冀部队应于天津—武清—南口—北平等处东方之线,拒止敌军之侵入。不得已时,占领静海—霸县—涿州之线,任主力军集中掩护,尔后向津浦—平汉两路间景和镇(不在内)—河间—边渡口镇之线后退,连系第一、第七两集团军击攘南下之敌军,并准备协同第四、第五两集团军,攻击前进。

(丑)驻察部队在张家口东方拒止敌之侵入。如受优势之敌军压迫时,逐次占领要点,沿平绥路西退,尔后与集中大同附近之第七集团军协力对敌实行攻击。

贰. 开战初期之状况,国军如不能进出沧保线时,仍保持重点于平汉路方面,与敌行第一次会战之时期:

驻冀部队应于天津—武清—北平—南口等处东北方地区之线,拒止敌军之侵入。

不得已时,逐次后退占领沧州—河间—清苑等处迤北地区之线,掩护主力军之集中。尔后于龙华镇—衡水—束鹿(不在内)之线,与主力军连系,击攘南下之敌军,并协力第三集团军攻击前进。

叁. 开战初期之状况,国军如不能进出德石线时之时期:

(子)驻冀部队,于天津—武清—北平—南口等处东北地区之线,拒止敌军之侵入。不得已时,应沿津浦与平汉两路逐次占领要点,滞迟敌军之南下,向长清—东阿—寿张—观城之线后退,占领该线,拒止敌军前进,并应准备协力第二方面军之攻势移转。

(丑)驻察部队,于张家口东北地区,拒止敌之侵入。如受优势之敌军压迫时,逐次占领要点,沿平绥路西退,尔后应与第六集团军之一部,共同协力,在阳高—隆盛庄—集宁之线,拒止敌军之西进。

三、第三集团军

(子)应以一部于陈家港—连云港—青口—岚山头沿海岸直

接阻止敌之登陆,集中主力于东海附近,对登陆之敌军,断然决行攻击而歼灭之。

(丑)不得已时,应逐次占领要点,迟滞敌之前进,最后务固守运河之线,以掩护主力军之侧背。

(寅)左翼应与胶东之部队密取连系。

(卯)应以一部集中于淮阴及徐州附近控置为第二线兵团,准备策应第一线之作战,并准备于必要时,能策应津浦方面之作战。

乙、第二方面军　(平汉及陇海西段)

四、第四集团军

壹. 开战之初,如情况所许,则国军以主力于沧州—河间—保定之线,保持重点于平汉路方面,对经北平—天津南下之敌军,实行决战之时期:

(子)集中于束鹿—南宫—宁晋及隆平—邢台—内邱间之部队,应沿平汉路东侧地区,自边渡口(不在内)—高阳—清苑(不在内)之线前进,攻击由北平经平汉路南下之敌军。

(丑)集中于临漳、内黄附近之部队,控置为第二线兵团,准备随时能策应第一线之作战。

贰. 开战初期之状况,国军如不能进出沧保线时,保持重点于平汉路方面,与敌行第一次会战时期:

集中于束鹿—南宫—宁晋—隆平—邢台—内邱间之部队,应在束鹿一带地区(平汉路不在内)之线,对平汉路南下之敌,实行攻击。

叁. 开战初期之状况,国军如不能进出德石线之时期:

(子)集中于观城—濮阳—内黄—道口间之部队,占领观城—清丰—内黄—窦公集线上之既设阵地,对由北平经平汉路南下之敌实行攻势防御。

(丑)集中于新乡附近之部队,控置为第二线兵团,准备随时应援第一线之作战。

(寅)应于开战初期,派遣有力之一部,【于】石家庄方面,对沿平汉路南下之敌军,逐次占领要点,迟滞敌之前进。

五、第五集团军

壹. 开战之初,如情况所许,国军以主力于沧州—河间—保定之线保持重点于平汉路方面,对经北平—天津南下之敌,实行决战之时期:

(子)集中于石家庄—栾城—高邑间之部队,应沿平汉路西侧地区,向清苑—满城(不在内)之线前进,攻击由北平经平汉路南下之敌军。

(丑)集中于磁县、安阳附近之部队,控置为第二线兵团,准备能随时策应第一线之作战。

贰. 开战初期之状况,国军如不能进出沧保线时,保持重点于平汉路方面,与敌行第一次之会战时期:

集中于石家庄—栾城—高邑间之部队,应在正定亘平山(不在内)之线,对沿平汉路南下之敌,实行攻击。

叁. 开战初期之状况,国军如不能进出德石线之时期:

(子)集中于安阳—淇县间地区之部队,应占领窦公集—安阳—曲沟线上之既设阵地,实行攻势防御。

(丑)应协同第四集团军,对轻率暴进之敌,乘机移转攻势,捕捉敌军于石家庄以南地区而歼灭之。

六、骑兵第一集团军

骑兵第一集团应于开战初期,沿平汉路向北平方面挺进,支援驻冀部队之战斗,迟滞敌军之前进。

丙、第三方面军 (晋绥)

七、第六集团军

壹. 开战之初,如情况所许,国军以主力于沧州—河间—保定之线,保持重点于平汉路方面,对经北平—天津南下之敌,实行决战之时期:

(子)集中于娘子关附近之部队,连系第五集团军之左翼,向满城地区前进,包围攻击经平汉路南下之敌军。

（丑）集中于王庄堡—北楼口—繁峙长城,进出来[涞]源、蔚县之线,尔后攻击敌军之侧背,向良乡—昌平之线前进。

（寅）集中于太原附近之部队,控置于第二线兵团,准备能随时策应平汉路方面之作战。

贰. 开战初期之状况,国军如不能进出沧保线时,保持重点于平汉路方面,与敌行第一次会战之时期：

（子）集中于娘子关附近之部队,连系第五集团军之左翼展开于平山及其迤西地区,对经平汉南下之敌军,包围攻击其右翼。

（丑）集中于王庄镇—北楼口—繁峙间地区之部队,应进出来[涞]源一带地区,尔后攻击敌军之侧背,向保定—涿州之线前进。

叁. 开战初期之状况,国军如不能进出德石线之时期：

（子）集中于辽县—和顺附近之部队,于册井亘南障城间及长城沿线占领既设阵地,拒止敌军前进,并掩护第二方面军之左侧。

（丑）集中于娘子关—平定附近之部队,应占领正太路南侧亘南台山以南之长城沿线,拒止敌军西进。

以上两部队,应于第二方面军转移攻势时越过长城,击破当面之敌,进出平汉路以东地区,攻击敌军之侧背。

（寅）集中于繁峙—代县—五台附近之部队,于南台山—王庄堡—浑源之线,占领阵地,阻止敌军之侵入晋北。

（卯）控置一部于太原附近,应保持机动,使随时能策应东北两方面之作战。

八、第七集团军

壹. 开战之初,如情况所许,则国军以主力于沧州—河间—保定之线,保持重点于平汉路方面,对经北平—天津南下之敌,实行决战之时期：

（子）集中于大同附近之部队,与由察省西退之第二集团军之一部,共同对沿平绥路前进之敌,向张家口附近前进。

（丑）集中于集宁—归绥附近之部队，控置为第二线兵团，准备随时能策应平汉方面之作战。

贰．开战初期之状况，国军如不能进出德石线时之时期：

集中于大同附近大部队，与由察省西退之第二集团军一部，应占领阳原—天镇—兴和之线，拒止敌军之前进。

九、骑兵第二集团军

骑兵第二集团军，应向归绥方向活动，威胁敌之侧背，协助主力军之作战。

丁、第四方面军 （江浙）

十、第八集团军

（子）在开战初期，以主力进出上海附近，扫荡该地陆上之敌人，破灭其根据地。尔后于吴淞—宝山—浏河—白茆口—福山—江阴沿岸，直接拒止敌之登陆。

（丑）对登陆成功之敌，应乘机断行攻击而扑灭之。

（寅）不得已时，逐次占领要点，拒止敌军之前进。最后务固守无锡—江阴之线，以巩卫首都。

（卯）应以一部住于南通附近，警戒长江北岸，阻绝其上陆之企图。并协助南岸部队之作战。

十一、第九集团军

（子）在开战之初，以主力进出上海附近，与第八集团军协力扫荡该地陆上之敌人，破灭其根据地。

尔后于澉浦—乍浦—奉贤—川沙—黄浦江东岸之沿海岸，直接拒止敌之登陆。

（丑）对登陆成功之敌，应乘机断行攻击而扑灭之。

（寅）不得已时，逐次占领要点，拒止敌军之前进。

最后务固守乍浦—嘉兴—平望之线。

（卯）应以一部配备于镇海附近，警戒杭州湾之南岸，阻绝敌军上陆之企图。

（辰）控置一部于杭州附近，保持机动，使随时能应援镇海及沪杭方面之作战。

十二、控置一军于南京—浦口附近，对江正面，警备敌不意之袭击，并使能策应京沪—京杭两方面之作战。

　　戊、第五方面军　（闽粤）

十三、第十集团军

（子）在开战之初，以主力进出福州—晋江—龙溪之线，直接沿海岸拒止敌之登陆。

（丑）不得已时，应固守南平—龙岩之线，并乘机转移攻势，扑灭当面之敌。

十四、第十一集团军

（子）开战之初期，以主力进出潮安—陆丰—番禺—台山沿海岸，直接拒止敌之登陆，以固守我沿海资源。

（丑）右翼与第十集团军密切连系。

　　己、第一总预备军

应于宣战后，陆续集中于西安附近，准备随时增援于平汉或晋绥方面。

　　庚、第二总预备军

应于开战后，陆续集中于重庆附近，准备随时增援于津浦或江浙方面。

　　辛、各预备军，直辖于最高统帅部，保持机动，依状况准备就近使用于各战场。

　　壬、第三总预备军

应于开战后，陆续集中于南昌附近，准备随时增援闽粤、江浙、津浦、平汉方面之作战。

　　　　第八　航空与防空

　　甲、航空

宣战时期：

一、第一集团以南京—广德—杭州等地为根据,协同海军轰炸芜湖迤东(芜湖在内)长江下游之敌舰,及上海敌之根据地而破灭之。

二、第二集团以南昌—孝感—武昌等地为根据,轰炸芜湖以西以迄武汉长江江面之敌舰,及汉口敌之根据地而破灭之。

以上行动,务宜于开战之前,以决断机敏之手段,出敌不意,以空军主力实施之。预期于两日内完成。

三、如有好机,则同时以一部于济南、新乡等根据地,轰炸天津附近敌之陆、空军根据地,挫折敌之锐气,迟滞敌之行动,以援助我冀察军队之战斗。

四、应以全部重轰炸队,于上海附近根据地,袭击敌之佐世保与吴军港,以及其国内空军根据地及其重要城市,俾获得我空军行动之自由。

集中间:

五、第一集团之主力,位于江南,一部移于江北淮阳地区,对海州以南之海面搜索敌之航空母舰及运送船而破坏之,并任首都之防空与重要交通线之掩护。

六、第二集团移于陇海路地带,以主力掩护陆军之输送及集中,并搜索津浦、平汉两路之敌情,以一部协同第一集团对海州、青岛附近沿岸搜索海上敌舰船而攻击之。

在此时间对敌之空军避免决战,务宜集结兵力对敌弱点乘机奇袭,以期将敌各个袭破,逐渐消耗其实力。

会战间:

七、第一集团之一部,仍位于长江下游地区,搜索长江迤南沿岸之敌舰船而轰炸之,并协同陆军之战斗。

其他一部,移于徐、海、临、沂地区,对海州附近以迄胶州湾搜索敌舰船而轰炸之,并协同陆军以击破敌之登陆部队,或相机协同第二集团及陆军对山东半岛西进之敌攻击之。

八、第二集团进驻济南、大名、彰德一带地区,对山东半岛及津浦—平汉线路协助我陆军之作战。

追击或退却:

九、第一会战将敌击退后,第一集团之一部仍在原地区协同陆军作战,或视当时情况,更将徐、临、沂地区之部队调出一部,协同第二集团北向德州—高邑—沧州—保定—石家庄之线移动,协同陆军之追击战。

如第一次会战未收预期之胜利而向预定阵地移动时,第一集团仍在原地,第二集团掩护陆军之逐渐撤退,渐次移向济宁—郑州之线,或陇海路徐郑之线继续作战。

十、各期间空军之转移,端赖地面设备之周到及补给通信之灵活,务宜预为设备之。

乙、防空

一、要领:防空以地上高射兵器协同空军之驱逐机队担任之,其配备置重点于都市及重要交通线之要点,并注意于其他消极防空之设施,而期减少敌轰炸之损害。

二、地上防空兵器之配备:

(子)首都附近:七·五高射炮二连,两公分高射小炮卅门,七·九高射机关枪七十挺。

(丑)杭州附近:七·五高射炮一连,两公分高射[小]炮四门,七·九高射机关枪八门。

(寅)孝义兵工厂:七·九高射炮二连,七·九高射机关枪八挺。

(卯)洛阳附近:两公分高射小炮四门,七·九高射机关枪四挺。

(辰)其余各大都市如天津、北平、济南、福州、广州等处,均宜预先筹划防空事宜。

三、空军驱逐部之配置:

(子)在集中间:以主力配置于南京,一部置于徐州及郑州。

(丑)在会战间:以主力配属决战方面之各军,一部位于南京及徐州。

四、野战军不论在输送及战斗间,应利用固有之兵器,协力空军,担任防空。并须极力利用夜暗,以求对空掩护。

五、各要塞之防空,除利用原有之防空设施外,酌予配属一部防空兵器,以担任各炮台上空之直接掩护。

六、铁道防空应由铁道部购备必要之防空兵器,配备于重要桥梁、山洞、车站及工厂等处,以担任之。

七、防空情报,应于南京、杭州、上海、徐州、海州、开封、洛阳、济南、北平、青岛、福州、广州、南昌、太原、镇海、厦门及归绥等地,配置防空监视哨,构成严密防空情报网。

八、其它消极防空:

(子)由各省市县政府,督促防空协会及社团等机关,组织防护团,充实消防、防毒、救护、避难及灯火管制与交通整理诸种设施。

(丑)由各省市县党部,对民众宣传防空智识,训练防空技能。

第九 海 军

甲、要领

海军应避免与敌海军在沿海各地决战,保持我之实力,全力集中长江,协力陆空军之作战。

乙、行动概要

一、第一、第二舰队,于宣战时,借机敏之行动,迅速集中长江。在宣战同时,与我空军及要塞协力,扫荡江内之敌舰,尔后与要塞担任长江下游之警备,协力陆军之作战。

二、第三舰队平时应警备山东半岛沿海岸,务于开战之先,迅速集中长江,担任下游之警备,并协力陆军之作战。

三、各舰队于平时应严整战备,以防敌海军不意之袭击。

第十 要 塞

甲、要领

平时各要塞应严整战备,慎密防范,得随时应敌。在作战期间,务击灭出现我要塞前敌之舰船,并支援陆军之作战。

乙、海岸要塞

镇海—乍浦—海州各区要塞,受该方面军野战军之指挥,任各该海岸之防守,并摧破敌之上陆行动。

丙、江岸要塞

南通—江阴—江宁各区要塞,受各该区野战军之指挥,于宣战同时,出敌不意,与我海空军协力,断然袭击敌舰而扑灭之,尔后对敌舰封锁江面,并为野战军阵地之依托,而支援野战军之作战。

第十一　交通、通信

甲、交通

一、战时交通,务尽万般手段,尽量利用所有机关,而增大其输送能力。

二、战场附近之交通,为顾虑状况变化,不资敌用计,应预有破坏之准备,其破坏之程度,则按国军尔后之企图,而决定之。

三、铁道输送,由最高统帅直辖而运之,但状况必要时,得指定某段路线归某方面军或集团军一时专用之。

四、海运及长江之水运,由最高统帅直辖使用,此外战区各省境内之河川,则归兵站管区或归各该方面军与集团军用之。

五、战区各省境内之公路,统归所属兵站管区或该方面军及集团军专用之。

六、对各铁道交通,平时应精密各项输送器材,预为编成列车之准备,策定运用之计划。

七、调查所有之汽车,就其性能及其载重性,预立征集、编配、运用之计划。

八、调查轮船、汽车、帆船之数量,及河川之景况,对水运之利用,须有完善之计划与准备。

九、战时轻便铁道之敷设,由铁道队担任之。

乙、通信

一、最高统帅与各方面军及各集团军间,应有直通之专用线一条,并利用国有电报与各铁道之路有电报线,而以无线电信为辅助通信。

二、最高统帅与海军及空军间之连络,以无线电信为主,国有电报线为副。

三、各方面军及各集团军与所属军(师)间,或各级司令部相互间之连络,以利用地方固有电报及电话线并所属之野战电信队为主,以无线电信副之。

四、平时应于国有、省有及民营有线通信机关,有统制运用之准备。

五、平时应精密调查所有诸无线电台,而按其性能,预定战时运用之方案。

第十二 兵 站

甲、要领

一、兵站之设施,首应顾虑国军于黄河迤北地区会战不发生障碍,并准备尔后追随向北平方面前进为要。

二、对海正面方面之设施,应能随国军之攻击运动,而使补给圆滑为要。

三、为顾虑国军实施长期作战计,对资源之征集,应有周到之准备。

乙、集积主地及主兵站线

一、集积主地,设施于左列各地:汉口、南昌、南京、徐州、郑州、太原。

二、主兵站线:

(子)浙赣铁道,及沪杭甬铁道。(丑)京沪铁道。(寅)津浦铁道,及郑州以东陇海铁道。(卯)平汉铁道,及郑州以西陇海铁道。(辰)同蒲铁道,正太铁道,及平绥铁道。并应尽量利用与上述各铁道线附近平行之诸公路及河川,而设置兵站线路。

丙、补给品之储存

一、储存野战军五十师三个月所有之粮秣。

二、在本年六月底储存野战军五十师份(每月五基数之弹药)一个月份弹药,十二月底一个半月份,至明年五月底,应有两个月份。

三、储存汽车一千五百辆六个月份所要之燃料三百五十万加仑。

四、上述储存品,除置藏于各集积主地外,并就左列各地设设〔立〕仓库:

宣城、蚌埠、归德、信阳、洛阳。

五、补给品之储藏,务宜分散,可就集积主地及仓库地附近各处而配置之。

丁、卫生

一、作战初期须准备兵站医院二十个,所要卫生材料三个月份,约可收容伤病者二万人。

二、编兵院列车六个,以担任伤病者之输送。

三、在武昌、汉口、南昌、南京等地,应筹设重伤病院。

戊、资源之征集

一、利用民间积谷仓库之制度,以征集粮秣。

二、兵器弹药除我国原有工厂制造外,如各海口被敌海军封锁后,应于广州、昆明等处,由国外购置,以为补充之来源。

第十三 警 备

甲、铁道之警备:于战时编成四个守备军,分任津浦、平汉南段、陇海及浙赣诸路之警备。

一、第一守备军,刘茂恩部,第六十四及六十五两师。(津浦铁道徐州以南段,司令部位于蚌埠。)

二、第二守备军,谭道源部,第十八及五十两师。(平汉路郑州以南段,司令部位于信阳。)

三、第三守备军，萧之楚部，第四十四师及独立第四旅。(陇海铁道徐州以西至潼关段，司令部位于归德。)

四、第四守备军，张仿[钫]部，第七十五及第七十六两师。(浙赣铁路，司令部位于衢县。)

粤汉铁道之警备，由各地警备军派队担任。至所属战区内之铁道，由野战军自任警备。

乙、各地之警备

一、陕甘宁青警备军：应继续清乡，务期使地方安定，尔后以一部担任地方警备之责，主力准备随时移调，以应援晋绥及平汉方面之作战。

二、湘鄂赣皖警备军：应继续绥靖地方及任长江沿岸之警备，并准备随时能应援各方面之作战。

三、川康警备军：继续清乡，务期迅速将地方治安不良分子扑灭，并准备随时能抽调兵力，以应援各方之作战。

四、滇黔警备军，任绥靖地方之任，并准备随时能抽调兵力，以应援各方之作战。

五、广西警备军，应集中主力于梧州附近，一部于南宁附近，担任境内之警备，并协助闽粤军之作战，及随时转移兵力于他战场。

丙、对国内驻屯敌军之处置

一、国军对平时驻屯我国内之敌人，应于战争发动之初，即予尽数扑灭。

二、平时由各地所属军事最高机关，负调查及监视之责，并预立绵密计划，设施周到之准备。

三、警备区域：(子)上海附近(另定扫荡计划)。(丑)平津附近，由廿九军负责扫荡。(寅)武汉附近，由行辕负责扫荡。(卯)闽粤附近，由驻闽绥靖公署负责扫荡。(辰)其他各地，由该地驻军或保安团队负责扫荡。

四、此外散居内地之敌民及国贼,应由各该地政府详查其居址,监视其行动,于战时即行尽数予以逮捕。

第十四 战场区分

依地形及国军平时配置之关系区分战场如左之各区:一、山东区 二、冀察区 三、河南区 四、晋绥区 五、徐海区 六、江浙区 七、闽粤区 八、陕甘宁青警备区 九、湘鄂赣皖警备区 十、川康警备区 十一、滇黔警备区 十二、广西警备区

民国二十六年度作战计划(乙案)

(1937年1月)

第一 敌情判断

敌情判断如作战计划甲。

第二 敌情判决

敌为应付世界战,先必略取资源,巩固作战之基础,将主力对我国军取攻势,在最短期间内欲消灭国军作战之意志。其主战场以华北为中心,并以有力之一部,沿平绥路西进,及由山东半岛、海州等处登陆,截断我南北连络线,策应其主力军之作战,以囊括我华北全部,同时以一部由扬子江口及杭州湾上陆,以掠夺我资源,威胁我首都,并以台湾部队向闽粤沿海岸登陆,期助援其主力军作战进展容易。

敌若受国军压迫,必放弃以上之企图,最后则确保东三省之资源地。

第三 作战方针

国军以复兴民族、收复失地之目的,于开战初期,以迅雷不及掩耳之手段,于规定同一时间内,将敌在我国以非法所强占领各根据地之实力扑灭之。并在山东半岛经海州及长江下游亘杭州湾迤南沿海岸,应根本扑灭敌军登陆之企图。在华北一带地区应击攘敌人于长城迤北之线,并乘好机,以主力侵入黑山白水之间,采积极之行动,而将敌陆军主力歼灭之。

绥远方面国军应积极行动,将敌操纵之伪匪扑灭之,向热河方面前进,以截断敌军后方连络线,俾我主力军作战进展容易。

第四 作战指导要领

一、开战初期,应以迅雷不及掩耳之手段,将敌在我国以非法占领之各根据地之实力,在规定同一时间内,将其奇袭而扑灭之,俾尔后国军作战进展容易。

二、国军应以大无畏攻击之精神,统一之意志,对骄敌实行攻击,挫折其企图,以达成国军复兴民族,以达收复失地之目的。

三、敌军惯以华制华之手段,军民应精诚团结,敌忾同仇,须具必胜之信念。

四、应有专门机关指导义勇军,并组织民众,以游击战术,以牵制敌军,并扰乱其后方。

五、作战期间,负有绥靖地方之国军,未列入战斗序列者,则编为预备军,待命集中。

六、开战初期,陆、空、海军,应本此指导要领实施之。

其一 陆 军

(甲) 晋绥方面

(一) 驻绥部队于开战初期,应迅速将商都一带伪匪歼灭之,如情况许可,即向多伦、赤峰、朝阳方向攻击前进,威胁敌之侧背。不得已时,应占领商都—六合—大清沟之线,掩护主力军之集中。

(二) 晋绥首脑部,平时对伪匪应有切实连络,启发其爱国思想,策划其扰乱敌之后方。

(乙) 冀察方面

(一) 驻冀部队于开战初期,应将平津一带敌之驻屯军扑灭之,尔后以主力占领天津—大沽,一部占领香河—怀柔之线,掩护主力军之集中。情况万不得已时,天津—北平务必坚固占领之。

(二) 驻察部队于开战初期,应以主力搜荡独石口—赤城之敌,一部将张北之伪匪扑灭之,尔后则向承德攻击前进。不得已时,应占领张家口迤北沿长城亘独石口—赤城之线,掩护主力军集中。

(丙)山东方面

(一)开战初期,山东部队应将主力奇袭青岛,将敌之潜势力扫荡而扑灭之,尔后即将登陆诸设备及码头破坏之,并封锁海口,一部占领龙口—烟台—蓬莱—威海卫,情况不得已时,应占领白河之线,掩护主力军之集中。

(二)青岛当轴应充实宪警力量,俾能协助国军扫荡敌军之潜势力。

(丁)江浙方面

(一)国军于开战初期,奇袭扫荡上海敌之潜势力,尔后则确实占领之。

(二)上海当轴应充实宪警之力量,俾能协助国军扫荡上海敌之潜势力。

(三)杭州湾—江阴江面务必封锁之。

(四)海州—镇海—海门,务直接沿海岸破坏敌之登陆之企图。

(午〔戊〕)闽粤方面

(一)驻闽部队于开战初期,应将福州—厦门敌之浪人及潜势力扫荡而扑灭之,尔后则直接沿海岸破坏敌之登陆企图。

(二)驻粤部队于开战初期,应将汕头—广州敌之浪人及潜势力扫荡而扑灭之,尔后行直接沿海岸破坏敌之登陆企图。

其二 空 军

空军于开战之初,以主力协同陆海军及要塞先将敌在我长江内之舰队扑灭之,并轰炸上海、汉口、天津、汕头、福州敌在我国占领之根据地。

(甲)集中间

以主力对敌海上航空母舰与舰队及运输船舶攻击,并协助我海岸国军之作战,以一部协同陆军之作战。

(乙)会战间

以主力协同北正面陆军之作战,以一部协同海正面作战。

准备全部重轰炸队袭击敌之资源地、海空军根据地,如东京、大阪、横滨及佐世保军港,并辽宁兵工厂、台湾,以获我空中行动之自由。

其三 海 军

海军于开战初期,以全部迅速集中于长江,协同陆、空军及要塞扫荡扑灭敌在我长江之舰队,尔后则封锁长江各要口并杭州湾、胶州湾、温州湾,拒止敌之登陆。

第五 战斗序列及战场区分

〔略〕

第六 集 中

(甲)集中配备 (如别纸附图)

(乙)平时配置 (如别纸附图)

(丙)集中输送 (如别册)

(丁)最高统帅部

最高统帅部位置于洛阳或郑州,并组织一行营列车,按情况之需要,随时赴各地指挥。

第七 各兵团之任务及行动

(甲)第一方面军 (山东区)

(一)第一集团军

胶东方面:应以有力之一部于开战初期,迅速奇袭扫荡扑灭青岛敌之潜势力及根据地,尔后则确实占领青岛,阻止敌之登陆,以一部占领龙口—蓬莱—烟台—威海卫,阻止敌之登陆。

以主力集中于胶县—即墨—福山—潍县,随时能策应沿海岸部队,阻止挫折敌之登陆之企图。

(二)第一预备军

集中于济南—泰安—德州之部队,务须能随时策应胶东半岛及平津之作战。

（乙）第二方面军 （冀察区）

（一）第二集团军

（子）驻冀部队于开战初期,应迅速将敌之在平津一带之驻屯军扫荡扑灭之,尔后以主力占领天津—大沽,以一部占领香河—怀柔之线,掩护主力军之集中,尔后即向长城之线攻击前进,重点保持于左翼。

（丑）驻察部队于开战初期,应迅速将张北—独石口—赤城之敌扫荡扑灭之,待第七集团军到达该线时,迅速向古北口攻击前进,威胁敌之后方连络线。

（二）第四集团军

应以主力集中于良乡—固安一带地区,以一部集中于静海—别古庄一带地区,随时参加第二集团军攻击前进。

（三）第五集团军

应集中河间—高阳—满城一带地区,随时参加第二集团军攻击前进。

（丙）第三方面军 （晋绥区）

（一）第七集团军

驻绥部队于开战初期,应迅速将商都—德化一带伪匪搜荡扑灭之,并协助第二集团军将张北伪匪扑灭之,俟接收第二集团军占领之线,尔后向多伦—赤峰—承德之线攻击前进。

（二）第六集团军

应集中于礬山保—阳原—大同一带地区,随时参加第七集团军攻击前进。

（三）第二预备军

应集中于娘子关—太原一带地区,俾能随时策应第二、七、六各集团军之作战。

（丁）第四方面军 （江浙区）

（一）第三集团军

应以一部于陈家港—连云港—青口—岚山头沿海岸直接阻止敌之上陆,以主力集中于东海附近,俾能随时挫折敌之登陆企图。以一部集中于淮阴,俾能随时策应第一线之作战。左翼与第一集团军密切连络。

（二）第八集团军

在开战初期,应以主力搜荡扑灭敌在上海之根据地,尔后即在吴淞—宝山并沿江海岸阻止挫折敌之登陆企图。

（三）第九集团军

应以主力协助第八集团军搜荡扑灭敌在上海之根据地,尔后在杭州湾—镇海—温州湾沿海岸,直接阻止挫折敌之登陆企图。

右翼与第十集团军密切连络。

（四）首都警卫军

应集中于南京—浦口—镇江—芜湖一带地区,于开战初期,迅速搜荡扑灭敌之潜势力及根据地,俾准备能策应沪杭一带之作战。

（五）第三预备军

应集中于武进—长兴—宜兴一带地区,俾能随时策应第八、九两集团军之作战。

（戊）第五方面军　（闽粤）

（一）第十集团军

驻闽部队应于开战初期,将厦门—福州敌之浪人并根据地搜荡扑灭之,尔后则直接于沿海岸阻止敌之登陆,并将主力集结于南平—漳平一带地区,随时能策应沿海部队,阻止挫折敌之登陆企图。

右翼与第十一集团军密切连络。

（二）第十一集团军

驻粤部队于开战初期,应迅速将汕头—广州敌之浪人并根据地搜荡而扑灭之,尔后则直接沿海岸拒止敌之登陆,并将主力集中于惠阳—广州—开平—阳春一带地区,随时能策应沿海岸部队,阻止挫折敌之登陆企图。

（己）第一总预备军

应集中于西安—洛阳一带地区,俾随时能策应冀察区、晋绥区、山东区之作战。

（庚）第二总预备军

应集中于南昌—武昌—汉口一带地区,俾随时能策应江浙区、闽粤区之作战。

（辛）第三总预备军

应集中于徐州—开封—郑州—安阳一带地区,俾能随时策应山东区、冀察区、晋绥区之作战。

第八　航空与防空

（甲）航空

开战初期：

（一）第一集团以南京—广德—杭州等地为根据,协同陆、海军及要塞,轰炸芜湖迤东(芜湖在内)长江下游之敌舰及上海敌之根据地而扑灭之。

（二）第二集团以南昌—孝感—武昌等地为根据,协同陆、海军及要塞,轰炸芜湖迤西以迄武汉长江江面之敌舰及汉口敌之根据地而扑灭之。

（三）并以一部位置于济南—太原为根据地,轰炸青岛—平津一带敌之根据地,挫折敌之企图,迟滞敌之行动,并协助山东区、冀察区、晋绥区各部队作战进展容易。

（四）应于〔以〕全部重轰炸队,以广德为根据,轰炸敌之资源地、海陆空军根据地,如东京、大阪、横须贺、佐世保军港、达〔辽〕宁兵工厂、台湾敌之空军根据地等,俾获得我空军空中行动之自由。

（五）第一集团之主力位于江南,一部移于徐州,对海州迤南之海面搜索敌之航空母舰、军舰及运送船而破坏之,并任首都之防空,并重要交通线之掩护。

（六）第二集团以主力位置于郑州、西安、太原等地,任山东区、冀察区、晋绥区之军队输送集中,并搜索敌情,一部位置于南昌,任闽粤区之军队输送集中,并搜索敌情,并轰炸闽粤沿海岸敌之航空母舰、军舰及输送船。

在此时间对敌之空军务避免决战,务宜集结兵力对敌弱点乘机奇袭,以期将敌各个击破,逐渐消耗其实力。

会战时期:

（七）第一集团之一部,仍位于江南,搜索长江迤南沿海岸之敌舰船而轰炸扑灭之,并协同陆军之战斗。其主力移于徐州—济南—德州一带地区,对海州以迄胶州湾沿海岸搜索敌舰船轰炸而扑灭之,并协同陆军以击破敌登陆之企图。

（八）第二集团以主兵〔力〕进驻保定—张家口一带地区,协助第二、三方面军之作战。仍以一部位置于南昌协助闽粤军之作战。

（九）空军则以主力协助华北主力军之作战,一部任各大都会之防空并沿海之搜索。

（十）各期间兵力之转移,端赖地面设备及补给通行之周到,其详细计划,载于空军作战计划内,如附件所载。

（乙）防空

（一）各都市及军队并各交通路之防空载于防空计划内,如附件。

（二）平时对民众应贯［灌］输防空知识,并训练其防空技能,其详细情形,载于防空计划内。

第九 海 军

海军应避免与敌海军在沿海各地决战,全部集中长江,协同陆空军扫荡扑灭敌在长江内之舰队,尔后任封锁长江口及各港湾,阻止敌舰之侵入。

第十 要 塞

（甲）要领

各要塞应严整战备,慎密计划,俾得随时应敌。在作战期间,务击破出现我要塞前之敌舰船,并支援陆军之作战。

(乙)海岸要塞

镇海—乍、澉浦—虎门—海州各区要塞,各受各该方面军野战军之指挥,任各海岸之防守,协同陆、空军作战,摧破敌之登陆企图。

(丙)江岸要塞

南通—福山—江阴—镇江—江宁各区要塞,各受该区野战军之指挥,于开战初期,出敌不意,与我陆、海、空军协力奇袭敌舰而扑灭之,尔后则封锁长江,阻止敌舰之侵入,并协同野战军之作战。

第十一 交 通、通 信

(甲)交通

(一)战时交通,务尽百般手段,尽量利用所有机关,而增大其输送能力。

(二)铁道输送,由最高统帅部直辖而运用之,但状况必要时,得指定某段线路为方面军或集团军一时专用之。

(三)海运及长江之水运,由最高统帅部直辖使用。各省境战区内之河川,则归兵站管区或该方面军与集团军专用之。

(四)各省境战区内之公路,统归所属兵站管区或该方面军与集团军专用之。

(五)关于船舶、汽车及铁道输送并各项输送器材等均须详细计划之。

详细计划如附件。

(乙)通信

(一)最高统帅部与各方面军及各集团军间,应有直通之专用线一条,并利用国有电报与各铁道之路有电报线,而以无线电信为补助通信。

(二)最高统帅部与海军及空军间之连络,以无线电为主,国有电报线为副。

(三)各方面军及各集团军与所属军(师)间,或各级司令部相互间之连络,以利用地方固有电报及电话线,并所属之野战电信队为主,以无线电副之。

(四)关于通信详细情形及详细通信计划,如附件所载。

第十二　兵　　站

(甲)要领

(一)兵站之设施,首应顾虑国军于黄河迤北及晋绥地区之作战不生障碍,并准备追随野战军进出热河向东三省前进为要。

(二)对海正面之设施,应能随国军攻击运动,而使补给圆滑为要。

(三)为顾虑国军长期作战计,对资源之征集应有周密之准备。

兵站详细计划如附件所载。

(乙)集积主地及兵站线路

(一)集积主地,设施于左列各地:南昌、汉口、南京、徐州、郑州、西安、大同、太原。

(二)主兵站线:

(子)浙赣铁道,及沪杭甬铁道。(丑)京沪铁道。(寅)津浦铁道,及郑州迤东陇海铁道。(卯)平汉铁道,及郑州迤西陇海铁道。(辰)同蒲—正太—平绥诸铁道。并尽量利用与上述各铁道线附近平行之诸公路及河川,而设置兵站线路。

(丙)补给品之储存

(一)储存野战军一百个师六个月需要之粮秣。

(二)储存野战军以三次会战必需之弹药。

(三)储存发动机必要之燃料及战时必需物品。

(四)将上述各储存品,分置于各集积主地外,并就左列各地设置仓库:

宣城、蚌埠、归德、信阳、洛阳、太原、济南、南昌。

(五)补给品之储藏,务宜分散,可就在集积主地及仓库地附近各处而配置之。

（丁）卫生

（一）作战初期,须准备兵站病院五十个及所要卫生材料六个月份,约可收容伤病者五万人。

（二）编病院列车十二个,以担任病伤者之输送。

（三）在太原、西安、南京、南昌、汉口等地,应筹设重伤病院。

（戊）资源之征集

（一）关于资源,平时宜统计调查统制使用之,俾为战时之利用。

（二）兵器弹药之筹划,兵器可先购自外国,但弹药务必自给,仍须增强自己兵工厂之制造力,设各海口被敌海军封锁时,应于广州、昆明、新疆等处,由外国购买,以为补充之来源。

第十三　警　备

（甲）铁路、公路、水路各交通之警备

（一）铁路之警备,除各铁路原有之警备力量外,战时宜充实其力量。

（二）公路、水路之警备,将民众训练健全组织之,俾负警备之责。

（乙）地方之警备

（一）陕甘宁青藏警备军:应绥靖地方,尔后则一部担任地方警备,主力应准备随时移调,以应援晋绥、冀察方面作战。

（二）新疆警备军:应以一部担任地方警备,以主力由内蒙古向察哈尔集中,参加战斗。

（三）川康警备军:应以一部警备地方,以主力集结于指定地点,俾随时参加各方面之战斗。

（四）湘鄂赣皖警备军:应以一部警备地方,并任沿长江警备之责,并准备随时应援各方面之作战。

（五）滇黔警备军:应以一部警备地方外,以主力集中于指定地点,随时参加各方面之战斗。

（六）广西警备军:应以一部警备地方,以主力集中于梧州,俾随时协同闽粤方面之作战。

第十四　新兵器之补充

（一）现时各师兵器甚为复杂，将来作战时，对弹药之补充，甚感困难，且因此减少战斗力，故宜将各师之兵器调整划一之，进一步，每方面军直辖各师之兵器，务必划一，俾战争力量充实。

（二）每一方面军应有化学兵团，俾战时减少损害，并增加战斗力量。

（三）我国海军〔岸〕线甚长，海军要塞均不能自卫，宜速筹设大口径列车炮，俾能防护沿海岸。

（四）空军力量，宜速充实之，首先训练人才，其器材宜购买自造并重。

（五）关于轻重机关枪、步兵炮、战车、装甲汽车、高射炮、重炮及化学兵器等，宜按财政力量，并以调整师之步骤，逐次充实之。

大本营颁国军战争指导方案训令

（1937年8月20日）

大本营训令　令字第一号

兹颁国军战争指导方案，仰即遵照实施之。此令。

大元帅　蒋○○

民国二十六年八月二十日

战争指导方案

一、本大元帅受全体国民与全党同志之付托，统率海陆空军，及指导全民，为求我中华民族之永久生存，及国家主权之领土完整，对于侵犯我主权领土，与企图毁灭我民族生存之敌国倭寇，决以武力解决之。

二、大本营之组织如系统表。

大本营设参谋总长、副参谋总长各一员。参谋总长指挥大本营各部，辅助大元帅策划全局。副参谋总长襄助参谋总长指挥幕僚,达成全任务。

三、大本营对于作战指导,以达成"持久战"为基本主旨,因此将军令、政略、财政、经济、宣传、训练划为六部,分担任务,各应本主旨,适切运用,紧密连系,俾获最后之胜利,为共同一致最高之原则。

四、为统帅指挥之便利计,将全军区分为四战区(战区区分及战斗序列,另令规定颁发之),主战场之正面在第一战区,主战场之侧背在第二战区。

五、国军对敌第一期作战,预期至本年十月下旬为止,各部在此期间内,应达成如左之任务,以确立我第二期对敌作战之基础。

甲、第一部

第一战区

近迫该当面之敌,实行柔性之攻击,以吸引其主力,俾我第二第三战区之作战,得从容展布。但如敌军企图真面目与我决战时,则应毅然尽全力以防制之。

第二战区

打破敌军惯用包围行动之企图,使其对我第一战区,不敢放胆施行正面之攻击,同时牵制热河以东之敌军,使其对青岛、淞沪之作战,不能转用兵力。

第三战区

迅将目下侵入淞沪之敌,陆海军及其空军陆上根据地,扫荡扑灭,以准备敌军再来时之应对,同时对于浙江沿海敌可登陆之地区,迅速构成据点式之阵地,阻止敌人登陆,或乘机歼灭之。

第四战区

除对敌海陆空之扰乱,完成战备态势外,应充分准备参加第二期之作战。

第五战区

本战区作战之特性,为对敌强行登陆之作战,故以立于主动地位,确占先制之利,根本打破敌军登陆之企图。此为作战指导上之第一要义。纵使敌军一部先行登陆,务必迅速围攻而歼灭之,不使后续兵团借此以为安全登陆之掩护。此为作战指导上之第二要义。必要时,在指定地区之范围内,扼要固守,绝对限制敌军之进展,运用机动部队而歼灭之,以确保我国军南北两战场作战连系之中枢。

海军

淞沪方面实行战争之同时,以闭塞吴淞口,击灭在吴淞口以内之敌舰,并绝对防制其通过江阴以西为主,以一部协力于各要塞及陆地部队之作战。

空军

空军应集中主力协同陆军,先歼灭淞沪之敌(以敌舰及炮兵为主目标),尔后任务另指定。

第一至第四预备军

除别命所示者外,各依指定之地区,迅速集中完毕后,根据各战区前方会战之经验,各自实施(必要时可与中央各军事学校连络)适当之战时教育,并保有随时应战之机动性。

直属诸部队与预备军同。

后方勤务部直接受第一部之指导,适应各战区作战之要求,完成通讯、交通诸设备,充实弹药器材诸项补充。对集积运输之要领,即务必分散配置,顾虑对空遮蔽,以避免敌空军及炮兵之轰炸,且能不失时机补充前方,并考虑第二期作战之物资充足法为要。

乙、第二部

内求社会内部之安定,以树立长期抗战之基础,外谋国际舆论之同情,使敌国受孤立无援之压迫。

丙、第三部

安定金融,整理税务,紧缩支出,筹发公债及募集外债。

丁、第四部

扩张产业、广辟资源,以极力讲求自给自足之方法,纵使国际间之交通被敌遮断,我国军与民众战时生活上必需之资源,不因此而受重大之威胁。

戊、第五部

永保精神动员之团结巩固,并将国军为自卫而应战之决心与事实,昭告国际朝野,免为敌人反宣传所蒙蔽。

己、第六部

以军事化之目的,组织及训练民众,使人人皆有为国牺牲之决心与技能,并防制汉奸、间谍之暗中活动与蔓延。

六、为达成上项任务起见,如何策定方案,预定实施步骤,参谋总长督令第一部与各战区司令长官、海军司令、空军司令、各预备军司令长官、各直属部队长等,分别详细拟就候核。其余各部,即自行酌定之。

大本营组织系统表(见第38页)
各战区作战地域如左:
第一战区　冀省及鲁北
第二战区　晋察绥
第三战区　苏南(长江以南)及浙江
第四战区　闽粤
第五战区　苏北(长江以北)及鲁省
战斗序列系统表〔略〕
一、传达法　用书面送达
二、命令受领者
参谋总长　程　潜
副参谋总长　白崇禧
第一战区司令长官　大元帅兼　由徐主任永昌分达该区各集团军总司令
第二战区司令长官　阎锡山　并由本区司令长官分达该区各

附 记

1. 本大元帅未正式就职以前，暂以军事委员会委员长名义指挥之。
2. ——指挥线 ……指导线

大本营组织系统表

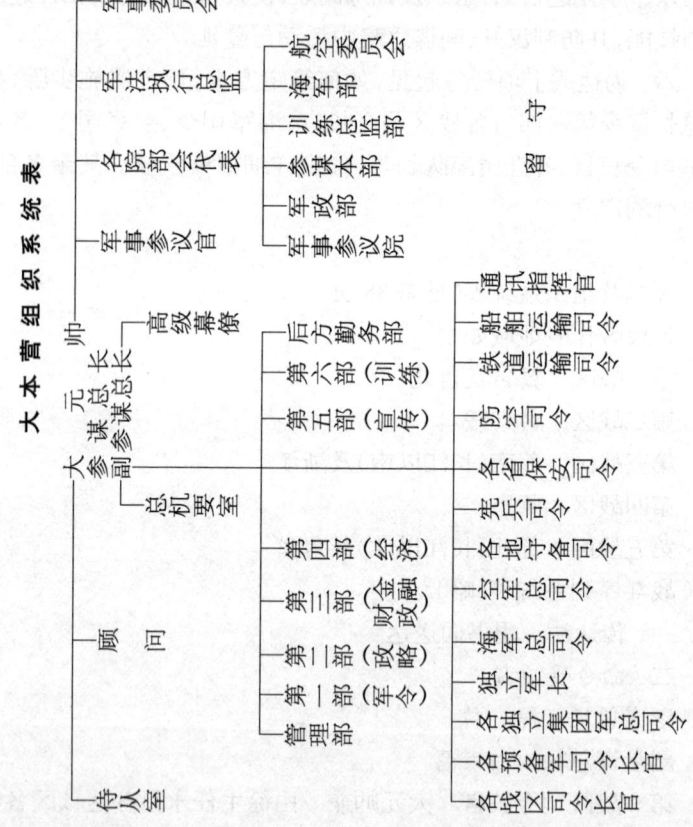

集团军各司令

  第三战区司令长官　冯玉祥　同右　副司令长官　顾祝同
  第四战区司令长官　何应钦　同右　副司令长官　余汉谋
  第五战区司令长官　大元帅兼　副司令长官　韩复榘　同右
  第一预备军司令长官　李宗仁　副司令长官　白崇禧
  第二预备军司令长官　刘　湘　副司令长官　邓锡侯
  第三预备军司令长官　龙　云　副司令长官　薛　岳
  第四预备军司令长官　何成濬　副司令长官　徐源泉
  海军总司令　陈绍宽
  空军总司令　大元帅兼
  大本营第一部部长　黄绍雄〔竑〕
  大本营第二部部长　张　群
  大本营第三部部长　孔祥熙
  大本营第四部部长　吴鼎昌
  大本营第五部部长　陈公博
  大本营第六部部长　陈立夫
  大本营后方勤务部部长　俞飞鹏
  大本营管理部部长　朱绍良
  首都防空司令　谷正伦　副司令　黄镇球
三、通报受领者
  军政部部长　何应钦
  训练总监　唐生智
  军事参议院院长　陈调元

大本营颁国军作战指导计划训令稿

(1937年8月20日)

大本营训令　令字第二号
  兹颁发国军作战指导计划,仰即遵照实施之。此令。

　　　　　　　　　　　　　　大元帅　蒋中正

中华民国二十六年八月二十日

国军作战指导计划

一、方略

1. 大本营受全体国民与全党同志之付托，统帅陆海空军，及指导全民为求我中华民族之永久生存，及国家主权领土之完整，对于侵犯我主权领土与企图毁灭我民族生存之敌国倭寇，决以武力解决之。

2. 国军部队之运用，以达成"持久战"为作战指导之基本主旨，各战区应本此主旨，酌定攻守计划，以完成其任务。

3. 为统御指挥之便利计，将全军区分为四战区（战区区分，及战斗序列，详另令）。主战场之正面在第一区，主战场之侧背在第二区。

二、敌情判断

综合所得诸情报，及依据历次战役之经验，判定：

1. 敌国为使现在平津一带敌军之作战便利起见，将以有力之一部先进占平绥各要点（张家口、南口等处），尔后或深入山西，以威胁我第一战区之侧背，或转进于正定、保定方面，以直接协力于其在平津部队之攻击。

2. 敌国为牵制我国军兵力之转用，及从政略上威胁我国军根据地起见，将以一部攻我淞沪，窥伺我首都。

3. 敌国为使其平津方面之部队进展容易起见，将以一部攻我胶东，进出历城。

4. 敌军在淞沪及青岛与我对阵期间，或以一部由海州登陆，窥伺徐州，亦在应有之行动。

5. 闽粤方面，敌军以海空军扰乱，或在所难免。如用陆军实行真面目之作战，则无此能力。

三、指导要领

甲、第一期（自八月十三日至　　月　　日）

第一战区

对北正面(平津)为制限敌军之自由转移兵力于平绥路,及使我第二战区在平绥路方面作战之便利起见,应即派有力之一部(约两军),近迫当面之敌,实行柔性之攻击,同时抽调在平汉路北端部队(机动性大而富于游击战之经验者)约三师(能多更好),归第二战区长官指挥,向怀来、万全之线以北转进。

对东北正面(山东半岛)极力缩小青岛之围攻线,使敌军尔后展布困难,可能时则以有力之一部袭取而占领之。

第二战区

本战区为华北惟一之屏障,务须永久固守,以为国军尔后进出之轴心。

平绥路为第二战区之生命线,亦中苏连络之生命线,更为我国军旋回作战之能实施与否之中枢线,应以南口附近为旋回之轴,以万全、张北、康保等地方为外翼,要固守南口、万全,国军作战方有生机,要攻略张江、赤城、沽源,国军方能展布。如南口、赤城、沽源之线,始终为国军保有,则平津方面之敌,决不敢冒险南下,故本战区之作战为:

第一步 以该战区现有之兵力,最低限度,必须固守南口、万全之战,以俟第一战区转移兵力之到达。

第二步 第一战区转移兵力到达后,向赤城、沽源之线转移攻势。

第三步 依战况之推移,对于山西东北方面,厚积兵力,以期永久固守。

第三战区

对于侵入淞沪之敌,应迅速将其扫荡,以确保京沪政治经济重心。

同时对于浙江沿海敌可登陆之地区,迅速构成据点式之阵地,阻止敌人登陆,或乘机歼灭之。

第四战区

对敌海陆军之扰乱,完全战备。

海军任务

淞沪方面实行战争之同时,以闭塞吴淞口,击灭在吴淞口以内之敌舰,并绝对防止其通过江阴以西为主。并以一部协力于要塞及陆地部队之作战。

空军任务

空军应集中主力,协同陆军先歼灭淞沪之敌(以敌舰及炮兵为主要目标),尔后任务另规定。

各预备队及兵站、通信等之行动如左:

(1)第一至第四各预备军

除命令所示者外,各依指定之地区,迅速集中完毕后,根据各战区前方会战之经验,各自实施(必要时可与中央各军事学校连络)适当战时之教育,并保有随时应命之机动性。

(2)直属诸部队

与各预备军同。

(3)后方勤务部

直接受第一部之指导,适应各战区作战之要求,完成通信、交通诸设备,充实弹药器材诸补充。对集积运输之要领,即务必分散配置,顾虑对空遮蔽,以避免敌空军及炮兵之轰炸,且能不失时机,补充前方,并考虑第二期作战之物资充足法为要。

(一)传达法 以书面派员送递

(二)命令受领者 阎锡山 冯玉祥 何应钦 陈绍宽 周至柔 李宗仁 刘湘 龙云 何成濬 俞飞鹏

大本营颁国军作战指导训令稿

(1937年8月20日)

大本营训令 令字第三号

兹颁发第一战区作战指导计划,仰即遵照实施之。此令。

　　　　　　　　　　大元帅　蒋中正

中华民国二十六年八月二十日

第一战区北正面作战指导计划

一、敌情判断

平津方面之敌,旬日以来,对于南侵行动颇形迟缓,而对于南口方面之攻击行为则极为活跃,依此判断敌军之企图,大概可分为下列三途:

1. 积极攻略南口后,进迫万全,以垄断平绥全线,再威胁大同,窥伺太原,以期不攻而摧破我全正面之作战。

2. 攻略南口后,以此为大旋回之轴心,以津浦线之运动为外翼,以主力由平汉路、以有力之一部由津浦路互相向我侧面压迫,逐次收获侧面攻击之成果。

3. 如南口之攻击不成功时,则以昌平、密云为据点,以掩护其右侧背之安全后,再用第二项所述之方法向我进攻。

依此判断本战区正面之作战,唯有以重兵扼守南口,方足以摧破敌人一切之企图,故本战区正面作战之部署应侧重于平汉线北部之西北侧。

二、指导方针

本战区北正面目前主要任务,为拒止敌人沿津浦、平汉两铁路南下,同时侧击敌人对南口方面之攻击,攻固南口、万全之线,以策定尔后转移攻势收复失地之基础。

三、指导要领

为达方针前述之目的,应以平汉、津浦两铁路为轴心,以防守部队采纵深疏散据点式之防御配置,以机动部队控制于侧翼,如敌向我进攻,则协力于防守部队向敌侧背围攻而歼灭之,同时在前线之部队应组织便衣游击队,渡过永定河,深入平津铁路以东地区组织民众，破坏交通，以牵制敌人之运动。

为达方针后项所述之目的，应以强有力之机动部队向南口、怀来、万全之西南地区挺进，直接或间接援助我南口、万全一带之守军。

四、军队区分及其位置任务

甲、右地区队

指挥官：第一集团军总司令宋哲元。

六十七军之一师位置于同居、大王庄(岐河口与马厂之间)附近。

二十九军之一师位置于东湾头(小站与马厂间)附近。

二十九军之其余部队位置于静海、王家口附近。

五十三军之一师位置于霸县附近。

五十三军之其余部队位置于雄县附近。

九十一师位置于固安附近。

河北保安队(兵力须等于一师)位置于任丘、河间附近。

以上各部队以各对当面之敌，确实占领坚强之防御阵地，绝对拒止敌人之前进为主要任务。

六十七军之其余部队位置于马厂附近，取疏散配置之态势，敌军进攻时，以由侧面策应该当正面友军之作战为主。

乙、左地区队

指挥官：第二集团军总司令刘峙。

二十六路军之一师及一旅位置于琉璃河镇、涿县、高碑店附近。

十七师位置于保定附近。

以上各部队各对当面之敌，确实占领坚强之防御阵地，绝对拒止敌人之前进，为其主要任务。

二十六路军之其余部队位置于房山、张坊附近。

第三军位置于涞水、易水附近。

第二师位置于徐水附近。

二十五师位置于满城附近。

以上各部队各在指定地点及其附近，取疏散配置之态势，敌军进攻时,以由侧面策应该当正面友军之作战为主,同时保持其机动性,准备随时可以向北平、南口方面取攻势。

丙、第一总机动部队

指挥官:前敌总司令卫立煌。

指挥第十师、第八十三师、第八十五师,以斋堂、大龙门一带为活动根据地,以策应昌平、南口、怀来方面之作战,截击敌之侧面为主要任务。

丁、第二总机动部队

指挥官:第八路总指挥朱德。

指挥新编一百十五师、一百二十师、一百二十九师以阳原、蔚县、涞源为活动根据地,以策应下花园、宣化、万全方面之作战,截击敌人之侧背,并须以便衣队深入冀东、热河地区,施行游击战,袭击敌军后方为主要任务。

五、作战地境

右／左 地区——顺义县、固安县、雄县、河间县各西侧面相连之线,线上归右地区。

左地区／总机动部队——昌平、紫荆关、阜平相连之线。

六、总预备队

四十军之三十九师位置沧州,在杜生堡、沧州以东之线构筑阵地。

三十二军位置饶阳、武强、束鹿、安平、深泽一带,在晋县、献县之间构筑阵地。

十一路【军】位置于石家庄,在藁城、正定、石家庄地区构筑阵地。

二十三师位置德州,在德州及其附近构筑阵地。

四十七师着在石家庄待命。

七、部队配置与工事构筑。

各部队无论其任务为防守或机动,务采取疏散之配置,并须利用地形、地物构筑工事,以达到步步为营、能攻能守之要求,而增加国军作战之韧强性。

八、后方勤务部队之任务

后方勤务部队,应依照此计划内所定之区分,重新规划诸设施,务适应各地区、各部队作战上之要求,完成通信、交通、卫生诸设备,充实弹药、器材诸补充,对于集积运输之要领,即务必分散配置,顾虑对空遮蔽,以避免敌空军及炮兵之轰炸,且能不失时机补充前方,应本此要旨,妥拟方案,绘图具报。

九、各地区、各部队团以上之配置及机动部队行动预定之概略,与工事构筑之情形,应绘图具报。

(一)传达法:以书面传递。

(二)命令受领者:宋哲元 刘　峙 卫立煌 朱　德 俞飞鹏

(三)通报受领者:何应钦 徐永昌 林　蔚

大本营颁第三战区作战指导计划训令稿

(1937年8月20日)

大本营训令　令字第四号

兹颁发第三战区作战指导计划,仰即遵照实施之。此令。

　　　　　　　　　　　　　大元帅　蒋〇〇

中华民国二十六年八月二十日

第三战区作战指导计划

一、指导方针

该战区应以扫荡上海敌军根据地,并粉碎在沿江沿海登陆取包围行动之敌,以达成巩固首都及经济策源地,为作战指导之基本原则。

二、敌情判断

该区当面之敌,其企图可分为消极与积极两种行动。

敌取消极行动时,在上海方面,暂取守势,用海军输送有力一部,由浏河、杨林口、七丫各口,强行登陆,俟登陆成功,再由正面移转攻势,而进于浏河、太仓、昆山之线。

敌积极行动时,其海军之行动将益扩大,除由前述各口登陆外,更将取大包围之态势,分由浒浦、浏海沙方面强行登陆,向我既设阵地(吴山—福山之战)侧背攻击,一面积极增派陆军,以期摧破我令〔?〕正面,威胁我首都。

三、军队区分

甲、淞沪围攻区

  指挥官　张总司令治中

  隶属部队

  第三十六师

  第五十六师

  第八十七师

  第八十八师

  第九十八师

  教导总队之一部

  第二十旅

  军政部学兵队

  淞沪警备部

  重炮兵第十团

  炮兵第三团

  炮兵第八团

  炮兵第十六团(在围攻期内暂归指挥)

  重迫击炮两营

战车防御炮二连

战车一营

太湖联防部队

乙、江南岸守备区

指挥官　第五十四军军长霍揆彰

隶属部队

第十一师(在围攻期内暂归甲区)

第十四师

第六十七师(暂控置于南京附近)

炮兵第十六团(在围攻期内暂归甲区)

丙、江北岸守备区

指挥官　第　师师长(已电缪澂流酌派,俟复再补入)

隶属部队

第　师

江苏保安队第　团

炮兵

丁、杭州湾北岸守备队

指挥官　张总司令发奎

隶属部队

第六十二师

第六十一师

第五十五师

第五十七师

独立第四十五旅

炮兵第二团

戊、浙东守备区

指挥官　刘总司令建绪

隶属部队

第十六师

第六十三师

第十九师

第五十二师

新编第三十四师

独立第三十七旅

暂编第十一旅

暂编第十二旅

暂编第十三旅

四、作战地区

江南岸守备区　　　间浮桥镇太仓县夏驾桥相连之线,线上属围攻区

淞沪围攻区

杭州湾北岸守备区　　黄浦江左岸闵行松江县南侧相连之线,线上属围攻区

江北岸守备区——靖江县、南通县、海门县、启东县沿岸

杭州湾北岸守备区　　杭州——钱塘江至杭州湾王盘山相连之线,线上属浙东守备区

浙东守备区

浙东守备区——宁波、绍兴、温州、台州、沿海

五、作战任务

(甲) 淞沪围攻区

就目前占领之要点,改修工事,并加强而确保之。尔后,本此要旨,逐步攻击,以缩小敌之防守范围,使其增援部队,无法展布,以达扫数[除]歼灭之目的。同时,加筑真如、大场、庙行、蕴藻浜至吴淞等处工事,以巩固围攻基础。

(乙) 江南岸守备区

以积极行动彻底歼灭敌军之登陆部队,为其作战之主要任务。

第十四师主力位置于常熟附近,以一部在鹿苑镇、福山镇、白茆口,向沿江警戒,并与浏河之五十六师取连络。

第六十七师暂控置于南京附近。

第十一师位置于吴县、昆山附近,并派一部在江阴县,向江边警戒。

第十四师、第十一师对于国防工事阵地,务必认真查察,妥为考虑战术战斗上之运用,并修补增强之。

(丙)江北岸守备区

主力位置于南通附近,于靖江、海门、启东沿岸,各派一小部警戒之。

遇敌舰企图由江南岸强行登陆,或通过江面,如为射程所许,则制压之。

(丁)杭州湾北岸守备区

以积极行动彻底歼灭敌登陆部队,为其作战之主要任务,主力位置于嘉兴、乍浦附近,以一部沿海要点警戒。

并派步炮兵各一部在浦东沿江向敌侧背射击,以策应淞沪区之作战。

(戊)浙东守备区

主力位置于杭州、肖山、宁波附近,除以一部直接警戒浙东沿海外,如敌军由杭州湾北岸地区登陆时,有援助该地区歼灭敌军之任务。

六、预备队之控置及运用

各地区指挥官应各控置适当兵力为预备队,俾随时得应邻近地区及其他需要而调遣之。

七、部队配置与工事构筑

各地区指挥官,无论施行攻击或防御任务,使各部队取纵深横广之疏散遮蔽配置。凡部队所到之处,即须注意构筑工事,以达步步为营之要求,而增加国军作战之韧强性。

八、空军行动

除续行其前任务外,对于企图登陆之敌,应尽力轰炸,尤以对敌之航空母舰,应不顾一切牺牲,强行炸沉之。

九、海军行动

敌舰进入长江下游,企图强行登陆,或转用兵力时,应尽全力攻击之,以协同陆军作战,纵有牺牲,亦在所不辞。

十、后方勤务部之任务

适应各地区作战之要求,完成通信、交通、卫生诸设备,充实弹药、器材诸补充,其集积运输,务必分散配置,顾虑对空遮蔽,以免敌空军及炮兵之轰炸,以达成补充圆滑之任务。并应本此要旨各拟方案,附图具报。

十一、各地区团以上之配置,应以要图具报。

（一）传达法　以书面派员送递。

（二）命令受领者　冯玉祥　陈诚　张治中　张发奎
　　　　　　　　　刘建绪　霍揆彰　缪澂流　周至柔
　　　　　　　　　俞飞鹏

（三）通报受领者　何应钦

大本营拟第七二八战区作战指导方案稿

(1937年11月)

第七二八战区作战指导方案

方　　针

国军为挽救北方战局,应以西安为基地,以主力确保太原、陕北及宁夏三要地,相机进出晋北及绥东,以一部分扼绥新、绥甘各要道,维护中外交通。

要　　领

一、第七战区以一部向娘子关,以主力向寿阳敌之侧背攻击。

二、第二战区固守太原附近地区,俟后续部队到达,转移攻势。

三、第八战区以主力（五师或六师）确保陕北为收复晋、绥之根据地,以有力之一部固守宁夏（约三个师）,另以一部分布于榆林、安边堡、盐池、公呼都克、苏汗都克、居延各要道(以骑兵为适),防敌西窜,确维中俄交通。

兵团部署

一、以邓锡侯之四师及已到河南之川军,均使用于第七战区,专对晋东作战。

二、第二战区之各部队固守太原,俟徐源泉之41D、48D两师及李及兰之49D师到达后,转移攻势。

三、以邓宝珊之86D、165D及樊松甫之28D、140D、陕西警备两旅,向陕北集中,构筑坚固工事,确保陕北,视情况之移转,进出晋北或绥东。

四、以马鸿逵部35D、168D两师及两警备旅、步兵独立第十旅、新第十一旅,在石咀山以南,构筑阵地,固守宁夏及定远营,其骑兵两旅可令移公呼都克及苏汗呼都克一带,防敌西窜。

五、令孔令恂部43D、97D推进至定边、靖边一带,策应陕北及宁夏之作战。

令马彪之骑兵第一师进至榆林、靖边一带。

24D推进潼关,构筑工事。

六、马步青之骑兵师,推进至居延、酒泉、张掖等地,维护中俄交通。马步芳之一〇〇师,集结于民勤、武威一带,策应宁夏之作战。

七、令绥西各部努力东进。

八、一九一师杨得亮部控置兰州。

军事委员会第三期作战计划
(1937年12月13日)

军事委员会第三期作战计划　十二月十三日于武昌

第一　方针

国军以确保武汉为核心,持久抗战,争取最后胜利之目的,应以各战区为外廓,发动广大游击战,同时从新构成强韧阵地于湘东、赣西、皖西、豫南各山地,配置新锐兵力,待敌深入,在新阵地与之决战。

第二　指导要领

一、各战区

1. 划定各战区范围,并选定根据地(如附图第一〔略〕),以面的抵抗,对敌之点或线的夺取,使不能达速战速决之目的,而消耗疲惫之。所有在各战区之军队,及行政、党务各机关,无论在任何情况下,绝对不准离开原战区,东击西应,奇正并用,以收长期抗战之效。

各战区根据地,应利用地形,构筑工事,集积粮秣弹药,讲求连络通信方法,以备独立作战。

2. 现在我军战法,应于硬性之外,参以柔性,务在交通要线上纵深配置有力部队,使任正面阻止战斗。同时组织训练民众,使连合军队,共同施行游击,以牵制扰乱破坏敌之后方,前后呼应,敌攻我正面,则游击队由各方进击,如攻我游击队,则不与决战,使其前进迟滞。

3. 为达迟滞敌军之目的,各战区之公路,现在即予破坏(在我第一线内三十或百公里之后方者)。

4. 令各省将碉堡立即拆毁,以所得材料,为构筑工事之用,并将全国各地城垣同时拆除。因我现在既不能借之以拒敌,转资敌将来利用以御我,必使我游击攻取,均感困难也。

5. 对于预期在广东方面上陆之敌,责成余副司令长官,以两粤之力量击攘之。不得已时,应据守粤北山地,与中央连系,使我作战容易。

二、决战地带(参照附图第二〔略〕)

1. 决战地带选定如左:

南段　莲花、萍乡沿湘赣边境之桐木、东门市、龙门厂、通城、羊楼司之线。

北段　太平镇、河口镇、新府集、武胜关之线。

中间　武汉附近构成要塞,其东部之湖沼地带则予开放。

本地带,应依机动防御要领,指挥作战。敌如直趋武汉,则我利用湖沼之障碍及要塞之抗力,以限制敌之活动,主力向其两翼转移攻势。敌如向阵地正面攻击,即就阵地与之抵抗,各战区亦须依游击活动,以与主力作战相呼应。

在此地带之各县县长,应以军人充任,俾得组织训练民众捍卫地方。

2. 前进阵地,选定于赣江左岸清江亘九江之线,江北则沿鄂皖豫边之黄梅、□破炉、立煌、经扶等线山地构成之。

3. 兵力决定如下表〔略〕。

4. 兵团部署:

甲、配置新锐兵力　为使决战地带战斗有利,应以新锐部队配置于重要各地。(如附表第一〔略〕)

乙、各省保安团队,多有曾经训练、堪任战斗者,应改编为正式作战部队,用于列表各地。(如附表第二〔略〕)

丙、补充整理经战部队　为恢复精强能战部队之战斗力,应分调各师于表列(附表第三〔略〕)各地,整理补充,同时准备尔后之使用,以任该地附近之作战。

丁、各省尚可调集之部队,应调集决战(如附表第四〔略〕)。

5. 阵地之编成要领　敌之最大长处,在能以其机械化部队,利用我之铁路、公路,深入猛进。我如在全阵线只为横方向之线的延长设施,不如于交通线上,采纵方向之点的重迭配备。如此以有力部队,在正面节节抵抗,游击部队在侧背予敌打击,必能转移战局,获得胜利。至于工事强度,虽以构筑钢骨水泥者为最所希望,但如限于材料,则不得不以土木构成之(参照附图第四〔略〕)。

6. 工事之构筑部队　现在构筑阵地,应一面征用民工,以期速成,一面指定部队,以免缓不济急。查各省均有保安团队,虽曾征调为各师补充之用,但余剩者即应使之构筑工事,以免民工缓慢,及野战部队临时转进不及作工之弊。其工作区域之划分,及工作部队之配当,另为详细之规定。

三、长江及武汉之守备

1. 湖口以西,武汉以东之各要塞,应力事增强,并统一指挥,以江防总司令统兵守备之,并加封锁。

2. 武汉之守备,以二十个团(五师)担任之。

3. 设武汉卫戍总司令,任保护核心之全责。

以上使用部队,及作战计划,另定专案。

四、交通通信兵站

Ⅰ. 交通 应修筑之公路如左:

1. 武昌、长沙间。

2. 决战地带内之各交通路。

3. 后方各省之交通路。

Ⅱ. 通信 顾虑武汉、长沙等地敌之轰炸给〔结〕果,足使通信断绝,故应在各该地以外之附近地方,预先购成通信网,并为补救武汉水线之缺陷起见,应在长江上游构成连络南北之通信网。

Ⅲ. 兵站 以粤汉铁路北段、平汉铁路南段为补给基线,集积弹药粮秣,先使足敷三个月之用。

五、新战力之培养 为长期抗战,维持战斗力量,须一切从新建立陆空新部队,同时准备武器弹药器材之补充,彻底抗战。

〔二〕战略相持至局部反攻阶段

蒋介石令颁军委会委员长行营组织大纲代电

(1938年12月4日)

代电

急。桂林本会办公厅贺主任:密。兹制定本委员长行营组织大纲,希照案颁布为要。桂。中〇。支辰。令一元。附发行营组织大纲一份。

军事委员会委员长行营组织大纲

第一章 总 则

一、军事委员会为顾虑尔后作战训练及交通通讯、补充经理之便利,在桂林、汉中各设行营。

二、桂林行营 主管 第三、第四、第九 战区业务。
    汉中行营   第一、第二

第二章 职 掌

三、军事委员会委员长行营(以下简称行营)职掌业务如次:

1. 作战部分:本军事委员会既定方针与指示,主持各管辖战区之作战,并与本会各部连系。

2. 军政部分:办理各该管辖战区内部队之整理、补充、经理、卫生诸事项。

3. 军训部分:办理各该管辖战区内部队之教育、检阅、点验诸事项。

4. 政训部分:办理各该管辖战区内军队、民众之政治训练及宣传诸事项。

5. 后方勤务部分:办理各该管辖战区内之交通运输、通信、补给诸事项。

6. 军法部分:办理各该管辖战区内与军法有关诸事项。

第三章 组 织

四、行营设主任一员,参谋长、副参谋长各一员。主任由委员长呈请国民政府任命。

五、行营主任、参谋长以下设总务处、参谋处、军务处、军训处、政训处、军法处,并指挥后方勤务部办事处分担业务。

六、以上各处除总务处外,概由军委会各主管部派必要人员组织之。各部设有办事处者,即以该处人员兼任之。

七、行营组织系统如附表。〔略〕

八、本大纲如有未尽事宜,得呈请修正。

军事委员会拟修正作战计划草案

（1938年12月14日）

修正作战计划草案 第一号 十二月十四日

第一 敌情判断

一、敌自以主力转用长江方面对华北作战,仅为保有其既占领区域,扫荡肃清我游击部队。其现在晋方兵力为第二十、第一零八、第一零九各师团全部,第二十六、第二、第九师团之一部,及酒井兵团、翁原兵团、工藤部队、米谷部队、漆井部队,计在晋南敌伪军约三万七千余人,炮近百门,晋北一带者约二万三千余人,总计约六万人之谱。除蒙伪军七八千人外,真正倭军约五万余人,历经与我在晋游击部队作战,损失颇巨,补充后素质、装备,较以往略逊。

二、武汉会战后,判断敌之作战方略在江南方面,必以主力打通粤汉线路,夺取三湘,同时对华北方面,肃清内部,攫取黄河右岸各渡口,以备为尔后待机渡河之基础。故近日敌分路进攻晋西、晋东,尤积极攻占中条山,企图扫荡晋省国军,略取沿河渡口,以作西侵张本。

三、战局侧重西南,敌对西南用兵,预料绝不深入,盖因西南为我大兵所聚,及英、法国际关系,故对此方面,将来必一面采缓进政策,一面与英、法暗中进行妥协,而将主力转运华北,不惟可以防俄,且必乘我西北兵力单簿〔薄〕之际,积极西侵。其进攻路线,一由平绥路西侵,进出磴口、宁夏,而入甘肃,一由山西南部渡河,直趋西安,两路会合,以取得西北。

四、潼关以东山地险阻,敌由此强渡,虽可截断陇海之交通,钳制第一战区之作战,但扩张战果不易。何况中条山横阻于后,输送甚感不便。宜川以北,属于第八路军之根据地,又多山地,由此强渡成功,处处必受牵制,而大军行动困难。惟潼、韩之间地区开扩,适于机械化部队活动,敌必借其优越之炮、空掩护,由此强渡,进入关中平原,循各公路可直趋西安。

同时,敌于垣曲、茅津、太阳渡等处渡河南侵,以策应关中方面敌军之作战。

第二　方　针

一、我军须利用既设阵地,固守黄河右岸,拒止敌之渡河。如敌施行强渡时,应乘其半渡或乘其已渡立足未定之际而歼灭之。

第三　指导要领

二、河防部队对于河岸直接配备兵力,务宜节约,应以一部配置各渡口及必要地点,担任警戒,其余大部应位置于适当地区,俟敌实施强渡时,适时进入阵地,乘其半渡而击灭于水中,或乘其已渡立足未定之时而扑灭之。

三、当敌攻我黄河左岸我军现守之地点时,右岸部队应以火力支援之。

四、禹门南迄渭河间,为敌主力渡河公算最多之地区,我河防部队应利用既设阵地,发扬步、炮威力,歼灭敌人于火网前而固守之。万一阵地被敌突破,则以第二线兵团加入决战,务期将敌悉数歼灭。如仍未得手时,则韩城及其以北部队应撤入山中,掩护我军左侧背,相机袭击敌侧背,韩城以南部队应与渭河南岸我军切取连系,施行逐次抗战。

五、敌如以优势部队由潼、陕间强渡,我河防部队应与左岸游击部队协力利用既设阵地,竭力固守,如不得已时,应利用豫西山地逐次抗战,同时与右翼第一战区各友军切取连络,相机将敌歼灭之。

六、潼关要点必须固守,如不得已时,向南转移,占领潼、华间太华山脉各道路要口,确实封锁之。并须连系西荆公路警备部队,协同游击队,以威胁敌之侧背。

七、对豫境之敌沿陇海路及其以南地区西侵时,第一守备区部队应将右翼璇〔旋〕回,转进至豫西山地,连系第二守备区及西荆公路部队,阻敌侵入,并乘敌在山地运动连系困难之际,相机而击破之。

八、敌如由鄂、豫西侵,我西荆公路警备部队应扼要据守该方面诸道路要口,并协同第一、二两守备区及第一、五战区各部队阻敌西侵,并相机将敌击破之。

九、对于由襄阳、南阳沿汉白公路西侵之敌,应由第一、五两战区转进部队配备于郧县南化塘一带山地,协同我西荆方面部队守备之。

十、对于侵入陕北沿公路南下之敌,或由各渡口侵扰之敌,游击队应由韩城以北部队派一部扼守各要点,另与游击队协同扰乱其后方,并利用陕北之复杂地形,相机包围而击灭之。

十一、我军黄河沿线与敌决战后,即转进在临潼、高陵、三原主阵地,防敌西侵,并相机与之决战。如仍不能取胜时,则以主力向宝鸡方面转进,以一部向西兰公路转进,另以一部确保太华、终南山、秦岭诸山脉,阻敌南侵,此时即按另定之游击计划施行游击,与敌作持久战。

十二、西安、咸阳两据点守备部队，应利用既设阵地，竭力固守，以牵制敌人之西进，使我军得时间之余裕，以行准备。

十三、当我军在黄河沿岸与敌作战时，应以空军轰炸黄河左岸敌渡河集结地，及沿同蒲路之敌，以阻敌之增援（预定战斗机三连，轰炸机三连），请求拨派归本行营指挥。

十四、我军转进时，应将各公路、铁路按所规定之破坏交通计划，彻底破坏之。

十五、关中区各县保安团队、壮丁队，均应按规定之组织游击队办法，编为游击队，协同陆军担任破坏交通及敌之后方扰乱。

第四　兵团部署

一、兵团之编组

（一）第一守备区　（自陕州东赵家底迄东吕店间）

　　指挥官　李铁军

　　第八师　河防　（该师原有山炮十二门）

　　抗日义勇军主力（三团）　河防

（二）第二守备区　（自东吕店迄渭河至三河口间）

　　指挥官　董　钊

　　第二十八师　河防

　　第四十六师　暂控置华县、华阴

　　炮十团第三营（欠一连）

　　第六十四师炮兵营

　　炮兵第七团第二营　（将配属曹师之一连归还建制）

（三）第三守备区　（自渭河北岸迄宜川南猴儿川间）

　　指挥官　李　文

　　陕警一旅　河防

　　第五十三师　河防

　　新八师　河防

　　第一零九师　邰阳

第六十五师炮兵营　（配属王旅）
第一一七师炮兵营　（配属王旅）
炮兵第廿团第二营　（拟配属曹师）
晋绥炮兵廿三团第一营　（配属蒋师）
第四十四师炮兵营　（现在拟将该营配属蒋师）

(四) 第二线兵团

　　指挥官　陶峙岳

　　第一师　大荔以北地区

　　第七十八师　大荔以东地区

　　第一六七师之一旅　澄城附近

　　炮兵第二十团(欠两营)　大荔

　　炮兵第十三团第二营　大荔

　　步兵炮团第二营　大荔

　　炮兵四十三团第四营　大荔(机关枪十二挺)

　　炮兵五十四团第一营(两连)　（战车防御炮）

　　第二零零师一一五零团第一营第二　大荔

　　新到之炮十五团(欠一营)　拟令暂控置于第二线兵团

(五) 空军

　　空军指挥官

　　战斗机三连

　　轻轰炸机一连

　　重轰炸机二连

(六) 西安守备军

　　第一六七师(欠一旅)

(七) 咸阳守备军

　　第六十一师　（主力驻咸阳，一部任武功、咸阳间护路）

　　铁道警备第二团(欠一营)　（任西兰公路护路）

(八）西荆公路警备队
第　预备师
暂编骑兵第二师步兵旅(令加强西荆方面对东工事,必要时即使用于此方阻敌西侵)。

(九) 宝汉警备队
第三预备师　（主力驻宝鸡）

(十) 西潼护路队
暂编骑兵第二师(欠步兵旅)（以一部任西潼间护路,主力移驻三原、耀县）

(十一) 凤陇护路队
骑兵第十二旅(欠一团)

二、兵团之任务

(一) 第一守备区应以所属部队配置于陕州稠桑镇间,保持重点于陕州附近,担任守备,并应乘敌半渡而击破之。

(二) 第二守备区应以所属部队配置于阌乡、潼关、三河口之间,保持重点于潼关附近,担任守备,务乘敌半渡而击破之,即至不得已时,潼关要点亦必须死守。

(三) 第三守备区应以所属部队配置于渭河北岸迄猴儿川间,乘敌半渡或立足未定之际而击破之。

(四) 第二线兵团位置于渭南大荔、澄城一带地区,适应情况,对渡河之敌主力,施行决战歼灭之,并任各地区之策应。

(五) 空军应适时协同我地上各部队作战,并应在敌主力渡河之后方集结地,施行轰炸,同时应钳制同蒲路之交通,以阻止敌后续部队之输送。

(六) 西安守备军任西安城郊之固守,阻止敌军西侵。

(七) 咸阳守备军任咸阳城郊之固守,阻止敌军西侵。

(八) 西荆公路警备队任西荆公路警备,并加强该方面对东工事,必要时对鄂豫方面西侵之敌,协同第一、二两守备区,及第一、五战区各部队,封锁该方面诸道路要口,乘敌在山地运动连系困难之际,相机而击破之。

(九)宝汉警备队任宝鸡、汉中之警备并宝汉间护路,主力应位置宝鸡附近。

(十)西潼护路队即以一部任西安、潼关间护路警备,主力位置于三原、耀县,必要时协力关中区部队作战。

(十一)凤陇护路队暂任凤翔至陇县间之护路及警备。

三、作战地境

第 一 战 区 — 大集—赵家底—张茅镇—卢氏—商南—白河之线(线上属左)

第一守备区 — 东吕店—大字营—涌泉之线(线上属左)

第二守备区 — 渭河北岸沿线(线上属第二守备区)

第三守备区 — 宜川南沿猴儿川之线(线上属第二战区)

第 二 战 区

四、指挥系统

查河防部队大部系十七集团军部队,应即由胡军团长任河防总指挥官,仍归由行营指挥。

第五

兵站、补给、交通、通信、卫生等,另定之。

桂林行营拟作战指导方案

(1939年1月1日)

桂林行营作战指导方案 二十八年一月一日修正案

其一 敌情判断

敌将以现有侵华部队整理补充,控制既占领区域要点,一面集结主力进攻西安、长沙、南昌,攻击开始时期,对西安在一月内,对南昌、长沙在二月内,各有发动之可能。

广东方面之敌,将扩大占领区域,进出梧州,对北海必系阳

〔佯〕动。

其二　方　针

本行营所辖各战区,以消毫〔耗〕敌人之目的,应保浙赣、湘赣、湘西、粤汉各要线及现态势,不得已时,亦应在现地线附近尽量牵制敌人,获取时间余裕,相机转取攻势。

第四战区对北海方面,尤须阻止敌之登陆。

其三　指导要领

甲、第三战区

一、按现在态势,配置于第一线部队:(1)温州、安吉方面三个师及地方团队;(2)泗安、宣城方面二师半;(3)青阳、东流方面六个师;(4)东流、湖口、鄱阳方面一个师及地方保安团(三个团);(5)福建方面三个师、海军陆战队一旅及地方团队。各应拒止当面之敌。第二线部队四个半师,应努力整训。

二、(1)南京、芜湖;(2)郎溪、金坛、无锡;(3)吴县、上海、奉县①各方面,须控置有力之游击队。

三、京沪、沪杭铁路及京杭、沪杭公路,应加紧运用政治力量,使用民众武力,发展广大之游击,以协助该区国军之作战。(须划定游击区,设置根据地,并确定而加强游击部队力量,尤须统一区内党政军之事权。)

四、应切实牵制并妨碍、破坏敌之一切实施。

五、沿江须有健全炮兵,邀击敌舰,妨害其运输,并敷设水中障碍物。

乙、第四战区

一、按现在态势,配置于第一线部队:(1)东江方面一个师(游击)、保安(警备)团四个团及自卫团队;(2)北江方面约六个团;(3)西江方面约六个团及地方团队;(4)南路方面约三师半。各拒止当

---

①　原文如此,当为奉贤县。

面之敌。

第二线部队约九师半,另工兵六个营,预期尔后将重点控置于大庾、南雄、始兴间,必要时向广宁、四会、清远间转移。

二、第一线各部应确保现阵地,并不断袭击当面之敌,相机转移攻势。

三、东江、广州间及西江南路间,应以国军一部配合民众武力,发展广大之游击,以牵制敌军而消耗之。

四、铁道、主要公路、道路及西北两江,须确实破坏阻塞(详另案附图〔略〕)。

丙、第九战区

一、按现在态势,配置于第一线部队:(1)修江南岸方面十一师半(内三个师充预备队),赣保安队一团;(2)粤汉铁路北段方面十八个师(内三个师充预备队);(3)游击队:1.庐山(两个保安团);2.湘鄂赣边区(四个师及三个支队);(4)鄱阳方面(三个保安团);(5)湘西湖防(五个师)。第二线兵团十三个师,应努力整训。

二、各方面应极力拒止敌之前进,于幕阜山、南江、梅仙及汨罗之线,应以一部构筑预备阵地,新市、营田、湘阴之线,构筑江防阵地。

三、以庐山、九宫山、幕阜山各山地带为游击根据地,各游击部队应不断袭击敌人,破坏交通,乘隙向沿江各要点及武汉附近挺进。

四、待第二线兵团整训完毕,或发现敌之过失,须相机转取攻势。

其四　兵团部署

如附团〔图〕〔缺〕

蒋介石令颁国军第二期作战指导方案密电

(1939年1月7日)

重庆后方勤务部俞部长:密。兹颁发国军第二期作战指导方案一份,希本方针及要领所示,妥筹兵站设施。本方案应密存,不得转颁以次机关为要。川。中正。阳午。令一元。

国军第二期作战指导方案

方　　针

国军应以一部增强被敌占领地区内力量,积极展开广大游击战,以牵制消耗敌人。主力应配置于浙赣、湘赣、湘西、粤汉、平汉、陇海、豫西、鄂西各要线,极力保持现在态势。不得已时,亦应在现地线附近,尽量牵制敌人,获取时间之余裕,俟新战力培养完成,再行策动大规模攻势。

但第四战区应尽先集中有力部队,转移攻势。

部　　署

战斗序列及作战地境如另纸。

要　　领

(一)第四战区,应以国军一部,配合民众武力,实施机动性游击战,主力确保现在态势,速行整补,俟增调部队到达,转移攻势,保持主决战方面于东江方面,击破侵入之敌,至少须吸收敌多数兵力而消耗之。

(二)第三战区,应以一部加强游击兵力,指向京沪杭要线,袭击敌人后方,并保持沿江据点,邀击敌人舰船,继续妨害其运输。主力应尽可能保持现在态势,尽量吸收敌人多数兵力而消耗之。

(三)第九战区,应以有力一部向武汉及沿江各要点游击,并保持九宫山游击根据地,不断袭敌后方。主力配置于浙赣、湘赣、粤汉各要线,极力保持现在态势,尽量吸收敌人多数兵力而消耗之。

（四）第五战区，应以一部保持大别山游击根据地，积极向鄂东、豫南、皖北游击。主力守备荆沙（汉宜公路）及襄樊（襄花公路）各地区，极力保持现在态势，尽量吸收敌人多数兵力而消耗之。

（五）第一战区，应以一部续在豫ми游击。主力守备南阳、临汝及陇海线各地区，极力保持现在态势，尽力吸收敌人多数兵力而消耗之。

（六）第二战区，继续积极开展广大之游击战，指向重点于正太、同蒲各要线。以有力部队配置中条山地区，与右岸河防部队协力，阻止敌人渡河。敌若由包绥进犯甘宁，应以有力部队由晋北向包绥侧击敌人。

（七）第八战区，应加强绥西、五原、临河之守备，并向宁夏以北附近地区集结有力部队，确保西北国际交通线。

（八）（天水行营直辖部队）第十战区，应以第二战区协力，巩固河防守备，分别控置有力部队于潼关、大荔、韩城及西安各地区，策应第一第二第八各战区之作战。

（九）鲁苏及冀察各战区，应增强军民力量，建立并保持游击根据地，积极展开广大之游击战，袭击敌人后方，分别指向重点于津浦、陇海及平汉各要线，尽量牵制消耗敌人。

鲁苏及冀察战区之补给，由第五及第一两战区负责。

（十）各战区依状况，应将各部轮调至适宜地点整补。

（十一）政工人员对于游击区域之工作，须特别加强。

蒋介石令颁国军攻势移转部署方案密电

（1939年2月？日）

后方勤务部俞部长勋鉴：极机密。兹颁发国军攻势移转部署方案乙份，除分令桂林、天水两行营及各战区外，希就主管事项妥速准备，务力求秘密实施，并将办理情形具报为要。渝。中正。76、08令一元。附方案乙份。

国军攻势移转部署方案

方　　针

国军决加强游击战区兵力,并相继转移攻势,以牵制消耗敌人、援助我游击部队,打破敌扼守要点,抽转兵力,建立华北军事根据地之企图。

攻击开始时机,第一、第二、第五、第八、第十、鲁苏、冀察各战区为三月上旬,第二、第四、第九各战区为四月上旬。

部　　署

一、第五战区以一部约两师攻击武胜关方面之敌而牵制之,以主力约五师指向孝感、花园间,与鄂东、豫南游击部队相策应,求平汉南段之敌而歼灭之,并彻底破坏敌交通线。

二、第一战区以约一师向信阳长台关之敌攻击,以约二师北渡黄河,归鹿钟麟指挥,攻击安阳、顺德间之敌,遮断铁道,策应冀中我军之作战。

三、第二战区以约二师向晋北宁武、朔县之敌攻击,遮断铁道,阻止其转用。以现在晋南部队向临汾以南同蒲路之敌攻击,与晋西部队策应,扫荡晋南三角地带之敌。

四、第十战区以三师之一军渡河入晋,归第二战区指挥,会合晋西各军,扫荡临汾南北之敌。

五、第八战区以二至三师兵力由五临方面向东挺进,策应第二战区之作战,相机攻略包头。

六、鲁苏战区主力以鲁南山地为根据,向胶济及济徐间铁道袭击,遮断敌之交通,并以避实击虚,粉碎敌人扫荡企图。

七、冀察战区以朱怀冰指挥97A、25A,攻击新乡、安阳间之敌,并彻底破坏铁道,策应冀中我军之作战。64A及冀中各游击部队避实击虚,于元氏、定州间积极活动,破坏交通,奇袭石家庄,粉碎敌人扫荡之企图。

八、第四战区应于西江方面采决战防御,拒敌西犯。以有力一部由铁道方面,主力由增、从间向广州方面攻击,同时惠、淡、虎、宝各地区部队,应相机攻略石龙、东莞、虎门,尽量牵制吸引敌人而消耗之。

九、第三战区应各以有力之一部分向杭、嘉、京、苏各地区之敌袭击,另以一部择芜湖以西沿长江两个以上之要点攻略而占领之,以吸引敌人并妨碍其水陆交通。

十、第九战区以有力部队攻击瑞、阳间之敌,相机占领沿江据点。各以一部由南浔西侧粤汉东侧地区,分向九江方面及通、咸、崇间地区之敌攻击,协力中央攻击部队之作战,断敌水路补给线,以牵制其兵力之转用。

十一、对于安庆、开封,另组奇袭部队袭击,以吸引敌人。

十二、各战区应就现有炮兵,尽可能抽出加入攻势。

十三、各出击部队,务极力秘匿其行动,并尽诱惑欺骗敌人之能事,遂行任务。

十四、关于兵员之补充及粮弹器材之补给,各主管部应照本方案迅即准备,并先以晋南作战部队为主。

十五、准备程序及其完毕时期,限三月五日以前详报到渝。

蒋介石令颁二十八年夏季作战计划代电

(1939年6月22日)

军事委员会快邮代电　令一元字3126号

重庆后方勤务部俞部长勋鉴:极机密。兹颁发廿八年夏季作战计划一份,除令桂林、天水两行营及各战区本计划要旨部署,关于补充原晋绥军实力及充实冀察鲁苏战区部队质量,亦已另令办理外,希就主管事项妥速准备,务力求秘密实施,并将办理情形具报为要。中正。养辰。令一元。渝。附计划乙份。

　　二十八年夏季作战计划　六月二十二日
　　方　　针
国军以确保山西,并坚持冀察鲁苏游击,使尔后攻势作战有利为目的,除直接增强冀察鲁苏,尤其第二战区之兵力外,各战区以约三分之一兵力(除整训部队)施行局部攻势,牵制消耗敌人。

各战区攻势开始之时机,预定为七月中旬。

指导要领

(一)由第十战区抽出精锐二军开晋东南,归卫副长官指挥,扫荡三角地带之敌。原晋东南疲惫部队抽出一至二军,至十战区整补。并补充原晋绥军实力,使攻击临汾附近之敌(巩固晋省,即所以保西安,盖晋省不保,则西安以东不能守,西安若不守,西北必危,是以增强晋省兵力,即直接有裨于西北战局)。

第八战区应与第二战区连系,为必要之策应。

(二)迅行充实冀察鲁苏战区部队质量(如增加经费、补充弹药武器,及派遣优秀干部及政工人员等),以增强其战力。

冀察战区积极破坏津浦路沧县至德州段、平汉路定县至邯郸段铁道,阻绝敌之运输。鲁苏战区以持久战之要领,努力保持鲁南游击根据地,疲弊敌人,并相机破坏津浦、胶济、陇海各路,妨害敌之运输。

(三)第四战区应以一部由粤汉南段,主力由增、从方面进出,向敌交通线后方绕攻,消耗敌人。

(四)第三战区应妨害敌长江航运,积极破坏京沪杭交通,特应增加淞沪地区游击兵力,积极扰袭敌人。

(五)第九战区各以有力一部分向南浔线及咸宁、岳阳间,袭击消耗敌人。

(六)第五战区应恢复随枣之役战前态势,威胁武汉。

(七)第一战区一部向信阳、长台关之敌袭击,精锐一部(至少一师)进出开封以东陇海路南北两侧地区,积极破坏交通。另以一部遮断汴新段之连络。

(八)攻击目标之选定,务避据点之争夺,应多编支队,对据点监视佯攻,集结主力,诱敌脱离据点而歼灭之。敌若固守不出,则进出战略上重要及攻击容易地区,多方扰乱敌后,方使敌疲于奔命,各不相顾。

(九)本攻势诸准备,限于七月中旬前秘密完成之。

(十)敌若先发动攻势,或乘我攻势顿挫,转移攻势时,各战区应本原来计划指挥作战。

蒋介石密电

(1939年？月26日)

(衔略)〇密。训令:(一)七月攻势未收预期战果,深为遗憾。今国际情势激变有利,为加敌以大打击,促成更有利之发展,各战区应于九月中旬,以战区现有兵力,继续实施攻势努力,截断敌重要交通线,并消耗敌人。(二)四战区仍继续现攻势,另以精锐一师以上之兵力,配合多量团队,袭攻广九路深圳及东莞、虎门之敌,其重点指向深圳。(三)三战区应以三师以上兵力,破坏京沪杭铁道、公路,同时游动炮兵,应乘隙进出江岸要点,射击敌舰一二次后,即变换阵地。(四)冀察战区对平津、鲁苏战区,对胶济与津浦两路,务须截断,不使通车。(五)第一战区对归德,第五战区对安庆、黄岗〔冈〕,均应断行攻袭,而对钟祥,更应积极攻克,并集中炮兵,协同进攻为要。(六)第九战区应以武岳路与南浔路为目标,加强攻击力量,不断攻袭。第二战区对长治及晋白公路之敌,必须如期肃清。总之,九月中旬,必须各战区共同出击,不得玩忽敷衍,坐失时机。川。中正手启。宥午。令一元略。印。

程潜为策定天水行营作战指导腹案代电

(1939年10月28日)

徐部长次宸兄:兹针对敌军进攻西北,策定本行营作战指导腹案。除分发第一、二、八、十各战区密存参考外,并随电呈报委座外,随电送达,即请查照。陕。弟程潜。俭戌。行战教。印。(附

天水行营作战指导腹案一份）

军事委员会委员长天水行营作战指导腹案
民国廿八年十月十九日策定

甲、敌情判断

敌军于湘北会战失败后，其新企图不外下列两端：

一、重整旗鼓，再攻长沙，挽回声誉，贯彻其打通粤汉铁路之目的。

二、转移兵力于江北，向西北进攻，企图遮断我国际交通线。

敌军如果采取后者，兹对其所取之步骤及行动，判断如左：

1. 第一步：略取豫西平原，打通平汉路，并遮断我晋豫间之连络，以完成其扫荡太行山、中条山之工作。其行动似以主力（约三个师团兵力）由豫南、鄂北沿平汉路向北直逼我泛滥区及河防守备部队之侧背，夺取洛阳，并分遣一部沿襄花、信南两公路西进，夺取南阳，遮断我第一、第五两战区间之连系，以一部（约两个师团兵力）由豫东渡过黄泛西进，一部（约一个师团兵力）由豫北渡河南犯，策应主力会攻洛阳，同时晋南、鄂中之敌，施行策应。

2. 第二步：彻底扫荡我太行山、中条山游击根据地，以消除敌军尔后渡河犯陕之侧背威胁。其行动似以豫敌之主力，严密封锁豫西山地，并遮断我军晋豫间之连络补给，以有力之一部，协同晋敌南北夹攻我太行山、中条山部队，彻底扫荡我游击根据地。

3. 第三步：渡河西犯，企图遮断我西北国际交通线。其行动似以主力（约三至四个师团兵力）由潼关、韩城间渡河，直取西安，一部（约一个师团兵力）由军渡附近渡河，沿咸榆公路南犯，一部（约一个师团兵力）由豫西沿陇海路，另一部（约一个师团兵力）由豫鄂边境沿长坪公路，分别西犯，协同主力会攻西安，同时绥西之敌进犯五临，鄂北之敌将第五战区左翼部队向襄河右岸压迫，以一部（约一至二个师团兵力）沿汉白公路西犯，直取汉中，遮断我川、陕连络。敌占西安后，继续以主力沿西兰公路，一部由五临沿绥甘公路，会犯兰州，遮断我西北国际交通线。

乙、指导腹案其一（基于敌情判断第一、二两项策定）

第一　方　针

一、军以确保豫西平原，使尔后作战容易之目的，应以第一战区有力部队固守泛滥及河防，主力控置于南阳、临汝、洛阳各附近，与第五战区夹歼由豫南、鄂北向北向西进犯之敌，并策应泛滥及河防守备部队作战。

第二　指导要领

二、第一战区应以有力部队固守泛滥及河防，拒止豫东、豫北之敌进犯，以三至四师兵力控置于南阳、唐河附近，以四至六师兵力控置于临汝、襄城、叶县间地区，均保持机动态势，对豫南、鄂北向北向西进犯之敌，协同第五战区左翼部队夹歼之。并依情况以一部策应泛滥及河防守备部队之作战，歼灭渡犯之敌。豫东、豫北各部队，应积极攻牵当面之敌，妨碍敌军运输，策应守备部队作战。

三、如敌军主力进抵豫西平原，继续北犯时，军则诱敌于临汝东南地区，凭借有利地形，以洛阳、偃师附近控置之机动兵团（约六个师）进出于临汝、登封之线，以左重点包歼突入之敌，施行决战。

四、如敌军以主力由豫东渡过泛滥西犯，豫南、鄂北及豫北两方面仅系一部时，军则凭借豫西既设阵地（唐河、泌阳、舞阳、襄城、禹县、密县、荥阳亘黄河之线）拒止敌军，而以洛阳、偃师附近控置之机动兵团，由临汝、登封方面转移攻势，与敌决战。

五、万一我决战不利，豫西平原被敌占领时，应即以第一战区主力确保豫西山地，阻敌继续西犯，并调整第二战区部署，由第一、第二两战区抽调一部开陕，准备尔后之作战。

六、泛滥区及河防守备部队，应绝对拒止敌军登岸，歼敌于水际。左岸各部队则应不顾一切牺牲，向渡河之敌侧背猛攻，深入敌军后方各部队，对铁路、公路，应采取威力要点破坏，彻底断敌交通,并攻牵当面之敌,策应第一战区作战。

第三　兵团部署

(子)第一期(基于指导要领第二至第四项策定)

七、第一战区

1. 泛滥区及河防守备部队应严加戒备,增强工事,阻击敌军进犯,并保持重点于扶沟、白沙、孟津方面。

2. 豫皖边区游击区,应以积极行动,攻牵消耗豫东之敌,掩护泛滥。

(1) 第八十一师以一部遮断汴新路,主力遮断陇海路商丘、开封段,妨害敌运输,并攻牵敌军。

(2) 骑二军应星夜兼程东进,由项城附近渡过泛滥,进出永、亳、鹿、淮之线,积极攻牵太淮方面之敌,并遮断其背后连络。

(3) 各游击部队及地方团队,分别配属第八十一师及骑二军作战。

3. 豫北各部队积极遮断平汉、道清、汴新各路交通,妨害敌运输,并攻牵当面之敌,扼止南犯,掩护河防。

4. 第二集团军(欠第六十八军)即由舞阳、叶县一带开唐河、南阳附近,准备协同第五战区左翼部队夹歼由信阳、长台关一带向北向西进犯之战(必要时电请委座将第六十八军归还第二集团军建制,以收统【一】指挥之效)。

5. 第卅一集团军即由唐河、南阳、汉中等处开临汝、襄城、叶县间地区,准备协同第二集团军夹歼由豫南北犯之敌,及策应泛滥区及河防守备部队作战。

八、胡总司令宗南指挥第一军、第七十一军(预定控置于洛阳、偃师附近,但暂位置于现地,依情况再行移动),为本行营机动兵团。

九、第二战区应肃清白晋公路之敌,恢复原来之态势,并攻牵当面之敌,策应第一战区作战。同时对中条山方面部队,应区分据点守备部队及攻击破坏部队,并指定攻击破坏之目标,使任务单纯,以收专一之效。

十、第八战区应向绥包之敌攻牵,并肃清黄河右岸大树湾附近之敌。

十一、第十战区

1. 胡总司令宗南即将第一军暂控置于潼关、华县间并指挥灵宝、偃师附近之第七十一军为机动兵团,归本行营直接指挥。

2. 第十六军除预一师仍服原任务外,以一部接替第一军所遗河防,以一师控置于大荔附近。该军第二八师所遗西安一带警备勤务,预三师所遗宝鸡一带警备勤务,统由蒋长官派队接替。

十二、冀察、鲁苏两战区,应彻底破坏交通,阻敌运输,并攻牵消耗当面之敌,策应第一战区作战。

十三、第五战区应加强左翼兵力,与第一战区协力夹歼由豫南、鄂北向北向西进犯之敌,并从右翼及豫鄂皖边区游击部队积极攻牵当面之敌,破坏平汉铁路及鄂东各公路,策应豫南、鄂北方面之作战。

(丑)第二期(基于指导要领第五项策定)

十四、第一战区以第二、第三两集团军及第七十六军确保豫西山地,及新安以西河防,封锁豫、陕间交通,并指导骑二军、暂骑一师及游击部队、地方团队等,发动大规模游击,阻止攻牵敌军继续西犯。豫北各部队应阻敌西犯,掩护太行山及中条山部队之侧背,应乎①必要改隶第二战区序列。其余各部队则分沿陇海路及洛潼、长坪各公路向西转移,以第卅一集团军控置于商南、商县附近,积极整理,并派遣一部担任荆紫关、西坪一带守备。胡宗南部(第一军、第七十一军)控置于华阴、渭南间,积极整理。

十五、第二战区应调整部署,继续攻袭消耗当面之敌,牵制敌军渡河西犯。

---

① 原文如此。

1. 第九军调至灵宝附近控置。

2. 第二十七军由垣曲以西渡河调陕,或依情况向西突过同蒲铁路,由吉县附近渡河返陕,控置于蒲城、澄城间地区,积极整理。所遗长治、长子一带防务,着第十四军接替。第十四军所遗沁水方面防务,着由第九十三军派队向左延伸接替之。

3. 第十四军、第九十三军、第九十七军、第九十八军、第廿四集团军,均归庞总司令炳勋统一指挥,与第十八集团军主力协同肃清白晋公路之敌,确保太行山游击根据地,牵制消耗敌军,破坏交通,妨害敌军运输,并拒止豫北之敌西犯,掩护太行、中条两山侧背。惟在肃清白晋公路敌军期间,担任直接攻袭该方面敌军之各部队,仍暂归朱副长官德统一指挥之。

4. 第四、第五集团军仍以中条山为根据地,继续游击消耗敌军,破坏交通,牵阻敌军渡河南犯及西犯。

5. 晋西、晋北各部继续原任务,消耗敌军,破坏交通,牵阻敌军渡河西犯。

十六、第八战区应以有力部队继续游击,消耗敌军及积极破坏平绥路,妨害敌军运输,并由甘、宁抽出两师兵力,推进临河附近,加强绥西守备。

1. 河防部队应严加戒备,并加强工事。

2. 预一师预行推进商南,并派遣一部于荆紫关、西坪对南阳及老河口方面警戒,封锁长坪公路。待第卅一集团军到达接替后,该师即开大荔,归还第十六军建制。

十八、鲁苏、冀察两战区,仍服行原任务。

十九、第五战区应确保襄樊、老河口,阻止敌军沿老白公路西犯。

第四　交通通信

(子) 第一期(基于兵团部署第一期)

二十、豫境公路完全破坏,陇海路陕县以东彻底拆除,陕东(商县、渭平、富平之线以东)各公路完成破坏之准备。

二十一、修缮卢氏、雒南、渭南间及卢氏、商南间交通。

二十二、通信网依兵团部署构成之。

(丑) 第二期(基于兵团部署第二期)

二十三、潼关以东陇海路,应彻底破坏。

二十四、通信网依兵团部署撤除或增设之。

第五　补给卫生

(子) 第一期(基于兵团部署第一期)

二十五、第一战区兵站及卫生机关,依兵团部署增设之。其余各战区仍旧。

(丑) 第二期(基于兵团部署第二期)

二十六、第一战区应于渭南、雒南、卢氏间及西安、商南、卢氏间,预行增设补给线路,并于豫西山地储备大量粮弹。

二十七、第二战区应于庆阳、鄜县、宜川及盐池、定边、靖边、绥德间,预设补给线路,并于中条山、太行山、晋西山地,预储大量粮弹。

二十八、其余各战区仍旧。

丙、指导腹案其二(基于敌情判断第三策定)〔略〕

附记

本腹案其一兵团部署第七项之4、5两条所示,第二集团军由舞阳、叶县一带开唐河、南阳附近,及第卅一集团军由唐河、南阳、汉中等处开临汝、襄城、叶县间地区,经呈奉委座感未令一元光电示,该两部着仍在现地控置等因。特注。

蒋介石致程潜等密电

(1939年11月19日)

廿八年十一月十九日下达之冬季攻势命令

电一

有线(限三小时到)。西安程主任、洛阳卫长官、兴集阎长官、兰州朱长官、西安蒋长官：○密。极机密。训令。国军冬季攻势之作战，依次记要旨实施：(甲)方针：(一)国军以消耗敌人导国军尔后作战有利之目的，以本会直辖整训部队主力，加入第二、第三、第五、第九各战区，实行主攻；(二)为牵制敌之兵力，俾主攻方面奏功容易，其余第一、第四、第八及鲁苏、冀察各战区，向当面敌人实施助攻，策应主攻方面之作战；(三)攻势开始日期，除第五、第九战区限于十一月寝日以前实施，其余助攻方面概限十一月底，主攻方面概限十二月上旬，如期分别实施。(乙)指导要领：(一)第一战区攻击开封、博爱，牵制敌人，切断汴新路及平汉路安阳附近交通，策应第二战区之作战；(二)第二战区应首先切实截断正太与同蒲二路，肃清同蒲线南部晋南三角地带敌人，如次记要领实施攻击：(子)由汾河北岸击破新绛、稷山、河津敌人，向南进出，由同蒲路东侧横水岭、夏县、平陆，向同蒲路攻击，重点置于翼城东侧地区，击破当面敌人，沿同蒲路向安邑进出，协力肃清三角地带敌人，并晋冀边境十八集团军部队，切实截断正太路交通；(丑)切断同蒲路北段介休、临汾间，及白晋公路之交通，攻击长治，并各以有力一部分由东西两面向曲沃、侯马、汾城攻击，掩护主力之侧背；(寅)以北路军主力指挥张砺生部，向归绥东南附近地区围攻敌军，并策动伪军反正。(三)第八战区绥西部队，应协同第二战区北路军主力，围攻归绥附近敌军，向归绥西北附近地区攻击。(四)第十战区，主力仍任原河防，依晋南三角地带攻击之进展，应有一部渡河，扩张战果之准备。(五)汤恩伯集团(四个师)仍归本会直辖，控置于南阳、新野间地区，掩护第一、第五两战区侧背。(六)本会直辖整训部队加入第二战区作战者为第七师 47D、64D。(七)任攻击各部队，应注重敌军交通要线，实施正面之攻击，首须将其各交通路节节切断，使其兵力分隔，前后不能相应，诱导敌人于要点外，行运动战而击灭之。依状况控置主力于待机位置，截断其策应赴援之敌，或乘虚取其要点。但务须特别注意，避免攻坚。(八)化工兵之集中配属，已另令饬遵。(九)对于空军之协同作战,另有命令。(十)主攻方面弹药之补充、积集及递送准备,须于攻势开始前完成。(丙)本命令之下达,应限于有关事项,不得照录全文,并应转饬所属各级指挥官,不得以无线下达。(丁)除分令外,仰即遵照切实准备,按期实施,并将部署情形丁本月梗日以前具报为要。川。中正。皓申。令一元。印。

电二

有线。联衔。(限三小时到)桂林白主任、上饶顾长官、曲江张长官、长沙薛长官(另发)、老河口李长官(抄送)、重庆陈长官:〇密。极机密。训令国军冬季攻势之作战,依次记要旨实施:(甲)方针:(一)①……(乙)指导要领:(一)第五战区扫荡平汉线南段武汉、信阳间敌人,以孙连仲集团及李仙洲军攻略信阳及广水间地区,协助友军进取汉口,21AG以一部向安庆附近攻击,以有力部队(约六个团)向黄冈、黄石港、田家镇、武穴、孔垄、望江附近攻击,以主力配合右集团由东向西两面向平汉南段广水以南花园至汉口地区攻击,务须努力挺进,以期袭击汉口,克奏肤攻〔功〕。右翼集团(江防军除外)应向汉宜路京、钟、随县、安陆敌人攻击,并切断襄花及汗宜路交通。豫鄂皖边区游击部队,向淮南路及津浦南段攻击,策应作战。(二)第九战区应向粤汉北段正面敌人攻击,其重点应注重在蒲圻、咸宁一带,切断敌军后方之交通,并向武昌附近努力挺进,威胁武汉,务使奇袭武昌,克奏奇效,并应攻击南昌及南浔路,以一部挺进袭击瑞昌、九江,牵制敌人。(三)第三战区攻击湖口、贵池、荻港间沿江敌人,切断长江之交通。依据侦察结果,以主力向湖口、马当、东流、贵池、大通、铜陵、荻港各附近隙地攻击,一举突进江岸,闭塞长江之交通,并扫荡沿江敌人。并应攻击芜湖湾

---

① 与前电同,略。

址,切断京沪杭交通,牵制敌人。(四)依状况,各该战区应分别略取信阳、贵池、马当、武穴、田家镇各要点。(五)从现在起至三月止,我第三、第五、第九各战区部队,须协同一致,将南京以西之敌驱逐至长江下游。(六)第四战区对于北海方面,以持久抵抗要领,消耗登陆之敌,相机攻略潮、汕,以主力扫荡广九路。(七)汤恩伯集团(四个师)仍归本会直辖,控置于南阳、新野间地区,掩护第一、第五两战区侧背。(八)本会直辖整训部队加入战区作战者如次:1.10A、86A、49A加入第三战区;2.65A加入第四战区;3.2AG、59A、92A加入第五战区;4.4A、66A、99A加入第六、第九战区。(九)任攻击各部队应注重敌军交通要线,实施广正面之攻击。……(十)炮工兵及布雷队之集中配属,已另令饬遵。(十一)对于空军之协同作战,另有命令。(十二)主攻方面各战区弹药之补充、积集及递送准备,须于攻势开始前完成。(丙)本命令之下达,应限于有关事项,不得照录全文。……(丁)除分令外,……川。中正。皓申。令一元。印。

蒋介石手订第二期抗战之要旨
(1939年11月27日)

第二期抗战之要旨　蒋中正　十一月二十七日

一、政治重于军事。

二、民众重于士兵。

三、精神重于物质。

　　一物要作二物用　　一人要作二人用

　　一弹要作二弹用　　一日要作二日用

全在于精神补助物质之不足。

四、组织要重实际(不重名位)。军需、军医、参谋、情报、副官、通信、运输各种机关,要重新整顿检查,切实考察人员之能力与其学术,务使其称职尽职,方能增加工作效率,名副其实达成抗战使命。

五、训练重于作战。干部之挑选、考试、训练,尤为重要,须要轮流分期继续不断的训练,尤要按期检阅,并评定甲乙成绩,按月公布。

六、情报重于判断与想象。

七、研究敌情,注重(挑选)谍报工作人员,分析当时当地实际环境,制定各种工作计划。

八、整理重于购置(整理、修理、管理、处理)。

九、游击战重于正规战(游击战要旨另订)。

十、宣传重于作战。

十一、纪律重于一切。

十二、命令重于生命。

十三、行动重于理论。

十四、分组会议、自我批评,重于正规教育。

十五、各种工作计划与训令,皆要定期检查考验,评定赏罚。

十六、专技重于博学(简单容易)。

十七、常识的重要(因地、因时、因人、因物制宜)。

十八、紧缩重于生产,节约重于丰裕。

十九、注重政治经济科学常识与三民主义之理论,及其哲学基础。

二十、建设创造重于战争。

我军将领必须觉悟,以后抗战胜利之基础,全在于我能独立作战,自力更生,事事要节约紧缩,勤劳忍痛,独立自主,准备作五年十年之苦斗,则抗战最后胜利之目的,方能达成也。

蒋介石令颁国军攻势移转部署方案代电

(1939年？月)

抄军委会令一元第828号代电

(衔略)极机密。兹颁发国军攻势移转部署方案一份。除分令桂林、天水两行营暨各战区外,希就主管事项妥速准备,务力求秘密实施,并将办理情形具报为要。渝。中正。2608令一元。附方案一份。

国军攻势移转部署方案

方　　针

国军决加强游击战区兵力,并相继移转攻势,以牵制消耗敌人援助,我游击部队打破敌扼守要点,抽转兵力建立华北军事根据地之企图。

攻击开始时机,第一、第二、第五、第八、第十、鲁苏、冀察各战区,为三月上旬,第三、第四、第九各战区,为四月上旬。

部　　署

一、第五战区以一部约二师,攻击武胜关方面之敌而牵制之,以主力约五师指向孝感、花园间与鄂东、豫南游击部队相策应,求平汉南段之敌而歼灭之,并彻底破坏敌交通线。

二、第一战区以约一师向信阳、长台关之敌攻击,以约二师北渡黄河归鹿钟麟指挥攻击安阳、顺德间之敌,遮断铁道,策应冀中我军之作战。

三、第二战区以约二师向晋北宁武、朔县之敌攻击,遮断铁道,阻止其转用,以现在晋南部队向临汾以南同蒲路之敌攻击,与晋西部队策应,扫荡晋南三角地带之敌。

【四、】第十战区以三师之一军渡河入晋,归第二战区指挥,会合晋西各军,扫荡临汾南北之敌。

五、第八战区以二至三师兵力由五临方面向东挺进,策应第二战区之作战,相机攻略包头。

六、鲁苏战区主力以鲁南山地为根据,向胶济及济徐间铁道袭击,遮断敌之交通,并以避实击虚,粉碎敌人扫荡企图。

七、冀察战区以朱怀冰指挥97A、N5A攻击新乡、安阳间之敌,并彻底破坏铁道,策应冀中我军之作战。

69A及冀中各游击部队避实击虚,于元氏、定州间积极活动,破坏交通,奇袭石家庄,粉碎敌人扫荡之企图。

八、第四战区应于西江方面采决战防御,拒敌西犯,以有力一部由铁道方面、主力由增、从间向广州方面攻击。同时惠、淡、完〔莞〕、宝各地区部队,应相机攻略石龙、东莞、虎门,尽量牵制吸引敌人而消耗之。

九、第三战区应各以有力之一部分向杭、嘉、京、苏各地区之敌袭击,另以一部择芜湖以西,沿长江两个以上之要点攻略而占领之,以吸引敌人并妨碍其水陆交通。

十、第九战区以有力部队攻击瑞、阳间之敌,相机占领沿江据点,各以一部由南浔西侧粤汉东侧地区分向九江方面及通、咸、崇间地区之敌攻击,协力中央攻击部队之作战,断敌水路补给线,以牵制其兵力之转用。

十一、对于安庆、开封,另组奇袭部队袭击,以吸引敌人。

十二、各战区应就现有炮兵,尽可能抽出,加入攻势。

十三、各出击部队务极力秘匿其行动,并尽诱惑欺骗敌人之能事,遂行任务。

十四、关于兵员之补充,及粮弹、器材之补给,各主管部应照本方案,迅即准备,并先以晋南作战部队为主。

十五、准备程度及其完毕时期,限三月五日以前详报到渝。

〔国民政府军政部档案〕

蒋中正致汤恩伯密电稿

(1940年4月12日)

南阳汤总司令:○密。敌军最近战法,以速进速退为要旨。此次如敌果向我军进攻,则其不能持久,料其最多一个星期,仍必向平汉路后退。故我军一面准备在其侧面反击,而一面须想定其退却方向与道路,分派一个营兵力为基准之多数单位,每隔卅里或五十里,沿途设伏,待其退却时,节节截击。此乃我军以少数击多数并应敌军速进速退之唯一对策。望照此旨切实研究与部署。但须预防敌军前进之原路未必是其退却之通路。故除原路布置伏击以外,而预想其他可退却之道路,亦须作适当之准备。总使其速进以后而不能速退,与无一漏网也。但各处小部队,对敌伏击,只要杀伤其员兵,截获其武装,及消耗其实力为目的,而不必与之作持久决战也。因我军层层布置,节节【伏】击,不怕其漏网也。但我各小部队打击敌军达成目的以后之行动,与归还建制之道路地点,以及前后左右各部联络方法,皆须预先详确指示为要。中○手启。文。机。渝。

军令部拟国军守势作战计划稿

(1940年4月)

国军守势作战计划

方　　针

(一)国军以确保现在之态势,俾导尔后作战于有利之目的,以一部加强游击区,尤其京沪杭地区之兵力,以一部与敌保持接触,主力积极整训后,移转攻势。

为击破敌之攻势,各战区应互相策应,将突入之敌包围夹击而歼灭之。

国军配备之重点,在第五、第九战区方面。

指导要领

(二)在转移攻势之前,各战区应加强既设工事,并适时实施必要之攻击。

(三)如敌以一部进犯荆、宜时,则江防前进部队,相互协力,将敌击破之。如敌以主力渡过汉水,企图攻略荆、宜时,则江防部队应以一部行逐次抵抗,主力就主阵地与敌决战。第五战区汉河两岸之部队,迅即向南席卷,将敌压迫于湖沼地带而歼灭之。

敌如以一部在洞庭湖西岸登陆,策应其主力作战时,则第六战区应协力江防军之作战,将敌歼灭于湖畔。

此时第三、第九两战区,应各以有力之一部,立即移转攻势,截断长江敌之连络,并相机攻略武汉。第一战区应以一部由南阳方面侧击西进之敌。

(四)敌如进窥湘垣,第九战区应以一部在既设阵地,逐次抵抗,主力在长沙附近,与敌决战,以有力之一部,攻击敌之侧背而聚歼之。第三战区应以一部与豫鄂皖边区部队,努力截断长江敌之连络。第五、第六战区各以有力之一部,移转攻势,以策应第九战区之作战。

(五)桂南之敌如出扰时,应攻击其侧背,截断其退路,一举捕捉而歼灭之。敌如据守,则国军恢复战力后,相机攻略南宁。

(六)敌如由广州方面北犯时,第十二集团军应利用粤北山地之既设阵地,以有力之各一部,由两侧夹击敌人,待敌进至我主阵地附近,为我火力所摧毁陷于委靡之时,相机转移攻势,歼灭敌人。

(七)敌如强渡黄河,企图攻略西安时,则第十战区之沿河守备部队,竭力阻止敌之渡河,主力适时移转攻势,乘敌半渡而击破之。第一战区以有力一部,第二战区以主力转取攻势,由各方面夹击敌人,以策应第十战区之作战。

(八)敌如以主力渡过钱塘江,企图进犯我绍、鄞时,第三战区则以主力侧击敌之右侧背,以一部逐次抵抗,相机击灭敌人。

各战区作战指导

(九)第一战区以有力一部于豫东、豫北续行游击,主力保持现在之态势,不得已时,亦须确保南阳、临汝、巩县以西陇海沿线地区,依情况预行控置二个或三个师兵力于临汝及洛阳附近,支援河防,并确保豫西山地,连系第五战区左集团击灭侵入之敌。

当面敌情

豫东方面

第卅五师团之一部
　　第廿一师团之一小部
　　骑兵第四旅团
豫北方面
　　第三十五师团主力
　　第一百一十师团一小部
　　共约两师团
　　我各部队位置
泛滥区守备部队
　　第三集团军(欠第二十二师)
河防部队
　　第七十六军
豫东方面游击部队
　　骑兵第二军
　　第二十二师
豫北方面游击部队
　　第四十七军
　　第九军
　　以上两军属第二战区战斗序列,暂归第一战区使用。
　　新编新五军
控置部队
　　第三十一集团军(属本会直辖)
　　第三十四师
　　共约二十一个师

(十)第二战区继续积极实施广正面之游击战,尤应积极遮断正太、同蒲、白晋各铁路线及晋西各公路之敌交通,同时以有力各一部确保晋东南及中条山并吕梁山脉地区,阻止敌之渡河,及消耗敌人,并随时以主力策应第一、第十两战区之作战。

当面敌情
晋东方面(上党区)
　　第三十六师团
　　独立第四旅团
晋南方面(三角地带)
　　第三十七师团
晋西方面(同蒲路中段)
　　第四十一师团
　　独立第九旅团
　　第一〇八师团一部
晋北方面
　　第卅六师团之一部
　　独立第九旅团
　　共约四个半师团
　　我各部队位置
晋东方面
　　第廿七军
　　第四十军
　　第七十一军
　　第十八集团军之一部
　　第九十三军(欠新编第八师)
　　第十四军
　　独立第八旅
晋南方面
　　新编第八师
　　第十五军
　　第四集团军
　　第五集团军

晋西方面
　　第六集团军
　　第七集团军
　　第八集团军
　　第十三集团军
晋北方面
　　第百十五师
　　第百二十师
　　暂编第十师
控置部队（晋西方面）
　　第九十军
　　共约四十一个半师

据卫长官前报第二战区晋南作战军第二期作战计划,廿九年度修正案,颇能适应状况指导作战,经承办委座三月宋令一元健电复准予备案在卷,尔后晋南作战,仍本该案指导之。

（十一）第三战区,以肃清钱塘江南岸,及攻取沿江各据点为目的,预为所要之准备,妨害钱塘江大桥之修复,对京、沪、杭附近地区,加紧游击,及交通之破坏。敌如渡江进犯时,以一部逐次抵抗,以主力侧击敌之右侧背,而包围歼灭之,并策应第五、第九两战区之作战。

　　当面敌情
沪杭方面
　　第二十二师团
　　独立第十一旅团
　　藤田进部队
京沪方面
　　第十七师团
　　第十五师团

独立第十二旅团
皖南方面
第百十六师团
赣北方面
第卅四师团之一部
共约五个半师团
我各部队位置
福建方面
第七十五师
第八十师
新编第二十师
宁波方面
第一百九十四师
钱塘江方面
第七十九师
第百九十师
第十预备师
京沪方面
第一、二挺进纵队
独立第三十三旅
第六十二师
第六十三师
第百九十二师
皖南方面
第百四十七师
第百四十六师
第百四十五师
新编第七师

第五十二师

第百〇八师

赣北方面

第五预备师

第二十六师

第四十九军之一个师

控置部队

第四十九军一个师

第百四十八师

第百四十四师

第四十师

第六十七师

第十六师

新编第三十师

新编第廿一师

第八军第三师将开金华附近

共计二十七师半

(十二) 第四战区

甲、桂南方面

桂南我军,应以消耗敌兵力,并确保我西南新国际路线安全之目的,以有力一部,与敌保持接触,不断行局部之攻击,并加强截断邕钦路之交通,主力分别控置于后方整顿,迅行恢复战力,相机收复南宁。

对于敌之出扰,以一部逐次抵抗,以主力由两侧夹击,相机包围捕捉而歼灭之。

当面敌情

第二十八师团

第五师团

近卫旅团之一部

我各部队位置

邑钦路以西及邑武路附近地区

第十六集团军 ─┬─ 第卅一军 ─┬─ 第百卅一师
　　　　　　　│　　　　　　└─ 第百八十八师
　　　　　　　├─ 周纵队 ─┬─ 第百卅五师
　　　　　　　│　　　　　└─ 第百七十师
　　　　　　　└─ 第四十六军 ─┬─ 第百七十五师
　　　　　　　　　　　　　　　└─ 新编十九师

邑宾路附近地区

第五十四军 ─┬─ 第十四师
　　　　　　├─ 第五十师
　　　　　　└─ 附第四十三师

迁江附近

第六军 ─┬─ 第四十九师
　　　　└─ 第二预备队

甘棠附近

第九十三师

邑钦路以东地区　东路兵团

第廿六集团军

　　独立第一团

　　独立第二团

　　独立第三团

　　南路游击队

第卅五集团【军】（灵山东北地区）

　　第六十四军 ─┬─ 第百五十五师
　　　　　　　　└─ 第百五十六师

共十四个师、三个团及游击队

查桂南之敌,暂似无若何之积极企图,而邕钦公路为南宁之生命线,我为贯彻寒未令一元度电之指示计,邕钦路上之兵力,似不可减弱,并应加强其袭击力量为宜。第六十四军、第卅一军损失均大,可调至后方整补,另以熟习当地情形,且较完整之部队,如第百卅五师、第百七十师南调,担任该路之袭击较宜。其余可照张长官十三号作命实施。

乙、广州方面

第十二集团军,应确保现在之态势,不断袭击敌人。敌如深入时,以一部利用粤北山地,分数线扼守阵地,拒止敌人,以一部侧击尾击敌之侧背,主力适时进出,移转攻势,包围歼灭敌人。

当面敌情

第十八师团

第百○四师团

第三十八师团

共三个师团

自三月上旬占我中山后,在北江方面,似有蠢动模样。

我各部队位置

东江游击区

第三、四游击纵队

第一百五十九师

保安第八团

新四军之第十四支队

西江方面

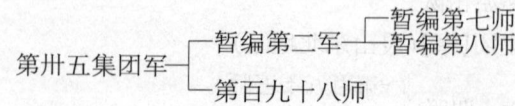

第卅五集团军—┬—暂编第二军—┬—暂编第七师
　　　　　　　│　　　　　　　└—暂编第八师
　　　　　　　└—第百九十八师

北江方面

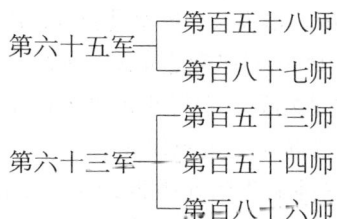

第六十五军—第百五十八师
　　　　　—第百八十七师

第六十三军—第百五十三师
　　　　　—第百五十四师
　　　　　—第百八十六师

控置部队（青塘、梅坑及乐昌、乌石附近）

第百五十一师

第百六十师

独立第二十旅

第六十二军—第百五十二师
　　　　　—第百五十七师

共十三个师、一个旅及游击队、保安团队等。

　　丙、潮汕方面

应以一部不断袭扰敌人，主力极加整训，以备尔后进克潮汕。

　　当面敌之兵力

第百〇六师【团】之第百卅六旅团

　　我之兵力

第六预备师

独立第九旅

第一挺进纵队

保安第一团

保安第四团

保安第五团

（十三）第五战区

　　甲、长江上游江防方面

江防军以确保宜昌、巩固中枢门户之目的，以一部配备于莲花市—沙洋—马良之线之前进阵地与第一、二中间阵地，以主力配备于杨林市—当阳之线之主阵地带。如敌以小规模进犯荆、宜时,应以前进阵地与第一、二中间阵地之兵力,打破敌之企图。如敌真面目进犯宜昌时,应以一部就原有阵地逐次抵抗,主力迅就主阵地与敌决战。

乙、第五战区对于江防军之策应作战

第五战区应以一部控置钟荆路南北附近地区。如敌进犯宜昌,重点指向于沙河时,即以该部主力南下侧背,与江防军协力,压迫敌于江河湖沼地区而歼灭之。

如敌强渡襄河向荆、宜进犯时,第五战区襄河东岸部队,应以一部向当面之敌攻击,并应亘战局之始终,以强有力部队南下侧击,以协力江防军之作战。

如敌在汉宜、京钟路集结兵力,企图进犯襄、宜时,第五战区应以鄂东部队之主力,亘战局之始终,积极向鄂东方面攻击,威胁汉口,并须截断平汉线,牵制敌之西进。

丙、襄樊方面及豫鄂皖边区方面

第五战区应以一部保持大别山游击根据地,积极向豫南、鄂东、皖北展开广大游击战,以牵制并消耗敌人。如敌进犯襄樊时,以一部行正面之拒止,以一部袭击敌之后方,确保襄樊南阳南北之线,以有力部队由右翼转移攻势,此时第一线以有力之一部侧击敌之右侧背,包围歼灭之。

丁、第五战区对第九战区之策应作战

敌如真面目向第九战区进犯时,第五战区豫皖边区部队,应以一部挺进浠水江边,截断长江敌之交通,主力向黄陂方面佯动,威胁汉口,以牵制敌兵力之转用。

当面敌情

汉宜路、京钟路附近

第十三师团

襄花路及豫南方面

第三师团

鄂东方面
　　第三十九师团
共三个师【团】
　　我各部队之位置
江防军
　　第廿六军
　　第九十四军
　　第一百廿八师
京钟路附近(右集团)
　　第六十七军
　　第七十七军
　　第一百八十师
　　骑兵第九师
　　第廿九师
襄花路方面(中央集团)
　　第四十五军
　　第八十四军
豫鄂皖方面
　　第七军
　　第四十八军
　　第九十二军
控置部队
　　第七十五军(江防部队)
　　第四十四军 ⎫
　　第三十八师 ⎬ (右集团)
　　第七十四师 ⎭
　　第六十八军　　⎫
　　独立第四十四旅 ⎬ (左集团)

第四十一军(战区控置兵团)

共四十二个师

(十四)第六战区应与第九战区协同,以击破南犯之敌,加强洞庭湖之封锁,控置主力于常德附近,并加强湘西之既设阵地,确保湘黔、潭宝、湘桂各路之安全。

敌如沿长江西犯,或以在洞庭湖西岸登陆,以策应其进攻宜昌之作战时,应以有力之一部,向澧县公安地区侧击敌人,以策应第五战区之作战。

(十五)第八战区应加强绥西五、临之守备,并控置有力部队于临河,及宁北、绥新公路附近,拒止敌之进犯,并相机协助第二、第十两战区之作战。

当面敌情

归绥、萨县、包头、安北、托县、清水河附近盘据之敌为:

第二十六师团之一部

骑兵第一旅团

伪军约十个师

 我军之配备

第一线及游击部队

 第卅五军

 骑兵第六军

 暂编第十一师

 新编骑兵第三师

 五临警备队

 挺进军

 及绥东骑兵三个团及游击部队

控置部队

 第十七集团军

 第八十军

第四十二军

第八十二军

骑兵第五军

共计十九个师、十四个旅、九个团及游击队约五千人。

(十六)第九战区应以有力一部,任敌后方袭击及交通破坏,以一部配置于第一线,与敌保持接触,并加强既设阵地,以主力控置后方整理,确保修水、铜鼓、万载、浏阳、平江、长沙、株州等据点。如敌如〔由〕粤汉路及湘江两岸南犯,或由铜鼓、平江方面西侵,以一部逐行抵抗敌人,并袭击敌之侧背,主力适时进出于敌之侧背,转移攻势,以击灭敌人。

敌主力如进犯荆、宜,或进犯襄樊时,第九战区应以有力之部队,迅速进出阳新、大冶及岳阳以北地区,截断长江,威胁武汉,以协同第五战区之作战。

当面敌情

赣北方面

第三十三师团

第卅四师团之半部

独立第十四旅团

鄂南方面

第四十师团

湘北方面

第六师团

共计四个师团

我各部队位置

赣北方面

第五十八军

第六十军

第一百八十二师

第卅二军
第七十八军
鄂南方面
第百九十七师
第九十九军
湘北方面
第九十七军
第百四十师
第四军
湘西方面(六战区)
第八十七军
第五十三军
控置部队
新编第十二师
第七十四军
第七十三军
第七十二军
第七十军
第二十军
新编第六军
第五师
第九十六师
海军陆战队
本会直辖整训部队
第五十二军
第卅七军
第二军
共卅七个师及陆战队一旅

(十七)第十战区应与第二战区协力巩固黄河西岸防御,控制有力部队于华阴、大荔、邰阳各附近。敌如渡河西犯,则河防部队竭力阻止敌之渡河,主力适时进出,乘其半渡移转攻势而击破之。

当面敌情

风陵渡、永济、荣河、万泉、河津一带,为敌第卅七师团第二百廿七联队约三千人,附炮约二十余门。

我各部队位置

河防部队

第一预备师

第一百六十五师

新编第二十七师

第百六十七师

控置部队 大荔、邰阳、华阴附近

第一军

第十六军

暂编骑兵第二师

新编第卅四师

新编第十旅

骑兵第十二旅

共十个师两个旅

(十八)鲁苏战区应于鲁南及苏北建立游击根据地,展开广大游击战,指向重点于津浦、陇海、胶济各要线,尽量牵制而消耗之,策应第一、第五及冀察战区之作战。

当面敌情

胶济沿线

独立第五旅团

津浦及陇海沿线

第三十二师团之一部

第二十一师团
独立第十三旅团
鲁南方面
独立第六旅团
苏北方面
第十五师团、第十七师团之各一部,约二千人
共约四个师团
我各部队位置
鲁南方面
第五十一军
第五十七军
新编第四师
新编第卅六师
游击地方团队等约十万人
第十集团军之一部
苏北方面
第八十九军
游击地方团队等约五万人
新四军之一部
鲁西方面
第六十九军(暂归一战区指挥)

(十九)冀察战区应于冀西太行山及冀中建立游击根据地,展开广大游击战,指向重点于平汉、津浦、北宁、平绥各要线,尽量牵制敌人而消耗之,策应第一、第二及鲁苏战区之作战。

当面敌情
北宁路线及津浦路线附近
第二十七师团
独立第七旅团

第三十二师团之一部
昌平、北平、固安附近
　　　独立第十五旅团
怀来附近
　　　独立第二旅团之一部
平汉线附近
　　　第百一十一师团
　　　独立第八旅团
宣化方面
　　　第廿六师团之一部
共约四个半师
　　　我各部队
山东曹县、荷〔菏〕泽方面
　　　第六十九军（暂归第一战区指挥）
河南修武附近
　　　第九十七军
北宁路附近
　　　第十八集团军第五军分区
　　　游击队约一万六千人
津浦路线附近
　　保安第四旅
　　保安第五旅
　　独立第六旅
　　保安第十旅
　　保安第廿五旅
　　保安第一、二、三、四、十八、二十二、二十五团
　　　游击部队约三千人
北平及近郊

游击队约五千人
平汉路线附近
第十八集团军聂荣臻部
第百二十师一部
第百廿九师一部
游击队约一万四千人
冀中、冀南方面
第十八集团军吕正操及宋任穷部
第十八集团军第一二九师之一部
保安第廿二旅
保安第卅一旅

军令部第一厅拟拱卫行都交通破坏计划

（1940年8月2日）

拱卫行都交通破坏计划　　廿九年八月二日
于军令部第一厅

第一　方　　针

本拱卫行都作战计划之方针，以三峡及其南北连山地为中心，破路清野，将常德、石门、五峰、青岩沟、庙河、兴山、歇马河、南漳、襄樊之线主阵地以前概略东西向道路，彻底破坏，阻敌西进。对大巴山阵地前至汉白公路（不含）间所有道路，一律彻底破坏，使三峡北正面形成绝对障碍地带，限制敌人行动，准备于夔门以东长江南岸歼灭敌人。

第二　实施要领（如附图〔略〕）

一、对常德、石门、五峰、青岩沟、庙河之线以东各水陆交通线，预行彻底破坏及周密封锁，以增加敌西犯困难。

二、对常德、石门、五峰、青岩沟、庙河之线以西各水陆交通线，完成破坏准备。

三、为防敌溯江西犯，于巴东登陆，利用巴山—恩施公路向西窜扰计,应预行彻底破坏巴东—界脚垭一段公路,破坏顺序,应由巴东开始递次向界脚垭破坏之。

四、对三峡两岸险要山岩,预为爆炸准备,俟敌接近时,而逐次炸毁之。

五、对庙河、兴山、歇马河、南漳、襄樊之线以东各道路,除襄樊—荆门线及所有东西向各道路均应预行彻底破坏,东瀼口—兴山—房县—柯家营应完成破坏准备外,其余南北向各道路,为便我军尔后进出击敌侧背,可不破坏。

以上五项,统归第五、第六两战区自行侦察实施,并由本会派员监督。

六、对巫山、巫溪、城口、万源、大巴山阵地前至汉白公路(不含)间所有道路,均应预行彻底破坏(巴柯人行道完成破坏准备)。

以上由本会直接负责办理,派出参谋若干组附属工兵将校监督指导绥靖公署所属部队及地方政府办理。尔后各该组参谋,即留置该方面,配以少数部队,使任情报、搜索及警戒,并各配属无线电器材及人员,构成通讯网,仍须另行讲求其他补助通讯手段,以求连络之确实。

七、对主阵地及大巴山阵地前方地区,应与地方当局妥筹办法,于开始破坏道路同时,将物资、壮丁向道路两侧三十公里分别疏散存储,彻底实施清野。

第三 注意事项

一、对乡村道及樵猎小径,凡敌可能利用者,均须彻底破坏,或为破坏之准备。

二、对破坏道路之要旨,不在于长距离之破坏,乃在于择要扼险行短距离而彻底之破坏,尤须注意破坏术工物,使敌修复困难。

三、破坏开始时机,其预行破坏者,均即时实施。除本会直接负责者外,详细办法由战区司令长官规划之。

四、战区与后方兵站线用道路之破坏实施,由本会下令行之,必要时由战区司令长官于事前报请核准后实行之。

五、负破坏责任者一经指定后,务与该方面作战部队最高长官取得连络,尤以于我军转进时为然,俾免妨害友军行动及过早过迟之弊。

六、负责破坏道路部队实施不彻底,及监督人员未亲临监督,或为虚伪报告,希图蒙蔽上级机关者,按军法从重议处。

程潜致蒋介石等密电

(1937年9月27日)

即到。南京委员长蒋、白副总参谋长、黄部长:○密。兹拟定第六、一、二战区第二次作战指导计划如下:第一方针:1.第六、一、二战区以确保山东、山西两战略要地,使国军尔后作战容易进展为目的。在冀省中部竭力抵抗,并固守晋北,以待增援部队之到来,再转攻势击灭敌人。第二指导要领:2.第六战区和沧州抗战到万不得已时,应在南皮、泊头、献县之线竭力抵抗,以一部沿运河东岸、以主力沿运河西岸地区持久抵抗,最后须在德州东西之线竭力拒止敌人,以待第五战区兵力之转进。3.第一战区固守滹沱河畔阵地,并以一部在该河左岸各城及沙河之线逐次抵抗,并须确保正定桥头堡,迟滞敌之前进。特派出有力部队,以平山西北方山地为根据,与阜平山地第二战区机动部队相呼应,对沿平汉线南下之敌相机施行攻击敌之侧背。万不得已时,以有力部队向井陉及娘子关方面转进,增强山西东正面之防御,余沿平汉线持久抵抗。4.第二战区以一部沿集宁、绥远线节节抵抗,阻敌西进。如敌主力南下,须袭击敌侧背,以主力固守雁门关、平型关外现阵地,另以机动部队在平型关外及阜平一带山地为根据,见机袭击晋北方面及沿平汉线南下敌之侧背,与第二、第一战区正面兵团相策应,击灭敌人。并酌以各一部在龙泉关、黑山关、娘子关各隘路增强工事。(五)〔5.〕各战区各兵团对于阵地前方之铁道桥梁、道路电线准备必需之器材,于必要时行彻底之破坏,以迟滞敌之前进。等语。是否可行,请委座裁夺电令第六、一、二战区遵照实施。程潜叩。感亥。印。〔石家庄〕

蒋介石致徐永昌等密电

(1940年9月28日)

军令部徐部长、军政部何部长、后方勤务部俞部长:极密。兹期在本年年终以前,国军须有随时取攻势之准备计,故于此期间,各部队须准备周到,对部队指挥,武装运用,及各部队协同动作,与弹药、粮秣补给等问题,尤须特别注意为要。中正。俭。令一元。印。

〔国民政府军政部档案〕

军令部拟拱卫行都作战计划

(1940年?月)

拱卫行都作战计划

第一　方　针

国军以拒止敌入川之目的,应始终确保三峡,以为作战轴心,并凭依三峡及其南北连山地,破路清野,加强地形之险固,并用正面韧强抵抗,及节节侧击,遮断敌人补给线,歼灭进犯之敌于三峡南北连山地带。

预期在常德、石门、五峰、青岩沟、庙河、兴山、歇马河、南漳、襄樊各附近之线,万不得已时,亦须依托三峡,在沅陵、恩施、建始、奉节、白河之线以东,与敌决战,求主决战于清江两岸地区。决战时期在秋季以后。

第二　指导要领

(一)第一期　作战准备(敌进犯以前)

(1)第九、六、五战区暂取守势,但各以一部分班轮流游击,妨害敌休整,并搜索敌情,且掩护主力,构筑工事,或积极整训。

第六战区特须注意,妨害敌开放岳阳至宜昌间之长江。

(2) 本会直辖整训部队分置后方战术及交通要点,积极整训,巩固后方。

(3) 沅陵、恩施、建始、奉节、白河各附近,及黔江、万县、安康各附近,扼水陆交通,构筑纵深野战坚固工事,为本会第一、第二预备阵地。

(4) 交通网之整备破坏及清野移民,应积极实施。

(5) 湘鄂川陕边区绥靖及组训民众事宜,应积极实施。

(二) 第二期 战斗实施(敌进犯时)

甲、预期敌以主力(二至三师团)沿清江、长江两岸地区,尽量利用交通线水陆并进,适时以空军陆战部队在来凤、恩施、建始、奉节附近敢行着陆,一举进出夔门,开放三峡,同时或先期以有力兵团(各约一师团)进出常德、襄樊,掩护其主力之侧背,拒止我第九、五战区之增援。

我军之指导如左:

(1) 第六战区以一部在前进阵地逐次抵抗,焚毁战场附近所有之物资,不得已时,分散于敌进路之两侧,不断扰袭敌后方,以主力在既设主阵地带,韧强抵抗,适时加入战区预备队,移转攻势。

(2) 第九、五战区尽可能抽出强大兵力,转用洞庭湖及汉水西岸方面,攻敌侧背,直接支援第六战区。

(3) 本会直辖后方部队,应完成作战准备,必要时,则直接增援第六战区。

(4) 第四、三、一、二战区,应尽当面状况许可,抽出最大限兵力位置交通线上,完成转用准备。

(5) 其他方面,各向当面之敌,积极活动,牵制敌人。

乙、如敌主力或一师团以上有力兵团,由常德、沅陵及襄阳白河公路分进合击时,我之指导如右:

(1) 第六战区依然按前项指导要领,先求击灭沿清江、长江进犯之敌。

（2）第九、五战区,应抽转主力击破经常德、襄樊进犯之敌,策应第六战区侧背之安全。

并各以有力一军增加于慈利、歇马河各附近地区,对进犯六战区敌人直后游击。

（3）本会在各该方面之部队,应进出沅陵或白河方面,先击破该方面之敌。

丙、如敌先攻略长沙、常德再向四川进犯时。

（1）第九战区至少应以三军兵力转用湘西,使第六战区作战容易。

（2）第四、三战区,应各抽出一军以上兵力,策应第九战区。

丁、如敌先攻略安康、南郑或西安、宝鸡再向四川进犯时。

（1）第一战区至少应以三军兵力转用秦岭方面,妨害敌入川,使第五战区作战容易。

（2）第五战区,应以主力由汉白公路两侧围攻沿该路突进之敌,或转用一部于秦岭,阻止由关中南下之敌。

（3）本会后方控置部队之大部应使用川北方面,先击灭该方面之敌。

戊、如敌以狭小正面沿清江、长江两岸地区向五峰、巴东及恩施、奉节逐次跃进,其两翼止于公安、枝江、荆门、当阳,直接掩护长江时,我军之指导如左：

（1）第六战区正面,应持久抵抗,并围攻敌之两翼,勿论如何,须始终确保三峡为轴,歼灭敌人。

（2）第九、五战区,应各以三军以上兵力,超越作战地境,向宜昌方面侧击敌人,使第六战区作战容易。

己、击破敌一路或一点被敌突破时。

（1）如击破敌一路时,应尽可能注入各级预备队于该方面,断行战果扩张,逐次席卷敌人。

(2) 万一某地被敌突破时,该地部队应特别注意利用山地之特性,竭力防止其波及友军,影响全局。如状况许可时,则以主力或一部暂移侧方,袭敌侧背,使比邻或后方友军作战容易。其他方面部队,不得因友军偶挫,悲观战况,应继续努力作战,并尽量支援友军,挽回战局。

勿论何处被敌人突破,但三峡部队务须死守三峡,俾保持全局支柱,击灭敌人。

(三) 第三期　追　　击

(1) 如击破敌人时,应捕捉于战场附近山地内歼灭之。

(2) 如敌逸出战场,应先向洞庭湖长江汉水之线追击,乘势收复宜昌。

第三　部　　署

(一) 战斗序列及作战地境如旧。

(二) 第九战区广领赣北、鄂南、湘北,行持久战,但须以一部分班轮流游击,妨害敌休整,并搜索敌情。

战区整训部队,须以一军位置益阳附近。

(三) 第六战区守备三峡及其南北连山地,阻止敌入川,但江南方面,须以一部警备江湖沿岸,妨害敌扫荡长江。江北方面,须以一部分班轮流游击,妨害敌休整,并搜索敌情,对江北各小路,特须配置守备部队。该战区主力,应在常德、石门、五峰、青岩沟、庙河、兴山各附近之线,扼水陆交通,构筑纵深主阵地带而固守之。

江防军应沿三峡要塞线纵长配备,并增强要塞掩护阵地。战区整训部队,应以两军位置恩施、建始,以一军位置巫山、奉节,以一军位置慈利、大庸。

(四) 第五战区广领鄂北行持久战,但须以一部分班轮流游击,妨害敌休整,并搜索敌情。

战区整训部队应以一军位置歇马河、保康间地区,以两军位置襄樊、谷城附近地区,并在襄樊、南漳、歇马河之线,扼水陆交通,构戎纵深主阵地带。

(五)本会直辖(整训)部队分置左列地区,积极整训:

(1)第十军李玉堂　沅陵

(2)第二军李延年　黔江、彭水

(3)第十八军彭　善　俟32A接要塞守备后调渝、万

(4)第六军甘丽初　贵阳

(5)第三九军刘和鼎　安康、白河

(6)第七十一军陈瑞河　汉中、宝鸡

(7)第三十军池峰城　南阳

(8)第五五军曹福林　邓县(归孙连仲督练)

第四　航空与防空

(1)空军在作战初期,应保持主力,准备尔后参加第六战区之决战,但先应以一部妨害敌人海军溯江开放岳阳宜昌航道及水上运输,并妨害敌人在宜昌附近南岸登陆,尔后集中主力参加第六战区之决战。

(2)长江上游航道及施巴公路之防空部署如附纸。〔缺〕

第五　后　　方

交通通信补给卫生计划,另定之。

蒋介石致徐永昌手令

(1941年5月2日)

照录委员长机秘(甲)第四三七一号手令一件

徐部长(照此条意拟定方案通令遵行,原文语句可修正):对敌军向我各战区前线轮流进袭,以妨碍我军整补之对策,只有严令各战区长官选派在前方各军各师中小部队(自一营至一团)兵力,研究敌军阵地最重要部分,或最薄弱点,或最容易袭击钻入之地形,并须注重其后路与左右侧背,即研究敌阵前后左右四周围各方之各择一二部分为攻击地点(此须作整个预定之方案),乃令各军、师

中所选定之小部队,每隔一星期至十日之间,轮流向其预先指定之各地点目标进攻。其进攻之法,每次不限定只攻一次或数次同时进攻,最好用夜袭及拂晓前为宜,但有时亦须相机在日间进攻(选择敌阵地形与火力薄弱或其孤立部队)。如此轮流反复用小部队不定时不定地,每五日至十日之间,必有一二次之出袭与进袭(预定每一军所担负之阵地,每月至少要有五次之动作),使敌发生恐怖,且使其防不胜防,时感兵力不足,不得不放弃阵地。如我各战区长官皆能照此意旨,切实运用与督导,则一二月内必可发生极大影响。然此种小部队,必须照其所指定进攻目标之任务与地形,平时就地熟习其所应用之技能。但各小部队进攻时,其后方应有较大兵力之预备队,以为退却时掩护之用。而且进攻得手,如有良机,亦可前进增援,击破敌军,或占领要点。总之,运用之妙,在乎各长官因地、因时、因敌以制宜。但必须视此事为进攻敌军,使之不敢久守与恋战之惟一战术为要。各战区如何进行,希各先定两个月轮流进袭之计划,并将指定之各部队与组织训练方法,以及各军次数,限半月内详报勿误。中正。五月二日。

蒋介石致薛岳电①

(1941年12月9日)

十二月十二日　于上高

奉长官薛灰涵电节开:奉委座佳令一元中电开:训令:(一)庚辰敌以海、陆、空军向泰国、马来半岛、新加坡、香港、马尼剌、关岛、檀香山等地进攻,英、美已与日寇猛烈对战中;(二)国军应积极策应英、美作战;(三)各战区应于亥月三十日同时发动全面游击,持续时间十五日;(四)实施游击时,各战区第一线部队及敌后部队,应同时实施,并各以有力部队分编多数纵队,以广正面逐日派队实

---

① 此件摘自《第十九集团军总司令部三十年十二月机密作战日记》。

施破坏战,遮断其通信,并向敌各据点轮流攻袭,相机略取,务获决定效果。等因。径策定全面计划如次……

军事委员会拟国军攻势作战计划稿

(1941年)

国军攻势作战计划

第一　方　　针

(一)国军以收复宜沙之目的,应依第三战区遮断长江、第九战区攻占岳阳、第五战区切断襄河东岸宜沙敌人后方,以第五、六战区主力,及本会整训部队保持于襄河西岸,包围襄河以西地区敌人而歼灭之。

第一、第二、第八战区,应以主力各向其当面汴新道清路、晋南三角地带,及包绥敌人攻击,策应长江方面之作战。

(二)攻势准备应于五月二十日以前完成,攻势开始时期,待命实施。

第二　指导要领

(甲)宜沙方面会战指导

第一期　会战准备

(三)第五战区对于襄河东岸至襄樊各道路,及由信阳、确山至南阳各道路,应彻底破坏,造成阻绝地带,并构筑纵深强固工事,巩固襄河西岸我军之侧背。

(四)第六战区对于襄河西岸汉宜路西段,第五战区对于襄河东岸钟祥以南旧口、天门、皂市、应城间地区,应为构成泛滥之准备。关于破坏点之选定、破坏法、破坏器具之准备,及担任部队之指定,应先秘密周到准备完成。

(五)第六战区对于长江北岸荆沙东侧地区,应确保现在态势,并巩固沙市以下长江南岸守备。对于藕池口、郝穴附近,应速构成江面封锁,确实控制宜岳间长江交通,以利尔后再战。

（六）第五、六战区对于襄河西岸长江北岸地区，由现在第一线主阵地起，至秭归、歇马河、南漳、襄樊中间地区，应速构筑纵深地点群阵地。第六战区应再加强长阳、宜昌以西及常德、公安各附近阵地，以利攻势作战。

第二期　会战实行

（七）第六战区应依左记指导实行会战：

（1）以有力一军编成多数纵队，一举向沙洋、马良集、襄河西岸挺进，破坏襄河堤防，阻绝汉宜公路，并与五战区襄河东岸部队协力，扼险据守，监视泛滥，确实遮断汉宜西段敌人交通。如泛滥不能确实阻绝该路时，应一面围攻沙洋、马良集各渡口之敌，一面彻底破坏公路，扼险据守，遮断敌人襄河两岸交通。

（2）另以一军由资福市、岭河口附近向沙市敌人攻击，并向十里铺、荆门中间地区挺进，遮断荆沙公路交通通信，使破坏堤防部队及主力作战容易。

（3）长江南岸松滋、宜都方面，应一面固守江防，并以一部向江口董市、白洋沿江敌人攻击牵制，另以小部向河溶半月山地区破坏游击，策应主力作战，对宜昌西岸敌人应行佯攻。

（4）该战区主力，应以重点指向双莲寺、龙泉铺地区，向宜昌外围席卷攻击，并节节截断各据点，各个包围而歼灭之。

（5）另以有力兵团向当阳、荆门、江陵地区敌人攻击而歼灭之，并以一部占领钟祥西岸，切断钟宜路敌人交通。

（八）为协力六战区歼灭襄河西岸敌人，第五战区应照左列指导作战：

（1）以有力一部攻略钟祥，并于旧口、京山、皂市各附近切断汉宜路交通，另编成多数纵队，向襄河沿岸挺进，破坏堤防，构成泛滥。

（2）以一部向随县、应山敌人攻击牵制，另以有力一军向花园、安陆附近挺进，遮断平汉襄花路交通，威胁牵制襄花路及武汉敌人。

(3)以一部向信阳敌人佯攻,各以有力一部向广水、黄陂附近、平汉路南段攻击,威胁武汉敌人。

(4)以一师以上兵力向安庆附近攻击,并以一部向武穴、小池口沿江各附近攻击,策应第三战区遮断长江容易。

(5)泛东方面,仍以一部向敌游击,并拒止敌之西犯。

(6)如敌集中有力部队沿襄河东岸及襄花路,或向南阳进犯,牵制我襄西决战时,第五战区应集中襄东部队而击破之,不得已时,亦须拒止敌人于枣阳、唐河以东,使主决战方面奏功为要。

(九)襄河西岸之攻击,应纵深控置兵力,陆续增加,扩张战果。

(十)对于据点之攻略,应先节节截断其四周交通,再行包围攻略之。

第三期 追 击

(十一)襄河西岸之敌,如突围东窜时,应依第五、六战区之协力,截断于襄河地障而歼灭之。并速予襄河整顿防御,一部沿汉宜路追击。

(乙)其他方面之攻势指导

(十二)第三战区应加强京芜沪杭地区游击,集中主力,遮断长江敌人交通。

(十三)第九战区应向赣北敌人佯攻,并加强游击破坏,集中主力攻略岳阳而确保之。并阻绝城陵矶江面,策应宜昌方面之会战。

(十四)第一战区应向开封及道清路敌人攻击。第二战区应加强晋东南及同蒲北段游击破坏,以主力分由汾河北岸及横皋大道,向晋南三角地带敌人攻击。第十八集团军应遮断正太路、平汉北段、津浦北段敌人交通,策应晋南作战。

(十五)第八战区应截断平绥路,攻略包绥。

第三 兵团部署

(十六)第五、第六战区作战地境改为城口、竹溪、房县、保康、龙门集、顾家庙向南沿襄河经潜江、峰口至嘉鱼对岸之线,线上属第五战区。

(十七)第五战区襄河西岸集团,归第六战区指挥。该集团补给系统,仍隶第五战区。

(十八)第六战区第二十集团军以53A、87A、73A、26A编成之。该集团应以26A控置常德、公安,73A主力固守公安、宜都江防,87A、53A及73A一部向沙洋、沙市及沿江北岸敌人攻击。

江防军以8A、94A、32A编成之,应以一部向宜昌西岸敌人佯攻,主力固守沿江要塞,并准备策应宜昌之作战。

第二十六集团军以2A、10A、18A、75A编成之,向宜昌及其外围地区敌人攻击。

第三十三集团军以77A、59A、68A、39A、13A编成之,向荆门、当阳、江陵地区敌人攻击。

第79A控置暖水街附近,为六战区预备队。

(十九)第五战区二十九集团军以44A、67A编成之。另以30A归孙副长官直接指挥,攻略钟祥,切断京钟、汉宜路敌人交通。

第二十二集团归孙副长官指挥,向随县、应山敌人佯攻。

第三十一集团以85A、55A、29A、84A编成,以一部佯攻信阳,各以有力一军向广水以南平汉南段敌人攻击,威胁武汉。

(二十)第18A应向兴山附近集中,10A即向巴东附近集中,均限五月二十日前集中完毕,归第六战区指挥。

(二十一)14A应即向南阳附近集中,76A应即经商南向老河口附近集中,均归本会直辖,限五月二十日前集中完毕。

(二十二)各战区兵团移动,悉依本计划之战斗序列,于五月二十日前移动完毕。

(二十三)由本会配属各兵团之炮工兵部队,应于五月二十日前到达指定地点,归其所隶长官指挥。其计划如另纸。〔缺〕

(二十四)各战区应依本计划于四月底前,拟定实施计划呈核。

第四　空　　军

(二十五) 空军应依本计划及左列指导协力宜沙会战。其详细计划由航委会另行拟订。

(1) 攻势开始直前袭扰武汉敌人空军。

(2) 会战开始时,阻止敌人经襄河之增援与补给。

(3) 协力宜沙会战方面重要据点之攻略。

第五　后　　方

(二十六) 通信补给卫生计划,如附件。〔缺〕

军事委员会拟各战区目前之急务稿

(1941年)

各战区目前之急务

第一　不可惑于目前国际状况,整顿军队为当前急务

(1) 毋论英、美对敌为封锁消耗战,或于短期内转取攻势与敌决战,或中、英、美、苏联合行动向敌总攻,我军均须凭依自力,利用上述有利形势,攻击敌人,收复失地。

(2) 如敌海上决战失败,或不堪英、美封锁消耗而崩溃,其在中国陆上敌人,仍须我军自力驱逐,否则敌人连接东北、华北,盘据大陆,战后仍与我不利。

(3) 敌人过去对占领地区之防御设施,不遗余力,凡交通点线,均有坚固工事,各铁道两侧,均有碉堡外壕封锁线,敌人长期扼守,我军对于阵地攻击,纵敌空军炮火劣势,我军须有训练不足、非彻底提高战斗技术,不能攻击之觉悟。

(4) 为使尔后攻势确能克复要地,不使攻势仅能在敌既设阵地前成为广大之游击,则各战区应乘此敌人不能攻我时机,努力整训军队,否则虽发动攻势,亦难期有效之结果。

(5) 整训要项:

(A) 充实兵员缺额;

(B) 提高战斗技术;

(C) 就当前敌情、地形,及敌人防御设施,实行阵地攻击之模拟训练。

(D) 整饬军纪,严明赏罚,提高战斗精神。

第二 国军全般反攻方针

(一) 本年十二月底各战区先行全面游击,发动广大破坏战,并使敌误认系我军大举攻势。

(二) 各战区各选敌人主要交通线之次要据点,集中优势兵力,行局部攻势。各战区于明年三月底同时开始攻击。

(1) 各战区同时攻略敌人各交通线据点,迫使敌人处处危急,乘其救援,可以优势兵力诱导敌人于阵地外行野战,予以打击。

(2) 迫其自感兵力不足,缩小占领地区。

(3) 较向一方面行大会战准备容易。

(三) 各战区一面于明年三月底实行局部攻势,同时准备明年六月底对武汉、宜昌、广州实行总攻(总攻计划须待新战斗序列决定再拟)。

徐永昌拟具状况判断及国军三十一年夏季攻势作战方针稿签呈

(1942年3月11日)

案奉钧座元月十八日机秘(甲)第六零六五号手令开:军令部对于各战区夏季攻势之目标,应即研究指定,每战区指定正目标一,副目标二(长江区以宜昌、九江各为正目标),拟定呈核后,即密令各战区遵照,并限于五月底以前完成攻击准备为要。及元月廿七日机秘(甲)第六零八五号手令开:今年夏季攻势中各战区反攻之目标,以及各集团军各军等反攻之任务,应即研究决定,并依此项决定,而将各战区部队重予调整,希即拟具总方案呈核为要。等因。兹谨拟具状况判断及国军三十一年夏季攻势作战方针及部署要图〔略〕,恭呈钧鉴。如蒙裁可,再拟详细计划呈核。谨呈 总

长何　转呈

委员长蒋

职徐永昌呈　三十一年三月十一日

状况判断　三月十一日于军令部

判　　决

国军以消耗牵制敌人,迫其缩小防区,俾国军尔后作战有利之目的,预期于本年夏季发动全面攻势,指向主攻击于华中方面,依各战区之协力,歼灭襄西及湘北之敌,夺回宜昌、岳阳。

预定于五月廿日以前完成攻击准备,攻击开始之时机另定之。

理　　由

(一)敌自发动太平洋战争,其在我各战场之兵力,尤其航空及其他特种兵,已显著减少,且素质日趋低下,而其防区并未缩小,显系企图广领资源,以战养战,并防制我之发展。顾其兵力,则处处薄弱,仅凭抽转机动,以攻为守。我军如全面反攻,将见其兵力支绌,不遑应付。

(二)华中为我之腹心,尤其宜昌扼四川门户,岳阳乃三湘咽喉,应乘虚攻略,解放敌对我之束缚,俾尔后作战容易。至于攻略九江,恐我军之集中及运动不便,故拟以截断长江交通之目的,依三、五两战区之协力,攻略贵池、安庆,使敌不能由长江下游转用兵力。

又为牵制消耗敌人起见,华北、华南各战区,应同时施行有力之助攻,俾华中方面奏功容易。

(三)国军为打击消耗敌人,并牵制其兵力转用,策应友邦作战起见,曾于本年元月十五日以前实施全面游击。其后又令各战区轮流袭击。然检讨战绩,收效甚微,似未能达成上项目的。至于本三月底所拟举行之局部攻势,现奉令亦改为全面游击。揆之以往情形,似亦难收显著效果。然英、美近在南太平洋一再受挫,势更需我急行有力之反攻,以期减轻敌寇所加之压力。且就盟军之整个作战言,我亦应断行攻击,以树盟军总反攻之先声。惟国军军需品之补充不易,复以华北情形特殊,实难全面反攻,故止于夺回宜昌为满足。至于攻击岳阳,实亦有力之牵制。

(四)预期本年夏季随德、义动向,倭寇有在远东发动新攻势以相呼应之可能,国军为适应全般战局,亦有准备攻势之必要。至于攻击开始之时机,则以投合上述时机乃能胜利,似未便过早确定。

国军夏季攻势作战计划

三十一年二月廿八日于军令部

第一　方　针

(一)国军以消耗牵制敌人,迫其缩小防区,俾国军尔后作战有利之目的,预期于本年夏季发动全面攻势,指向主攻击于华中方面,依各战区之协力歼灭襄西及湘北之敌,夺回宜昌、岳阳。

(二)预定于五月廿日以前完成攻击准备,攻击开始时机另定之。

第二　指导要领

(甲)华中方面之会战指导

第一期　会战准备

(三)攻势开始前,第一线须确保现在态势,防敌对我攻势准备之破坏,同时按照轮袭及①计划确实实施,侦察敌情,及敌阵地状况,研究对敌之攻击方法,完成攻击准备。

(四)在攻击准备时期,应尽量减少第一线守备之兵力,主力就预期使用方面纵深控制,加强整训。

(五)第五、第六、第九战区,担任主攻击方面之部队,须尽先迅速确实整补完毕,预期配属各部队协同作战之特种部队,应早拨

---

① 以下残缺若干字。

配,使有协同训练之时间。又防空防毒器材,须集中配备于对主要据点攻击之部队(如宜昌、荆门、当阳、沙市、钟祥及岳阳等地)。

(六)各集团军及军、师须在作战地举行参谋旅行、干部演习、步炮工兵空军之连合演习、防空防毒,及对据点攻击之训练,预期担任重要据点攻略之部队,应选择适当地区,实行模拟攻击演习。

(七)秭归经兴山、歇马河至保康道,及竹溪经竹山、房县、保康至南漳道,应即修缮加宽,以便利输送。

汉白公路及西安经商南至南阳公路,应加强路面,增加输力。

(八)南信路、襄光路之防御工事,及宜城南北襄河对东之防御工事,须增强之,以巩固襄河两岸地区主攻击部队之侧背。

赣北对上高、高安及武宁、修水,须增强据点核心工事,以巩固岳阳方面主攻击部队之侧背。

(九)各战区攻势开始时,战线后方,我必须利用道路之修缮,及移于攻击前进已破坏道路之修复,均须有周密计划与准备。

第二期 集　中

(十) 3A(编成三师之军)应即整补完毕,先向襄樊附近集中整训。

76A于四月初旬开始,经商南—浙川—光化—襄阳至宜城附近集中休整备战。

(十一) 13A于四月下旬开始,先向桐柏附近集中。

(十二) 3AG、12A于五月初旬开始,逐次秘密向襄樊、宜城附近地区集中。

(十三) 73A于四月下旬开始,在长沙地区集中。

(十四) 29AG于四月中旬开始向宜都、枝江附近集中。

(十五) 22AG与2AG,应于五月中旬前交防完毕。

(十六) 集中输送,如铁道、轮船及徒步等,均须于事前有周到之准备与计划,务求秘密确实实施。

第三期 会战实行

(十七) 第五、第六战区为主攻,各以有力部队向襄河两岸地区南北协力攻击敌人,确实截断襄河以西敌人后方,封闭襄河敌人交通,隔绝襄西敌人增援。

(十八)第六战区主力应指向重点于双莲寺附近地区,向宜昌外围席卷攻击,并由南北协力,广正面突入敌阵,节节截断敌人各据点间之交通,使敌不能相互支援,同时以炮工兵、空军之主力,与有力部队协力,向宜沙、当阳敌人重要据点攻击,包围敌人而歼灭之。

(十九)第五战区应同时以有力部队佯攻信阳、随县,并向花园、孝感、广水及汉宜路挺进攻击,破坏交通,竭力牵制敌人,使襄西之会战容易。

(廿)第九战区应以有力部队向贺胜桥、蒲圻、临湘地区敌人攻击,节节截断敌人水陆交通,竭力牵制当面敌人,阻敌向岳阳增援,同时依步炮工兵、空军之协力,直接略取岳阳,同时向赣北之敌佯攻,掩护主力侧背。

(廿一)第三战区、大别山兵团、鲁苏豫皖边区,各应集中主力协力分别向长江及津浦线攻击,确实遮断敌人交通,使敌不能向长江上游增援,同时第三战区应以有力部队向苏南攻击,威胁京、沪,使主攻击方面会战容易。

大别山兵团,同时应派二个师向孝感攻击,牵制敌人,破坏交通,与鄂东游击队协力威胁汉口。

(廿二)如敌集中有力部队,沿襄花路或向南阳攻击,牵制我襄西决战时,第五战区集中襄东部队击破之,不得已时,亦须拒止敌人于枣阳、唐河以东,使主决战方面奏功容易,同时鲁苏豫皖边区及大别山兵团,应尽可能抽调兵力猛攻敌后。

第四期　追　　击

(廿三)攻击奏功后,襄西之敌如突围东窜时,应依第五、第六战区之协力,截击敌人于襄河地障而歼灭之,主力迅速推进襄河西岸整顿态势,巩固河防,同时以有力一部协同第五战区沿汉宜公路及汉水猛烈追击敌人。

第九战区攻略岳阳后,应进出至汀泗桥东西之线,整顿态势固守之,并派一部向武昌追击。

(乙)其他方面之攻势指导

(廿四)第八战区应猛攻包绥,截断平绥路,同时巩固陕南、陕北河防及碉堡线。

第一战区应确实巩固河防,掩护第五、第六战区侧背,以有力一部向开封并渡河向道清铁路及进入中条山,分别向敌重要交通线攻击。

第二战区应加强同蒲路之游击破坏,主力向三角地带之敌攻击。

第十八集团军应遮断正太路、平汉路、津浦路及同蒲路敌人交通,策应晋南作战。

鲁苏战区应与鲁苏豫皖边区协力,遮断津浦南段交通。

第七战区应巩固粤北阵地,向广州佯攻,并加强兵力向广九路方面之敌攻击。

第三 兵团部署

(廿五)第九战区应以第十九集团军指挥74A、37A、4A与炮工兵、空军之协力,攻略岳阳。第廿七集团军以20A、79A、26A编成之,应于临湘、蒲圻间地区分多数纵队广正面突入敌阵,截断岳阳以东敌人水陆交通,掩护岳阳攻击部队之侧背。赣北部队除30AG应派有力一部向贺胜桥、汀泗桥攻击外,其余向当面之敌佯攻,掩护主力之侧背。

99A应以主力扼守湘江口及其西侧地区,掩护十九集团军之侧背。

(廿六)第六战区第廿集团军以53A、87A编成之。53A应以一部固守江防湖防,主力由监利向潜江之敌攻击。87A以一部向沙洋攻击,协力第五战区襄河西岸部队截断敌后,封闭襄河敌人交通。主力应攻略沙市,同时以有力一部挺进十里铺攻击截断汉宜路。

第二十九集团军应以主力在宜都、枝江、松滋之间地区渡江,攻击沿江北岸敌人,并自广正面突入敌后,策应宜昌之攻略战斗。

江防军以 8A、18A、94A 编成之。8A 应以主力攻略宜昌西岸敌人阵地,推进炮兵攻击宜昌,一部固守沿江要塞,并准备支援宜昌之作战。18A 应以主力攻略宜昌。94A 应以主力巩固宜昌以西之江防,并随时准备扩张宜昌战斗之成果。

第廿六集团军以 32A、75A 编成之,应指向主力于宜昌外围双莲寺附近地区,向宜昌席卷攻击,同时依炮工兵、空军之协力,攻略宜昌(不含)西侧各据点。

(廿七)第五战区第 33AG 以 59A、77A 编成,3AG 以 12A、76A 编成,2AG 以 30A、55A、39A 编成,增配炮兵一部,统归孙副长官指挥。第卅三集团军攻略当阳截断汉宜路,并协力第六战区攻略沙洋,封闭襄河交通。第二集团军攻略荆门。第三集团军攻略钟祥,切断京钟路、汉宜路敌人交通,并协力西岸部队,封闭襄河交通。

第廿二集团军以 41A、45A 编成之,应佯攻随县,并向应城、花园挺进,分别截断汉宜路平汉铁道交通,竭力牵制敌人。

第卅一集团军以 84A、85A、68A 编成之,应佯攻信阳,并向广水花园攻击,破坏交通,竭力牵制敌人。

第廿一集团军应派二个师向孝感附近地区攻击,与鄂东游击队互相协力,威胁汉口。

第五战区与第六战区之战斗地境同前。

(廿八)由本会配属各兵团之炮工兵部队,应于五月初旬以前到达指定地点,归其所隶属长官指挥。其计划如另纸。〔缺〕

(廿九) 10A、T2A 位于平江,3A 位于襄阳,13A 位于桐柏地区,均归本会直辖。

(卅)各战区应依本计划于四月底前拟定实施计划呈核。

第四 空 军

(三一)空军应依本计划,及左列指导协力华中主力会战。其详细计划由航委会另行拟订。

（1）攻势开始直前袭击武汉敌人空军，予以严重打击。

（2）会战开始时，阻止敌人向襄西及湘北之增援与补给。

（3）协力宜、沙、荆、当及岳阳方面重要据点之攻略。

第五　后　　方

（三二）后方诸勤务应依本计划，及左列要领实施。其详细计划由后勤部拟定呈核。

（1）通信　纵横方向及前后方之通信，均以有线电为主，避免使用无线电，并须竭力讲求修缮保护之手段，及中断时之有效补助通信法。

各级须有预备通信所之准备或建立，及攻击前进通信网延伸之周密计划与准备。

（2）交通　军队集中时，关于水陆铁道、船舶之输送，须有周密之计划与准备，期能确实实施。

攻击前进对我方敌方所破坏之道路、桥梁等，有必要者，须有适时修复之计划与准备，并对各重要水陆交通线之警备、管理、设备等，须有周到之计划与准备，以期运输圆滑。

（3）补给　对粮弹之准备，应有一次会战以上至二次会战之数量，并有充分之预备输送工具，俾能依军队之前进而适时延伸兵站线。

对归行交通工具之分配利用，须有周到之计划，充分利用，不使空返。

（4）卫生　各部队卫生机关须充分健全，并在主攻方面增设后方医院。

第六　补　　充

（三三）为保持增进军队之战斗力，对各部队人马、器械之补充，须有周密之计划，于会战开始前有充分之准备，如有必要者，期能于会战中不断补充，总期能于会战之直后，即能将预期之损失补充完毕为原则。其详细计划,拟饬军政部拟具详细计划呈核。

军事委员会拟国军秋季攻势作战计划

(1942年5月25日)

国军秋季攻势作战计划　　三十一年五月廿五日

第一　方　针

(一)国军以收复战略要地,迫敌缩小防区,俾尔后总反攻有利之目的,预计于本年秋季发动全面攻势,指向重点于华中方面,依各战区之协力,歼灭襄西及湘北之敌,夺回宜昌、岳阳。

(二)攻击准备于八月底以前完成,攻击开始时机另令之。

(三)在攻击准备期间,特须注意抵御敌人之攻势及局部流窜,以免破坏我之攻击准备。

第二　指导要领

第一期　会战准备

(四)攻击开始前,第一线须确保现在态势,防敌对我攻势准备之破坏,同时按照轮袭及三月游击计划,确实实施,侦察敌情及敌阵地状况,研究对敌之攻击方法,完成攻击准备。

在此期间,敌如向我实行攻势,或局部流窜时,各战区应依预定之防御计划,指导作战。(对于敌之攻势,须遵照委座指示,诱致敌于我核心工事之前,再以机动部队击破之。对于敌之局部流窜,务以第一线兵团击破之,而勿轻用总预备队。)

(五)在攻击准备时期,应尽量减少第一线守备之兵力,主力就预期使用方面,纵深控制,加强整训。

控制部队之整训位置,应选定对敌向我行局部攻势时,出击容易之地点。至我攻势作战开始之直前,再推进至攻击准备位置。

(六)第五、第六、第九战区,担任主攻击方面之部队,须尽迅速确实整补完毕,预期配属各部队协同作战之特种部队,应早拨配,使有协同训练之时间。又防空防毒器材,须集中配备于对主要据点攻击之部队（如宜昌、荆门、当阳、沙市、钟祥等地）。

对于预期固守核心工事之部队，应完成其固守准备。

（七）各集团军及其各军、师，须在作战地举行参谋旅行、干部演习、连合演习、防空防毒、及对据点攻击之训练，预期担任重要据点攻略之部队，应选择适当地点，实行兵棋及模拟攻击演习。

在攻击准备期间，预期在敌局部攻势时，固守核心工事之部队，亦须举行前项之诸种演习。

（八）各战区在攻击准备期间，应一面加强核心工事，彻底破坏道路，增广敷雷地区，以抵御敌之局部攻势。

（九）各战区对于粮秣弹药、卫生器材等之补给，及兵站辎重部队之充实，应确实周到准备之。

（十）在攻击准备期间，应详确调查战地户口，极力肃清敌间谍之活动，保持机密。

（十一）南信路、襄花路之防御工事，及宜城南北襄河对东之防御工事，须增强之，以巩固襄河两岸地区主攻击部队之侧背。

赣北对上高、高安，及武宁、修水，须增强据点核心工事，以巩固岳阳方面主攻击部队之侧背。

（十二）各战区攻势开始时，战线后方，我必须利用道路之修缮，及移于攻击前进已破坏道路之修复，均须有周密计划与准备。

（十三）各战区对机动部队，向预期进出方面之集中输送（如铁道、船舶及徒步等），均须于事前有周到之准备与计划，以期实施时之秘密确实。

第二期　会战实行

（甲）华中方面

（十四）第五、第六战区为主攻，各以有力部队，向襄河两岸地区，南北协力攻击敌人，确实截断襄河以西敌人后方，封闭襄河敌人交通，隔绝襄西敌人增援。

（十五）第五战区，应同时以有力部队，攻击信阳、随县，并向花园、孝感、广水及汉宜路挺进攻击,破坏交通,竭力牵制敌人,使襄西之会战容易。

如敌集中有力部队,沿襄花路或向南阳攻击,牵制我襄西决战时,第五战区集中襄东部队击破之,不得已时,亦须拒止敌人于枣阳、唐河以东,使主决战方面奏功容易。同时鲁苏豫皖边区,及大别山兵团,应尽可能抽调兵力猛攻敌后。

(十六) 第六战区主力应指向重点于双莲寺附近地区,向宜昌外围席卷攻击,并由南北协力,广正面突入敌阵,节节截断敌人各据点间之交通,使敌不能相互支援。同时以炮工兵、空军之主力,与有力部队协力,向宜沙、当阳敌人重点据点攻击,包围敌人而歼灭之。

(十七) 第九战区应以有力部队,向贺胜桥、蒲圻、临湘地区敌人攻击,节节截断敌人水陆交通,竭力牵制当面敌人,阻敌向岳阳增援。同时依步炮工兵、空军之协力,直接略取岳阳。同时向赣北之敌攻击,掩护主力侧背。

(十八) 第三战区、大别山兵团、鲁苏豫皖及鲁苏边区,应各集中主力,分别向长江及南浔浙赣线、津浦线攻击,确实遮断敌人交通,使敌不能向长江上游及赣北方面增援。同时第三战区应以有力部队,向苏南攻击,威胁京沪,使主攻方面会战容易。大别山兵团应同时派二个师向孝感攻击,牵制敌人,破坏交通,与鄂东游击队协力,威胁汉口。

(乙) 其他方面之攻击指导

(十九) 第一战区应收复邙山头,及佯攻中牟,确实巩固河防,掩护第五、第六战区侧背,以有力一部进入中条山,建立根据地,并向开封及渡河,向道清铁路分别袭攻敌重要交通线路。

(二十) 第二战区应加强同蒲路之游击破坏,主力向三角地带之敌人攻击。

18AG应遮断正太路及平汉路北段,并同蒲路敌人交通,策应晋南作战。鲁苏战区应与鲁苏豫皖边区协力,遮断津浦南段交通。

(18AG集团军是否能确实实施,似以届时日、苏国际情形而定。)

(廿一)第四战区应巩固桂西、桂南之防务,并控置主力,准备策应其他战区作战。

(廿二)第七战区应巩固粤北阵地,并以有力一部向广九路方面之敌攻击。

(廿三)第八战区应猛攻包绥截断平绥路,同时巩固陕东、陕北河防及碉堡线。

(廿四)昆明行营驱逐滇西进犯之敌人后,应以一部巩固滇南、滇西之国境防务,控置主力于昆明附近,机动使用。

第三期 追 击

(廿五)攻击奏功后,襄西之敌如突围东窜时,应依第五、第六战区之协力,截击敌人于襄河地障而歼灭之,主力迅速推进襄河西岸,整顿态势,巩固河防。同时以有力一部协同第五战区,沿汉宜公路及汉水,猛烈追击敌人。

(廿六)第九战区攻略岳阳后,应进出至汀泗桥东西之线,整顿态势固守之,并派一部向武昌追击。

第三 兵团部署

(廿七)兵团部署,在攻势准备期内,应就现在态势,着意于抵御敌之攻势,及局部流窜而部署之。尔后适应状况,按左记要领配置,实施攻击:

(1)第六战区对公安以东沿江沿湖一带,应使用一个集团军(以两军编成)。其一军位置于监利附近,以一部固守江防湖防,主力向潜江之敌攻击。其另一军位置于郝穴附近,以一部向沙洋攻击,与由荆、当方面南下部队密切协力,截断敌后连络,封闭襄河敌人交通,主力应攻略沙市。同时以有力一部,挺进十里铺,攻击截断汉宜路。

对公安以西经松滋、枝江亘宜都间,应使用一个集团军(以两军编成),以主力于白洋江口各附近渡江,攻击沿江北岸敌人,并自广正面突入敌后,策应宜昌之攻略战斗。

江防军以87A、18A、94A编成之。87A应以主力攻略宜昌西岸敌人阵地,推进炮兵,攻击宜昌,一部固守沿江要塞,并准备支援宜昌之作战。18A应以主力攻略宜昌。94A应以主力巩固宜昌以西之江防,并随时准备扩张宜昌战斗之成果。

26AG以两军编成之,应与江南渡攻部队协力,指向主力于宜昌外围双莲寺、鸦雀岭附近地区,同时依炮工兵、空军之协力,攻略宜昌(不含)东侧各据点。

33AG以59A、77A编成,应改隶第六战区战斗序列,增配炮兵一部,攻略当阳、荆门。尔后以有力一部,与郝穴方面部队密切协力,攻略沙洋、十里铺,截断汉宜公路,封闭襄河交通。

（2）第五战区,2AG以30A、55A编成,应攻略钟祥,切断京钟路、汉宜路敌人交通,并力第六战区西岸部队,封闭襄河交通。

22AG以41A、45A编成之,应攻击随县,并向应城、花园推进,分别截断汉宜路、平汉铁道交通,竭力牵制敌人。

31AG以85A、68A编成之,应攻击信阳,竭力牵制敌人。

84A应向广水、花园攻击,破坏敌之交通。

21AG应派三个师向孝感附近地区攻击,与鄂东游击队互相协力,威胁汉口。

第五战区与第六战区之战斗地境,改为竹溪、竹山、房县、保康、南漳、宜城、沙洋之线,线上属第六战区。

（3）第九战区19AG俟南昌方面战事结束后,依命令留置高荫槐部于高安附近,对南昌、安义方面掩护湘北部队之侧背,以主力(4A、79A)转移于新墙河南岸,依炮工兵及空军之协力,攻略岳阳。27AG以20A、37A编成之,应于临湘、蒲圻间地区,分多数纵队,广正面突入敌阵,截断岳阳以东敌人水陆交通,掩护岳阳攻击部队之侧背。赣北部队除30AG应派有力一部向贺胜桥、汀泗桥攻击外,其余向当面之敌袭攻。

99A应以主力扼守湘江口及其西侧地区,掩护19AG之侧背。

(廿八)由本会配属各兵团之炮工兵部队,应于八月中旬以前,到达指定地点,归其所隶属长官指挥。其计划如另纸。

(廿九)73A位于平江,T2A位于曲江,46A位于衡阳,3A位于襄樊,9A位于南阳,13A位于桐柏地区,均归本会直辖,机动使用于主攻方面。以上各军,暂于现地整补,待命移动。

(三十)各战区应依本计划,于七月底前拟定实施计划呈核。

第四　空　　军

(三十一)空军应依本计划及左列指导,协力华中主力会战。其详细计划,由航委会另行拟订。

(1)攻势开始直前,袭击武汉及宜昌一带敌人空军基地,予以严重打击。

(2)会战开始时,阻止敌人向襄西及湘北之增援与补给。

(3)协力宜、沙、荆、当及岳阳方面重要据点之攻略。

第五　后　　方

(三十二)后方诸勤务,应依本计划及左列要领实施。其详细计划,由后勤部拟定呈核。

(1)通信　纵横方向及前后之通信,均以有线电为主,避免使用无线电,并须竭力讲求修缮保护之手段,及中断时之有效补助通信法。

各级须有预备通信所之准备或建立,及攻击前进、通信线延伸之周密计划与准备。

(2)交通　军队集中时,关于水陆铁道、船舶之输送,须有周密之计划与准备,期能确实实施。攻击前进对我方敌方所破坏之道路、桥梁等,有必要者,须有适时之修复计划与准备,并对各重要水陆交通线之警备管理设备等,须有周到之计划与准备,以期运输圆滑。

(3)补给　对粮弹之准备,应有一次会战以上至二次会战之数量,并有充分之预备输送工具,俾能依军队之前进,而适时延伸兵站线。

对归行交通工具之分配利用,须有周到之计划,充分利用,不使空返。

(4)卫生 各部队卫生机关,须充分健全,并在主攻方面增设后方医院。

第六 补 充

(三十三)为保持增进军队之战斗力,对各部队人马、器械之补充,须有周密计划,于会战开始前有充分之准备(其必要者,须能于会战中不断补充),总期能于会战之直后,即能将预期之损失补充完毕为原则。其详细计划,拟饬军政部拟具详细计划呈核。

军令部拟保卫粤汉路长沙曲江衡阳各战区协同作战计划稿

(1942年7月2日)

保卫粤汉路长沙曲江衡阳各战区协同作战计划 三十一年七月二日于军令部

第一 方 针

国军以确保长沙、曲江、衡阳,巩固华南交通枢轴之目的,依湘北、粤北既设阵地及赣江下游两岸地区,迟滞消耗敌人,最后在长沙、曲江及赣西山地与敌决战,求主决战于长沙方面,先击破湘北方面之敌,决战时期预期在八月下旬以后。

理 由

(一)敌情判断 敌于八月间如不北进攻苏,则由湘、粤夹击粤汉路我军之公算甚大。即或北进攻苏,亦有夹击粤汉路我军、摧破我之反攻实力,以攻为守之可能。同时南昌方面,亦将以有力一部向湘东行牵制的攻击。

敌使用之兵力,预期湘北方面约三至四师团,粤北方面约二至三师团,赣西方面约一·五至二师团,共计约六·五至九师团,及飞机约二百架。此外,西江方面及越缅方面,亦有以一部施行阳动,或局部窜扰,以资牵制之可能。

(二)地形判断　敌由南洋向广州转用兵力虽较便,但由粤北方面进犯衡阳则距离较远(源潭距衡阳四六一公里,新墙距衡阳二九七公里),地形险阻,交通不便(湘北方面敌利用湘江水运,直达衡阳),又南昌西犯长沙、衡阳,其困难情形略同,故敌主力由湘北进犯之公算较多,且由湘北进犯,可遮断我军向西方之退路及滨湖粮道,对于我军之危害亦最大。

(三)国军为先击破敌之主力,解决危害最大之敌,应置主力于湘北方面,以求先击破该方面之敌,且国军态势及人事上欲形成重点于粤北或赣西方面,亦殊不便。

(四)决战时机愈晚愈佳,故应先行持久消耗战,延至八月下旬以后,再与敌决战为有利。在敌我调遣兵力时间距离上估计,亦有可能。

第二　指导要领

第一期　会战准备

(一)各级搜索及谍报机关,加紧侦察浙赣路及南并其他各方面敌兵力转用之动向,特注意武汉、广州及南昌方面敌陆空军之增减及移动状况。

(二)第四、第七、第九战区,对于敌空中及地上之搜索谍报机关,应讲求各种手段,尤其详确调查战地户口,肃清奸谍,保持我军兵力配备及阵地等一切秘密。

(三)敌后活动之挺进及别动部队等,应积极活动,破坏敌之交通、通讯,妨害其攻击准备。

(四)各战区应竭力加强既定之核心工事,及前方主要道路及水道之封锁工事。

第四战区在梧州,第九战区在莲花、萍乡、上栗,萍乡北方约四十公里,各增筑一师之据点核心工事。

(五)已破坏之公路、铁路及大道,应切实检查,择要加强破坏之,并指定部队分担防守及袭击破坏诸任务。

主阵地前方尚未破坏之公、铁路及大道,应拟定具体破坏计划,完成破坏准备。

(六)各阵地守备队及各级预备队,须按照防御计划,对于各该阵地之攻防逆袭及攻势移转等,拟定各种教育计划,切实演练,特须注重干部演习及参谋旅行。

(七)第三战区抽出一军,位置南城,第六战区抽出一军,位置常德、益阳,准备策应粤汉路之作战。

(八)第五、第六战区,应按轮袭及三月游击计划,切实实施,并于八月下旬完成局部反攻,九月中旬完成总反攻之准备。

第二期　会战实施

(九)预期敌于七、八月间如不北进攻苏时,将以主力由湘北、一部由粤北呼应进攻,另一部由赣北向湘东,或再分一部由三水向梧州行牵制的攻击。

国军之指挥如左:

(1)粤北及赣北方面行战略持久战,努力拒止敌人于远方,最小限须确保曲江及莲花、萍乡、上栗、铜鼓、修水之既设阵地,掩护长沙方面我主力军之侧背。

(2)湘北方面先在长沙以北各既设阵地,持久抵抗,消耗迟滞敌人,尔后以主力向平江、长沙道以东,一部向湘江沿岸转移,诱致敌主力于长沙阵地前而拒止之。同时招致衡阳、衡山及益阳、常德之本会控置兵团(26A、74A、46A、53A)于浏阳河畔及湘江西岸,加入第九战区移转攻势,预期保持重点于浏阳河上游方面,包围敌人于涝刀河畔而歼灭之。

此时如粤北方面状况许可,则重由第七战区抽出一军,招致于长沙方面参加决战。

(3)西江方面如敌兵力强大,致梧州危急时,则以第四十六军之一部,转用于该方面。

(十)如粤北方面敌兵力意外强大,进展特速,致曲江危急而湘北状况许可时,则加入本会控置兵团(46A、74A、86A、88A),必要时并由第九战区抽调一至二军于曲江方面,预期保持重点于铁道两侧,由西北东三面包围粤北之敌于湘粤边境山地而歼灭之。

同时常德、益阳之控制兵团(8A、53A),即向长沙、衡山移动,以备万一。

(十一)万一赣西方面敌兵力意外强大,进展特速,致萍乡、莲花、上栗市阵地危急而湘北及粤北方面状况许可时,则招致本会控制兵团(46A、74A),并由湘北转用一至二军于湘东方面,另由第三战区抽调一至二军于赣江西岸,预期指向重点于敌之左翼,由北西南三面包围赣西之敌于湘赣边境山地而歼灭之。

此时(8A、53A)亦应向长沙、衡山移动,以备万一。

(十二)在右述(九)(十)(十一)三种状况下,第三、第五、第六战区,均应施行局部攻势,并加强游击,牵制敌人。第四战区应确保梧州、掩护湘桂铁路之安全,如敌北进攻苏后,再发动本作战时,则第三、第五、第六战区,应按秋季攻势计划实行总反攻。

第三期 追 击

(十三)湘北、粤北或湘东方面会战胜利时,务捕捉敌人于战场内而歼灭之。

如敌逸出战场,应以一部向我军原阵地线追击,以主力集结于战场附近,准备转用于其他方面,逐次击破敌人。

但湘北方面,如在第五、第六战区实行总反攻时,则以主力或全力直向武汉追击。

第三 兵团部署(参照附图第一〔略〕)

(十四)第三、第七、第九战区兵力估计,如附表第四〔略〕。

(十五)各战区之任务及行动如左:

(1)第三战区以一部守备沿海沿江各要地,并向京、沪、杭游击,邀击长江敌舰,以主力不断袭击浙赣路沿线之敌,破坏其交通通信,妨害其修复铁路。

特须保持重点于西翼,相机收复临川、鹰潭、东乡各要点,并控制一军于南城,准备策应第九战区之作战(重点西移指导腹案如附图第二〔略〕)。

(2)第九战区以一部与第三战区相协力,掩护赣南,守备赣西、赣□各要地,以主力守备鄂南、湘北各既设阵地,并向南浔线及鄂南游击,邀击长江敌舰。

特须控制有力兵团于长沙及其外围地区,加强工事,准备迎击进犯之敌。

(3)第七战区以一部守备沿海各要地,并向敌后方尤其广九路游击,以主力守备曲江以南主阵地,特须控制有力兵团于曲江及其外围地区,加强工事,准备迎击进犯之敌。

(4)第四战区以一部守备桂越边境及沿海各要地,以主力控制南宁附近,准备迎击进犯之敌。

特须注意巩固梧州方面之守备,确保湘桂铁路之安全。

(5)第五、第六战区,应按轮袭及三月游击计划,切实实施,并于八月中旬完成局部攻击,九月中旬完成总反攻之准备,待命实施。

第六战区特须以两军控制常德、益阳,准备策应第九战区之作战。

第四 航空及防空

(十六)空军于会战前,担任敌情搜索,妨害敌攻击准备,于会战时期,以主力协力主力军之决战。详细计划由航委会拟定之。

防空以掩护湘、桂各重要机场,及粤汉与湘桂两铁路交通要点为主,由防空总监部检讨既定计划,酌加修正。

第五 后 方

(十七)交通、通讯、补给、卫生及补充等,适时另令主管机关妥为筹备调整之。

蒋介石致阎锡山等密电稿

(1942年7月)

(1) 致阎锡山密电稿(7月22日)

兴集阎长官：〇密。极机密。一、二、三同前①。四、该战区应加强同蒲路之游击破坏,主力向三角地带敌人攻击。第十八集团军应遮断正太路及平汉北段及同蒲路敌人交通,策应晋南作战,并遵照本会核准该战区寅号未参战电所呈游击计划,确实实施,以打破敌之攻势及局部流窜,及卅年申哿令一元二电核定策应第一第八战区,协同作战计划实施。以上四项,希照所示要旨分别秘密准备,并策定计划呈核,勿将全文转令为要。中〇。午养。令一元略。印。

(2) 致朱绍良密电稿(7月22日)

兰州朱长官：雍密。极机密。一、二、三同前。四、该战区应猛攻包绥截断平绥路,同时巩固陕东、陕北河防及碉堡线,任攻击之部队应尽量充实其装备,尤其重火器及爆破器材,并应准备渡河材料,并遵照本会本年寅哿申、辰冬已两令一元北电核定该战区策应第一、第二战区协同作战计划实施。以上四项,希即遵照所示要旨,分别秘密准备,并策定计划呈核,勿将全文转令为要。中〇。午养。令一元略。印。

(3) 致余汉谋密电稿(7月26日)

曲江余长官：昔密。极机密。一、二、三同前。四、该战区应巩固粤北阵地,并以有力一部向广九路方面之敌攻击,并应将主力集结,准备机动使用,策应其他战区之作战。以上四项,希即遵照所

---

① 即同后面致蒋鼎文密电。以下同。

示要旨,分别秘密准备,并策定计划呈核,勿将全文转令为要。中〇。午宥。令一元略。印。

(4) 致张发奎密电稿(7月26日)

柳州张长官:昔密。极机密。一、二、三同前。四、该战区应巩固桂西、桂南之防务,对钦、防、龙州、靖西附近工事,应特别加强,道路应彻底破坏,并控置主力,准备策应其他战区之作战。以上四项,希即照所示要旨,分别秘密准备,并具报,勿将全文转令为要。中〇。午宥。令一元略。印。

(5) 致龙云密电稿(7月26日)

昆明龙主任:武密。极机密。一、二、三同前。四、该行营驱逐滇西进犯之敌人后,应以一部巩固滇南、滇西之国境防务,控置主力于昆明附近,机动使用。以上四项,希即照所示要领,从新策定计划呈核,勿将全文转令为要。中〇。午宥。令一元略。印。

(6) 致蒋鼎文密电稿(7月26日)

洛阳蒋长官:〇密。极机密。一、国军以收复战略要地迫敌缩小防区俾尔后反攻有利之目的,预计于本年秋季发动全面攻势,指向重点于华中方面,依各战区之协力,歼灭襄西及湘北之敌,夺回宜昌、洛阳。二、攻势准备于八月底以前完成,攻击开始时机,另令之。三、在攻击准备时间,特须注意抵御敌之攻势及局部流窜,以免破坏我之攻势准备。四、该战区应收复邙山头及佯攻中牟,确实巩固河防,掩护第五、第六战区侧背,以有力一部进入中条山,建立根据地,并向开封及渡河向道清铁路分别袭攻敌重要交通线路,及与鲁苏战区、鲁苏皖豫边区协力,遮断津浦南段交通,并遵照本会卅年辰真令一元北电核定该战区策应第五、第八战区协同作战计划实施。以上四项,希即照所示要旨秘密准备,并策定计划呈核为要。中〇。午宥。令一元略。印。

军令部拟拱卫陪都作战计划稿

(1943年5月26日)

拱卫陪都作战计划　三十二年五月二十六日于重庆军令部

第　一　方　针

一、国军以拒止敌人之目的,始终确保三峡为作战枢轴,凭依三峡南北连山地带,并用正面抵抗及节节侧背尾击,遮断敌人补给线,歼灭进犯之敌于三峡南北连山地带。

预期在常德、石门、五峰、资丘、木桥溪、曹家畈、石牌、远安、宜城之线以东山地,必要时则依托三峡要塞,在常德、石门、青岩沟、庙河、雾渡河、南漳、襄樊之线,与敌决战,求主决战于清江两岸亘长江间地区。

第　二　搜　索

二、沿江各战区及本会直辖情报机关(含谍报及空军),竭力侦察敌情,特注意长江情况及兵力移动情形、新增师团番号之有无等。

第三　集中(军队之调遣)

三、79A(王甲本辖98D、194D、T6D),一师常德,主力大浮山。

74A(王耀武辖51D、57D、58D),桃源。

46A(黎行恕辖175D、N19D),宁乡、益阳。

32A(宋肯堂辖139D、141D、5D),一师巴东、恩施,主力木桥溪、香溪。

30A(池峰城辖27D、30D、31D),秭归、兴山。

72A(古鼎华辖6RD、77D、78D),衡阳。

100A(施中诚辖19D、63D),萍乡、醴陵。

98A(刘希程辖42D、169D),竹溪、汉中。

53A(周福成辖116D、130D),恩施。

8A(何绍周辖G1D、103D、82D),遵义(依状况向重庆或恩施跃进)。

93A(陈牧农辖10D、N8D),重庆(依状况向万县跃进)。

以上十一个军之集中命令已下达。

必要时由第一、第八战区及昆明行营各抽出一军,分向老河口、汉中、贵阳集中。

第四　指导要领

四、敌仅以第十一军原有部队抽调转用,沿长江两岸向第六战区施行有限度进攻时。

甲、第三战区加紧轮袭及游击牵制敌人,并强行布雷,妨害敌长江运输。

乙、第五战区以约六师兵力向平汉路、汉宜路敌之弱点攻击,以牵制敌人。

丙、第九战区以约六师兵力向粤汉路敌之弱点攻击,以牵制敌人。

丁、第六战区常澧方面,以主力固守常德及常澧间各要点,以有力一军向渔洋关、五峰间进出,攻击长阳方面敌之左侧背。长江南岸方面,利用沿江尤其石牌要塞,及其以南既设阵地,韧强抵抗,见机移转攻势。

江北方面,续向敌弱点攻击,以牵制敌人。

关于破路清野,应按既定计划严格实施。

戊、本会直辖之93A、53A、8A、30A(-27D),应不失时机,占领五峰庙河线上之既设阵地,特须指定30A之一师,迅速进入庙河要塞而死守之。

以上各部队,务勿逐次加入石牌之战斗。

己、第一、第八战区及昆明行营各抽出一军,准备向老河口、汉中、贵阳集中。

庚、为巩固后防,即时整备后方要地之守备(已定详细计划呈核中)。

辛、兵员、武器补充重点,应置于第六战区及陪都附近各部队(详细计划由军政部另定之)。

五、敌大举进犯时。

甲、第三战区向当面敌弱点行局部攻击,以牵制敌人,特须有效妨害敌长江运输。

乙、第五战区以全力向当面敌弱点攻击,遮断敌交通,特须以有力部队钻隙袭击汉口,并妨害敌长江交通。

丙、第九战区以全力向当面敌弱点攻击,特须以重点指向粤汉路方面,遮断敌铁路及长江交通。

100A、T2A加入第九战区序列,而以第四十六军西移常德,转属第六战区。

丁、第六战区仍按前项指导要领,正面利用沿江要塞,韧强抵抗,并向敌侧击尾击,击灭敌人于五峰、庙河、雾渡河以东山地内。荆、当方面,必要时应抽出一军,尾击雾渡河方面西窜之敌。

本会直辖之30A、93A、53A、8A,此时均加入第六战区序列,俾形成庙河会战之主力。46A或74A,如常德方面状况许可,应进出石门以北,续向渔洋关、五峰间侧击敌人。

戊、第一、第八战区及昆明行营抽出之一军,应即开始向老河口、汉中、贵阳集中。

六、追击　击破敌人时,务包围敌人于战场附近山地内歼灭之。

如敌逸出战场,或自动撤退时,应向公安、洋溪及其以北我军原阵地线,超越追击,务在该线以西捕捉歼灭敌人。

第五　部　署

七、战斗序列

79A、74A、32A,到集中地后,改隶第六战区。

46A,到集中地后,改隶第九战区。

30A、53A、T2A、100A、8A、98A、93A,开始集中行动后,

归本会直辖。

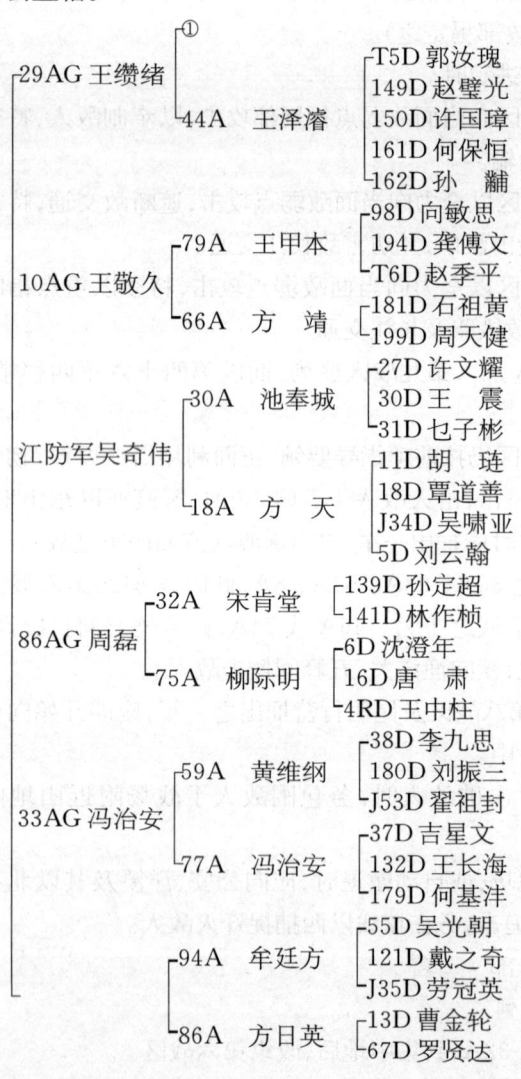

① 此处缺。

会直辖　74A　王耀武　⎰51D 周志道
　　　　　　　　　　　⎱57D 余程万
　　　　　　　　　　　⎱58D 张灵甫

郭思演指挥　87A　高卓东　⎰43D 李士林
　　　　　　　　　　　　　⎱118D 王　严
　　　　　　　　　　　　　⎱N23D 盛逢尧

八、作战地境　各战区作战地境不变。

九、各战区之任务

甲、第三战区,准备以约六师兵力,向敌弱点攻击,以牵制敌人,特注意有效妨害敌长江运输,应于六月五日以前,完成攻击之准备。

乙、第五战区,以六师兵力继续攻击,牵制敌人,并准备以全力向当面敌弱点攻击,遮断敌交通,特须以有力部队(至少两师)钻隙袭击汉口,并妨害敌长江运输,应于六月五日以前完成全力攻击之准备。

丙、第九战区,以六师兵力继续攻击敌人,并准备以全力向敌弱点攻击,特须以重点指向粤汉路,遮断铁道及长江交通。

应于□月五日以前完成攻击之准备。

丁、第六战区以各一部守备常德、津澧间各要点,及江北现阵地,以主力守备三峡及其南北既设阵地,依正面韧强抵抗,及节节侧击尾击,击灭进犯之敌于资丘、石牌之线以东山地。如敌极优势,应死守石牌、庙河两要塞及庙河南北各要点,以待增援。江防军应沿三峡要塞线纵长配备,并指定部队分任各要塞之守备。对石牌、庙河两要塞,特须以充分兵力死守之。并竭力加强掩护工事,妥存粮弹及卫生防毒器材。

第六　航空及防空

十、空军及驻华美空军之主力,应协力第六战区之作战。其任务如左:

甲、先争取制空权,掩护战场之上空。

乙、轰炸汉宜间敌舰船。

丙、连续侦察汉宜间敌水路及陆路运输状况,及战场上敌后方部队移动状况。

详细计划由航委会拟定之。

十一、第六战区,尤其沿江各要塞之防空,应竭力加强。

详细办法,由防空总监部拟定之。

第七 后 方

十二、交通、通信、补给、补充、卫生诸计划,由主管部另定之。

徐永昌与蒋介石等往来呈电

(1943年11月—1944年3月)

(1)徐永昌致蒋介石等签呈(1943年11月4日)

签 呈　三十二年十一月四日
　　　　于军令部

案秦钧座机秘(甲)第八零五四号手令开:对于黄河南北两岸,及长江南岸之总反攻计划,如部队之编组,指挥之人选,以及进攻之战略等,希研具体方案呈报为要。等因。查国军总反攻,以配合盟军行动为有利,故开始时机,预期当在收复宜沙及缅甸以后。判断倭寇对于占领区域,非万不得已,决不轻易放弃,而以由长江及沿海逐步北撤之公算为多。黄河以北及东北四省乃最后挣扎场所,故除发见倭寇有总崩溃之征兆时,各战场应同时总反攻外,为使兵力尤其炮兵、空军容易集中使用于重要方面计,似宜依情况,对各重要区域,逐次攻略,关于部队编组,指挥官人选,预计在收复武汉、南浔以前,及反攻广东沿海敌人时战斗序列,可依各战区现状,不必变更。肃清沿江、攻略京沪杭三角地带时,似应分为江南、江北两方面,同时并进。仅中战场,应加调整。至进出黄河以北、会师平津时,似分为津浦、平汉、正太、平绥四路,分进合击,届时应全般加以调整。而每一战区之敌人肃清后,即将该战区长官部撤

销。谨依以上腹案,先拟具国军总反攻指导计划大纲,呈请核定后,再分别拟具详细计划呈核。当否?敬请核示。谨呈

总长何　转呈

委员长蒋

附呈国军总反攻作战指导计划大纲一份

职徐〇〇、刘〇代

国军总反攻作战指导计划大纲　三十二年十一月四日

第一　方　　针

一、国军以收复失地之目的,先以第五、第六、第九战区,会师武汉,再与盟军相策应,逐次肃清长江、黄河流域,及沿海之敌,进而规复东北。

但倭寇有总崩溃之征兆时,各战区应不失好机,同时反攻。

反攻武汉之时机,预期在攻略宜沙及缅甸以后。

第二　指导要领

二、以第五、第六、第九三个战区主力,向武汉合围,歼灭该地区之敌。同时第三、第五两战区,各以有力兵团,于铜陵、彭泽间长江两岸,袭占有利地形,遮断敌之交通。第三、第九两战区,另各以一部协力攻击南浔之敌,使其不能策应武汉作战。

三、武汉会师后,第五、第九两战区,即乘胜东下,相应策应,肃清长江两岸之敌,调整全般态势(变更中战场战斗序列),准备收复京沪杭三角地区。

依全般状况,第四、第七两战区,应适时与远征军及盟军呼应,收复广东沿海各地区。

四、京沪杭收复后,转移该地区兵力之大部,与鲁苏战区及鲁苏豫皖边区协力,肃清津浦中段及陇海路东段之敌,调整全般态势(此时长江以北战斗序列全部调整),准备收复山东,进出黄河以北。

第二战区主力、第八战区一部,先攻略晋南三角地带。第一战区以有力兵团,恢复中条太行山区,协力第二、第八战区,进出安阳、襄垣、介休之线,准备收复晋绥,会师平津,肃清关内之敌,再图规复东北。

五、各战区未发动攻势前,仍依既定守势计划实施。如发见好机,应断然采取攻势。

六、依情况之进展,对各重要区域之作战计划,分期策定之。

第一期　收复武汉、南浔,肃清长江中游之敌。

第二期　收复京沪杭三角地区。依情况收复闽粤沿海各地区。

第三期　收复津浦中段及陇海东段。依情况收复晋南。

第四期　收复山东及晋绥。

第五期　会师平津,肃清关内。

第六期　收复东北。

七、总反攻开始前,以政治力量,并发动舆论,促使第十八集团军服从中央命令,对倭反攻,如不就范,应一并扫荡之,或严加监视,并防制其向后方窜扰。

八、总反攻准备时,各战区对当面之伪军,应依本卅二年九月修正之策动伪军反正办法,作有计划之秘密策动,待机反正,配合国军作战,以收夹击歼灭敌军之最大效果。

九、中央党政各机关,应即策定对于收复省区之党政设施计划,储备各层干部,预定应取步骤,准备配合军事之进展,发动党政力量,巩固后方治安,恢复地方元气。

(2) 蒋介石复徐永昌密电(11月15日)

军令部徐部长密鉴:查该部所拟国军总反攻作战指导计划大纲,经核尚属可行。惟此项计划,关系重大,研究不厌求详,其应补充之点:

一、就全般态势观察,敌人处于内线地位,交通便利,兵力转用容易,我则完全相反。在第一期五、六、九三个战区合围武汉时,敌华北、华中各方兵力,可以适时抽调增援,而我则多数战区兵力,闲置无用,放弃外线作战之利益,而非完全主动。如武汉围攻不成功,或时日迁延,不独影响整个士气民心,且迩后各期攻击计划,将均成泡影,宜策定甲、乙两案,原计划为甲案,另拟各战区同时发动反攻之计划为乙案。其要旨如下:

1. 每战区(或相联之二三个战区)各选定其分期攻略之作战目标(战略要点)。

2. 各战区部队,依其历史人事与战斗力诸关系,区分攻守部队,指定总反攻时之各路前敌指挥官。根据所选之攻略目标,从事准备与训练,并就预想进出之战场,策划后方补给诸事宜。

3. 在发动总反攻时,各战区同时向指定之诸目标逐次迈进,使敌人处处居于被动,处处被攻击,兵力不能抽调使用,必有多数战区可以成功,纵有不成功或时日迁延者,亦不致影响全局。

4. 最高统帅部在长江与黄河两区控置之战略预备队,以适时投入初期攻略成功之方面,扩张战果为主而指导之。

二、在宜沙及缅甸收复之后,预想国际情势,尤其太平洋形势,必有转变。或许是时敌已处于东、西、南三面作战,及海、陆、空同时作战之危境,则我之反攻,采用乙案之公算,自较采用甲案之公算为尤多也。希即照以上意见,补充修正,加拟乙案呈核为要。中正。戌删。侍参。

(3)徐永昌致蒋介石等签呈(1944年3月7日)

窃查国军总反攻作战之准备,曾于去年十一月四日拟呈指导计划大纲。嗣奉钧座戌删侍参电略开:该案尚属可行,应列为甲案,而另以全面反攻之着眼,补助修正,加拟乙案呈核。等因。遵即详加研究,复经常德会战后之修正,谨拟具乙案,呈乞核示。并

拟于核准后,再补拟航空、防空、交通、通信、补给、卫生等诸附属计划呈核。当否?恭乞核示祗遵。谨呈

总长何 转呈

委员长蒋

附呈国军总反攻作战指导计划大纲(乙案)一份

职徐永昌呈

三十三年三月七日

国军总反攻作战指导计划大纲(乙案) 　三十三年三月七日
于军令部

第一　方　针

一、国军以收复失地之目的,以各战区主力,同时全面反攻,歼灭当面之敌,再进而规复东北四省。

二、全面反攻之时机预定如次:

1. 依全般态势之变化,倭寇有总崩溃之征兆时。

2. 宜沙收复以后,各战区国军主力,均已补训完成时。

3. 盟军已将菲律宾、台湾攻略,并将东南海运打通,国军得适量之补充与支援时。

第二　指导要领

甲、作战准备

三、各战区竭力搜索敌情地形,特须注意敌阵地之编成,据点工事之强度,兵力之配备,及其后方交通一般状况等,以策定攻击计划。

主作战方面,并以空军摄影,俾计划更臻绵密确实。

四、各战区对于攻击计划,务须随所得之敌情及状况之变化,而为适时适切之修正,各高级司令部,并须招集必要干部及幕僚,实施绵密之演习,除推演战况而外,尤须注意后方勤务之设施。

五、重火器及特种器材与装具等,虽大半须俟缅甸海运打通,始得作适量之补充。但各部队所缺之人马,则须加紧征补,而国军

现储有之诸战斗资材,亦须按其数量与需要程度,逐步补充。各部补充之顺序,另案规定。

六、各部队对于攻击作战之训练,须预想将来战场之地形,而确切积极实施。各级司令部,对所属各部队,务切实督导。

七、各战区于攻击准备期间,应确保现态势,因之须竭力加强第一线阵地及后方要点工事,并须积极实施轮袭,及敌后破坏作战,以消耗敌之战力。

八、攻击准备期间,如敌向我进犯时,依原定守势作战计划,指导作战。

必要时,除被攻击之战区应韧强抵抗外,并以其他战区协力策应。

九、各战区应秘密策动伪军,务期确实,以期适时反正,并督促各挺进部队积极游击,配合国军之攻势。

十、各战区战略展开之时机,本会临时命令之。

乙、作战实施

十一、在第二条第(1)(2)两项之时机,全国各战区均全面反攻。

十二、在第二条第(3)项之时机,全国各战区全面反攻,但南战场特须注意越、泰、缅之敌,因海运断绝,假道我国陆路向华南流窜,而准备有力之守势作战。同时中战场各战区,亦须有防敌夺路流窜之准备。

十三、在第二条之任何一反攻时机,北战场之全面反攻,依奸党之动态,有下述二案,临时决定之。

(1)第八战区主力,取道陕北奸区,以压倒之势,一面肃清奸军,一面向晋冀进出。

(2)第八战区以主力对奸军封锁,以一部配属于第一战区,增加该区之攻击力量。

十四、无论在何种时机发动攻势,均以先肃清中南两战场之敌为主,而在中战场,又以先肃清武汉之敌为主。

十五、中战场于武汉攻略以后,即以第五战区沿江左东下,转攻皖中及苏北。第六、第九两战区主力,则分别增加于第一及第三两战区,进行苏、浙、豫、鲁之作战。

十六、中南两战场之敌肃清后,即抽转兵力,逐渐向北战场转用,以增强北战场之攻击力量。

十七、各战区在总反攻发动之后,各须酌以一部担任其后方之绥靖,以防止奸党之乘机窜扰,尤须注意奸党窜回老巢之部署。

第三　序列及区分

十八、战斗序列于作战初期,均照现状不变,尔后推进,离开原战区地境时,再分别改组。

十九、本会直辖部队,适时加入主攻方面。

第四　各兵团之任务及行动

二十、武汉攻略,以第五、第六、第九三个战区任之。攻略后,第六、第九两战区兵力转用,番号撤销。京、沪攻略,以第三、第五战区任之。攻略后,兵力转用,番号撤销。平、津之攻略,以第一、第二、第五、第八四个战区任之。攻略后,再部署规复东北四省。至南战场各战区,则依状况之变化,适时调整之。

各战区任务概要如次:

甲、北战场

二十一、第一战区担任对平汉路方面之攻势,先收复中条太行山区。至武汉攻略以后,受中战场部队之增加,进而与沿津浦路北进部队会师平、津,并以有力兵团,兼任鲁豫及苏北、皖北一带之绥靖。

二十二、第二战区担任收复山西,先与一、八战区协力收复晋南,再进而收复全晋。尔后即以主力增加于平绥方面,以一部留任山西之绥靖。

二十三、第八战区以主力对付奸军,以一部进出平绥方面,拊敌之侧背,以策应平津之攻略,依状况,须留一部任陕、甘、川之绥靖。

乙、中战场

二十四、第三战区担任京、沪之攻略,先收复钱塘江以南地区,并截断长江交通。至武汉攻略以后,并受第九战区主力之增加,以竟其全功。尔后以一部规复澎湖、台湾,留一部任苏南、皖南及浙、闽一带之绥靖。

二十五、第五战区先任武汉之攻略后,再转移主力向苏北方面,协力第三战区对京、沪之攻击,并肃清津浦南段地区。

二十六、第六战区任收复武汉后,留必要兵力,任鄂、湘、赣一带之绥靖。

二十七、第九战区先任武汉之攻略,尔后以主力增加于第三战区,肃清长江南岸之敌,收复京、沪。

二十八、长江流域收复后,第三、第五、第六、第九各战区主力,准备进出黄河以北,会师平、津。其部署临时调整之。

丙、南战场

二十九、第四战区任入越作战,并雷州半岛及海南岛之收复,及广西之绥靖。

三十、第七战区任广州及潮、汕之收复,及广东之绥靖,并准备于美军打通中国南海时,与美方连系。

三十一、昆明行营担任入越作战,及云南、贵州之绥靖。

三十二、远征军担任入缅、泰作战,胜利后,转移其主力,控置于滇、黔、川各要点,为机动之准备。

第五　航空与防空

三十三、航空以中美合作为主,随美机之加多,逐渐将西安、南阳一带机场加强,并须有适时推进着陆场之准备。

三十四、防空以积极手段为主,各部队之高射兵器,依美械之租借,逐渐增设之。

三十五、关于航空、防空之详细设施,另行计划之。

第六 交通通信

三十六、对于反攻期间之交通通讯诸准备,首应充实现编制之工兵及通信部队,加以积极训练,并增加工兵学校、通信兵学校之班次,以储备特科人物。尔后依美械之租借,及实际需要而扩充之。

三十七、美方新式之工兵及通讯器材,应提前输入若干,拨交工、通两校,或工信部队,充实教材。

三十八、关于交通通信之详细设施,另以计划定之。

第七 兵站补给卫生

三十九、由后勤部另定之。

第八 宣传谋略

四十、宣传谋略,依既定方案而加强之。政工机构,对新收复区域之工作,更应特加注意,预为筹划。

军令部拟收复宜沙会师武汉作战计划摘要

(1944年3月5日)

收复宜沙会师武汉作战计划摘要　三十三年三月五日修正于重庆军令部

第一　方　针

一、以攻略宜沙会师武汉之目的,以第三、第五、第九各战区第一线兵团向当面敌阵地之预定目标攻击,确实遮断敌交通,阻敌增援。第五、第九两战区,另各准备有力之一个军,钻隙袭击武汉。以第六战区行主攻击,重点指向宜昌东侧地区,及宜昌西岸敌之桥头堡阵地。依中美空军之协力,各个包围各据点之敌,逐次歼灭之。先进出于汉水之线,再进而会师武汉。

二、攻击准备于三十三年五月十五日以前完成。攻击开始时期,待命实施。

第二　指导要领

三、作战准备

甲、各战区竭力搜索地形、敌情,特注意敌阵地及其后方交通一般状况,据点工事之强度,兵力之配备等,基此以策定攻击计划。

第六战区并参酌空中照像之成果,绵密计划之。

乙、各战区基于攻击计划,招集必要干部及幕僚,实施兵棋演习,切实研究作战各期间之要务,对于困难问题及缺点,讲求有效的对策。

军司令部亦须准此要旨招集演习,特注意攻略据点之方法。步、炮、工兵之协同,陆、空协同,及遮断敌交通,阻击敌增援队之方法等。

丙、各战区攻击部署,务尽早确定,俾各部队预为充分之研究及准备,务避免临时变更部署。但须注意保守秘密。

丁、担任攻击之各军所需人马、械弹、器材、粮秣,务于五月十五日以前,依重点补训办法准备完毕。

对于第六战区所需破坏及防毒气材之补给,尤须充分为要。

戊、各战区于攻击准备期间,应确保现在态势,因之须竭力加强第一线阵地,及后方要点之工事。并须注意在敌军占领区内作战之训练,及扰敌水陆交通之装备与战法,切实研究演习。

四、作战实施

甲、第三、第九、第五战区,以第一线各军向当面敌阵地攻击,并加强敌后袭击,确收局部战果。

另以有力兵团分别向武汉袭击,并进占沿江及粤汉铁路,汉宜、京钟两公路上敌薄弱据点,强行布雷破路,遮断交通,至少半月间。并阻止敌之增援。

乙、第六战区以一部攻击藕池口、弥陀寺一带,长江右岸之敌,并适时推进炮兵及布雷队于江岸,遮断长江交通。以主力向宜昌、汉水间之敌攻击,特须以重点指向宜昌东侧地区,及宜昌西岸敌之桥头堡阵地。依中美空军之协力,各个包围各据点之敌,逐次击灭之。先夺取宜昌,再向东方蚕食敌阵地,向汉水之线进出。

五、追　　击

第六战区方面攻击进展中,如发觉敌企图退守汉水东岸时,应与第五战战〔战字衍〕区协力,抑留敌人于汉水西岸捕捉而歼灭之。

如敌已退过汉水东岸时,应速在汉水西岸整顿态势,准备尔后之作战。此时向武汉会师之部署,临时依状况调整之。

第三 部 署

六、作战地境,如旧不变。

6WA方面

七、以6WA主力26AG指向宜昌以东地区,33AG指向荆、当附近地区,并准备进出沙洋。

八、以江防军主力攻略宜昌对岸桥头堡。

九、以10AG、24AG佯攻江右之敌,10AG之支援渡江,策应宜昌之攻略,并另以一部进出沙洋。

十、战区之86A、94A及会直辖之92A,准备增加于26AG方面。

5WA方面

十一、以第一线各军攻击当面之敌,妨害敌长江交通,另以22AG抽一个军,进出京山、皂市,遮断京钟、汉宜两公路。

十二、以55A由桐柏向汉口深入,以84A由黄陂向广水、花园间截断交通,并以一部协助55A攻汉口。

9WA方面

十三、以第一线各军攻击当面之敌,另以一个军进出蒲圻、临湘间,遮断长江及粤汉交通,一个军经咸宁附近向武昌深入。

3WA方面

十四、以第一线各军攻击当面之敌,另以一军进出大通、彭泽间,遮断长江交通。

十五、战斗序列如附表第一至第三〔略〕。

第四 航空及防空

〔从略〕

第五 兵站设施

十六、兵站设施,依附表第四〔略〕之要求,由后勤部另拟详细计划实施。

蒋介石致朱绍良等密电稿

(1944年6月10日)

有线电

限即到。兰州朱长官、西安胡副长官:○密。训令:一、北战场之敌,似将以主力窥伺关中,以一部威胁第五战区侧背,并延修平汉路。陕北奸伪,似有乘机向西向南流窜之企图。二、国军以确保抗战基地及国际交通之目的,决以第一线兵团广领前方要地,行战略持久战,并先机巩固秦岭、六盘山各隘路,严防敌奸之侵入,见机再转攻势。三、第八战区应:(甲)以陕东现有兵力,利用函潼及黄河天险,行持久战;(乙)关中公路路上各要点,及秦岭各隘路口,应即时配备必要一部,特须以有力一师(六十一师)控置大散关,以一师控置陇县(新四十一师),以一师(新三十四师)控置平凉,各增筑一个师坚固据点群工事,严防敌奸之袭击;(丙)骑三军主力,控置陇县、汧阳,另由马步芳部抽调骑兵一师,控置平凉,马鸿逵部抽调骑兵一旅,控置固原,严防奸伪向西南流窜;(丁)绥西伊盟方面,应积极绕袭牵制敌人,并监围奸伪;(戊)万一潼关或其以北河防,被敌突破时,陕东主力,应向大散关、陇县之线撤退而固守之。特须置重点于大散关,关中公铁路上各部队,应掩护主力通过后,逐次南向秦岭各隘路口撤退而固守之;(己)如奸伪以抗敌口号企图南窜时,可令向三原以东渭河以北截击敌人,但须绝对防止其向该线以西以南流窜,我监围部队应由东向西,逐次向长武、邠县、栒邑、正宁方面转移;(庚)朱长官应即在天水、胡副长官在双石铺设预备指挥所。以上各项,遵照并将实施情形具报。中正。巳蒸午。令一元辛。

军令部拟国军今后作战指导计划大纲稿

(1944年6月10日)

国军今后作战指导计划大纲　　三十三年六月十日
　　　　　　　　　　　　　　　于重庆军令部

第一　作战方针

国军以巩固重庆、昆明,确保抗战基地及国际交通之目的,以第一线兵团广领前方要地,行战略持久战,并先机控制有力兵团于六盘山、秦岭、巴山、鄂西、湘西、桂东、滇南各要隘,竭力加强整训,增筑工事,严防敌奸之侵入,见机再转攻势。

第二　指导要领

一、第八战区以第一线兵团,依陕东、绥西既设阵地,拒止敌人,并监围奸伪。但关中方面,须扼制公铁路各要点,纵深配备,预为逐次抵抗之准备。

另以有力三个师,各配属有力工兵,即时配置平凉(预定N34D/57A)、陇县(预定N41D/42A)、大散关(预定61D/90A)三要点,竭力加强或增筑一个师之环状据点群工事,准备死守各该地,并由马鸿逵部抽调一个骑兵旅,控置于固原,马步芳部抽调一个骑兵师,控制于平凉,且应适时以步兵小部队,控置潼关、宝鸡间秦岭各隘路口。

长官部在天水,胡副长官部在双石铺,设置预备指挥所。

如敌突破潼关,或陕东河防时,则以一部沿公铁路各要点逐次抵抗后,退守秦岭各隘路,以主力向大散关、陇县、平凉之线撤退而固守之,但留有力之一个军于西安行韧强之抵抗。并抽出一军(预定为16A)调剑阁、绵阳控制。

如奸伪以抗敌口号向西南窜犯时,应令其向渭河以北三原以东截击敌人,我监围部队应由东向西逐次向长武、邠县、栒邑、正宁方面转移,绝对防止其向该线以西以南窜扰。

绥西及伊盟方面,应积极扰袭牵制敌人。

二、第二战区长官部应向陇东平凉转移,否则应有在晋境独立游击之准备,必要时,凡在宜川、洛川及黄龙山一带各部队,应改归第二战区之指挥。

三、第 战区(含冀察战区)以第一线兵团积极行动,牵制敌人,特须置重点于两翼,掩护第五、第八战区之侧背。其残破部队,应位置内乡、西峡口间,积极整训,必要时(攻势任务停止时)将该战区汤副长官所部,及洛河以南之地域,并入第五战区。但蒋长官直辖各部,及洛河以北之地域,划归第八战区。该战区部队之编训,另案办理中。

四、第五战区以第一线兵团行战略持久战,并以李副长官所部加强游击,特须即由第四十一军先抽调一个师,控置谷城、均县,增设两个师据点群工事。但第五十九军即开南漳,归还第六战区建制。

长官部在安康设预备指挥所,如敌大举进犯时,应在现阵地及南阳持久抵抗。但襄樊、谷城须坚决固守之。

如第一战区归并本战区时,仍继续前任务。但须由汤兵团抽出有力一军(预定为13A)控制南郑整训。

五、第六战区任务不变,但须指定一团(预定由87A抽调)位置沅陵南方之三角坪公路交叉点,增筑一个师坚固据点群工事。

六、第九战区应贯彻在浏阳河畔与敌会战,击破敌人之任务。

会战万一不利时,以T2A向桂林,以4A、99A、37A、T54D向邵阳、新化方面,以73A、74A、79A、19D向常德、桃源方面,逐次转移。以王陵基部向修水、铜鼓,孙渡河向万载,杨森部第二十军向宜春、萍乡,丁治盘〔磐〕部向攸县、茶陵方面,逐次转移。

但须先以有力一师,即时控置邵阳,构筑坚固据点群阵地而固守之。

长官部应在邵阳设预备指挥所。

七、第三战区应广领地域,不断扰袭敌人,行战略持久战。

八、第七战区应以现有兵力,利用既设阵地,与〔予〕进犯之敌以严重打击,掩护第九、第四战区之侧背,必要时以一部(六十三军)向东江方面,以主力(62A、65A)向乐昌、连山方面,另一部(64A)向西江方面逐次转移,特须以屏障桂林之主眼,保持重点于连山方面。

长官部在连山设预备指挥所,粤省府移东江。

九、第四战区以第三十一军固守桂南现阵地,以第四十六军固守桂林。

第十军于敌迫近衡阳以前,即调全州黄沙河,担任固守,并转属张长官指挥。

十、昆明行营已另案决定。

十一、各战区于会战后,依战绩及实力,即断行整编。其方案另订之。

十二、交通通信兵站补给计划,另定之。

附记

本计划大纲批准后,不颁布,谨适时分别下达训令于关系者。

委座手批:应先令其在天水与双石铺设立预备指挥所,与其所部各军建立通信外,其余可派员面授机宜,勿用令稿。中正。

蒋介石致俞飞鹏代电

(1944年12月9日)

国民政府军事委员会快邮代电 中华民国三十三年十二月九日
令一亨签字第四七六号

后勤部俞部长:极机密。兹为与盟军协同对倭作战,并准备将来反攻,令先将一部序列与人事并派遣连络官规定,发表如次:(甲)序列:中国陆军总司令指挥远征军、黔桂湘边区、滇越边区、第四战区及第五集团军:(1)远征军原辖各集团军,直属军、师,特种配属部队,仍旧不变;(2)滇越边区辖第一、第九两集团军,原集团军所辖各军、师不变,但第一集团军直属之暂编第十八师改隶滇越边区;(3)黔桂湘边区直辖第廿四集团军(辖第七四、第一百两个军及暂编第六师),第十集团副总司令夏楚中部(第八七、第九十四两个军),及第九、第十三、第廿、第九十七等四个军,炮兵第十一团,工兵第十八团,及装甲兵团;(4)第四战区原辖各集团军,直属军、师不变,但局部之序列变更,另以命令行之;(5)第五集团军为总预备军,原辖各部队不变。(乙)人事:(一)任参谋总长何应钦兼中国陆军总司令;(二)任卢汉为滇越边区总司令仍兼第一集团军总司令;(三)第四战区及其他边区各集团军,各军、师人事,均仍旧。(丙)中、美派遣连络官规定如下:(一)美军派遣一总连络官,常川驻在陆军总司令部,综理连络事宜。远征军、第四战区及各边区以下各级司令部,均由美军派遣连络官,战时为连络官,平时为教官,担任连络训练事宜。(二)美军后方供应部及其空军司令部,均由中国派遣连络官,担任连络事宜。以上各项,除分令外,仰即遵照办理。中正。亥佳。令一亨序。

蒋介石颁陆军总司令所部作战指导要领命令

(1944年12月13日)

命 令 十二月十三日
于重庆

兹颁布陆军总司令所部作战指导要领,希遵照实施具报。

一、任务 贵官任务为与敌保持接触,并拒止敌由湘桂路各地及越南向昆明及重庆两处之攻击。

二、军队区分 长江以南之国军,除去重庆之本会总预备队(第十四军、第七十五军及第七十六军)及第三、第六、第七、第九各战区之部队外,均归贵官指挥。

在贵官指挥下,应作下列区分:

甲、贵阳防卫区

黔桂湘边区总司令官　汤恩伯

所属部队　贵阳防卫军

　　　　　第二十四集团军

　　　　　第十集团军副总部(87A、94A)

任务　对本区之敌继续施以最大压力,并拒止敌向贵阳及重庆之袭击。

(1) 贵阳防卫军

司令官　汤恩伯兼

所属部队　第九军　第十三军

　　　　　第二十九军　第四十二师

任务　对正向柳州退却之敌施以最大压力,并准备防守贵阳区域,及阻止敌向重庆前进。

(2) 二十四集团军

总司令　王耀武

所属部队　第二十四集团军

任务　截断敌交通线　并阻滞长沙、桂林间敌之东向行动。

(3) 第十集团军副总部

副总司令　夏楚中

所属部队　第八十七军　第九十四军

任务　拒止由东方向贵阳及重庆前进之敌。

乙、昆明防卫区

总司令　何应钦兼

所属部队　廖耀湘部(14D、22D、57A)

　　　　　滇越边区所辖之第一九集团军

　　　　　远征军

　　　　　昆明区预备队(第五集团军)

任务 击攘现在云南西部之敌军,并拒止将来进入昆明区之敌军。

(1)廖耀湘部

所属部队 新六军(第十四师、第二十二师)
第五十七军

任务 拒止由贵阳区及由百色西进之敌。

(2)滇越边区

总司令 卢 汉

所属部队 第一集团军(第六十军、暂二十师、暂二十一师、暂二十二师)
第九集团军(第五十二军、荣誉第二师)

任务 拒止由越南进入云南之敌,并准备移转百色方面使用。

(3)远征军

司令长官 卫立煌

所属部队 远征军(应抽调各部队除外)

任务 迅速占领畹町,并与缅境盟军会合。

(4)昆明区预备队

总司令 杜聿明

所属部队 第五军(欠二百师)
第八军
第五十三军 ⎫
第五十四军 ⎭ 占领畹町后再转移

任务 迅速整编所部,准备随时开赴指定地点。

丙、第四战区

司令长官 张发奎

所属部队 第十六集团军
第三十五集团军
第二十七集团军(暂归何总司令直辖)

任务 竭力阻滞向百色区域前进之敌,并切断桂林以南及柳州西北之铁路交通。

三、军队行动 下列各部队正在或即将向贵官辖区内移动中:

甲、第九十四军正向芷江行进中,预期于十二月十八日集中完毕。

乙、第二十九军正由汽车输送及徒步向贵阳行进,预期十二月十五日到达。

丙、第十三军之暂十六师正由汽车输送及徒步向贵阳行进,预期于十二月十九日到达。

丁、第五十七军由西南空运至沾益,预期明年一月一日完毕。各单位于到达沾益后,陆续由汽车输送至安顺一带,进入阵地。

戊、新六军正由飞机输送至陆良集结,预期于明年一月一日输送完毕,准备再行移动。

己、远征军各部正由飞机及汽车向昆明区域输送中,务于最短期内输送完毕,俾得有充裕时间整编装备及训练。

四、补给 各部队之补给,由昆明及重庆两区域分别担任。在贵阳南北道路畅通时,凡在乌江以北各部队,应归重庆区负责,其他各部队,由昆明区负责,补给应尽量利用汽车运输,现正设法集中军用及民用汽车,以为补给贵区部队之用。昆明区之汽车,由美军后勤司令指挥,重庆区之汽车,将另设一机关指挥之。

五、美国协助 美籍军官派在贵处服务者,贵官务尽量延用助理募僚勤务,担任训练工作,作一般顾问,或担任贵官所认为可行之作战指导。

委员长 蒋中正

右令

何总司令

何应钦与蒋介石往来密电

(1944年12月)

(1) 何应钦致蒋介石密电(12月27日)①

即到。渝委座蒋:0531密。关于所辖之战斗序列、作战地区及任务、行动,经于昨今两日下达命令,其概要如下:(甲)战斗序列:(一)远征军除抽调第八军外,其余暂不抽调。(二)滇越边区军第一、九两集团军及荣二师(该师属第九集团)。(三)第四战区辖第十六、第卅五、第廿七三个集团,但第廿七集团暂归本部直辖。(四)黔桂湘边区辖第廿四集团,及第十集团副总司令夏楚中部,与第九、第十三、第廿九、第九十七四个军。(五)第五集团军辖第五军(欠二百师),及四十七师、第八军。(六)新六军、第五十七军,直辖本部。(乙)作战地区及直辖部队之驻地:(一)远征军仍旧。(二)滇越边区暂就原第一、第九两集团所辖之地区合并。(三)第四战区仍旧。(四)黔湘边区暂仍旧,但王耀武及夏楚中两集团可否先在第六战区境内布防?(五)第五集团之第五军及四十八师,驻昆明附近,第八军驻陆良、师宗、亨〔永〕平地区。(六)新六军驻曲靖、沾益、平彝地区。(七)五十七军驻晴隆、安龙、兴仁、兴义地区。(八)第廿七集团军驻黄平、施秉、镇远地区,但应派两部驻榕江警戒黔桂边区。(丙)任务及行动:(一)远征军应迅速攻占畹町,与驻印军会师;又应于畹町攻克后,在畹町、龙陵、腾冲、八莫间地区(限于国境线以内)遴择要点,构筑三个师之国防工事,以确保新辟之中印公路。(二)滇越边区,应拒止由越南向北进攻之敌,并准备迎击由百色方面进犯之敌,并应控置有力一部准备随时向百色方面使用。(三)第四战区,应确保百色要点,以

---

① 军委会办公厅机要室来电纸注明系27日3时50分发,电末日韵"有"当误。

有力部队于百色以南遴择主要防线,构筑坚固阵地,阻止敌人之攻击。另以有力一部,攻击河池、金城江,相机收复宜山。如敌增援反攻,则于田东至车河公路上之同乐以东,遴择主要地点,构筑坚固工事,拒止敌人。又对宜山、桂南以南之敌后交通线,应竭力设法破坏或截断之。(四)黔桂湘边区,应以确保贵阳为目的,拒止敌人于远距离之外。对黔东路正在南退之敌,以一部自第四战区之夏集团攻击河池、金城江,相机收复宜山。但为防止敌由黔桂路反攻起见,应先以有力一部在上司、六寨间,遴择险要地形,占领阵地,构筑城郊工事。对桂穗路另以有力一部在通道附近地区,遴择险要地形,占领阵地,构筑坚固工事。对湘黔路则就原态势调整部署,仍遴择险要地形,构筑坚固工事。为使防务易臻巩固起见,对上司以南之攻防,使用一个军;对独山以北之都匀、麻江、马场坪地区,控置一个军;对通道地区之防御,使用一个军;对芷江、榆树湾地区,控置一个军。此外,另于贵阳及其附近地区,控置一个军。至九十七军,因其残破,应开遵义整训,以减取道各地区内之负担。又在贵阳控置之一军,应在不妨碍整训之原则下,于贵阳地区构筑两个师之坚固阵地,准备敌向贵阳猛犯时,使贵阳地区之会战容易。至于在镇远、黄平、施秉之第廿七集团军,必要时可参加汤部作战,但须先获批准。(丁)关于补给问题,容与美方商定后,再下令施行。以上各项,谨电鉴核。职何应钦。亥有申。参一。印。〔昆明〕

(2)蒋介石复何应钦密电稿(12月30日)

昆明何总司令:5816密。亥有申参一电悉。一、贵阳附近永久工事,已另有电示。黎明关方面,亦应构筑坚固工事。二、贵总部与第六战区作战地境,已重加划分。王耀武、夏楚中两部防地,皆在贵辖区内。三、其他各节,准予备查。中〇。亥陷。令一元明。

何应钦拟配合盟军反攻作战指导方案及意见

(1944年?月)

何兼总司令作战指导案暨报告书研究表

一、作战目标及阶段：

第一阶段　攻略桂林及雷州半岛

第二阶段　攻略衡阳、曲江

第三阶段　攻略广州、香港

(按：美方主张先全力攻取广州、香港，对衡阳仅行牵制攻击)

研究意见：从战略上着眼，并为尽速打通粤汉线南段，使海运到达物资得以内地计，同意先攻略衡阳、曲江，再攻广州、香港之方案。但因补给输力等关系，须取得美方同意为前提，否则似以不坚持为宜。

二、预定攻击开始及完成日期：

第二阶段：攻略衡阳、曲江，预定本年九月一日开始，十一月一日前完成。

第三阶段：攻略广州、香港，预定十二月一日开始，明年三月一日前完成。

研究意见：判断广州地区敌于我军反攻时，必集中力量固守其核心阵地，对于外围据点，可能仅作迟滞我军之必要抵抗。为争取时间计，我军似应于衡阳未攻克前，或于攻克衡阳直后，先行攻略外围各据点，完成对敌核心阵地之攻围准备，故第三阶段之开始行动日期，似应提早一个月自十一月一日起开始。

三、攻击部署：

第二阶段：第四方面军及第三方面军之一个军会攻衡阳，同时第三方面军以一个军攻占曲江，另两个军分别控制于贺县及桂林两处。

为使第三方面军易于进出贺县起见，拟请将现驻八步之彭璧生第二突击总队暂缓撤销。

第三阶段：N1A由梧州攻广州之西门，第三方面军(欠二十七集团军)攻广州之北面，第三、七、九战区抽出三个军攻广州之东面及九龙、香港，将5A推进曲江待机，54A如越北敌情许可时，则自海道至广州南面登陆，从背后攻广州、香港之敌。

研究意见：(1)关于彭璧生部为使第三方面军易向贺县推进计，似可暂缓撤销。(2)因广州地区敌兵力有三个师五个旅之众，仅以N1A及第三方面军(三个美械装备军)担任攻击，当属不够，似有将第八军(欠一个师)加入，以期形成绝对优势兵力之必要。(3)百色方面，自南宁、龙州相继收复后，因交通、地形等关系，越敌势难作较大规模之进犯。为谨慎起见，留第八军之一个师为62A之第二线，似已足够应付。(4)第五十四军在越北敌情许可时，由海道运至广州南登陆。如美方认为安全可行，固属甚佳，否则以我军对登陆作战之缺欠训练，似仍以沿西江向前增加作战为妥当。

四、第三、七、九战区抽出三个军之装备及行动：

该三个军在第二阶段时，先集结于长汀附近，依空运补充相当数量之国械后，即向梅县、兴宁、五华地区推进，并立以有力一部对汕头、陆丰、海丰、稔山一带选择敌军薄弱地点攻占一港口，接受美潜艇送来装备，增强战力，然后以一部攻汕头，主力向龙南、河源之线前进，以增加广州东面之压力。至第三阶段，即以一部攻广州东面，以主力攻九龙、香港。

研究意见：上述办法，曲折阻碍太多，且不能确定何时在何时接受潜艇接济，即美方答应派遣潜艇，亦有缺乏从事准备依据之苦，不定因素过多，恐难实现。且美方对空运国械装备一节，亦表示难办到。故不如现时即决定由三个战区抽调三个军之充分兵员，至长汀附近集结，通知美方，请船运所要全部装备至福州上岸接济，同时接受美方建议(见柏德诺上何总司令备忘录)，先空运必要人员及装备前往，施行初期训练。该三个军装备完成，并训练相当时间后,即径开广州附近参加作战,不对汕头等地作无关宏旨之攻击,以免分散兵力及耽误时间。

五、第一、二方面军任务及行动:

第一方面军应固守滇南阵地,第二方面军第一线部队(62A、64A)应固守桂越边境阵地,加强防御工事。

研究意见:在对衡阳、广州之攻略过程中,第一、二方面军对越北敌不应过于消极,似亦应适时发动牵制攻击,掌握主动,使敌无抽调兵力转用之自由,并相机进占河内、海防,使尔后我军态势更趋有利。因我不攻敌,敌亦将攻我,不如主动指导为有利。

六、关于赣州行辕及所属三、七、九战区与中国陆军总部在作战上之指挥系统:

甲案:不变。关于陆军总部与赣州行辕之协同,由军委会直接主持之。

乙案:将顾主任改归陆军总部指挥,其余不变。

丙案:将行辕撤销,改派顾主任为中国陆军总部副总司令,指挥三、七、九战区,接受陆军总部之一切作战命令。

丁案:与丙案同,惟将战区改为方面军名义,并将三战区改为两个方面军。

戍〔戊〕案:与丙案同,但第三战区不分为两个方面军。

研究意见:为使对衡阳及广州攻击之作战指导方便,同时兼顾对江、浙沿海方面之作战计,似以采取乙案较为有利。

备考:1. 应要求东南亚蒙巴顿将军速向马来半岛发动攻势。2. 我军开始进攻广州时,希望美国两栖部队在香港登陆,俾收夹击之效。

蒋介石致李宗仁等密电稿

(1945年1月8日)

特急。老河口李长官、南郑胡代长官:亲译。4767密。极机密。兹指示第一、第五战区协同作战要领如下:(甲)作战方针:(一)第一、第五战区,以广领要地,掩护机场,巩固川陕门户之目的,应就现态势,配合路东及敌后部队,行战略持久战,主力固守函卢、宛、酂、襄、樊,以遏阻敌奸窜扰,并利用豫、陕山地,广建根据地,完成攻守作战之准备。(乙)部署:(二)两战区之豫西战斗,必要时,由李长官统一指挥(不另设机构)。(三)两战区作战地境,变更为淅川、南化镇、郧西、上津、冷水河之线,线上属第五战区。(四)第一战区应遵本会(卅三)申江令一元甲电核示作战计划,积极准备,并作如左之修正:(1)以一部保持现态势,主力固守大石桥镇(右翼与南阳方面第五战区阵地,密切连系)、镇平、两河口、丹水、黑烟镇、朱阳关、范蠡镇、官道口、函谷关之线(于西峡口及卢氏各附近构筑纵深阵地,加强守备)。(2)以第十五军或以第七十八军(由郭副长官指定)控置于内乡、淅川间,机动使用,准备适时策应南阳方面之作战。(3)右连第五战区之淅川以南阵地,于荆紫关、商南、武关、铁锁关、三要司、灵谷口、巡检司、潼关之线,由第三十六集团军总司令李玉堂率第二十七军,并指挥第九十六军、第七十八军以上各军(原序列不变),构筑第二线预备阵地。(4)为使大军运动与补给便利及实施韧强【作】战计,应利用山地,建立多数作战根据地。(五)第五战区应遵本会(卅三)酉俭令一元戌电核示作战计划,积极准备,并作如左之修正:(1)以一部保持现有阵地,主力固守大洪山、枣阳、涧河镇、南阳之线(利用唐河、白河构筑多数之纵深及斜交阵地),特须注意对敌机械化部队之防御。(2)以第四十七军控置于邓县附近,第二十二师控置于丹江以西均县东北地区,准备适时策应。(3)于襄阳、襄城、老河口、三官殿、沿江西岸经淅川左接第一战区荆紫关阵地之线,由第四十七军并指挥第二十二师(原序列不变)构筑第二线预备阵地。(4)为实施韧强作战计,应在桐柏山、大洪山、武当山建立作战根据地。(5)第十战区大别山兵团,应以一军以上兵力向确山、信阳间,攻击敌之背后。

(丙)交通、通信、补给。(六)交通:潼关、龙驹寨、白□以东之公路,及潼关以东至盘豆镇之铁路,应即作彻破准备,依状况适时下令实施。(七)通信:以有线电为主,空中投送为补助,但对尔后留置根据地之部队,应预行筹补无线电器材。(八)补给:就现有部队,应筹储二个月作战所需粮弹(该战区即另案拟定具报),并运屯于根据地附近。(丁)注意事项。(九)部署方面,应置重点于公路两侧地区,并随时有阻绝破坏准备,使敌不得利用公路前进。(十)担任游击部队,兵力不宜过大,并应预先指定,使其早作准备。除分令外,仰即遵照部署报核。中○。子齐。会一元北。

军令部拟中国陆军作战计划大纲

(1945年2月12日)

中国陆军作战计划大纲　　三十四年二月十二日于军令部

第　一　方　针

一、中国陆军以开辟海口之目的,于盟军在东南海岸登陆之同时,向桂湘粤转取攻势,特须保持重点于黔桂路方面,攻略宜山、柳州,与盟军会师西江。

攻势准备于　月底以前完成。

第　二　部　署

二、中国陆军在何兼总司令部统一指挥之下,其部署大要如下:

甲、中国战区战斗序列如另纸附件第一〔略〕。

乙、兵团区分及作战地境如要图所示(附件第二〔略〕),线上一律属左。

丙、各兵团任务及行动。

(一)滇越边区(卢汉部)

扼守滇越边境,相机进出越北,掩护国军之右翼。

(二)右兵团(张发奎部)

攻略南宁、龙州,确实遮断敌桂越水陆交通,并对越北方面,构筑坚强阵地,阻止敌军东援,巩固中央兵团右侧背之安全。

(三)中央兵团(卫立煌、汤恩伯两部)

沿黔桂铁路及其南北地区攻略宜川、柳州后,以主力向梧州、三水突进,与盟军会师西江,以一部经荔浦、平乐、八步向曲江攻击。如盟军已先我进至广(州)三(水)以北地区时,应即以主力使用荔浦、平乐、八步道进取曲江,切断敌之退路。

于攻略宜、柳之同时,即以有力一部(美械一至二个军)于桂穗路方面,监攻桂林后,即协同左兵团沿湘桂路进攻衡阳(此项进攻部队于到达东安附近后,即归入左兵团之指挥)。

(四)左兵团(王耀武部及第六战区之一个军)

以主力攻略邵阳,遮断粤汉铁路,以有力一部攻略祁阳、东安,并依中央兵团一部之协力,攻略衡阳。同时,另以一部由常、桃方面攻略宁乡、湘乡,掩护主力之左侧。

(五)总预备队(杜聿明部)分别控置于昆明、贵阳两地,以备策应全般作战。

(六)国境守备队,以2A留置滇缅边境,掩护中印公路,以93D留置车里佛海,守备国境。

三、第六战区除应确保现态势,加强工事,积极游击,以阻敌窜扰,掩护国军左侧背之安全外,并抽调一个军于常、澧方面,协力左兵团之作战。

四、其他各战区之策应攻势,预令先作充分准备,其行动于临时以命令行之。

五、关于航空、防空、交通、通信、补给、卫生等计划,由何兼总司令会商美方拟订呈核。

六、中国陆军之整补,由军政部计划实施,限于月底以前完成。

附件

1. 中国陆军战斗序列表〔略〕

2. 中国陆军作战计划要图〔略〕

顾祝同拟东南战场作战计划附蒋介石复电稿

(1945年5月28日)

东南战场作战计划　　三十四年五月廿八日核准

第一　方　针

一、东南战场为期与盟军会师之目的,应即划分剿匪区,集结必要兵力,以军事为主,党政为辅,先积极剿灭防线内,及沿海、沿江各要地之奸匪,再于沿海、沿江各要地,挺进有力部队,彻底建立以军事为主之党政军一元化据点,准备接应盟军之登陆。

第二　指导要领

二、各战区应以剿灭奸匪、接应盟军登陆为主任务,以保守根据地为副任务,针对实况,划分剿匪区,集结必要兵力,配合党政、地方武力、敌后游击部队及运用伪军,限制奸匪之活动区域,而逐次剿灭之。

三、挺入敌后沿海各要地之部队,应彻底以军事为主,建立党政军一元化据点,并运用伪军,广为巩卫据点之外围,绝对清剿奸匪之潜伏,常备必要译员及向导,准备接应盟军之登陆。

四、对于敌我中间地带大股奸匪之清剿,应针对敌匪我之态势,集结必要兵力,妥为部署。一面以稳扎猛打之原则,依碉堡构成坚固地带,区分为进剿部队及守碉部队,逐次推进而剿灭之;一面防制敌之流窜,以免防〔妨〕害国军之进剿。

五、盟军登陆时,应排除困难,集中主力,钻隙向登陆点挺进,先与盟军会师,其他各方面,仅留置最低限兵力,扼制交通,掩护主力之行动。但第九战区主力,应以衡阳为目标,截断粤汉路敌之交通,策应黔桂路方面国军之反攻。

第三　各战区行动准据

六、第三战区以杭甬路、浙赣路东段(向北)及天目山、广德、宣城、南陵、铜陵、大通、东流县各地区之奸匪为对象,划分剿匪区,指派干员,集结必要兵力,配合党政、地方武力,担任各该区奸匪之清剿,再以有力部队,挺进闽、浙沿海附近要点,及杭州、全〔金〕山、上海、吴县、镇江、丹阳、句容各附近地区,分别建立以军事为主之党政军一元化据点,准备盟军之登陆,该战区先置重点于天目山敌我中间地带奸匪之剿灭。

七、第七战区以从化、增城、石龙、东莞、九龙、海丰、陆丰及三水、商〔高〕要、德庆、云浮、高明、南海各附近地区之奸匪为对象,划分剿匪区,指派干员,集结主要兵力,配合党政、地方武力,担任各该区奸匪之清剿,再于惠阳、淡水、九龙、东莞及潮州、汕头各附近地区,挺进有力部队,即刻建立以军事为主之党政军一元化据点,准备接应盟军之登陆。

八、第九战区以浏阳、平江、崇阳、神山、修水、武宁、瑞昌各附近地区之奸匪为对象,划分剿匪区,指派干员,集结必要兵力,配合党政、地方武力,担任该地区奸匪之清剿,主力适时以衡阳为目标,截断粤汉路敌之交通,策应黔桂方面国军之反攻。

九、敌以不充分兵力向我进犯时,各战区应集结兵力击破之。如大举向我围攻时,应依既定计划,避实击虚,保存根据地及战力,对围剿中之奸匪,非万不得已,不得停止。

十、各战区交通、通信之整备,及盟军登陆时之作战指□〔挥〕,另行策定。

附抄本会复顾祝同饬拟东南战场作战计划备案之辰俭令一元东电

无线电。顾主任:辰养全战电悉。密。准予备案。仰严督各战区,积极实施。务于限期内完成任务,并将督剿情形随时具报。中〇。辰俭。令一元东。印。

何应钦与蒋介石往来告电

(1945年7月)

(1)何应钦致蒋介石报告(7月3日)

陆军总部何兼总司令卅四年七月三日报告

谨查柳州已为我军克复,为适应目前情况,捕捉战机起见,谨拟作战作〔指〕导要领如下:

甲、第一方面军

仍续行原任务,固守滇南阵地,并准备以有力一部相机进入越南。

乙、第二方面军

一、应即准备攻击雷州半岛,并限于八月十五日以前占领广州湾。

二、部队集中行动

1. 46A(配属 N1A 之重迫击炮营)将现在作战任务,交第三方面〔下残缺若干字〕替后,即向郁林集中,限七月廿日以前到达,并完成攻击准备。

2. 〔残缺若干字〕第一营、第二营应即开往廉江附近搜索敌情地形,并掩护四十六军之集中。

3. 邓总指挥龙光指挥一三一师,及所属团队,由茂名方面协同第四十六军之攻击,其集中位置,由张司令官指挥。

4. 新一军重迫击炮营,即由密支那空运南宁,配属于四十六军。

三、炮四团之一个营(105)及炮十二团之一个营(155),即分别由沾益、昆明开赴南宁,归张司令官指挥,限七月十五日以前到达,准备使用于雷州半岛方面。

四、新一军之新卅八师在南宁集中完毕后,即船运贵县,限七月底以前到达贵县。新卅师到南宁后,即续开贵县。该两师为攻击雷州半岛之第二线兵团。

五、第六十四军应即派兵一部开合浦、钦州、防城沿海一带警戒,并搜索敌情地形,并应以一个营轻装进占涠州岛,征集民工修筑该岛机场。

六、第五十四军及新一军之五十师,应照原计划开南宁,以保障攻击兵团之右翼。

七、自宾阳经贵县、玉林至廉江公路,应速修复,并于覃塘乡(贵县西)建筑渡口。

八、赶筑茂名机场,须使 C-47 飞机能以使用。

丙、第三方面军

一、□〔应〕继续攻击桂林,并限七月底以前占领之。

〔残缺若干字〕之任务及行动如下:

1. 29A(配属 91D)应由桂林继续东进,与 94A 会攻桂林。
2. 94A 应由桂穗路方面攻击桂林。
3. 27AG 应向兴安一带威胁敌后连络线。

三、71A(欠 91D)应照巳梗辰谋平电,于七月十六日以前进驻柳州,巩固该要点,并即在该地补充整训。

四、13A 应改以汽车直运柳州,巩固柳州要点,并在该地附近补充整训。但该军应尽先将一个整师运至柳州,此先运达柳州之一个师,应速即开赴梧州,并扫荡沿途之敌,限八月十八日前攻占梧州,构筑工事,对广州方面之敌警戒,以保障第二方面军之左翼。

五、柳州机场应即日兴工修复,并由美十四航空队主持办理,我方尽量协助完成之。

丁、第四方面军

第四方面军暂保持原态势,并准备攻击宝庆、衡阳。但应以突击部队不断扰袭敌后,妨碍敌军交通补给,并以一部威胁全县、东安敌军侧背,使第三方面军之作战容易。

戊、总预备军

〔残缺若干字〕(欠 207D)暂在芷江一带原地不动。

〔残缺若干字〕应于七月十六日开始行动,预定于八月十五日以前,□〔全〕部集中百色、田东地区,并自七月十六日起归张司令官指挥,准备应付由高平向百色突进之敌。

二、第五十三军(欠荣二师)应于七月十六日开始行动,预定八月十日以前集中路南弥勒地区,并自七月十六日起归杜司令官指挥。

四、第二军除七六师仍驻畹町外,其在保山之两个师,应以一个师于七月十六日开始行动开驻云南驿,并应尽先开一个团至云南驿,以接替云南驿机场之守备任务。

己、作战地境

一、第二、第三两方面军之作战地境,改定为天峨、五受墟、长坡墟、地消墟、保平、忻城、来宾、武宣、桂平沿西江至梧州之线,线上属第二方面军,但梧州属第三方面军。

二、其余地境不变。

以上各项,经与美方商得同意,并于本(三)日分别下令实施。谨此报请鉴核。

(2) 蒋介石复何应钦密电稿(7月8日)

昆明何总司令:○密。午江作战指导要领阅悉。应注意以下各点:(一)进攻雷州半岛时,必须准备一个军兵力,专备匪伪与敌寇在我军侧背及雷州附近各地窜扰与突袭,对于后方补给线之警备,亦应特别注重,究派何部负此任务,希指定详报。(二)对桂林城之攻击准备,应特别周到,尤其对桂林地形与山洞攻击之特种武器,更应充分配备,否则不必先行强攻,可用一部兵力严密监视之,以其主力向第二目标超越进攻为妥。若敌果有死守决心,则更应如此,不宜攻坚,以免死伤太大也。须知桂林核心如能死守,则空军之攻击不能使陆军收获战果。此不能不特别注意。如能使用催泪器等特种武器,反易奏效,不妨积极准备。如果桂林未克,而超越进攻第二目标时,则湘桂铁路之向东修复,可在桂林附近距离城市稍远地点另选支线,当亦便利也。(三)已另令交通部赶紧准备修筑钦州湾龙门港直达柳州连接湘桂路之铁路材料,并赶修路基,务于本年十二月以前修通,并饬拟具办法呈核矣。中正手启。午齐戌。侍参。

何应钦致蒋介石报告

(1945年7月18日)

报 告 　三十四年七月十八日
　　　　　于昆明陆军总司令部

(一)本(七)月九日,麦克鲁将军之参谋长柏德诺将军来向本部萧参谋长提议,略谓关于广州之攻略,请陆军总部从速计划,期于开始攻击之前数月,能将计划案送达华盛顿联合参谋部,俾美国陆军部及海军部对于此一项攻击之援助,得先从事准备等语。

(二)职当研究立案,七月十四日,本部及麦克鲁将军,均各提出一案。

麦克鲁将军之案,系于攻下雷州半岛后,即利用该地补给港,以主力径攻广州。

本部之案,系自攻略雷州半岛起,至攻略广州止,共分为三个阶段,即第一阶段预定八月十五日以前攻下桂林,九月十五日以前攻下雷州半岛;第二阶段预定十一月一日以前攻下衡阳、曲江,并责成三、七、九战区肃清赣州、南雄、翁源一带之敌;第三阶段预定三十五年三月一日以前攻下广州、香港,盖不欲在衡阳、曲江、赣州有敌机动兵团之状态下,遽攻广州,免以主力侧背授敌,万一不胜,致招不可挽救之失败也。

(三)七月十五日,职与麦克鲁将军举行会商,麦克鲁将军认为本部之案,在战略上理由极其充分,遂以本部之案为基础而从事讨论,但麦克鲁将军仍提出下列各种困难,即:

1. 目前补给品及空军状况,似不能支援衡阳及广州两个会战,——查本部计划,原系分期会战,可以分期支援,故职仍主张先攻衡阳。

2. 空运补充兵十一万五千人,数量太大,所占空运吨位太多,不能照办。——查本部所辖各战列部队,尚共缺士兵十四万余人,此次要求空运数字,其中五万五千人,乃前方作战部队紧急补充之所需,其中六万人,乃作战全经过中,准备伤亡补充之一部,且系分期空运,而回程飞机,不过绕道芷江、柳州、南宁各地,即可达此目的,故职仍主张必须设法运送。

3. 在攻击衡阳、曲江期间,对于广州之东西两面,不可缺乏压力。——此点职极同意。在本部原案中,已有新一军全军控置梧州,再加五十四军之一个师控置阳江,已足增加对广州西面之压力。至对广州东面,则双方同意由三、七、九战区抽调三个健全军,先于长汀附近由空运补充相当数量之国械,再使其以有力一部于汕头、陆海丰迄稔山一带攻占一个可通内陆之港口,以接收美械,然后接近广州,以增加广州东面之压力。盖美方在菲律宾已有可以载货之潜艇六艘,每艘可装二百五十吨,两艘所载之武器,即可装备一个师也。

(四)七月十五日商讨结果后,复将本部之案加以修正,当晚再行开会,双方均属同意。惟对于空运补充兵一点,麦克鲁将军仍有异议,乃决定另于七月十八日下午由双方主要幕僚开会,研究有无其他方法可资替代空运。其结果如何,另行呈报。

(五)七月十六魏德迈将军到昆,下午即与麦克鲁将军同赴贵阳,职遂未及与魏德迈将军晤面。本(十八)日,柏德诺将军面告,略谓:陆军总部之计划案,麦克鲁将军已报告魏德迈将军,因时间仓卒,魏德迈将军尚须与华盛顿联合参谋部商洽,未能立即表示意见,但陆军总部方面,已可将此计划案报告委员长。等语。

(六)兹谨将对于攻略广州之麦克鲁将军计划案及本部计划案(已商讨修正者),一并呈请鉴核示遵为祷。谨呈
委员长蒋

职何应钦

附呈：

一、麦克鲁将军所拟攻击计划大纲一份；

二、中国陆军总司令部攻略桂林雷州半岛衡阳曲江广州香港作战指导案一份；

三、中国战区美军作战司令部备忘录(第三三一号)。

攻击计划大纲　　三十四年七月十四日
　　　　　　　　麦克鲁将军案

(一) 要　旨

军攻击并确实占领广州、香港地区，同时以适当必要之兵力，于越南边境及湘桂粤汉走廊，担〔阻〕挠监视敌人。

(二) 立案之假定

1. 桂林已由目前进行之战斗而占领。

2. 九月一日占领雷州半岛后，以之为补给基地。

(三) 指导要领

1. 九十四军于占领桂林后，沿湘桂走廊以黄沙铺为目标向北推进，抵该地后，立即占领阵地。俟七十四军及二十七集团军接防后，即转经平罗向郴县前进，并于该地之北占领阵地，并确保之。

2. 攻击广州、香港地区可使用之兵力：

a. 新一军于雷州会战完毕后，转向广州前进。

b. 五十四军由南宁经柳州、曲江、从化向广州前进。

c. 十三军沿西江向广州前进。

d. 第九战区之一个军由龙南经河源向广州前进(见附图〔略〕)。

e. 廿五军(三战区)由银坑经惠阳向广州前进(见附图〔略〕)。

3. 四十六军驻防雷州半岛。

4. 步兵一团立即向北海前进，并确保其城市及机场。

5. 总预备队：

a. 七十一军——柳州地区。

b. 八军(欠一师)——百色地区。

c. 五军(欠一师)及八军之一师——南宁地区。

d. 五十三军——昆明地区战略预备队。

中国陆军总司令部攻略桂林雷州半岛衡阳广州香港作战指导案 三十四年七月十四日 于昆明中国陆军总司令部

第一 情 况

(一) 截至七月十四日止,所知之敌情,如附图第一〔略〕,即:

1. 越南:有敌四个师团,及两个混成旅团,总兵力约九万人,其主力现在越北地区。

2. 雷州半岛:有敌一个旅团,及另一个大队,兵力约共八千人。

3. 海南岛:有敌三个警备队,两个特务联队,兵力约共二万人。

4. 桂林、全县附近地区:有敌一个师团,及一个旅团,兵力约共一万七千人。

5. 广州及其外围地区:有敌三个师团、四个旅团,及一个香港防卫队,兵力约共九万人。

6. 曲江、赣州地区:有敌一个师团,兵力计约一万三千人。

7. 衡阳及其附近地区:有敌二个师团、一个旅团,兵力约共二万七千人。

8. 长沙:有敌一个师团,兵力计约一万七千人。

9. 汉口及其外围地区:有敌一个师团、五个旅团,及两个野战补充队,兵力约共五万人。

以上敌军,总计约三十三万二千人。

(二) 截至七月十四日止,敌我态势如附图第二〔略〕。

第二 作战目标及步骤

(三) 中国陆军总司令部,先以桂林、雷州半岛、衡阳、曲江、广州、香港为作战目标,拟分三个阶段攻略之,即:

第一阶段——攻略桂林及雷州半岛,开辟第一海口。

第二阶段——攻略衡阳、曲江,俾第三阶段之作战容易。

第三阶段——攻略广州、香港,开辟第二海口。

第三　作战指导要领

甲、第一阶段

(四)对于桂林及雷州半岛之攻略,已有七月三日之作战指导案报备,并经下令实施,不再重述,惟:

1. 关于桂林之时间,原定为七月底,但按目前状况,恐须延至八月十五日。

2. 关于占领雷州半岛开辟广州湾海口之时间,原定为八月十五日,但依目前状况,恐须延至九月十五日。

(五)第一阶段之作战行动,如附图第三〔略〕。

乙、第二阶段(参阅附图第四〔略〕)

(六)对衡阳、曲江之攻略,以第四方面军之全力及第三方面军之主力担任之,并以第三、第七、第九战区协助之,第六战区策应之。

又在本阶段作战初期,应设法对广州东西两面增加压力,以眩惑广州之敌,并应另以有力部队在汕头、陆丰、海丰,迄稔山一带,选择敌军薄弱地点,攻占一个可通内陆之港口,以接收美潜艇运来之装备,而准备第三阶段之攻击。

(七)开始行动之日期——预定为三十四年九月一日,但第四方面军对于宝庆之攻击,可于第三方面军攻占桂林后即行开始,借以测验衡阳敌人之动向。又至开始行动之日期,如补给尚未准备充分,则应俟准备充分后,再行开始攻击。

(八)攻击发起位置

1. 第四方面军　岩口铺(宝庆西)新化之概略线。

2. 第三方面军　贺县及全县(该方面军应于九月一日以前,先行攻占贺县、全县)。

(九)攻击部署

1. 第四方面军,应以主力(两个军)由宝庆、衡阳道及其两侧地区前进,于攻略宝庆后,攻击衡阳,以一部(一个军)由新化进攻永丰、湘乡、湘潭,牵制长沙方面之敌,使衡阳之攻略容易。其预备队(一个军)以参加衡阳之作战及扩大战果为主而适宜使用之。

2. 第三方面军,应以一个军由全县、零陵、衡阳道会攻衡阳,并依其攻势进展,掩护第四方面军之右侧面,另以一个军由贺县进攻曲江而占领之。其余两个军,则分别控置于贺县及桂林,准备机动。至于二十七集团军,则于第二阶段开始行动以前,协力肃清桂林、全县间之敌后,立向乐昌、宜章、郴县之线前进,截断敌军南北交通,使衡阳、曲江之作战容易。

(十) 陆军总部战略预备队之行动及其待机位置:

1. 新一军于雷州半岛攻略完成后,归陆军总部直接指挥,全军推进于梧州待机,以增加广州西面之压力(届时十三军在梧州之一个师,即转进于贺县)。

2. 五十四军之一个师,不待雷州半岛攻略完成,即向阳江移动,掩护雷州攻击兵团之左侧面,尔后即位置于阳江,归新一军就近指挥,为陆军总部战略预备队之一部。

3. 第五军,空运或车运柳州,待机。

4. 新六军,仍位置芷江及其附近地区,待机。

(十一) 为使第三方面军之部队容易进出贺县起见,现驻八步之第二突击总队彭璧生部,拟请暂缓撤销,并拨归第三方面军汤司令官指挥,俾便掩护其集中。

(十二) 在中国陆军总司令部攻击衡阳、曲江期间,为使整个战局容易造成有利形势起见,拟请:

1. 令第三、第七、第九战区,各以有力部队,会同肃清赣州至曲江、翁源一带之敌,并由第九战区另以有力一部协攻衡阳,又另由第三、第七、第九战区各抽出一个军(如第七战区兵力不足,则由第三及第九战区各多抽一个师),先集结于长汀附近,依空运补充相当数量之国械后,即向梅县、兴宁、五华地区推进,并立以有力一部对汕头、陆丰、海丰迄稔山一带选择敌军薄弱地点,攻占一个可通内陆之港口,接收美潜艇运来装备,增强战力后,以一部攻略汕头,以主力向龙南、河源之线前进,以增加广州东面之压力。在此期间,中国陆军总司令部之作战已越出其作战地境之外,为求作战之便利,似应将第三、第七、第九战区归入中国陆军总司令部指挥(其办法另案呈核,如附件第一)。

2. 令第六战区攻略宜昌。

3. 王敬久部辖九十二军,仍归本部指挥,守备常、桃一带,并以有力一部攻略益阳。

(十三)作战地境,俟第一阶段作战完成后,再从新划分。

(十四)对于攻略衡阳、曲江之完成时期,预定为十一月一日以前。

(十五)在攻略衡阳、曲江,以迄第三阶段作战期间,关于第一、第二两方面军之任务及行动,另定于后。

丙、第三阶段(参阅附图第五〔略〕)

(十六)对广州、香港之攻略,拟以新一军及第三方面军(欠第二十七集团军)暨另由第三、第七、第九战区抽出之三个健全军担任之,务求在数量上构成优势。

(十七)攻击开始行动之时间——预定为十二月一日。

(十八)攻击发起位置——先以梧州、贺县、曲江、龙南、河源各要区为第一分别集中地,如情况许可,则推进于德庆、广宁、新丰、河源之线,然后发起正式攻击。

(十九)攻击部署

1. 新一军由梧州沿西江两侧地区,攻击广州之西面。

2. 第三方面军(欠二十七集团军)以一部由贺县、广宁、广州道,以主力沿粤汉铁路两侧地区,攻击广州之北面(至于第二十七集团军,则用以维持后方交通线)。

3. 于三、七、九各战区抽出之三个健全军,由龙南、河源分道南进,以一部进攻增城、石龙,截断广九铁路,再进而攻击广州之东面,以主力经惠阳、九龙道攻击九龙半岛及香港。此时汕头之守备任务,由第七战区另派部队担任之。

4. 为统一指挥上述各部队之行动起见,中国陆军总司令部前进指挥所推进于曲江。

(二十)为使广州、香港之攻略不受北面之威胁起见:

1. 第四方面军及第九战区于攻略衡阳后,应继续北进,攻略长沙,恢复汨罗江及修水之线而固守之。

2. 第三战区应对南昌之敌行牵制攻击。

3. 第六战区于攻略宜昌后,应继续攻击荆沙,并协同第十战区对平汉南段行牵制攻击。此外,第五、第一、第二各战区,均应攻击当面之敌,使汉口、南昌及长江以北之敌转用不易。至于各该战区出击之目标,使用之兵力,拟请最高统帅部规定之。

(廿一)陆军总部战略预备队之行动及其待机位置:

1. 新六军由芷江地区推进于衡阳待机。该军之二〇七师应于十月底以前空运或车运芷江,归还该军建制。

2. 第五军推进于曲江待机。

(廿二)作战地境,俟第二阶段作战完成后,再从新划分。

(廿三)对于攻略广州、香港之完成时期,预定为三个月(即三十五年三月一日以前),但如越北敌人减少,则应将五十四军之一部或全部,由南宁经钦州,借美海军之协助,由海道运至广州南面各要点登陆,从背后攻击广州、香港之敌,以缩短攻围广州、香港之时间。

丁、在第一至第三阶段作战期中,第一、第二两方面军之任务及行动

(廿四)在第一至第三阶段作战期中,第一方面军及第二方面军在滇桂越边境一带之部队,其唯一任务,为阻止越北敌人之出

击,保障我向东作战之成功。

(廿五)第一方面军(52A、60A、93A、93D)应固守滇南原阵地,第二方面军之第一线部队(62A及64A欠一部)应固守桂越边境之阵地,加强防御工事,并均各以多数小部队进入越境,搜索敌情,与敌保持接触。

(廿六)五十三军仍控置于路南、弥勒、开远地区,为第一方面军之第二线兵团。第八军仍控制于百色、田东。第五十四军仍控置于南宁,为第二方面军之第二线兵团。

(廿七)越北之敌如企图破坏我军之向东作战,以主力北向云南进攻时,则第二方面军应以第一、第二两线兵团大举入越,进击该敌之侧背,并直趋河内、海防,而占领之。越北之敌,如以主力东攻南宁,或并攻百色时,则第一方面军应以主力(52A、60A)入越,进击该敌之侧背,并与第二方面军之主力会歼该敌,占领河内、海防。

(廿八)如越北之敌减少或撤退时,除五十四军应即由海道转攻广州、香港外,第一、第二两方面军应各以有力一部即行入越,进击该敌,并攻占河内、海防。

戊、昆明之守备

(廿九)在第一阶段作战时,守备昆明,仍为第五军之全部。在第二及第三阶段作战时,第五军业已东调,届时当调第二军驻保山及云南驿之两个师(或一个师)开驻昆明。至第二军之另一个师,则仍驻芒市、畹町,担任国境守备。

第四 兵员补充

(三十)第四方面军现缺士兵二万五千人,应于八月一日以前由川空运芷江,交王司令官分补所属各军、师,使能稍加训练,□〔以〕便于九月一日开始攻击。

(卅一)第三方面军之13A、94A、71A,约缺士兵二万二千人,29A约缺士兵三千五百人,估计加以攻略桂林之伤亡,当共缺三万人,应于八月十五日以前,由川空运柳州,交汤司令官分补所属各军、师,使能稍加训练,以便于九月一日开始攻击。至于二十七集团军尚缺一万六千人,暂时无法补充。

(卅二)第二方面军之46A、64A、62A,共缺五万二千人,应于八月十五日以前,由广西军管区尽速拨补足额。

(卅三)其余N1A、N6A、8A、54A、53A,业已足额,5A、60A、93A,所缺不多,2A因无积极任务,可暂缓拨补。

(卅四)在陆军总部之攻势作战期间,除第一阶段不计外,估计第二阶段作战之伤亡损失,至少需准备补充兵三万人。第三阶段之作战,南对广州、香港,北对长沙,规模更大,至少需准备补充兵五万人。又对越北方面,如发生大规模战事,至少亦需准备补充兵三万人。以上共需十一万人。凡此各方面在各阶段中所需要之补充兵,必须于各阶段战事尚未结束以前,即在适当地点准备完毕,然后乃能适时补充,维持前方战力,继续执行攻击,贯彻作战任务。现查陆军总司令部所控制之十二个补充兵总队,除在禄丰之第四总队已接有三千兵员外,其余因被运输工具所限制,均尚未开始接兵,而仅有其基干而已。但基干人员反易调动,应乘此时机加以调整,并限时接收补充兵如下:

1. 第一期

湘西之三个总队基干,抽调两个,开驻芷江,限九月一日以前到达,并限十月一日以前接收由川空运补充兵两万名。

安顺之一个总队基干尚未组织成功,其基干人员大部尚在百色,拟即暂驻百色,于组织成功后开驻南宁,限九月一日以前到达,并限十月一日以前接收由川空运补充兵一万名。

沾益之一个总队基干不动,楚雄之一个总队基干开驻沾益,限十月一日以前到达,并限此两总队于十一月一日以前接收由川空运补充兵两万名。

镇南之一个总队基干,先徒步开云南驿,再空运柳州(可能时空运桂林),限十月一日以前到达,并限十一月一日以前在柳州(或桂林)接收由川空运补充兵一万名。

禄丰之一个总队,暂驻原地不动,接收回程飞机运至沾益多余之补充兵。

湘西之一个总队基干,及黔北之三个总队基干,泸州之一个总队基干,均暂驻原地不动,但均限十一月一日以前,各接收由湘川黔各地徒步送交之补充兵各一万名(共五万名)。

2. 第二期

芷江之两个总队,及湘西之一个总队,均在充实状态之下,徒步开驻衡阳,限十二月一日以前到达。

柳州(或桂林)之一个总队及黔北之三个总队,均在充实状态之下,车运或徒步开驻曲江,限三十五年一月一日以前陆续到达。

南宁之一个总队,在充实状态之下,船运梧州,限三十五年一月一日以前到达。但如越北方面有战事,则该总队应不移动,而对新一军之补充,则另以后方总队,空运丹竹机场。

沾益之两个总队,在充实状态之下,准备以一个空运丹竹,以一个由铁路补充第一方面军。

禄丰之一个总队,及泸州之一个总队,均在充实状态之下,于必要时分别徒步开赴昆明、成都,准备空运赣州,其空运时期,预定在三十五年二月间。

以上各总队之补充兵,如在第一期有业经拨出而发生空额者,均应于未出发前,依原来空运、车运、徒步等方法,先行补足之。

第五 后勤业务

(卅五)关于交通、通信、补给、卫生,另行计划,惟有必须确定者,即每一方面军应设一基地仓库,由中国军官任库长,受方面军兵站区司令之指挥。所有每一方面在每一作战阶段中所需之消耗补给品(包含各种弹药、器材、药品、粮秣、被服、装具等等),无论由中方供应或美方供应,均一律估计其所需要之数量,全部送交各该基地仓库,由各该方面军司令官全权命令兵站区司令支配之。又对各方面在每一作战阶段中所需运输工具,亦应足数拨交各兵站区司令,由各方面军司令官全权指挥。俟会战结束,再将剩余之补给品及不需要之车辆,由中美后勤司令部联合收回,以备转用于其他方面(按此问题,迄今尚未解决)。

第六　希望美军协助之事项

(卅六) 空军协助,另行按期协定。

(卅七) 海军协助,由第一阶段攻击雷州半岛起,至第三阶段占领广州、香港止,希望美海军派出舰队,始终阻止越南及海南岛之敌,不得向雷州半岛及广州、香港增援,并不得在北海、合浦、钦州一带登陆。再,我军攻击广州、香港时,并希望美军海军参加对广州、香港之攻击,尤希望美军陆战队登陆作战,并派出船舰运输掩护五十四军在广州以南各要点之登陆。此外,并协助攻占九龙半岛之我军向香港登陆。

(卅八) 后勤协助,包含各种运输补给,另行协定。

(卅九) 关于以上所订各时期之运输,无论空运、车运、海运,均希望美军尽力协助,并确实按期办到,以免延误作战。

(四十) 关于第三、第七、第九战区抽出之三个军,其所需补充之国械,如经军政部拨出后,应由川空运长汀(可能时空运赣州),亦请美方尽力协助。

附件第一

关于赣州行辕及所属三、七、九战区,与中国陆军总司令部在作战上之指挥系统案:

甲案——赣州行辕及所属三、七、九战区之名称,及指挥系统,均不变。关于中国陆军总司令部与赣州行辕在各阶段各时期之作战,其如何协同,概由军事委员会直接主持之。

乙案——赣州行辕及所属三、七、九战区之名称与其行辕下之指挥系统,不变。但将顾主任改归中国陆军总司令部指挥,接受陆军总部之一切作战命令。

丙案——改派顾祝同为中国陆军总司令部副总司令,将赣州行辕撤销,改设陆军总部前方司令部,以顾祝同代行总司令职权,指挥三、七、九战区,接受陆军总司令部之一切作战命令。

丁案——与丙案同,但将三、七、九战区改为四个方面军,即第七战区改为第五方面军,其司令官仍以余汉谋充任;第九战区改为第六方面军,其司令官仍以薛岳充任;将第三战区改为两个方面军,其番号为第七及第八方面军,一当闽、浙方面,一当苏、皖方面,其司令官另派。

戊案——与丙案同,但第三战区不分为两个方面军,而仅改为第七方面军,其司令官仍由顾祝同兼任。

中国战区美军作战司令部备忘录 第三三一号

主题 关于作战计划之意见

送致何总司令

关于广州香港区域未来作战计划之修正案,业已收到。兹将敝方对于该计划之意见录后:

贵方提出之计划,不胜钦佩。本备忘录之目的,并非对于该案有何批评,亦无意建议再度从事讨论。麦克鲁将军对于该案,在原则上及细目方面,均表赞同。但该计划所需要之海空军支援,必须经由美方战略司令部及魏德迈将军与华盛顿各有关机关配合行动,故本司令部实无权正式表示同意。本司令部已将该计划转至战略司令部,俾便根据魏德迈将军之命令,与中国战区各美军单位作必要之配合行动。

(一)查计划中指定占领雷州半岛之限期,为九月十五日。按前敝司令部曾通知魏德迈将军,谓攻击雷州半岛之部队,可于八月十五日部署完毕。至于何日可占领雷州,端视敌人之抵抗力量强弱及其是否能获得援兵而定,想阁下犹能忆及。但为计划作战,必须预定一日期起见,麦克鲁将军已通知美军总部,谓应指定九月一日为占领广州湾之日期,俾便美政府能转知各方面准备航运计划。

(二)关于支援第三、第七、第九三战区攻略衡阳、曲江之作战,现因补给及其他种种限制关系,敝司令部无法代表美政府提出任何诺言,敝方认为美方所能给予之最大援助,为在广州、九龙间之作战,每一战区,给予一个师以协助。

(三)关于将来利用长汀机场运输第三、七、九战区部队之全部武器事,恐有错误,因目前美方空运之缺少,欲依赖空运运输大批武器,实不可能。惟本司令部必将尽力获取最大之空运吨位供此用途,深信大部之装备,将在福州、汕头间之海岸一带登岸。敝方建议,在军械等未由海岸输送之前,先将必要之人员及装备空运前往受初期之训练。

(四)关于将54A以船运绕雷州半岛东下之计划,敝方极为赞同,如有此项船只,自可照办。但截至目前止,美陆军部并未对本司令部提出关于船运之任何诺言。

(五)麦克鲁将军曾明白说明,欲按照计划空运大批补充兵,美政府实无法拨出如许飞机,已召集会议讨论补充兵之运输先后及应空运、车运及步行人员之数目,在数个月内,深信因受交通上之限制,将无法运输大批补充兵,盖即令有车,其汽油亦将由印度方面运入也。鉴于上述之原因,兹特建议贵我双方司令部,同向重庆之高级机关建议,拟定计划,在需要补充兵之区域内,取消若干地方部队,盖因战术上之进步,有若干政府在此次战争中,已将若干必要之单位若高射炮部队及海防部队等取消也。

(六)计划中关于运输及其后勤各方面之意见,均已奉悉。敝方即将本部分送交主管人员,本司令部对此问题,并无权处理,但甚愿将贵方意见向主管之美方当局详加说明。

(七)截至现在止,本司令部尚未得悉将来海军支援之范围,想将来登陆时及卸货时,美海军必能给予一切船只以必要之保护也。

（八）关于美陆军或海军陆战队，将来是否对我方作战能予以陆上之协助，本司令部迄未奉到任何高级司令部之指示。

（九）本司令部及其他美军机构，对此项计划，必将尽一切可能予以补给及其他方面之协作，此点可请勿念。

（十）关于计划中之第四十项，有关空运华方装备供应第三、七、九战区事，本司令部必将以全力协助，希将此项装备之数量、种类、吨位到达日期及交运地点示知，俾便向美军总部（渝）商洽运输方法。

（十一）关于由九龙运输部队至香港时，需要船只及海军保护问题，自将予以审慎之考虑，本司令部将设法加速美海军对于此事之协助。但美海军对此事，尚未有表示。

柏德诺启　七月十八日

贰、战略防御阶段的主要战役

〔一〕卢沟桥事变

（一）事变前后的政治军事动态

严宽致何应钦密电

（1937年7月5日）

重庆探呈军政部部长何钧鉴：基密。1.津函：川越将来津集议华北各问题，寻解决途径，协津日军于年内解决各悬案。谈判对象，决不变更。2.秦谈：宋俟川越，佳前后飞平转津，宋删左右可回平。3.田代病甚，倘返日疗治，即由板垣来津暂代。4.平、津谣诼刻稍静。5.卢沟桥、长辛店、回龙桥、平汉线上附近日军演习约一周，乡民甚恐。职宽叩。微。印。

宋哲元致蒋介石密电

（1937年7月9日）

急。牯岭委员长蒋钧鉴：△密。齐戌、蟹已机参海电均奉悉。此间战事，业于今晨停息，所有日军均已撤退丰台，似可告一段落。一切情况，业由秦市长电告熊次长，想已转达钧座。华北部队守土有责，自当努力应付当前现况，职决遵照钧座"不丧权、不失土"之意旨，誓与周旋。倘中枢大战准备完成，则固囿民心理夙夜祷企者也。谨此奉复。职宋哲元叩。佳戌。印。

俞飞鹏致何应钦等密电

(1937年7月9日)

急(二份)。重庆行营。何部长、顾主任：更密。齐戌电谅达。兹再将就平、津所得情况录陈：1.日军久谋长辛店、卢沟桥我国不得驻军。虞晚，日军演习经我军阻止，致起冲突，显有预谋。2.自虞晚起，开火数次，双方各有伤亡。现各增兵。日军要求路局备车两列运兵，平方为阻日军进城，闭城戒严。3.双方在平谈判。日军并托人向在津某当局斡旋。现冯主席在长辛店、张市长留平。以上为本日四时前消息。4.本日十时半起双方部队向永定河东西岸后撤，候谈判解决。现平方秦市长等态度颇强硬，津方由李公安局长等与日接洽，日方驻屯军及使馆，均有人向我接洽。窥其情形，似有牵就我方，不愿事态扩大之意。截至下午谈判结束，尚无闻，但无冲突。5.日要求长辛店、卢沟桥我方不得驻军一层，宋明轩绝对拒绝。余容续闻。俞飞鹏叩。青酉。牯秘。印。

何应钦致冯治安等密电

(1937年7月9日)

特急。北平冯主席仰之兄、张市长荩忱兄、秦市长绍文兄：齐申电奉悉。3112密。兄等应付适宜，至为佩慰。川康整军各事业，已会商决定。关于实施事宜，由顾主任墨三兄在渝负责办理。弟定明日飞京，嗣后情形祈续示。弟应钦。佳申。秘。渝。

钱大钧致徐永昌密电

(1937年7月10日)

京军委会徐主任次宸兄：密。顷委座致各行营、绥署及各省市密电一通，文曰：日军挑衅，齐日与吾廿九军部队相持于宛平附近，当令通饬一体戒备，准备抗战，并调廿六路两师、第四十军第八十五师各部迅开保、石以备应援。另令第廿一、廿五两师继续开拢各在案。顷据报双方撤兵，听候谈判，但日人诡诈，用意莫测。我全国各地方、各部队仍应切实准备，勿稍疏懈，以防万一，是为至要。等因。特达。钱大钧。灰。牯。印。

秦德纯与钱大钧来往密电

（1937年7月）

（1）秦德纯致钱大钧电（7月10日）

牯岭钱主任慕尹兄勋鉴：生密。蒋委员长致宋主任电派四师北上，统归指挥，业由宋公径复遵办。惟此间形势已趋和缓，倘中央大战准备尚未完成，或恐影响，反致扩大，可否转请暂令准备北上各部，在原防集结待命，以后果有所需，再为电请之处，务乞察酌为祷。弟秦德纯叩。蒸午。印。

（2）钱大钧复秦德纯电（7月11日）

北平秦市长绍文兄：蒸午电敬悉。4873密。卓见极佩。当经转陈，如情况和缓，可饬令停止也。情况如何？盼速电示。弟钱大钧。真。

严宽致何应钦密电

（1937年7月12日）

南京部长何：〇密。极秘。一、闻日方要求：1.撤退卢、龙华军。2.惩办责任者（最低限度处分营长）。治安与河边晤面道歉。3.严厉取缔华北一切排日抗日。4.反共。等项。闻该条件，真戌由自忠、省三书面签字送达日方矣。二、商定监视撤退员我三、日三，并定午后六、七时开始撤退。我军先撤，日军后撤。三、卢案最后阶段如何，能否和缓下去，亦在此举。职宽叩。文。印。

秦德纯致钱大钧密电

(1937年7月12日)

特急。牯岭钱主任慕尹兄勋鉴:真电敬悉。更密。卢沟桥经蒸日战斗后,彼方又提议和平解决,双方首脑部曾一度会晤。对此不幸事件,同表惋惜,尔后不愿再有此类事件发生。刻日军大部已递次撤回丰台原防,卢沟桥防务仍为我军驻守。此事能否告一段落,以观演变如何耳。余容续闻。弟秦德纯叩。文午。参。印。

秦德纯等致蒋介石等密电

(1937年7月12日)

特急。牯岭委员长蒋、副委员长冯:生密。真参电计呈。卢沟桥战事复经磋商解决办法,规定双方会同派员监视前方部队于现状下各撤原防,刻下正在进行。惟彼不顾信义,能否履行,尚不敢必。卢沟城及铁路桥仍为我军驻守。谨先电闻。秦德纯、冯治安、张自忠叩。文申。参。印。

严宽致何应钦密电

(1937年7月14日)

南京部长何:〇密。极秘。1.此间外交工作,元起转津,自齐燮元、允荣、治洲、觉生等均往津。2.灰色者极力软化仰等,但仰甚硬。3.形势如此,惟张等口气,尚怕中央军北上。4.和平仍在进行中。职宽叩。寒二。印。

严宽致何应钦密电

(1937年7月15日)

(1)

南京部长何:1015密。极密。津宋寓会议,意见稍有出入。

1.张等力主和,日对张等由陈、马居中拉拢,故张等对日外交处处让步,借巩地盘。2.冯等力主战,对日绝不让步。陈等对外企图仍恃华北特殊,主张地方与日媾和,力谋在外施其伎俩,并以收复地及中央军北上之利害,极力挑拨与包围宋氏,是以近来此间闲言甚多也。职宽叩。删。印。

（2）

南京部长何:〇密。据报汉奸申振林、张亚龙、邢照堂等,企图促成伪大北方人民自卫政府,该等鉴于卢案之突起,乘机大肆活动,并受日方利诱,故在力图进展。现彼等议定梦想之步骤,大要如下:1.于政治转变后,廿九军退出时,即由大北方人民自卫集团出为收拾,以维治安。2.由李金城等负责编组两万之基本保安队,该伪团体现密设通州。3.与友三实行合作,到必要时,拟推戴子玉出来号召。4.经济,日伪负责。5.日、韩浪人与汉奸已组恐怖团,设东单三条居留民房,促成自卫伪府等云。职宽叩。删二。印。

熊斌致何应钦等密电

（1937年7月15日）

急。南京何部长敬公并转颂、孟、次诸公钧鉴:0467密。派往天津之方高级参谋贤,昨酉自津来保,略悉天津方面见解与此间似不一致,并知其暂不来保。职深虑其受人所欺,已商由李处长炘今晨前往,代达一切。宛平城附近昨晚敌人虽有活动形势,但未实行进攻。谨闻。参谋次长熊斌叩。删辰。印。

熊斌致蒋介石密电

（1937年7月15日）

急。牯岭委员长蒋钧鉴:符密。报告各事如下:1.今早与在津之邓哲熙通话,将关于交涉应注意之事及英、美将有协商情形,请其转告明轩,并请将交涉经过见告。顷据电话复称,业经转达明轩,极以为是,当以不损民主主权为原则,正由张慕〔荩〕忱折冲。外传五条,完全不确,约有三项,尚未决定,今晚或明早,当以见告。至英、美协商之说,彼也有所闻。2.平郊今日无冲突,仅有日兵五百余名,由津徒步到杨村。3.沧、保工事正督促进行。参谋次长熊斌叩。删申。印。

赵巽致何应钦密电

（1937年7月15日）

急。南京军政部部长何钧鉴：2083密。1.据津方传来消息,和平微有希望,条件略如英文《泰晤士报》所载,正由张市长自忠交涉中。2.杨村通讯机关已被日军监视,丰台车站已被日军占据,由南满路派来职工维持路务。3.连日各地冲突结果,我方死伤官兵约百余名,日方死伤官兵在四百员名左右,其运回国官长尸首三十余具,士兵尸首多在落岱〔垡〕、丰台火葬。4.今日各方亦无冲突。职赵巽呈。删申。印。

宋哲元致何应钦密电

（1937年7月16日）

特急。南京军政部部长何钧鉴：2577密。删西参电敬悉。自卢事发生以来,哲元即首先顾虑到全局之如何发展,周详审慎,以期万全。兹奉电示各节,倘不幸而真成事实,则是现在已陷绝境,应请中央作第二步准备,以待非常之变也。谨复。职宋哲元叩。铣午。印。

熊斌致何应钦等密电

（1937年7月17—18日）

(1)

急。南京何部长、程总长、唐总监、徐主任钧鉴：0467密。据由津南京之张荫梧君言,宋对中央决心及准备,似仍不免隔阂与误会,为图运用园〔圆〕滑计,实有此间情形向委座报告之必要,而此中曲折,又有非电报电话所能确切表示者,经商请唐瑞伯、张荫梧二君即夕赴郑转飞牯岭,面陈一切。又:前日赴津之李处长炘约明日回保,已切嘱其商请明轩尽量发抒意见,并开具具体办法带来,以便转呈核夺。谨闻。筱〔篠〕未。印。

(2) 7月18日

南京何部长、程总长、唐总监、徐主任钧鉴:0467密。职抵保后,觉意志未尽统一,原因在前后情况不甚明了,特托李处长炘赴津说明中央意旨及准备各情况。明轩已有了解,刻亲由津电话告知数事请为转陈:1.战争恐不能免。2.彼现在津,不能有明白表示。3.决不作丧权辱国之事,请勿听谣言。4.应作第二部计划,即召张维藩赴津转保与斌商洽。谨电奉闻。参谋次长熊斌叩。巧巳一。印。

严宽致何应钦密电

(1937年7月19日)

南京部长何:1015密。一、宋皓已回平。与其谈话,摘要如下:1.遵照中央意旨应付现局。2.保卫国土,拥护人民,以尽天职。并谓"不卑不亢,折冲一切"。对国民方面,省悉平、津方面,绝不能发生问题。二、补充如下:林耕宇密谈,现在形势,大体可以缓和。缓和方案,仍实行真日之条件及其他若干另碎。但能否实现目前之缓和,系在日方撤兵如何也。职宽叩。皓午。印。

宋哲元致何应钦密电

(1937年7月19日)

特急。南京部长何钧鉴:3112密。哲元今日上午十时由津返平。昨日下午一时,在天津与香月彼此会晤,除普通寒暄外,彼此希望早日恢复本月八日以前状态。哲元决本中央之意旨处理一切,并请钧座千忍万忍。知关钧注,谨此电陈。职宋哲元叩。皓午。印。

何应钦致秦德纯密电

（1937年7月19日）

急。北平秦市长绍文兄:巧子电奉悉。〇密。极密。明轩兄与兄等支撑危局,艰苦备尝,委座极为明了,此间同人,亦极能体谅。承示复慕尹兄各点,愈见忠忱谋国,尽虑周详,尤为佩慰。国危至此,实惟有举国一致,内外相维,有牺牲之准备,作折冲之后盾,然后可谋挽救。刻下全国意志,极为齐一,整个抗战计划,此间亦正积极统筹进行中。还望兄等本既定之方针,坚苦撑持,则最后胜利,当能属我也。明轩兄闻已返平,最近情形并祈随时详以见示,无任盼祷。弟应钦。皓。秘。

赵巽致何应钦密电

（1937年7月19日）

特急。南京军政部部长何钧鉴:2083密。1.津方交涉,昨忽急转直下,卢事有告一段落可能,但条件未识。宋今晨七时转车返平,张维藩亦中止来保。据此推测,津方谈判,必已有相当结果。2.职本定今晨赴津,临行得宋返平消息中止,当即赴平。3.孙总指挥连仲昨晚到保。职赵巽呈。皓午。印。

熊斌致何应钦等密电

（1937年7月19日）

(1)
南京何部长、程总长、唐总监、徐主任钧鉴:6912【密】。顷接明轩由北平电斌称:1.今晨十时由津返平。2.皓〔巧〕午后一时,与香月在某俱乐部见面,双方表示不愿事态扩大,今有恢复卢沟桥事变之前和平状态。3.本人始终站在国家立场、国民地位,本中央意旨处理,希望中央忍耐。以上三项,嘱为转呈,并谓待面商之事尚多,希望职赴平一行。谨闻。职熊斌叩。皓未。印。

(2)

南京何部长敬公并转颂、孟、次诸公钧鉴:0467密。职铣日电明轩,以挑拨离间为某方惯技,当此严重时期,应请格外注意。兹据巧电复称:铣电敬悉。当此多事之秋,外间谣言,决不能置信。现在危机四伏,将见如二十四年之往事,日本企图侵占华北之表现,已无可危言。弟向以国家为前提,以民族利益为依归,本中央意旨办理,丧权辱国之事,决不去作,谅我兄亦能见信。此间情形复杂,非文电所能尽述,请原谅之。等语。谨闻。职熊斌叩。皓午。印。

何应钦致宋哲元密电

(1937年7月20日)

急。北平宋主任明轩兄:皓午电奉悉。2577密。大旆返平坐镇,闻之至深欣慰。吾兄为图守土,备历艰辛,中枢同人,靡不感念。惟日人谋我,野心未戢,观其着着步署,用意难测。嗣后情形,务祈随时赐示,俾得密切联系,共策应付也。弟应钦。哿辰。秘。

严宽致何应钦密电

(1937年7月20日)

南京部长何:○密。极秘。1.此间口气,似不愿孙部到京。并谈必要时,亦不望商部北调。2.仰等皓晚密往西苑视防,仰云无论如何坚持到底。3.日对此间在希望缓和中施行陆、空威胁,并由今井、松井以旁迫促,企图实行谈刊〔判〕各件,并提出我平、卢防军撤退,我未理。4.张等仍在和平进行中。职宽叩。号。印。

宋哲元致何应钦密电
(1937年7月21日)

南京部长何钧鉴：哿辰秘电敬悉。2577密。我公所见深远，极为敬佩。战争之事，将来恐不能免。刻下方在合法合理之原则下，本中央之意旨处理一切。如有具体办法，即行报告。谨复。职宋哲元叩。马。印。

孙连仲致蒋介石密电
(1937年7月21日)

京委员长蒋：○密。报告：1.职到保分别与各厅、处长谈话，该员等对敌欺我，统甚愤慨。2.到保后知宋主任已于巧卯由津抵平，以与宋一时不克晤谈，遂赶派警务处长李炘赴平代表谒宋，适阻雨乃返。嗣当仍派前往。3.闻廿九军在不丧权、不辱国条件下与日谋和，乃虚与委蛇，借作充分准备。4.自宋到平，即传出改组冀察政委会为自治会之消息，惟宋未赞同。5.宋在津发表讲话，另有作用，请免予顾问。6.嗣后凡宋上钧座电，请不予发表，免敌方对宋质难。7.钧座每予宋函电，最好指示中兼寓奖赖之意。8.职正多方进行，必期婉达钧意旨，俾能上下明澈情通。职孙连仲。马申。秘。印。

严宽致何应钦密电
(1937年7月21日)

南京部长何：1015密。1.此间昨夜、今晨讨论，决战卢沟桥前线一带之冯部吉团及平防之冯部何旅，限本午前后撤退，吉团已退长辛店，由友三保安队接防，何旅移西苑，由赵师王旅换防，企求对日示诚和平。2.是否和平，似在日军明日是否撤退。3.本日无战事，只大队敌机飞旋平空示威。职宽叩。马申。印。

孙连仲致蒋介石密电

（1937年7月21日）

急。京军委会委员长蒋：领密。报告：1.本日卢沟桥方面无动作。2.原驻北平冯治安师一部调离北平，以赵登禹师一旅接防，明早开始交接，赵、张两师为主和者。3.谋和条件，要为取缔反日分子及宣传道歉、撤惩挑衅主官冯治安及经济协调等四条，以最末一条为主要。4.凡职报告、电报，请密不发表。职孙连仲叩。马戌。秘。印。

宋哲元致何应钦密电

（1937年7月22日）

急。南京何部长钧鉴：2494密。马秘电承示与日本喜多武官谈话各节敬悉。此次事件发生后，哲元始终本中央之意旨处理，关于交涉经过，曾于本月十一日概略协商，拟定下列三条：即1.廿九军代表对于日本军队表示遗憾之意并责任者处分以及声明将来负责防止再惹起此类事件。2.中国军为日本在丰台驻军，避免过于接近易于惹起事端起见，不驻军于卢沟桥城郊及龙王庙，以保安队维持其治安。3.此事件认为多胚胎于所谓蓝衣社、共产党。其他抗日系各种团体之指导，故此将来对之求讲对策，并且彻底须取缔等语。查该条件内容，均甚空洞，本拟早日电呈请示，因双方屡次冲突，故未即报告。刻下虽较有进步，然尚无把握，就今日情形观察，此事或可暂告一小段落。所有以上三条，已分陈委座并请我公赐于指示。惟此后枝节仍恐不免，祈我公垂注为祷。谨复。职宋哲元叩。养。印。

杨宣诚致何应钦报告

（1937年7月22日）

窃职此次随熊次长赴保定工作，所有北方情形，均已由熊次长随时报告，无待赘述。惟电报电话中，有未能尽者，谨熊次长面谕，再概略报告如次：

一、宋与中央仍不免隔阂，而最大原因，不外宋之部下中央军北上，渐次夺其地盘，此种错觉，似甚普遍。虽经熊次长详加解释，仍不能免。至谓宋已中日人之宣传，谓中央军之北上另有企图，此层并不确实也。

二、宋个性倔强，本人绝不至为日人所屈服。不过宋之部下，实乏见识远到之人才，宋是否不为所愚，自属另一问题。

三、宋及宋之部属，似均视事太易，即中央所转报之日本动员出师情报，冯治安主席曾电问究竟是否确实，即此可知。

四、宋暂时与日方谋妥协之唯一理由，则因其部队始终未集结，闻三十八师迄今仍分驻八处，宋欲缓和一时，以便集中部队，就目下形势而论，一旦战事爆发，宋部实有被日本人各个击破之虞。

五、中央北上之师，宋初均令其止于河北南境，意谓大军北上，必刺激日人。且保定防空设备全无，大军云集时，如遭日人空军轰炸，必不免重大损失。经熊次长与各部队长官商定配置地点（沿漕河在沧、保线上布防），宋似意不谓然。迄今对孙总指挥禀到之电尚未复，孙、万均极感困难。

六、据北平谍报员报告，日人此次欲使华北脱离中央，曾有种种计划，仍以宋为华北政府首领，齐燮元、陈觉生、何其巩辈均在罗致之列。此种所谓之条件，大约不过表面上文章，随后必有一极严酷之条件提出，届时宋究竟如何应付，熊次长已嘱李处长炘秘询之宋。宋答云"我有决心，决不屈辱，将来即令与日人成立何种协定，必较以往之何梅协定为佳"等语。

七、宋头脑较简单，个性较强，而部下无人才，环境又恶劣。中央此时似不能操之过急，仍以敷衍罗致为宜。此点熊次长命当面报告。

八、宋颇忌昔日西北军首领北上，如鹿委员钟麟此次赴保，宋颇不悦,鹿去电请其来保,宋竟复以"作战应在前线,后退何为者"。鹿与通电话,宋竟不接。诸如此类,可概其他。

九、宋对中央虽不免牢骚,然仍怀畏惧之念。熊次长原拟请鹿委员飞牯岭,代向委座报告一切,宋闻之,即多阳其行,即其明证。

十、据闻所谓和平接洽条件,桥本群(日驻屯军参谋长)所提者与和知鹰二(驻屯军参谋)所提者不一,日方之无诚意如此,其别有用意,事实显然。

右报告谨呈

部长何

参谋本部第二厅第一处处长　职杨宣城

严宽致何应钦密电

(1937年7月22—23日)

(1)

南京部长何:1015密。极密。贾谈:1. 北局关键在今后日军撤退如何,日内可初步分晓。2. 卢案后,处处示弱,处处表〔被〕动。目前到转苟安,将来被人压迫愈甚,罪更难受。3. 和平,人皆赞同,惟齐等主和,系有企图。4. 宋虽有主张,其左右如齐等之奸险,从旁挑激,影响不少。5. 此间外交,魏不懂,误事甚大。倘卢案不能和缓,宜责成宋全权,俾其从容应付,于前途或多裨补。职宽叩。养。印。

(2)

南京部长何:1015密。极密。1. 卢桥交通,今日可恢复。2. 日军仍驻卢东关外高岗及瓦窑,大部集五里店、大小井一带。3. 军事布置仍如旧。4. 据一般观察卢案即便和平有望,断非如此简单,且演进问题,既重大化及复杂化,前途危机是否合理解决与转到真正和平,乞钧注。职宽叩。养。印。

(3)

南京部长何：1015密。1.大井村、五里店一带日军，仍未撤退，且增炮兵一大队。文字山日军集中甚多。2.卢事超于谈判途径后，我军已遵约后撤，日军亦退距平汉路线一二里许。3.续到平、津、丰台日军，是否即退，此间颇注。4.今井表示，撤兵问题，须俟陆省命令奉到后，方决定。并云：须我中央军是否撤退。5.宋谓关于卢事解决办法甚多，刻在研讨应付中。职宽叩。漾。印。

何应钦致宋哲元密电稿
（1937年7月23日）

北平宋主任明轩兄：养电奉悉。3112密。吾兄应付事变之苦衷，中央同人靡不感念。委座于接兄电后，业已电复，计当达览。今日国危至此，惟有向外一致，密切连系，方足以策万全。兄处有何困难及嗣后一切情形，亦盼随时示知。弟棉力所及，自当竭尽维助也。弟应钦。漾亥。秘。

严宽致何应钦密电
（1937年7月24日）

南京部长何：1015密。极密。1.闻此间养、漾开始查禁爱国抗日文字报纸、书籍、杂志等类，计六十余种。查封《观察》报社及逮捕该社长，并严查日人所谓蓝社员行动及其他密团。2.拟肃正日人所谓中央残留机关。3.漾增派大批警察，分驻各大中学，制止学生对时局集团表示。4.津日人随意捕人。职宽叩。敬巳。印。

熊斌致何应钦密电
（1937年7月25日）

南京何部长、程总长、唐总监、徐主任钧鉴：2577密。明轩派其参谋长张樾亭同职到京报告,并请示一切。职今午抵保,即夕南下。谨闻。职熊斌叩。有申。印。

宋哲元致蒋介石等密电

（1937年7月30日）

南京委员长蒋、部长何钧鉴:2577密。哲元刻患头痛,亟宜休养。当此军事吃紧之际,恐于大局有误,所有廿九军军长职务,已委冯师长治安代理,并请中央明令发表。禀。职宋哲元叩。卅卯。印。

（二）日军武装挑衅与中国守军的坚决抵抗

俞飞鹏致何应钦密电

（1937年7月8日）

急。巴县行营何部长、顾主任:更密。据平津报话局电,略称:1.驻丰台日军约五百人,昨晚开卢沟桥演习,因附近驻有二十九军部队,日军于演习完时,有一部分人冲入廿九军驻地,致起冲突。旋日军派森田中佐要求停战,遂停止。□时炮声又作,至十时止。日死准尉一,伤少尉一。日并占领卢沟桥北千米之龙王庙。廿九军尚占住卢沟桥。2.庚晨一时,日军至卢演习,声称上次演习,日走失一人,并借口我驻军有向彼射击事,要求进宛平城搜查,我未允。五时彼先射击,至十时双方停战。我驻军一面防御,一面由翼会派林耕宇赴当地交涉。我要求日军撤退原防再交涉,迄未撤退。3.齐午津日军出动(有大批坦克车等),由平津公路向平方开去各情。除委座已指示明轩及京方以方针外,谨电闻,余续报。俞飞鹏叩。齐亥。轱秘。印。

严宽致何应钦密电

（1937年7月8日）

（1）

急。重庆军政部部长何钧鉴：○密。请转委员长蒋。庚晨电计呈钧詧。1.绍文、治安谈：昨夜日军强迫侵入卢沟桥镇，遂与我驻卢部队发生冲突。现检查我军死伤180余名。刻日军企图侵入卢镇，要求我军退出。秦谓："卢镇决不能退出。"刻正在对峙中。2.秦谈：日军示威多日，此次在卢发生冲突，系日军有计划行动，我军士气极盛。职宽叩。庚辰。印。

（2）

特急。重庆军政部部长何钧鉴请转委员长蒋：○密。日军在卢沟桥实弹演习，示威多日。阳夜，日军强迫入市，遂与我冯师驻卢一营发生冲突，现正在对峙中。职宽叩。庚晨。印。

蒋介石致宋哲元密电稿

（1937年7月9日）

北平、乐陵宋主任：治密。此间已派孙仿鲁两师向石家庄或保定集中及庞炳勋部与高桂滋部先向石家庄集中，希兄速回保定指挥可也。中○。佳晨。侍参。海。

蒋介石致孙连仲密电稿

（1937年7月9日）

限即到。孙总指挥仿鲁兄：○密。希即由平汉路方面派两师，即向石家庄或保定集中，至车辆等事，径与经扶主任商洽可也。中○。佳晨。侍参。海。印。

严宽致何应钦密电

(1937年7月9日)

(1)

重庆军政部部长何：○密。1.中日部队现已停止冲突。2.我方态度镇静与强硬，日鉴是况，因之情势稍转和缓。3.我、日双方商讨同时撤兵，另派保安一大队入城填防（名虽保安，实是陆军）。该队此刻在五里店准备入城换防中。4.日方刻虽表示不愿扩大并现缓和，而此间仍按步骤准备，以防意外。5.平市已形戒备状态。6.今后究竟如何，再报。职宽叩。佳卯。印。

(2)

急。重庆军政部部长何钧鉴：○密。1.卢事在对峙中，至庚亥后，炮声又作。2.日方口气：不想事态扩大，但要求我方，中日部队同时退开卢城。其企图有和中取巧，袭丰台故技。3.秦、冯主张对卢城决不能退出。我方仍按计定步骤应付。4.据报：日青年党森田等丞欲将此间局面造成混沌与恐怖，田代等意见，不到万不得已时，不准其乱干。职宽叩。佳子。

蒋介石致宋哲元电稿

(1937年7月10日)

北平、乐陵宋主任明轩兄：佳申、佳戌两电均悉。治密。至慰。守土应具决死决战之决心与积极准备之精神应付。至谈判，尤须防其奸狡之惯技，务期不丧丝毫主权为原则。吾兄忠直亮节，中所素稔。此后尚希共为国家民族前途互勉。特复。中○。蒸。侍参。牯。

何应钦之密电稿

(1937年7月10日)

○密。本日下午九时半,接北平秦市长电话云:1.中日军双方昨日约定各回原防,宛平县城由我保安队填防,日军退回丰台。但回至丰台之日军约步兵一营,炮廿六门,今日上午十时又忽由丰台向卢沟桥前进,意欲夺取该桥。我军得报后,即派兵一营在卢沟桥北附近拒止该敌之前进。下午五时,日军向我军炮击,现正在战斗中。2.闻日军有十列车由辽宁向关内开拨,已有两列车过山海关。等情。特闻。应钦。蒸亥。秘。

严宽致何应钦密电

(1937年7月10日)

(1)

南京部长何:1015密。1.日沙冈村及五里阁之部队得增兵后,因报复及其他条件,忽于灰酉又起重大恶化。2.据报榆关灰由锦开到日兵约一旅团。3.丰台灰增日步炮一大队。4.此间在和平折冲外,仍按计划备防非常。5.平市各门关闭,各路口亦置沙包,防御周密。6.市民轰传中央有整个应付之办法,市面泰然如常。职宽叩。灰亥。印。

(2)

重庆部长何:1015密。极秘。卢事现阶段概况如下:1.我军冯师一营退往长辛店。2.日军步兵撤出五里店,炮兵撤丰台。3.卢仅由冀北保安队150名改服警装,入城接防(查其原商改派张师一营,现未能实行)。日惯会取巧,以现观之,似有取巧模样。现由保安队改服警装慎防,将使卢区等于非武装区矣。前途殊可虑,乞钧注。职宽叩。蒸寅。印。

蒋介石致宋哲元密电稿

(1937年7月10日)

特急。北平、乐陵宋主任明轩兄：○密。务望在此期间，从速构筑预定之国防线工事，星夜赶筑，如限完成为要。中正。灰。机牯。印。

秦德纯等致蒋介石密电

(1937年7月11日)

限即到。牯岭委员长蒋钧鉴：真侍参牯电奉悉。更密。自应遵照钧命办理。现我官兵均具有与敌拚死之决心。至卢沟桥我军防线，甚为巩固，纵敌顽强，亦万无一失。知劳谨注。谨先复。职秦德纯、张自忠、冯治安叩。真亥。印。

何应钦之密电稿

(1937年7月11日)

2233、3112、2577密。顷据秦市长电话称：昨日下午六时起，双方军队又起冲突，日军攻我卢沟桥数次，均未得逞，至九时半双方始停止射击，现在对峙中。日方间接表示，愿和平解决，惟须担保以后不有此种事件之发生。云云。等情。特闻。应钦。真午。参。

严宽致何应钦密电

(1937年7月11日)

31284。南京部长何：○密。一、闻日军对卢案，利以军事威胁后之和平希望，概要如下：1.撤退卢华军。2.严惩责任者。3.根绝华北一切抗日行动。4.共同反共及其他等项。二、据报：日对卢案最后军事计划，初期概略如下：1.决定扩大准备，以武清、丰台、宛平、昌平为第一线侵略出发点，对平市起包围形势，兵力以河边及韩则信伪部为主。2.以通、唐等为第二线,以入关日军及张庆余、张砚田等伪部之一部及海光寺日军为进犯天津主力。3.以榆、葫、连、锦等为第三线。4.以继续入关日军及伪军为预备。5.秦岛、白〔北〕戴河、塘沽口等要隘,由日海军负责,葫岛为日军集点。6.到必要时,以空军作威胁。7.由白坚武、郝鹏等率便衣队作骚扰活动。三、观察各方情况,似非简单即可了事,倘从容就范,则汉奸胜利,恐此间形成冀东之二。职宽叩。真二。印。

何应钦致宋哲元密电稿
（1937年7月12日）

特急。天津宋主任明轩兄：393密。顷闻大旆抵津,至慰驰系。惟卢事日趋严重,津市遍布日军,兄在津万分危险,务祈即刻秘密赴保,坐镇主持,无任盼祷。盼复。弟应钦。文亥。秘。

秦德纯致钱大钧密电
（1937年7月12日）

特急。牯岭钱主任慕尹兄勋鉴：生密。顷据交通确悉：1.日兵车十列,分载各种部队,附战车、汽车、弹药等项,由山海关陆续西开,迄至本日午后八时止,已有五列到达天津附近。2.日军三百余名,附战车八辆,炮车七辆,载重汽车二十余辆,于本日午后由通县经韬渠门、奚观音壤往平市南郊运动。3.由通县二次运朝阳门奚苗家地之日军,约有三百余人。又日骑兵二百余人,正由通县向北平行进中。4.卢沟桥附近之日军,截至现在止,大部分仍未撤退等情。除饬部属严加戒备外,谨闻。秦德纯叩。文亥。印。

钱大钧致秦德纯密电稿
（1937年7月12日）

北平秦市长绍文兄：4873密。极密。顷电话中所言,恐不明了,特再奉达。此刻如日兵尚在对峙而不肯撤退,则彼必待其关东部队到后积极进攻,决无疑义。望从速切实加紧备战,万勿受欺。特此电闻。弟钱大钧。文申。牯。

严宽致何应钦密电

（1937年7月13日）

（1）

南京部长何:1015密。1.平东南郊元午昨晚发生战争,均旋停旋起,并以南苑为目标,元日机开始空中活动。2.长城口增入伪区日兵约一旅团,通、密、顺三伪区一带,均换日军布防。3.日军入关仍继续不已。4.平市中外人士甚惊恐。5.此间仍和平进行。6.此间情势,日迭以昼和夜袭渐转恶化,绝非简单即可了事。职宽叩。元亥。印。

（2）

南京部长何:〇密。1.卢、龙等处日军,文晚仅撤少数。2.日军文戌向广安门外财神庙轰击,文亥方停。3.日军继续入关,文先头到津步兵约一联队,空军一联队,通州亦增日军,密云到日军一大队。4.日在丰、通,密云、顺义赶筑工事。5.日军在平西四郊随便活动,极可虑。市民极感不安,甚盼中央军北上,以安大局。职宽叩。元卯。印。

宋哲元致何应钦密电

（1937年7月14日）

急。南京部长何:3932密。文亥电敬悉。因兵力大部在平津附近,且平津地当冲要,故先到津布署,俟稍有头绪,即行赴保。辱蒙关切,至为感谢。谨复。职宋哲元叩。寒。印。

严宽致何应钦密电

(1937年7月14日)

南京部长何:1015密。1.空军仍活动,惟未轰炸。2.财神庙至卢沟桥各村满驻日军。3.寒丑日军向大井村一度轰击,寒寅始止。4.平郊日军甚嚣张,形势与我军犬齿相错。职宽叩。寒。印。

何应钦致秦德纯等密电

(1937年7月14日)

机急。北平秦市长绍文兄并转冯主席仰之兄、张市长荩忱兄:文亥电奉悉。3112密。现全国均渴望前方消息,故传达真实情报,最为重要,而报馆及通讯社消息,不可为凭,望兄等每日将确实情报,至少电告三次(早、中、晚)为盼。何应钦。寒辰。参。

蒋介石致何应钦密电稿

(1937年7月14日)

南京何部长勋鉴:〇。1.请即抽调二公分高射炮运往保定,以备分发各部阵地。2.速运子弹三百万颗交宋明轩兄领用。3.准备在石家庄设行营,以次辰为主任,浩森或哲民为参谋长,何如?4.应即派员到石家庄设仓库与防空。5.戈定远在何处?催火速飞庐山一谈。中正。寒。机牯。印。

熊斌致蒋介石密电

(1937年7月14日)

急。牯岭委员长蒋钧鉴:符密。1.职本日午后八时抵保定,寓省政府。2.此间士气旺,外传妥协之说,绝对不确。但日来天津方面或有接洽。3.中央决心及准备情形,此间当局仍未能完全明了,已代为解说矣。4.日方飞机连日在保定、石家庄一带侦察,此间因无防空设备,恐大部队集中保定不免危险。希望中央能派一部分空军部队及防空部队来保。5.明轩因平汉线上队伍不少,而津浦线上较为空虚,故电孙仿鲁嘱其北上部队到沧州以南集结。但冯师先头业抵正定,现经商定在保定郊外下车,分驻铁路两旁森林中。6.前方昨晚小有接触,本日平静。7.丰台日军集结二千余人,向大瓦窑、五里树、卢沟桥方面警戒。又有日军千余人由天津开出,经杨村向通州前进。冀东伪组织之保安队已开赴密云一带。8.冯治安主席在北平任戒严司令,指挥平郊作战,张市长病痢甚剧,亦在北平。宋明轩主任,大约暂无来保意,已函促之,托由阎百川主任所派张荫梧带去矣。9.经新乡晤庞军长更陈,托转恳委座准其驻新乡现两团一并开赴前方,以厚兵力。又,特费一万五千元,请仍照发,可否?乞径示。谨先电呈,余续报。职熊斌叩。寒亥。印。

赵巽致何应钦密电

(1937年7月14日)

即到。南京军政部长何钧鉴:2083密。1.职昨过石家庄时,因机场不明,无法降落,不得已径飞保,午后六时到达,即谒省府魏秘书长,将图交付,转送前方。但闻工事区域,一部已在敌手,是否被敌发掘利用,尚不得知。2.前昨两日,均有敌机一架来保侦察,并在卢沟桥掷弹数枚。3.此间探得已到津之关东军约二千名,有向沧县方面进展企图,已由赵登禹师对该方准备。4.宋尚留津,赵登禹在任丘,冯治安在平,保定无军事负责人。5.今谒万军长,表示决与宋共同抗战,但虑炮兵太少,嘱转向钧座于重要时,拨炮兵若干。职赵巽呈。寒未。印。

严宽致何应钦密电

(1937年7月14日)

南京部长何:1015密。1.据报入关日军,伪满之靖安军不少。

2.汉奸极活跃。3.川越寒午抵津,香月也由长飞津。4.寒戌日军又在落垡轰击,旋停止。职宽叩。寒亥。印。

秦德纯等致钱大钧密电

(1937年7月14日)

特急。牯岭委员长侍从室钱主任慕尹兄勋鉴:生密。情报:1.敌军步炮兵约二千余名,重炮三十六门,军马二百五十匹,弹药给养车四十几辆,由津沿平津大道向北平方面行进。2.日机三架在卢沟桥一带上空侦察,上午十时降落丰台南之造家村空地,旋飞起南去。3.据报密云方面,开到日军五百余名。4.团河到日骑兵二百余名,曾与我军互相射击。丰台设有日军指挥部,并有重炮四门对我南苑方面。5.平市四郊有日坦克车三四辆四出窜扰,与我驻军到处小有冲突。综合情况观察,当系大战前之准备也。除分电外,余情续陈。秦德纯、冯治安叩。寒亥。印。

何应钦致宋哲元密电

(1937年7月15日)

机急。天津宋主任明轩兄、北平秦市长绍文兄、冯主席仰之兄:3112密。顷据确报,丰台之日军现在集中包围南苑一带,首先消灭一万二千之我军,将为日军机动之第一目标。虽自昨晨三时半以来,当地形势稍现和缓,谈判亦已重开。中外富有眼光之观察者,以为现下之混沌沉闷状态,实有诡谲欺诈性质,众人以为日军当局,现仅等待增援完竣,然后发动,以驱廿九军于河北省境外耳。等语。查日人效"一·二八"故事,先行缓兵,俟援军到达,即不顾信义,希图将我廿九军一网打尽。形势显然,最为可虑。望即切实注意,计划应付为祷。弟何应钦。删酉。参。印。

熊斌致何应钦等密电

(1937年7月16日)

南京何部长、程总长、唐总监、徐主任钧鉴:0467密。今早由保赴津之李处长炘到达后,电话询问中央派第十师开保定及平汉北段另设总指挥之说是否属实,除由职立时答复并无其事外,谨电呈闻。职熊斌叩。印。

蒋介石致宋哲元密电稿

(1937年7月17日)

北平、天津宋主任:3112密。兹调商震部原驻黄河以北之四团开赴石家庄集中待命。希知照。中〇。篠未。侍参。牯。

蒋介石致徐永昌密电稿

(1937年7月17日)

南京军委会徐主任:2894密。兹致宋哲元、熊斌、孙连仲、庞炳勋一电,文曰:第二十六路孙总指挥连仲所部、第四十军庞军长炳勋所部,统归冀察绥靖主任宋哲元指挥,并派熊次长斌驻保联络,仰各遵照。等语。希查照。中〇。篠申。侍参。牯。

蒋介石致熊斌密电稿

(1937年7月17日)

清苑省政府转熊次长:铣戌电悉。符密。并无其事,希转告明轩可也。中〇。篠亥。侍参。牯。

何应钦致宋哲元等密电

(1937年7月17日)

机急。天津宋主任明轩兄、张市长荩忱兄、北平秦市长绍文兄、冯主席仰之兄、张参谋长樾亭兄：〇密。综合今日情报，日本国内已动员及出动之部队，有第五、第六、第十、第十二、第十六等五个师团及朝鲜之第二十师团。日军部共征发邮船会社、大坂会社及国际山下、三井等社商船，共三十余艘，调兵遣将，未稍停止，而关东军陆续输送至天津者，截至删日止，已二十列车，当已在一个师团左右，并有数千人沿平津公路及津保公路前进中。其在卢沟桥正面者千余人，正构筑工事及造家村设飞机场。窥其用意，显系对北平及南苑取包围形势。而近日则派小参谋数人与我方谈判和平，希图缓兵，以牵制我方，使不作军事准备，一俟到达平郊部队较我廿九军占优势时，即开始攻占北平，先消灭我廿九军。此项诡计，最为可虑。一·二八之役，可为前车。兄等近日似均陷于政治谈判之圈套，而对军事准备颇现疏懈，如果能在不损失领土主权之原则下和平解决，固所深愿，弟恐谈判未成，大兵入关，迩时在强力压迫之下，和战皆陷于绝境，不得不作城下之盟，则将噬脐无及。望兄等一面不放弃和平；一面应暗作军事准备，尤其防止敌军袭击北平及南苑，更须妥定计划。弟意宜以北平城、南苑及宛平为三个据点，将兵力集结，构筑工事，作持久抵抗之准备。如日军开始包围攻击时，我保定、沧州之部队及在任丘之赵师，同时北上应援，庶平、津可保，敌计不逞，如何？希酌夺见复。弟何应钦。篠。参。印。

严宽致何应钦密电

（1937年7月17日）

南京部长何：1015密。1.闻铣亥吴家庄、郭庄子一带，中日军发生猛烈冲突，篠寅始停。篠卯又冲突，旋停。2.汉奸之伪团体即欲企图暴动，我方连日严防更紧。3.日军仍陆续入关。4.平郊军所驻之处，均建坚固永久工事。职宽叩。篠二。印。

张樾亭致何应钦密电

(1937年7月17日)

特急。南京部长何钧鉴:3112密。铣了、午两电奉悉。前定通话时间甚适宜,余遵办。丰台方面,日军大部及炮兵均集结于丰台附近,前线只留少数部队警戒。通州于今晨到日军千余名,炮二十余门,大部入城,少数在南门外布防。第二批由天津经杨村向通县增加部队,尚未到达。此后情况,容续禀闻。职张樾亭叩。篠。参谋午。印。

熊斌致何应钦密电

(1937年7月17日)

急。南京何部长、程总长、唐总监、徐主任钧鉴:0467密。顷据南苑电话:本日顺义、昌平各有日兵百余人到达。在顺义有日载重汽车七十余辆,满载防御工作器具。昌平日军在城上构筑工事。截至本日止,丰台、通州各有兵四千余名。谨电呈闻。职熊斌叩。篠戌。印。

严宽致何应钦密电

(1937年7月18日)

南京部长何:1015密。1.榆关日军续增。2.由长城各口侵入伪区之日军,现移集伪边区各县。3.日军集结平、通、丰一带,约一万二千,空军、坦克在外。4.巧平市谣甚,特加戒备。5.津函,宋晤香月,缓和似有望。又:汉奸之怪企图,绝不会实现。据报小汤山一带,便衣队大活动,我方已戒备。职宽叩。巧。印。

赵巽致何应钦密电

(1937年7月18日)

特急。南京军政部部长何钧鉴:2083密。1.铣戌电奉悉,当

217

赴津一行。2.昨晚据津方息,和平恐无望。宋派张维藩来保与熊次长商军事,今晚可到。3.熊次长现在计划令此间部队赶速完成沧、保线工事。4.平郊连日无冲突。惟日兵在各要点构筑工事,其集结丰台者,已达四千名,并构筑坚固阵地。伪保安队传闻已向宛平一带移动。职赵翼呈。巧午。印。

秦德纯等致钱大钧密电

(1937年7月19日)

即到京。委员长侍从室钱主任慕尹兄:更密。1.榆开出陆续到津日军用兵车三列,共载步兵千余名,骑兵一百六十余名,马一百六十余匹。2.由津开至丰台兵车一列,系载多粮军用品。3.高丽营到日兵四百余名,抓民夫拟作工事。4.宋主任今晨到平,昨在津与香月晤谈,除寒暄外,双方希望恢复卢事前之和平状态,未涉其他。谨电奉闻。秦德纯、冯治安叩。皓亥。印。

严宽致何应钦密电

(1937年7月20日)

(1)

南京部长何:1015密。1.皓午后,平市工事多撤除,一时顿现缓和,惟市民以防卫忽弛忽紧,颇不安。2.平、津郊丰台日军续增,仍企图暴举,冯等部仍严备。3.平郊皓夜仍有枪炮声。4.据报,皓辰北仓、杨村间二十二号桥后,突有小型地雷爆炸。职宽叩。哿。印。

(2)

南京部长何:1015密。1.津函,日利用张等求和弱点,乘之使用军事威胁。2.皓夜日军轰卢百余炮始停。哿午后又开始轰击。3.据报,日对平西企图先占蓝靛厂、万寿山、八里庄、西苑,然后扼我平绥路之平昌段。查日便衣队已在小汤山一带活动,我方严备矣。4.闻日方致当局通谍〔牒〕颇嚣张。职宽叩。哿申。印。

熊斌致蒋介石等密电

(1937年7月20日)

急。南京委员长蒋、何部长、程总长、唐总监、徐主任钧鉴:2577密。1.据长辛店戴旅长电话:本日午后三时,有炮兵掩护之日步兵连〔约〕千余向我卢沟桥东门攻击前进,约发炮二百余响,炮弹有落在长辛店街市者,我方死伤兵民十余人。大井村方面,对北亦有炮声,交战约一小时,旋即停止,傍晚复来攻,现仍在对峙中。吉团长受伤甚重。2.据南苑张参谋长电告:杨村续到日兵约二千人,在通州之敌兵千余人,经顺义向高丽营移动。又敌骑千余,由狼筏渡河,已被击退。3.职今晨二时乘火车赴长辛店,改乘汽车赴平,行抵卧龙岗,因新辟道路泥滑,又适逢大雨,车辆陷入泥中,无法前进,遂折回保定。谨闻。职熊斌叩。号戌。印。

严宽致何应钦密电

(1937年7月21日)

南京部长何:〇密。1.日军号午后开始轰卢、申稍停。号戌,日军又开始轰卢,马子稍停。闻宛城建筑被毁甚多。是晚丰台附近又发生冲突。2.平市马晨日机成队低飞威胁。3.平市极惊恐。职宽叩。马辰。印。

何应钦致刘峙密电

(1937年7月22日)

急。开封刘主任经扶兄:皓电诵悉。1344密。依最近所定战斗序列,旧东北军系以军为单位,分割使用,特复。何应钦。养未。参。印。

赵巽致何应钦密电

（1937年7月22日）

急。南京军政部长何钧鉴：2083密。职已谒秦市长、贾德耀，宋约明日晤谈。迄现在情况如下：1.号日日军又猛攻卢沟桥，双方死伤颇重，卒未得逞。料系促我方履行条件。2.养昼我卢沟桥守军撤至长辛店，代换石友三保安队。平市城防预定换赵登禹师，该师之一旅已到达，表示履行条件初步。如日军不撤或竟前进，即迎头痛击。3.此间已严密准备，如日再违，平、津混战，立可爆发。关键在今、明两日。4.廿九军颇因环境关系，和战意见不一。但宋自有主宰，步伐不紊。5.石部多是廿九军旧部，宋能掌握，闻石本人也有抗战决心。职赵巽呈。养申。印。

吉星文致何应钦快邮代电

（1937年7月24日）

部长何钧鉴：马戌参电敬悉。星文前在京高教班第五期受训期间，蒙委座及我公之朝夕训诲，深知国事危急已若累卵。军人职责，至深且巨，矢志决本委座爱好和平之旨，并我公所指示之救亡图存大道，向前奋斗。乃倭寇抱侵略之野心，复逞其占据东北四省之故旨，一再来卢沟桥无端挑衅，用机枪重炮向我阵地猛攻，横施射击。星文守土有责，此种无理之侮，殊难容忍，不能不做正当之防卫，遂督率部属予以痛击，幸赖各官兵均能深明大意〔义〕，不惜牺牲，奋勇冲锋，肉搏三四次，将倭敌击退，现在静待当局诸公和平交涉。在此未获圆满解决之前，星文等只有抱定牺牲到底之决心，荷枪实弹，以待誓与卢城共存亡，决不以寸土让人。目前抗战之际，头部受轻伤，现在前方医院治疗，不久即可告痊，祈勿以此为念。星文不才，并祈时加指示为盼。职吉星文叩。敬。中华民国廿六年七月二十四日

严宽致何应钦密电

(1937年7月24日)

南京部长何:〇密。据报:1.香月漾密飞长春访植田商华北时局,外传抱病沉重,恐不确。2.日中央对华北伎俩,企图一劳永逸。3.日军仍续增,平郊仍伏危机。职宽叩。敬二。印。

冯治安等致蒋介石等密电

(1937年7月25日)

特急。南京委员长蒋、副委员长冯:〇密。情报:1.昨晚十二时,日军专车一列,载工人数百名,木梯四车,由榆抵津。2.午前十时日军铁甲车一列(六辆),日兵八十余名由津开到丰台。3.下午一时,通县日军步炮兵五百余名举行演习,并向我驻通部队加以威胁,经交涉后,已渐撤退。余续报,谨电奉闻。冯治安、秦德纯叩。有戌。印。

严宽致何应钦密电

(1937年7月25日)

南京部长何:1015密。1.有丑、有酉日军又与我廊房附近驻军发生冲突,炮轰甚烈。2.五里店、大小井一带日军,时有攻击宛城姿势。3.回据报日企图促成新要求,又旋威胁。职宽叩。有亥。印。

宋哲元致何应钦密电

(1937年7月26日)

(1)
限急到。南京部长何:3112密。今日下午七时,敌用载重车三十余辆,载兵约五百名之谱,由广安门强行入城,经过守兵阻拦,不服制止,以致互相冲突,刻正在对峙中。似此情形,敌有预定计划,大战势所不免。除饬各部及日准备外,谨闻。职宋哲元叩。寝。印。

（2）

限即刻到。南京委员长蒋、军政部长何钧鉴:0467密。日兵三百名于有未陆续开抵廊房,当夜十二时,突向我廊房驻军袭击。今晨又派轰炸机六架向我军轰击。刻下仍在对峙中。除令固守原防竭力抵抗外,谨闻。宋哲元叩。宥辰。参。印。

严宽致何应钦密电

（1937年7月26日）

南京部长何:1015密。1.宥午前,日军对廊房及其附近我军轰击甚惨。2.闻日方借口冯师撤移数少,赵师开进数多,由松井提出抗议。3.日军各驻地连日加筑工事。职宽叩。宥午。印。

宋哲元致何应钦密电

（1937年7月26日）

南京部长何:宥辰参电计达。3112密。今早八时,日军又由天津开抵廊房千余名,同时并以飞机十四架,装甲车数辆,向我当地驻军猛烈轰袭。我军四面受敌,现已撤出阵地。平津交通已被切断,战事恐不可免。将来北平南〔尚〕可支持,天津方面兵力单薄,危险万分。拟请速饬庞军集结沧县,以作总援。查日方此次发动,纯对冀、察,乃职部防务辽远,战端一启,处处堪虑。即祈速示机宜,以备遵循为祷。职宋哲元叩。宥申。参。

严宽致何应钦密电

（1937年7月26日）

南京部长何:○密。1.闻廊房站与我防地,悉被日军侵略,官兵死伤甚重,营房、车站炸毁。我方仍由齐、陈等在威胁之下谋和。2.据报我通县驻军,亦在日包围核心,随时可发生冲突。3.我广安门外,宥酉又发生炮击,旋停止。职宽叩。宥戍。印。

宋哲元致蒋介石等通电

(1937年7月27日)

南京委员长蒋、各院、会钧鉴,各部、各省、市政府,各绥靖主任、各总司令、各总指挥、各军长、各师长、旅长、各法团、各报馆钧鉴:哲元自奉命负冀察军政之责,两年来以爱护和平为宗旨,在国土主权不受损失之原则下,本中央意旨处理一切,以谋华北地方之安宁,此国人所共谅,亦中日两民族所深切认识者也。不幸于本月七日夜,日军突向我卢沟桥驻军袭击,我军守土有责,不得不正当防卫。十一日双方协议撤兵,恢复和平。不料于二十一日,炮击我宛平县城及长辛店驻军,于二十五日夜,突向我廊房驻军猛烈轰击,继以飞机、大炮肆行轰炸,于二十六日晚,又袭击我广安门驻军,二十七日早三时,又围攻我通县驻军,进逼北平,南、北苑已均在激战中。似此日日增兵,处处挑衅。我军为自卫守土计,除尽力防卫听候中央解决外,谨将经过事实掬诚奉闻。国家存亡,千钧一发。伏乞赐教,是所企祷。第二十九军军长宋哲元叩。感。印。

严宽致何应钦密电

(1937年7月27日)

南京部长何:〇密。1.闻日致此间通谍〔牒〕,限我军俭前撤退(并未指明何处部队),我方仍在和平进行中。2.平市有夜炮声时起时停,人民极惶恐。3.廊房我军宥未向黄村集结。职宽叩。感寅。印。

223

宋哲元致蒋介石密电

(1937年7月27日)

(1)

急。南京委员长蒋钧鉴：○密。宥戌机京电，谨悉。北平为华北重镇，人心所系，大事所关。现在已成四面皆敌之形势，通县于今晨三时起，亦正在激战中。职受国家与人民付托之重，已决心固定北平，以安人心而作士气，决不敢稍有畏避也。谨复。职宋哲元叩。感辰。印。

(2)

南京部长何：3112密。有亥参电承示情报两条，敬悉。现在平、津已危，请密示机宜，以便遵循为祷。谨复。宋哲元叩。感辰。印。

(3)

急。南京委员长蒋、军政部长何钧鉴：3112密。1.我驻通县之傅鸿恩营，自今晨三时，被敌围攻，战斗异常激烈，迄十一时，由傅营长率部冲出重围，敌复以飞机跟踪、轰炸，刻已撤抵南苑收容整理。2.今日下午三时敌步、骑约四百名，附坦克车数辆，向我团河驻军猛攻，经我向其两翼绕击，敌伤亡甚重，刻仍在激战中。3.敌四百余名，今晨八时，向我小汤山之商镇夏营攻击，同时以飞机轰炸，经我沉着应战，敌未得逞，刻仍在对峙中。4.本日敌机屡在平市上空侦察，并在城外投弹轰炸。下午四时以后，复来敌机四五架，盘旋侦察甚久，并在各郊投弹数十。除饬各部详侦敌情主动应战外，谨闻。职宋哲元叩。感西。参。印。

(4)

限即刻到。南京委员长蒋、军政部长何钧鉴：3112密。感晨一时通县日军两千余人,将我驻该县之傅鸿恩营包围,拟令交械,经傅营长严词拒绝,遂于今晨三时发生冲突,战斗非常激烈,迄早七时尚未停止。惟该营四面受敌,除饬沉着应付外,谨闻。职宋哲元叩。感辰。参。印。

蒋介石致宋哲元密电稿

(1937年7月27日)

限即到。北平宋主任明轩兄:偃密。此时先以固守北平、保定、宛平各城为基础,切勿使之疏失。保定防务应有确实部队负责固守。至平、津增援部队,可直令仿鲁随时加入也。此时电报恐随时被阻,请与仿鲁切商办法。必以全力增援,勿念。中○。感辰。侍参。京。

严宽致何应钦密电

(1937年7月27日)

特急。南京部长何:1015密。秦托电告如下:1.日致我通谍〔牒〕,限我廿九军俭午前撤退,我方已将该通牒送回。2.和平已绝。宋及廿九军将领已决心与城共存亡。至城外各方面,俟布置完毕,即行应战。望转电何公速派大量飞机及军队来北。等情。谨报。乞复转达。职宽叩。感戌。印。

宋哲元致蒋介石等密电

(1937年7月28日)

南京委员长蒋、军政部长何钧鉴:2577密。廿六日日方向我提出通告,限于二十七日午十二时以前,将八宝山、卢沟桥等处之我军撤至长辛店以南,并限于二十八日〔之〕我军撤至永定河以西。此种要求,实属无理之甚,均已严词拒绝矣。谨禀。宋哲元叩。俭。印。

蒋介石致庞炳勋密电稿

(1937年7月28日)

限即到。沧州庞军长勋鉴:感巳参电悉。6972密。兄部应尽力在沧、献一带,星夜赶筑工事,先固该线防务,务于三日内,完成第一线初步工事,完成后继续加强为要。至静海方面,待后方部队集中后,再令推进。除电宋主任外,特复。中○手启。俭辰。侍参。京。

严宽致何应钦密电

(1937年7月28日)

急。南京部长何:1015密。1.团河战激烈。高丽营、汤山、通县西、南北苑、平西一带,均与日军冲突,战事甚烈。2.大井村一带,日军又以重炮向我宛平袭击。3.日已通告全国,决定对华用兵,战局难免,希钧注。职宽叩。俭子。印。

蒋介石致宋哲元密电稿

(1937年7月28日)

限急到。北平宋主任明轩兄:感未参电悉。偎密。孙部应即前进勿延,庞部现尚未集中,应令在沧州待后方部队到后向前推进。此时应敌,先要固守现有阵地,然后方易出奇制胜。所谓先求稳定,次求变化,请兄切记之。中○手启。俭辰。侍参。京。

宋哲元致蒋介石等密电

(1937年7月28日)

特急。南京委员长蒋、军政部长何钧鉴:3112密。报告:1.今早敌约万余人,飞机数十架,炮百余门及装甲车,向我平郊各防地轰炸猛火〔烈〕,正在激战中。2.要断我平绥路及平汉路各处交通。3.派队绕敌之后攻其丰台,成功与否尚不敢定。特此报告。职宋哲元叩。俭辰。印。

严宽致何应钦密电

（1937年7月28日）

（1）

急。南京部长何：1015密。综合今晨情报及秦谈如下：1.俭卯日对平郊实行总攻。2.敌以连合兵力约三千、炮约四十门,向我南苑攻击,并以步、炮连合约二千,向北苑攻击,刻正在激战中。同时敌以飞机四十架向黄寺、北苑、西苑轰炸甚烈。3.敌人在平、津兵力约三万。4.我赵师尚未集结完毕,即在团河遭遇,此时尚在对战中。5.秦谈：中央部队最好由津浦北上,出冀东截敌后路,同时令绥出兵察北,必收奇效。6.中央航空队请速到保定应用,如能破坏北宁路铁桥断敌输送尤佳。7.宋谈：决定坚守北平城,三、五日内当可无虞。8.察、蒙伪军约三四师,待我军进攻反正,冀东亦有十二大队可用。职宽叩。俭巳。印。

（2）

特急。南京部长何：1015密。1.仰之电话,廊房昨夜我刘旅由武清厮杀敌二百余员名,廊房敌人肃清,并破坏该处铁路。2.我军反攻丰台,正在激战中。职宽叩。俭午。

宋哲元致何应钦密电

（1937年7月29日）

南京军政部长何钧鉴：2577密。我驻津卅八师部队,自本早二时起,与日军发生激战,情形如下：1.三时,东局子机厂被我攻下,并烧毁敌机六十余架。2.海河大铁桥及金钢桥均已炸断,市内交通断绝。3.所有天津东西两车站、特别四区之日军均被击退。4.敌以飞机、坦克车轰炸冲击,河北一带逐入混战状态。海光寺日兵营上空,敌以飞机五十余架,盘旋掩护,迄未攻下。现仍在激战中。5.查我驻津部队仅有一旅,其他部队亦均在与敌接触,现正激烈挠战,恐难久持,拟请中央速派大队增援。谨禀。职宋哲元叩。艳。印。

严宽致何应钦密电

（1937年7月29日）

限即刻到。南京斗鸡闸四号何部长：1015密。极密。1.演进日久之复杂化,俭晚实现。2.闻俭晚战争,张、石等部有参加日军行动之说,冯部伤亡极惨,艳丑全部撤退。宋、秦已走,平、津形同失守。3.日人提出此间要员更动,艳实现。自忠、燮元、允荣、毓桂、张璧、仲孚、觉生将主要政,汉奸全获胜利。4.据报此间现状,仅敷过渡,前途演变,不知胡底。中央若不予制裁,国事前途,更多荆棘。5.此间人士对宋等侥幸大位,不忠诚实不坚决之误国唾骂〔此句电文似有脱漏〕。6.艳子南海枪声费〔过〕后,退入居仁堂之廿九军部员兵及特务团、军训团忽然乱溃,行辕所有物件悉被掳去。7.居仁堂已被张部进占。8.职等今晨始避居西什库教堂。职宽叩。艳。印。

宋哲元致蒋介石等密电

（1937年7月29日）

南京委员长蒋、军政部长何：6912密。职今晨三时抵保,秦市长德纯、张局长维藩偕来,所有北平军政事宜,统由张师长自忠负责处理。昨日日军全力向我南、北苑驻军进攻,猛烈轰炸,我官兵伤亡甚重,副军长佟麟阁阵亡,师长赵登禹踪迹不明,南苑营房被轰炸,已成一片焦土。卅八师驻南苑之一部,截至今日下午八时,尚据守围墙之一隅与敌挣扎。似此情形,殊难有胜算把握也。谨此电陈。职宋哲元叩。艳寅。印。

孙连仲致钱大钧密电

(1937年7月29日)

即到。南京委员长侍从室钱主任呈委员长蒋:领密。报告:1.本日晨二时,李副师长文田率李、刘两旅及保安队分随〔集〕天津日租界兵营、飞机场、津浦总站,情形甚好。后敌兵增加,势渐不支,午后一时,奉宋命撤退。八时大部始退炒米店,小部尚在纷〔奋〕战,连同北苑、通州各役,均属无计划的失败。2.廿九军各师虽尚有力量,惜高级将领精神不振,宋谓廿九军不克再战,拟赴河间收容部队。3.沧、保线工事,宋拟不构筑,政府即筑也无济于事等语。4.职为鼓励廿九军士气,并阻敌直入,且使后方充裕准备,特派一旅在琉璃河附近占领阵地,必要时用做收容其余部队,开赴任丘构筑沧保线中段工事。5.宋到河间或将作下野表示,请钧座对平汉、津浦两方面指挥人员,早为选定。6.本路北上以来,虽处境困难,但本钧座意旨,对廿九军力为宣慰鼓励,期必在钧座指导之下,为国效命抗战。职孙连仲。艳戌。参。印。

严宽致何应钦密电

(1937年7月29日)

南京部长何:○密。1.艳晨通县及其附近伪保安队约五个大队反正,与日军激战终日,并将通县要区火焚。至午后被日军轰炸甚惨,现向西南撤退中。2.津郊我保安队亦与日军冲突,旋被日军轰炸。南开、女师、工院等校亦被轰炸。3.佟麟阁阵亡。赵舜城、郑大章均有身殉说,尚待证。职宽叩。艳戌。印。

宋哲元致蒋介石密电

(1937年7月30日)

(1)

南京委员长蒋钧鉴:手启艳戌电奉悉。更密。谨遵谕办理。惟天津方面,日方又增厚兵力,且取有大批飞机飞至。至我驻津各部因受日方压迫,已撤至马厂。谨复。职宋哲元叩。卅辰。印。

(2)

南京委员长蒋、军政部长何钧鉴:2577密。据报:通州保安队廿九日午反正,将日、韩人杀了很多,并将弹药焚烧。现保安队被迫退出城外等语。谨电报告。职宋哲元叩。卅辰。印。

秦德纯致何应钦密电

(1937年7月31日)

南京部长何钧鉴:3932密。宋军长精神时有错乱,说话有时反常。军部现在保定,由冯师长治安代理二十九军军长职务。嗣后如有谕示,务恳径电保定冯师长为祷。秦德纯叩。世一。印。

秦德纯致蒋介石电

(1937年7月31日)

京委员长蒋钧鉴:偓密。查平津战役,廿九军防线,由大沽口至察边,兵力尚未集结完毕即与敌接触,而天津一战,尤为壮烈,功败垂成,深堪惋惜。廿九军现在冀南各地整饬,虽兵员略有损失,而士气尚堪一战。为今之计,只有战和两途,如决战则拟请将大兵分为三路,平汉、平津及中间各一路,廿九军任一路,由钧座统一指挥,则一举而平、津可下,直捣长城沿线,则冀东各处保安队等则群起响应矣。若节节抵抗,零星消耗,则抗战愈久损失必愈大。如不战而和,则拟请中央派员到平、津与日方直接交涉,或也可敷衍一时。倘不战不和,则国家前途则不堪设想矣。冒昧直陈,敬请鉴察。职秦德纯叩。世。印。

冯治安致蒋介石密电

(1937年7月31日)

急。南京委员长蒋:陷未参电敬悉。○密。此间昨与徐主任、熊次长、孙总指挥议定,平汉前线由廿六路负责。平、津退下部队,正在集结分别整顿之中。敌机连日在涿州、徐水、漕河、保定侦察轰炸。今后军事重点,要在北守察、绥,南扼沧、保,对平、津取监视控制之姿态。宋主任昨亲赴任丘视防,职暂驻保定,地方秩序安定。至钧谕深沟宽壕严防敌军坦克车突进扰乱一节,即已严令各部遵办。谨电奉复。职冯治安叩。世。印。

严宽致何应钦密电

(1937年7月31日)

(1)

南京部长何:1015密。1.平市异动后,市面未复常,每日士兵横行闾巷,人心极不安。2.张部入城之部队,多已改为保安队,每日晨昏,日人训话。3.张等已无主持能力,诸事均由汉奸操纵。此间现况,恐难久待。4.闻市民维持会将要实现,前途演进不知如何。5.人民极盼中央军早到,排除万难。职宽叩。世。印。

(2)

南京部长何:○密。1.伪区保安队以宋所谓决心抗战三五日无虞,遂于艳日纷纷反正,讵宋部反抗战一日,情势变化,前方混乱、首领忽走,前线部队紊乱溃退,大部反正军即被敌机敌军轰击,前昨等日又被此间亲日部队袭击,以致无法维持,纷退门头沟一带及西陵山中。2.子亮俭正备四路出击,并约绥东友军进击,借收奇攻之效,遥解平围,刘电到时,宋已去矣。连日通讯断绝,不知刘之计划如何?3.宋既无果决,自齐后,仍以缓和之愚,不备战以至如此。4.民族激昂,盼祷中枢安定北局。5.职仍避居西什库教堂。职宽叩。世辰。印。

宋哲元致蒋介石等密电

(1937年8月1日)

即到。南京委员长蒋、部长何、总长程钧鉴:更密。此次职军平、津各区混战后,亟应重加整饬。谨将各部队集结地点报告如下:1.第卅七师除陈春荣旅仍驻保定外,其余各部集结于安新、高阳、属〔肃〕宁一带,师部及特务团暂驻高阳。河北保安旅移驻涿县、徐水、望都一带,旅部驻保定。2.第卅八师沿津浦线部队,以一部扼守静海,其余集结于马厂、大城、青县、沧县一带,沿平汉线各部集结于蠡县后,即归还该师。3.一三二师集结于固安、任丘、河间一带,师部暂驻任丘。4.骑兵第九师以一部仍担任固安、永清一带防务。师部及其余部队集结于新镇、霸县附近。5.军特务旅集结于张登镇(保定南)附近,旅部暂驻张登镇。6.冀北保安司令部所属各部集结于涞水、易县附近,司令部暂驻涞水。令各部即速移动完成整备外,谨禀。职宋哲元叩。东。参战。印。

张樾亭致钱大钧密电

(1937年8月1日)

南京军事委员会钱主任译呈委员长蒋、军政部长何钧鉴:司密。1.平、津城郊廿九部队与敌混战,我军被敌飞机炮火猛烈轰击,伤亡奇重,佟副军长麟阁及一三二师赵师长登禹,在南苑、团河之役阵亡。现在第卅七师师部及独立第廿五旅在涿县。卅七师刘、何两旅到达高碑店、史家镇一带,预定在安新、高阳、肃宁附近整备。卅八师黄旅一团在固安,黄、刘两旅及独立第廿六旅到达静海、马厂、大城一带,预定在静海、大城、青县一带整备。一三二师石旅一部仍在北平,刘、柴两旅在任丘、固安一带,即在该地整备。一四三旅仍在察省守备中。骑九师第一旅在永清、安次一带警戒。郑师长率第二旅到达涿县,预定第二旅在霸县附近整备。石友三部陈、吴两旅到达房山、涞水之间。预定在涞水、易县附近整备。在静海、固安、涿县各部队,派游击队分向天津、廊房、宛平游击。
2.天津保安队与警察一部及勇敢爱国之民众,与日军刻仍在混战相持中。长辛店方面日军,借铁甲车掩护在南岗凹构筑工事中。
3.张市长奉宋主任令,留平维持治安,宋主任及秦市长现在任丘。谨电奉闻。职张樾亭叩。东。

孙连仲致蒋介石密电

(1937年8月1日)

南京委员长蒋:○密。情报:1.今午敌五六百名、坦克车二三十辆到达长辛店,在南岗洼构筑工事中。2.敌装甲汽车四辆,摩托车二十余辆,载步兵百余名,今午后进占良乡城。3.我廿七师黄樵松旅,现在琉璃河占领阵地,抵御南下之敌,其先头便衣队在良乡五里许与敌遭遇激战后,敌退入城内,现在对峙中。谨闻。孙连仲。东子。参谍。印。

严宽致何应钦密电

(1937年8月3日)

南京部长何:1015密。1.阮旅等冬在北苑及西苑缴械。2.平郊晚仍有枪声,系孙等别动队及反正军游击活动。3.冀察政会照常办公。4.平市维持会江朝宗力辞主席。5.各城门均由日军监视,居民甚恐。职宽叩。江。印。

张樾亭致钱大钧等密电
(1937年8月3日)

南京军委会钱主任请转呈委员长蒋、军政部长何钧鉴:生密。1.日来平、津方面日敌情无甚变,惟封交通至为严密,出入甚感困难。2.据刘主席电称:察东察北日伪军日见增加,情势日渐严重。3.沧保线工事正在构筑中。4.孙司令殿英部约千余名,皆系勇敢善战之民军,刻以主力在房山大灰厂沟附近山地集结潜伏,余部尚在召集中,已令该部相机向卢沟桥、长辛店之敌游击强袭。5.此次平、津战役,高级指挥官决心不坚定,日人乘机运用其强大炮火、飞机之威力,致我军伤亡奇重,部队之指挥运动均甚困难,遂遭挫败。谨闻。职张樾亭叩。江。印。

何应钦致冯治安密电
(1937年8月3日)

机急。保定冯主席仰之兄:2577密。据东京同盟电,日军铃木部队于世日在北平已将第三十九旅约三千名之武装解除等语。现阮旅在何处?日电所传确否?盼速查复。何应钦。江亥。参。印。

(三)卢沟桥事变的会报记录

卢沟桥事变后统帅部历次会议记录
(1937年7月)

卢沟桥事件第一次会报
时间:七月十一日下午九时
地点:部长官邸大客厅

出席人员:唐总监　陈院长　刘副主任　曹次长　周主任

熊次长　周署长　俞署长　项厅长　王司长　陈代司长

端木委员　佘参事　罗科长　谭科长道平

主席:部长

会商事项:

一、罗科长宣读情报。

二、委座谕:在熊、曹二次长中派一人赴北平。部长意以熊次长为宜。

三、已到新兵器之使用

1. 3.7战车炮就已到者,限十五日以前分发指定之部队,其未完成之车辆,由军务司长与交通司洽商速拨载重汽车代用。

2. 3.7高射炮及 $2^{1\text{-m}}$ 高射炮,亦速按已定计划编成,以便随时分发使用。

3. 8.8高射炮已到者,决定装于江阴,限星夜赶筑。

四、弹药检讨

俞署长报告:长江北岸各地存储共约六千万发,武昌约四千万发,南京约一万万发。

步机枪弹共有五万万发,其中三万万为库存,二万万分在各部队。

步炮弹药五十万发,3.7战车炮弹药三千万发,山野炮弹卜福式山炮弹,约十二万发,克式野炮弹发〔约〕十万发。

合计以二十个师计算,可供作战三个月之用。应先将一部运过黄河分散屯储。

五、航空

周主任报告:现在可使用于第一线之飞机约二百架,航空根据地拟设在太原。

六、粮秣

现有五十万人、十万匹马粮秣一个月份,应速购二【个】月份,

235

一面将一部粮秣推进至黄河北岸存储。

七、燃料

汽油现存三百万加仑。

飞机汽油现存二百五十万加仑。

八、部队

1. 各部速就国防位置,解除其勤务为最重要。
2. 16师调至芜湖、宣城一带,并换发其枪枝。
3. 韩部之74D,先发汉造新枪二千枝。
4. 可使用之部队,由军委会再加检讨。
5. 陕西孙蔚如部可调一师。
6. 57D应否回嘉兴原防。
7. 刘建绪部应准备抽调一师,随时可以接延平3D之防务。
8. 另拟动员计划。

九、通讯兵团调一营至新乡,一营至徐州待命。

十、防空兵器,统属于军政部或航委会。部长意以属于军政部为宜,因必与陆军连系作战也。

十一、医院应调一部过黄河准备。

卢沟桥事件第二次会报

时间:七月十二日下午九时

地点:部长官邸大客厅

出席人员:部长　程总长　唐总监　徐主任　曹次长　熊次长
刘副主任　林厅长　周主任　周署长　俞署长　项厅长
王司长(文宣)　王司长(景录)　陈代司长　佘参事
端木委员　罗科长　谭科长　张署长

会商事项:

(一) 派赵部附冀于明(十三日)乘飞机将卢沟桥工事图送往保定,交冯主席治安转送前方应用,并携公函及密电本,以后即留保定作连络参谋。

(二)熊次长北上案：

1. 到达地点。先乘飞机到郑州,再换乘火车至保定。

2. 随行人员。杨处长宣诚同行,并派方高级参谋径赴天津,促宋主任即日到保定,与熊次长会面。

3. 任务。宣达中央意旨,即本委座所示不挑战、必抗战之旨,如宋主任环境关系,认为需要忍耐以求和平时,只可在不丧失领土主权原则之下,与彼方谈判,以求缓兵。但仍须作全般之准备,卢沟桥、苑〔宛〕平城不可放弃。如廿九军需要子弹与军实,中央可以源源补充。

(三)以后情报及新闻之发表,由佘参事负责审查,另由参部派人协助。

(四)部队准备案：

1. 照刘副主任拟案,另加检讨修正。

2. 15D王东原部,先令开武汉待命。

3. 第一次使用于第一线部队,不可全用调整师,应将稍差部队夹用。

4. 令各边区主任,就目前各边区情况,可以抽调部队若干,迅速具报,以凭统筹计划。

5. 令各部队如奉到命令后,几小时可以出动,速具报备查。

6. 令各省保安团队,演习维护后方交通之勤务。

7. 津浦路车北上之开行,应不露痕迹,将车辆逐渐南移。

8. 可通知粤、桂、川省等部队准备,必要时,抽调部队北上。

9. 必要时,发动绥东之战争及察北伪军之反正。

10. 必要时,令第三者出绥东侵内蒙,以扰敌之侧背。

(五)后方勤务事项：

1. 医院应准备推进,由军医署速拟计划。

2. 弹药之推进,照军械司所拟办法办理。

3. 粮秣之推进,照军【需】署所拟办法办理。

卢沟桥事件第三次会报

时间:廿六年七月十三日下午九时

地点:部长官邸大客厅

出席人员:何部长　程总长　唐总监　徐主任　刘副主任
俞部长　俞署长　张署长　林厅长　曹次长　项厅长
王司长(务司)　王司长(交司)　陈代司长　佘参事
端木委员　尹处长　吴副主任思豫　罗科长　谭科长

会商事项:

(一) 部队调动之检讨

1. 战斗序列照刘副主任拟案,由四长官加以指正,于明(十四日)修改后再提出决定。

2. 调 2D 补充旅(钟松)至江南,并以一团防守上海,又龙华飞机场须另筹拨军队二个营防守。

3. 调 57D 回嘉兴原防。

4. 95D 罗奇部已由刘主任调至郑、汴集往待命,将来拟调津浦段守备,并将现在滁县之教总队一团归还建制。

(二) 情报之通电与通报

仍由部长办公厅名义,每日汇集发表一次,重要者随时通报(行政院各部部长、行院秘书、政务处亦须送一份)。

(三) 兵站准备事项

1. 战时各部队经费标准案(军需署拟)与战斗序列攸关,留待战斗序列确定再审核决定。

2. 米津以第一线部队为限,并以现品为宜,不可用代金,亦俟战斗序列决定再定。

(四) 外交谋略

日武官大神户请见部长,先由次长代见,探其意响〔向〕,如确有诚意,亦可与之谈判。

卢沟桥事件第四次会报

时间:廿六年七月十四日下午九时
地点:部长官邸大客厅
出席人员:何部长　程总长　唐总监　徐主任　曹次长
　　吴副主任　林厅长　周署长　俞署长　项厅长
　　王司长(务司)　王司长(交司)　陈代司长　尹处长
　　端木委员　佘参事　罗科长　谭科长

会商事项:

(一)罗科长报告今日所得各方情报。

(二)曹次长报告:顷接熊次长电话云:已于一小时前到达保定,寓省政府。得天津方面电话,知方高级参谋亦已到天津,孙连仲部已过石家庄。据保定军事长官云,因保定无防空设备,希望中央军缓开保定。现天津日本飞机甚多,如中央军仓卒开到,恐被其不意之轰炸。又津浦路北端甚空虚,甚愿中央军能由津浦路北上沧州等处云云。

(三)部长报告:委座有电到外交部,嘱发表申明书,顷研究甚久,但觉颇难着笔。因据外交界确实消息,十一日晚,宋已签字,承认日方条件。现中央并非申明宣战,仍须说明和平愿望,而地方政府已与对方签订和平条件,中央尚不知底蕴,仍在调兵遣将,准备抗战,是中央与地方太不连系,故发表宣言,甚难措辞。研究结果,以电话告钱主任,请转陈委座核示。

又据北平消息,日方及汉奸对宋大肆挑拨:谓日军此次行动,系拥护冀察利益,拒止中央军来占冀察地盘。又对张自忠部下,则谓仅打冯治安部,不打张部等语。

又英国领事及一新闻记者曾见宋,宋发表谈话,谓代表所签字承认之条件,系敷衍日方面子。日方兴师动众,非得一点凭据,面子不好看。现在日本全国仅二十师人,用于平津者不过五六万人。现中央交四个师归我指挥,决不怕日军之压迫等语。

但据北平私人电话,宋为亲日分子齐燮元、张〇〇、张允荣、陈觉生"四大金刚"所包围,确已于十一日晚签字,承认日方之条件如下:

1. 道歉,并惩办此次事变责任者。

2. 取缔共产党、蓝衣社激烈分子排日抗日等运动。

3. 永定河以东、西山(?)以西,不驻中国军队(按此条有南北二百余里、东西百余里地方,又形成冀东状态)。

但秦德纯致牯岭电话,不承认有上叙事实,谓并未签订任何条件。

(四)关于战斗序列:

1. 照刘副主任案尚须再加研究与检讨。

2. 各级主官名称,可分二案,请委座核定。

A. 陆海空军大元帅

各方面军总司令

各集团军总司令

以下军长、师长

B. 陆海空总司令

各方面军司令长官

各集团军司令官

以下军长、师长

3. 大元帅幕僚长仍称参谋总长。

4. 预备军中李宗仁与方面军同等称呼,其他各预备军则与集团军同等。又第五预备军以何成濬为司令官,陈辞修副之。

5. 炮兵及机械化兵,须妥为分配。

6. 空军以直属大元帅为原则,依其必要可分属于各方面军。

7. 素质不良部队,宁可列入后方警备部队之中,以便在后方整理,不宜列入第一线,以免耗费。

8. 后方警备部队,须同时拟定计划。

9. 从新检讨战斗序列时,最好先列出立案之原则与网〔纲〕领,如作战计划内,第一线预计使用若干师为合理,及重点使用于何方、集中于何方面为适当,先有此种前提,方可产生细节之战斗序列也(按昨晚之战斗序列,多违反此前提,且与以前曾经委座批准之作战计划大有出入)。

10. 大本营编制,亦应检出拟定。

11. 平汉、津浦之间空隙甚大,中央不可置于第二线,宜用一部于第一线,而填补空隙,并免韩、宋等之怀疑(曹次长提)。

(五)关于长江封锁:

1. 注意不失时机,撤除长江之灯塔、航标。

2. 与陈季良次长接洽,请其妥定海军使用计划。

3. 张教育长主张巩固吴福阵地,且在南通刘海沙设堡垒。

4. 决定将镇江圌台旧炮,移装刘海沙。

5. 江阴新炮限期完成,并先使能单炮射击。

6. 另到之八·八炮四门,本拟装于海州,但目下主炮未到,仅装八·八炮四门,无甚效力,可先将此四门装于南通或刘海沙、或汉口,以任腰击及防空之用,由小组会议研究之。

(六)关于谋略与外交方针:

1. 徐主任意见:现在我准备未周,开战难操胜算,必在此最困苦关头,能忍耐渡过。若日方真如其宣传,确不欲事态扩大,则我似应抓住其意向,表示可以妥协,最好中央给予宋明轩以妥协标准,使其便于商谈。

2. 程总长意见:现在我们希望缓兵,以完成我方准备,所谓完成准备,即对长江设备完成,可以确实控置长江之安全,而保长江之枢纽,则无论实行持久战或歼灭战,乃有把握。但目下之准备与军队之动员,仍不可忽。

3. 唐总监之意见：现在宋明轩已在中央许可范围以外，从事妥协之运动，如中央再给以和平妥协之意图，则前途将不可问。冀察已非我有，故目前中央宜表示强硬，而任宋明轩之妥协运动之进行，如结果不超出中央期望之外，则中央可追认之，否则中央仍予以否认。至军事准备尤不可忽。

（七）晋阎、川刘之表示：

1. 熊次长电话云：阎主任派张荫梧赴天津，有最恳切函致宋明轩，劝其接受中央军之援助，协同抗战，不可妄听汉奸之挑拨。并谓如前岁"赤匪"入晋，中央派军援晋，彼时持反对论者甚多，余（阎自称）力排众议，决定欢迎中央军入晋，结果始能击退"赤匪"。而中央在晋并无其作用，可为例证云云。

2. 川刘湘顷有通电，请缨抗日，并谓遵令整军待命等语。已嘱中央新闻检查所，缓一二日再决定发表与否。

卢沟桥事件第五次会报

时间：廿六年七月十五日下午九时
地点：部长官邸大客厅
出席人员：何部长　唐总监　蒋主任鼎文　俞部长飞鹏　徐主任
　　刘副主任　何参议竞武　吴副主任思豫　林厅长　谷司令
　　曹次长　张教育长治中　黄校长镇球　周署长　俞署长
　　张署长　端木委员　项厅长　王司长（务司）　王司长（交司）
　　陈司长（械司）　尹处长呈辅　佘参事　罗科长　谭科长
会商事项：

（一）罗科长报告本日情报。

（二）防空计划：

1. 黄校长报告现有防空兵器及所拟分配使用计划。

2. 现在牯岭之二公分高射炮十门，速电调返京，控置使用。

3. 各要地防空处及监视所，应速令成立。

4. 首都防空司令部秘密成立,以谷司令兼任防空司令,黄校长、王厅长兼任副司令。

5. 3.7高射炮,至少须控置二门,随航空根据地行动。(刘副主任报告,阎主任同意在太原设航空根据地,请航委会全权办理。)

6. 洛阳不必派3.7炮,武汉则分配3.7炮四门。

7. 石家庄可少派2公分炮一连,将此连控置于南京。石家庄之一连,先在开封待命。

8. 保定派2公分【炮】三连(36D仅抽二连)。

9. 到保定三连,先开彰德,归10D控置之。

10. 下命令节约高射炮子弹,可定一简单规则。

11. 明日下午由林厅长召集兵工及防空有关人员,商讨防空兵器之分配及子弹库设置地点(子弹库须分区设置,并合于作战要求之地点)。

(三)部队之调动及战斗序列,明日军委会长官会报时再研讨。

卢沟桥事件第六次会报

时间:廿六年七月十六日下午九时

地点:部长官邸大客厅

出席人员:部长　程总长　唐总监　徐主任　刘副主任
　吴副主任　林厅长　龚厅长浩　徐厅长祖贻　曹次长
　黄教育长　周署长　俞署长　张署长　项厅长
　王司长(务)　王司长(交)　陈司长(械)　端木委员
　尹处长　佘参事　罗科长　谭科长

会商事项:

(一)情报报告。

(二)电北平绥署及宋、秦等,告以日军动员及输送情形,廿九军在平之危险态势,请速拟日军奇袭时之应付计划,见复。

243

(三) 江宁要塞区 Mg① 作高射用,仍用在要塞区内。

(四) 31D 之 Mg,据云均无高射架,兵工署查明发给。

(五) 李及兰师长云:该师所领汉造步枪弹无弹夹。兵工署查明原委,并研讨各种步枪弹可否通用于各种枪。

(六) 德 Hakro 公司索付一千万马克案,再电委座请示。

(七) 今日行政院会议提出,对日作战是否全部化,或局部化,及绝交或宣战之手续与步骤如何?定于昨〔明〕(十七日)上午八时在外交部会商,研究其利害得失。派参谋本部第二厅徐厅长燕谋出席,并带明了国际公法者一人同往。

(八) 普通医院之征用,已由军医署、卫生署及全国红十字总会会同组织一机关,统筹办理中。

(九) 弹药库之存储及数量,照林厅长审定案办理。

(十) 炮七团仍令在彰德待命(委座之意仍须北开)。

(十一) 战斗序列呈委座核定,不必再研究。

附录:战争全部化或局部化之意见

陈院长:按实际一经开战,则侨民下旗归国,未有所谓局部化。

程总长:依现在实际状况,仅能局部化,第一步似不能谈绝交。但如青岛、海州发生战争,则我在上海方面,似应先有所动作。

唐总监:绝交,则长江腹地到处开炮,我甚不利。但仅局部化,则敌仍可处处自由行动,敌亦有利。现在最宜考虑者,如宋被奸人包围,签字撤兵,廿九军内部分化,中央如何办理。

(程总长主张中央应严申纪网〔纲〕)

部长:

1. 如局部化,日军对廿九军攻击时,中央军当然参加,此时其他地方均不动。

---

① 重机关枪的英文代字。

2. 敌如在青岛上陆,则我拒止之,又发生战争。惟此时是否仍仅限于北平与青岛,其他各处,仍如九一八时,官民照常往还,照常通商,或此时全部化,实行绝交宣战。

3. 如全部化,则绝交宣战,对敌之租界、兵舰、商船、居留民等,如何处置。

4. 现我须全部准备,但究竟局部化与全部化,何者于我有利,在国际公法上手续如何?均须详为研究。

卢沟桥事件第七次会报

时间:廿六年七月十七日下午九时
地点:部长官邸大客厅
出席人员:何部长　程总长　唐总监　徐主任　俞部长
　　刘副主任　吴副主任　曹次长　林厅长　周署长　俞署长
　　黄校长　龚厅长　徐厅长　项厅长　王司长(务)
　　王司长(交)　陈司长　尹处长　佘参事　端木委员
　　谭科长道平　罗科长泽闿

会商事项:

(一)情报报告(罗科长报告)。

(二)部长报告:

1. 今日日高见王外长,谓日方对卢沟桥事件不愿扩大,只要中国政府将外交权交与冀察自行交涉,而冀察当局能忠实履行廿一日晚所签定之条约,即可和平解决等语。其目的在使冀察特殊化。

2. 本日大城户武官到部,请正式谒见何部长,经派曹次长代见。大城户提出书面意见,略谓:如中央派兵北上及派飞机北上,则日本将有适当处置,以资应付,因此而引起之事端,应由中国方面负其责任等语。除已抄送外交部及呈报委座外,拟置之不理。

(三)刘副主任报告:

1. 已令炮七团开保定归孙连仲指挥。

2. 已令商震部抽四个团编为一师,星夜进驻石家庄。

3. 本日小组会议从新决定各要塞即须装置之炮位,如刘海沙、兔耳矶、湖口等处。

4. 第五连之八·八炮四门,拟仍装于海州。惟海州工事未筑成以前,拟将炮先置于后方安全地点,俟该处工事及炮座筑成,再运往装置(部长云可先置于滁州)。

5. 航路标志委员会曾开会对于长江航标之撤除,谓须商请海政局执行,甚为麻烦,且难适应时机,请分段责成各要塞司令、警备司令负责办理。

6. 拟派袁德信赴平津,为廿九军之联络参谋(袁此次巡察工事成绩颇好,且与廿九军有渊源)。

7. 日方警告民用、商用飞机,概不许飞至北平,如飞到,即以敌机看待。我欧亚及中航机,应否停飞北平(仍继续飞行)?

8. 富贵山地下室八月底可完成,其垂直通风孔应否堵塞?

9. 通信兵团请充实,或将各行营电话排调回(已令在陕西者集中西安,在川黔者集中重庆)。

10. 各部院会拟另觅小房屋,为机密办公处(可照办)。

(四)吴副主任报告:

陈绍宽由柏林来电率海军人员回国,枕戈待命(转呈委座)。

(五)交通司王司长报告:

1. 现即需支付购买汽车及燃料费二百五十万元,燃料费一百五十万元,原有预算汽车费一百万元,请另行筹拨。因已订购汽车一百辆,二三星期即可交货(先在截扩项下垫付)。

2. 中国汽车公司(曾次长养甫主办)现存有柴油汽车一百四十辆,请电曾次长,拨归本部应用,价款请先记账,每辆约四千余元(可照办,仍在上海装配,装成若干,即随时由沪杭、京杭路开驶来处)。

(六)徐厅长报告:

今日上午与外交部徐次长等商讨开战后之绝交宣战等手续及

其利害,所得结论如下:

1. 正式冲突后,外交部即发表一正式宣言,叙明日本对我压迫,我不能不自卫之理由(宣言稿现已准备)。

2. 关于断绝国交:如绝交后,双方即具有交战国资格。现日本海军绝对优势,日本即可以交战国地位通告各国,禁止一切军需品及军需原料输入中国,其范围甚广。现我国一切军用品能否自给自足,大有问题。

又绝交后,日本居留民及日租界之日人仍可迁入英、法等国租界居住,依然可以作造谣、扰乱、谍报等工作,英、法租界必加以保护,我无法驱逐及拘捕之。但我国在日本之侨民则无法保护,将被驱逐甚至拘捕,而我亦无如许船只装载侨民归国。

故两相比较,绝交后日方可以行使交战国之权利,我方则不能享此交战国权利,因之交战后,不宜绝交,仍以如九一八时之状况为宜。

3. 我不表示绝交,仍有一补救办法,即由军部将作战地划为一军事区域,所有区内之日本居民,可以驱逐出境,或请各国侨民撤退。且此区域无妨放大区划,如在河北作战,即后方要点如武汉、浦口等处,均可划入军事区内。

4. 上海公共租界,作战时可以提出书面要求,禁止日人以公共租界为护符,而行扰乱,如公共租界当局不接收此要求,则可收回之。不过此事因英人权力较大,最初先向英方疏通,总可办到。

5. 北平东交民巷之使馆区,战时亦可请其退去。

以上各项,由徐厅长用书面录出,报告委座,以供参考。

(七)熊次长云:宋明轩因总司令名义未发表,或对中央不无误会,此次颁布战斗序列时,可否将宋列为方面军总司令,与阎平等地位。电告钱主任陈委座核定。

(八)刘副主任报告:本日小组会议时,周主任报告空军现状,对空军颇表示菲薄之意,谓前年飞机已到退伍时期,去年飞机其精华时期已过,明年飞机尚未补充到达。且北方燃料、炸弹、飞机场等均无准备。故目前为我空军最不利时期,须到明年一至三月,新飞机补充齐全,方为我空军有利时期云云。

周主任明(十八)日飞庐山,谒委座报告一切。

卢沟桥事件第八次会报

时间:廿六年七月十八日下午九时

地点:部长官邸大客厅

出席人员:何部长　徐主任　刘副主任　吴副主任　曹次长
林厅长　周署长　张署长　黄校长　龚厅长　徐厅长
项厅长　王司长(务)　王司长(交)　陈司长(械)
端木委员　佘参事　谭科长　罗科长

会商事项:

(一)罗科长报告情报并提出意见二项如下:

1. 依庞军长电告:遵令由石【家】庄向沧县前进,先头由篠晚出发,预定六日行程可到等语。可见我军集中已甚迟缓,实因最高统帅部无整个计划所致。如前此决定庞部开沧县,则令由运城经茅津渡渡河,经陇海转津浦路车运至沧州下车,既便利而迅速,且免六日行军之劳。

2. 敌机扫射列车必系低飞,我军高射 Mg 应可在车上射击,恐各部队运转时未作防空准备,以后无论运输、行军、宿营、战斗间,均有危险,似宜通令注意切实防空准备。

(二)目下最重要者为部队迅速集中与配置妥当,在战斗序列未奉委座颁行以前,军委会调遣部队切实注意。

(三)弹药照前日决定办法迅速配置妥当。

(四)通令各部队尤其出动部队告以炮七团及 32A 本日兵车被敌机扫射之教训,以后无论在运输间、行军间、驻军间、战斗间,对于防空、防毒及防战车、装甲汽车等之准备与动作,须切实注意与演练(军委会办)。

(五)战时各部队给与应特别节约,在未正式作战以前尤不能发给许多特别费用,即较剿匪时给与尚须节省,因大战发生后,财政及经济之统制,能有饭吃即属幸事,不可另发许多杂费也。

(六)林厅长提出宋所谓第二步计划究竟是何用意,现在不知廿九军第一步计划,则第二步计划实难策定,是否即任廿九军被敌缴械,我军仅作退一步之防御计划,或须作应援廿九军之计划,均须确定。部长云:由各幕僚妥为研究,拟定计划为要。

卢沟桥事件第九次会报

时间:廿六年七月十九日下午九时

地点:部长官邸大客厅

出席人员:何部长　程总长　唐总监　徐主任　刘副主任
吴副主任　曹次长　陈会计长　周署长　俞署长　林厅长
张署长　黄校长　龚厅长　徐厅长　尹处长　端木委员
佘参事　王司长(务司)　王司长(交司)
陈司长(械司)　谭科长　罗科长

会商事项:

(一)罗科长报告今日情报。

(二)部长报告:

1. 今日与喜多会见情形(另有谈话记录)。

2. 日高向外部送备忘录及外部答复后日高又提出质问各情。

3. 委座对暑训团训话内容。

(三)程总长报告:

1. 喜多今日见我谈话与见部长所谈相同,我意现既决意作战,但应掩蔽我之企图,故我对喜多仍表示极端和平。

2. 现最可顾虑者为我军队之质量与训练,尚不够现有武器之地位。

(四)部长结论:

1. 明日上午十一时在军委会长官会报研究具体办法后,请程总长与徐主任赴牯岭谒委座(军政部并着曹次长、王司长、罗科长参加),请各位先拟好书面意见以便研讨。

2. 林厅长建议后方准备各项通知各机关照办(建议如另纸)。

3. 重要文件另易地保存。

卢沟桥事件第十次会报

时间:廿六年七月二十日下午九时
地点:何部长官邸
出席人员:何部长 程总长 唐总监 徐主任 俞部长 钱主任 刘副主任 吴副主任 曹次长 谷司令 林厅长 龚厅长 徐厅长 俞署长 周署长 张署长 陈会计长 王司长(务) 王司长(交) 陈司长 黄校长 项厅长 端木委员 尹处长 佘参事 谭科长 罗科长

(甲)报告情报。

(乙)会商事项:

(一)黄校长报告:委座既已返京,本京三公分及两公分高射炮应否进入阵地?

部长:先将飞机场、兵工厂、军委会三处高射炮进入待机阵地。

(二)刘副主任报告:

1. 刘主任以95D另有任务请调郑、汴一带,至津浦南端之护路请另调沈克师或杨渠统师担任。

部长:该师纪律稍差,不可靠,仍调95D。

2. 刘主任请保留豫省保安团七团,并请有事时,至少留三师在豫皖境内,协同保安队维持治安。

部长:在全国警备计划内注意及之。

(三)敌机飞我内地,外交部均拟提抗意〔议〕,令各警备司令部如发现敌【机】即报告中央。

军委会专派一人清查日人在华不法诸案之统计,如走私、犯【贩】毒、强查邮件、自由拘人等等,并电各省自本年一月起,将此类案件清查见复。

(四) 欧亚、中航机自明日起停飞平、津两处。

(五) 廿九军作战命令(七月十六日正午于北平所发)谭参谋宣读。

(六) 海琛舰长请示,如敌舰先开一炮是否还击,现下关敌我军舰皆装弹对峙,随时有冲突可能。

(七) 张司令文伯请给欧阳格以江防司令名义。

卢沟桥事件第十一次会报

时间:廿六年七月廿一日下午九时
地点:何部长官邸
出席人员:何部长　唐总监　熊主席　曹次长　刘副主任
　　吴副主任　林厅长　龚厅长　徐厅长　周署长　俞署长
　　张署长　黄校长　陈会计长　项厅长　王司长(务)
　　王司长(交)　陈司长(械)　尹处长　端木委员　佘参事
　　谭科长　李参谋昆岗(侍从室)　罗科长

会商事项:

(一) 情报报告。

(二) 部长报告本日会商总动员实施之决议各项(另有纪录从略),通知各关系部,限文到一日内即召集商讨迅速实施,并将办理情形见复。

(三) 作战计划之研究:

1. 蒋百里先生之意见(呈委座函之原文)。

2. 军委会所拟战斗序列已奉委座核定并改正。

3. 尚有细部须再加检讨,如102D、103D宜联合使用,杨德亮旅宜留置甘肃。

遵委座改正各点参照蒋百里意见重加检讨修正。

(四)钟松旅之一团不宜遽开入上海,可将该旅驻松江附近待机。

(五)战法之研究:

熊主席主张:1.屡战屡败,屡败屡战。2.移民移物,坚壁清野。3.避实击虚,昼伏夜动。

(六)关于突击战术、阵地编成以及各级官兵必要之战斗知识与技能。如对炮兵、对骑兵、对战车、对装甲汽车、对飞机、对毒瓦斯等之战术及士兵之射击技能等等,由龚厅长摘要编纂。

卢沟桥事件第十二次会报

时间:廿六年七月廿二日下午九时

地点:部长官邸大客厅

出席人员:何部长　陈院长　熊主席天翼　张秘书长岳军

曹次长　林厅长　刘副主任　吴副主任　俞署长　周署长

张署长　林教育长柏森　黄校长　龚厅长　徐厅长

王司长(务)　王司长(交)　陈司长(械)　项厅长

端木委员　尹处长　佘参事　李参谋　罗科长

会商事项:

(一)罗科长报告情报。

(二)刘副主任报告:鹰屋总顾问云:连日日本用英语广播,将此次中日军冲突完全委过于中国,使世界各国均深信,责任在中国而不在日本,此种国际宣传战,中国不可忽略等语。

部长:由徐厅长注意与中央宣传部洽商,每晚增加对国际之广播,与日方对抗。

(三)交通司王司长报告:

1. 机械化部队过江用轮渡,铁道部不肯免费,是否改用轮船运渡？

部长：可付价，仍用轮渡，以保秘密。

2. 向中国汽车公司索拨之柴油汽车一百五十辆，已复电允许，惟须照付价款，每辆五千余元，共约七十余万元，如无现金，亦须信用担保。

部长：军需署将此款列入战费内。

（四）黄校长报告：

1. 洛口高射炮已到达，军民均表欢欣。

2. 接前方防空监视哨报告，本日上午九至十时顷，有日机二架，在德州以北沧州、马厂一带侦察，约一小时始北飞。

3. 如敌机来我阵地侦察是否射击？

部长：

1. 洛口、郑州之高射炮阵地是否适当及隐蔽，着派高级官【员】前往视察指导。

2. 敌单机高空侦察不必射击，以免暴露我高射炮阵地，如结队低飞有轰炸企图时，则射击之，着用命令下达。

3. 另准备小炮一连往济南防空。

（五）军务司王司长报告：防御战车炮现南京一营、徐州一营、信阳一营。

部长：可准备抽一连赴济南控置。

（六）军械司明晨将库存枪炮数列表呈核。以后每调整师仅发步枪三千五百支。

（七）刘副主任报告：部队调动遵委座指示，10D、83D开石家庄转往武强、献县一带集中。25D、17D开石家庄集中。

卢沟桥事件第十三次会报

时间：廿六年七月二十三日（星期五）
地点：部长官邸大客厅

出席人员:何部长　唐总监　曹次长　项厅长　刘副主任
　周署长　林教育长　林厅长　龚厅长　徐厅长　俞署长
　张署长　陈会计长　王司长(务)　王司长(交)
　陈司长(械)　朱司长(役)　尹处长　端木委员　佘参事
　徐主任　谭参谋　李参谋　罗科长

会报事项:

(一)情报报告。

(二)周署长报告:在实业部开会,吴部长对衣粮统制意见(另详书面报告)。

部长:可照办。

(三)项厅长报告:拟具总动员设计委员会之组织与人选(另详书面报告)。

唐总监:1. 设置此委员会认为必要。

2. 当然委员中加入训练总监部副监。

(四)罗科长报告:韩主席电告截获日方关东军侵华五大计划。

部长:请参谋本部研究。

(五)林教育长报告:

1. 工兵器材缺乏,原定于六月前充实十一个营器材,但因经费关系,未能办到。而军械司已用去器材费三百余万,多系不应作之事。

陈司长申明:此事须查案方可答复。惟四、五、六月份器材费,均未领到。

部长:军需署速将四、五月材料费筹拨。

2. 现在最缺乏者为火药,请速补充,因战时爆破之物甚多。

3. 作战时学校之任务与准备,请明白规定。

唐总监:由训练总监部召集各学校教育长会商决定。

4. 工校学员为数不多,且以教育为主。但军委会用命令源调去作工及守护工事等勤务,于教育大有妨碍。

刘副主任:守备工事已下令交要塞司令接替。

5. 委座命令成立工兵四团,现虽一时不能实现,但干部之养成与工兵之来源,应先为筹划,拟军士由士兵中挑选,工兵则于征兵时挑选志愿者允之。

朱司长申明可以照办。

6. 作战时公文手续,应请改良。平时购办器材,关于预算之公事,至少须五六个月,且往返驳诘,甚感困难。

陈会计长申明:照法令规定,凡用款在万元以上者,须呈军委会核准,故手续不免迟延。现自廿六年度起,凡一重要公文到部,至多十天须办去,否则承办人受处分;如最重要公事,最好请派专人送到,则一二日内或数小时可得结果。

7. 所派到校会计人员十数人之多,而做事则乱,且主张将预算放大,足见派遣军需人员之坏。

部长:预算公事之迟缓,乃为事实,在审计制度未废止以前,先谋补救办法,即在一定范围内,由部负责核准,以后凡需要速办者,可先行申明。

(六) 海琛舰长报告炮弹缺乏,6 吋炮每门仅 20 发;4 吋炮每门仅 8 发。请转知海军部酌予补充为每门 100 发(至少 50 发)。

部长:函请军委会办公厅令海军部照办。

(七) 28A(陶广)军部已到长沙,现所属师均已调出,对军部如何安置?

部长:设法在刘恢先边区内安置一军部(刘部共编四军)。

(八) 江阴 8·8 炮位已决定否?

刘副主任:江南岸均已决定,江北岸俟张炮兵监视察后再定。

(九) 项厅长报告:日人收买废铁,为我资源之损失,我国铁厂区少,不能吸收民间废铁,似应由公家另办铁厂,以资补故〔救〕。

部长:兵工署与资源委员会会商收买废铁办法。

(十)刘副主任提出军法处所拟惩治汉奸法,照呈。

(十一)佘参事报告修正战斗序列。

(十二)中央应派大员赴石家庄主持工事之构筑(如熊次长、曹次长、陈次长、卫督办等择一人前往)。

部长:由铨叙厅拟定数人,呈委座核示。

卢沟桥事件第十四次会报

时间:廿六年七月廿四日下午九时
地点:部长官邸大客厅
出席人员:何部长　唐总监　徐主任　张司令官文伯　钱主任
熊主席天翼　钱秘书长昌照　曹次长　林厅长　林教育长
刘副主任　吴副主任　黄校长　周署长　俞署长　龚厅长
徐厅长　项厅长　徐秘书主任培根　尹处长　端木委员
王司长(务)　王司长(交)　陈司长(械)　佘参事
谭科长　李参谋　罗科长

会商事项:

(一)罗科长报告情报。

(二)徐厅长报告:综合连日情报,可作两种相反之判断,即①敌不愿事态扩大,②敌将大举进攻。究竟实情如何,颇难断定。已饬在日本内地情报员,就其动员上详为侦察。

(三)刘副主任报告:

1. 冯副委员长建议,由长辛店至门头沟,速修铁道,以打通平汉、平绥路之交通。(现时恐来不及,交执二组审查研究。)

2. 上海报告,日海军司令函淞沪警备司令部,谓我飞机飞日租界及兵营,作轰炸状态,请注意制止等语。如何答复?(可答以已转航空机关矣。)

3. 蒋主任铭三令其参谋长龚理明,速返福州(?),龚本日到京,委座召见,嘱其速赴福州布置防务。龚请示第二军军长何人接替。(李延年代。)

(四)张司令官文伯报告:

1. 请给欧阳格以江防司令名义。

部长:欧不能统辖海军。现海军方面正拟呈请整理海军,请委座兼海军部长。将来长江有第三舰队,欧不能指挥,故只可给以江阴区江防司令名义。(此系秘密名义,不发表。)

2. 现在亟须办者三事,即①江岸工事,②通信网,③交通路。城塞组拖延一年,迄未开工,且经费未发,请速示办法。

部长:经费早已发五十万,可责成张司令官负责办理,经费、材料、人员,皆由城塞组拨发应用,并规定:①江岸工事秘密工作,用修筑警察所等名义。②通信网限二星期完成。③交通路择其急要者先筑一二条。

(五)钟松旅改为独立旅,给以新番号。

(六)钱秘书长昌照报告:汽车柴油已购得数百万加仑。

(七)部长结论(已分别通知):

1. 凡各主管机关应作之事,统于本月底加以检讨,是否办到。

2. 明晨九时,本部曹次长、项厅长、王司长、陈司长、徐秘书主任、罗科长等来此开会,研讨现存军械之分配。佘参事说明战斗序列,以便有所准据。

3. 军队集中,照战斗序列,第一线兵团限本月底到达。

4. 粮秣限期购办齐全(先购一百万人半年用粮秣)。

5. 弹药各总、分库,照计划于本月底完全搬运完毕。

6. 装备补充,如第一线兵团之通信器材、工作器具、行军锅灶、防毒面具及辎重车辆等,从速补充。

7. 兵站于本月底开始设置(先干部)。

8. 铁道运输司令部,本月底秘密组成。

9. 大本营及各级司令部编制,迅速拟定,本月底秘密成立。a.幕僚阶级提高;b.大本营须有海、空军幕僚;c.海军部派一人在大本营任幕僚,但除海军事务外,不必参与;d.催海军部于一星期内将计划呈出。

(八)熊主席意见:

1. 作战计划须先决定采用持久战抑歼灭战,如采持久战,则空军不宜全部投入。

2. 应同时注意民众之利用,可研究逃荒办法,凡我军退出一地,即将房屋建筑等完全毁灭,人民无论老幼,均逃荒转移于内地。

部长:十六岁以上均须编队,随军行动。此条通知兵役司注意研究。

3. 民众不知自己为中国人,且不知当汉奸之耻辱,应速设法唤醒。

卢沟桥事件第十五次会报

时间:廿六年七月廿五日下午九时
地点:部长官邸大客厅
出席人员:何部长　唐总监　熊主席　张司令　官文伯　曹次长
刘副主任　吴副主任　龚厅长　徐厅长　林教育长　黄校长
俞署长　周署长　张署长　陈会计长　徐主任秘书
端木委员　王司长(务)　王司长(交)　陈司长(械)
佘参事　谭科长　李参谋　罗科长

会商事项:

(一)罗科长报告情报。

(二)徐厅长报告:判断敌在华北及辽、热兵力概况如下:

1. 卢沟桥、丰台附近,为20D(川岸)之一部约一旅,及原驻平津之牟田口联队。

2. 通州及北平,为河边旅之主力,约二个联队(即原平津驻屯军欠牟田口联队)。

3. 天津杨村为5D之一部,不及一旅。

4. 以唐山为中心之平榆路,为10D之大部或一部。

5. 热河南部为4D一部及佐藤部队之一部,其另一部进入古北口,在密云、顺义、昌平等地。

6. 榆关、锦州间,约尚有一师,队号未详。

(三) 罗科长宣读昨晚会报纪录(部长谕:重要者通知关系机关)。

(四) 项厅长宣读顷间张司令与上海童参谋长通话纪录(大意沪上平安无事,日人抗议我飞机不得在日界飞行事,拟予以答复)。

部长谕:日人要求事项,我不可承认,尤不可有书面答复,只可口头答以已转航空机关矣。当经电话告知童参谋长。

(五) 刘副主任报告:

1. 海军部方面计划,迄未呈出,顷送来阻塞南通附近江面之办法,请准备器材如下:

民船:160只(长100尺、高6尺)

石子:96万立方公尺

轮船:6只

石子:75万立方公尺

洋灰:800桶

现拟一面交城塞组计算需费若干,一面研究此项阻塞可否实行。

部长:如此恐长江将泛滥,恐难实行,姑留作一案。至海军方面,仍催其对我舰队如何使用,妥定计划。

2. 俞部长条呈,在豫、鲁等省,购办马骡、大车数千,共约需一百万元。经呈奉委座批准,请饬军需署马政司会同执二组派员购办。

部长:只可准备征发,不宜大量购买,此案可交军政部核办。

3. 阎主任处台高级参谋寿民请求三事:

① 第一期工事费尚欠七十万元,请速发给。

② 不敷工事费四百万元,请筹发。

③ 前李生达部剿匪费二万,请补发(陈会计长云:照通案不发,已电复矣)。

4. 孙连仲来电,奉令构筑沧保线工事,最少须五师兵力,已派人侦察,该部单独担任不了,请从保定起至以东某处止一范围(抄送林厅长,就近指示规定)。

部长:(1)龚厅长检查沧保、德石两线工事旧案,再于图上加以研究,最好先就大道、公路等要点,构筑据点工事。(2)通令该处民间收获时,只割禾颠,将禾干留存,以收青纱帐之利。

5. 宋明轩电徐主任、冯副委员长,谓中央积极准备,似有把握,究竟此战如何打法,似系探询中央内情之意。

6. 委座对于我军集中及作战诸处置,每日必有数次手令查询,此后拟每日作下列三项呈报委座:

① 情报组每日将敌军之行动及位置,摘要列出,并作敌情判断。

② 作战组每日将我军集中及到达位置,列表或制图。

③ 作战组根据上列二项,作一情况判断,以检查过去处理有无不当……

卢沟桥事件第十六次会报

时间:廿六年七月廿六日下午九时

地点:何部长官邸

出席人员:何部长 程总长 唐总监 徐主任 陈院长
俞部长 熊主席 熊次长 曹次长 钱主任 周主任至柔
刘副主任 吴副主任 龚厅长 徐厅长 张主任发奎
钱秘书长昌照 林教育长 黄校长 俞署长 陈会计长
杨司长继曾 周署长 张署长 项厅长 徐秘书主任
尹处长 王司长(务) 王司长(交) 陈司长 端木委员

李司长(外交部)　佘参事　谭科长　李参谋　罗科长

会商事项：

(一)罗科长报告情报。

(二)熊次长报告北行所得实情

(1)事变中廿九军将领之内情

卢事发生后,八号及十号,冯治安、秦德纯决心反攻,宋亦由乐陵电令先消灭当面之敌,当开会时,冯发表主战言论后问张自忠意见如何,张答无意见,于是于八日晚下反攻命令。殊日人方面因兵力甚少,得此消息,即多方派人疏通,谓可无条件撤兵,因之乃收回反攻命令。至十日日军未撤,冯等又下令反攻,日人又向张自忠及许多亲日分子从事疏通,致反攻未成事实。宋到天津后,为许多亲日分子所包围,形势乃不佳。

熊次长到来后,乃派李处长炘赴津告以：①中央军北上乃为增援廿九军。②如能和平解决亦可为廿九军助威,并向宋解释诸种误会。

宋在津被包围,结果乃派张自忠、张允荣与日方议定三条,系无头无尾之条约,原文如下：

解决之【条】件：1.道歉。2.廿九军退出卢沟桥城及龙王庙,以保安队接防。3.取缔共产党、蓝衣社等。廿六年七月廿一日,张自忠、张允荣签名。

至外传许多条件,如撤换秦、冯,经济合作等,均未正式提出。宋到平后,表示和战均听命中央,如主战则因廿九军尚未集结,须有相当时间之拖延,以便集结兵力,并请中央亦作相当准备。宋于廿三日将和平三条件电呈委座后,曾二次询问,委座复电,可知宋对和议不敢自主。

和平条件成立后,廿二日由平开出一团,扬言系37D部队,实系保安队驻天坛之新兵。齐燮元于廿四日催宋撤兵,并谓如再不撤,日军将以飞机百架轰炸北平云云(燮元为一大汉奸)。

(2) 廿九军之官兵态度

宋哲元态度无可疑虑,不过希望俟有准备后再抗战,且宋主张攻势作战,不主张守势作战。故对沧保线工事不主张构筑,主张以四师兵力由天津冲山海关。前中央所发工事费五十万元,以廿五万给刘汝明筑察省工事,至河北则主攻不主守。秦德纯、冯治安则始终强硬主战,且甚服从中央。张自忠自赴日本以还,似害有二种病,即①因日人给以许多新式武器之参观,以致畏日;②因日人对其优待而亲日。但廿九军将领一致主战,则张亦不致独持异议。刘汝明态度亦强硬,赵登禹则无成见,以众议为依归。中下级干部及士兵则完全情绪热烈,不惜一拚,士气大多可用。

(3) 敌方情形

敌军入关者共已四十五列车,每列最多者五六百人,少者一二百人、数十人不等。汽车、装甲汽车及其他军用品不少,现在统计平津一带共约一万五千人,重炮廿余门已到丰台。此次作战,日军士气不旺,龙王庙一役我仅二排,敌先以一连旋后以一营进攻,不能成功,死伤甚多,现日军皆切望和平早日实现。日伤兵以大刀、手榴弹、迫击炮伤为多。我则受炮弹伤为多。

(4) 我军位置

廿九军之赵登禹师已调至平郊,一旅驻南苑。张师在天津廊房、马厂一带。冯师在西苑、卢沟桥一带。石友三部系保安队□团,现石态度甚好,无亲日意。孙仿鲁部已到保定。炮七团亦到保定,由27D掩护之。高射炮营已入阵地,掩护保定防空。

(三) 关于新闻发布及宣传甚关重要。

日方反宣传甚多,如今日廊房冲突,日方诬我军破坏其电线,我应说出种种理由,宣传其预谋侵略(徐厅长与外交部情报司李司长会同办理)。

(四) 作战之研究

1. 徐厅长判断敌情(另图)。关内第一线不过二师,第二线不过三师,辽北有重兵,不能移动。国内输送来华部队,大连、釜山未见有部队登陆,仅塘沽有军用品上陆。山东方面无敌情。国内似尚未大规模出动。第一线之挑战恐系少壮派之自由行动,尚非整个计划。

2. 佘参事报告我军集中情形(另图)。除廿九军在平津外,现我已集中沧保线者五师,已下命令正向德石线输送者五师。

3. 徐司长作情况判断:

(1) 廿九军与敌之混战已开始,可知敌有先击灭廿九军之企图。

(2) 现我军以德石线为主力集中地域,以沧保线为集中掩护线,距平津过远,增援廿九军不易。

(3) 现在可采取下列二案:

甲、将沧保线部队推进至永定河岸,以便增援北平,而将主力之集中推进于沧保线。

乙、我中央军仍在沧保及德石线上集中,而指导廿九军退出北平,以保实力,免被各个击破。

4. 诸长官均主张采用第一案,由作战组诸人拟具判决文及处置事项(限明日早六时以前呈出)呈委座决定。

(已于当晚拟妥,由刘副主任转呈。)

卢沟桥事件第十七次会报

时间:廿六年七月廿七日下午九时
地点:何部长官邸大客厅
出席人员:何部长　程总长　张秘书长岳军　熊主席天翼
　邵院长力子　于主任孝侯　唐总监　徐主任　陈院长
　俞部长　陈教育长武鸣　曹次长　刘副主任　吴副主任
　欧阳教育长　张副监华辅　张主任向华　徐兵监月祥
　周署长　俞署长　张署长　钱主任慕尹　熊次长　龚厅长

徐厅长　黄校长　陈会计长　项厅长　端木委员
徐主任秘书　尹处长　杨司长继曾　王司长(务)
王司长(交)　陈司长(械)　朱司长(役)　佘参事
李参谋　谭科长　罗科长

会商事项：

(一) 罗科长报告情报。

(二) 俞部长报告：今日沪市政府方面消息，日人拟破坏上海国际电台，已通知淞沪警备司令部防范，至万一被敌破坏，则南京与重庆之无线电台，亦可与国际通讯，已在准备中。

(三) 项厅长报告：委座手令各院部会实施动员演习及准备迁地办公，限三日具报。经于今日在行政院会商，结果如下：

(甲) 关于动员演习：

1. 动员演习之意义以公务人员自卫勤务为主旨。

2. 依平时已有之防空自卫组织而加以充实。

3. 实施程序，今日检点原组织人员名簿，指定负责人，明日检查器材，后日实施演习，星期五将演习成果具报。

(乙) 关于迁地办公：

1. 第一步各机关办公地点疏开，即假定敌机轰炸或敌舰开炮时，各机关在城内或城外准备民房，秘密办公，并先登记负责人及电话号数等，以资连络。

2. 万不得已时，则迁移他处办公(如衡阳)，凡须永久保存之重要文件，先行迁地保管。至各机关之实行迁移，则须候命实施。

(四) 委座手令，军政部所属之兵工厂仓库等之疏散。

杨司长报告：

1. 兵工厂凡造好之子弹，随即搬走，并不多存留，火药库亦仅存有一部分半成品，至危险炸药均已搬走。

2. 兵工厂机器则无法疏散，如汉口厂欲行迁移，非停工三年不可，则弹药制造停工，无法补充。

部长:

1. 炸药危险物等,尽量搬迁疏散,机器暂不动。

2. 速派员乘飞机赴重庆,接收火药厂,以便整理制造。

3. 其他仓库及交通器材等之疏散,由总务厅督率速办。

(五) 俞署长报告:

1. 现有弹药如节约使用,勉可维持六至七个月。

2. 战争一开,我制造厂必被敌机炸毁。故现计划与比、法接洽,购买欧洲成品,及包购比、法之子弹制造(每月约一二千万元),则以后子弹可以源源接济(另有详细签呈)。

3. 国际交通线现取香港,如香港不通只有由海防入口,经安南入广西之一路,请交通部协助。

部长:先电李、白询海防经镇南关通内地交通情形。

(六) 黄校长报告:今晚二至四时,本京二连高射炮演习防空。

(七) 朱司长报告:各省壮丁动员演习计划(另有签呈)。

卢沟桥事件第十八次会报

时间:廿六年七月廿八日下午九时

地点:何部长官邸大客厅

出席人员:何部长 程总长 于主任孝侯 徐主任 唐总监
陈院长 熊主席 陈教育长 熊次长 邵主席 曹次长
刘副主任 吴副主任 俞部长 钱秘书长 钱主任 龚厅长
徐厅长 项厅长 何委员竞武 周署长 俞署长 张署长
周主任 毛总队长 陈会计长 欧阳教育长 王司长(务)
王司长(交) 陈司长(械) 杨司长 黄校长 尹处长
佘参事 徐主任秘书 李参谋 谭科长 罗科长

会商事项:

(一) 罗科长报告情报。

(二) 徐厅长报告:本日日海军武官见参谋本部杨处长,询以赴保定之任务,是否策划作战事宜。杨答以到保定系赞襄和平交涉,本人系海军出身,谈不到策划作战,因到保后和平之路不通,故返京。

(三)邵部长力子报告:路透社记者见我,谓中国某外交当局言,中国将对日绝交,不知确否?我当答以现在中国不致如此,但若日本强占天津,中国不得不发动全部自卫战争时,或将考虑行之。

(四)欧阳教育长报告:昨晚八时,日军舰"莲"在南通青天礁一带停泊梭巡,今早六时始开走。近来日舰在长江甚为活跃,已派舰往青天礁一带搜索并监视矣。

(五)熊次长报告:上海失踪之日水兵宫崎,已在江阴水面捕获,送外交部矣。据云失踪之当日晚,系在沪冶游未归,旋在沪匿居二日,乘船至江阴,失足落水,被人救起,送苏省府,转送外交部,经多方盘问,始自认为宫崎。

(六)周主任报告:

1. 中国飞机并无在上海日租界编队飞行之事。

2. 据报日本飞机一架,系二发动机,曾飞往洛阳,又由洛飞郑,仅廿分钟,可知其速度颇大,且必系轰炸机。

(七)熊主席报告:南昌防空兵器缺乏,请发高射机关枪若干。

(八)徐主任明日赴石家庄,熊次长赴保定。

(九)本日之敌情判断与情况判断(另纸)。

卢沟桥事件第十九次会报

时间:廿六年七月廿九日下午九时

地点:部长官邸大客厅

出席人员:何部长 钱秘书长 陈教育长 曹次长 刘副主任
吴副主任 周署长 俞署长 林教育长 黄校长 项厅长
尹处长 陈司长 杨司长 王司长 王司长 徐主任秘书
端木委员 龚厅长 徐厅长 陈会计长 朱司长(役司)
佘参事 李参谋 谭科长 罗科长

会商事项：

（一）罗科长报告情报及宣读日海军武官所送第三舰队备忘录。

（二）部长谕现在须计划办理者尚有下列各项：

1. 民食问题。

2. 沿江各重镇居民之疏散，如南京市百万余人口，战时甚感不便，亦可先将妇孺迁移他处，此事虽不免使人民稍有恐慌，但终久必归实现，故可着手办理，尤其机关职员之眷属，尤宜先秘密移动。（此项关系重大，须由军委会召集各院部会开秘密会商议，妥拟方案，请委座检示后再逐渐办理。）

3. 间谍之防止。

4. 各省地方长官，现在应准备之事项，并由中央给以大政方针。

5. 兵员补充。

朱司长：兵员补充已拟有方案，先成立三十营，即将开办。

部长：现有失业黄埔学生八百余人，可分派充任训练补充兵之干部。

6. 粮食统治。

（三）钱秘书长报告：

现在资源委员会已统计而取得联络之技术人员，共有四万余人，分为矿冶、化学、土木、机械、电气五部分，彼等皆愿为国服务。但不明需要之所在，无从投效，请通知各部队、学校、机关，就上叙五部分，各就需要之人才，加以检点，以便随时延引。此四万余技术人员，可以即刻组织起来，以供应用。

部长：兵工署、交通司、城塞组等，各就需要，拟定延揽及补充计划。

朱司长：现正拟国民劳役规则，其性质与此相仿佛。

（四）朱司长报告壮丁动员演习办法（另有鉴呈）。

林教育长:民众动员训练最好预想各重要战区就民众所应做之事,拟定方案,如破坏敌人交通路、通信网等工作,不必工兵担任,使民众亦能担任为宜。

朱司长:已拟订民众义勇队战区服务规则,即依此意。

项厅长:原计划文字上拟修改二点:①课目内注意应用课目;②各省酌量集中演习者,加以限制,以节省经费。

部长:总务厅、兵役司会同再加修正后,呈军委会通令实施。

应办理事项分别逐请各主管机关拟办。钦

卢沟桥事件第二十次会报

时间:廿六年七月三十日下午九时
地点:部长官邸大客厅
出席人员:何部长　程总长　唐总监　陈院长　熊主席
　　　郭司令(忏)　邵部长力子　钱秘书长昌照　陈教育长武鸣
　　　曹次长　刘副主任　吴副主任　林教育长柏森　黄校长
　　　周主任至柔　龚厅长　徐厅长　周署长　俞署长　张署长
　　　陈会计长　项厅长　王司长(务)　王司长(交)
　　　陈司长(械)　杨司长(制)　尹处长　徐主任秘书
　　　佘参事　李参谋　谭科长　罗科长　端木委员
会商事项:

(一)罗科长报告情报。

(二)部长:委座手谕:各战区、各集团军编制及经费从速规定。

龚厅长:编制已拟就,明日拟召集有关人员开会检讨即可呈出。

(三)刘副主任报告:陈会计长提出山西阎主任请补发国防费案如何办理。

部长:签请委座核示,并陈明财政部未拨款情况。

(四)龚厅长:民食问题除军粮设仓库外,民间富商似亦应屯储。

(五)刘副主任报告:

1. 委座手令:军委会设总动员处,各部设动员科,每日会报、商办总动员事。拟签请即以前日决定之总动员设计委员会为主体机关,不另设动员处。

2. 汤部已调张家口,平地泉空虚,是否将何柱国骑兵军开往接防,及朱、毛部队出动赴绥东。

(签呈委座)

3. 平汉路无负责指挥官,拟请派卫立煌前往。

(签呈委座)

(六)郭司令报告:

1. 武汉对租界之炮兵已足用,惟对兵舰则缺乏炮兵,故请调十五辆重炮,如能发给七七野炮以着发信管之破甲弹,则重炮不调亦可。

杨司长申明七七野炮造破甲弹系新设计,有无把握尚属问题(调十五辆赴武汉命令暂缓发表,俟郭司令返汉与何主任、黄主席商洽后再定)。

2. 为增强武汉兵力,请调77D到武汉。

(签呈委座核示)

3. 汉租界日人表示决不退出,现武汉居留民共二千余人。且汉口以上日侨均已集中汉口,九江以下日侨集中上海,至汉口日侨妇孺现已走八十余人。

(七)黄校长:现首都防空兵器不够,如军校搬至庐山,则请将高射炮留下应用。又特务团原定廿余门高射Mg,现仅六门可用,应请补发。(列入新计划内,以新出品之Mg补充。)

(八)李主任复程总长电说明南宁通安南交通情形。(交兵工署,至请补助加强公路桥经费一节,俟桂省所派韦厅长到京再办。)(完)

附:卅日晚各长官商定事项:

1. 对上海日陆战队之应付计划。
2. 对汉口日租界之扫荡计划。
3. 长江上下游各要塞之阻塞及对日舰之扫荡计划。
4. 黄河铁桥被破坏后渡河办法。
5. 大本营之秘密组织。
6. 南京防空统一办法之实施。
7. 各地日居留民之处置。
8. 南宁—安南之道路。

桂邕公路及湘黔公路与江西各公路桥梁之加强。

卢沟桥事件第二十一次会报

时间：廿六年七月卅一日下午九时
地点：何部长官邸
出席人员：何部长　程总长　熊主席　邵部长　唐总监　陈院长
钱秘书长　陈教育长　俞部长　曹次长　刘副主任
吴副主任　龚厅长　徐厅长　周主任　周署长　俞署长
张署长　黄校长　项厅长　徐兵监　陈会计长　袁处长
王司长　王司长　陈司长　朱司长　杨司长　端木委员
尹处长　佘参事　石科长　谭科长　罗科长

会商事项：

（一）罗科长报告情报。

（二）徐厅长报告敌情之综合及判断（如另纸）。

部长：速印刷通知各方，尤其河北、晋绥、山东等处各将领速用航邮分送。

（三）部长：韩主席向方来电态度良好，主张抗战到底。

（四）刘副主任报告：

1. 徐主任、熊次长等商妥沧保线各部队之新部署（如另图）。
2. 3A及23D改开顺德、彰德间防守既设阵地并加强工事，刘茂恩部两师开顺德集结。

3. 关于其他各部队之调动签呈委座请示(如另签)。 （完）

卢沟桥事件第二十二次会报

时间:廿六年八月一日下午九时
地点:何部长官邸
出席人员:何部长　邵部长　程总长　唐总监　陈院长
　　钱秘书长　熊主席　刘主任经扶　钱主任　袁处长　周主任
　　曹次长　吴副主任　刘主任恢先　周署长　陈会计长
　　黄兵监琪翔　张司令官文白　黄校长　龚厅长　徐厅长
　　徐主任秘书　端木委员　尹处长　项厅长　王司长(务)
　　王司长(交)　杨司长(制)　陈司长(械)　佘参事
　　石科长祖黄　谭科长　罗科长

会商事项：

(一) 罗科长报告情报。

(二) 防空检讨。

(三) 张司令官请发京沪区工事经费。

卢沟桥事件第二十三次会报

时间:廿六年八月二日下午九时
地点:何部长官邸
出席人员:何部长　邵部长　俞部长　程总长　唐总监　陈院长
　　陈教育长　钱主任　钱秘书长　曹次长　刘副主任
　　吴副主任　龚厅长　徐厅长　俞署长　周署长　张署长
　　黄校长　黄兵监琪翔　徐兵监庭瑶　刘耀扬　陈会计长
　　项厅长　袁处长　徐主任秘书　姚副主任琮　王司长
　　杨司长　陈司长　尹处长　佘参事　石科长祖黄
　　谭科长　罗科长

会商事项:

(一)罗科长报告情报。

(二)战区内学校处置办法(教育部拟)。

(三)黄校长报告:报载杭州有敌机编队飞行,事不确,查系我国飞机(请邵部长转饬中央社更正)。

(四)部长说明8·8炮急装事。江阴区二连,限于八月底完成(永久炮位,则限四个月完成)。南京区二连,限于八月底完成(永久炮位,则限四个月完成)。武汉一连,限于八月底完成。又江阴区15 cm四门,九月初可到,限四个月完成。

(五)通知中央社及新闻检查所,以后旅长以上军事长官行动及所属部队之番号与行动,均不得在报上发表。

卢沟桥事件第二十四次会报

时间:廿六年八月三日下午九时

地点:何部长官邸大客厅

出席人员:何部长　程总长　唐总监　陈院长　朱主任一民

蒋主任铭三　何主席芸樵　熊主席天翼　余主任幄奇

曹次长　周主任至柔　刘副主任　吴副主任　姚副主任维新

俞署长　周署长　张署长　袁处长守谦　陈教育长武鸣

龚厅长　徐厅长　项厅长　陈会计长　徐主任秘书　尹处长

王司长(务)　朱司长(役)　陈司长(械)　杨司长(制)

佘参事　石科长　谭科长　罗科长

会商事项:

(一)罗科长报告情报,其内容如下:

1.前线情况。2.敌机活动情况。3.上海情况。4.青岛情况。5.国际对中日战争论调。

(二)徐厅长报告:敌国对作战之判断。

(三)部长对各署司指示各项:

1.重要命令通报报告之传达,尚嫌迟缓,如敌机活动及战报等电报,往往至次日始到。着交通司将前此发电手续再加检讨,另行规定何项电报应提前拍发,用何种符号,其有将符号误用或顺序颠倒者,应加处罚。又最重要者,可先译成密码,由电话传达。

2.无线电密码,应妥为规定,以免被敌窃取。现资源委员会有一种机器密码,可以不致泄露,着交通司询问接洽,并于明晚取来试验。

3.华北防空情报,着防空处妥为部署,务必严密迅速。

4.我军出动部队,由刘副主任加以检讨。

5.军械司补充56D轻机关枪。

以下各署司退席后,秘密会商所得知各项:

(四)部长向余主任、何主席等说明平津作战经过。

(五)与徐厅长谈,得知所拟情报组之组织如下:

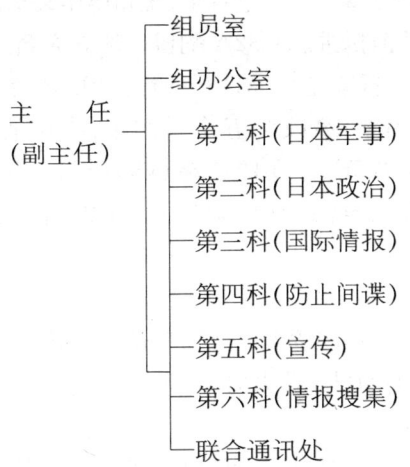

(六)与谭科长谈,得知部队新部署如下:

(甲)委座核定(在四长官签呈上批定):

1.骑兵第六师,归马占山指挥,先集大同。骑兵第三师,由邠县开大同,与骑七师合编为骑兵军(军长何柱国),使用于察北。骑兵第十师,使用于津浦路以东之侧翼,任掩护。

2. 77D 调田家镇,封锁武汉。

3. 即令陕北朱、毛所部开绥东出察北,向热河挺进(红军现编为三师,其番号 115D、120D、129D)。

4. 55D、独立 5B、独立 45B 使用于沪、杭,61D、15D 使用于京、沪,令经赣、浙开拔。

5. 首都警卫部队,稍缓再调 36D。

6. 王东原 15D,调粤汉路集结,驻黔部队,调一师填湘西王师防,再调二师至粤汉路待命。

(乙)委座手令已发表各项:

1. 84D、21D 合编为军,高桂滋任军长,与刘汝明所部合编为察省守备军团,以刘为总指挥,即负责收复绥东察北。汤军即向宣化、怀来集结,为预备军。以上各军,统归傅作义指挥。2. 令朱、毛秘密由察北向热河挺进。3. 32A 酌留一部守大名飞机材料。30D 开保定。47D 开石家庄。56D 开蚌埠。2D 开海州。4. 第一战区原为四个集团军,兹改为五个集团军:①津浦北段(刘峙)。②平汉北段(宋哲元)。③胶济路(韩复榘)。④浦口以北、兖州以南、砀山以东至海州(白崇禧)。⑤鲁西之运河以西至黄河南岸(顾祝同)。

卢沟桥事件第二十五次会报

时间:廿六年八月四日午后九时

地点:何部长官邸

出席人员:何部长　程总长　唐总监　陈院长　熊主席　邵部长
　何主席芸樵　俞部长　白副总司令健生　蒋主任
　朱主任一民　刘维章　黎行恕　曹次长　刘副主任
　龚厅长　徐厅长　姚副主任琮　钱主任慕尹
　周主任至柔　徐兵监庭瑶　陈教育长　项厅长

黄校长　袁处长　周署长　俞署长　王司长　陈司长

尹处长　佘参事　端木委员　石科长　谭科长　罗科长

会商事项:

(一)罗科长报告情报。

以下各署司退席。

(二)徐厅长报告平津作战经过。

(三)佘参事报告战区划分及部队调动集中概要。

(四)部长询白副总司令,桂省可出若干师。

白答:桂省现有七师,有六团正在开矿,故约有五师兵力可用,俟第二次征兵实行,可望增加若干。

(五)部长谕示各【点】:1.战时政府所在地,应加研究(是否以武汉为宜)。2.外国新闻记者要求赴前线采访新闻,如美国合众社已派来六人,并已向外交部申请。此事由徐厅长研究办法,与外交部接洽,似宜派员引导,一面招待,一面监视,并妥为保护,使其对我有好感,可为我宣传。3.秦市长云,奉委座谕:廿九军应照中央颁布之编制改编。又云该军除损失外,现有者计132D七个团、37D九个团、38D六个团、保安队三个团,共25个团。等语。由曹次长与秦接洽商办。4.上海工厂迁移内地,是否以移武汉为宜,先加研究,再呈委座核示。5.冀鲁等省各村寨应挖掘外壕,使各村寨连络,以阻敌战车事,应下令办理(刘副主任先询钱主任已否下令)。

卢沟桥事件第二十七次会报

时间:廿六年八月六日下午九时

地点:何部长官邸

出席人员:何部长　顾主任(祝同)　何主任(成浚)　邵部长(力子)

　熊主席(式辉)　朱主任(绍良)　钱主任(大钧)

　钱秘书长(昌照)　曹次长(浩森)　周主任(至柔)

　刘副主任(光)　吴副主任(思豫)　姚副主任(琮)

陈教育长（继承）　黄校长（镇球）　黄兵监（琪翔）

徐兵监（庭瑶）　龚厅长（浩）　徐厅长（祖诒）

袁处长（守谦）　周组长（斌）　周署长（骏彦）

陈会计长（良）　徐司长（培根）　项厅长（雄霄）

王司长（文宣）　王司长（景录）　杨司长（继曾）

陈司长（东生）　谭科长（道平）　石科长（祖黄）

罗科长（泽闿）

会商事项：

（一）罗科长报告本日情报。

（二）徐厅长报告：目下绥远、察哈尔情况似较严重。

（三）部长问：敌在察绥部队多少？徐答：约二万余人。

（四）部长问：檀自新师之枪械发否？徐代司长答：已发。

（五）部长谕：1.第一期出动部队七月底到达，第二期出发部队八月初到达。2.仓库之位置应分散。（陈代司长注意）3.学兵队预算应早核定。（陈会计长注意）4.31D轻机关枪太少，应即补充每连二支。（陈司长办）

（六）袁处长报告：汉口电话，据平汉路消息，日本东西京同时发生重大变故。（不确）

（七）部长问：炮八团之15H已否开往武汉？王司长答：已下命令，尚未开动。（决定改派一连前往）

（八）部长：1.明日国防会议时，航空事件由周主任至柔报告。2.每日情报材料印刷否？徐司长答：未印刷。（拟自本日起照谭科员所摘录之情况表印刷，用部长办公厅名义分送，当否？乞示。）（用军政部总务厅名义）

（九）部长报告今日与阎主任谈话经过。

（十）徐司长报告：敌集中相当兵力于大阁、丰宁（如12B、4D），有经独石口及永宁、延庆直扑南口之背之企图。

（十一）国防会议各部应出席人员通知。

附录：

阎主任之谈话

八月六日下午五时

1. 政略：抵抗日本之侵略。

2. 战略：实行持久战，放弃土地，无关重要。在持久战中，应研究减少敌人三种力量，即①飞机；②战车；③大炮。

3. 战术：现敌军甚为骄傲，香月说：中国军队若干师，均等于一师。又说：中国军队师长以上，不知有国家，只知有个人。

最好在敌傲慢之下，第一次会战须求得胜利，以正世界观听，迩后再将军队疏散，实行持久战。

4. 战斗：日军除运用火力外，他无所恃。其军官士兵①生活优裕；②感觉战争无意义。故在战斗上只要避开其火力，使其火力不能充分发扬，必可取得胜利。故我宜在有利之地形与之作战，使其飞机、战车、大炮皆失作用。

又：我非支持一年，不能得苏俄之援助。 （完）

卢沟桥事件第二十九次会报

时间：廿六年八月八日下午九时

地点：何部长官邸

出席人员：何部长　程总长　俞部长　陈院长　黄主席(季宽)
　　　　　熊主席　卫督办(俊如)　朱主任(一民)　钱秘书长
　　　　　刘副主任　吴副主任　邵部长(力子)　袁处长　项厅长
　　　　　龚厅长　徐厅长　黄校长　张署长　徐兵监(月祥)　周署长
　　　　　陈会计长　王司长　徐司长　陈司长　谭科长　石科长
　　　　　罗科长

会商事项：

（一）罗科长报告情报。

（二）徐厅长报告敌情判断：

1. 平汉路未增加兵力,该方部队有向昌平、古北口移动模样。

2. 海上输送之部队,有约一师之兵力到达塘沽,队号未详。

3. 第十三预备师,有向承德移动消息。

4. 由国内开来之骑兵第一旅(13KR、14KR)现在沽源发现。骑兵第四师有向赤峰、多伦移动消息。

5. 热河伪军向察北、热西移动。

(三)黄主席意见:

1. 对上海应作积极之准备,如敌人增兵上陆,应先以空军轰炸之,因之我空军应推进至上海附近,随时至海上行侦察,敌虽有航空母舰,但不能同时起飞,其空军必较我为劣势。

2. 对敌兵舰,最好用小电船置以多量炸药,藏于吴淞口一带,俟敌舰驶入,出其不意直闯近而爆炸之,较鱼雷艇尤为有效。

3. 在河北战场,应令前线部队派出挺进队(每师一营),密入敌之后方北宁路一带,扰乱侦察。

(四)熊主席意见:

大本营宜从速成立,方可各负责任。惟目前未正式宣战,日方现仍以关东军及驻屯军名义指挥,并无作战军司令部之新组织,我大本营似亦不宜公开,惟大本营所属各部,宜速秘密成立。

(五)朱主任之意见:

大本营所在地,第一步在南京,则大本营人员,虽至开炮及敌机轰炸时,亦不许离京。

(六)部长:

1. 余汉谋请求各项:

① 燕塘分校学生请分散在韶州、肇庆。(可照办)

② 广东暂分为十个师管区。(可暂准照办)

③ 广东向义大利所订购之水雷,何日可到?(军械司查明)

④ 粤军请编为五军及二独立旅。军长张达、张瑞贵、李汉魂、李〔黄〕振球、叶肇。独立旅长罗梓材、李江。(交刘副主任核办)

2. 宣读军律草案。(项厅长再审核)

3. 函宋明轩恢复政治训练,派宣介溪负责,请予接洽。(已告谢主任照办)

4. 查明已训练之河北特工人员五百人。(袁处长查)

5. 电阎主任,告以察绥敌情及敌人有先击破察省部队企图,请推进二三师至平地泉,如需部队填防,请指定地点,以便派队入晋接防。(已办)

卢沟桥事件第三十次会报

时间:廿六年八月九日下午九时

地点:何部长官邸

出席人员:何部长 程总长 唐总监 陈院长 龙主席(云)
顾主任 黄主席 熊主席 邵部长 白副总司令 卫督办
朱主任(一民) 何主任(雪竹) 曹次长 刘副主任
陈教育长 黄兵监 姚处长 黄校长 徐厅长 陈会计长
钱秘书长 周署长 王司长 袁处长 周主任 尹处长
陈代司长 陈劲节 吴副主任 王司长 项厅长 徐司长
王教育长(达天) 徐兵监 谭科长 石科长 罗科长

会商事项:

(一)罗科长报告情报。

(二)徐厅长报告上海方面之敌情判断:

敌在沪陆战队仅三千人,由汉口来者千余人,连同在乡军人,亦不过六千人。在未增兵到沪以前,似不致发动事变。惟现在既已发生虹桥机场事故,则日方或将借口保侨,向上海增兵一二师。

(三)部长:注意秘密(如飞机及炮弹等,中央党部人员多知其内容)。

(四)程总长提出:现市面发生谣言甚多,应由警备司令部注意其真伪。1. 中央军校纪念周时,有日人混入,不知确否？陈教育长:恐系误传,因军校有461号汽车入内,或系卫兵误认为481号,盖481号车,为日本新闻记者乘车也。2. 飞机场汉奸扰乱及射伤卫兵事,确否？周主任:确有其事,现正查究中。3. 熊主席:南昌破获汉奸机关,捕女犯二名,已在九江枪毙。

（五）刘副主任报告:德总顾问法肯豪森往前线视察返京,先用口头提出下列报告:

1. 敌方中级以上军官,愿意作战,下级官及士兵,则甚恐惧。我方适相反,士兵奋勇,高级官恐惧。各部队一般士气旺盛,惟间有枪支窳劣者,如万福麟部。

2. 敌机轰炸保定,系侦察机,其所投炸弹不过十二磅,由于我方不善用高射兵器,故敌机如此活跃。又观击落之敌机系旧式,如我空军出动,必占优势。

3. 工事线似注意沧石线,实嫌过于落后,即沧保线亦嫌落后,最好推进至大清河。

4. 我军如在一星期前采取攻势,必可将平津敌人歼灭,但目下再准备攻势,尚未为晚,因集部队已不少也。

5. 我方情报工作太不良,不独敌情不明,即自【己】兵力位置前方负责将领无一人完全明了者,此为最危险之事。以后应特别注意情报之搜集与整理,每日至少有二次将敌我情况,作图对照。

6. 取攻势时,卢沟桥及其以西地区地形良好,永定河亦便于渡过,选为攻势地区,最为相宜,应派各级官长前往该地区认识地形。

7. 廿九军不可担任一方面之作战,宜调至后方整理。如仍使其担任一方面之作战,将必引起大不幸。此事关系太大,虽牵涉人事,故亦直言之。

8. 我方高级官过于怯懦,如万福麟即其一也。余（顾问自称）曾向万建议,击退当面敌之少数部队,推进至永定河,但万云其部队不行,故不敢实行等语。但考察其部队士气甚旺,实系其本人不行。

(六)汉奸之严厉处置,公开枪毙。

谷司令报告:现拘押汉奸甚多,拟于数日内审问清楚,严切处置。

(七)电前线各部队,敌用于第一线者,皆系装甲汽车,并非战车,对此种装甲汽车,即步枪亦可用钢心弹射击之,毫不足畏。(已办)

(八)电刘主任经扶速赴保定,组织集团军指挥部,部署一切。(已办)(查卫俊如系平汉方面集团军副司令官,是否促其赴前方?乞示。)

卢沟桥事件第三十一次会报

时间:廿六年八月十日下午九时
地点:何部长官邸
出席人员:何部长　程总长　唐总监　陈院长　白副总司令
　　黄主席　朱主任　卫督办　熊主席　顾主任　熊次长
　　曹次长　邵部长　刘副主任　周署长　姚处长　陈教育长
　　龚厅长　徐兵监　张署长　袁处长　王教育长　黄校长
　　钱秘书长　徐厅长　欧阳教育长　陈会计长　项厅长
　　王司长　王司长　徐司长　陈代司长　尹处长　石科长
　　谭科长　李参谋　罗科长

会商事项:

(一)罗科长报告情报。

(二)项厅长报告国家总动员委员会成立经过及经办事项。

(三)曹次长:各国动员法,下级机关无向上级机关请示之权,只能遵照命令实施。现我国许多事情,下命令后往往申述困难及请示。以后关于总动员事项,应禁止申述及请示,方可奏效。又凡呈委座尚未奉批之事项,应仍照所拟实行,其有不必请示者,则先做再呈报备案。

（四）唐总监：兵工署对防毒面具之检查，不可过严。

黄主席：对于毒气及飞机之威力，宣传过甚，而对地下室、防毒面具等之要求亦过严，似应注意。

（五）熊主席提惩治汉奸法。（交项厅长限三日内审查完竣）

（六）张署长报告医院筹备情形：准备成立三十个后方医院、三十个临时医院，连同原有医院，共一百〇六个医院。现在已成立者，后方医院十个（每个可容一千人）、临时医院二十个（每个可容五百人），合计约有八万人之收容量。成立X光组、手术组、防疫组等游动工作。另有卫生视察队，每军或每师派四五人参加。六个卫生列车，每列可容105人，专在各铁道线任伤病兵之运输。卫生汽车组，每组可运四十三人。卫生仓库用船舶输送。重伤医院四个。卫生材料已准备一百师人及所有医院六个月所需之材料。民众方面，由红十字会、卫生署、军医署合组非常时期卫生事项联合办事处，正积极进行中。各教会医院约可收容五千人，于不得时使用之，每日每人需纳费五角。

（七）部长谕示各项：

1. 各路运煤车，设法开列，不得扣留。

2. 委座手谕：①已制成防毒面具成品几何？以后每五日须有五千具送石家庄。（兵工署遵办）②本月份德国运来货物何日可以到港？查明呈复。（兵工署）

3. 粮食须有船舶输送。

4. 教育部文件，应准其由差轮运输。

卢沟桥事件第三十二次会报

〔略〕

卢沟桥事件第三十三次会报

时间：廿六年八月十二日下午九时

地点:何部长官邸

出席人员:何部长　唐总监　顾主任　陈院长　刘副主任

钱秘书长　邵司令　王司长　陈会计长　徐司长　俞署长

陈代司长　吴兵监　杨司长　黄兵监　张署长　黄校长

林教育长　尹处长　袁处长　王教育长　邵部长　陈局长

陈教育长　卫督办　姚处长　朱主任一民　吴副主任

项厅长　王司长　邹次长　曹次长　朱司长　谷司令

周署长　谭科长　李参谋　石科长　罗科长

会商事项：

（一）罗科长报告情报。

（二）邵司令报告江宁要塞8·8炮装置情形,拟试射及实弹射击。

（三）吴兵监和宣报告江阴8·8炮装置情形,依原来计划于八月底完成,现已电令设法提早完成。

（四）部长谕：以后京汉间江轮,酌配高射机枪防空。

以下各署司退席。

（一）大本营位置,暂在南京。

（二）冯副委员长速组第三战区司令部,赴苏沪前线指挥。参谋长人选,以熊次长担任。

（三）第三者路线速决定。人事方面派参谋长三人前往,先称联络参谋。子弹补充,着先将武器种类、口径造册呈报,酌予补充。朱等宣言,暂缓发表。（有日有半通电式之电报,有国共合作之语,亦不发表）

（四）孙殿英名义问题。（俟委座核定）

附录：

一、弹药存储及防空问题

时间:二十六年七月十六日下午四时

地点:部长办公厅

出席人员:黄校长镇球　程高级参谋泽润　王司长文宣
　　　　陈代司长东生　佘参事念慈

主席:林厅长

记录:罗科长

(一) 佘参事报告作战计划上方面军之大体区分。

(二) 陈司长报告仓库现状:总库:金陵、蚌埠、信阳、华阴、南昌、武昌。独立库:滁县、洛阳、上饶(在杭州)。分库:延平二个、山西二个(大同、崞县)。行营所在各库(巴县)。总库及独立库,合计可以分设为二十九个。野战仓库,除后方存留必要弹药外,可以成立十五个野战仓库。

(三) 总分库之设置:

1. 信阳总库,补给平汉路;金陵总库,补给京浦、京沪;南昌总库,补给福建、浙江;蚌埠总库,补给津浦路;华阴总库,补给陇海路山西方面。

2. 分库:①新乡、石家庄、开封(由信阳总库分出)。②孝感、□□(由武昌总库分出)。③徐州、滁县、泰安(由蚌埠总库分出)。④常州(由金陵总库分出)。⑤江山、杭州(分一部至五夫设支库)、延平(龙岩支库,由南昌分库分出)。⑥曲江、株州(由武昌总库分出)。⑦大同、崞县(由华阴总库分出)。

3. 原则:每一方面军约有一总库,每一集团军须有一分库(即野战库),另控置一二分库,归兵站总监部支配。

(四) 数量:江北江南以二与一之比而存储之。但武昌、南昌总库为全国核心库,不列入计算。

(五) 位置:各库不可设于城市,宜在附近荫蔽地点而敌机不易发现之处选定之。

(六) 防空兵器之分配(如另表)。

二、七月二十七日上午八时三十分

在委座官邸会报决定事项

Ⅰ.我军应仍照原定计划,在沧保、沧石二线上集中,构成阵地,期在此线上与敌作整齐之战斗。

Ⅱ.电告宋哲元(军委会办):中央军以援助平津,期与敌在永定河地区作战之目的,先以主力集结于沧州、保定之线。第二十九军应固守北平、卢沟桥、长辛店、涿县之线,与保定方面保持确切连络。为增援二十九军,令孙连仲部二十六路军即向永定河地区线前进,此后该路军归该主任指挥,该路军之行动,即由该主任妥为规定。至该路军原防地保定、任丘一带,另令万福麟部五十三军推进接防。

Ⅲ.令孙连仲部二十六路军即向永定河地区前进,该路军之行动,此后归宋主任哲元指挥。所遗保定、任丘、【河】间、献县防地,已令万福麟部五十三军接防。(刘副主任11:30电话:河间、献县另令曾万钟部接防。)

Ⅳ.令万福麟部五十三军,即推进于保定、任丘之线,接二十六路军防地,在该线上构成阵地。

三、八月十二日上午十一时三长官谈话记录

地点:部长官邸

出席人员:何部长　黄主席　白副总司令　黎处【长】行恕
　　徐司长培根　罗科长泽闿

(一) 十八军所属之11D、14D、67D转运至津浦路南端,准备使用于江南,以应付上海之作战。经电话通知钱局长遵办。(应否补发电令,乞示。)

又据钱局长云:十八军现在输送状况如下:1.14D先头已到安阳以北,尚有一小部在长江以南未运。2.11D过江部队只有三分之一。3.67D过江者不过五分之一。(未过江部队,是否令由武昌

改用船运京,乞示。)

(二)在衡阳之第九师,可准备调用。

(三)1.广西准备出兵四师(三团制师,共十二团),先开至衡阳上车。又桂省现役为二十个团,拟令三个月内再增编三十个团,共准备五十个团之兵力(现已有四十团之武器、干部、军士等)。2.广西兵工厂之扩充,经费、人员、机械等之整理,由中央派人前往检验后,统一办理。(今日下午三时,由黎处长与兵工署俞署长面洽,并拟定具体计划。又李总司令来电一件,已送俞署长。)3.广西飞机场可容飞机百架,范围颇大。现航空高级人员,约有六十人,第一期航空兵三十人,均可作战。第二期航空兵六十人,则仅受普通军事训练。4.南宁分校可容三千人,为训练干部最定〔安〕全之地点。

(四)拟令广东先调二师,并先成立五个预备师。

(五)98D在本日上午十二时以前,可以输送完毕,陆续到沪。张向华方面,应令57D推进至浦东及南市近郊。

(六)四川拟定出兵十师(四十团),须调精锐部队,或令准备五十团,先出二十团,或先出三至四师,其余第二期再调。

(七)云南部队有三万八千支比造良好步枪,四十余门炮,每团有步兵炮六门,每营有重机关枪连,现共有二十五团,可先出二师。

(八)宁夏可先令出一师。青海亦令出一至二师。

(九)各省速筹办补充兵若干师,湘、豫、滇、黔等省尤应速办。

(十)第三者部队,最好集结长安,用火车输送至前方,或以一部使用于山东泰山山地,一部使用于平汉路以西山地,一部使用于察省。

(十一)本日下午五时,各长官赴委座官邸会商一切。

附记:以上各项,系准备计划,均未正式下令。

国防联席会议记录

(1937年8月7日)

1. 议长①致开幕辞

速记:熊 诚

各位同志:今天可以和大家聚会在一堂,集合了全国各地方高级将领长官,来共同商讨今后处置国防的计划,以收集思广益的效果,这是一件不可多得的事。自从卢沟桥事件发生后,我们都知道敌人一天一天的在演进,我方处置的态度已经在庐山谈话会中,同最近发表的谈话里,详细的说明了,各位都已见到了。所有这次会议决的计划种种,我们如果能够切实做去,而且能予适当之处置,就能够奠定了我们民族、国家复兴的基础,如果处置的不得当,那就必陷国家、民族于万劫不复之中。换言之,目前中国之情势,乃是生死存亡的最后关头,尤其是我们高级的长官,必定要切实认清国家的利害,为国家的利害着想,撇开个人的利害,求实际上牺牲个人的私益,谋所以复兴之道。在这国难严重的今日,希望各位现在都发表关于国防上的意见,我想对于事实上,一定是很能完满的。

2. 联席会议记录

日　　期:民国廿六年八月七日午后八时
地　　点:励志社
主　　席:议长蒋
秘书厅长:程　潜
副 厅 长:刘　光　　杨　杰
出　　席:林主席　汪主席　张　继　居　正
　　　　　于右任　叶楚伧　戴传贤　孙　科

---

① 国防联席会议议长为蒋介石。

　　　　　　陈立夫　阎锡山　冯玉祥　王宠惠
　　　　　　何应钦　唐生智　陈调元　刘　湘
　　　　　　何成浚　陈绍宽　白崇禧　何　键
　　　　　　朱绍良　余汉谋　蒋作宾　王世杰
　　　　　　吴鼎昌　张嘉璈　俞飞鹏
列　　席:邵力子　张　群　黄绍竑　熊式辉
　　　　　　顾祝同　钱大钧　邹　琳
秘书记录:龚　浩　徐祖诒
书记速记:熊　诚
共到会四十一人。
开会如仪。

报告事项:

一、卢沟桥事变之经过及其措置。　何部长报告。

二、军事准备事项。

甲、敌我之态势——刘副主任报告；

乙、战斗序列；

丙、集中情况。

三、大计讨论。

四、关于战费问题之研究。

甲、军政部关于战务费提案；

乙、财政部对于战费应如何筹措及准备案。

五、各委员发表意见。

六、决议。

七、议长致词。

3. 秘书厅厅长程潜报告本日上午开国防会议之经过情形

速记:熊　诚

今晚开联席会议,请各位同志多多的发表意见,这次的国防会议,乃是一个秘密的会议,本应在去年举行,因事变以致未能如期开会,嗣又预定在今年九月中举行。自八日敌人向我挑衅发生战事后,以时间的不允许等待,特提前召集各方同志,来讨论制敌救亡的大计,已于今晨在国府会议厅开会。这次各位同志的踊跃参加,或远道赶来,这实是我战必胜的象征,同时,各位同志都有重任在身,对于会期也就加以缩短了。

现在将上午开国防会议各情形,约略的报告一下:八时起开会,由厅长致开会辞后,继由参谋总长说明会期缩短之意思;旋由军政部报告关于军事各情形;再有对于空军建设方面的报告、防空报告、国防工事报告、重工业建设报告,在在都是国防上的重要工作。上午所报告各情形,在会的各位都觉得尚属适宜,决议认为须切实继续进行,交由主管机关切实办理。同时,将国防建设种种加以检讨,同今后须切实向实事求是之途迈进的意义阐明以后,旋复报告今晚开联席会议的时间,请各位同志按时赴会。

4. 何委员应钦对于卢变经过及军情等报告

一、事变之经过情形

七月二日起,日军开始演习,直至七日上午零时卅分钟,日借口一士兵失踪,强入城内搜索,我军守土有责,自不能允彼擅入,因而与我军发生冲突。战事发生后,双方均不愿事态的扩大,相约停战。日不遵约,仍在北平近郊滋意扰乱,纵火枪杀,无所不为,如是相持至十七号,复强占我丰台。从十八日至二十日间,日以猛烈炮火攻我卢沟桥一带。廿五日晚,廊房等地发生激战,日方由津运兵至丰台等地,继与卅八师发生冲突;廿五日保安门一带又发生冲突,卅七师驻卢沟桥暨宛平一带军队亦与敌在对峙中。日方在廿八日晨实行猛攻,以步兵三百余人攻击我卢沟桥,经我军奋勇抗战,将日军击溃,相继收复丰台、廊房等地。同日夜津地有激战,以战略上影响,次日丰台、廊房等地,又入敌手,佟副军长、赵师长均先后阵亡,此时所有北平方面任务,由张自忠负责。我军除卅七师、卅八师外,其余都退至杨柳青一带。卅八师本具有战斗力,因为我们的计划未用,加之后援隔断,日继以飞机施行轰炸,地方损失奇重。廿九日晚平津为敌所占据。卅日海军陆战队又轰炸大沽口,并以飞机轰炸保定。卅一日通县张庆余部反正。自八月一日起,杨柳青、南口以及平津等方面,均为轰炸甚烈。目前南口等地在对峙中。关于战事详报,还没有接到廿九军的报告,我方阵亡将士约五千人,其他物质上损失很重。日方死伤一千人,内中伤六百多人,死三百多人。

二、我方处置事变情形

九日奉委员长手令,对于事变之紧急处置:

(一)饬平汉路一带孙连仲师援助廿九军。

(二)令庞炳勋、高桂滋向石家庄集中。

(三)第三军在平汉、津浦一带,军队准备动员调动。

当遵照手示各点,与在京各高级将领会商处置办法,切实实施。

中央并调派孙连仲、庞炳勋部赴保定,当时接宋哲元电告,日要求我们答应三个条件,就可告一段落。在日本惯用和平欺瞒的手段中,我方曾有电致宋哲元,告以恐日复效一·二八缓兵故技,当时宋亦有电来京,云绝【对】死守北平,请中央速调大军增援。委员长当即调动劲师增援,令向保定方面集中,时孙总指挥奉增援令后,当即向长辛店前进,所部行至中途,接电知宋已离平,是时委员长仍令继续增援前进,但结果仍无法增援。

其他军事上粮秣、弹药运输等准备情形:

关于弹药之准备,可供半年之需要,以作战要求,适宜分配,黄河以北为三分之二,江南为三分之一。为持久战以免供不应求计经电请委员长准向国外购买。

关于筹办粮秣,委员长很注意此事,前以事变耽搁,本拟办五万匹马、五万粮秣,今为应需要,积极备战起见,启办马匹十万,粮秣十万。

关于防空新兵器的分配,所有的高射炮机枪,均酌予分配,新法的装置,都利用电来发动,促进速度的增加。

关于交通通信器材,都有相当的准备,但是各种原料甚少,现在正积极赶办中。运输上所必需的利器卡车,殊感缺乏,最近将上海地方的卡车,施行收买,以应需要。

关于兵员补充及民众组织壮丁训练方面,现兵员补充已成立补充营,专司其事,至民众组织壮丁训练,已与政训处筹办中。

5. 刘(光)副主任报告

关于敌军对我使用的兵力——秘密的增调大概有八个师,预备总数有廿四个师。

敌人的主力军第一期最多使用于我们的平津,以后陆军力量的配布,将视国际情形的变迁,大概可以对我以十个师至十五个师的袭击。第一师、第九师、第十二师、第十二混成旅以及驻屯军约五万余人,大部留在东北及平津一带。

空军可六团,到平津者有一百多架。

第六师、预备师,为已经负运输责任的部队,随时可以往北开,据云第八师、第十师已动员,其余尚未动员。

最近后援部队尚未出发,但国内部队已准备妥定。

东京以北部队尚未移动。

敌人在山海关一带赶筑工事。

永定河构筑工事,南口形势紧张。

景州第十二预备军,有向天津移动消息,有向平绥线进展模样。

我划分四个战区兵力之支配大概:

一、冀鲁等地——六十个师。

二、晋绥察——十五个师至廿个师。

三、上海、杭州、乍浦——十个师。

四、福建、广东等地——十五个师。

预备军区：

一、广东；二、四川；三、贵州、云南；四、平汉南段粤汉段。

又，敌人自七月底至八月初所毁我桥梁等交通线，均一星期可赶修竣事。

6. 在大计未讨论决定以前由议长阐明决心与战争的意义

现在这回中日战争，实在是我们国家生死存亡的关头，如果这回战争能胜利，国家民族就可以复兴起来，可以转危为安，否则必陷国家于万劫不复之中。中日战争，假如中国失败，恐怕就不是几十年，甚至于几百年可以复兴的。今晚能与各地长官、各位同志聚集在一齐，来讨论大计的决定，这对于我们国家的存亡，有绝大的关系。因此之故，请大家尽量的为民族为国家多多的发表意见，务须完全站在民族的立场上着想，不要以个人的意见来主观的判断，完全要拿实际的状况，替国家作一个忠的打算。胜利是党国的幸福，生死存亡，意〔义〕无反顾。就是失败，也可以对得起后辈和我们的祖先。因此之故，应绝对将个人的一切撇开，完全站在国家的立场上，来讨论决定大计。

现在我们更要客观的忠实来估计一下敌人的力量。在军事上说，比我们强；在经济上说，他的财政困难非常。日本经济方面，现在已大不如我们，同时日本在国际上的情势时时在顾虑。现在英美在道义上、在精神上，对我们可以有相当的帮助。物质上我们不能作一定始终靠得住的打算，意大利的事件是一个明显的例子。

日本以前的要同中央共同防共一点，晓得做不到，行不通，以致竟肯牺牲一切于不顾，向我无端挑衅，构成战事的导火线卢变发生，在日本已经认为彼之行为，是一种平凡的行动。各位先生今天在未决议以前,我们应该赤裸裸坦〔诚〕的有意见便提出来,明白的加以商讨,既决定之后,我们便应切实的遵行。

许多人说,冀察问题、华北问题,如果能予解决,中国能安全五十年。否则今天虽能把他们打退,明天又另有事件发生。有人说将满洲、冀察明白的划个疆界,使不致再肆侵略。划定疆界可以,如果能以长城为界,长城以内的资源,日本不得有丝毫侵占之行为,这我敢做。可以以长城划为疆界。要知道日本是没有信义的,也就是要中国的国际地位扫地,以达到他为所欲为的野心。所以我想如果以为局部的解决,就可以永久平安无事,是绝不可能,绝对做不到的,他的要解决冀察问题用心,要使我与俄无联络的机会。同时有许多学者说,你不能将几百千年的民族结晶,牺牲于一旦,以为此事我们不可以打战,难打胜战。要晓得我们现在同日本打战,不是强的国家同强的国家打战,也不是弱的国家同弱的国家打战,这就是我们民族的抗战,他们都是如此说,中国没有胜利的。我对这般学者说,革命的战争,是侵略者失败的。日本人只能看到物质与军队,精神上他们都没有看到。各位同志,大家今天要有一个决定,如果看到我们国家不打战要灭亡的,当然就非打战不可。是不是不打战将来失地可以不久能恢复的?请各位为民族为国家的存亡上作个忠的打算,将敌人的优点缺点,同我们的优点缺点加以缜密的考虑,尽量的发表意见,以决定我们今后的方针。完了。

7. 汪委员兆铭发表意见

一、目前中国的形势,已到最后关头,只有战以求存,绝无苟安的可能。

二、战时的准备速率,并不因战事而有阻碍,且比平时为速。

三、最后的胜利,是操纵在有高尚道德的一方面。

四、精神是驾驭物质的,物质乃是为精神所利用的。物质的损坏不足惜,只要精神的贯彻永久的存在。

8. **张委员溥泉发表意见**
一、宣告断绝国交,予日以严重态度,表示中国的坚毅决心。
二、阐明战争是文明、进步的象征,表面是破坏,接着是新的进步的建设之意义。

9. **林主席森发表意见**
一、阐明只有抗战,予打击者以打击,才能谈生存的要义。
二、对于宣布"断绝国交"有影响战事上的运用,给他一个不宣而战,有利于我甚多。

10. **阎(锡山)副委员长发表意见**
一、应以决心抗战为我后盾,最后胜利必操左券。
二、增加自身的力量,一方面固宜借外力之辅助,尤须适宜配备以增进战斗效能。

11. **刘湘发表意见**
一、四川人民愿在政府领导下,作不顾一切的为民族求生存战。
二、最后的胜利,必属于我,惟有持久抗战,可以奏杀敌致果之效,方知多难兴邦,言之不谬。
三、以两年为期,四川可筹出兵员五百万。

12. **继由(程潜)秘书厅长表示意见**
一、凡是他没有决心的时候,我们应具决心,并阐明议长决心抗战之大义。
二、解释一般学者梦想和平的错误。

三、只有决战可以求生。

13. 大计决议

如决定抗战,请各自起立,以资决定,并示决心。此即不约而同,起立作决心抗战之表示。并决定共同遵守之态度与步骤:
一、在未正式宣战以前,与彼交涉仍不轻弃和平。
二、今后军事、外交上各方之态度,均听从中央之指挥与处置。

14. 议长致闭会词

刚才已经议决了今后的方针,大家应共同的一致去努力,预料一定能达到目的,此后就要请各位分头努力,最重要的,要团结一致的向目标迈进,我很相信最后的胜利,必属于我。善于侵略的日本,终于是失败的。并祝各位抗敌。

十一时许闭会。

15. 蒋介石所致闭幕词全文

各位同志:今天的会议已完。对于国防上,说几句话。我觉得这次战争大家心里通通都同心一意的对于日本决心的抗战,我们有了决心,不能不知道别人的缺点,同时也不能不知道别人的优点同自己的短处。我们现在对于国防上作战的准备与外人比,不但十分之一没有,就是百分之一也没有。一般的国民本也难怪着慌。各位同志要特别注意,现在我们不要拿战事的准备来说,就说一个机关、一个公共团体的事,往往直到临时尚欠充分的准备,这不是时间或是外力的不允许,实是本身的懒于准备、疏忽,尤其是一般的通病,现在我们再来除去这种懒惰同疏忽的坏习惯,还不算迟,还不为不可能的事。无论是一个家庭、一个团体、一个学校、机关,要种种都能与外国相媲美,首先就非须痛改前非不可,同时各个高级将领、地方长官个个都要特别重视职责,对得起职责才是。就拿京市防空已达于巩固来讲,坐在飞机上看看,差不多防御工事,十九都毕露在地面上,掩护的工事,又怎能说已告竣事？就防空一端可以推知其他的事情了。我们高级将领,就得用我们自己的脑筋,尽我们的能力,达到自己的任务。譬如人家的一门炮,就【是】一门炮的使用效果,而我们则【是】无把握的,往往收到些微的代价,所以希望大家能够彻底觉悟和彻底的改进还不怕。所怕的就是不觉悟,不知道改进,因为积存已深,过去的长官,都只是批批公事。少有详细知道属下办理某事件先后经过的底细,这就是最大的毛病。不仅物质上的较外人为落后,即是外人的言行,都是有纪律的,懂规矩,没有随随便便的,所以我们的精神上、态度上已经不如人家了。像我们要同日本人打,枪炮并不足怕,我们的精力实在也就不如人家,这并不是自馁,正所以知己知彼,各自警惕勉励之意。譬如说最近要公务人员送眷属回籍,社会上的秩序已乱起来了,交通站上都是挤得水泄不通。在外国也没有这样现象,即此迁居一事而论,可以知道其他种种了。这种态度与战时战事上,是无利而有害的。有如房顶的临时加刷黑色,以遮掩目标,事实能否做到,与人民的实际力量上是不是有问题,都能照办？所以遇事必须事先有远久的顾虑同准备,临事也须体察社会上的情形。他如令人民各自建筑夹墙、沙袋防御工事,人民各自的财力能否做到确又是问题,所以无论办什么事,只要近乎一般的情理,绝无不成功的道理。反之,则也绝无能圆满的可能。总之,既往不咎过去的错误,既已知道,就要实事求是的步步去改善,能够有力求改善的决心,同切实的施行去,前途的光明可以逆料。在本会议中,没有别人,都是全国各地方的高级将领,所以特地将这几天所见暨据报种种,约略的报告一下。完了。

军政机关长官谈话会记录

（1937年7月）

(1) 抗战须持久谈话会记录

　　　　七月二十日上午十一时于会

何① 程② 唐③ 徐④ 刘⑤ 吴⑥ 林⑦ 曹⑧ 龚⑨ 徐⑩ 王⑪ 罗⑫

部长：大战准备，须先有具体方案外，已请诸位考虑现请尽量发表，以便电委座核择。

一、总顾问案（如另纸）。

二、罗案。

三、龚□举乌尔摩会战。

宋之态度不外：一、被敌先解决；二、灰色。故我增援军宜增至十师左右，以求能击破入关之五万敌人。

山东韩之态度如与宋同，则战略大不利，宜先行注意。绥东宜进攻张家口及（下缺）

四、佘案。

先集中大军于沧保线。

五、王案。

1. 入关者不过一师一旅，合计五万人计算。

2. 日本国内非大损失不致生变化。

3. 日经济，俄国少而以美为最多，英次之，英之经济封锁难

---

① 军政部部长何应钦。
② 参谋总长程潜。
③ 训练总监部总监唐生智。
④ 军事委员会办公厅主任徐永昌。
⑤ 军事委员会办公厅副主任刘光。
⑥ 军事委员会办公厅副主任吴思豫。
⑦ 军事委员会铨叙厅长林蔚。
⑧ 军政部次长曹浩森。
⑨ 参谋本部第一厅厅长龚浩。
⑩ 参谋本部第二厅厅长徐祖贻。
⑪ 军政部军务司司长王文宣。
⑫ 军政部科长罗泽闿。

能,美国中立法案于我不利,应行外交,使不行中立法案。

俄国非在三条件之下必不参战,惟仍应外交上尽力,希其在边境摇旗呐喊,以牵制 F① 军不入关。

1. 中败日。
2. 中国持久甚久,日则精疲力竭。
3. 中俄政治发生关系,如同盟或走入第三国际组织。

唐:应依目前状况最低限,赤裸裸说我是弱国,故抗战须迟〔持〕久。凡一重要城池非流血不放弃,但以大兵力白白牺牲则不可,如长城、上海战争可为殷鉴。我集中甚缓,且铁道受敌机妨害,故大本营幕僚须注意弱国之作战,故全国动员最为重要,即以持久战消耗敌人为目的,以此决心应付此局面,一切事体顾虑现实状况,一切事就实际取办法,可以做到办法。又情报统一、国际宣传(各国大使、公使一致动员)。

部长:电熊次长、廿九军参长,随时将敌人到达数目及位置详侦电告。

曹:平津作战为必要,最好集中部队,不仅平汉,由山西至滦〔南〕口亦可进兵。

部长:应付非常事变之准备各项方案:交几人以冷静态度研究成案,不局部准备应全部准备,在全部准备未完成以前,仍以外交周旋,不可挑战。

程:整个计划现是否容许我从容准备,即目前如何达到此准备之目的。敌系对多国准备,我系对一国准备,敌如收到小利即行停止以行蚕食,故我应达到集中能应付之,使敌不知之准备。

部长:1. 应付非常时期各项方案,由参一厅、军委会高一组,加林厅长、罗科长、佘参事,由刘副主任负责。

2. 总动员实施计划以俞部长为主任,项厅长为副主任,李署

---

① 敌人之英文代码。

长、高二组长、参四处长、程高级参谋泽润、李兵监国良、军务司长、行政院何处长、资委会钱秘书长、秦秘书汾。

3. 情报,陈立夫为主任、徐副,外交部李司长,统筹办理,并成立新闻处。

4. 运输,仍属于俞部长、钱贻士、高司长加入。

5. 外交　部长对外请:

① 唐之切实际。

② 应急处置,一切表示有商量余地,最后不答应。

　　(2) 实施总动员谈话会记录

时间:廿六年七月廿一日下午四时

地点:何部长官邸大客厅

出席人员:何　廉(行政院)　周骏彦(军需署)　沈　静(参谋部)
　　俞飞鹏(交通部)　陈　良(会计处)　王文宣(军务司)
　　竺鸣涛(军委会高二组)　陈东生(军械司)　俞大维(兵工署)
　　钱昌照(资源委员会)　项雄霄(军政部)　曹浩森(军政部)
　　秦汾(赵祖康代)(经济委员会)　程泽润(交通部)

主席　何部长

记录　罗泽闿

决议事项:

(甲) 全国总动员之机构与组织,将来另行研究。

(乙) 就目前即须实施事项决定如下:

(一) 粮食统制

由实业、财政、内政、军政四部计划实施,由实业部召集。

(二) 民众组织与训练(包括壮丁训练、技术训练、防空防毒训练)

由中央党部民众训练委员会、训练总监部、教育部、内政部、军政部主办,由训练总监部召集。

(三) 资源统制

由资源委员会、经济委员会、实业、军政、财政、铁道各部会同主办,由资源委员会召集。

(四) 交通统制(包括国际交通线)

由交通部、铁道部、军政部、资源委员会、经济委员会会同主办,由交通部召集。

(五) 各地卫生机关及人员、材料之调查统制

由军政部卫生署、内政部会同主办,由军政部召集。

(六) 财政金融之筹划

由财政、军政、实业三部研究,由财政部召集。

(丙) 将决议各项通知各部,迅速召集研究实施(已由项厅长拟办部稿通知中)。

(3) 武器整备会议记录

时间:廿六年七月廿五日上午九时

地点:部长官邸客厅

出席人员:项厅长①　王司长(务)②　王司长(交)③　陈司长(械)④　程高级参谋⑤　徐主任秘书⑥　佘参事⑦

主席:部长

记录:罗科长

决议事项:

---

① 军政部总务厅厅长项雄霄。
② 军政部军务司司长王文宣。
③ 军政部交通司司长王景泰。
④ 军政部军械司司长陈隐冀。
⑤ 参谋本部高级参谋程泽润。
⑥ 军事委员会办公厅主任徐永昌秘书。
⑦ 军政部参事佘念慈。

(一)旧枪七八万枝,迅速修理及添设修械所。

(1)将旧枪移一部分于华阴修械所从事修理。

(2)在湖南衡阳南方东阳渡旧兵工厂址设修械所,并将旧枪再移一部前往。

(二)佘参事说明修正之战斗序列:

大约四个战区军,第一线兵团合共约一百师。五个预备军合共约八十师。

(三)依据战斗序列,库存兵器之分配:

1. 现有哈乞开斯高射机枪之分配(约共存300挺):

a. 韩向方五个师,每师发四挺,共计二十挺;

b. 第一线之调整师,每师发八挺或十挺;

c. 第一线部队现无高射兵器者,每师酌发四或八挺。

以上原则由军务、军械两司将部队番号、分配数目于一日内列表呈核。

2. 现有斯来得山炮轻者16门,重者12门,如何支配使用,亦由军务、军械两司计划呈核。

3. 现有8.2迫击炮约120门。

尽第一线部队先行支配,由军务、军械两司计划呈核。

4. 现存步枪数及应发部队,亦妥为计划呈核。

第一线部队应补充武器者计有:

a. 韩部74D7已发二千枝,另一千枝已通知来领,八月可发,并令该师将原有枪支并为二团使用。

b. 孙部31D已补充Mg,尚须补充步枪。

c. 15D、62D之武器查明现状如何,应否酌予补充。

d. 121D、新8D须换发新枪。

(四)节省弹药办法:

节省弹药,防空、防毒、防战车、防装甲汽车等项,由项厅长会同训练总监部作简明军歌,印发各部队。

301

(五) 钟松旅之充实

1. 另给独立旅番号。

2. 成立一通信连、一特务排。

3. 该旅经费自八月份起直接向军需署领取,人事以后亦直接呈报(通知军需署及钟旅)。

(六) 现有工作器具及通信器材查明数量,并拟定支配于第一线部队办法。

(七) 各省旧有兵工厂之调查(如华阴、开封、长沙、东阳渡等处),通知兵工署派员调查,以便利用。

(八) 3.7战车炮迅速编战,准备随时可以出动(交通司王司长云,该炮所需汽车约三星期可以到齐)。

(九) 委座令交将税警总团改编为装甲师(即系意大利轻快师之意)。

王司长报告军务审核及编制检讨意见。

部长:1. 呈请委座先购7.5野炮车一团(约需六百余万元)。

2. 税警总团存款先购汽车,先准备以一团机械化。 (完)

(4) 各长官讨论各战区兵力会议

时间:七月廿五日上午九时

地点:

出席人员:部长　项厅长　王司长　王司长　陈司长

程高级参谋　徐秘书主任　佘参事　罗科长

(一) 旧枪迅速修理及添设修械所

在湖南宜设一修械所,所有旧枪七八万枝移至湘省,以为将来应用。衡阳南方东阳渡,唐总监在湘时该处有兵工厂,现房屋、机械均已损坏,可于该处设一修械所。

现华阴有修械所,旧枪移一部前往。

(二) 第一战区

Ⅰ集 （山东胶东） 韩①

韩 五个师一旅,已补充新枪三千,74D已补二千,另一千已通知,八月可发,并令74D原枪并为二团使用。

于② 二师

Ⅱ集 宋③、万④、孙⑤　宋 三师二旅　万 三师
孙 二师　庞⑥(属Ⅲ集,现暂归宋指挥)

Ⅲ集 庞 一师一旅　缪⑦ 二师　曾万钟军 两师
商军 142D前线,余在大名一带。 14D(李) 10D 83 石家庄25、17、德州,57A献,武强,3A深,束鹿 14A 石庄 142D现先在献、武、晋。

二线 周⑧军 6D 23D 元氏 高邑 95D 106 N35D
(王劲哉)安阳、新乡

预备军(卫⑨)

关⑩军 25、17、32D(王修身)

刘⑪军(49) 河南

(海州方面) 第一直属军

黄⑫军 2D 85D 税(警总团)

---

① 韩复榘
② 于学忠
③ 宋哲元
④ 万福麟
⑤ 孙连仲
⑥ 庞炳勋
⑦ 缪澂流
⑧ 周碞
⑨ 卫立煌
⑩ 关麟征
⑪ 刘多荃
⑫ 黄 杰

陇海　第二直属军

胡①军　1D　78　166D

K军

何②军　K3D　K6D(中间地区即河间)

郑大章　K4D　K9D　平汉线

檀自新军　K10D　津浦线(稍为补充武器)

炮6B　(黄)　(德州)

A　8B　(石家庄)

A　10R　(徐州)

6R　(海州)

7R　(保定)

P1R

第二战区　阎　(晋绥)

第三战区

Ⅶ集　张治中　王③军　87　61D

　　　　　　　张④军　88D　15D　62D9查15、62之枪械

　　　　　　　直属　钟旅　太湖水警

Ⅵ集　张发奎

刘和鼎军(23A)　56D　45B(张)　独5B(郑廷)

阮⑤军　55D　57D　47D(注意55D、47D)

Ⅷ集　刘建绪军

刘自兼军　N34D(顾)　暂11B(周燮卿)　28A(陶)　19D 63D　独37B(陈德法)　杨永清旅

---

① 胡宗南
② 何柱国
③ 王敬久
④ 张治中(兼)
⑤ 阮肇昌

直属军　广西二师　先集中衢州

首都警卫军　（谷）①　　16D　121D(吴剑平)　N8D(换枪)

教总　宪兵

A　1B　苏州　　A　2B　嘉兴　　A　8R　江阴　　A　10R　乍浦、沪各一营

各要塞

第四战区

Ⅸ集　蒋鼎文　2A 蒋自兼军　3D、8D、52D(卢兴荣)　6B(周)　粤军 157D、158D

Ⅹ集　余汉谋　三军　二独师　二独旅

1 预　桂　（除抽二师至江南）

2 预　川　（除抽孙　杨外,再以 10D 至武汉上游集结）

3 预　龙云　（薛②副）

4 顾　顾③　（中央在陕川甘之可用者）

5 预　何④　（陈⑤副）（湘鄂部队）

共四个战区约一百师

五预　约八十师

(5) 长官特别会报(七月三十一日)

(一) 大本营：

1. 首脑人员之指定,请程总长签呈委员长。

2. 大本营之产生,由中央党部核定。

---

① 谷正伦
② 薛　岳
③ 顾祝同
④ 何成浚
⑤ 陈调元

(二) 高级指挥官之名称:

1. 最高统帅—陆海空军总司令;2. 战区—司令长官;3. 集团军—司令官;4. 军—军长;5. 师—师长。

(三) 大本营之各委员会(钱案):

1. 财委会;2. 军委会;3. 产业委员会;4. 交通委员会;5. 外交委会;6. 民众训练委员会。

(四) 先请程总长签呈委员长决定以下人员:

1. 参谋总长;2. 管理部长;3. 第一部—第四部长;4. 后方勤务部部长。

军政机关长官谈话会记录

(1937年8月)

(1) 八月十一日下午四时谈话会

何部长　唐总监　白副司令　黄主席　朱①　周②　叶③　卫督办　陈教育长　徐司长　罗科长

一、徐司长报告敌我情况。

二、白:情报太不灵,似可派人携无线电至平津潜伏侦察。

三、黄:平汉路部队过于拥挤,宜推进至保定以西地区,以太行山为根据。

四、周:大部均在:

115D在淳化、顺义一带;

贺龙部在耀县;

其余大部在甘肃正宁一带。

奉命后集中需时,且令集中榆林一带较之指定集中日期相差

---

① 朱　德
② 周恩来
③ 叶剑英

过远,故此次来京第一问题即在请指定捷近路线,最好沿渭河北岸迳韩城渡黄河。

五、部长报告上海电话:

日方请求二项:1.保安队、军事设备撤除;2.为保侨有三千陆战队上登,请谅解。

周:敌之主要者为吞并整个华北,他处则扰乱及武装挑衅,但乃以华北问题为中心。

中央方针系全局布置,加紧华北抗战,委座决心甚为正确。

依此坚强决心,整个部署动员全国军民,方可得最后胜利。外交拖延办法只可使利军事完成及民众动员,及一切军事准备,但不可动摇抗战决心。

主战场在华北方面,不可因一部问题而率〔牵〕及局部之发动、局部之持久,以争取全部作战之准备。

他方面,如上海敌有武装威胁之可能。即福建方面及青岛、海州皆有夺我海面之可能。

惟主战场仍在华北,其南部扰乱不过分散我兵力。故在坚定方针之下,可以采缓兵,以完成动员之方案。又关外交上可寻得妥办途径,在此情况之下,欲恢复卢沟桥事变以前状态(日军撤退平津,我军退出河北),此为不可能之事。

作战方针上,为展开黄河北岸之抗战,则交通运输有被截断之可能,故第一、第二战区须培养可独立持久之能力,因在华北内阵地战转为平原与山地之扩大运动战。

1. 正面防御不可倚赖一线及数线之阵地,因其力不如敌人,突破一线则影响第二线。故正面宜以集团工事,敌虽突破一点,不影响其他,而由侧面扰乱之。

2. 其次则用游击战术,交通大道则坚壁清野,在其侧面山地则不退,且组织民众,以军事人才指导。

3. 派员连络组织敌后方民众。

概括言之,装备良好部队宜尽量用于山地及农田地,以行运动战。

敌将用许多方法,先取得南口、张家口而增加平绥线上,因道途过远,希望能早日出发,在察部队利于守,中央军及红军利于突击迂回,如南口、张家口不守,则无法迂回。

4. 关于军制。

① 国防会议希望在作战期间成为委座有力辅助机关。

② 中央机关重复多而统制缺乏。

③ 预备军区宜即刻动员,以从事各种准备,惟军区划分不必以历史关系,宜以每一军区可以独立于作战,军以人力物力之供应为宜(如陕甘与四川连成一区即不相宜)。

④ 编制 利用北伐经验,为使运动战轻便灵活,则采三三制为利,如现一师二旅,指挥单位较多,反不利于独立作战。

⑤ 动员方面 能将一切部队列入序列为佳,至地方守备部队,长江敌舰已退,于我有利,则可用保安队、民团担负之。

⑥ 军队政治工作须扩大及统一,使全国政治工作方针依北伐经验而统一施行,不外军队本身及民众之组织。

⑦ 西北方面 希望回民有一部分军队参加,以吸引民族之抗战,以免发生回民之异动,如第二德王者。

朱:战略上一面对峙持久防御,但在物资条件上有相当困难,但事实上、战略上又需要此持久防御。

中国科学落后,武器皆有相当,故不能不多拼人力,单靠正面持久不行,正面广大,敌方不能不以多兵对峙,亦为一利,但我既决心在华北作战,在背水之形势下,战术上应采攻势。

战略持久,正面用相当兵力,工事坚固,虽飞机大炮亦损失不大,以巩固正面。

正面兵力拥挤,必受损失。必伸至侧翼以活动,因敌人作战不可离开道路,我则应离开道路,以行运动战。

在运动战中,希望能零星解决之。

敌必固守其后方阵线,故我宜尽量破坏其后方。

迨我动员完成,准备周到,仍应转取攻势,恢复平津。

最大活动方面仍为第二战区,此区可用大兵力策动于Ｆ之后方,即出东二省亦必由此前进。

目前为巩固华北,因　时力不到,但南口、张家口须能固守。

今日情况判断,敌将来攻上海,但必系声东击西,以吸引我之兵力。

Ｆ之目前主要战线必系张家口,以除侧方顾虑,至长线攻绥,亦不至发生,彼得张家口后,仍必进兵华北,现既大军在黄河北岸,则正面打破不能退回,只有由侧面前进,以与之拼命。

大军如无好后方,则顾虑甚大,故宜在民众中设法就地解决,有此计划,方可依靠。

不与敌拼火力。

第一、第二战区为主战区,兵力已有相当多,但仍须准备兵力于该两战区。因敌必不以大兵在他方策动也。故在江长〔长江〕、上海占先制〔机〕,以各个击破敌人,以各方面之胜利,而巩固主战场之胜利。

政治力量甚为重要,因在整个抗战之下,民众完全一致,在此有力〔利〕条件必须能运用之,以发生力量。

战区内居民之政治工作即应开始,由上而下、由下而上,须组织之,方可发生力量。

对日本之破坏的政治工作亦必有效,因Ｆ之侵略战矛盾甚大,欲战胜以消此矛盾,如不胜则矛盾更大。故抓住此弱点,将真理阐明,以使其下层消极,则政治之破坏尤属必要。Ｆ虽不瓦解必趋消极。

游击战为抗战中之重要者,破坏敌人后方、牵制敌人不能不以大兵力守其后方,效果甚大。

每一游击队长训练好,则破坏其输送等事,使其部队前方一半,后方一半。

躲避战争,扰乱后方(另有具体建议)。

欲办此事宜先开办一训练班。

后方划分:四川划入第一战区不相宜,似可划入第二战区,因陕甘物资不足,需要很多补给也。

一般之方针与计划甚同意。惟第三、四战区兵力尚有加入第一战区之必要,预备军已动员者,亦宜迅速开至相当地点,因我之动员系已成军队只出动也,宜速至第一线为宜也。

至后方治安甚要,保安队维持必无问题。

黄:防御方面以交通路线为基点,采纵深点线防御,攻击用对流式攻击,敌向我点线攻击,我即以点线侧攻击之。

现固守南口、张家口固甚重要,惟对平津之攻击问题大可考虑,宜以少数兵力牵制敌对南口之攻击。

战争开始宜如何根绝和平妥协空气,固持久战之持久政略战略。

叶:Ⅰ.中日战争估计一般以为敌至相当胜利后即将进行谈判,以为可以利用谈判,以行拖延,此种意见固属正确,但事实上中国空前之统一团结及国防力之增强,日人必另有一种估计,非给我以大打击,再一二年后更不可侮,此为一因素。

另一因素即国际问题,我以为日人对象为苏联,既占我东四省,即可引日人刀尖以向苏联,但日人为对苏联必先占中国。吾人观察托洛茨基派之破坏其论调在缩短世界战之过程,以保存苏联之工业与经济,故苏联之肃清托派即为扫清此障碍,但东方甚少此派军官,其肃军不致影响东方之防御力量,此力量一九三八年完成,为日本之大威胁,因此因素,日人必迅速侵略中国亦在此。

日人企图至少欲击破我主力及破坏我国防建设,最后占我华北,以使我多年不能恢复,彼可专心对俄,故日人乃大规模之破坏作战,决非不战而胜及小威胁而已。

英人不可靠,或对此次日人行动已有默契,亦未可知。

日人战略展开,必先取得下列五点:

上海、青岛、天津、北平、张家口。

日人对我估计错误,现动员计划及经费预算均须从新布置,现尚未完成其战略展开。

1. 我之重点　在上海虽胜利不能转移全战局,如在平绥线置重点则可转移全战局,而破坏敌人整个计划。

2. 持久问题　真正助我者只有苏俄,故保守平绥伸至察热,以保有与苏联之联系乃最重要者,因其他海外交通将被敌封锁也。

故当时应因应当时状况,或先击破攻南口之敌,或先击破承德南下之敌,如有大员活用第一、第二战区之兵力,以主力击破敌人乃为得策。

Ⅱ. 1. 应有专门刊物将十年内战,一·二八上海及长城作战,及阿比西利亚、西班牙以及此次南口、张家口、上海之经验,提供实际问题。

2. 虽战略上持久,但战术上仍应攻势,以求速战速决。

3. 战略上虽采内线,但战术上仍应取外线,随时包围敌人。

故集团防御战争、广大游击战争、广大民众之运动战,以此三原则以行作战。

Ⅲ. 武装民众

军委会之下设有总动员部,省有省动员部,县有动员支局或动员科。

(总动员部以军事、政治混合组成。)

每县估计壮丁数以不减地方生产力为限,将此壮丁尽量动员。成立补充师、补充团。

真正补充前线时再来一次动员(双重动员),经政治工作后再赴前线(以自愿为多),在补充团内不一定有枪,仅有刀、矛、坏枪等。

第二次动员后入某部队再发武器。

另以宣传鼓动使动员容易。

动员后之巩固工作,则为儿童妇女之鼓励、监督等,并帮助被动员者之家庭工作等,以巩固动员之确实,有逃回者积极监督,并禁止宣传入伍之苦。

战区工作

则为大本营之政治工作,如预计敌人可侵入者,作坚壁清野工作(战区工作委员会),规定清野区域、后方收容区域及后方收容办法,壮丁则事先编成游击队,在战区内扰乱敌之后方,其无游击兴趣则采其所长而分配战区工作。

故战区以参战为原则,后方以生产为原则。

粮食问题

政治部、经理部、地方绅士共同组织粮食委员会。

在行军中,军队过境前一二日行程派人与之接洽供给(或代价购买),战区则以代价向各地粮食委员会嘱其集中于粮食补给点。

补充前线部队时之出发时,沿途应由地方举行热烈欢送欢迎。

关于黄河架桥事,经用电话询问军委会谭科长,据云:

1. 刘主任呈有计划,系以漕渡为主,选定渡河点廿余处,征集及准备船只、门板等,以行渡河。

2. 陈立夫先生关于架桥之建议,前已向军委会说明,故日昨已电刘主任经扶,速派工程科科长来京,先到军委会办公厅报到,以便介绍与陈立夫先生及陈所推荐之工程师见面,研究一切云。

职泽　谨签
八月十一日

(2) 八月三十日下午八时会报

出席人:部长　曹次长　陈院长　胡军长　张副监　徐兵监
谷司长　项厅长　钱秘书长　黄校长　邵司令　王司长
徐司长　陈司长　朱司长　罗科长

Ⅰ. 朱司长报告筹设补充经过:

1. 各省　　保安团补充情形
2. 第一期　野战补充营 10 营
　　　　　后方补充营 20 营
　 第二期　野战补充营 71 营
　　　　　后方补充营 75 营
　 第三期　野战补充营 19 营
　　　　　后方补充营 55 营

共野战补充营 100 营,后方补充营 150 营。

Ⅱ. 部长:

分二种办法:

(1) 每师一个补充团,由各师自行训练。

(2) 本部另办补充营。

Ⅲ. 胡军长:

十九年战争时,八日内死伤六千余人,因本师自办补充团,每团有三千人之多,自己招募,随时训练,仅三星期即可作战,故损伤虽大,但始终可维持作战能力。

Ⅳ. 部长:

将平汉、京沪路上作战部队均成立补充团,团长亦由各师自派,即在其作战后方由其训练,至何师应成立,视其作战情形而定,由军务司长、兵役司长、徐参事、罗科长等负责办理。

十五公分炮限期做临时炮位(曹次长催城塞组照办)。

部长:兵的来源:

1. 照管区名册征集。

2. 无管区之省,责成省政府照数送来。

3. 招集志愿兵(广事宣传,使人民乐于抗日,奋勇应募)。

应即成立补充团者如下:

88D、36D、11D、14D、67D、20B.S.、57D、98D、教总、87D、56D、1D、6D、51D、58D、78D、27D、10D、83D、2D、25D、85D、21D、4D、89D

(3) 部长在国防最高会议之报告*

已抄一份呈部长。

自我廿九军于七月廿八晚退出平津,以后双方在永定河两岸为主力军集中,而南口与上海则先后发生激烈之战争,近数日来,京、沪、杭一带现发生激烈之空战,全面战争次第展开。谨将此期内情况概略报告如下:

Ⅰ. 敌人动态

甲、现在冀察热部队

1. 一般师　第四师在热河西部,第五师主力及第十师之一部在平津附近,第十二留守师主力在承德,第廿师主力在平南及平西,酒井部队在平北昌平附近,铃木重康部队在丰宁附近,华北驻屯军在平汉北段及北平丰台附近,混合部队(第六师之第十三团及第十六师之第廿团)在热西,以上共约六师。

2. 骑兵　骑兵第一旅及骑兵第四旅均在热察方面。

3. 炮兵　重炮兵第一旅、重炮兵第二旅、重炮兵第五团、山炮兵第三团,其主力现转用于平绥路方面。

4. 空军　空军第二、第四、第五、第七各联队,坂口及上条两联队,均在平津热察一带。

乙、输送中部队

---

* 原件无时间。根据内容,当为1937年8月16日。

计有第五师之一部、第六师主力、第十师主力、第十六师主力及骑兵第十五、第十六两联队,共约二师半。

丙、待机部队

计有第三师、第十一师及第十四师主力共约二师半。

丁、原在东北部队

计有第一、第九、第十二师及近卫师之半师,各守备队、骑兵第二、第三旅共约五师半(第四师及铃木部队亦系原在东北者,因已在热察方面使用,故未列入)。

以上部队统计,现冀、察、热一带对我作战者约十万人,再合已动员部队(合在冀、热、察者)共约十一师。

Ⅱ.我军概况

1. 河北正面

现我一面集中输送,一面将已到达部队先构筑沧保、沧石、德石三线阵地。

① 津浦路上第廿九军宋哲元部负责固守河间、任丘、马厂、大城、青县、静海、肃宁、文安各城寨;第五十三军万福麟所部固守文安、雄县、霸县等处。

② 平汉路上计有第廿六路孙连仲所部二师,第三军曾万钟所部二师及第二、第二十五、第八十五等师,固守涿县、定兴、新城、徐水、涞水、易县及保定、高阳、满城、完县等处。

③ 沧石线上计有第十、第三十二军三个师、第六十七军二个师、第三十九师等部及第十一路刘茂恩部二个师。

2. 察哈尔方面

计有汤恩伯部之第四、第八十九两师及第八十四、第二十一师及刘汝明所部,分别固守南口、龙关、张家口诸阵地。

自本月十二日拂晓,敌以步兵五千余人、野炮六十余门、唐克车三十余辆,猛攻我南口、虎峪村、苏林口一带阵地。战斗颇为激烈,敌猛攻五六次均被我击退,敌并飞机三十余架不断轰炸,激战至十三日上午,我军伤亡官兵约五百余人。敌伤亡加倍于我,被我夺回唐克车六辆,我阵地亦被敌炮轰平,激战至十四日上午,敌以重唐克车三十余辆,冲入口内外壕,工事均被填满,我军奋勇抗战,仍固守南口左右两侧山头与敌激战。十四日午后三时起敌增加一联队后,猛攻我南口左右两山头,战况之烈,空前未有,彼此肉搏十余次,迄至午后九时始将强敌击溃,毙敌四五百人,尸体遍山,夺获轻重机枪三十余挺,截至现在止,南口阵地仍在我手。我第八十九师罗团几全部殉国。

十五日,敌以重炮轰击我南口右翼高地,发弹三千余发,我89D533团第三营全营轰灭,南口右翼高地致陷于敌手。

元日我赵司令率部围攻商都,战况苦烈,寒日黄昏将商都攻陷。

3. 上海方面

上海方面自虹口机场事件发生以来,敌舰三十余艘群集黄浦江及吴淞口,并增陆战队四千余人登陆,并向我提出撤退保安队及撤除防御设备之无理要求,希图以武力威胁达到侵略之目的,经我严词拒绝后竟于十三日上午开衅,对我闸北保安队攻击,我军不得已而抗战,迄至现在止,我军到达前线者计有87D、88D、95D、56D、14D、57D及独立20B等部队,连日并已逐次占领敌根据地外围各要地,如八字桥、持志大学、沪江大学、爱国女校、广东中学及窦乐路、敌海军俱乐部等处,现正对敌虹口公园及杨树浦各根据地围攻扫荡中。本日下午,并用重炮击中敌在虬江码头之巡洋舰二艘,其一艘已不能行动,由二小舰夹住向吴淞口退出,我88D黄旅长梅兴在持志大学指挥进攻不幸中弹阵亡。

4. 空战概要

自十三日上海战争开始后,我空军于十四日晨出动轰炸敌舰及杨树浦敌根据地,予敌以重大之损失,其汇山码头、公大纱厂、日陆战队司令部均被毁,而自十四日下午起,敌大队飞机先后飞杭州、南京及浙赣各大都市轰炸扰乱,因之惹起最激烈之空战,我空军奋勇杀敌,予敌机以意外之大损失。计十四日下午,敌重轰炸机十一架,由台湾飞杭州、广德、长兴轰炸,被我击落三架,又六架似在浙省兰溪各处被迫降落,仅飞回十三架。十五日,敌机二十余架炸杭州,十六架炸南京。在杭者被我击落八架,在京者被我击落六架,本(十六日)在句容被我击落二架,击伤一架,在上海被我击落二架,在扬州、镇江被我击落三架,在嘉兴被我击落二架,共计三日来敌机损失已在三十架以上,我机仅受伤数架,空军人员死贰人,伤五六人。

军政长官会议记录

(1937年9月)

(1)部务会议

九月五日上午十一时

部长 次长 项厅长 徐参事

徐:

1. 现总动员设计委员长对总动员业务尚不能总其成,最好在大本营总动员部办事较好。

2. [缺]

3. [缺]

4. [缺]

部长:

唐总监意见现中央力量已完全用于南北二方,最少须练成十至廿师以控置之,既可用于前方,亦可控置后方。

预备师(正规军)

Ⅰ.就指定各省成立预备师十个,以中央库存及新购武器(不足者则以各省保安团中优良武器选用),编成正规部队控置后方,加紧训练。

补充军

Ⅱ．遵委座指定动员各省（每省十万）为标准，成立若干补充团，并各省成立若干保安团（以壮丁队补充保安团），以源源补充。

Ⅲ．民众武装组织

全国五百万人。

部长：

现拟每省组织武装十万，全国预计二百万，以维持第一线百余万之战斗力。

人员动员办法，已拟定送项厅长。

1. 军队政训
2. 民众政训
① 战地工作
② 后方工作

刘：

每战区设战地政治部

每县设一副县长（军人），以副县长为中心，办理与战事有关之事务（政治指导员之类）。

部长：

1. 战地指导委员会（每一战区划定区域，县长均受其指挥）。
2. 各县设政治指导员。
3. 民众宣传，使壮丁勇于入伍。

（2）闽绥署许高级参谋谈话

九月廿八日上午十时

Ⅰ．关于工事

有政府钢筋 80 吨　　水泥 2 000 桶

绥署自办钢筋 150 吨　　水泥 5 000 桶

现请省府再增加钢筋百余吨，水泥三至五千桶。

就现有钢筋水泥数,可做机枪掩体七十余个(每个钢筋三吨半,水泥一百廿桶)。

现第一线连江至福清海岸要线已开始构筑约四十个。

Ⅱ. 关于闽江之封锁

第一封锁区长门附近。

用轮船１只,大帆船五１只,用一线式,每船有二三十公尺之间隔封锁之。每日沉石块一万五千块(每块约重二百公斤)。

现在初步已封锁完成,正继续沉石块,约十月底全部封锁完成。

第二封锁区在闽安镇前方。

材料与第一封锁区同,现正准备中。

因第一区封锁后有二种顾虑。

(1) 该水道封锁后,在七十日内南方水道潭头港必冲开(现以北水道为主航路,南水道仅可行二百吨之小船,惟冲开后可以行二千吨之大船)。

(2) 闽江下游泛滥

因以上之顾虑,故须准备第二线之封锁。

Ⅲ. 关于炮台、水雷等项

第一封锁线敷设有水雷四十个。

在金牌门炮台左侧有鱼雷二个,随时可以放射。

有炮舰四只,内较大一只"楚泰"有 12 公分至 15 公分。炮四门已拆下,装于马尾前方。

其余三只小船(每船四百吨,炮之射程仅 4 000 m)则在封锁线内游弋警戒。

长门要塞有炮台五座(左三右二)。

主炮 28 cm 二门,射程 13 400 m;21 cm—35 cm 共 35 门。

崖石炮台 17 cm、12 cm 各一门。

闽安镇附近炮台 12 cm—21 cm 共 4 门。

Ⅳ. 现第一期作战工事十月底可完成,将来第二期作战(放弃福州后之作战)之工事另行计划。

(3) 战车防御炮分配使用计划*

(甲) 要领

一、现有之战车防御炮共一百廿四门,以大部分配于第一线兵团,以一部控置于后方要点,留待尔后机动使用。

二、分配于第一线兵团者,以沧保、沧石、德石线上之部队为主,而绥东、胶东、京沪、汉口方面亦可分配一部。

三、控置于后方者,以南京、徐州为主。

四、分配于第一线兵团者,以分配于军部(或总指挥部)为原则。各该军部(或总指挥部)应就战区内交通状况,预想敌方战车可以使用之方面,如铁道、公路大道各要点随时配属于所属之师。

(乙) 火炮现情

新购三公分七战车防御炮共一百廿四门(教导总队所有者不在内),其所属单位及地点如下:

1. 绥东 4D、89D 各一连,共十二门(马挽曳)。
2. 京沪区 87D、88D 各一连,共十二门(马挽曳)。
3. 装甲兵团所属一营计三连,共十八门(机械化在南京)。
4. 炮一旅负责训练一营计四连,共廿四门(机械化在汤山)。
5. 第一军负责训练一营计四连,共廿四门(机械化在徐州)。
6. 武汉分校负责训练一营计四连,共廿四门(机械化在信阳)。
7. 军校、步校、交辎校各一排(二门),共六门。
8. 库存四门(三门已不堪用)。

(丙) 分配办法

一、绥东 4D、89D 各一连,共十二门,仍旧属之。

二、京沪区 87D、88D 各一连,共十二门,仍旧属之。

---

* 原件无时间。

三、军校、步校、交辎校及库存者共十门,多已损坏,暂仍旧。

四、武汉分校负责训练之一营(廿四门)分配如下：

1. 26路孙连仲　一连计六门(使用于沧保线之平汉路附近)。

2. 14军李默庵　一连计六门(使用于沧石线之平汉路附近)。

3. 53A万福麟　二排计四门(使用于沧保线平汉路以东地区安新县任丘附近)。

该军所担任地区多湖泊(白洋淀),大道较少,故仅分配二排。

4. 29A宋哲元　一排计二门(使用于沧保线之吕公堡附近)。

该军之37D在满城附近无使用战车炮之必要,至38D及172D在沧保线上正面甚狭,故分配一排。

5. 汉口警备司令部郭忏　一连计六门(使用于汉口日租界,将来任务完成后再分配于第一线兵团)。

五、炮一旅负责训练之一营分配如下：

1. 40A庞炳勋　一连计六门(使用于沧保线津浦路附近)。

2. ?A(25D、85D)关麟征　一连计六门(使用于沧保线、德石线之津浦路方面)。

3. 3路韩复榘　一连计六门(使用于胶东方面)。

4. 3A曾万钟　一连计六门(暂控置于彰德)。

六、第一军负责训练之一营(廿四门)暂不分配,仍控置于徐州,以备尔后之机动。

七、装甲兵团所属之一营(十八门)暂不分配,仍控置于南京,以备尔后之机动。

第三者使用方面及线路之建议 *

(甲) 使用方面：

---

* 原件无时间。根据内容,当为1937年8月16日。

为使对于第一、第二战区之作战能直接发生影响,而与敌人侧方以威胁并顾虑给养关系起见,拟以察东龙关为根据,经赤城向丰宁、承德方面活动。

(乙) 线路

现第三者正在耀县、〔?〕县、正宁中间地区集结,为使迅速到达目的地,研究结果拟采如下之线路:

由韩城禹门口渡黄河,至新绛东之侯马上车,沿同蒲路至大同,转平绥路至宣化或下花园下车,再徒步至龙关,稍事休息,即开始向赤城活动。

本线路由耀县至侯马约十日,尔后改乘火车至下花园。因中间阳明堡至大同一段,车尚未通,亦用徒步约需五日可至下花园,再徒步至龙关约一天半可到,总共十七日即可使用于战场(其他路线均在一个月以上,至少廿七八日)。

(丙) 秘密方法

用现在115D、120D、129D番号,一切旗帜符号、服装改换,主官亦改名换姓。

〔二〕淞 沪 抗 战

（一）战前敌我态势

一、日军的挑衅活动与虹桥机场事件

张治中致蒋介石密电

（1937年7月9日）

(1)

急。牯岭委员长蒋钧鉴：○密。佳午电计呈察阅。荡茜口江面之兵舰二艘,确系日舰,已于佳申向下游驶去。谨闻。职张治中叩。佳酉。教。印。

(2)

急。牯岭委员长蒋钧鉴：治密。顷据第八十七师转据保安第四团电话报称：本日拂晓,有不明国籍兵舰一艘,在荡茜口江面向我岸发炮十余发后,又续到兵舰一艘发炮三十余响,现仍在荡茜口江面附近徘徊中等语。除饬严密监视妥为戒备,并努力侦察该舰国籍、名称、种类及其行动随时具报外,谨电奉闻。职张治中叩。佳午。印。〔吴县〕

何应钦致张治中等密电

（1937年7月20日）

急。苏州张司令官文伯兄、上海杨司令啸天兄、保安总团

吉团长、公安局蔡局长：〇密。据报日领馆情报处，近托租界工部局政治部长罗白森调查上海我方军警防地及员兵数量、主官姓名、武器名称等。罗白森近已令英捕房军事探长潘连璧，于一星期内调查完毕。现潘已指定探员唐洪生、茅国宝、石宝英、马心诚分东南西北四区侦查，并由日方发给临时车马费五百元，现已分头进行等语。特电查照，饬属严防为要。何应钦。哿酉。参。印。

俞鸿钧致何应钦密电

（1937年7月24日）

急。南京军政部何部长勋鉴：3932密。今晚日陆战队报告市警察局谓：据报今晚9时20分，有日水兵一名为华人掳去，不知下落等语。陆战队方面以搜查为名，派出水兵多名，并带有坦克车至天通庵、横浜路方面设立临时步哨，并在越界筑路搜查行人，俨似戒严状况。一时谣言四起，形势紧张。据报后，当即分别密饬军警严密戒备，力持镇定，一方面向日总领事交涉，告以该项报告虚实尚未查明，日陆战队不应操切行事，请转致海军当局静候调查，以免影响沪市治安。日总领事当表示日陆战队举动全警备，并无其他用意，请勿误会，并盼协助调查。等语。截至发电时止，尚无意外发生。谨释廑注。弟俞鸿钧叩。敬亥三。印。

俞鸿钧致蒋介石密电

（1937年7月28日）

特急。南京蒋委员长钧鉴：〇密。日方对我保安队之举动深为疑虑。闻今晨日海军武官本田对高司长宗武提及保安队之建筑防御工事，谓为违反停战协定。并悉本田不日将赴京谒见何部长促请注意。今午，冲野海军辅助官曾赴保安总团部谒见吉总团长，谈话二小时之久，作同样之表示，并要求参观。同时日总领事冈本向职询问增加人数及建筑、防务各情形,均经分别应付。查停战协定第一条有"不得有敌对行为"之规定,日方所根据者即此一语。但保安队即非正规军队,停战协定内亦无限制我国建筑防御工事之条文,日方自不得任意借口,姑无论我国建筑国防工事非他国所能过问,即使我国明告以在该区域内有国防设备,亦不能认为"敌对行为"。反之,日军队之武装侵入我区域(如八字桥等停战协定规定日军应撤退之地段),实为"敌对行为"之明证。职每逢彼方质问时,即根据上述理由婉辞答复,告以保安队任务本非作战,请其不必误会。除电军政、外交【部】长及参谋总长外,谨电奉陈。职俞鸿钧叩。勘亥。印。

张发奎致蒋介石何应钦密电

(1937年8月1日)

特急。南京军事委员会委员长蒋、军政部长何、参谋总长程:2376密。(1)昨据松江王专员报称:日舰炮击泥城镇情形,业于卅酉参二电呈在案。顷又据该专员报称:世午日机飞川沙低空侦察,东寅日舰五艘在金山海面探照,旋似向乍浦方向移动等语。(2)据杭州黄局长伯樵卅酉电略称:现日侨在杭者仅二人,余均离去。(3)刘军长报称:世戌平湖全公亭方面,到日舰一艘,因在夜深移动,方向不明等语。总合三点,敌侨离杭,敌舰、敌机活动情形似于杭州湾有所企图,揆其寻隙挑衅事变或所难免。究应如何处理之处,除饬属严察戒备并分呈外,恳迅俯赐机宜,以便策划为祷。职张发奎。东辰。参一。印。

张发奎致蒋介石密电

(1937年8月2日)

南京委员长蒋:〇密。准京沪、沪杭甬两路局黄局长东午电,据报:本日有日船在汇山码头卸下军用汽车一百数十辆,预测必有深入内地企图。现在江、浙两省公路四达,其前进必势敏捷,似宜预筹防御等由。谨电闻。职张发奎。冬午。参仁。印。

俞鸿钧致何应钦密电
（1937年8月6日）

南京军委会军政部部长何：1957密。连日冈本总领事与本田、冲野各武官又向市府表示,认我保安队之防御动作为违反协定威信及刺激日方。如不设法,恐两方情绪紧张,必激成事变。又：近日各日文报推波助澜,登载所谓通州保安队暴动,造成恐怖空气,以挑拨日侨对此间保安队之恶感。市府除据理解释婉言疏导外,已严饬所属,务必避免一人足以发生冲突之行为,坚忍沉着,以静待中央政策之推动。同时,恐日方此种表示及日文报之记载系有计划之宣传,为后来发动张本。故一方面向各国领事署及访员说明,一方面向日方要求取缔矣。谨闻。俞鸿钧叩。鱼亥二。印。

俞鸿钧致军委会等密电
（1937年8月8日）

急。南京军事委员会钧鉴、军政部何部长勋鉴：密。川越抵沪后,连日与海陆军武官及总领事等会商听取各方情报。闻彼正等候东京新训令再决定赴京问题。日高报告：川越谓我外部态度倔强,中央积极备战,情势悬隔,即使谈判亦属无益等语。沪日领事署情报处长池田传出消息,川越此来,系奉近卫直接电令,海军省方面亦属赞同。惟陆军省不以为然,并恐中国利用谈判为缓兵之计,不主张川越赴京。池田又云：川越如赴京,则将提出承认满洲国、共同防共、排除反日教育及重订关税等条件等语。谨闻。上海市长俞鸿钧叩。庚戌二。印。

张治中致蒋介石等密电

(1937年8月9日)

(1)

急。南京委员长蒋、部长何、参谋总长程、训练总监唐钧鉴:7191密。1.日军在沪兵力,近日来迭有增加,总合各方情形,计陆战队官兵约五千人,业经组织健全之在乡军人约三千人,壮丁义勇队三千五百人。各种轻重口径炮约三十余门,高射炮八门,战车及装甲汽车各约二十余辆。2.本日由长江上游抵沪之日舰,计九艘,连原有在沪之日舰三艘,合计十二艘。各舰可随时登陆之水兵,共计约三千人。3.准俞市长鱼亥电:日海省对第二舰队已下动员令,准备向青岛集中。姬路师团定删日到青,广岛、熊本两师团,定删日到津。4.日海军武官本田今晨电东京,略谓我保安队之设备,认为有增兵之必要,建议政府请将拟赴青岛之姬路师团及第二舰队调沪待机等语。谨电呈核。职张治中叩。佳戌。印。

(2)

南京委员长蒋、军政部长何、参谋总长程、训练总监唐钧鉴:7191密。1.据淞沪警备司令部报称:本日午后五时,有日兵五名,乘汽车一辆至虹桥飞机场附近向我射击,经我机场附护部队还击,该日兵等即乘汽车逃去。闻当时曾击毙二人,系着日军服装,刻正派员赴沪调查中。2.顷据八十九师转据保安第四团报称:本日午后一时,有不明国籍之兵舰三艘,在白苑口外游弋,三时向下游驶去二艘,六时复由下游驶来一艘,现该二艘仍泊白苑口外江面各等语。谨电呈。职张治中叩。佳亥。印。〔吴县〕

俞鸿钧致军委会等密电

(1937年8月9日)

南京军事委员会钧鉴、军政部何部长勋鉴：今日下午五时左右，虹桥飞机场附近，有日军官二人，乘小汽车越入我警戒线，向飞机场方向直驶，不服制止命令，反向我守兵开枪。守兵初未还击，后该车转入碑坊路，该处保安队士兵闻枪声仰视，该日军官复开枪向之射击，保安队遂还击，一时枪声四起，该车前轮乃跌入沟内。车内一日军官下车向田内奔走，在附近因伤倒毙。另一军官伤毙车外。检查身内有明片两张，印有海军中尉大山勇夫字样。我方士兵亦倒毙一名。当出事时，职用电话通知冈本总领事云：据报有日军官意欲冲入我虹桥飞机场，与守兵发生冲突。请派人处置，免致扩大。冈本通知日陆战队司令部后，据答复并无陆战队士兵外出，定系谣传，请勿轻信等语。日海军武官本田亦同样答复。后日领署与陆战队方面冲野武官及福井秘书前往调查。但发电时彼等尚未明真相。此事恐将扩大，除即设法向日方接洽外，特先电闻。职俞鸿钧叩。佳酉。

张治中致蒋介石等密电

(1937年8月10日)

南京委员长蒋、部长何、总长程、总监唐钧鉴：7191密。(1)据杨司令佳亥电称：本日下午五时许，有日本海军陆战队军官大山勇夫，随带武装士兵一名，乘汽车由虹桥路径向我虹桥飞机场冲入，我卫兵出面阻止，彼即斥枪射击，随向北沿碑〔牌〕坊路拒去后，经我警戒之卫兵闻枪声出探，被大山击毙，同时其他卫兵见状，还击时毙大山及其随带士兵挂椰，捡得手枪一支，刺刀一柄。刻正饬属密为戒备，并经由市府与日方领事谈判中。(2)据钟旅长灰辰代电称：据何团长蕃佳电报称：虹桥飞机场，于佳午后四时半,有日军数名冲入机场,当经我航委会特务团第八连卫兵劝阻无效,日兵开枪射击,卫兵因自卫还击,当毙日兵二名各等语。职除派员赴沪详查,并诰戒各部队沉着镇静,切勿浮躁,以免引起不预期之事变外,谨此电呈。职张治中叩。灰巳。印。〔吴县〕

俞鸿钧致何应钦等密电

(1937年8月10日)

特急。南京军政部何部长钧鉴、军事委员会勋鉴:7200密。虹桥机场事件今日双方仍在调查中,日方现尚无表示。本田海军武官发表谈话,谓决不让死者为无意义之牺牲。此刻希望侨民镇静,信赖当局以谋解决。据报日方有将借口本案要求撤退保安队之说。除随机谨慎应付外,谨闻。上海市市长俞鸿钧叩。灰酉。印。

张治中致蒋介石等密电

(1937年8月11日)

南京委员长蒋、军政部长何、参谋总长程、训练总监唐钧鉴:7191密。(1)据淞沪警备司令部电话称:1.本日上午六时,有不明国籍飞机三架,在我虹桥飞机场上空盘旋。2.本日上午十一时半,有日巡洋舰四、驱逐舰十二,由白龙港向上海前进,计合原沪泊之日舰十三艘,共为二十九艘。3.川樾运动英、美各国领事,拟沪上十二英里内,划为非战区。(2)准上海俞市长蒸电称:1.日第二舰队已于今晨四时由佐世保出发来沪。2.日陆军省于今晨四时,对五十三岁以下之后备队下动员令。3.日第十六驱逐队,昨晨已沪泊吴淞口外。4.日原拟熊本、广岛等师团于删日左右抵津后再犯保定,但现时已准备将平津部队先行推进。各等语。谨电呈。职张治中叩。真未。印。〔吴县〕

张发奎致蒋介石密电

(1937年8月11日)

即到。南京委员长蒋：内密。据报：本日上午七时，敌机六架先后飞杭州笕桥一带盘旋侦察，经我方派机压迫，即向宁、绍方向逸去。我机追踪侦察，发现杭州湾出口洋面停泊敌舰约念艘，阵容甚整。昨夜九时以后，并有敌舰三艘，先后驰泊金山卫，用探照灯向乍浦一带探视，拂晓前即他驶等语。判断敌有以海空军扰乱我沿海及杭州湾企图。查杭州湾北岸乍澉浦一带，已有相当兵力严密警备。惟南岸绍兴、余姚一带刻尚疏防，王皞南所属卅七旅巩固宁镇，似嫌单薄，势难再令兼顾。现驻五夫、余姚之戴民权师指挥系统，迄尚未蒙复示，一旦变起仓卒，甚感呼应不灵。职意拟请增调一师，归王皞南指挥，责令防守杭州湾南岸亘象山港区域，庶责任专一，而缓急可恃。当否？敬候核示。职张发奎。真未。参一。印。〔嘉兴〕

俞鸿钧致军委会等密电

(1937年8月11日)

急。南京军事委员会钧鉴、何部长勋鉴：7200密。今午四时，日总领冈本来见，谓虹桥机场案发生后，日方以着海军制服之军官及水兵为华人惨杀，认为对皇军重大侮辱，全国愤激。故彼奉命查询我方对此案之态度，及在本案未正式交涉前，为避免同样事件之发生，计提下列二点：(1)撤退保安队。(2)所有保安队之防御工事应拆除等语。当答称：我方对本案亦甚重视，故决定以公正至诚之态度从事调查，俾明其真相，届时自可根据调查结果，循外交常轨，谋圆满之解决。至避免再起冲突一层，我方亦早经注意。出事之夜，本市长已自动令饬保安队步哨之贴近日侨居住区域者一律离开，至该处堆置之沙包铁丝网等物，系为免市民惊惶，亦已令饬迁去。故贵方所要求者，我方早已自动办理。日领继要求双方派员决定保安队撤退之距离。当驳称：我方为避免冲突，饬保安队步哨离开日侨居住区域，系自动行为。该处系我国土地，无所谓撤退，更无所谓距离。双方派员云云，自不能同意。日领旋指责保安队之军队化及战备之违反协定妨碍治安。当经一一驳复，并告以我方为避免冲突，现已令保安队步哨离开日侨。如日侨不守秩序任意挑衅，恐纠纷终不能避免，应请制止。又，第二舰队闻已到沪。是日，日方一面赞同以外交方式解决本案；一面增兵威胁，殊属不合。日领谓该案发生，日海军非常愤激，故不能不有表示等语。双方辩论三小时，日领始辞去。临行时，谓彼对市府之诚意甚为感谢，当报告政府及转知各方。并谓日政府已训令日高赴外部为同样之要求，谅南京方面不久将有训电到沪云。今日冲野武官亦赴警备司令部，转达上述各点。谨闻。上海市市长俞鸿钧叩。真亥。印。

杨虎致何应钦密电

（1937年8月11日）

急。南京何部长钧鉴：7200密。虹桥事件，现尚在调查接洽中。本日下午四时，日使馆派冲野武官偕总领馆秘书福井来部谈话，市府亦派代表参加。彼方谈话要点：上海中日双方一切误会，均由保安队积极军事准备而起；今日海军陆战队二千人来沪，纯为护侨；现在要免除双方误会，须令保安队撤退，并废除一切防御工事，则新来之陆战队，亦可撤退云。味其语气，似即将正式提出抗议。除力持镇定外，谨闻鉴核。职杨虎叩。真申。印。

俞鸿钧致何应钦密电

（1937年8月12日）

急。南京军委会何部长勋鉴：7200密。今日下午三时，淞沪停战共同委员会应日方代表冈本总领事要求，召集紧急全体大会。冈本谓我方保安队及正式军队在限制区域内继续推进为作战准备,不独妨碍租界安全,且违反停战协定,应请各国代表注意及采取有效方法制裁。当依法据理驳复谓:(1)停战协定早为日方破坏。因日方军队时常侵入八字桥一带区域,该处地段按照协定,日方军队悉应撤退。(2)日方既破坏停战协定,则根本无依据该协定作任何提议之权。(3)日方每利用共同委员会为实施该国侵略政策之工具,于己有利时则提及之,于己不利时则漠视之,应请各国注意。(4)日方对于虹桥事件,一方同意以外交方式解决,一方军舰云集、军队增加、军用品大量补充,此种举动影响各国侨民生命财产之安全,且对于我国威胁与危害。根据上项理由,应请大会对日方请求驳斥,并对日方之威胁行为报告各国。同时告以中国方面虽认今日共同委员会之召集为无谓,但如各中立国代表能以友邦使领代表资格加以调处,我方自所欢迎,惟办法必须平允等语。后中立国代表问双方军队能否隔开以免冲突危险?当驳称:我方队伍在本国领土,采取自卫行动,并无不合。日方军队如能撤退,自无冲突危险。至此,会议顿成僵局。厥后我方表示:中国军队当恪遵中央"人不犯我,我不犯人"之一贯政策,如日方不向我攻击,当决不向其攻击,请各国放心等语。日方代表继为同样表示。遂散会。谨闻。查本日会议经过关系重要,除在各中外报纸尽量披露并阐明日方首先破坏停战协定外,并通知各国通讯记者发电宣传矣。并闻。俞鸿钧叩。文戌。印。

二、国民政府的抗战准备

蒋介石致何应钦电

(1937年7月4日)

南京军政部何部长勋鉴:(一)第二师秘向顺德、元氏推进。(二)第十一师、第六十七师,限一周内在平汉路南段集结完毕。(三)调第十六师到嘉兴填防。(四)调沅陵第六十师、贵阳第五十九师、第九十两师集中长沙、岳州待命。(五)第十四师集中武汉。(六)第六十三师暂驻江山、上饶间。(七)贵州第二十六师,调沅陵接防。(八)独立卅四旅,调常德接防。(九)第二十八师,调西安接第卅六师防务。(十)江阴要塞,由八十八师抽一高射炮连增防,钱唐江铁桥,由八十七帅抽一高射炮连任防。除分令外,特电知照。中正。支戌。侍参。京。

蔡劲军致蒋介石电

(1937年7月12日)

牯岭委员长蒋钧鉴:(1)沪日军日侨表面安静。我保安、警察两部已就防线戒备,苟有不测,誓死拼抗。惟淞沪应变指挥大员,敬乞考虑。(2)虬江码头已落成,关系颇巨,保守破坏,宜早定计。(3)市中心区线重要据点工事,请军委会速饬兴工。(4)职警察总队所需弹药器材,已报军政部,尚未蒙批发,乞饬速发为祷。职蔡劲军叩。文。印。

此件有钱大钧签注经蒋介石批改如下:

一、京沪由张治中负全责。

二、虬江码头,前军委会曾令沪市府、警部,不必破坏。

三、沪市中心区,原有借市府十周年纪念筑牌楼之便,掩护兴工,拟饬将进度具报。

四、沪市保安队及警察总队,准令军政部补充弹药。

五、前预定开沪之钟松旅一团,拟饬从速开至近便地点。

钱大钧〔印〕七、十三。

蒋介石致何应钦等密电

(1937年7月13日)

南京军委会何部长、程总长、唐总监、徐主任:2894密。

(1)京沪区着令张治中迅即前往负全责。(2)虬江码头不必破坏。(3)沪市保安总团及警察总队准由军政部补充弹药。(4)前预开沪之钟松旅一团应从速开至近便地点。中○。元。侍参。牯。

蒋介石致俞鸿钧等密电稿

(1937年7月13日)

上海俞市长、杨司令:3112密。沪市中心区国防工事已否完成?盼将进展详报为要。中○。元。侍参。牯。

俞鸿钧致蒋介石密电

(1937年7月14日)

牯岭委员长蒋钧鉴:元侍参牯电奉悉。治密。窃查沪市国防工事系秉承中央派员指示,按照地区形势分别缓急分期举办。所有现在主力部队驻扎区域之四郊据点第一期工程已经完成,由军委会派员接收在案。市中心区部分亦已令饬赶办。其计划系利用本市政府十周纪念之时建筑纪念门七处,均附设机关枪小炮掩体,并建筑警察派出所及守望亭各一处,内亦附设掩体,一面将市中心区警察分局设法加添,并在虬江上游建闸,以节制水位。所有地点图及说明书亦经谨呈军委会核示。谨复。职俞鸿钧叩。寒申。印。

何应钦致周至柔密电稿

(1937年7月23日)

航空委员会周主任勋鉴:3112密。据报:连日沪日海陆军方面甚不满于中国飞机之侦视举动,闻对华机环绕日军营一节,正请示应否提出抗议等语。查上海为我经济中枢,目前我空军不可在沪挑衅。为要。何应钦。梗。参。印。

张治中致蒋介石等密电

(1937年7月30日)

南京委员长蒋、部长何、参谋总长程、训练总监唐:3112密。我在北方作战,固不宜破坏上海,自损资源。然若敌方有左列征候之一,如1.敌决派陆军师团来沪,已开始登轮输送时;2.敌派航空母舰来沪时;3.敌在长江舰队来沪集合时;4.敌在沪提出无理要求甚至限期答复时,即可断定敌必发动无疑。则因我主力军远在苏、常以西,输送展开,在在需时,且上海保安团抵抗力薄弱,诸种关系,似宜立于主动地位,首先发动,较为有利,曾迭电具申意见,未蒙核示。兹预拟本军行动标准,谨电呈核,是否有当,敬祈示遵。职张治中叩。卅未。印。〔苏州〕

张发奎致蒋介石密电

(1937年8月3日)

南京委员长蒋:○密。江辰侍参京电饬五十六师速开蚌埠接防等因,业经转饬遵办。该师分驻太散,集结需时,恐至速亦须在佳日左右方能开始输送。惟查本区在平时状态,以一师兵力分布警备,已感不敷。现在阮师甫经复员,刘师又奉令他调,因之本区兵力,结果复只一师。日来敌机敌舰不断在杭州湾及浦东一带肆意侦察,沪杭铁路、公路沿线,又复伏莽潜滋,异常活跃。阮师遵令更须派兵一团担任杭州各飞机场防护任务。是时局愈趋严重,本区兵力反较平时为弱。每顾仔肩,不胜惶悚。钧座宵旰忧勤,诚不敢以过虑之词,妄渎钧听。第念一隅疏防,动碍全局,心所谓危,难安缄默。务恳迅调师旅早日增防,并祈示遵为祷。职张发奎。江亥。印。

何应钦关于中央军事准备报告稿

(1937年8月7日)

中央之军事准备(部长在国防会议之报告稿)

八、七、

(一)卢沟桥事件发生后,中央之准备工作。

七月七日晚,卢沟桥事件发生,我卅七师开始抗战后,本人适在重庆主持川、康整军会议,于九日奉委座电令,即日返京。遵即将整军会提前于九日下午闭幕,于十日下午飞返南京,遵照委座意旨,准备一切。

Ⅰ.委座之紧急处置。七月九日手令:

(1)令驻平汉路南段孙连仲第二十六路两师,向保定集中,并电商宋明轩,令庞炳勋部与高桂滋部,皆向石家庄集中。

(2)徐主任转程总长、唐总监、何部长:倭寇挑衅,无论其用意如何,我军应准备全部动员,各地皆戒备,并准备宣战手续。如前令各部开动外,第二十一、二十五各师及第三军,亦令动员候调为要。

Ⅱ.本人返京后之准备工作。

本人返京后,遵照委座准备全部动员,整个抗战之意旨,邀请在京各军事长官及参训军各主管负责人员,每日下午九时至十二时,举行会报。分别将一切军事准备,均由平时状态转移为战时状态,并详细研讨作战上之方针与策略,呈委座核定。所有积极准备情形,均有详细记录,可作将来抗战之文谳。此项准备工作之比较重要者如下:

(1)战斗序列草案之规定。将全国军队列入抗战序列者,第一线约一百个师,预备军约八十个师,已呈委座核定,不日当可颁布。而依照序列,使用于河北者,共约五十师,正源源向沧州、保定、石家庄一带集中。

(2) 弹药之整备。将军政部年来存储之弹药(约可供全军作战六个月之需),拟定计划,依作战之要求,分设弹药总库若干及分库若干,约计在长江及黄河以北,屯积三分之二,江南屯积三分之一,现已按计划搬运完毕。又为准备长期抵抗,我兵工厂万一被敌机炸毁,为求弹药可以源源接济,已与法、比两国商洽购办。第一步由香港入口,如香港不能入口,则出海防经安南入广西,其沿途运输状况,已与李总司令会商,可望打通此条国际交通线,使军械与弹药,可以源源接济。

(3) 粮秣。准备购办一百万人、十万匹马之六个月份粮秣。

(4) 防空及新兵器之分配。所有防空高射炮、高射机关枪、三七战车炮、八·八高射炮及各要塞之新炮,均已分配妥当,分别配置及限期装置。

(5) 总动员之筹划。已呈准设立总动员建设委员会,办理全国总动员事宜,由本人担任主任委员,各关系部次长,皆为当然委员,现正积极进行中。

(6) 交通通讯之整备及器材之购办,正积极办理,如在沪上新购卡车在三百辆以上。

(7) 兵员之补充及民众之组织训练。已成立补充兵三十营,其民众之组织、壮丁之训练,均已拟有详细计划。

(二)平郊战事发动后,中央之增援准备。

卢事发生后,中央之准备,其大致已如上叙,而自宋主任到天津后,平津和平空气甚为浓厚,中央派入河北之先头部队孙连仲、庞炳勋两部,共三师一旅,指定到达沧、保后,归宋主任指挥。惟至廿二日又来电陈明,与日方协定之三条件,并谓就今日情形观察,此事或可暂告一小段落。陈明三条,请委座指示之养电。故自十一日起,至廿四日止之两星期中,完全在日方和平欺骗手段中而渡过。本人于十五日已见到日方之狡计,曾有删电致宋主任,内有"查日人效一·二八故智,先行缓兵,俟缓军到达,即不顾信义,希图将我二十九军一网打尽,形势显然,最为可虑,望即切实注意,计划应付"等语。嗣后果不幸而言中,殊堪浩叹。至二十五日起,日方果开始向我廊房进攻,至二十六七两日,竟大举包围北平四郊,南苑、北苑、西苑、丰台、廊房、团河等处,皆有激烈之战争。宋主任俭电呈明,拒绝日方最后通谍〔牒〕,决心抗战。并谓固守北平,三五日可无虑,请中央速派大军增援等语。本人乃于廿八日上午,奉委座谕约集程总长、唐总监、徐主任、陈院长及有关诸幕僚开紧急会议,当决定迅速增援北平,一面令已到保定之孙连仲二师,星夜向永定河推进,归宋主任指挥,并令五十三军推进至保定,亦作增援北平之准备;一面令内地动员各部队,迅速输送向沧州、保定之线集中。比经呈奉委座裁可,于二十八日正午下令照办。孙部当即用火车输送,其二十七师预定至长辛店下车,卅一师预定至涿县下车,向固安集结。乃该部于当晚行至中途,而宋主任已离开北平,该部乃中途下车,在琉璃河占领阵地,收容二十九军。因时间仓卒,中央增援部队,不能依计划参加北平战争,此不能不引为遗憾者也。

至中央空军,亦已全部准备出动,并已与阎主任商定,以太原为根据地(请绝对秘密)。惟因河北境内,平时无飞行场及油弹之准备,在飞机性能上,无法飞往平津参战,虽经派员前往积极准备与部署,然已不及矣。

何应钦致蔡劲军等密电

(1937年8月9日)

急。上海警察局蔡局长、保安总团吉团长:7200密。沪上形势日趋紧,日方蠢蠢欲动,希严令各官兵遵守纪律,在未奉到委命令以前,不许对日人有挑衅行为,致惹起无计划之冲突为要。何应钦。佳午。参。印。

上海作战日记

(1937年8月11日)

八月十一日(真)

一、日方向政府提出下列二点:

(1) 撤退保安队。

(2) 所有保安队防御工事应拆除。

二、日本第二舰队闻已到沪。日方一面赞同以外交方式解决本案,一方增兵威胁。

中央决心围攻上海,本晚处置如下:

(一)令张司官治中率领第八十七、八十八两师于今晚向预定之围攻线推进,准备对淞沪围攻。

(二)令蚌埠之第五十六师星夜开苏州,归张治中指挥。

(三)令嘉兴炮二旅即开炮兵一团赴苏州归张治中指挥。

(四)令炮十团(新十五榴)在京之一营开赴苏州,归张治中指挥。(炮十团之一营及炮八团原已在苏、锡一带。)

张发奎致蒋介石何应钦密电

(1937年8月12日)

限即到。南京委员长蒋、军政部部长何:2376密。万急。文白兄所部,闻真晚已推进上海附近,坚邀本区派部推进龙华。职以沪杭线上仅阮师一团集结嘉善附近,推进后则全线即无一兵可资连系,且未奉明令,不敢擅动。故昨星夜仅将嘉善一团进驻松江。兹情势渐迫,文白兄方面似已决心主动,本区后续部队,尚无到达确期。除顾虑双方协同,先将守护杭州飞机场一团星夜车运松江集结待命外,究应如何处理,恳迅明令指示,俾有遵循。职张发奎。文未。参一。印。〔嘉兴〕

张治中致蒋介石何应钦密电

(1937年8月12日)

(1)

急。南京委员长蒋、部长何钧鉴：1120密。本军从贯彻扫荡淞沪日军之目的，即于本十一晚，以已准备之火车、汽车输送现有军队至上海，置重点于江湾、彭整〔浦〕附近，准备对敌猛施攻击，进占敌军根据地而歼灭之。对各部之处置如下：(1)现在上海地方部队，主力固守真茹、闸北、江湾市中心区、吴淞各要点，一部警戒沪西沪南，掩护军队前进。(2)八十七师推进有力一部，确占吴淞，主力输送到达前进展开于大场、江湾以北地区后，再推进至江湾市中心区，准备攻击，另以有力之一部，控制罗店、浏河。(3)八十八师欠一团输送到达前进展开于真茹、大场(不含)之线后，再推进至闸北、江湾(不含)准备反击。(4)炮十团一营及炮八团，进至真茹、大场占领阵地。(5)钟旅在松江之一团，转苏嘉路至南翔待命。(6)五十六师输送到昆山后，进至太仓支塘待命。(7)八十八师五二七团至南翔，为总预备队。(8)职拟十二日上午进至南翔。职张治中叩。文丑。印。〔吴县〕

(2)

限即到。南京委员长蒋、部长何钧鉴：外密。1.职于今文日午前八时半到达南翔。2.八十七师二五九旅，本晨火车输送至真茹完毕，现推进至江湾市中心区。五二一团(欠一营)已由汽车输送，确占吴淞。师部及五二二团一营已至顾家宅，余尚在汽车输送中。3.八十八师已有二列车到真茹，余在陆续输送。4.炮十团一营在大场、真茹占领阵地完毕。5.余部均在输送中。职张治中叩。文巳。印。

(3)

限即到。南京委员长蒋、部长何：○密。本军各部队在本日黄昏前可输送展开完毕,可否于明(元)日拂晓前开始攻击。我空军明晨能否同时行动？能否调张大队长廷孟担任是项任务？乞示知。职见一般对空军似有微词,如能于此役发挥我空军极大威力,则可稍一振中外人士之观听,幸甚,祷甚。职张治中叩。文午。于南翔。印。

蒋介石复张治中密电稿

(1937年8月12日)

限卅分到。南翔张司令官文白兄：文巳、文午电悉。○密。希等候命令并须避免小部队之冲突为要。中○。文酉。侍参。京。

(二) 战争爆发后敌我双方的作战部署

一、日军的兵力调动与侵略企图

张治中致蒋介石何应钦密电

(1937年8月13—19日)

(1) 8月13日电

南京委员长蒋、部长何钧鉴：7191密。据淞沪警备部电话称：1.淞沪一带日舰共三十二艘,其中第三舰队十三艘,任黄浦江作战,现仍泊港内；第二舰队十九艘,任长江上游方面作战,正准备陆续循长江上驶,前报全部出港系属错误。2.昨日各日舰登陆之二千一百人,均为正式陆军,大部驻北四川路附近,一部驻公大一厂。又据八十七师唐参谋转保安总团电话称：本日午后三时,有日舰十

九艘开出黄浦江,循长江上驶各等语。谨电呈。职张治中叩。元辰。印。〔南翔〕

(2) 8月18日电

南京委员长蒋、部长何:1120密。据淞沪警备部驻沪情报科长钟桓本晨电话报告:1.黄浦江烂泥渡附近阻塞,现又将日商轮四艘沉没,成为第三线,昨夜全部完成。2.据调查日军此次死者在一千五百人以上,伤者倍之。现援军未到,而昨晚以来,驻在杨树浦天主堂之日军亦移走,非退却即准备返〔反〕攻等情。谨闻。职张治中叩。巧辰。参。印。〔南翔〕

(3) 8月19日电

南京委员长蒋、部长何:1120密。据上海市警察局督察阮永祺电话报称:据法国某通讯社消息,敌已由其本国运输三师团兵力到达吴淞附近,拟于本日以飞机八十架掩护由浏河方面登陆,乍浦附近亦有敌舰六艘。等情。谨闻。职张治中叩。皓巳。参。印。〔南翔〕

钱大钧致蒋介石电话

(1937年8月19日)

(一)萧同兹电话,据上海中央社皓(十九日)晨四时密电:外人所传消息,【日】运输舰十六艘载大量陆军与坦克车已抵浏河。又:二万六千九百吨航空母舰一艘,飞机八十架已抵吴淞口外。又:日舰三十艘(其中巡洋舰五艘)载陆军三师陆续抵沪,皓准备登陆。

(二)南翔电话已修通。职已向上项情报告张文白,侦察据云有相当确实。今晨刘和鼎报告,有敌侦查机,在浏【河】口至太仓道路上侦查数次,沿江各口均停有日舰云。南翔附近敌机九架前来轰炸。

(三)敌机八架今晨至江阴轰炸炮台,现尚未去。职钱大钧呈。八月十九日上午十一时。

俞鸿钧致军委会等密电

(1937年8月19日)

南京军事委员会钧鉴、军政部何部长勋鉴:7200密。据报:(1)万国商团消息,日本水兵四千,将在常熟登岸。(2)日本派松井大将来沪主持军事。谨闻。上海市市长俞鸿钧叩。皓未。印。

张治中致蒋介石何应钦等密电

(1937年8月20日)

南京委员长蒋、部长何、吴县副委员长冯:〇密。据三十九军参谋处长陶云鹄电话报告:(1)敌舰二艘拖大号民船十余只,于今日午前九时经川沙港上行,内有一舰于十时通过杨林口,其余舰船行动不明。(2)又敌舰二艘,于前七时,经过杨林、七丫至福山后复折向下游徐行。又据苏浙边区主任署高级参谋长袁亮甫电称:白龙港附近有敌舰三十余艘,航空母舰一艘,企图在该方面登陆,巧、皓两日对我守备部队发炮甚多,终未得逞各等语。谨电呈。职张治中叩。号申。印。〔南翔〕

何应钦致俞鸿钧密电

(1937年8月25日)

急。上海俞市长:7200密。据确报,日舰载陆战队约五百余人,悬英国旗,靠英商其昌码头,登陆后向新三井袭击,经被我击毙数十名始退。又据报,各日小轮均挂英旗,沿浦东各码头侦察军情,有偷渡企图各等情。除通知外交部外,请就近交涉制止,以杜诡谋。何应钦。有酉。参。印。

俞鸿钧致行政院等密电
(1937年8月25日)

特急。南京行政院、军事委员会钧鉴：外交部、军政部勋鉴：7200密。今晚东京官方广播消息，第三舰队司令长官长谷川今日下午四时宣布：于今晚六时起封锁扬子江口至汕头海面，所有中国船只均一律没收。惟第三国船只在相当条件下可自由出入。等语。谨闻。上海市市长俞鸿钧叩。有亥。印。

陈诚致蒋介石等电
(1937年8月27日)

特急。南京侍从室呈委员长蒋、军政部长何：卧密。综合本日情况如左：(1)松井宥(26)日申召集陆海空军首领会议决定：陆军三师，决以一师在宁波登陆，二师在罗店登陆。以海军接沿海各口岸，空军开始轰我内地各处。殷行有敌千余登陆，殷巷〔行〕失守。原守该处第八十七师决今晚反攻。(3)浏河口宥晚有敌数百向我阵地攻击，当经击退。据俘虏供称：该处仍为敌四十三联队。(4)罗店方面敌企图夺取汽车站，并拟突入我六十七师与十一师空隙，当今击退。该方面之敌约二三千人，现仍与我对峙中。(5)杨林口、七丫口间有敌舰廿八艘、输送舰二艘、民船火轮各十余只，下午向我马乔口炮击，有在该处附近登陆企图。(6)职戌刻赴太仓布置。谨闻。职陈诚。感亥。参苏。印。

顾祝同致蒋介石密电
(1937年9月1日)

南京委员长蒋：外密。据刘建绪艳申电略称：(甲)据王皞南报称：(1)陈德法旅已遵令于俭日向龙华开拔；(2)杭州湾江面停有敌舰廿余艘,敌机连日飞甬侦炸,确有由甬登陆企图,要塞未配高射兵器,有被炸之虞;(3)沿象山港北岸杨家岙镇、海龙山之线,正面极广,且该港水面深阔,敌舰可以到处登陆。又定海、普陀两岛放弃恐资敌,固守耗兵力,计全区最少,须有步兵十团,配属炮兵水雷,方臻巩固。(乙)据李觉报称:温台区自鳌水至象山港海岸线甚长,本师全力扼要据守配备,指挥连络亦极不便,且无对空对舰兵器,难期防守严密。(丙)(16)、(19)、(62)、(63)、(新)(34)各师均已到指定位置。惟(52)师尚在输送中,据该师长卢兴荣面称:武器极劣,请调换。又据艳亥电略称:有敌舰一艘,驶至镇海洋面相距一万五千米。已饬顾师赶筑工事,如敌登陆,则集结主力迎头痛击。等情。除复饬统筹妥为部署随时策应外,谨闻。职顾祝同。东未。参翔。印。

张发奎致蒋介石等密电

(1937年9月1日)

机急。限即刻到。南京委员长蒋、军政部长何、参谋总长程、大本营黄部长:○密。(一)李师长报称:敌兵约千余,午后在浦东三菱码头登陆。又据英人云:日本通知英领馆,敌今晚对八八师反攻。(二)虹口敌增一大队,罗店有五敢死队,拟今亥向我反攻。(三)据四五旅报告:天妃宫二十华里有敌舰四艘,但无动作。(四)午刻石湖荡之卅一号桥,已被敌机炸毁。(五)汇山码头有敌运输舰二艘,有卸军火等情。除分报及通知顾、陈、张诸司令外,谨闻。职张发奎叩。东戌。参二。印。〔嘉兴〕

蒋介石致张发奎密电稿

(1937年9月2日)

急。嘉兴张总司令:东戌参二电悉。○密。浦东方面登陆之敌,务必极力拒止,即或不能拒止其登陆,亦须设法围困,扼制其发展为要。中○。冬未。一作。印。

顾祝同致何应钦密电

(1937年9月4日)

南京部长何:6210密。综合情报:(1)浦东方面,江亥敌机数架,于陆家咀春江码头轰炸后,有敌小艇数只,企图第二次登陆,旋即被我击退。(2)淞沪方面,江西黄浦江面到敌舰十一艘,每艘拖驳两艘,每艘约载兵五百人,当时原在浦江之敌舰兵摇手欢呼,似系新由日本调援者。(3)本日未刻,敌轰炸机六架,在闸北谭家桥上空被我八十八师高射炮击落一架,驾驶员死机内,特闻。顾祝同。支亥。参。翔。印。

张治中致黄绍竑密电

(1937年9月5日)

急。南京大本营第一部黄部长季宽兄:内密。淞沪作战已越三周,敌虽增援至三师团以上,已在川沙、吴淞、张华浜等处登陆,然其活动范围仍限于江岸狭小区域,至今仍未能打成一片,以后发展当不非易。判断敌之意图,最近若不得逞,势必由国内不断增兵,在沿江沿海继续扩大战斗区域,以上海正面为顶点,南至杭州湾之海宁,西至江阴,恐均将成为阵线。我军似须有敌若增一师团,我则以二师至三师当之,始可应付裕如。大本营方面,对以后至少三个月内,敌能派出增援之兵力,谅有估计,我军适应抗战之兵力,谅不有准备,以期为坚强持久之抗战。至上海正面如现在第一线阵地外,并在后方构筑阵地数线,甚为强固,且我卅六、七八、八八各师及钟松旅官兵,皆能沉着而有经验,若两翼无有顾虑,则持久作战,尚有把握。谨申意见,借贡参考。弟张治中叩。歌午。参。印。[安亭]

大本营情报

（1937年9月6日）

九月六日上海周特派员电：日方私人消息：（一）沪战误于海军当局轻敌，陆战队死伤六千七百余人。当初东京计划，决以第三舰队在华南各海口为牵制动作，待华北军事发展，后以陆战队屡战屡败，南口相持不下，乃不得不变更战略侧重沪战。志在占得杨树浦与翔港之飞机场为空军根据地，但非攻占浦东，难保安全。因如七次炮击均未得手，陆军伤亡亦多至两旅，虽由杨林口、吴淞、浏河等处登岸，仍难通过罗店一带切取联络。前日续到之援军两个师团昨日多加入作战，双方死伤均巨。明日尚有两个师团到沪，主力战必在八日午前。正由预定一个飞行旅团来沪，因厦门急需空军，拟各派一个联队，明日后也可运到，准备大举轰炸并掩护陆军在浦东登岸。

张治中致蒋介石何应钦密电

（1937年9月8日）

南京委员长蒋、部长何：5257密。据报：1.敌准备开沪作战之部队计六师团，据已查知之番号为第三、第八、第十一、第十九等师团，其重增之二师团，亦已到沪。2.阳辰至午，黄浦各码头共到敌运输舰六艘，目睹登陆之敌军，约四五千人，其中以机械化部队为多。后到两舰，计卸下灰色陆军飞机三十八架，重机关枪八十挺，均运往公大一厂。3.敌已到沪之骑兵，约五六百人，敌军前存黄浦各码头之弹药，今已悉数运至裕丰纱厂。4.敌松井大将现住在云舰，泊其昌码头，第二号筒四周设有鱼雷网。5.吴淞为第十一师团之天谷旅团。张治中叩。齐巳。印。〔安亭〕

军事委员会第一部作战组情报

(1937年9月11日)

据报,日本参谋本部对华战略有所变更,因我方在上海一带兵力雄厚,不易得手。拟在大批援军开沪后下总攻击令。若不再得逞,即改以攻为守,而调大军犯青岛,呼应津浦线之敌军,并以若干小部队进扰海州以为辅。如此则华北危急,中央定派大军往援。此时上海必感空虚,日军即可待机进攻。

蒋介石致张治中密电稿

(1937年9月12日)

嘉兴、安亭张总司令:○密。据陈总司令诚佳亥谍电称:据报东京令限十八日前攻下淞沪,现决分五路进犯,并拟以便衣队袭南市、浦东、沪西,委高桥汉奸麂权为队长,着华军服,浦东方面穿警服等语。仰饬属注意。中○。文巳。一作○。

陈诚致蒋介石等密电

(1937年9月12—13日)

(1) 9月12日电

特急。南京委员长蒋、部长何:1344密。据报东京广播:(1)灰(10日)晨敌总攻马厂。(2)海南、汕头间外舰亦被禁止航行。(3)日陆大及其他军校、研究将校皆停学。(4)灰陆省会议,杉山说:华军侧重沪,日军均应力攻华北。(5)近卫灰表示,一切改战时组织,作持久战。(6)德、意不参加地中海会议,英、美决定增派舰队维持该海。(7)申报保定电,伪满军三师行抵赤城反正,杀敌官多名。(8)六日到今,俄扣留日渔船28只,船员270名,鲜督抗议。谨闻。职陈诚。文辰。军印。

(2) 9月13日电

南京委员长蒋、部长何、总长程：○密。据俄文报载：敌军来沪者：(甲)陆军为三、六、十一、十二、十六、十九各师共七万五千人，中重炮二百一十六门，三、六两师各有空军一队，机七十二架。(乙)军舰一百三十艘，有七十艘系运输舰、病院舰。杨树浦口有敌陆战队九千人，又在乡军人一千。(丙)敌航空母舰四艘，泊山东一，泊吴淞、杭州各一。三舰共有机一百四十架。谨闻。职陈诚叩。元亥。黄。印。

蒋介石致黄绍竑代电

（1937年9月14日）

南京大本营黄部长勋鉴：据报，久留米混成团已被歼灭三分之二，金泽第九师团全部即开沪增援，其先头部队一二日内可到达。现在吴淞、月浦、杨行方面作战之敌，为天谷鹰森、石井川并田上等部队，田上、石井等部现在最前，拟向庙行前进等语。希知照。中正。寒。侍参。京。

中华民国廿六年九月十四日

张发奎致蒋介石等密电

（1937年9月14日）

南京委员长蒋、部长何、总长程：2376密。驻沪办事处杨主任转据难民刘某报称：白龙港对面有黄沙地名，为一浪成之沙滩，纵约七十里，居民约三四百人，现为日军占据，开辟成飞机场，将该滩之居民，无论老幼，完全屠杀，无一幸免，其原因系防泄漏。刘某因事在滩，闻风逃出，得以幸免等情。谨闻。职张发奎。寒未。参二。印。〔嘉兴〕

蒋介石致张发奎密电稿

(1937年9月20日)

嘉兴张总司令：〇密。篠未电悉。据报浦东、川沙、南汇方面敌，拟有乘秋汛准备登陆模样。惟该方形势，敌若使用强大部队企图登陆，则由杭州湾北岸亘柘林以南登陆，可截断沪杭连络，浦东方面应属扰乱或掩护黄浦江西岸部队之后方而已。李师地广兵单，请稍增兵力一节，目前可按右翼军全般状况统筹办理，并饬李师择要设法严予堵截，随时将情况电陈为要。中〇。号未。一作元。京。

顾祝同致蒋介石密电

(1937年9月21日)

南京委员长蒋：安密。据报：(1)敌自巧日起拆卸兵舰中大口径炮陆续搬运上岸，至本马日犹未停止，数目及配置地点正续查中。(2)久留米之一旅团已调至虹口欧阳路日本小学。(3)公大纱厂现有敌机八十余架。(4)大康纱厂自改为兵器修理厂后，工作极忙，其附近配有高射炮十余门。(5)又据确报，敌已决定再增两师团来沪参战，现已动员，约两星期内可到。等情。谨闻。职顾祝同。马亥。鹤。翔。

顾祝同致何应钦密电

(1937年9月21—26日)

(1) 9月21日电

即刻到。军政部部长何：谨密。据报：(一)敌军现因战事之接触面大至三十余处，兵力配备困难。且东京方面，似已不易再派援军来沪，故不拟举行全面总攻，改为要点之攻击。且须选择较广大之阵地，而不作街市战，南翔、嘉定为敌攻击之目标。

(二)敌军现拟将杭州、上海、南京等处交通完全破坏后,始认为获得胜利。故空军之轰炸各交通线,以后将更激烈。(三)松井续向东京乞援,已经陆省核准,由伪满抽调驻扎营口、凤城一带最精锐之芷山部警备队一万二千人来沪,此外再由驻扎台北之日第十师团仓本旅两联队及台湾军炮兵一旅团、及陆地军用飞机二十队(每队三架)来沪,现已由东京征调商轮廿余艘及军用运输舰炮舰等,将于本月廿二日左右到沪,该军中以炮兵为最精锐。(三)〔(四)〕敌参众两院,于十五日曾派议员二十余人来沪观战及慰问战士,因鉴于日军受创甚重,阵线亦无进展,故已向海、陆两省及近卫内阁提出弹劾,要求撤调。陆省方面,原定调金泽继任,因恐仍无把握,刻决定调派前五师团大将广岛来沪继任。现广岛已派参谋长服部并廿一旅团长山口两人,于十七日下午来沪视察,并与松井会议。期俟服部等赴日复命,广岛即将起程来沪主持战事,松井则将于本月底返京等语。谨闻。顾祝同。马酉。参情。翔。印。

(2) 9月26日电

南京部长何:1120密。(一)据张总司令敬戌电转据派往浦江之军官侦探报称:敬申在浦东大坂码头附近,停有敌运输舰八只,其中四只共计敌兵约四五千人正在登陆,并有炮四五十门,小型飞机十余架,亦在起运,其余四只不见敌兵,似已上陆完毕。(二)号、马、养三日,向我刘行附近张宅、王九房、杨九房一带进攻之敌,侦知为敌第三师团之第六十八联队。(三)据杨虎有电称:(1)伪满于芷山部四千余人,养晚在杨林口、狮林登陆。(2)朝阪、仓本炮联队一部,养晨在大阪码头登陆,分布各日纱厂,炮位对浦东者约24门。(3)最近在蕴藻浜及虬江码头一带上陆之敌,系十六师团,师部设远东运动场。(4)在沪敌机160至220架,尚有航空队待命来沪。谨闻。职顾祝同。宥亥。情吴。印。

军事委员会第一部作战组情报

(1937年9月26日)

上海九月二十六日电：日当局刻命侵沪日军于本月底必须占领嘉定。届时如再不能突破罗店、顾家宅阵地，决改由海军从浏河西至白茆口、福山港等处登陆，攻击我后方。

陈诚致何应钦等密电

(1937年9月27日)

南京军政部长何、参谋总长程：△密。据报：(1)敌海军大将高桥已到沪，统一指挥三、四、五各舰队。(2)迥(24日)晨松井等会议。据称：援军到沪近两万，罗店、江湾华防巩固，拟以主力于杨树浦、虬江码头进攻浦东或南市。(3)另报：敌请派二师团，现仅派一师团，限月底占南翔、嘉定、浏河。如再失利，则改取守势。另向汕、福、厦捣乱。(4)迥日由台湾到沪援军七千余，现驻杨树浦，将开江湾。梗(23日)到敌二千五百余，在招商中栈登陆，闻系警察改编。(5)敌十六师团司令部设引翔远东跑马场内。(6)敌第三舰队法律顾问为我国府顾问SHINOBU(施罗布)。(7)闻敌便衣队在公共租界活动甚力，有扰闸北企图。谨闻。陈诚。感亥。黄。印。

顾祝同致蒋介石密电

(1937年9月28日)

南京委员长蒋、部长何：1344密。综合本俭日(28日)所得敌情如下：(1)宥日(26日)敌机在甬上空散放黄色毒药甚多。感日(27日)该县水中即发现微生虫。(2)养梗(22及23日)到沪敌军八千余人，查系旅顺守备队，由川口率领。该港司令久保田同来。(3)宥晨到沪敌军三千余人，日内将有鲜、台、伪满四万人续到。鲜、台多炮兵,伪满系步兵,其配皆每单位四分之一为正规军。(4)敌在杨树浦、高昌庙编制木筏不下二百具,装小马达、堆沙包,为渡河之用。谨闻。职顾祝同。俭亥。情吴。印。

顾祝同致蒋介石何应钦密电

(1937年9月29日)

南京委员长蒋、军政部部长何:雷密。总合本艳日所得敌情报如下:(1)敌第三舰队法律顾问系我国府前顾问SHINOBU。(2)闻敌便衣队在公共租界活动甚力,有援闸北企图。(3)国际无线电台西王宅、唐家浜、陈巷一带有约二千之敌,对我十五师张家桥、太平桥之线攻击甚烈,西王宅、唐家浜附近有敌战车廿余辆。(4)今日上午有敌约八百余,战车十余辆,向我五十一师施相公庙攻击甚烈。(5)本艳日晨,水陆两用敌机三架,在嘉兴上空低飞侦察,被我高射炮射中一架,落于桐乡附近,机身未坏,并有廿五公斤炸弹两枚,惟驾驶员已逃,正令搜查中。谨闻。职顾祝同。艳亥。情吴。印。

陈诚致何应钦密电

(1937年9月29日)

急。南京军政部部长何:碣密。沪俭电:据报:(1)敌全国军队原拟三分之一对中国,三分之一点六对苏联,三分之零点四防守国内。现来华军队已达三分之一点五,超过预定数。(2)敌梗日(23日)在沪集结,由高桥大将主师。当场警告松井沪战须速决,因东京当局恐引起列强干涉。(3)长谷川、冈本有日通谍〔牒〕英陆军及领袖领事与工部局总办,要求将苏州河以北、北四川路以西至北西藏路二段完全交日接管,以便进攻闸北。但英陆军及捕房均未撤退。(4)日消息否认大川内被召回国说。(5)敌因我军战壕不易攻破,特送来大批□掘机钻至我军阵地附近用炸药爆破。谨闻。陈诚。艳亥。黄。印。

蒋介石致黄绍竑代电

(1937年9月29日)

本会黄部长勋鉴:据报顷据敌军司令部特约通讯员报称:敌军因连日在浏河、刘行一带进攻失利,自今日起决以主力进攻闸北等情。谨闻。等语。希知照。中正。艳。侍参。京。

顾祝同致蒋介石何应钦密电

(1937年10月1日)

特急。南京委员长蒋、部长何:固密。综合本东日所得敌情如下:(1)据孙元良卅电转据保总团报告:(一)丰田新、旧两厂驻有英兵四十余名,不时换防,增减无定。(二)每周有日人五至八人,由英兵保护来厂一次。据云曾得上海市政府许可,来厂检查机件,该厂藏有敌兵三千之说不确。(2)据陈诚俭电称:(一)敌谓我于梗日曾在杨行、顾十房一带使用嚏性瓦斯弹,致日军中毒者多,认为有采取报复手段之必要。(二)沪战敌死一万五千人以上,伤者三倍于此数。(三)迴日到沪敌军廿四师团一部三千余,廿五师团一部三千余,军夫二千余。有日到一千五百余,感日到沪鲜、台四万名。(3)据王耀武艳电称:(一)敌有大批木排向张家堰前方集中,有架桥模样。(二)入晚有敌兵约一营,由罗店方面分两路,经朱家、张家堰向蛎家宅及丁家桥东路之线运动,日内似有攻击企图。(4)据前方电话:(一)张华浜及市中心区方面之敌,卅、东两日已向后撤退,企图不明。(二)卅九时,黄浦江敌舰,以机关枪向日领馆射击,今晨始停,午后虹口附近枪声甚密。闻敌似有内变,正侦查中。(三)今晨敌对我七十七师太平桥以北之阵地攻击甚烈,至下午且突破我阵地,进至中心阁附近,经我第六十六军拒止后,已渐稳定。

(5)据淞沪警备部电话:(一)今日下午止,浦江到敌运舰七只,上陆约七千人,并有马匹小炮等。(二)今日下午二时,杨树浦方面,有敌约四五百人,向吴淞前进,情形甚纷乱。(三)公大纱厂、高尔夫球场,昨停有机一百三十架。又卅日下午,浦江码头附近敌小炮百门,向江湾前进。(五)敌运到木船数只,在定海桥附近有发动机,尖头平底,每只可载八十人,能在小河内活动。等情。谨闻。顾祝同。东亥。参。印。〔吴县〕

顾祝同致何应钦密电

(1937年10月2日)

南京部长何:0942密。综合本(冬)日所得敌情如下:1.五十一师及五十八师右翼正面,艳日与敌对战,敌在张家堰、吉厍楼积极架桥,准备进攻。又杨家村以北相峙之敌,查系伪满军,彼此对空射击。浏河方面之敌,正在换防中。2.本日乍浦、澉浦到有敌舰四艘,有小轮多只。数日来又有敌机沿海低飞侦察。3.江湾方面水电路东北端亘溪塘湾、复旦大学、八字桥宅、市立公墓一带,原有敌兵驻守,昨今两日已撤退。至爱国女校、尤溪港、吴家宅、张家宅、陆家角之线亘八字桥宅、李家宅及其以北一带,敌正赶筑工事中。4.刘行方面,今日敌以飞机炮火轰击广福附近,其步兵亦向梁塘埝、陆宅附近攻击,至午后四时始止,两方损失均重。5.今日敌以飞机观测,向我施相公庙以北之五十一师及五十八师阵地炮击终日,弹达千余发。但弹着过远,我军无大损伤。谨闻。职顾祝同。冬亥。参。印。〔吴县〕

顾祝同致蒋介石何应钦密电

(1937年10月6日)

南京委员长蒋、军政部部长何:还密。综合本鱼日所得敌情如下:(1)各国现在沪之陆军,英国有三千余,法国三千七百,美国三千五百,意国一千五百。(2)今晨敌由顾家宅、严家湾、江家宅分别渡蕴藻。其在顾家宅及江家宅之敌,业已被我军歼灭。其在严家湾之敌,约百余人,被我军压迫至河岸附近,本晚可以肃清。(3)今晨敌攻我卅六师阵地甚剧,我军无损伤。(4)攻击广福以东吴宅、朱北宅之敌,被我炮兵轰击,尽毁其阵地,本日午后已稍向后退,直向广福以南移动。(5)上海市保安队,江夜在新三井码头敷设水雷,已将该码头趸船炸沉。(6)厦门岛敌之机场,已移他处,该岛附近每日仍有敌舰停泊,岛上居民均为敌监视,交通完全断绝。(7)总合各方情报,前线与我对战之敌,甚多中国人,并有广东老兵,系于广东裁兵时,倭方以招矿工为名,在香港每名五千元收容被裁士兵,载往东北编制,此次被驱来华作战云。(8)定海路敌机场附近之黄浦江边,往日常停有敌之灰白色小民船(装有马达可载二三十人)三四十只,于微日忽倾〔只〕有十余只。据报此项船只,吴淞停有三四百只。谨闻。顾祝同。鱼亥。未。印。〔吴县〕

军事委员会第一部作战组情报

(1937年10月17日)

上海十月十七日电:(1)敌以沪战不利,再派第八师团来沪增援各节已悉。十四日本处情报,兹查该部援军已分乘南山丸、华山丸及金城丸到达沪滨,在招商北栈及吴淞等处登陆,全数约一旅团。尚有一部份将在十七日到达,但多系预备兵而非该师团正规军队。(2)日轮波洋丸由津驶沪,于十六日晚间十时半,泊于杨树浦黄浦码头,载来关东军村野部五千余人,随带军需用品甚多。登陆后即调往引翔乡市中心区方面作战。(3)十六晨,日运输舰面由丸及青海丸来沪,进泊汇山码头,装来第十四师团沫松部末批援军四千七百人,当开抵杨行方面作战。又:沪敌限期突破我阵线。(1)日陆军省现以九国公约签字国定于本月三十日在比利时白鲁塞尔开会,已限令上海作战部队在开会前攻克闸北、南翔、嘉定一带,并驱出浦东华军,俾可在大会席上挽回国际信誉。(2)日方已改变战略,企图在浏河、杨行、白苑一带猛力突破我方阵线,大致在廿一日左右实行第五次总攻击。

军事委员会第一部作战组情报

(1937年10月18日)

据报:(1)敌方所传,两星期战争中伤亡约九千人,患传染病死者尚不在内。敌现在整理中,停止攻击。(2)松井九日再向东京乞派两三个旅团来沪,俾继续进攻。(3)敌虽因四次总攻失败,惟仍不改变以前作战计划,将来仍拟由浏河向西及西北进攻。并令其他战线同时展开示威性质之战争,且加强炮兵及飞机之轰炸。(4)以外国军事家之观察,敌虽有在浏河西北及杭州湾登陆之企图,然登陆部队最多一个师。盖敌军目下不能派大部兵力到沪增援,其结果仅可延长战线,而势于上海战线殊无影响。(5)敌昨招待外国记者诬我使用毒瓦斯。一般外人推测九国公约如有不利于日本之决议时,将积极使用毒瓦斯等语。

十月十八日

俞鸿钧致何应钦电

(1937年10月20日)

即到。南京何部长敬之先生勋鉴:应密。日本新派来沪之前任波兰公使伊藤氏,今晨十时往访法大使初齐亚,密谈半小时,内容未详。伊藤与法大使闻为旧交。据报伊藤所负任务,除进行国际宣传及为外交上之联络外,并将就地与英、美、法外交当局交换解决沪局之意见。伊藤今日告美记者谓:在日本海陆军未予上海华军予重大打击前,一切问题都谈不到云云。谨闻。弟俞鸿钧叩。号戌。印。

顾祝同致何应钦快邮代电

(1937年10月21—22日)

(1) 10月21日电

军政部部长何钧鉴：综合本马日所得敌情如下：(一)据三井洋行传出消息，日本将由长崎抽调现役五千人，羽田调飞机二十架，约养日可到沪。(二)巧、皓、号三日均有敌运输舰各一艘在虬江码头起卸军需品及军马共约二千匹。(三)我第九师皓日获敌特务曹长一名供称：连日攻我新陆宅至广福阵地之敌，为四十三联队，广福至朱北宅阵地之敌，为四十四联队，按该两联队均属第十一师团。(四)号日上午十时，出云舰向吴淞方面驶去，下午五时三十分驶回永兴码头。(五)昨日海滨浴场停有敌航空母舰一艘，兵舰四艘。(六)号日进犯我施相公庙、唐宅、唐湾、刘家村之【敌】军，经我痛击后，仍有一部滞留我前方构筑工事。(七)今日敌对我马桥宅、陈家行、老陆宅附近攻击甚烈，终未得逞，其飞机亦不时飞京沪线上空侦炸。谨闻。顾祝同。马戌。参。

(2) 10月22日电

军政部部长何钧鉴：综合本养日所得敌情如下：(一)据报关东军石川大将，马日由伪满乘机来沪，约今日可到。(二)闻敌将有三师团来沪增援，其先头部队宥日可抵沪，并派林铣来沪代替真崎。(三)敌在沪为高级军官原驻万岁馆，该处因近日曾被我空军轰炸，现已悉移杨树浦临青路、河闸路间引翔港镇南端之蚊烟厂办公，该厂系一座红色洋房。(四)号日下午三时半，有敌约三百余人，在大阪码头登陆，各人除带枪一支、防毒面具一副外，兼带金属筒一个，筒之一头有打气装置，是项部队于马日午前向江湾方面前进。(五)皓日在吴淞口外，见有敌航空母舰一只，其机身上之红色标记，现已改为灰色。(六)号日上午在大阪码头有东北军五百余人登陆,马日开往虹口,闻系编游击队者。(七)号日晚我飞机赴沪轰炸时,在日丰纱厂击毙敌人百余名。(八)每日下午五至七时,有敌重要军官集中齐物浦路西上海纱厂,然后驰往市中心区督战。谨闻。职顾祝同。养戌。参。

顾祝同致蒋介石何应钦密电

(1937年10—11月)

(1) 10月25日电

南京委员长蒋、军政部长何:0942密。综合本有日敌情:(1)杨树浦一带敌机械化部队大部,于漾日上午向蕴藻浜方面移动。(2)篠日敌运到新式车辆卅部,形式脚踏车,具有四轮,上架机关枪,并有人形防盾,闻系供冲锋之用。(3)敬日吴淞口、鸭锅沙泊敌航空母舰及大号驱逐舰、运输舰各一艘。(4)漾晚我四十四师正面李九房、曰沿之敌,逐渐向北梅宅增加,并在该处构筑工事。(5)罗店附近漾、敬两日,敌步炮兵续有增加,何家宅、丁家桥敌增步兵五百余,炮十余门,并利用交通壕向我唐湾、唐家宅阵地逼近。(6)通州天生港停有敌驱逐舰三艘,常派一艘至江阴一带游弋,并修补破坏之浮筒。(7)敬午朝山港附近,发现敌潜水艇三只下驶,每只长十余丈,申刻又发现一只,由十一圩港下驶,另有一只由毛竹港驶至十二圩与十三圩间江面停泊。谨闻。职顾祝同。有戌。参。印。〔吴县〕

(2) 10月29日电

南京委员长蒋、军政部部长何:谦密。综合艳日敌情:(1)本日拂晓,曹家渡以北许家宅附近发现敌军移动。(2)俭晚有敌一部,在大夏大学附近构筑工事。陆家库、金家宅、侯家埭一带,亦有少数敌军筑工。(3)梗日我九十八师在广福东方发现敌第七师团之第二十六联队,并获敌日记一本,内载在沪敌军有第三、第七、第

八、第九、第一零一等师团及台湾守备队,熊本、大分两后备大队、久留米战车队等。曹王庙及浏河之线以东,系熊本后备大队。谨闻。职顾祝同。艳戌。参。印。〔吴县〕

(3) 11月5日电

分抄南京委员长蒋、军政部部长何:○密。综合本微日敌情:(1)我九十八师搜获敌士兵日记,确知广福东新木桥之敌,系由名古屋开来之五八联队,临时配属第二师团。(2)罗店以北之我七四军当面之敌,视其运输频繁,与敌机低飞侦察各情形,似系新到部队。(3)江日上午九时,敌机六架在无锡火车站附近投弹十四枚,并用机枪扫射,计毁客车廿辆,铁轨一段,民房数间,轻伤一人。(4)我八十八师江日,将偷渡周家桥之敌肃清后,缴敌轻机枪四挺,步枪六支,子弹数百发,图囊二个。在杂件中发现该敌为第三师团之第六十八联队。(5)本日敌由金山卫一带上陆,企图与苏州河沿沪杭线南下之敌主力相呼应,以切断我军与上海之交通。谨闻。职顾祝同。微戌。参。印。〔吴县〕

军事委员会第一部作战组情报
(1937年11月7日)

据报:金山卫登陆之敌,现已到达松江南方约七里之米市渡,正向松江急进中。松江已闭城,只得将邮件原车折回上海。等语。又闻:敌机多架今日大举轰炸松江,有敌舰二十余艘在金山卫掩护登陆,因乘我松江驻军换防而接防军队尚未开到,故向松江急进云。

徐永昌致顾祝同密电稿
(1937年11月18日)

常州顾副司令长官并转陈总司令、杭州张总司令、刘总司令:○密,据报:(一)敌在黄浦江、杭州湾、苏州河等处,征集大批小汽艇及有发动机之民船,企图输送部队向太湖西北岸,即无锡、常州之间登岸,以扰乱我后方。(二)松井寒日命令,预定主力突破常熟后,再攻无锡。其海军与陆军协同破坏长江障碍物,再攻江阴,其目的在占领南京。(三)据驻美武官助理员肖勃珊电:敌方知江阴、无锡防线巩固,闻将猛攻嘉兴,而以精锐部队突破平望,绕太湖南或竟渡湖进迫吴兴、长兴、宜兴防线后方等语。特闻。徐○○。巧巳。一作元。印。

顾祝同致蒋介石密电

(1937年11月20日)

南京委员长蒋:护密。综合本日所得情况及处置报告如下:甲、情况:一、嘉兴附近之敌,系分乘汽艇帆船而至,为敌先头部队,大部仍在后方修理被我破坏之桥梁。二、据被俘逃回之128师其排长报称:敌已运来十二生的大炮多门,又有多数野炮运至枫泾。三、篠日前水警在湖沼地带抗战损失颇大,汽艇被击沉二艘。四、常熟正面之敌,据俘获敌人函件,为松井部队及福田部队,似属十一师团之廿二联队。五、吴福线我军已撤退。六、巧日牛洪港有敌舰十三艘,军山、狼山外航线,有敌舰廿七艘,军山、狼山、姚港各一艘,天生港三艘,篠晚十二、十三圩港,发现敌潜艇两艘。乙、处置:一、已令第廿六师由溧阳经芜湖开驻九江整理。二、已令第六师开泗安镇构筑对该正面之工事,并指挥现在该处之五十五师。谨闻。职顾祝同。20.19。参。印。〔武进〕

二、中国军队的作战计划与部署

张治中致蒋介石何应钦密电

(1937年8月13日)

限即到。南京委员长蒋、部长何钧鉴:1120密。本(元)日午后五时止，本军各部之位置如下：1.八十七师主力在江湾两江女子体育学校，沿虬江至虬江桥之线，一部在吴淞。2.八十八师最前警戒部队与敌隔横滨〔浜〕对峙，主力在上海北站及鸿兴路东钱江塘之线。3.炮十团第一营，在暨南新村、大场间地区，炮三团在岭南山庄、江湾镇附近进入阵地，炮八团正向彭浦镇前进中，今晚可达指定地点。4.五十七师一六九旅，今午到达龙华，已令其推进至徐家汇沿虹桥路至部局苗树之线。5.钟旅六五八团在南翔集结，六五九团俟一六九旅推进后，即向北新泾镇、虹桥飞机场集结。6.五十六师主力到达太仓，经令推进至宝山、浏河、浒浦之线，直接警戒各口岸，一部向合兴街前进中。7.上海市警察总队至虬江码头、张华浜间警戒。8.保安总团在旅南新村附近集结。谨电呈报。职张治中叩。元亥上。参。印。〔南翔〕

杨虎致蒋介石何应钦密电

（1937年8月13日）

南京委员长蒋、部长何：7200密。真戌奉张司令官电话谕：国军即时推进，着地方部队确实据守上海附近各要点掩护等因。当将在沪部队，于真晚午夜前配置妥当，同时就暨南新村设战斗指挥所，于文午已将前线警戒任务，交由张〔孙〕、王两师接替。职之指挥所，于文晚遵张司令官谕，移驻南翔办公。谨闻。职杨虎叩。元辰。印。

张治中致蒋介石何应钦密电

（1937年8月14日）

限即到。南京委员长蒋、部长何：1120密。本军决于本日午后五时，对敌开始攻击。其部署要旨如左：1.本军以彻底扫荡敌军之目的，主力在上海北站、宝山桥沿横浜至持志大学、沙泾港、铁路桥、金家宅、春江路之线，完成诸攻击准备，置重点于杨树浦港以西至虹口日司令部间。于空军轰炸后,在炮兵火力掩护下,猛勇攻击,进占其根据地,压迫至苏州河及黄浦江而歼之。2.八十七师置重点于右翼,向杨树浦之敌攻击,并以一部固守吴淞及警戒虬江以北。3.钟旅以一团至大场,归王师长指挥,以一团控于北新泾镇。4.八十八师置重点于左翼,向虹口之敌攻击,并以一部对北站以南及苏州河北岸警戒。5.保安总团以一团归孙师长指挥,主力集结于暨南新村。6.五十七师(欠一旅)以一部于法华镇沿林肯路至虬江桥之线,对沪西之敌警戒。7.炮三团于江湾附近占领阵地,主协同八十七师攻击。8.炮八团于彭浦附近占领阵地,主破坏虹口敌营,并协同八十八师攻击。9.炮十团一营于大场、暨南新村各附近占领阵地,主任敌坚固根据地之破坏。10.九十八师已到一团,集结南翔。职张治中叩。寒申。参。印。〔南翔〕

蒋介石致何应钦密电

(1937年8月15日)

军政部何部长密鉴:(1)第三十六师着归张司令官指挥,下车地点由张司令官指定,径令遵照,但希望仍控置之。(2)第十八军应以一师开苏州附近,担任吴福阵地线,工事加强,尤应尽先加强道路附近工事,并对敌戒备。以一师分驻南京、镇江,以一师分驻滁州、浦口。仰即遵照具报为要。蒋中正。删。执一。

冯玉祥致何应钦等密电

(1937年8月15日)

急。南京何部长敬之兄、程总长颂云兄、唐总监孟潇兄、白总司令健生兄、钱主任慕尹兄:1424密。弟于午后五时许抵苏州,除设法向前方切取连络外,特电奉闻。嗣后各方战况,请随时见告,为祷。弟冯玉祥。删酉。印。

杨虎致何应钦密电

(1937年8月15日)

南京部长何：7200密。顷奉委座寒电,派任上海戒严司令官,即就职具报。已遵照即日就职。除呈报及分别行知外,谨电陈鉴核。职杨虎叩。删申。

钱大钧转报张治中总攻部署的签呈

(1937年8月15日)

张文白电话:明晨总攻击步署如左:第八十七师对杨树浦,着重点于两翼,即一翼由东向西,一翼由西向东,使敌首尾不能相顾,兵力以第八十七师之两团任攻击,以夏楚中率两团巩固八十七师之主阵地。第八十八师总攻方向,一为由北向南,一为由西北向东南,使敌不能集中向我也。兵力系以第八十八师之三团、钟旅之两团任攻击,借保安总队之一团守主阵地。第八十八师今日攻爱国女学及粤东中学时,阵亡营长一、连长三、官兵五百余,故该团已不能用,须整理。敌人伤亡相当。

职 钱大钧呈 八月十六日

蒋介石致程潜密电

(1937年8月18日)

参谋本部程总长密鉴:兹任命陈诚为第三战区前敌总指挥。除分电令外,仰即遵照。蒋中正。巧。执一。印。

张发奎致蒋介石等密电

(1937年8月18日)

京委员长蒋、总长程、部长何：○密。本部巧日各部队之位置如下:1.五十五师之吴、王、齐三团,篠日先头进抵浦东之御界桥东三林桥(约在周浦以北)之线,本日仍在南洋泾桥、塘桥之线前进中。张团集结于南桥附近,对于闵行、柘林方面警戒。2.五十七师(欠谈旅)在屡华镇、林肯路一带,协办京沪军攻击上海之敌,并受张司令官指挥。谈旅(配属炮兵第二团之一营)暂受五十五师李师长指挥,协力肃清浦东塘桥之敌,并警备白龙港之敌,拒止敌之登陆。3.六十二师以步兵三团及配属之炮兵之第二团之一营,固守自澉浦经海盐、乍浦、全公亭至金山卫之线、一营驻平湖,尚有两营随师部,正经樟树向平湖前进中。4.独立第四五旅,现已有一团到达硖石附近,其主力正由浙赣铁路输送,约号日可到嘉兴、硖石一带。谨闻。职张发奎。巧酉。参一。印。〔嘉兴〕

张治中致蒋介石何应钦密电

(1937年8月19日)

限到。南京委员长蒋、部长何:0355密。本效日本军各部之位置如次:(一)八十八师(配属独立第廿旅炮三团一营)位置于北站,沿宝山路、宝山桥、横浜、日本坟山西侧、八字桥西侧、五卅公墓、粤东中学、爱国女学各南北之线。(二)八十七师(配属炮三团一营战车连)位置于日海军操场至沪江大学北侧之线。(三)三十六师准备于本晚接替八十七师右翼日海军操场至黄兴路之线。(四)日俱乐部及沙泾港之东侧,由九十八师一团担任监视,该师主力在市中心区。(五)吴淞防务由保安总团(欠一团)接替,另一团仍任北站以东沿租界及苏州河北岸之警戒。(六)警察总队任虬江码头及张华浜附近黄浦江西岸之警戒。(七)炮十团一营在江湾,一营在暨南新村各附近,炮八团主力在晏摩氏女校,一连在吴淞。(八)五十七师之一团在沪西警戒。(九)五十六师江防部队之位置无变更。职治中叩。效。参一。印。〔南翔〕

张发奎致蒋介石等密电
（1937年8月20日）

南京委员长蒋、军政部长何、参谋总长程：○密。查连日来以敌舰多艘，企图在白龙港登陆，并为迅速扫荡浦东残敌，协力京沪军攻击起见，经迭电令李师长松山指挥该师及五七师之谈旅，遵照迅速部署。兹将该师长巧亥、号申两复电节呈。最近部署情形如下：（1）谈旅长经国指挥吴、宋、王三团，警备白龙港、徐家路海岸及高行镇一带，切实拒止敌人登陆。（2）张旅长指挥杨团及炮二团之一营，迅速扫荡黄浦江东岸残敌，并使用炮火，协力京沪军攻击沪西之敌。（3）杨旅长名芳率齐团位置周浦镇附近，但派一部在白龙港以南奉贤旧城以北一带海岸，并指挥该地区民众武力，扼要警备。（4）张团位置警备，并赶速完成该线上工事。（5）炮兵营以二连开至周浦镇，余在嘉善待命。（6）师司令部位置周浦镇等语。除分呈外，谨闻。职张发奎。智申。参一。印。〔嘉兴〕

大本营致罗卓英密电
（1937年8月22日）

急。无锡罗军长、常熟霍军长：○密。前为加强吴福工事一案，顷准陈主席果夫巧电称：吴县民夫已征集一千三百名，常熟、昆山各九百名待命。又前派工兵将校各一员，想已到达。望即接收民夫即日动工为要。大本营第一部。养。

张治中致蒋介石等密电
（1937年8月23日）

限即到。南京委员长蒋、部长何、吴县冯副委员长：1120密。职于本漾日上午五时半，接刘军长电话报告：敌于拂晓以前，在狮子林、川沙口上陆。即与陈次长商定部署，以十一师向罗店北进，支援五十六师之作战,而由正面各师抽出兵力为预备队。当因前方电线为敌机炸断,未能由电话指示各部,乃于八时半,亲赴江湾八十七师料理一切。是时接报,张华浜、蕴藻浜附近,同时有敌上陆,我守军正在迎击。职为顾虑左侧登陆之敌起见,将虹口、杨树浦正面作战之卅六、八十七师、八十八师、独立二十旅、保安总团、教导总队第二团各部,归王敬久指挥,派其为淞沪前敌指挥官,命对正面固守原阵地,而以教导总队第二团,拒止张华浜之敌。由八十七师调一旅支援吴淞,并抽出第九十八师,令向宝山、刘行、杨行、罗店之线前进,以该师师长夏楚中指挥该师及十一师,拒止上陆之敌。迄下午五时,十一师已不顾敌机轰炸,进至罗店南六里之处,因罗店为少数敌军占领,该师已将前卫展开,对其驱逐。教导总队第二团,因张华浜上陆之敌,将近二千人,尚在附近与敌对峙。职当即先由八十八师抽调一团,前进至蕴藻浜南岸设防。以上各项部署,计于明拂晓前可布置完毕。惟阵地正面突出部甚多,各师长意见,以为尚有整理之必要。职于下午九时半返部,途经南翔车站,见五十六师先头已在南翔下车,向嘉定前进,并闻其一部已到嘉定。职因住地于日间受敌机轰炸,本夜正在移营,电话尚未架通,焦急异常。拟即赴太仓或嘉定,与罗军长卓英一晤。谨将本日经过情形,先电呈报。职张治中叩。漾亥。参。印。〔安亭〕

蒋介石致何应钦电

(1937年8月23日)

何部长密鉴:据刘主任建绪皓戍参经电报称:职部奉命担任国防,谨将所辖各部,现在遵令调动情形电呈鉴核。(一)奉令调出部队:(甲)十五师开九江,接替六一师防务,现已由湘西原防开动;(乙)六二师现拨归张主任发奎指挥,该部除尚有两营,因湘赣铁路被水冲坏在萍乡、樟树途中外,余悉已到达市湖、乍浦、澉浦、海盐之线布防。(二)浙东部队:(子)十九师已全部达到永嘉至海门沿海之线布防;(丑)十六师已令开象山港至椒江口沿海之线布防;(寅)新卅四师已令开宁波增防;(卯)六三师现集结上饶、江山一带待命,拟令其转移金华、义乌之线,以便机动。(三)浙西部队:(A)暂十一旅担任浙赣、京贵两路赣境地护路与仓库保管,及上、广、铅、贵、资各县绥靖;(B)暂十二旅担任京贵路,自宣城至倒湖段护路及沿线各县绥靖,并守备宣城等县仓库;(C)暂十三旅担任浙赣路,自金华至玉山段及兰溪支线护路,并沿线各县绥靖与江山、玉山、衢县仓库保管;(D)五二师担任原闽浙边区浙南十七县,即闽北浦、崇、松三县绥靖;(E)本部特务团,亦参加担负各种勤务。三项除驻在本辖境绍兴百官五夫之四十五师及宁波王防守司令与独立三十七旅,尚未奉令归职指挥暂未列入外,所有前列各部,伏恳钧座转饬军需署,按战时规定,分别发给作战桥梁移动各费,以资转发,而应急用,并请令饬第三战区兵站部【知】照为祷。等情。除令以主力集中肖山、杭州,并将部队调动及防务筹划立电复外,关于开拔费着由该部核发。蒋中正。梗。执一。印。

陈诚致蒋介石密电

(1937年8月23日)

即到。南京侍从室呈委员长蒋:密。为击灭狮子林、川沙登陆并继续围攻淞沪之敌,拟定新部署如左:(一)淞沪围攻军由张总司令指挥,仍继续行攻击。同时并在原攻击阵地作固守准备。(二)第十八军之第十一、第十四、第五十六师诸部由职指挥,任沿江已登陆之敌之歼灭。(三)第十一师、第六十七师、第九十八师、炮兵第十六团为右翼军归罗军长卓英指挥,对狮子林、川沙未登陆之敌行歼灭战。(四)第五十六师、第十四师为左翼军,归刘军长和鼎指挥,协同左翼队攻击,并任浏河口以西沿江要点守备,阻击敌之登陆。(五)第六师、第五十一师位置于南京、苏州间铁道两侧地区为总预备队。(六)职现在苏州部署中。请鉴核。分别电令遵照。职陈诚。梗未。吴在。印。

张治中致蒋介石何应钦密电

(1937年8月24日)

急。南京委员长蒋、部长何：1344密。1.职于本敬寅至太仓晤刘军长，辰至嘉定晤罗军长，关于十一、九十八、八十七三师部署，已由罗军长令，以九十八师攻击杨行、宝山线(含)以左地区之敌，十一师攻击新镇、月浦、狮子林线(含)以左地区之敌，六十七师为预备队，并以有力之一部，由罗店、聚源行、东王庙以左地区连系第十一师攻击。该各师本日正在准备中，详情当已由罗军长报告。职曾将我军正面可仅配必要兵力，宜置重点于左右两翼，向川沙三面包围夹击，以歼灭敌意告知罗军长斟酌。2.据刘军长报告：浏河口敌舰通常有十数艘停泊，并有便衣队活动，敌是否有在浏河以西登陆之意，尚难预料。3.连日敌机甚为活跃，全日在各处轰炸，毫无间断，我军日间几无活动余地，威胁甚大。职意若我空军驱逐机能每日来上空二次，则可减少其猖獗之度，军心可以稍慰。可否？乞裁示。职张治中叩。敬申。参。印。〔安亭〕

陈诚致何应钦等密电

(1937年8月24日)

南京部长何、总长程：1120密。(甲)敌情：(一)敌人登陆后在宝山、月浦镇、川沙镇一带，并有敌千余人向我浏河口方面进攻，又以一部进占罗店镇。(二)登陆之敌系正式陆军，番号正在查询中。(三)张华浜也有敌千余人，现在正与我教导总队之一团对峙。(四)上海方面我军仍继续攻击中。(乙)我军步〔部〕署：(一)罗店之敌约一营已被我第十一师击退，该处已被我克复，现在向月浦方面攻击前进。(二)第九十八师已集结于刘行、杨行之间，现以一部对吴淞、上海间沿江警戒。以一旅现由吴淞向宝山攻击前进。

(三)第六十七师主力集结于嘉定、罗店间,一部正向川沙镇攻击前进。(四)第六十一师之一团已到达嘉定,其余拟位置于南翔附近。(五)吴淞方面第八十七师之一团及保安总团,已派刘旅长前往指挥。谨闻。职陈诚。敬辰。参。

张治中致白崇禧黄绍竑密电

(1937年8月26日)

急。南京大本营白副总参谋长健生兄、黄部长季宽:〇密。本军战况,经逐日电呈委座,谅邀鉴察。近自川沙河口及张华浜,匪方敌军上陆,我扫荡淞沪敌根据地之作战,不免受其影响。本军对于全局状况有如次之判断:(一)判决。我军应暂对虹口、杨树浦及罗店方面之敌取守势,先击灭张华浜之敌,或暂对张华浜及虹口、杨树浦取守势,先击灭罗店方面之敌。(二)理由。罗店方面上陆之敌,其目的在向嘉定南下截断我军背后连络线,张华浜上陆之敌,目的在向市中心区前进,先解杨树浦之围,再与罗店方面打成一片,稳固其在上海立足地。我若欲先消灭于我最危害方面,宜先击灭罗店之敌,若为贯彻不使敌陆上联成一片,宜先击灭张华浜之敌。(三)处置。第一案,增加第六或第五十七师于市中心区,并增加炮兵,以二三日之准备,对张华浜之敌一举攻击歼灭,对罗店方面,暂固守宝山、月浦、罗店南方小浜、嘉定、浏河之线,并对嘉定构成坚固据点。第二案,集盼所想后续部队于嘉定、浏河方面,先击灭罗店方面之敌。对张华浜方面,以现有兵力利用小浜构成重叠阵地,而围攻之。以上判断弟经商承墨三兄之意。兄令攻罗店之敌,而对张华浜方面严密之围,今夜再举攻击,现已着手部署。吾兄卓见如何?乞赐教。至弟现对上海正面以保持租界交通及固守吴淞为原则,已选定二三阵地线,构筑工事,对正面持久作战,尚有把握。惟对左侧背方面,稍有顾虑,请随时不吝指示为荷。弟张治中叩。宥巳。参。印。〔南翔〕

黄绍竑致冯玉祥等密电稿

（1937年8月27日）

苏州冯司令长官、南翔张总司令、嘉兴张总司令、南翔陈次长钧鉴：〇密。奉委座手令，着将五十一师开苏州、昆山，五十八师开无锡、苏州；又第六师业已卅南翔。等因。特达。黄绍竑。感巳。印。

张治中致蒋介石何应钦密电

（1937年8月27日）

急。南京委员长蒋、部长何：5257密。顷商承顾主任，本军正面兵力之调整及部署，要旨如次：(1)右翼军（指挥官孙元良，八十八师、独立第廿旅一团、保安总团一团、警察总队），于北站至沙泾港间原阵地围攻虹口，并以一部任沪西一带及谭子湾至北站间之警戒。(2)中央军（指挥官宋希濂，三十六师、独立廿旅欠一团），于沙泾港东岸塘山路、华德路、引翔港镇北端至虬江口之线，围攻杨树浦之敌。(3)左翼军（指挥官王敬久，八十七师、六十一师、保安总团欠一团），固守吴淞并围攻张华浜方面之敌，另一部任虬江口至张华浜间之警戒。(4)各师部署限明完毕。职张治中。感戌。参。〔南翔〕

蒋介石致冯玉祥密电稿

（1937年8月27日）

(1)

特急。宜兴冯司令长官：〇密。据陈次长诚敬酉吴参电称：按现在状况，第三战区各分区部队区分，应重新调整，于浙江方面区分为浙东区、杭州湾北岸区。江苏方面区分为淞沪区、江防区。请明令规定，以一指挥事权等情。现已增加第五十一师、第五十八师、第六师,皆归第三战区指挥,着由该司令长官酌即变更,呈报备案可也。中〇。感。一作。

(2)

限即刻到。宜兴冯司令长官、苏州顾副司令长官、陈总司令、南通第百十一师常师长:〇密。(一)第百十一师着归第三战区指挥。(二)该师应于南通、海门等处严为守备,绝对阻止敌之登陆,主力驻南通,于启东派必要一部,如敌来犯,虽战至一兵一卒,不许撤退。除分令外,特电遵照。蒋〇〇。沁。执一。

陈诚致蒋介石等密电
(1937年8月29日)

南京委员长蒋、部长何:1120密。谨将本日午后三时下达各部队命令电呈如下:(1)罗店方面之敌日来与我军激战,伤亡奇重。殷行登陆之敌正被我军歼灭。上陆残敌仍在我军包围中。(2)九十八师与十一师仍占领宝山、狮子岭〔林〕、月浦、新镇、徐家角、南北塘口、西马宅、金家宅、南北周宅之线。第五十一师以一团占领登桥镇沿新泾河亘浏河之线,并派游击部队占领施相公庙、曹王庙线,掩护本阵地。第五十六师应担任浏河新泾河交叉点起,经浏河亘鹿鸣、泾口间江防之任务。江苏保安队即以一团开太仓,一团开苏州待命。第六十七师着集结外冈镇附近整理。第六师着照顾主任指定要点构筑工事。(3)各部应照指定地区赶筑强固工事,并确取联络。(4)各部应多派游击部队,尽量在阵地前活动,使敌人不知我主力及本阵地之所在。乞监察。陈诚。艳申。吴参。印。

顾祝同致蒋介石等密电
(1937年8月31日)

南京军事委员会、军政部长何、参谋总长程、交通部俞部长、第一部黄部长:7200密。奉委座八月廿六日令开:任命顾祝同为第三战区副司令长官等因。遵即在昆山东之安亭防次先行开始办公,并在苏州张园设办事处。除呈报并分电外,特电奉闻。顾祝同。世酉。参。翔。印。

蒋介石致罗卓英密电

(1937年9月1日)

急。真如罗军长:密。查各部对于前线状况及报告,每因转辗呈达,不免延误时机。大本营为随时迅速明了第一线我军位置与敌情,以资适切策定作战指导方案起见,特分遣连络参谋业于第一线队,以协助各该部之参谋业务,并直接与大本营联络。希督促各该联络参谋,确实达成其任务。各该部尤须严密迅速具报前方战况为要。中正。一作。东。印。

蒋介石致张发奎等密电

(1937年9月1—2日)

(1) 9月1日电

特急。嘉兴张总司令、徐州胡军长,并抄送大方巷十六号第一军办事处。○密。查吴县至福山与沪杭各线阵地,除原有国防永久工事外,步兵掩体、交通壕、障碍物、阵地交通路等,多未完成。兹指定吴福线,由第一军负责;沪杭各线由张总司令指派该区现有部队,分别负责构筑,统限九月二十日前完成。中正。东申。一作。印。

(2) 9月2日电

特急。嘉兴张总司令向华兄:东戌参二电悉。○密。敌既在浦东登陆,则我浦东部队如不进攻,即应向沪杭路逐渐转移为要。如何?盼复。中○。( )。侍参。京。

军委会大本营训令及淞沪抗战第二期作战指导计划

(1937年9月2日)

(1) 大本营训令稿(9月2日)

大本营训令仁令字第三号

查大本营仁令字第二号训令,所颁发之第三战区第二期作战指导计划内之兵团部署一栏,关于张治中集团第四项"应使后方部队在天通庵—大□镇—胡家庄附近构筑据点工事",应改为"使后方部队迅即在北站—横浜河—五卅公墓—芦泾浦—江湾—庙行镇—顾家宅—蕴藻浜南岸,向西至黑大黄宅之线,构筑强固工事",必要时杨树浦、蕴藻浜、吴淞之各部队可以移该线固守之。其余仍照第二号训令依作战地境分别切实办理,并将各后方要点工事逐步构筑,力求强固为要。

委员长蒋〇

传达法,用书面递达。

训令受领者　第三战区冯司令长官
　　　　　　第三战区顾副司令长官
　　　　　　第九集团军张总司令
　　　　　　第十五集团军陈总司令

(2) 淞沪抗战第二期指导计划(9月6日)

第三战区第二期作战指导计划

一、敌情判断

敌增援部队,在浏河、川沙口、张华浜等处登陆,其主力必由罗店向南突进,以威胁我围攻部队之左侧背,形成大包围。同时张华浜方面之敌,亦必向江湾镇方面攻击,吸收我攻围部队之兵力于其包围圈内。并对围攻上海租界之我军,形成小包围,以遂其迅速击破我军,完全占领上海之企图。甚或以此为其扩大侵略之根据地,再由其国内增加兵力,继续分向昆山、吴县及淞江方面发展,以图威胁我首都。

二、指导要领

一、本战区为保持经济重心,巩固首都,并有利于全局之持久作战起见,务就现已形成之包围态势,对于上海及各处上陆之敌,运用优势兵力断绝其连系,限制其发展,并努力围攻由狮子林及川沙方面上陆之敌,打破其包围企图,而收各个击破之效。

二、如各个围攻之目的不能达到,则依状况逐次于后方占领阵地,采取攻势防御,乘其海陆火力不能协调之际,发扬我之精神与物质威力,一举而击破之。

三、于万不得已时,则退守后方既设阵地,作韧强之抵抗,以待后方部队之到达,再行决战,期护〔获〕得最后胜利。

三、各兵团之部署

四、第一步(努力限制敌之发展,并各个击破各方面之上陆敌人)

1. 张发奎集团(浦东防守军)继续前任务(守备浦东,威胁浦江左岸之敌)。

2. 张治中集团(上海围攻军)

(一)对租界内之敌,增强现在围攻线之工事将其封锁。

(二)对张华浜方面之敌,仍须努力攻击,将其歼灭,情况不许可时,亦须固守围攻线,以阻断其与租界敌人之连接。

(三)对吴淞、宝山、江湾方面,须固守据点,以防止敌人之登陆。

(四)应使后方部队在北站—沿横浜—五卅公墓—沿芦泾浦—江湾—庙行—顾家宅—沿蕴藻浜南岸,向西至黑大黄宅之线,构筑据点工事,于必要时,即在该线阻止当面敌人之发展。

3. 陈诚集团(江岸防守军)

(一)以一部固守罗店、浏河两地及其以西地区,防止当面敌人之冲出,同时以有力部队,分由新镇及曹王庙、沈家园两方面,攻击敌之两翼。

(二)并在刘家行、嘉定、浏河之线,构筑据点工事,必要时,即在该线阻止敌人之发展。

4. 各集团作战地境如下:

张发奎集团 ⎫
　　　　　⎬ 苏州河之线
张治中集团 ⎭
　　　　　　第二塘、陈家行、胡家庄、吴淞镇,各北端之线,
陈　诚集团　线上属张治中集团。

注意

一、前方部队之集结整顿,应适时行之。

二、各集团之兵力,为现在所指挥之部队。

五、第二步(努力限制敌之发展,并利用地形与工事,以与敌为有利之决战)

1. 张发奎集团(称右翼军)

(一)以有力之一部兵力(一旅以上)在浦东方面,继续前任务。

(二)以主力(一师以上)在浦江左岸,由公共租界经曹家渡、北新泾镇至张家宅之线(沿苏州河右岸),占领阵地,防止敌人向苏州河以南发展,并威胁苏州河以北地区之敌人左侧,以使在苏州河北岸之我军战斗容易。

2. 张治中集团(称中央军)

在苏州河左岸范家宅附近,经江桥镇、南翔、马陆铺至嘉定南端之线,占领阵地,以主力配置于南翔及其以北地区,利用地形工事,以与当面之敌人决战。

3. 陈诚集团(称左翼军)

在嘉定、周家园、浏河至长江南岸之线占领阵地,以主力配置于嘉定、浏河中间地区,利用地形工事,以与当面敌人决战。

4. 各兵团之作战地境如左：

张发奎集团 ⎫
张治中集团 ⎬ 纪王庙 — 苏州河之线，线上属张发奎集团。
陈　诚集团 ⎭ 太仓、嘉定各南端，广福、唐乔之线，线上属陈诚集团。

注意

一、前方部队之集结整顿，须不失时机，适当行之。

二、后方增加部队到后之战斗序列，另定之。

(3) 大本营训令(9月6日)

大本营训令令字第三号

兹颁布第三战区第二期第二步作战指导计划，仰即遵照。并应迅速先行完成计划内指定之后方各据点工事，其实施时期，另有命令。此令。

中华民国二十六年九月六日

　　　　　　　　　大元帅蒋中正印

常州顾副司令长官、上官军团长、薛总司令、香副总司令、南京刘司令长官、唐司令长官、宣城陈总司令、杭州临平刘总司令、泗安张总司令、宜兴探交廖总司令。密。

命令：

一、兹将第三、第七战区及首都卫戍〔戌〕之战斗序列，分别变更颁定【如】下：

甲、第三战区司令长官仍由中正兼，副司令长官顾祝同。第九集团军总司令顾祝同兼、副总司令上官云相，辖第十一军团上官云相部、第十七军团胡宗南部。第十九集团军总司令薛岳、副总司令香翰屏，辖第十五军团刘兴部、第十八军团吴奇伟部。

乙、第七战区司令长官刘湘、副司令长官陈诚。第十五集团军总司令陈诚兼,副总司令刘建绪,辖第二十三军团刘建绪部、第十六军团罗卓英部。第八集团军总司令张发奎、副总司令廖磊,辖第七军团廖磊部。第二十三集团军总司令刘湘兼、副总司令唐式遵,辖第二十四军团唐式遵部、第二十五军团潘文华部。

各战区军团以下战斗序列,由各战区编配呈报。

丙、首都卫戍部队战斗序列另发(按第三页)。

二、第七、第三两战区之作战地境如左:

遂安—淳安—昌化—广德—蜀山镇之线,线上属右。特须对太湖方面严密警戒。

三、第七战区以一部确保许村、博鹿、洛舍镇、埭溪镇阵地,以新锐之川军攻击吴兴方面之敌,并各以一部确保广德、孝丰。其应加整理之部队,着向兰溪及其西南地区转进。

四、第三战区应以有力部队扼守锡澄线,保持重点于无锡方面,并各以一部确保南渡镇、溧阳、宜兴各据点,须与南京卫戍部队连系。其应加整理之部队,着向徽州及其以西地区转进。

五、首都卫戍部队,迅速构筑工事,固守南京,并与第三战区确取连络。中○。有申。一作元。

蒋介石致张发奎密电

(1937年9月3日)

嘉兴张总司令:○密。着即指派部队征集民夫,在下列指定地带构筑据点工事,并挖掘战壕及预备防御敌战车之阻塞等工程,统限半月内完成。(一)浦东方面:柘林城—西新市镇—道院镇—三官堂—奉贤—徐里桥—金汇桥—闸港桥之地带。(二)松江及沪西方面:金山县—泖港镇—米市渡—马家渡—得胜港—闵行—北桥镇—行塘湾—曹家行—华泾镇—龙华—长桥—虹桥镇—北新泾镇—七宝镇—法笔镇之地带。仰即切实遵照,依限完成为要。中正。一作。江酉。

钱大钧转报张发奎的签呈

(1937年9月3日)

张向华司令根据钧座意旨处置如左:

(一)第十六师配置于龙华至闵行沿黄浦江各渡口筑据点工事,并派遣参谋人员在苏州河南岸侦察阵地。

(二)第五十五师应确实抗拒已登陆之敌,至不得已时应将主力逐渐移于柘林至闵行渡口集结,构筑阵地。但须留兵一团,除派一营驻守白龙港外,其余酌量配置于浦东各据点,始终固守。倘被敌截断,即将该团改做便衣队游击活动,在敌后方扰乱。

(三)第四十五旅(张銮基)位置南桥附近待命。

当否,乞核示。

职钱大钧呈　九月三日下午五时

蒋介石致陈果夫密电

(1937年9月3日)

镇江陈主席:○密。(一)着即以中正名义,令各县长专员聘请就地正绅出而抗倭自卫,并请其督率乡民,指定重要地点挖掘战壕,构筑工事,协助军队防护地方,希迅速分别施行具报。(二)着由该省府颁定赏罚令,并颁发自卫新知书籍及防空、工事掩盖、伪装等式样,令各乡遵办为要。中正。一作。江西。

蒋介石致顾祝同等密电

(1937年9月3日)

急。南翔顾副司令长官、张总司令、嘉兴张总司令、苏州冯司令长官、镇江陈主席、杭州朱主席:△密。查吴福、澄锡与沪杭各线阵地编成,除原有国防永久工事外,步兵掩体、指挥所、瞭望所、交通壕、障碍物、阵地交通路等多未完成。兹规定吴福线及澄锡线工事,由冯司令长官、顾副司令长官指派部队担任,沪杭线由张总司令发奎指派该区部队担任,分别负责构筑,统限九月二十日以前完成。且为协助军队迅速完成计,应由该省政府在工事区域各县征集民夫,协助工作,由各驻在军事机关负责指导,并将工事进行情形具报为要。中正。江酉。一作。印。

顾祝同致蒋介石密电

（1937年9月5日）

（1）

南京委员长蒋:江酉一作电奉悉。外密。遵与鹿参谋长等商定办法如下:(1)尽先完成吴福线,尔后完成锡澄线。(2)集中工作力于永久工事,先行构筑吴福线左翼依托之合兴街区工事(包括杨舍营、鹿苑镇、合兴街)。但浏河至福山江防工事,经完成仪桥、浮桥、岳王市、古里村等处,其余在限期内,暂难兼顾。(3)步兵线野战诸工事,请钧座指定部队担任,经费由第三战区司令部估计筹备,再请核发。(4)野战工事,此间拟组织指导委员会,以鹿参谋长钟麟为主任。(5)炮兵阵地掩护部,是否同时构筑。上五项乞核示遵。职顾祝同。歌戌。参。翔。印。

（2）

急。南京委员长蒋:〇密。谨将本区所属部队位置电呈如下:甲、第八集团军:(1)五十五师周浦,该师任浦东及川沙以北之防卫警戒。(2)独四五旅部奉贤,任南汇、奉贤间及柘林、闵行渡口之警戒,其赵团欠一营归李松山指挥,已至周浦之北蔡。(3)六二师部平湖,所部分布海盐、澉浦、长川坝及金山卫、乍浦一带。(4)六三师由杭向平湖、海盐开拔中。(5)一六师已抵龙华。(6)独卅七旅欠一团,调北泗塘,归六师指挥,余在洋行。乙、第九集团军:(1)八八师及保安总团,在北站、宝山路、横浜路、五卅公墓、爱国女学至沙泾港西岸之线。(2)卅六师主力在鲁港巷、吴家浜、观音堂、春江路之线,一部在荻家浜至虬江口之线。(3)八七及六一师主力,在汀家巷、徐家湾、北沿南泗堂至蕰藻浜之线,一部在虬江码头至剪松桥江岸。(4)五七师在大场、江湾一带。丙、第十集团军:(1)十九师在输送中。(2)新四三师部宁波,所部分布穿山、定海镇、育王寺、邱益镇一带。(3)暂一一旅,任宣城至贵溪段护路。(4)暂十二、十三旅,任杭州至玉山段护路。丁、第十五集军:(1)一一师在罗店东丹石桥附近。(2)一四师在龚宅、颜家油库一带。(3)六七师一部在罗店附近,余在嘉定。(4)九八师在宝山、月浦、新镇一带。(5)五一师在罗店西小堂子、陆宅、铺家庙、曹王庙一带。(6)六师在宝山南大庙、王家宅沿泗塘河至蕰藻浜之线。(7)五八师一旅,由浏河向川沙口、石洞方向进攻中,余任鹿鸣、泾口至小城浦口江防。(8)五六师欠一团,协助五八师进攻,余任浏河至鹿鸣、泾口江防。(9)一师及七八师之一旅,在杨行、刘行一带筑工。戊、一五师现开刘行、广福、嘉定一带构筑工事,卅二师一旅到南翔,余在运输中。四五师奉调海宁、硖石,亦在运输中。谨闻。以后如有变动,敬当随时电呈。职顾祝同。微午。参。翔。印。

何应钦致冯玉祥等密电稿

(1937年9月9日)

无锡冯司令长官、苏州顾副司令长官、安亭张总司令:卧密。京沪路沿线已奉国府令宣告戒严,曾派文白兄为戒严司令,沿线要地如苏州、无锡、常州等处,即请文白兄指定各该地部队长官或由文白派负责人员执行戒严事务,并可酌增额外人员协助办理。弟何○○。佳戌。务。印。

顾祝同致蒋介石密电

(1937年9月9日)

京委员长蒋:内密。谨将本区所属各部队移动情形电呈如下:(甲)第八集团军:(1)五五师以一旅监视海面及构筑白龙港至孙家宅阵地,一旅监视江面及构筑洋泾袜至徐家宅(不含)阵地。(2)独四五旅变归李松山指挥之赵团,已开奉贤归还建制。(3)六二师担任自柘林(不含)经乍浦高地至场前(不含)间之警戒及构筑工事。(4)六三师担任场前(含)经海盐、澂浦至海宁间之警戒及构筑工事。(5)一六师奉令开回南翔。(乙)第九集团军:(1)八八师,中山路、五卅公墓、持志大学、谭家宅、爱国女学据至沙泾港铁路桥之线。(2)保安总团一团,暨南谭子湾至帧山桥之警戒。(3)独二十旅一团,五卅公墓、粤东中学之颁余,在草家湾、横浜、观音桥、虹江下游北岸之线。(4)三六师,朱家巷、溪塘湾、沙泾港铁道桥北侧至九沙港、孙家湾(不含)之线。(5)五七师之七一旅全部,暂归八七师指挥,仍担任虬江码头方面防务。(丙)第十集团军:(1)十九师一旅,集结宁波附近,余部任溪桤、海门之守备。(2)新三十四师一团,集结宁波,余部任自象山港左岸至甬江间之守备。(3)四十五师一团,守备自海游三门湾北岸至象山港左岸狮子山地区,余部任自甬江右岸至曹娥江右头区之守备。(丁)第十五集团军:(1)十一师,罗店西南溥家宅、龚家宅、坍石桥、土行园一带。(2)十四师阙旅一部,李八宅,吴宅,主力南曹、南北塘口一带;曾旅杨宅、丁宅、南长沟、顾家油车、芬家楼之线。(3)九八师,月浦、新镇、顾家角及福宅、五斗泾之线。(4)五一师,小堂子、陆宅、张家堰一带。(5)五八师一旅,沈家湾、蒋宅之线,余部任鹿鸣泾口至小城、浦口江防。(6)五六师,特力磊河至鹿鸣泾口江防,一团双草墩、程洵桥。(7)第一师一旅,曹家宅、董家人、金宅、顾家宅之线,一旅曹家桥、胡家宅、龚宅之线。(8)七八师一旅,刘行附近,余部已到南翔。(9)三二师,刘行、广福一带筑工。(10)第六师,奉令开回南京。谨闻。顾祝同。佳亥。参。翔。印。

蒋介石致冯玉祥密电稿

(1937年9月10日)

无锡冯司令长官并译转第六十六军叶军长、安亭顾副司令长官：6210密。查吴福阵地,应增强之步兵工事,急须构筑完成。兹着由(66A)担任构筑并守备,其部署应如下：(一)该军以一师担任吴江至阳澄湖以南阵地之守备,与步兵工事之构筑,其主力控制于吴县附近,并以步兵一团任殿山湖西南莘塔镇、周庄、陈墓及澄湖以西同里镇以东真义镇各据点之守备与步兵工事之构筑。(二)该军以一师担任湘城镇经常熟至福山镇阵地之守备与步兵工事之构筑,其主力控制于杨尖镇附近,并以一部任梅李镇、浒浦镇各据点之守备与步兵工事之构筑。(三)该军以教导旅任福山镇以西鹿苑镇、西塘桥、杨舍营、合兴街及其以北双桥西、新桥各据点之守备与步兵工事之构筑。(四)其部署及步兵工事,限于九月廿日以前完成,具报为要。(五)所有吴福阵地未完成之永久半永久工事,着由城塞组派员会同该军长迅速完成。中〇。灰未。一作。京。印。

张治中致黄绍竑等密电

(1937年9月11日)

南京大本营黄部长、嘉兴张总司令、昆山陈总司令：卧密。(甲)本真日敌向我蕴藻浜南岸左翼军左翼攻击甚剧,但已经击退,其余正面无激战。(乙)本军奉本战区命令,于本夜撤至北站、江湾、庙行至蕴藻浜南岸之线。遵为部署如左：(1)右翼军(指挥官孙元良,八十八师、保安总团)占领北站,沿宝山路、横浜、五卅公墓东钱家塘(不含)之主力,并在持志大学沿俞经甫至谭家宅占领警戒阵地,另以一部任北站至新泾之警戒。(2)左翼军(指挥官王敬久、副宋希濂,三十六师、八十七师及五十七师之施旅)占领东钱家塘、江湾、庙行、顾家宅之主阵地,与蕴藻浜北岸东杨宅之第一军右翼连系,在江湾、庙行各构成强固据点,并于狄家浜、叶家花园、侯家木桥、孙宅之线,占领警戒阵地。(3)六十一师及独立第二十旅为总预备队,位置于大场西端附近。(4)在原阵地仍留置一部兵力扼守要点,非敌猛攻不准放弃。特电奉闻。弟张治中叩。真亥。参一。印。〔安亭〕

张治中致蒋介石等密电

(1937年9月12日)

限即到。南京委员长蒋、部长何、总长程、总监唐:5257密。(甲)本文日拂晓前,本集团各军按照昨夜命令部署完毕,其位置如次:(1)右翼军(八八师、保安总团)仍在原阵地,自北站沿横浜、五卅公墓至爱国女学、持志大学之线。(2)左翼军以三六师(欠一团)之二团,占领东钱家塘至江湾北端之主阵地,一团占领狄家浜、叶家花园、天禄寺之警戒阵地,八七师(259)旅一团,占领岭南山庄至庙行无名英雄墓之主阵地,一团占领市立公墓、徐家宅之警戒阵地。五七师施旅四营,占领庙行以北至蕴藻浜南岸之主阵地,两营占领王家桥、孙宅之警戒阵地。(261)旅及卅六师一团,位置于大场东端,为左翼军预备队。(3)六一师及钟旅、五七师(欠施旅)在大场附近,为集团军预备队。(乙)本日拂晓起至九时止,敌以猛烈炮火向我南泗塘原阵地射击,事前敌似先全未知我军转移阵地,而我军各军留置原阵地之小部队,至下午始陆续撤回。至黄昏止,左翼军主阵地前方,仅有敌搜索部队。职张治中叩。文戌。参一。印。〔安亭〕

蒋介石致何应钦代电

(1937年9月13日)

本京何部长鉴:(一)已令刘多荃军速开沧州,归庞军团长炳勋指挥。(二)已令第四军吴奇伟(59D、90D)部迅开武昌,分由轮船、铁路(平汉转陇海、津浦),迅速到苏州集结待命。(三)已电令叶肇军以二师开南翔附近,归顾副司令长官指挥,余一旅在常熟附近警戒江防。除分电俞部长外,希转令准备船只。中正。元。一作。京。印。

中华民国廿六年九月十二日

张发奎致蒋介石等密电

(1937年9月14日)

急。南京委员长蒋、部长何、总长程:〇密。谨将本周所属各种兵力部署电呈如次:(甲)第五十五师:(1)师部周浦。(2)杨旅以一团担任川沙、徐家路间沿海一带之守备,余一团集结于张家棚为师预备队。(3)张旅除以一部担任高桥、高行附近警戒外,余部均位置于黄浦江东岸一带,担任沿江之守备。(乙)独立第四五旅:(1)旅部,奉贤旧城。(2)赵团(欠一营)附贺团之一营,随旅部位置奉贤旧城为预备队。(3)贺团(欠一营)分任闵行、渡口、柘林方面之警戒。(4)徐团附赵团之一营,协助地方武力,担任南汇、奉贤间沿海各要点之警戒。(丙)第二十八军:(1)军部平湖,并指挥第六二、六三师部署如下:(2)六二师担任自柘林(不含)经乍浦高地至场前(不含)间,沿海各要点之警戒。(3)六三师担任自场前(含)经海盐、澉浦、海宁间沿海各要点之警戒,并策应六二师之作战。至其详细部署,尚未据报。(丁)本区沿海、沿江及柘林、闵行间各工事,大致即可全部完成。(戊)炮二旅二团蔡团长驻平湖,所部浦东及乍[浦]、澉浦各位置一营。谨闻。张发奎。寒未。印。〔嘉兴〕

顾祝同致蒋介石密电

(1937年9月15日)

南京委员长蒋:〇密。谨将第三战区所属部队位置摘呈如下:(1)第九集团军方面:八十八师附保安总队,仍在北站沿横滨、五卅公墓、持志大学之线原阵地，以一部警戒北站至北新泾镇间苏州河北岸。卅六师占领东钱家塘至江湾北端之主阵地，以一部占领狄家浜、叶家花园、天禄寺之警戒阵地。八十七师占领岭南山庄至庙行、无名英雄墓之主阵地，一部占领市立公墓、徐家宅之警戒阵地。五十七师施旅占领庙行以北至蕴藻浜南岸之主阵地，一部占领侯家村桥、孙宅之警戒阵地。六十一师钟旅已编并及五十七师（欠施旅）在大场附近，为集团军预备队。（2）第十五集团军方面：第一军占领顾十房以南至蕴藻浜北岸之阵地。三十二师占领顾十房以北至北杨宅之阵地。十五师之陈旅，在杨九房、顾宅间地区，余部在刘家行附近。十六师（欠一团暂在龙华候接防）在顾宅南侧及大场以北地区。十四师占领陆福桥、顾家角、淑里桥之线。十一师占领杨宅、五斗泾、坍石桥亘罗店南部之线。六十七师一部占领小堂子、沈家湾、朱家宅之线。五十一师占领施相公庙、浦王庙、曹王庙之线。五十八师占领新丹宅、杨家桥、铁度桥北新泾桥、许家宅之线。五十六师以一旅占领黄宅、浏河镇、浏河口之线，余部担任浏河口迄鹿鸣泾口之江防。九十八师在外冈镇（嘉定西侧）附近。（3）第六十六军（欠一旅）已到达刘家西廊附近村落及唐桥站、唐家桥、广福镇之线，担任筑工。（4）第八集团军方面：除第十六师已调刘家行、大场附近外，余均在原位置。（5）第十集团军各部队位置未变更。谨闻。职顾祝同。删申。参仁。翔。印。

蒋介石致程潜等密电

（1937年9月18日）

南京。程总长、何部长、俞部长：6265密。兹令：（一）第九师酌留一部等候第三十四师接防，其余即由湘赣、浙赣路输送杭州待命。（二）第三师即向江山集中，候车运输。（三）第六十师即日运送南京集中候命。以上各师所抽补充兵，准予拨还。（四）第四十三军郭军长所属二十六师及独立第三十四旅，调南京集中待命。

(五)第卅四师着接替粤汉路第二十六、第九两师防务。以上各项,除分令外,希各查照。中正。巧。侍参。京。印。

蒋介石致冯玉祥等密电稿

(1937年9月21日)

特急。桑园冯副委员长、安亭顾副司令长官、张总司令治中、昆山陈总司令、嘉兴张总司令发奎、杭州刘总司令、南京抄送办事处薛总司令:○密。兹改定第三战区军队区分如次:(一)司令长官由本委员长兼,副司令长官顾祝同。(二)左翼军总司令陈诚,右翼军总司令张发奎。(三)左翼军以第九集团军、第十九集团军、第十五集团军组成之。(四)右翼以第八集团军、第十集团军组成之。(五)第九集团军总司令张治中、副总司令黄琪翔。第十九集团军总司令薛岳、副总司令吴奇伟。第十五集团军总司令陈诚兼,副总司令罗卓英。(六)第八集团军总司令张发奎兼,第十集团军总司令刘建绪。以上各项,仰各遵照。中○。号。

蒋介石致顾祝同等密电稿

(1937年9月21日)

安亭顾副司令长官、张总司令、昆山陈总司令、嘉兴张总司令。○密。(一)第三战区黄浦江以西蕴藻浜以南地区划为中央军,朱绍良为总司令,以第十八师及第九集团军编成之。(二)第九集团军总司令,由中央军总司令朱绍良兼。(三)左翼军以第十九、第十五集团军编成之,右翼军仍以第八、第十集团军编成之。以上三项,仰各遵照。中○。马。侍参。京。

蒋介石致黄绍竑代电

(1937年9月21日)

第一部黄部长勋鉴:兹令:(一)第三十二师担任黄渡、安定、白鹤港各地据点之构筑,其师部驻青浦。(二)第四十四师除留大场与真如各一团构筑工事外,其余应配置于苏州河两岸,先构筑北新泾、华漕镇、纪王庙等处各据点工事,并对租界、曹家渡方面,应特别警戒防备,该师部驻真如。除电顾副司令长官办理外,希知照。中正。马申。侍参。京。

中华民国二十六年九月二十一日

顾祝同致蒋介石等密电

(1937年9月24—30日)

(1) 9月24日电

南京委员长蒋、部长何、参谋总长程、唐总监:○密。职部为便于指挥起见,准于梗晚移驻苏州。谨闻。职顾祝同。敬酉。参战。苏。印。

(2) 9月24日电

南京委员长蒋:○密。谨将本战区各部队位置报告如下:甲、位置:(1)右翼军第五十五师任徐家宅沿黄浦江东岸滥泥渡、朱家镇、东沟防务及川沙、二九港、白龙港、老洪洼、高行、高桥沿海一带之警戒。独立第四十五旅任南汇、奉贤旧城、奉贤、柘林沿海警戒。第六十二师陶广所部,担任柘林(不含)、乍浦、场前(不含)沿海各要点守备。第六十三师任场前、长川坝、高阳山、海宁之线守备。第十九师集结宁波、镇海间,协助新三十四师防守海岸。第四十五师担任现海卫至曹娥江右岸江防。暂编第十一、十二旅宁波、绍兴一带。暂编第十三旅永嘉、瑞安。(2)中央军第十八师黄旅已于皓晚接防十六师龙华至北新泾防务,余部祃晚可到梅龙镇。第四十四、八十八师在北站至江湾以南之线。沪保安总队自北站沿苏州河北岸至曹家渡对租界方面警戒。第三十六师江湾、庙行以南。第八十七师庙行至蕴藻浜南岸。第六十一师一旅在严湾矿桥站,一旅由大场沿走马塘、小南翔筑工,师部驻洛阳桥。(3)左翼军第八师周家宅、南王宅、紫藤海、朱家冈、袁宅之线。第十六师窦家弄、孟湾。第五十七师张宅、王九房、张家巷。第一百五十九师杨木桥、金家湾、朝王庙、易店。第七十七师北杨宅、陆福桥、郝家宅。教导旅周家心前王宅、樊家桥。第一百六十师一团加入一五九师正面,余两团在教导旅左翼。第四军五十九师一部及九十师主力,尤梅宅以南至郭家宅、金家宅。第十一师卅三旅周家宅、张家宅、高宅。第六十七师小堂子、曹家宅、陆宅。第五十一师施相公庙、浦家庙、曹王庙。第五十八师岳王庄、杨家桥、铁渡桥、北新泾桥、许家宅。第五十六师许家宅、浏河镇、刘河口、杨林口、七丫口、鹿鸣泾口担任江防。第十四师太仓。第九八师嘉定东侧筑工。第十五师刘行。(4)本区直属部队已令第一军第一师在昆山、陆家桥镇间。第七十八师昆山、张浦镇间筑工。第十三师陈枯行、广福镇间筑工,主力置于广福镇。第六师及独卅六旅,南翔附近筑工。第三十二师正由昆山附近向青浦前进中,已令在黄渡镇至外冈间筑工。第一百十一师构筑启东、海门、南通、靖江沿江工事。第一百零三师担任江阴江防,已到一团,余部在运输中。乙、处置:为节省兵力,位置略有变更,部署情形,另案呈报。职顾祝同。敬亥。参战。吴。印。

(3) 9月25日电

南京委员长蒋:○密。综合本战区部队位置及战况报告如下:(甲)位置:(一)右翼军第十九师唐旅邬团,号晚宿营黄岩,师部及直属部队宿营大溪镇,李旅仍负温防任务,余无变动。(二)中央军位置仍旧。(三)左翼军第八师,除留一部原阵地外,余已移至唐桥站、陈家行间作工。第一五九师一部原阵地,余已移至刘行、广福间集结整理。第一六零师在一五九师及教导旅间参加战斗,余无变动。(四)江防部队,刘师任鹿鸣泾至小城、浦口江防务,冯师已到达常熟、浒浦附近,详细部署尚未据报。(乙)战况:(一)昨敬日敌以炮兵及坦克掩护其步兵,向我刘防及罗店以南阵地猛攻,经激烈之战斗,彼我损失均大,但敌仍未得逞。(二)昨廿四日晚,敌以坦克车十五辆,冲进我福缫房附近阵地,经我炮兵集中火力之射击,旋即将其击退。(三)本晨敌以步炮兵向我罗店以南十八军阵地攻击,被我击退。职顾祝同。有亥。参战。吴。印。

(4) 9月26日电

南京委员长蒋:○密。综合本战区位置及战况报告如下:甲、位置:一、右翼军、中央军无变动。二、右〔左〕翼军,各部队新部署以江家宅、窦家弄、顾家宅、刘行、太平桥、万桥、樊家桥亘罗店南站为主阵地,以各部队原阵地由陈家行东至沈家行、沈家宅北至施相公庙为预备阵地。第八师除留一部固守杨家宅、朱家冈原阵地外,主力移至唐桥站、大场间地区,并以一旅由唐桥站(不含)沿蕰藻浜南岸至陈家行间筑工。第十六师及五十七师,占领江家宅、窦家弄、孟湾、顾家镇亘酸浦南岸之线,但五十七师仍固守杨九房、张家巷原阵地。第十五师占领刘行附近至太平桥既〔继〕设阵地。第七十七师除以有力一部留在原阵地外,余在太平桥(不含)、万桥、李宅、张家宅、樊家桥沿河之线占领阵地。第一五九师除以三分之一兵力仍固守原阵地外,主力在罗湾公路西侧刘家港附近集结整理。第一六〇师一团及教导旅,仍维持原阵地,必要时撤至顾宅、刘胡宅之线。第四军占领樊家桥(不含)、郭家宅、杨家沿河之线亘陶家宅一带阵地。第十一师及六十七师,固守原阵地,并在陶家宅(不含)。金家宅、南朱宅、北宅、龚家桥、姚家宅、南北周宅、施相公庙(不含)构筑预备阵地。第十三师(欠一部)在陈家行至广福以北之孙家宅(不含)筑工,余无变动。三、本部直属部队第一〇三师,有日六一三团向郎街、六一五团向大港镇、六一八团向申港镇前进中,余无变动。乙、战况:一、右翼军,漾午敌舰三艘向我李师新三井码头阵地炮击,企图登陆,被我张团猛击,未逞。二、中央军全线沉寂。三、左翼军方面,敌于本宥日上下午两次向我樊家桥、金家宅、杨家、龚家桥第四军阵地攻击猛烈,激战入夜,我军仍保有原阵地,该敌系由东北调来之伪军。其他方面战况沉寂。谨闻。顾祝同。宥亥。参仁。吴。印。

(5)9月27日电

南京委员长蒋:外密。综合本战区部队位置及战况报告如下:(甲)位置:(一)右翼军、中央军无变化。(二)左翼军第一五九师移至嘉定西南之方泰镇,教导旅在周家牌楼集结整理。第一六零师除任掩护之一部外,主力控置中心阁、广福一带,该师留驻常熟之二营,已于有晚【到达】。第一军第一师宥午到达昆山以北朱家湾、鸭脚滨、太平河、十八图、东横泾、东楼桥一带。七十八师有晚到达昆山及其东南地区。(乙)战况:(一)右翼军方面:寝午敌机两架由杭州经柯桥、新昌至枥社机场投弹二枚,一枚中机库,毁库屋三分之一,嗣复至甬上空盘旋,被我守兵以机枪射击,即行飞去。寝未敌舰一艘,由龙山驶至我镇海炮台前,发炮二发,旋遁去。(二)中央军方面战况沉寂。(三)左翼军方面:宥午敌以步兵一营,向我十五师阵地攻击,激战至午后六时仍在对峙中。(四)本感日拂晓,敌以战车九辆掩护步兵向我十六师顾家镇附近阵地攻击,剧战甚烈。至十时许,敌以飞机八架轰炸我军阵地,我军迄未动摇。至午后四时,仍在对峙中。杨九房附近并有敌三四百人正在构筑工事。谨闻。职顾祝同。感亥。参仁。吴。印。

(6)9月30日电

南京委员长蒋:〇密。综合本战区部队位置及战况报告如下:(甲)位置:(一)右翼军第十九师已令开往嘉兴,该唐旅长率一零九团尚在海门（浙江黄岩东），一一〇团感达上虞属之嵩墺，正徒步向杭州行进中，余无变更。（二）中央军位置仍旧。（三）左翼军独立第卅七旅，已令开驻宁波、镇海。第四四师陈总司已令开至周王前金家店一带，准备接替第四军阵地，并加强工事。第十一师金家宅、南朱宅、龚家桥之线。第六七师在徐宅、杜宅、汤家宅、陆宅之线。炮十团之一营及卜福斯山炮二营，仍在大场以北地区。我炮十六团在新泾桥东北地区占领阵地，已能交叉火力，余无变更。（四）本部直辖部队第九师除四十九团在湘担任长衡段护路外，全部集结无锡待命。第一零二师已令由常州下车徒步前往江阴，担任刘福、海沙至福山（不含）柏〔?〕防。税警总团第一支队已到达彭浦、大场一带，担任筑工，归中央军指挥。（乙）战况：（一）今晨三时敌以步兵向我第八师江家宅、汪宅阵地攻击，颇为猛烈，其一部进至我阵地前被我军以手榴弹击毙十余名，掳获步枪八支，余不支退去。其后未敢来犯，惟以炮兵向我猛烈射击。（二）我十六师在顾家镇、孟湾、张宅之线，于今日上午三时起，与当面约千余之顽敌对峙，敌以飞机大炮攻击甚烈，至下午三四时许，始将残敌击溃。击毙残敌五百余名，内有官长五名，一名系দ少佐林木八床，缴敌轻机枪一支，步枪十余支，现散失在阵地前敌枪械尚甚多。（三）昨夜敌炮兵对我顾家镇附近十六师阵地射击，炮坏铁丝网，为敌步兵开拓进路，致敌廿余人突进我阵内，我军沉着应战，遂将突入之敌完全歼灭。（四）昨晚唐家浜附近有敌坦克廿余辆，并有约二千人向北移动，企图在殷家附近渡河，被我七七师击退。今天又有敌军一部，在郭巷桥附近施行强渡，亦被该师击退。（五）本日拂晓以来，敌对严宅附近我第四军阵地炮击颇烈，继以战车十余辆掩护步兵攻击，现仍在相峙中。（六）昨日我五十一师施相公庙附近阵地之敌，今晨又续来攻击，仍被我击退。又本日江湾附近敌炮击甚烈，继以步兵出击，当被我军击退。谨闻。职顾祝同。卅亥。参仁。吴。印。

钱大钧转报唐生智电话报告

(1937年10月2日)

唐生智由苏州电话：(一)吴福线野战工事可依限完成，但后方交通路前曾令江苏省构筑，并拨款80万元。但至今一路未筑。(二)前令江苏省府征集木排加强江阴封锁线，但该省府复电，以无法办理了事。

职钱○○呈十月二日下午十时

顾祝同致蒋介石密电

(1937年10月6日)

南京委员长蒋：山密。综合本战区部队位置、处置及战况报告如下：甲、位置：一、右翼军、中央军无变动。二、左翼军第十四师以两团推进至潘家宅附近构筑公路南北侧第二线工事，余部仍构筑新泾桥以北预备阵地。第六师、第一六〇师、第九八师，已就由南翔经马陆镇、石冈门东侧至新泾桥之既设阵地，并加强工事，余无变动。乙、处置：一、已令税警总团派兵两团，位置马桥宅、西六房附近，策应六十一、第八两师之正面。二、第一师第一旅位置于西塘桥西南外。三、第七十八师(欠一旅)位置于陈家行东南之谈家头，统归李师长文指挥，策应蕴藻浜南市第八师、第十六师之正面。第七八师之另一旅，仍位置于金墆宅北营一带，归第九师李师长指挥。丙、战况〔略〕。顾祝同。鱼亥。〔吴县〕

陈诚致蒋介石等密电

(1937年10月8日)

急。南京委员长蒋、部长何：4309密。左翼军军队区分及作战增加如下：(一)管区分：(甲)右地区：总指挥胡宗南、副总指挥黄杰，指挥第一军第十七师(?)、第三十二师、第六十一师、第八师、税警总团。(乙)中央地区:总指挥薛岳、副总指挥叶肇,指挥第五七师、第十三师、第九师,第六六军第六师、第一三五师。左地区:总指挥罗卓英、副总指挥刘和鼎,指挥第四四师、第六〇师、第五一师、第五六师、第二八师、第十一师、第十四师、第六七师、第九八师、独立第三四旅、保安第四团、步兵炮团一、二、三营、战地情报防御炮二连、高射炮第二、第十连。(丁)炮兵:刘翰东指挥炮兵第三团之一营、炮兵第四团、炮兵第十六团、独立炮兵第十团(欠两营)、教导总队炮兵营、炮校练习队之二连。(戊)总预备队:总指挥吴奇伟、副总指挥王东原,指挥第四军第十五师、第七一师(?)。(二)作战各部队地境:(甲)右地区与中央地区为小南翔、陶家行至刘家行相连之线,线上属右。(乙)中央地区与左地区为方泰镇、石岗〔冈〕门、张家、朱北宅至太平桥相连之线,线上属左。谨闻。职陈诚。齐戌。玄。印。

顾祝同致蒋介石密电

(1937年10月10—15日)

(1) 10月10日电

南京委员长蒋:○密。综合本战区部队位置、战况及处置报告如下:(甲)位置:(一)右翼军无变动。(二)中央军第十八师之一旅,调往大场、老人桥间筑工,余无变动。(三)左翼军第八师移驻江桥镇整理,并构筑据点工事。第三十二师接替十六师顿悟寺、陈家行间阵地之守备。第十六师即控置于该师之直后,以资策应。税警总团一部黑大黄宅,第二团马桥宅、砑石桥,第四团、五团彭浦、大场间筑工。第十九师全部大场以北地。第十五师及七十七师,推进新塘市、牌楼市、方家桥镇、九曲镇,直接支援第五十六师江防部队。第四军以一部移驻太仓,一师仍在娄塘镇、陆渡桥间构筑工事,其余各师无变动。(乙)战况〔略〕。(丙)处置:(一)已令第三师以一旅位置于江湾、大场之线,对北正面构筑工事,主力集结于墙门头附近,归朱总司令指挥。(二)第一三五师位置于老人桥、新泾桥、陈家行之线,对东北正面筑工。谨闻。职顾祝同。灰酉。参。印。〔吴县〕

(2) 10月11日电

南京委员长蒋:○密。综合本战区部队位置及战况、处置报告如下:甲、位置:一、右翼军、中央军无变动。二、左翼军第十五师第七十七师推进茜泾营、仪桥镇、陆公市附近。炮四团原拟使用于马陆镇之一营,现在小南翔附近占领阵地,余无变动。乙、战况:一、蕴藻浜南岸严湾、江家宅附近之敌,连日与我激战,终未得逞,本日仍在相持中。二、昨日下午敌以主力围攻我西南赵家角、盛宅塘、北宅、顿悟寺、陈家行一带。第一师、七十八师、卅二师阵地战斗颇猛烈,入晚我第一师先后退出西南赵家角扼守小河南岸,续行抗战,敌我伤亡甚大。三、昨日午后二时,敌军千余猛攻我阮师右翼阵地,相持至暮,被我击退。同时有敌五百余向广福方面移动。四、齐夜我第九师向杨泾河突入之敌夜袭,敌仓惶退去,截获轻机枪一挺,步枪十余支,杨泾河以西已无敌踪。五、昨晨四时,敌以重炮八门向小潘唐湾五十一师阵地轰击,继以步兵四百余来犯,被我痛击,不支退去。六、停浏河口一带之多数敌舰,今日向我浏河口、杨林口炮击,并放烟幕,敌机亦迭来轰炸,至黄昏时又在杨林口、马桥口强行登陆,当被我守兵击退,同时浏河镇对面之敌步兵亦猛烈进迫,现尚未停。丙、处置:一、已令第三师第九旅接替六十一师唐沈宅以西沿蕴藻南岸严湾、江家宅等处防务,第六十一师交防后,即移至江湾、大场之线,对北正面构筑工事。谨闻。职顾祝同。真酉。参。印。〔吴县〕

(3) 10月14日电

南京委员长蒋:○密。综合本战区部队位置、战况及处置等报告如下:(甲)位置:无变动。(乙)战况:连日以来,敌不断向我蕴藻浜南岸攻击,本日敌自唐桥站以西砑石桥、西塘桥、桥亭宅、陈家行之线猛烈进犯,在西塘桥、陈家行两处尤为激烈。广福以南新陆宅我军阵地,一时被敌占领,我十三师以预备队逆袭,当即恢复。(丙)处置:本日下达命令要旨如下:(1)本军应先行巩固现阵地,再图扑灭蕴藻浜南岸敌军,恢复刘行、罗店之原地。(2)右翼军应巩固沿江海岸一带地区之守备,打破敌上陆之企图,并利用浦东、黄浦江岸阵地,对虹口敌根据地及敌舰实行扰乱射击。松江附近阵地带及嘉乍阵地战区工事之构筑,应迅速完成其计划。(3)中央军应先巩固蕴藻浜南岸之阵线,并迅速加强彭浦至大场及江湾至大场至老人桥至新泾桥至陈家行一带预备阵地,再着主力由唐桥站以西地区转移攻势,扑灭蕴藻浜南岸之敌,向刘行以南地区进展。另以一部担任沪南、沪西一带之警戒与守备,及黄浦江西岸阵地之构筑。(4)左翼军应先以一部担任江岸之守备,主力先巩固原阵线,并加强南翔至马陆镇至登桥镇至沿新泾河至浏河镇之预备阵地,再协同中央军转移攻势,向刘行、罗店一带地区进展。(5)第十一军团应以主力担任江岸之守备,一部构筑吴福阵地野战工事及昆支阵地,并积极设备太湖地区之防卫。(6)扬子江两岸江防队,应严密江阴附近之封锁,并担任江岸之守备,另以一部构筑江阴要塞地带之野战工事。(7)炮兵队应以主力于小南翔以东地区,一部于马陆镇附近占领阵地,须能以全火力指向唐桥站以西蕴藻浜南岸及广福以南地区,支援第廿一集团军及第十九集团军之战斗,对敌炮兵之制压,应于短时间内行急袭射击。(丁)第廿一集团军以第一军之第一师、第七八师,第七军之第一七一师,第六八军之第一七三、第一七四师、第十九师及第三十二师编成之,属中央军。以南翔汽车站至小南翔至唐家桥至陈家行至杨家宅至刘行南岸柏连之线,为中央军与左翼军作战地境之分界线,线上属中央军。谨闻。职顾祝同。寒酉。参。印。〔吴县〕

(4) 10月15日电

南京委员长蒋:固密。谨将作战命令第四号另纸列报如下:(甲)军队区分:(一)右翼军:(1)第八集团辖第六十二、六十三、五十五各师、独立四十五旅、炮二旅二团、教总队炮营。(2)第十集团辖第四十五、五十二、一二八各师,暂十一、十二、十三旅、独三十七旅、宁波防守司令。(二)中央军:(1)第九集团辖第八十七、八十八、三十六、三、六十一、十八各师、税警总团、沪保总团、炮二旅三团一营、沪警备司令。(2)第廿一集团辖第一、七十八、一七一、一七三、一七四、一七五、十九、三十二各师。(3)直属第二十六师。(三)左翼军:(1)第十九集团辖第五十七、十三、九、六、一三四、一三五、一五九、一六〇各师、教导旅。(2)第十五集团辖第四十四、六十、五十一、五十八、五十六、十一、六十七、十四、九十八、五十九、九十、十五、七十七、八、十六各师、独三十四旅、苏保四团、炮十六团。(四)江防总司令辖第一〇二、一〇三、一一一、一一二、五十三各师、海军司令、江防司令、江阴、镇江要塞司令、苏保二团、炮八团一营、炮十团一营。(五)第十一军团辖第三十三、四十、七十六各师及太湖警备指挥部。(六)炮兵指挥官刘翰东辖炮三团一营及炮四团、炮十团之一营、炮校练习队两连。(乙)作战地境,除中央军与左翼军略有变更业经电呈外,余无变更。谨呈。职顾祝同。删酉。参。印。〔吴县〕

陈诚致蒋介石等密电

(1937年10月19日)

即到。南京委员长蒋、部长何:我密。(1)本翼军方面今日(19日)仍以新陆宅附近第六十军之一部及第五十七师左翼,第十三师右翼战斗较为激烈,第九师及第四十四师正面敌屡次企图强行渡河,均经击退。第五十七师正面孟家宅附近本日敌炮击甚烈,其余各师正面战况较为沉寂,仅前哨有接触。又:五十七师阵地后方击落敌机一架,驾驶员逃逸,机身尚完好,请转饬派员前来运回。(2)本晨(十九日)奉到司令长官作战命令第五号攻势转移命令后,当即决定部署概要如下:(甲)第二十一集团军以步6个团编为第一路攻击军。由谈家头、陈家行正面攻击前进。保持重点于左翼。第一攻击目标为盛宅、桥亭宅、顿悟寺之线。第二攻击目标为西塘桥、东赵家角、西六房之线,并归第十九集团军薛总司令指挥。(2)第十九集团军第六十六军编为第二路攻击军,由孟家宅、马家宅正面攻击前进。第一攻击目标为杨家宅、徐宅、唐桥头、卫家宅之线。第二攻击目标为田都、孙家头之线。以第四军开至第二塘、马陆镇、石岗门间地区,接替第六十六军之阵地,并归薛总司令指挥。(丙)第十五集团军以第九十八师编为第三路攻击军,由广福、费家宅正面攻击前进,向东南方向压迫敌人。第一攻击目标为老宅、张家宅,以第十一师开嘉定接替九十八师。嘉定亘石门预备阵地以第十四师之右翼向南延伸,经吴家堰至蒋家堰之线构筑工事,再策应第四十四师。(丁)其他第一线正面各师除守备阵地部队外,应编成数个有力突击队,向敌阵地要点突击,策应攻击军之战斗。原固守第一线阵地邻接攻击军之各师,应抽调预备队连系攻击军前进,掩护其侧背。(戊)第七十三军在现位置策应江防守备队,以主力转至于浏河附近,并派一部接替太仓五十九〔五十六〕师之城防。(己)炮兵主力在右翼南翼以东地区,一部在马陆镇、嘉定间,以能直接支援攻击军之战斗。(庚)各攻击军迅速侦察敌阵地状态、地形及前进道路,并搜集通过小河架桥材料,于21日薄暮前完成一切攻击准备。(辛)攻击开始时另候命令。谨闻。职陈诚。皓戌。玄。印。

顾祝同致蒋介石密电

(1937年10月23—31日)

(1) 10月23日电

南京委员长蒋:我密。综合本日位置,除第十三师广福附近阵地已交九十八师接替开昆山附近整理、第五十三师之主力已到达新泾桥外,其他无变更。战况:(1)马夜我第四四师攻击时,敌高桥联队长被我击毙,并获其日记本及联队受领证等。第六六军突击队占领唐桥后,与敌激战,以伤亡过重,即撤回原阵地。(2)养晨我九八师攻至南梅宅,毙敌甚众,获轻机枪一挺,步枪百十余支。(3)本梗日我卅六师沈家湾宅阵地被敌占领,陆宅、高家桥宅阵地敌猛烈攻击,经我击退。廿六师俞家宅、朱家宅阵地,自今晨以来,敌向我炮击甚烈,经我炮兵还击后,敌步兵未得前进。又下午三时,敌以战车十余辆,掩护步兵向该师季项宅与十九师陈家宅间地区猛攻,经步炮火阻滞,现尚阻河对战中。(4)养晚我军继续向敌攻击,第廿一集团军恢复湾宅北侯宅、谈家头各据点,陈家行经激烈战斗未能得手,至今梗晨敌继续借飞机、炮兵掩护,向张家楼、湾宅北侯宅东沈赵宅、谈家头、陈家行西之我军阵地猛攻,并大举施放烟幕,我第一线一时陷于混乱,经尽力督促,得再向突入之敌反攻。惟湾宅北侯宅东沈赵宅均告失守。谈家头敌我各据一半对峙。处置:已令第六师在新泾桥、唐家桥,第十四师在严家滨、张家巷、羊马巷、吴家湾之线构筑预备阵地,并策应第一线之战斗。谨闻。顾祝同。梗酉。参。印。〔吴县〕

(2)10月25日电

南京委员长蒋:固密。兹于有戌下达训令之要旨如下:(1)本军决扫荡走马塘南岸之敌,恢复原阵地。(2)中央军应以一部据守北站、江湾、大场阵地,主力由大场西南地区连系左翼军攻击当面敌军,进出走马塘之线,江湾、大场两据点守备官兵,无命令不得撤退,违则军法惩治。(3)左翼军应以一师以上兵力,由金家角、严家浜、张家巷、羊马巷附近地区,连系中央军攻击当面敌军,进出走马塘之线。其余主力仍据守新泾桥、广福、施相公庙、浏河之原阵地。(4)两军作战地境规定如左:黄渡镇南吴淞江南岸城家宝、洪桥浜、陈家湾、九王庙、小石桥、黑大黄宅相连之线,线上属中央军。(5)炮兵队以炮兵第三团配属中央军,其余归左翼军指挥。蒋中正、顾祝同。有戌。参。印。〔吴县〕

(3) 10月26日电

南京委员长蒋:固密。兹于本宥亥下达命令要旨如下:(第三战区炮战令——第七号)。第三战区训令:(一)本军以达成持久抗战之目的,除以一部据守铁道沿线附近诸要点外,将南翔以东阵地逐次转移于吴淞江南岸。(二)中央军应派队固守北站附近彭浦、真茹车站暨南新线真如镇、倪家巷诸要点,极力妨害敌军之前进。其北站附近据点,着由第八十八师派兵一团担任之,于上海西站、丰田纱厂、北新泾、姚家渡之线,沿吴淞江南岸,与左翼军连系,迅速布置新阵地。另于杜家宅、钱家宅、七家村、花家宅之线,沿虬江南岸占领前进阵地。其原任沪南及沪西之守备部队,仍应严密警戒,增强工事。(三)左翼军应派队据守望桥浜、顾家港、陈家湾、洛阳桥、新泾桥西端诸要点,极力妨害敌军之前进,并于姚家渡(不含)、江桥镇、上行上、墙门头、小南翔、唐家桥之线,连系蕴藻浜北岸原阵线占领阵地,另于石桥、林家木桥、刘家池、吴家坟、杨树园、孟家宅之线占领前进阵地。(四)两军作战地境,现定如左:黄渡镇南吴淞江南岸、姚家渡、倪家巷、九王庙、洛河桥宅相连之线,线上属中央军。(五)各军应将接近敌方各公路、铁道、桥梁尽数破坏。蒋中正、顾祝同。宥亥。参。印。〔吴县〕

(4) 10月28日电

南京委员长蒋:我密。综合本战区部队位队〔置〕、战况及处置报告如下:甲、位置:一、右翼军第八集团军已策定新部署,以第廿八军两师任二九港(不含)至吴家行、南汇城、奉贤城经乍浦至澉浦附近沿海一带守备,置重点于澉浦、海盐、场前、乍浦、金山咀、柘林、奉贤城、南汇城等地。独立第四十五旅(欠七三三团第二营)以主力位置于张家册镇附近修补,并加强洋泾镇、白龙港间工事,以小部任二九港及其以北沿海警戒。其七三三团第二营任在柘林、闵行线上构筑工事。第五五师任黄浦江东岸封锁线以北之守备,以主力置于左翼,拒止敌之登陆,卅日以前各部可到达新位置。二、中央军第八八师任法华镇至丰田纱岸〔厂〕(含)。税警总团自丰田纱厂至北新泾(不含)。第一军自北新泾至屈家桥。第六十一师自屈家桥(含)至姚家宝一带阵地。第八十七师推进至姚家宝、华曹镇间以南城区构筑该线阵地。第三十四师已到一旅,在华曹镇、纪王庙间构筑工事。第三师在姚家渡湾曲部构筑预备阵地。三、炮兵教导总队炮兵营在北新泾镇东南陶家桥附近。炮三团在其西南陆家楼及西蒋上、汤家巷附近。炮四团在吉家行及南翔西铁路南北沈家村、周家坟附近。炮校练习队在南翔西北静安寺附近。炮十六团第一营在马鹿镇东北石桥附近。第三营在石岗门东北杨树院、唐家桥附近。炮十团三营在石岗门附近。炮十六团第二营在新木桥、徐家宅原阵地。另有少数游动炮兵助援前进阵地各部队。乙、战况:一、感夜敌猛攻闸北并纵火民房,多被焚毁。我八八师一团在烈焰而敌〔?〕抗战,忍死不退,截至本俭日止,只剩一营之众,仍与敌激战中。二、本日敌向我前进阵地进攻,但战甚猛烈,我三六师杜家宅附近之一营,伤亡较大,十一师洛阳桥阵地亦被敌攻陷,阵地被截断。三、十九师正面,本日亦有接触,详情不明,其余各部战况沉寂。丙、处置:(一)四十九军军部及一零五师师部已到达黄渡,已令在黄渡、方秦间筑工,归陈总司令指挥。(二)已令第六十二师主力调至浦东,加强该方面守备兵力。(三)第八师、第卅二师,已令开往昆山、支塘间担任昆支线工事之构筑,归上官军团长指挥。谨闻。职顾祝同。俭酉。参。印。〔吴县〕

(5) 10月31日电

南京委员长蒋:○密。综合本战区部队位置、战况及处置报告如下：甲、位置：一、左翼军第九师,于卅晚接替姚家宝至江桥镇(含)十九师阵地,第十九师交防后,仍归王军长东原指挥为预备队。第一〇九师到达后,即接替第廿军纪王庙、童家桥、杨柳桥至马目桥之线,构筑预备阵地。第廿军交防后,开至苏州河南岸筑工。第十一师于卅晚,推进至小南翔(不含),经陆家、司家桥、万家宅、万角至张家巷(含)之线,接替第卅二师之工事区域,并继续加强之。第卅二师续在张家巷(不含)经虞家宅、金家宅、白管岸至加泾(不含)之线筑工。第卅三师在方泰镇附近着手编并第卅二师。第廿一集团军卅晚派一师接替第六七师之任务,支援第四四、第九八两师之作战,并筑加泾含朱家宅、吴家宅、赵家渡、胡家宅、大桥头、小杨家线上之工事。第六七师交防后,本世日夜十二时以前移至南翔以西,归薛总司令指挥,构筑马目桥、邓家村、周家坟、白家宅及倪家村、杨家村、田都、鹤鸣桥、老宅、二房村、吉家桥一带地区斜交阵地之据点工事。乙、战况：〔略〕。丙、处置：一、已令一五四师到达黄渡下车,归十九集团军薛总司令指挥。二、已令六七军在安亭下车,集结于青浦附近,归中央军朱总司令指挥。谨闻。职顾祝同。世酉。参。印。〔吴县〕

蒋介石致江汉青密电稿

（1937年11月6日）

军急。上海古拔路九号江汉青：△密。浦东我军已大部调动,目下仅有少数部队据守各码头及各要点,防务甚形空虚。着令在浦东一带之别动队加紧活动,协助防军以牵制敌军之行动为要。中〇。麻未。一作元。印。

顾祝同致蒋介石密电

（1937年11月8日）

南京委员长蒋：俭密。兹将苏州河南岸之我军部署报告如下:(甲)右翼军除以一部占领独山、虎啸桥、太平桥、新埭、枫泾之既设阵地外,主力转进于珠家阁沿青浦东侧冬水桥、章堰镇、九江至吴淞江之线占领阵地。左翼军速以一部于仇江黄渡沿吴淞江北岸至姚家渡之线占领阵地。(乙)今八日夜,各部队之行动:(1)3D及87D于七宝镇、虹桥飞机场、顾家湾、潘家巷之线,占领收容阵地。(2)36D、88D、1A、102D及58D之一旅,由胡军团长部署转进,应以八八师于凤凰山亘杨家铁桥之线。三六师于观音堂亘挖〔新〕开河之线占领阵地。一军、一零二师先集结于青浦西北地区,五八师之一旅到达青浦附近,归还建制。(3)教导总队附五八师之一旅,即由西蒋上、刘家桥、诸翟、观音堂、重固道转进。除令五八师之一旅于青浦附近归还建制外,经安亭至昆山附近候车运京。(4)第五五师除一旅(欠一团)会同上海警察总队、保安团固守上海南市外,主力应于泗泾镇、四安桥、张家浜、常荡头之线占领前进阵地。(5)五一师即于青浦附近马桥、徐家浜、李大泾、冬水桥、铁店塘之线占领阵地。(6)五八师即于铁店塘、新开泾、孙家埭之线占领阵地。(7)一五四师应转进于何家桥、天福桥至吴淞江南岸之线占领阵地。(8)四六师于徐家桥、徐家村、仇江之线占领阵地。(9)四五旅、一零七师、一零八师应固守松江及其以南沿黄浦江北岸之原阵地。(10)二六师经安亭至吴福线。(11)炮兵部队即经青浦向安亭转进,如行动困难,可利用预为准备之船只,由水道输送。(丙)对九日夜之行动预为指示,并嘱各总司令适应期〔情〕况适切部署:(1)一军经安亭到达吴县以西集结待命。(2)一零六师经安亭临达真仪附近,归前敌总司令直接指挥。(3)三师、八七师经安亭到达吴县以北地区集结待命。(4)三六师、八八师、沪保安总团经安亭到达青阳港附近构筑阵地,归前敌总司令直接指挥。(5)五五师欠一团经青浦、安亭到达昆山转进于嘉兴,归刘总司令指挥。(6)独四五旅、一零七师、一零八师,应以由沪杭铁路向嘉善附近转进为主,不得已时,经青浦、安亭到达昆山附近待命,着由黄代总司令适应状况适宜处置之。(7)六一师经安亭、昆山到达无锡以北地区整理。(8)青浦至吴淞江南岸本阵地应迅速占领。(丁)关于昆支阵地,即以税总团、三六师、八八师、沪保安总团、三二师、八师、一三师、一三三师、四十师及苏州河南岸各炮兵部队,由前敌总司令部署占领之。谨呈。职顾祝同。庚亥。参。印。〔吴县〕

蒋介石致王皞南等密电稿

(1937年11月9日)

军急。宁波王司令皞南、镇江林司令显扬、江阴许司令康、虎门陈司令策、江宁邵司令伯昌:○密。命令:各要塞守备部队官兵,虽至炮毁弹尽,亦不得擅退,须与要塞共存亡。中○。效未。一作元。

顾祝同致蒋介石何应钦电

(1937年11月14日)

南京委员长蒋、军政部部长何:本部为便利于指挥于本十四晚移驻常州。谨闻。顾祝同。14·16。参。印。〔武进〕

蒋介石致陈果夫等密电稿

(1937年11月14日)

军急。镇江陈主席、杭州朱主席、太湖邢警备指挥官:○密。查太湖水面辽阔,敌常用汽艇乘虚窜入,影响作战,至关重要。仰饬无锡、宜兴、长兴、吴兴等四县县长负责督促各该县警察、壮丁,协同友军切取连系,对于太湖严密警戒,遇有情况,随即电报为要。中○。寒(二十二时五十五分)。一作元。印。

淞沪抗战第三期作战计划

(1937年11月16日)

第三战区第三期作战计划　十一月十六日于南京

第一　方　针

为打破敌由杭州湾方面包围我军之企图,并巩固首都起见,京沪线方面,应利用既设工事,节约兵力,抽调一部转用于沪杭线方面,阻止敌人之发展。同时抽调一部,巩卫首都;待后续兵团到达,以广德为中心,转移攻势,压迫敌于钱塘江附近而歼灭之。

第二　指导要领

一、京沪线方面,务以最小限之兵力,利用吴福线工事,阻止该方面之敌,不得已时,转进于锡澄、宜(宜兴)、武(武进)等阵地,节节抗战。

二、由京沪线抽调约两个师(除第七军),经宜兴、长兴进出吴兴,归张发奎指挥,同时以炮兵大部转用于沪杭方面,另抽较次之三至五个师,回任首都之巩卫,并预先构筑工事。

三、沪杭线方面,应扼守崇德、石湾、南浔线及临平、吴兴线,最后应以刘建绪所部(第十集团军)退守杭州附近,第七军之徐、程两师,退守长兴附近,待川军到达后,一齐转移攻势。

四、续到之川军六个师,车运者,由南京用汽车输送至广德附近。船运者,由芜湖、宣城,再用汽车输送至宁国附近集中,置重点于广德方面,攻击沪杭方面之敌。

五、京沪方面不堪作战之部队及可抽出之资材,应即运后方。

顾祝同致蒋介石密电

(1937年11月17日)

南京委员长蒋:〇密。据罗总司令卓英15·14电报,本集团军部署及行动:(1)第十三师、第九八师,昨晚已进入昆城北端,经荒野花园里、三里桥至王家宅基间既设阵地,并由各该师各派有力一部,占领五渠镇及兴隆桥为前进阵地。(2)第六十师已到达刘家口、谢家桥镇、东家桥头之线,正占领阵地中。四十八军主力占领王家宅基、张家阁、忠国庙之线既设阵地。(3)第一三三师占领塘湖、昆城湖间主阵地及布沿杨城湖、横泾塘东岸警戒。四四师今夜开至常熟城南地区。二二八旅集结辛庄镇附近待命。又廿一集团军已到达汪家闸以北至福山间,占领既设阵地。等语。谨呈。职顾祝同。篠午。参。印。〔武进〕

蒋介石致顾祝同密电稿

(1937年11月18日—20日)

(1) 11月18日电

吴县。顾副司令长官:○密。据报我五十八师苏村一带前进阵地纵深较大,尚属稳固。惟岳王庙以北前进阵地放弃后,未谋恢复,敌迫近至百余米,致友军受敌威胁。又敌军每次败退后或兵力单薄时,我未乘机予以奇袭,待敌增援后,再起应战,五十一、五十八两师均犯此通病等语。特电知照。中○。巧午。一作元。

(2) 11月19日电

急。常州顾副司令长官:○密。据总顾问建议略称:京沪路一带小河四通八达,敌可随时征集小汽艇驶袭太湖。为预防不测计,应指派专任部队并由其派出少数轻机枪或自动步枪手,隐藏于沿河之各重要桥梁附近,敌果来袭,则待其接近时,予以阻击等语。特电并希酌办为要。中○。皓申。一作元。

(3) 11月20日电

常州顾副司令长官、镇江陈主席、杭州朱主席:○密。据罗卓英18·15电略称:(一)吴福线既设工事无图可按,无钥开门,无人指示。嗣后锡澄线及其他阵线,在相当时期指派部队,预为发掘,派人看守,预先配置及工事图发给师以上司令部使用,并令地方政府预置柴水食盐等物。(二)江南河沼交错,敌可乘隙进犯,故阵地设备及部队配备,均应注意,尤须有水面巡防之部署。等语。希核。中○。号末。 作元。

顾祝同致蒋介石密电

(1937年11月20日)

南京委员长蒋:迩密。兹于号酉分令各部,规定长官司令部与前敌总司令部之职权如下:(1)长官司令部秉承大本营之意旨,决定本战区作战宣传、指导要领及基础之兵团配置,并监位置指导实施之。(2)前敌总司令部本长官司令部所定之作战宣传、指导要领及基础之兵团配置、策定关于各时期之会战计划,并负指导战斗实行之责。(3)各集团军以上之总司令部及直属各部,对于战况及部队位置等,应分报长官司令部及前敌总司令部。但请示作战行动事项,由前敌总司令批复之。(4)长官司令部除控置必要之战略预备队外,其他各部队之作战行动,概指示前敌总司令命令行之。(5)关于战地部队教育、后方阵地构筑及战区行政等,概由长官司令部办理。(6)长官司令部与前敌总司令部及与各翼总司令部间之水陆本处〔交通〕及通信连络,归长官司令部办理,各翼军以下由前敌总司令部办理。(7)关于兵站设定之指导、补给品之运输集积及批发,归长官司令部命令兵站总监办理之。(8)后方卫生机关之设置、卫生材料之补给、伤病官兵之管理,由长官司令部办理,患者收容与输送,由前敌总司令部办理。(9)部队之补充、整理,归长官司令部办理。等语。谨呈鉴核备案。职顾祝同。号酉。参。印。
〔武进〕

蒋介石致刘湘等密电稿

(1937年11月21日)

限一小时到。南京刘司令长官、唐司令长官、常州顾副司令长官、陈前敌总司令、邹炮兵总指挥、无锡薛总司令、吴副总司令、罗总司令、廖总司令、长兴张总司令、刘总司令、黄副总司令、香副总司令、江阴刘总司令并转各军团、军师长、各要塞司令、警备司令：〇密。查第三战区现在阵线，右翼临平、吴兴之线，为国军主力之后方，左翼锡澄之线，为我首都及长江之屏障，有良好地形，坚固阵地，可资扼守。此两方如辅车之相依，苟缺其一，均足倾陷我军整个之阵线，关系重大，莫过如此。我前方将士浴血抗战，三月以来，挫敌凶锋，中外莫不称道。此次阵线转移，系由杭州湾方面影响为战略之运用。近来敌倾其海陆空军之最大力量，在兵力、经济、物资各方面，无不超过其预定计划，仍不能有多大进展，则其再衰三竭，期当不远。务望我忠勇将士，各奋神威，继续努力，无论如何困难，必须确保现有阵地，及适时予敌以打击，则最后胜利必属于我。国家兴亡，诸将士实有肩其任也。中〇。马戌。一作元。

蒋介石致顾祝同密电稿

(1937年11月25日)

限一小时到。常州顾副司令长官、衢州转杭州刘总司令、宣城陈总司令、长兴探送周军长：△密。命令：(一)吴兴方面之敌，约一旅团，连日以来，与我第七军对战中。(二)长兴之一四四师郭勋祺部及泗安之一四八师陈万仞部，归唐军长式遵指挥，迅速协同第七军攻击该方面之敌。以上各部队，在刘司令长官未到以前，归陈总司令诚指挥。(三)刘建绪部抽调有力之一部，位置于洛舍镇、埭溪镇之线，对吴兴方面警戒，但原阵不得移动。中〇。有午。一作元。印。

(三) 作 战 经 过

俞鸿钧致军委会等密电

(1937年8月13日)

限急到。南京军事委员会钧鉴、军政部何部长勋鉴：7200密。今晨九时十五分，北区日陆战队水兵一小队冲入横浜路、东宝兴路地段，向我队伍射击。经过部队沉着应战，二十分钟后，战事旋停止。鸿钧立即通知"路透"、"美联"及其他通讯社，飞电各国声明日本首先启衅，违背不先攻击之诺言矣。谨闻。上海市市长俞鸿钧叩。元午。印。

张治中致蒋介石何应钦密电

(1937年8月13日)

(1)

急。南京委员长蒋、军政部长何：1344密。顷据孙师长电话报称：(1)我水电路持志大学、粤东中学，现开入日军约三百人。(2)今晨日军于横浜桥、宝山桥附近，向我便衣行人射击，经我守兵还击数枪，现已停止。(3)又据另报，我士兵到商务印书馆查看，适有日军已先在彼警戒，因致小冲突，现日兵已撤回等语。除嘱仍应镇静避免小部冲突外，谨电呈。职张治中叩。元巳。印。〔南翔〕。

(2)

南京委员长蒋、部长何：7191密。顷据孙师长电话报称：我在八字桥做工，被日军射击妨碍，继用小炮对我射击，我乃以迫击炮还击，现尚未止，但不激烈等语。职当严切谕知，除非敌军进攻，不许开枪。谨电呈。职张治中叩。元申。印。〔南翔〕

(3)

限即到。南京委员长蒋、部长何：7191密。（1）顷据王师长电话报称：午后六时许，敌以坦克车及步兵向我军工路、虹江桥攻击，同时敌舰向市中心地区连续射击。本师仍抱定敌来攻就还击，敌不来攻，就做工事等语。（2）顷据孙师长电话称：八字桥仍有激烈枪声，其附近房舍被敌破〔炮〕弹均着壁〔此处有脱落〕，我方受伤数名等语。（3）似此情形，行动势难延展。究应如何处置，敬祈迅赐电示遵行。职张治中叩。元酉下。印。〔南翔〕

上海作战日记

（1937年8月13日）

八月十三日（元）

敌军挑衅：

（1）淞沪一带日舰共三十二艘。其中第三舰队十三艘任黄浦江作战，现泊港内。第二舰队十九艘任长上、浏河方面作战，正准备循长江上驶。昨日各日舰登陆二千一百人均为正式陆军，大部驻北四川路附近，一部驻公大一厂。

（2）我八十八师在八字桥做工，被日军射击妨碍，继用小炮对我射击，我乃以迫击炮还击，自申至酉，旋即停止。

（3）午后六时许，敌以坦克车及步兵向我八十七师军工路、虹江桥攻击，同时敌舰向市中心区连续射击，我未还击。八字桥仍有激烈枪声，其附近房舍被敌弹着甚多，我方受伤数名。

我军部署：

本日午后五时止，第九集团军各部位置如下：

（1）八十七师主力在江湾两江女子体育学校，沿虬江至虹桥之线，一部在吴淞。

（2）八十八师最前警戒部队与敌隔横浜对峙，主力在上海北站及鸿兴路东、钱江塘之线。

（3）炮十团第一营在暨南新村、大场间地区。炮三团在岭南山庄、江湾镇附近进入阵地,炮八团正向彭浦镇前进中。今晚可达指定地点。

（4）五十七师一六九旅今午到达龙华,已令其推进至徐家汇沿虹桥路至部局、苗树之线。

（5）钟旅六五八团在南翔集结,六五九团俟一六九旅推进后即向北新泾镇、虹桥飞机场集结。

（6）五十六师主力到达太仓,经令推进至宝山、剑〔浏〕河、浒浦外线,直接警戒各口岸。一部向合兴街前进中。

（7）上海市警察总队在虬江码头、张华浜间警戒。

（8）保安总团在暨南新村附近集结。

中央处置：

（一）令张司令官明拂晓攻击。

（二）令空军明日出动轰炸,令海军封锁江阴。

（三）令五十七师派一团附炮兵一营进至浦东,对浦西之汇山码头、公大纱厂射击。

（四）令十八军（十一师、十四师、六十七师）转向苏州输送（该军正由武汉向石家庄运输中）。

张治中致蒋介石何应钦密电

（1937年8月14日）

特急。南京委员长蒋、部长何：2376密。顷据孙师长元良报称：黄旅长梅兴,于本日下午五时许,在持志大学附近指挥进攻时,中敌炮弹阵亡,遗缺请暂以团长廖龄奇代理等语。谨呈报。职张治中叩。寒戌。印。〔南翔〕

何应钦致俞鸿钧密电

（1937年8月14日）

急。上海俞市长：元酉电敬悉。密。现决对敌根据地实施扫荡。惟外交谈判及与各国领事之周旋，仍请兄相机应付为荷。何应钦。寒。参。印。

俞鸿钧致军委会等密电

（1937年8月14日）

特急。南京军事委员会钧鉴、军政部何部长勋鉴：2109密。本日战情如下：(1)今晨我军已进抵杨树浦一带。敌文〔军〕败退公大纱厂，我军乘胜追击，公大纱厂即可攻下。(2)江湾路方面我军已进占持志大学校址。淞沪铁路沿线、天通庵东站附近地段，皆在我军手中，均向前推进中。江湾路日海军司令部即将攻下。(3)我军已进抵新广东路、宝乐安路一带。(4)我方飞机三架，向日海军旗舰"出云"号轰炸，一弹落于"出云"舰外档，几于命中。又据报：(1)日飞机至麦根路东站及闸北投弹。(2)日空军有轰炸南京消息。(3)日军部通知各领事转告侨民，谓将发生空战，凡居中国军事机关附近者速避开。又通知工部局，谓将有空战，警告居民速避。谨闻。发电时期，我方大队飞机向敌舰轰炸。并闻。上海市市长俞鸿钧叩。寒酉。印。

钱大钧转报白崇禧上海作战意见的签呈

（1937年8月15日）

白健生电话贡陈意见两项，嘱为转陈：（一）我国飞机师缺乏，在作战期间补充不易，请设法募集外国飞机师补充。（二）上海战事，请令张司令文白务在敌人陆军未到以前解决之。

职　钱大钧呈　八月十五日

何应钦在国防最高会议之报告

(1937年8月17日)

部长在国防最高会议之报告 八、十七

自我二十九军于七月二十八日晚退出平津以还,双方在永定河两岸为主力军之集中,而南口与上海,则先后发生激烈之战争,近数月来,京、沪、杭一带,更发生激烈之空战,全面战争,次第展开。谨将此期内情况,概略报告如下:

Ⅰ.敌人动态 (至八月十六日止)

甲、现在冀察热部队

(1)一般师。第四师在热河西部,第五师主力及第十师之一部,在平津附近,第十二留守师主力在承德,第二十师主力在平南及平西,酒井部队在平北昌平附近,铃木重康部队在丰宁附近,华北驻屯军在平汉北段及丰台附近,混合部队(第六师之第十三团及第十六师之第二十团)在热西。以上共约六师。

(2)骑兵。骑兵第一旅及骑兵第四旅,均在热察方面。

(3)炮兵。重炮兵第一旅、重炮兵第二旅、重炮兵第五团、山炮兵第三团,其主力现转用于平绥路方面。

(4)空军。空军第二、第四、第五、第七各联队、坂口及上条两联队,均在平、津、热、察一带。

乙、输送中部队

计有第五师之一部、第六师主力、第十六师主力及骑兵第十五、第十六两联队,共约二师半。

丙、待机部队

计有第三师、第十一师及第十四师主力,共约二师半。

丁、原在东北部队

计有第一、第九、第十二师及近卫师之半师,各守备队、骑兵第二、第三旅,共五师半(第四师及铃木部队,亦系原在东北者,因已在热、察方面使用,故未列入)。

以上部队,统计现冀、察、热一带对我作战者,约十万人,再合已动员部队(合在冀、热、察者),共约十一师。

Ⅱ．我军概况

1. 河北正面

现在一面集中输送;一面将已到达部队先构筑沧保、沧石、德石三线阵地。

(1)津浦路上,第二十九军宋哲元部,负责固守河间、任丘、马厂、大城、青县、静海、肃宁、文安各城寨,第五十三军万福麟所部,固守文安、雄县、霸县等处。

(2)平汉路上,计有第二十六路孙连仲所部二师、第三军曾万钟所部第二、第二十五、第八十五等师,固守涿县、定兴、新城、徐水、涞水、易县及保定、高阳、满城、完县等处。

(3)沧石线上,计有第十师、第三十二军三个师,第六十七军两个师、第卅九师等部及第十一路刘茂恩部二个师。

2. 察哈尔方面

计有汤恩伯之第四、第八十九两师及八十四、二十一师及刘汝明所部,分别固守南口、龙关、张家口诸阵地。自本月十二日拂晓,敌以步兵五千余人,野炮六十余门,坦克车三十余辆,猛攻我南口、虎峪村、苏林口一带阵地,战斗颇为激烈,敌猛攻五六次,均被我击败。敌并用飞机卅余架,不断轰炸,激战至十三日上午,我军伤亡官兵约五百余人,敌伤亡加倍于我。被我夺获坦克车六辆,我阵地亦被敌炮轰平,激战至十四日上午,敌以重坦克车卅余辆冲入口内,外壕工事均被填满,我军奋勇抗战,仍固守南口左右两侧山头,与敌激战。十四日午后三时起,敌增加一联队,复猛攻我南口左右两山头,战况之烈,空前未有,彼此肉搏十余次,迄至午后九时,始将强敌击溃,毙敌四五百人,尸体遍山,夺获轻重机枪卅余挺。截至现在止,南口阵地仍在我手。我第八十九师罗团几全部殉国。十五日,敌以重炮轰击我南口右翼高地,发弹三千余发,我八十九师五三二团第三营全营轰灭,南口右翼高地,致陷于敌手。元日我赵司令率部围攻商都,战况苦烈,寒日黄昏,将商都攻陷〔克〕。

3. 上海方面

上海方面,自虹口机场事件发生以来,敌舰卅余艘,麇集黄浦江及吴淞口,并增陆战队四千余人登陆,向我提出撤退保安队及撤除防御设备之无理要求,希图以武力威胁,达到侵略之目的。经我严重拒绝后,竟于十三日上午开衅,对我闸北保安队攻击,我军不得已而抗战。迄至现在止,我军到达前线者,计有八十七师、八十八师、九十五师、五十六师、十四师、五十七师及独立二十旅等部队,连日并已逐次占领敌根据地外围各要地,如八字桥、持志大学、沪江大学、爱国女校、广东中学及窦安路敌海军俱乐部等处,现正对敌虹口公园及杨树浦各根据地围攻扫荡中。本日下午,并用重炮击中敌在虬江码头之巡洋舰二艘,其一艘已不能行动,由二小舰夹住,向吴淞口退去。我八十八师黄旅长梅兴,在持志大学指挥进攻,不幸中弹阵亡。

4. 空战概况

自十三日上海战争开始后,我空军于十四日晨出动,轰炸敌军舰及杨树浦根据地,予敌以重大之损失,其汇山码头、公大纱厂、日陆战队司令部均被毁。而自十四日下午起,敌大队飞机,先后飞南京、杭州及浙、赣各大都市轰炸扰乱,因之惹起最激烈之空战。我空军奋勇杀敌,予敌机以意外之大损失,计十四日下午,敌轰炸机一架〔?〕,由台湾飞杭州、广德、长兴轰炸,被我击落三架。又六架似在浙省兰溪各处被压降落,仅飞去三架。十五日,敌机二十余架炸杭州,十六架炸南京,在杭者被我击落八架,在京者被击落六架。昨(十六)日在句容被我击落二架,击伤一架。在上海被我击落二架,在扬州、镇江被我击落三架,在嘉兴被我击落二架。共计三日来,敌机损失已在卅架以上,我机仅受伤数架,空军人员死二人,伤五六人。

张治中致蒋介石何应钦密电

(1937年8月17—20日)

(1) 8月17日电

特急。南京委员长蒋、部长何:8355密。本军于今篠晨五时,按预定部署全部开始总攻击,最初目的原求遇隙突入,不在攻坚,但因每一通路,皆为敌军坚固障碍物阻塞,并以战车为活动堡垒,终至不得不对各点目标施行强攻。其各部激战终日之状况如次:1.八十八师以主力由北分向日本坟山、八字桥、法学院、虹口公园攻击,往返争夺,伤亡甚重,仅法学院一处,已牺牲近一营之众。而攻日本坟山之部,于上午十一时攻入,后因受敌侧防机关枪射击,未能退出,死伤尤多。日没前北正面受敌反攻,已被击退。2.八十七师先对日俱乐部、日海军操场及沪江大学、公大纱厂攻击,迄九时许得王师长电话报告:已占领日俱乐部及日海军操场。惟经派员确查,据称日俱乐部旁之四层楼油漆公司尚为敌死守,我军正向其包围。对沪江大学、公大纱厂及引翔港镇方面,则激战终日,尚未得手。下午五时许,敌由海军操场南两次激烈反攻,均被击退。3.本日我炮兵射击甚为进步,命中颇佳。但因目标坚固,未得预期成果,如对日司令部一带各目标命中甚多,因无烧夷弹,终不能毁坏。我新十五榴一门,因射击激烈,膛线受损,旧十五榴二门,一门膛炸,一门不能射击。4.本日未闻敌兵舰炮声。5.职自上午八时许,偕司令、宋师长至前线视察,经八十八师炮兵阵地,至八十七师所见官兵士气及乐于牺牲精神,均极良好。前方攻击状况,职自十二时至下午四时,在万国体育场附近八十七师师部,闻枪声之密集,确可证其极为激烈。又见空军动作亦甚敏捷勇敢。但敌高射枪炮似有电气装置,所构成之威力圈弹发如雨,其声之密胜年夜爆竹,我炮兵曾同时向其制压。本日战斗要报如右。官兵伤亡数另

呈。职张治中叩。篠亥。印。〔南翔〕

(2) 8月19日电(一)

特急。南京委员长蒋、部长何：1120密。1.昨(十八)日全日敌在其飞机掩护下，到处向我反攻，我八十八师左翼爱国女学方面，激战甚烈，敌出击数次，均被退。2.八十七师方面，下午敌由沙泾港向我出击，被我五一八团击退，毙敌百余。夜九时至十一时，敌又向该师正面反攻两次，均被退，该师第五二二团已进至天德路。3.企图在虬江码头登陆之敌，经我军拒止，致未得手。其军舰五艘，仍停该处。4.吴淞被敌炮击甚烈。谨闻。职张治中叩。皓辰。参。印。〔南翔〕

(3) 8月19日电(二)

限即到。南京委员长蒋、部长何：1344密。今昨两日，虽奉谕停攻，但仍命各部以小部队伺机出击。顷据王师长敬久报告，该师于本日上午九时，以一部出击，至十二时许，五二二团即攻进杨树浦租界地区，占领塘山路、公平路口，当向百花汇路及汇山码头继续攻击，同时五一八团占领昆明路，向东进攻等语。职以敌之弱点，既经我突破，拟于今夜即以有力部队加入，由该突破口向两翼扩张战果，以期迅速为整个之解决。余续呈。职张治中叩。皓戌。参。印。〔南翔〕

(4) 8月20日电

南京委员长蒋、部长何、苏州副委员长冯：1120密。截至本日晨止，情况如下：1.本军自突破敌阵后，西进展至欧嘉路，东至大连湾路，南至百老汇路口。2.现进攻方向，已令八七师由西向东，三六师由东向西，分头扩张战果中。3.兵力部署：八八师附独立二十旅在右翼，三六旅附九八师欠一旅在中央，八七师附九八师一旅在左翼,其余与昨同。4.皓夜间战斗状况,三六号及昆明路最激烈,敌以坦克车掩护步兵向我反攻多次,均被击退。谨报。职张治中叩。哿辰。参一。印。〔南翔〕

何应钦致欧阳格密电

(1937年8月20日)

江阴电雷学校欧阳教育长:篠亥电悉。密。南京路外滩一役,我快艇官兵壮烈殉国,深为钦佩。虽未获成功,但已减敌舰骄横之气焰。尚望再接再厉,整饬部属,以竟全功。何应钦。哿。参。印。

张治中致蒋介石何应钦密电

(1937年8月21日)

(1) 8月21日电

限即到。南京委员长蒋、部长何:〇密。本军主力于号晚继续攻击,迄马拂晓止,各部进展之状况如次:(1)八十八师由原阵地向虹口之敌攻击,日啤酒厂及日玻璃厂业已焚毁。但因受日本坟山侧防火之瞰制,尚未占领。(2)三十六师配属九十八师(欠一旅)由岳州路、天德路进攻,已占领梧州路、塘山路,继续向横浜及百老汇路之敌攻击。(3)八十七师(配属九十八师一旅)右翼已进占东西华德路,左翼现向引翔港镇及沪江大学之敌攻击。(4)职拟于本马日继续扩张战果,先以三十六师及八十七师,右翼以保定路为界,猛烈向坚攻击,进至江边,肃清横浜、菱流至杨树浦港间之敌。(5)教导总队到沪各部,已令归八十七师王师长指挥。(6)独立四十五旅已接替五十七师施旅沪西之防务。谨电呈报。职张治中叩。马午。参。印。〔南翔〕

(2) 8月22日电

急。南京委员长蒋、部长何、无锡副委员长冯:〇密。本军主力于昨晚马夜继续进攻,其经过概要如次:(1)八八师在原阵地行佯攻。(2)三六师之一部,于马夜攻抵汇山码头附近,拂晓后受敌炮火之猛烈射击,退回百老汇路北侧,其指挥九八师之一部,对日俱乐部攻击,尚未得手。(3)八七师昨夜攻击无大进展,本养日下午,已将精版印刷厂(19)及康泰厂(25)占领。(4)本日经令各师,整理部署后,今夜继续攻击。职张治中叩。养酉。参。印。〔南翔〕

钱大钧转报陈诚张治中战况报告的签呈

(1937年8月22日)

陈辞修、张文白电话:第三十六师正面由保定路以西地区到达江边,但汇山码头尚未占领。第八十七师已到汇山路,其余与昨日大致相同,在继续进展中。第五十七师已全部到达浦东,正向汇山码头前进中。

职钱大钧呈　八月二十二日

张治中致蒋介石何应钦密电

(1937年8月24日)

至急。南京委员长蒋、部长何:0355密。顷据八七师王师长敬日九时报称:(1)漾日由蕴藻浜方面登陆之敌,约二千人,与教导总队胡团,在张家宅、殷家浜南徐家湾之线激战。当于下午五时,派刘旅长安祺率一团前往增援,当晚三时到达,正激战中。(2)漾日下午在吴淞登陆之敌,约千余人,与驻守该处之保安总团激战。当令二六一旅之一营,驰往增援,该营于敬早四时许已加入该方面作战。(3)宝山无敌踪。本日上午已令九八师派一旅,前往宝山,准备向狮子林方面之敌包围攻击。(4)漾早由狮子林、川沙口登陆之敌,其已进至罗店附近者,经于昨晚由十一师驱逐,并向川沙口方面攻击。职张治中叩。敬午

下。印。〔安亭〕

张治中致蒋介石密电

(1937年8月27日)

特急。南京委员长蒋：内密。(1)本军正面各部仍在原阵地，昨夜敌由日俱乐部方面，向我反攻两次，由黄兴路以装甲汽车掩护步兵冲出一次，均被我击退。(2)对张华浜之敌，我八十七师二六一旅及三十六师之一团，正向其围攻中。本早二时至拂晓，敌反攻甚烈，刻正激战中。现我军阵地在沿南泗塘、华家宅、丁家巷之线。(3)本晨敌之一部，由吴淞登陆，经我攻退，现尚残留百余人在纱厂中，已【被】包围，即可歼灭。(4)六十一师一团已到吴淞，余在江湾附近集结。(5)教导总队胡团已向大场集结。职张治中叩。感午。参。印。

陈诚致蒋介石等密电

(1937年8月27日)

特急。南京侍从室呈委员长蒋、军政部长何：卧密。综合本日情况如左：(1)松井宥(26日)申召集陆海空军首领会议决定：陆军三师决以一师在宁波登陆，二师在罗店登陆。以海军接沿海各口岸，空军开始轰炸我内地各处。(2)殷行有敌千余登陆，殷巷〔行〕失守。原守该处之八十七师决今晚反攻。(3)浏河口宥晚有敌数百向我阵地攻击，当经击退。据俘虏供称该处仍为四十三联队。(4)罗店方面敌企图夺取汽车站，并拟突入我六十七师与十一师空隙，当经击退。该方面之敌约二三千人，现仍与我对峙中。(5)杨林口、七丫口间有敌舰廿八艘、输送舰二艘、民船火轮各十余只，下午向我马乔口炮击，有在该处附近登陆企图。(6)职戌刻赴太仓布置。谨闻。职陈诚。感亥。印。

周至柔等致军政部办公厅公函

(1937年8月28日)

空军前敌总指挥部公函　参字第291号

顷准贵厅抄送张总司令治中敬申参电等由。查倭寇挟飞机数量之多,不顾牺牲与我死斗,此为预想之行动。连口以来,空军屡以驱逐机企图制压敌之轰炸机,然每次均与敌驱逐【机】遭遇,互有损伤。以我仅有之飞机长此以拚,日日消耗,将成无机之势。故决计施行夜间轰炸,虽有成效,亦不无损伤。此飞机数量之少,为我最大之隐忧。现拟每日乘良机出动,以助军威,主要企图,仍于夜间行之。相应函请查照。此致。

军政部长办公厅

总　指　挥　周至柔
副总指挥　毛邦初

中华民国二十六年八月二十八日

陈诚致蒋介石等密电

(1937年8月28日)

限一小时到。南京委员长蒋、部长何:2376密。勘午作一电奉悉。(1)罗店被敌攻占后,敌我死伤奇重,我守罗店部队,仍在罗店附近抵御。现我第十四师一团,在施相公庙与敌激战。浏河方面也在相持中。(2)我军决于今夜反攻登陆之敌。(3)已令第十一师、第九十八师主力由月浦、新镇向敌左侧背,并令第十四师之两个团由曹王庙及浏河以南向敌右侧背,东西夹击。(4)第五十一师已到嘉定,正饬构筑工事以巩攻击基础。(5)已令第五十六师在浏河、杨林口、七丫口掩护左侧。(6)第五十八师全部已到常熟。已令以主力位置常熟支塘镇,并担任鹿鸣、泾口、福山、小城、浦口江防。(7)职即赴嘉定指挥。(8)攻击效果容续电呈。职陈诚。勘。

吴参。印。

顾祝同致蒋介石密电
(1937年8月30日)

南京委员长蒋：安密。（甲）综合艳、陷两日情况如下：（一）淞沪方面：(1)殷家行方面我六十一师（欠一团）及八十七师之二六一旅，俭夜攻击当面之敌，经激烈战斗后，艳晨我右翼确实占领殷家行，左翼越过南泗塘至张华浜车站附近。(2)闻上海之敌，有于明日总反攻说。（二）罗店方面：(1)俭晚我十一及九十八两师，【共】抽约四团余兵力，东向敌攻击，将罗店河南岸敌人全数扫清，确实占领，艳晚我九十八师，仍继续前进攻击。(2)我十四师之两团，俭晚由曹王庙、浦家庙、施相公庙之线，向罗店之敌攻击，因受敌游击队之侧击，不得已退至周家桥、登桥镇之线。艳晚该师反攻，复克复曹王庙、施相公庙等地，罗店之敌已在我军包围中。(3)判断敌在罗店正面者约二团余，曹王庙、浏河附近约一团余，总计约一师团左右。（乙）处置：(1)策定淞、沪、浏、嘉、宝附近围攻计划，并颁布第九、第十两集团军之军队区分（已另呈报）。(2)将对敌人反攻各部队，应行注意之事项训令各部。(3)抽第六师之一旅集结刘行，为总预备队。(4)第五十七师以一旅集结江湾附近，主力控置于大场附近，以便策应。谨闻。职顾祝同。陷亥。区参。印。

顾祝同致蒋介石冯玉祥密电
(1937年8月31日)

南京委员长蒋、吴县副委员长冯：〇密。甲、综合情况：(1)淞沪方面：今日上午十时，吴淞镇市轮渡码头附近，敌以机炮火掩护陆军登陆，激战甚烈。我六十一师之一团，伤亡甚众，迨午后三时，退守该镇西端附近。(2)罗店方面：我九十八师已占领潘宅、孟宅。十一师已占领坍石桥，十一师已占领施相公庙、长桥附近，均续向推进中。乙、处置:(1)令集结刘行广福之第六师增援吴淞,驱逐该方面之敌;(2)罗店方面继续围攻,期将该方面之敌歼灭。谨闻。职顾祝同。世亥。参。翔。印。

张治中致蒋介石何应钦密电

(1937年8月31日)

限即到。南京委员长蒋、部长何:卧密。本军第一线战况:迄本世日上午八时止,未有变化。上午十时,据左翼军指挥官王敬久报告:敌以飞机卅余架及海军炮猛击吴淞,企图强迫登陆。其后迭接报告,敌已由市轮渡码头上陆。我据守吴淞六十一师之一团伤亡过半,不支后退。下午三时,该团放弃吴淞镇,保安总团第一团仍固守吴淞炮台,吉总团长在火药库附近指挥。职经商承顾副司令长官,即令在刘行第六师即开杨行、吴淞驱逐登陆之敌,期于今夜攻击规复。谨先电呈,余容续报。职张治中叩。世申。参。印。〔安亭〕

顾祝同致蒋介石等密电

(1937年8—9月)

(1) 8月31日电

南京委员长蒋、吴县副委员长冯:〇密。(甲)综合情况:(1)淞沪方面今日上午十时,吴淞镇市轮渡码头附近,敌以机炮火掩护陆军登陆,激战甚烈。我六十一师之一团伤亡甚众。午后三时退守该镇西端附近。(2)罗店方面,我九十八师已占领潘宅、孟宅。十一师已占领坍石桥、施相公庙、长桥附近,均继续向前推进中。(乙)处置:(1)令集结刘行、广福之第六师增援吴淞,驱逐该方面之敌。(2)罗店方面继续围攻,期将该方面之敌歼灭。谨闻。职顾祝同。世亥。参翔。印。

(2) 9月1日电

急。南京委员长蒋:〇密。(甲)综合情况:(一)吴淞方面,经我第六师增援后,占领自蕴藻浜经沈家宅、陈家火药库至宝山城之线。惟今晨拂晓后被敌机及舰炮轰击,伤亡甚众。(二)上海方面,爱国女学当面之敌,已将铁丝网、沙袋撤去,似有出操模样。虬江码头今日敌拟登陆,当被击退。张华浜之敌,亦向殷行攻击,但不甚烈。汇山码头停有敌运输舰两艘,正起卸军火中。(三)罗店方面,敌机炮轰击甚烈,但我军仍固守原线。浏河方面之敌,今晨曾经我佯攻,石洞口有敌三四百,由南北张宅向月浦前进,月浦西沈家宅及狮子林炮台西南塘湾一带,均有敌发现,且对月浦炮击颇烈,似有采取攻势模样。(乙)处置:为歼灭罗店方面之敌,作如下部署:(一)以五十一师全部及五十八师一旅,集结浏河附近,由西向东攻击之。(二)以十四师及十一师、九十八师各一部,由东向西攻击之。(三)以六十七主力位置于嘉定构筑工事。谨闻。职顾祝同。东亥。参。翔。印。

(3) 9月2日电

南京委员长蒋:外密。(甲)综合本日情况:(1)罗店方面:东(1日)亥起敌向我宋家桥、坍石桥、罗店镇十一师全线攻击,激战甚烈。经我数次逆袭,敌不得逞,冬(2日)丑始寂。(2)狮子林及月浦方面:敌以机炮轰击甚烈,我军沉着应战,阵线无变化。(3)宝山方面:敌数次攻击三官塘,均被我击退。(4)北泗塘、杨家宅附近桥梁,敌屡次冲过,终不得逞。(5)本【日】申刻南翔上空敌机两架被我机六架包围,其一机被我击落于黄浦江方面,另一机负伤逃脱。(乙)处置:(1)第一师以一旅于刘行、广福附近构筑工事,另一旅驻南翔,本晚可到达。七十八师一旅驻昆山。(2)陈德法旅之一团在杨行附近构筑工事。谨闻。职顾祝同。冬亥。参翔。印。

(4) 9月3日电

南京委员长蒋:安密。(甲)综合情况:(1)浦东方面,本日上午十时,敌机及舰炮,向陆家咀附近轰击甚烈,敌步兵百余在三井码头登陆,其后续部队约三四百人,由出云舰移下继续登陆,与我五十五师激战甚烈。(2)敌机炮向我北泗塘阵地轰击,敌约二千余,由北泗塘各桥梁向我阵地猛冲,激烈甚烈。我六师十八旅翁旅长受伤,经十七旅由宝山方面反攻及独卅长旅之一营增援后,当将敌击退。但吴淞附近敌续有登陆。(3)昨晚杨树浦及(36)号方面战斗颇剧,敌未得逞。张华浜、蕴藻浜一带之敌,有向吴淞移动模样。(4)吴淞方面,狮子林炮台被敌机及舰炮轰击甚烈,石洞口有敌数百向狮子林、杨宅前进。月浦当面之敌,系二十二联队。(5)昨晚我九十八师进至杨宅附近,十一师进至孙家楼附近,十四师进至十长沟、坍石桥至罗店东南端之线,五十一师进至小堂子、陆宅附近。(6)罗店西北之蒲家庙、曹家庙,距我十四师七九团阵地约六百米达外各桥梁,世、东两日均被敌破坏。该师便衣队昨进至长桥西端,现有敌大部向东南急进。(7)宝山北沙龙口有敌一部登陆,正驱逐中。(乙)处置:(1)令第一师在刘行、广福之一旅,开杨行附近构筑工事。其在南翔之一旅,即开刘行、广福构筑工事。(2)令八十七师对张华浜方面之敌佯攻,牵制其向吴淞方面移动。谨闻。职顾祝同。江亥。参。翔。印。

(5) 9月5日电

南京委员长蒋:○密。甲、综合本五日情况:(1)吴淞方面,支日上午九时至下午三时,敌以舰炮向我第六师阵地射击,自三时起,以密集炮火向我三官堂火药局北泗塘各路桥梁施行破坏,射击弹达千四五百发,继以步兵向我突击,经我守兵猛力反攻击退。今晨敌复向我三官堂附近阵地猛攻,火药局附近被敌机炸平,守兵一连伤亡殆尽。同时沙龙口登陆之敌,亦向我宝山及三官堂方面攻击,虽经该师派兵一营增援,终以腹背受敌,伤亡甚巨,不得已左翼撤退王家浜附近。但右翼仍固守北泗塘阵地。(2)罗店方面,昨晚经我攻击,略有进展,罗店之敌已构筑铁丝网,并有通讯鸽,企图固守。(3)上海方面,昨晚我八十七师左翼蕰藻浜、南泗塘附近,敌方阵地嘈杂异常,似有增援部队到达。乙、处置:(1)令十五师在刘行、广福大桥头、嘉定之线,构筑工事,尔后归陈总司令指挥。(2)令卅二师之九十四旅,在南翔镇村落构筑据点式工事。谨闻。职顾祝同。微亥。参。翔。印。

张治中致黄绍竑密电

(1937年9月6日)

南京大本营第一部黄部长季宽兄:〇密。(1)虹口欧阳路附近之敌,昨夜数度向我宋师阵地攻击,迄拂晓开始将敌完全击退,敌死伤甚重。(2)沪江大学附近之敌,今日辰酉两次向我杨家宅、虬家桥一带阵地攻击,并用渡河器材企图由南王家宅强渡虬江,均经我钟旅击退。(3)虬江码头附近之敌舰,昨夜以二百余人由码头登陆,当被我第三六六团击退,今已敌用舰炮及飞机轰击,我虬江码头阵地守兵伤亡殆尽,敌乃得强行登陆,占领该码头。我三六六团残余部队,现在北王家宅、史家宅、陆家宅之线,与敌相持中。(4)剪松桥附近泊敌舰二艘,企图在该处登陆,已饬杨师三团严阵以待。职张治中叩。鱼戌。印。

张治中致蒋介石何应钦密电

(1937年9月7日)

限即到。南京委员长蒋、部长何:5257密。据王师长敬久报称:(1)张华浜之敌约一旅,本阳日上午八时二十分,开始于全体猛烈炮火掩护下分八处,每处步兵约一连,利用橡皮筏袋,渡过北泗塘河,向我八十七师正面攻击,战斗极为激烈。我军奋力反攻,至日没止,已将渡河之敌击退六处,仅蕰藻浜南岸沈家宅之敌,因我受北岸大中华纱厂敌火之侧射,黑桥宅、周家宅中间之敌,因河东岸高于西岸,我方受其瞰制,未能将其驱逐。我于黄昏后,仍拟向其反攻,以击灭之。此役敌军伤亡八九百约近千人。判断敌经此重创后,士气已丧尽,日如无增援,当无力再攻。(2)虬江码头之敌,本日上午九时,沿五权路进攻,十时半后,到达五权路、军工路交叉处。下午我五十七师三四二团及六十一师三六一团之一部反攻,击退敌至军工路以东地区。现我在冯家宅、史家宅、陆家宅之线,与敌对峙中。等语。谨闻。职张治中叩。阳戍。印。〔安亭〕

陈诚致蒋介石等密电

（1937年9月7日）

南京委员长蒋、部长何、总长程:2376密。综合昨晚与本日战况:(1)月浦方面:我九十八师仍固守原地。(2)罗店方面:我十四师于鱼(6日)晚向罗店东北之敌攻击,进至王家宅、陆家村、潘宅附近。我第十一师及六十七师攻至罗店南方芯市,五十一师及五十八师之吴旅曾进展至公路附近长桥、六维、潘家桥站、俞家桥之线。但因敌主力向我猛烈反攻,彼此往返冲突,以迄天明。罗店东北,敌我死伤在四五百人,界泾河竟为尸体填满,至为惨烈。(3)本日拂晓后,各方面与敌激战竟日,我吴旅左右两翼均受敌人强烈反攻,敌我伤亡奇重,为数日来最激烈之战斗。(4)四日以来,各部每夜激战,疲劳异常,本晚仅行佯攻,并整理阵地,准备以后之攻击。(5)敌人反复为我猛攻,疲惫痛苦较我尤深。其主力似由石洞口、月浦以北地区向西转移。我月浦以东及吴淞、张华浜方面战事因之沉寂。(6)据九十八师夏师长鱼西电称,该师路团姚营固守宝山城,微辰起敌以优势兵力及战车、炮舰、飞机联合炸击,城壁被毁数处,该营守城官兵奋力抗战,伤亡颇重。激战至鱼日十时,卒以伤亡殆尽,无法支持,全营官兵自营长以下偕城作壮烈之牺牲。职陈诚。虞亥。参昆。印。

顾祝同致蒋介石密电

(1937年9月8日)

南京委员长蒋：○密。甲、综合本八日情况。(1)上海方面：(一)今晨五时,敌以飞机、舰炮对我军工路、五权路、观音桥附近阵地轰击,并以坦克车六辆、步兵四百余,由沪江大学沿军工路两侧,向我卅六师钟旅袭击。七时其先头到达春江路、陆家【浜】、观音堂之线,与我杨家宅之部队战斗。八时敌大部向南王家移动,企图渡河,经我痛击,仍退回江边。(二)今晨七时,虬江码头之敌,依飞机、舰炮之掩护,向冯家宅、史家宅攻击。我五十七师之一团,沿军工路抗战,十时敌冲破军工路之阵地,迫近张家宅。当时我钟旅向东北方出击,仍将敌击退。(三)昨日我八十七师在南泗塘毙敌八九百,夺获步枪二十余支、迫击炮一门。现沈家宅、黑村宅一带,均被我肃清。(2)吴淞方面：今晨敌对我第一师两翼阵地,蕴藻浜及王家浜附近炮击甚烈,午后复以坦克车掩护约一团之步兵,沿宝杨路突破我金宅附近阵地至小顾宅第二线阵地前,现在极力反攻中。(3)宝山方面：沙龙港附近敌舰约廿艘,自昨夜起彻夜对我九十八师周家宅附近阵地猛击,今晨更烈,现仍在相持中。(4)罗店情况无变化。谨闻。职顾祝同。齐亥。参。翔。印。

张治中致蒋介石等密电

(1937年9月8日)

限即到。南京委员长蒋、部长何、总长程、总监唐、卧密。(甲)据卅六师宋师长报告：(1)本庚晨五时起,敌以飞机舰炮猛烈轰击我观音堂路一带阵地,敌四百余人及战车六辆,由沪江大学沿军工路两侧进攻,七时到达春江路陆家、观音堂之线,与我钟旅在杨家宅之部激战中。八时许,敌以大部向南王家宅移动,企图由虬江桥东渡河,我钟旅已派兵前往拒止。(2)虬江桥已为我破坏。(3)右翼颜家洼附近之敌,阳亥向我阵地攻击,当被击退。(乙)据八十七师王师长报告:(1)昨向我南泗塘阵地攻击之敌,已证实者有名古屋第三师团之第六联队,计为我击毙八九百人,夺获步枪二十余【支】,迫炮架一座,钢盔数顶。惟敌尸多为其拖回。敌昨受创后,今日尚未见再来侵犯。(2)我八十七师昨夜之反攻,已将残余在棠泗肩河西岸之敌肃清。(3)右翼军公路方面,敌飞机舰炮对我阵地轰击甚烈。我五十七师三四二团仍在原阵地,剪松桥沿江一带无敌情。(丙)右翼军孙师方面无变化。职张治中叩。庚午。参一。印。

顾祝同致何应钦密电

(1937年9月9日)

南京军政部长何:6210密。综合本(九)日情况。(1)吴淞方面:昨日午后三时许,敌以坦克车掩护第三师团之一联队,突破我第一师之阵地,进至杨行东方附近。昨晚经该师反攻后,已将敌击退,夺回原有阵地。(2)虬江码头,今晨十时半起,敌以舰炮对我五十七师宋团阵地猛击,同时以飞机十余架轮流轰炸扫射,继以步兵约一联队向我猛冲,经该团官兵沉着抗战,反复冲锋,虽伤亡十之八九,但阵地迄未稍退一步。敌军亦伤亡枕藉,至午后五时始溃退,沿军工路对峙中。我军现拟将阵线修正,以军工路沿线为警戒阵地,以沈家行沿民庆路至殷行镇之线为本阵地。(3)月浦方面:敌除以舰炮轰击外,并以坦克车六辆掩护步兵,向我九十八师阵地轰击,我军反攻击坏敌方坦克车三辆,敌亦因伤亡甚大,已退回原线,仍在相持中。谨闻。顾祝同。佳亥。参。翔。印。

顾祝同致蒋介石密电

(1937年9月10日)

南京委员长蒋:〇密。据陈诚佳未电称:职部各师自八月二十二日开始作战以来,苦战旬余,伤亡奇重。截至九月七日止,综合各师伤亡官兵如下:十一师伤亡官兵二千一百二十余员名,十四师伤亡官兵八百四十九员名,六十七师伤亡官兵三千一百余员名,九八师伤亡官兵二千五百九十余员名,五六师伤亡官兵三百八十余员名。六师吴淞之役,全师伤亡过半,计伤旅长二、团长二、营长二,上尉以下军官伤亡一一九员,现两旅共存战斗兵一千六百名。职查我军伤亡,大部受敌飞机、大炮轰炸,人枪并毁,就中如卅六团第二连连长易彝廉率部固守北泗塘公路桥附近之火药库,死守不退,致全部轰埋土中,牺牲尤为壮烈。我军伤亡虽重,士气愈振,同仇敌忾,共有灭此朝食之慨。除统计列表呈报外,谨呈等语。谨呈,职顾祝同叩。灰。参。翔。印。

顾祝同致何应钦密电

(1937年9月10—11日)

(1) 9月10日电

南京部长何:2376密。综合本十日情报:(一)罗店方面:1.佳晚我五十一师曹王庙阵地前,发现敌少数部队向我侦察,经该师派兵游击,当即击毙敌大佐一员,并搜获地图文件等件。2.同晚浏河南方到敌千余,并有便衣队,企图在我五十八师一七四旅及五十六师右翼间隙部偷袭,经我发觉,以十五师之一部驰援,即被击退。(二)吴淞方面:今晨五时许,敌舰炮对月浦及杨行附近我九十八师及第一师之阵地轰击,继以坦克车掩护步兵二千余人,向我攻击前进,其坦克车突进至杨行东方桥梁附近,被我小炮击毁三辆。至午后一时许,我第一师右翼张家村阵地,被约两营之敌突破,该敌并占领张家村、吴家宅附近,与我庙村附近之部队激战,我军正调援反攻中。(三)今晨拂晓,敌对南泗塘我八十七师二六一旅正面攻击甚烈。十时许,敌以轻战车三辆、中战车二辆掩护大队步兵,由黑村宅、沈家宅附近,向我猛冲,经该旅由两翼包抄,毙敌步兵甚多,敌不支溃退。(四)沪江大学南郊,有敌机十六架起落。(五)上海育才路、天宝路间,敌用沙包构成纵深工事,上有掩盖,其守兵似仍系海军陆战队。(六)浦东方面:今日午后敌企图于春江码头登陆,当即被我五十五师击退。顾祝同。灰亥。参。翔。

(2) 9月11日电

南京军政部部长何:碣密。(甲)综合情报:(1)昨日杨行南方地方,第七十八师二三二旅,从第一师之右翼出击,虽将原有阵地恢复大半,但今晨九时后,敌复由张家村逼进。东西沈宅附近之预备队,亦施行反攻,现在正激战中。杨行以北地区,今午后四时半左右,我第一师阵地,有数处被敌突破,但勉能维持。(2)月浦镇已被敌炮击焚毁一半,我九十八师右翼退至颜家宅、五林桥附近,与敌相持。(3)据报:敌拟以便衣队袭击南市、浦东、沪西各地,并委高桥及汉奸复权为便衣队长。特闻。顾祝同。真亥。参云。翔。印。

顾祝同致蒋介石何应钦等密电

(1937年9月11日)

南京委员长蒋、军政部部长何、航空委员会周指挥官至柔兄:据陈诚蒸辰谍电转据王师长耀武电详称:7151密。佳日敌机向我师构筑工事之部队侦炸,发现敌机机中有我青天白日之党徽,机尾则为红色等语。又据报:前日嘉定附近击落敌机一架,机翼亦涂我党徽等语。谨闻。顾祝同。真戌。参。翔。印。

何应钦批:函外交部令通知各国使领,以后如有机翼涂青天白日、机尾红色,则为日机,其行动中国不能负责。复请派人将嘉定击落敌机涂有我青天白日之党徽照相送部,以凭通知外部转知各国。钦。

顾祝同致何应钦密电

(1937年9月12—13日)

(1) 9月12日电

南京军政部长何：4309密。综合本文日情况：(1)今晨敌飞机、舰炮，对我南泗塘一带旧阵地少数警戒兵猛烈轰击，至十二时始停止。午后七时，我八十七师警戒阵地前之姚家宅、陆家桥宅等处，已发现敌之斥候。(2)今日午前敌步兵二千余人，对永桥以南我七十八师阵地攻击，突进至新宅、徐宅、张宅、秦家塘附近。本晚经该师以一团兵力出击，将敌击退，恢复原来阵地，毙敌甚多。(3)真午敌机五架，对我五十一师浦家墩以东之前进阵地，投弹百余枚，黄昏又以一部扰乱，当经我击退。今晨敌复以机炮侧面轰击该师曹王庙、浦家庙阵地，猛烈攻击前进，经我还击退去。特闻。弟顾祝同。文亥。参。翔。印。

(2) 9月13日电

南京军政部部长何：6210密。甲、综合本元日情况：(1)本日已刻以来，敌以猛烈炮火掩护其步兵一联队，由月浦经新镇东西毛巷、寺前村一带，向我霍师陆福桥北朱店、吴家桥阵地攻击。另约一联队，由东北至苏宅东南端叙里桥及其西北，向我霍师顾家角、张宅、五斗泾、龚崎阵地攻击，激战甚烈。我龚宅及叙里桥警戒部队伤亡殆尽，但阵地未放弃。(2)永安桥南北我第一军阵地，今晨敌以主力来攻，该桥以北我三十二师顾十房、新开河附近，敌我反复冲锋，伤亡甚重。该桥以南我七十八师窦家弄、杨九房附近被敌占领，经我第一师增援后，故除窦家弄外，余均被我夺回，现仍相持中。(3)文晚，敌便衣队百余，向我五十一师蒲家庙阵地扰乱，企图于我阵地前架设多数桥梁，经派队驱逐，全毁其船只材料等。(4)我第九集团军方面，仅有少数敌军，到处行威力侦察。江湾我三十六师阵地前,有敌军车廿余辆活动,似系修复被我破坏之桥梁。特闻。顾祝同。元亥。鹤翔。印。

顾祝同致蒋介石何应钦密电

(1937年9月13日)

南京委员长蒋、部长何:○密。据张治中文亥参代电称:本军在沪作战,今已一月,截至八日止,各部队官兵伤亡补充及现有数,概呈如次:(1)八七师伤官九十员,兵一九九三名,亡官七员、兵约一千二百七十余名。补充浙保安团官三十一员,兵七六二名。现有官约三百二十员、兵约五千七百八十名。(2)八八师伤官七一员、兵一一二六名,亡官二九员、兵二○三名。补充浙保安团官一三员、兵七五六名。现有官五七二员、兵九四○二名。(3)三六师伤官八一员、兵一○○三名,亡官二八员、兵六六二名。补充浙保四团官二五员、兵八三四名。现有官五四六员、兵六四二七名。(4)独立二十旅伤官五七员、兵一○七二名,亡官二○员、兵四四五名。补充陕保安队官六九员、兵一二七三名。现有官三一七员、兵五九六○名。(5)六一师伤官五五员、兵约一千三百名,亡官四四员、兵约一千八百名。现有官约一百四十员,兵约一千五百名。(6)五七师一七一旅伤官三七员、兵约五百余名,亡官六员、兵三百余名。现有官一百一十员、兵一千八百余名。(7)保安总团伤官二九员、兵七七六名,亡官一六员、兵六七三名。补充陕保安队官一一员、兵四百余名。现有官一八○员、兵三五七八名。谨电呈报等语。谨闻。职顾祝同。元戌。振。翔。印。

蒋介石致顾祝同密电稿

(1937年9月13日)

安亭顾副司令长官:○密。灰参翔电悉。我军忠勇抗战,死伤迭出,殊深轸念。俟汇报褒恤外,仍盼督励将士歼此凶寇,为生者图存,为死者雪恨。中〇。元未。一作。

顾祝同致何应钦密电
(1937年9月15日)

南京军政部部长何:谨密。甲、综合情况:(1)上海方面:(一)昨夜八时以后,敌对爱国女学及八字桥一带阵地轰击颇烈,今晨更甚,我方微有损伤。(二)今晨拂晓,敌机于江湾、庙行上空盘旋,似有攻击企图,迨午前七时因天雨始停,惟敌炮仍不绝对我方乱射击。(2)刘行方面:敌今晨以步炮飞连合,对我第一军阵地攻击,我军勇猛抗战,伤亡奇重。至午后敌以突进至朝王庙、杨木桥附近,现卅〔第〕一军正派队向该敌反攻。(3)罗店方面:(一)昨申敌死力夺占淑里桥后,继以机炮战车掩护优势兵力,向我霍师顾家角、谢宅、吴家桥阵地猛冲,与我曾旅激战至夜,伤亡奇重,顾家角、谢宅、吴虎〔家〕桥一带,遂陷敌手。本日子刻,霍师阙旅及李师胡旅,各派队向敌逆袭,仍未得手。本晨阙旅守备陆福桥北朱店、侯家宅之线,胡旅守备南北塘口及迤西连系彭师右翼,与敌激战竟日。(二)寒酉我五十一师,以一团分两纵队,攻击罗店以北之敌,午后追抵张家堰、洪家宅、黎家宅、丁家桥以西之线,残敌顽抗,至今晨五时,敌忽以沙联队向该团左翼返攻,经我迎头痛击,敌伤亡惨重,并获敌二十二联队旗帜一面及军用品甚多。我方亦伤亡官兵百八十余名。特闻。职顾祝同。删亥。鹤匈。印。

何应钦致顾祝同密电
(1937年9月15日)

急。安亭顾副司令长官墨三兄:安密。据报:我军此次撤退,秩序欠佳,并遗有大批军用品等语。请饬各部队注意,如有损坏之武器弹药车辆等,应后送。部队移动时,应先将武器弹药及其他辎重行李后移,如不及运搬者,应烧毁。何应钦。删。参。印。

顾祝同致何应钦密电

(1937年9月18日)

南京部长何：6210密。节各本巧日情况：一、刘行方面：昨(篠)日敌以约两联队之兵力，在其炮火掩护之下，沿公路两侧向我杨木桥附近阵地攻击，我六十六军一五九师当即予以逆袭，冲锋数次，敌尸堆积，尤以小朱宅方面之敌，被我炮火集中轰击，伤亡最重，至午后十时，已将敌完全击溃。计是役，歼敌千余人，毙其中佐一名，搜其符号，系属于广岛第五师团之三十四联队，并检其日记，知该敌系本月一日到扬子江口，五日在吴淞登陆，九日始向杨行、刘行方面前进。二、自昨晚敌失败后，迄今晨止，全线沉寂，今晨以后，敌除以少数飞机侦察，并以炮兵行断续之扰乱射击外，仅有少数步兵与我接触而已。特闻。顾祝同。巧亥。鹤翔。印。

陈诚致蒋介石等密电

(1937年9月18日)

急。南京委员长蒋、部长何、总长程：7191密：综合情况：（一）我第一地区当面之敌昨日经我击退，死伤达千余，今日未活动。第二地区昨晨敌以优势兵力，在机炮掩护之下，向我四路军教导旅攻击甚烈。我伤亡八百余，今日无激战。（二）第二地区罗店之敌，二十二纵队因伤亡奇重，删日交防。铣日拂晓起，敌新到部队即以集中炮火向施相公庙、曹王庙之线我五十一师阵地射击千发以上，午间分三路来犯，均予击退。(三)据报敌将领在沪日大使住宅会议，将兵力集中三处：(1)兵舰集浏河，图登陆。(2)兵力集北四川路，攻北站，图达嘉定后即以上海划中立区，设自治委员会。(3)兵力集浦东、春江、三井各码头登岸，威胁南市，沿沪杭线推进。又铣(16日)晨敌运输机六艘，载十八、二十九两旅团到沪，将在吴淞及石洞、川沙等处登陆。谨闻。陈诚。巧亥。黄。印。

顾祝同致何应钦密电

(1937年9月20—21日)

(1) 9月20日电

南京部长何：6210密。(甲)综合本号日情况：1.上海方面：皓夜十二时许，敌战车五辆，步兵四百余，沿体育会路及周家宅附近，向我狄家浜附近攻击，同时敌炮亦开始射击。我守兵沉着应战，约一小时，敌不逞退去。据宋师长希濂称：今日有加强一联队之敌，附坦克车二十余辆，在市中心区及翔殷路附近，甚形活动，判断敌军似有攻击我江湾之企图。2.罗店方面：一、罗店北陈村、何家坟村、陆家村、沈河桥、王家桥、陈家湾一带，有敌新到约一旅团，汪家桥有敌司令部，长桥迄黎家宅、坍石桥以北金家宅一带，有敌兵约一营。又敌重炮在何家坟山附近者有八门，在黎家宅背后及金家宅附近者各有四门。二、皓日下午敌机在罗店西北上空，对我杨家村、苏村附近轰炸甚烈，同时有敌山炮十余门，对我苏村及其以北标高32.6鼓手村附近阵地，射击甚烈。但其炮弹约三分【之】二未爆发，故损失不大。至十一时左右，敌以约一营之兵力，对我攻击，经我五八师派兵两连，向敌冲锋五次，终保有苏村标高32.6鼓手村、蒋宅之阵地。是役，该师伤亡营长以下十二员，士兵百六十七名。敌损伤比我更大。特闻。顾祝同叩。号亥。鹤翔。印。

(2) 9月21日电

京部长何：谨密。综合本马日情况：(一)刘行方面：(1)今晨三时，敌向陆福桥附近炮击达廿余发，至六时许，敌步兵攻至我阵地前，经我六十六军之教导旅乘机出击，猛烈冲锋，将敌击退约两公里外。我军死伤百余，敌军伤亡尤重。(2)昨晚八时，敌向我孟湾、张宅、王宅之线炮击甚烈，我五十七师三三七团，于张宅附近与敌激战。惟该处阵地突出，致死伤达四分之三，杨九房、王示房附近之三三九团死伤亦大。(二)罗店方面:(1)今晨八时,敌机廿余架,向我第四军五九师尤梅宅附近阵地轰炸,继以步炮兵对我攻击,经剧烈之战斗,尤梅宅为敌所占,今晚准备反攻。(2)昨晚敌对我五十八师阵地攻击,迄今日午后,尤在激战中。攻击苏村以北之敌,约五六百名,系东北人;攻击苏村及其地之南之敌约一千名,系日军。(三)上海方面:(1)叶家花园东面驻敌□□多。(2)第九集团军正面无情况。特闻。顾祝同。马亥。鹤翔。印。

顾祝同致蒋介石密电

(1937年9月22—24日)

(1) 9月22日电

京委员长蒋:谨密。综合本养日情况:(1)罗店方面:(一)昨(马日)敌对我第四军尤梅宅、苏陈宅、张家宅、金村之线攻击甚烈,尤以金村附近为最,至黄昏左右,因工事为敌机炮轰击破坏殆尽,金村、张家宅遂为敌所占。昨晚经九十师官团增援后,遂与敌相持,迄今晨以来虽有激战,但敌未能得逞。(二)昨日敌犯我五十一师蒋宅、吴宅附近阵地,激战甚烈,至晚始停。敌伤亡二百名以上,我伤连长一、排长七、士兵八十余。今晨以来,甚沉寂。(三)五十八师当面,昨日敌攻击亦烈,其攻击苏村附近之敌,系台北守备队之第一、第二两联队,攻击杨家村附近之敌,系伪满张海太〔鹏〕部,该部班长以上均系日人。其攻击苏村附近之敌,于姚宅附近被我军包围约三百余人,经激烈之战斗,毙其中队长一员、排长数员、士兵除活捉一名外,余悉被我歼灭,并获战利品甚多。(2)刘行方面:今日敌对我五十七师及第六十六军正面攻击颇烈,均未得逞。我教导旅有一营固守北朱店,与敌抗战。(3)上海方面:今日无动静。(4)皓日在东沙登陆之敌,曾将该处海军无线电台毁坏,并将重要机件抢去。谨闻。职顾祝同。养亥。鹤褒。印。

(2) 9月23日电

南京委员长蒋:○密。据陈诚马丑节称:(1)本日午后三时起,敌沿宝浏公路及西盛家、陈宅向我孟湾、杨九房、杨木桥五七师及一五九师右翼攻击,被我用手榴弹击毁敌战车一辆,敌我均死伤五六百人。(2)罗店以北俞家桥、猛将营、永汉桥附近为日军一团(廿二联队),潘家桥站以南公路西侧为奉天兵,我五八师右翼昨与其接近,我喊中国人不打中国人,彼方亦如是答应,并喊因系征兵而来,故不敢动,班长以上系日人,监视甚严。忽喊,班长来了,一时枪声突起,火力甚浓。但我无伤,当系对空射击。(3)罗店以北敌炮兵为山炮,昨由南向北,本日又由北南下,其炮弹三分之二不炸。又马亥电节称:(1)今晨起敌主力由杨行方向开始向王宅、杨九房、张宅、孟湾、金家湾并由南北塘向尤梅宅、张家宅、金村、周家宅、龚家宅攻击极为猛烈,炮声极密(刘行方面每分钟约六十发),并以飞机轰炸,我一五九师、五九师伤亡甚重。(2)黄昏时我五九师因官长伤亡三分之二,失去统率能力。尤梅宅、张家宅、金村被敌占领,周家宅、龚家宅我五九师一团,只剩二百人。正以九十师一部反攻,刻尤梅宅已为我恢复,正激战中。(3)杨家宅、紫藤海、朱家网我七九师正面及王家巷(不含)亘陆福桥七七师正面,仅少数敌人佯攻,陆福桥以北教导旅阵地稳固。(4)本日午前十时,敌台湾守备队千余人攻我五八师阵地前之苏村、吴家巷要点,至午后四时,已将敌人击败,姚宅留敌一连,正被我包围缴械中。(5)现浏河口有敌舰七只,下游有敌舰四只,马桥口有四烟筒白色敌舰一只。各等情。谨闻。职顾祝同。梗亥。参情。翔。印。

(3) 9月24日电

南京委员长蒋:○密。综合梗敬两日情况:(1)罗店方面:(一)两日来敌对我第四军方面攻击甚烈,尤以金家宅为最,现金家宅已为敌所占。(二)敌高桥支队于本月寒日在台北编成,铣日出发,巧日于吴淞上陆后,即以汽车输送至罗店北方,该支队由两联队编成,第一联队长为佐村,第二联队长为重沉,每联队辖三大队,自皓晚至马晚对我五十八师右翼攻击甚烈。初该支队以一大队对浏河方面警戒,以约一联队兵力对苏附近攻击,被我五十八师击败后,复以另一联队续行攻击,尔后则以该支队之主力向我攻击,激战至马晚,仅在姚宅一处,被我击毙达百余人,并获重机枪两挺,轻机枪十余挺,步枪百余支。该支队除剩对浏河警戒之一大队外,其余五大队已被我军歼灭大半,溃不成军。(三)昨梗日我五十一师及五十八师各派兵两营出击,得知该方面敌军兵力甚薄弱。(2)浏河方面:敌军连日对我六十六军正面攻击甚烈,梗晨更集中其炮火杨木桥、孟湾、朝王庙之线,其步兵并行数度之冲锋,但经我军奋勇反攻,敌终不能逞,迄敬日下午仍在激战中。(3)第九集团军方面:昨今两日情况无变化,但敌在市中心区一带仍甚活动。谨闻。职顾祝同。敬亥。鹤吴。印。

顾祝同致何应钦密电

(1937年9—10月)

(1) 9月28日

南京部长何:7191密。本日情况:一、中央军方面:1.本(俭)日拂晓,敌以步兵九【百】余,向我卅六师八字桥、复旦大学一带阵地攻击,经我军痛击,敌不支溃退,遗弃敌尸数具,检其符号,系属第八师团之第六联队。2.本日上午十时左右,有敌机两架在南翔车站上空侦察,适我税警团一部到达该地,敌机遂以机枪扫射,并投弹数枚,经我军用机枪及小加农炮击退。下午又来侦炸,我损伤甚微。二、左翼军方面:1.本日上午敌以坦克车八九辆,掩护步兵攻击我刘行阵地,激战于公路附近,但其炮后并未射击。2.我十六师当面之敌,自昨晨以来,不断以坦克车、飞机掩护步兵向我攻击,激战竟日,昨晚八时起复向我猛烈进攻,经我军奋勇击退。截至今晨八时止,犹不时接触,并以炮兵断续向我轰击。3.感晨约两联队之敌,向我第四军公路两侧陶家宅、郭家宅及彭师金家宅、南朱宅阵地猛攻,经我官兵奋勇迎战,将其击退。吴、徐两团长负伤,士兵伤亡三百余,敌亦伤亡甚重。特闻。祝同。俭亥。参。印。

(2) 9月29日电

南京部长何:1344密。本日情况:(一)连日以来,敌不断以小部队向我攻击,判断为威力搜索。(二)本日敌有向我全线准备总攻模样。今晨八时,敌以战车廿余辆,步兵千余人,在我西王宅、唐家浜、陈家巷一带阵地前秘密展开。下午二时起,更以重炮向我窦家弄、张宅、孟湾、张家桥、太平桥、长浜站等地轰炸甚烈,不下二千余发。黄昏后,敌步兵突近我阵地,现在张家桥以东公路附近,双方相距仅百余公尺。(三)本日上午,敌战车十余辆,掩护步兵八百余,攻我五十一师施相公庙附近阵地,并以炮兵飞机协同作战,战况亦烈。截至现在止,敌战车已被击退,步兵尚在相峙中。(四)昨廿八日,敌战车数辆,协同步兵攻我西钱宅七十七师阵地,被我击毁三辆,余仓惶逃去。我因侧背受敌,伤亡百余人。今日亦续有战斗。特闻。顾祝同。艳亥。参仁。吴。印。

(3) 10月5日电

南京部长何:0942密。本日战况:一、中央军方面:本日敌军约三联队,集结于北四川路、方浜桥附近,并架设便桥,有偷渡袭击我军模样。第六十一师正面严湾附近,敌架军桥数座,并闻小朱宅附近人声嘈集,喧称渡河,并闻有东北人口音,现正令行破坏敌之桥梁中。二、左翼军方面:(一)本日敌炮击我唐桥站附近阵地,我伤连长一、士兵三四十人。东西六房附近,敌炮击甚烈,似有在此渡河企图。(二)第十三师正面之敌,支日约一旅团与我肉搏数次,被我击毙数百,卒不支退去。本日敌以主力军猛攻该师阵地,反复冲击,至为激烈。我阵地一部被敌突破,经我第九师增援反攻,将敌击退,恢复原阵地。(三)本(微)日拂晓,敌继续以飞机重炮及战车掩护其优势步兵,向我十一师龚家桥、徐宅及六十七师全线猛攻,战斗甚烈,我军因阵地突出,伤亡过大,撤至后方整理。第四十四师亦因阵地突出,移转于东北宅、张家村之线。(四)本晨敌以步兵千余人,战车约二三十辆,猛力来犯,我军逼近距离内与敌肉搏,激战至下午二时,犹在相持中。(五)昨晚我陶八师派兵由左翼出击,遇敌第九师团第三十五联队一部,当被我聚歼,毙其连长一、士兵数十,并俘敌兵数名,获轻机枪三挺,步枪数十支及其他战利品。(六)敌四十二联队,江日以逐段筑工,挨步接近手段,向我施相公庙阵地前进,被我五十一师击退。江夜该师组成六个突击连,向敌夜袭,毙敌甚多。获机枪两挺,步枪三千余支。(七)本(微)日左翼其他各部队,亦小有接触。谨闻。职顾祝同。微酉。参。印。〔吴县〕

陈诚致何应钦密电

(1937年10月6日)

南京委员长蒋、部长何:0942密。据六十七师黄维师长报称:支(4日)晚敌向我墓周宅(施相公庙东南)阵地攻击时,放射毒瓦斯。守兵中毒者数十名,均昏迷呕吐。旋我增援反攻,将敌击退。又:连日发现敌使用达姆弹等情。谨闻。陈诚。鱼辰。玄。印。

顾祝同致蒋介石密电

(1937年10月9—17日)

(1) 10月9日电

南京委员长蒋、军政部长何。0942密。本日午前十一时,敌炮兵向塘桥站西南约三公里之东赵家角射击瓦斯炮弹,致我第一师第一团之守兵伤亡廿四人。至敌军施放瓦斯种类正查询中。谨闻。顾祝同。佳未。参。印。

(2) 10月17日电

南京委员长蒋：固密。总合本日(甲)位置：各翼军均无变更。(乙)战况：(1)桥亭宅、顿悟寺寒日被敌突破,当夜恢复,毙敌千余人。(2)陈家行删午敌以燃烧弹炮击与飞机轰炸,并施放毒气,被其攻占一部,删戌经贺维珍师陈团及阮师两营协助卅二师反攻恢复。(3)寒日敌向我新陆宅十三师阵地猛攻,经该师增援逆袭,毙敌甚多,夺获步枪十四支、轻机枪二挺。(4)本篠日塘北宅、盛宅、桥亭宅、顿悟寺、陈家行之线战斗甚烈,迄未停止,其余各部仅有小接触而已。(丙)处置：(1)令廿一集团军以一师位置于老人桥、新泾桥间构筑预备阵地及策应第一军,并派一团归胡宗南指挥。(2)令五十三师即向南翔输送,进至老人桥、新泾桥、小南翔之线,构筑预备阵地。谨呈。职顾祝同。篠酉。参。印。〔吴县〕

顾祝同致何应钦密电

(1937年10月18—27日)

(1) 10月18日电

南京部长何：0942密。综合本日战况：(一)铣日三丰宅、沈宅、湾宅、陆宅等处,均有敌进犯,皆被击退,夺获轻机枪二挺,步枪廿余支。(二)篠日敌攻我十九师葛家神楼、张家楼甚猛烈,葛家神楼失而复得,沈亭宅、顿悟寺、陈家行,经连日苦战,终陷敌手,现仍在激战中。(三)篠日敌向我新陆宅、新三宅一六零师余团阵地炮击轰炸,并以步兵冲突,被我击退,毙敌甚众。该团以该处突出,伤亡过半。(四)铣晨敌攻李师朱北宅阵地,经我击退,毙敌甚多,并获轻机枪一挺,步枪八支,望远镜一个。上刻和支部队字样。谨

呈。职顾祝同。巧酉。参。印。〔吴县〕

(2) 10月20日电

南京军政部部长何:○密。综合本日战况:(1)我八七师筱夜派队向东颜中桥宅袭击,毙敌甚多,并获敌步枪六支。又我埋在颜家宅附近地雷,巧日为敌触发,敌伤亡甚众。(2)巧晨敌向我愈家桥猛攻,我守兵二连迎战,伤亡殆尽,派队增援,又蒙极大牺牲,另以二连侧击,该桥被我夺回,现仍对战中。(3)敌攻占葛家神桥,续向黄港阵地猛攻,我十九师奋勇抗战,伤亡奇重,敌亦受创甚巨。(4)廿军在盛桥、顿悟寺之部队被敌陆空主力攻击,全部殉国。自元至筱,伤亡达七千余,师长杨汉中亦负伤。该师前线阵地,已由桂军接替,开至纪王庙整理,并筑该处至南翔间预备阵地。(5)连日敌以主力猛扑我新渤宅、老陆宅、广福一带阵地,均经我万师及叶师余团击退。该两部损失甚重,余团撤后整理,由翟团接替。(6)北梅宅、万年桥之敌偷渡,均被击退。(7)巧日在小南翔附近击落敌机两架,一架机身完好,筱〔篠〕日在闸北击落敌机两架,一落浦东,一落彭浦,正搜查中。谨呈。顾祝同。哿酉。参。印。〔吴县〕

陈诚致蒋介石密电

(1937年10月21日)

限即到。京委员长蒋。固密。(1)本晨起敌先以炮兵及空军向我广福附近阵地轰击,继以步兵攻击。我十三师浴血苦战至午后二时许,因伤亡过大,守兵薄弱,广福曾一度被敌占领,继由我九十八师以步兵一团向敌反击,始将敌击退,夺回广福西半部。(2)我军出击于今晚开始,除第廿一集团军、第六十六军及第九十八师等部,遵照皓亥玄电所呈部署,已于今晚八时向预定目标攻击外,我正面各师除守备阵地部队外,亦各抽突击部队，于本晚（21日）开始向当面之敌攻击。谨闻。职陈诚。马戌。玄。

戴笠致蒋介石密电
（1937年10月22日）

特急。京委员长蒋钧鉴：廉密。据沪区吴淞组养未报告，陈家行战况如此：（一）马日十一时，陈家行以北之敌以飞机及重炮密集轰击，继以大队步兵向我猛冲。我工事被毁殆尽，守军一七三师损失甚重，乃放弃陈家行退守庄西头河西岸阵地。旋经三次反攻，迅无进展。养晨二时，敌步续向我该处进迫，继以敌机十五架大举轰炸，至九时始稍和缓。我粤军一五九师已赶往庄西头河之线增援。（二）一七三师战斗力甚强，纪律亦佳，惟意气高傲，对于友军尤不可以切联络，近该师左翼之五十七师派兵往取联络反而发生误会。又：该师自担任陈家行之线以来，仅注意敌进攻时之出击，而忽略防守时之工事构筑，致敌进攻陈家行时虽被该师击退两次，卒因敌步步构筑临时工事向前推进，该师遭遇野外演习损失被迫后退。等语。谨闻。生笠叩。养酉。印。

陈诚致何应钦密电
（1937年10月22日）

特急。南京部长何：3109密。（1）我右翼第二十一集团军阵地今晨以来受敌猛力攻击。北侯头宅、谈家头、陈家行阵地先后被敌突破。我部队顿形混乱，刻正设法稳定，以图反攻。（2）左翼军为稳重计，已令第五十三师及第六师在新泾桥、唐家桥之线布防。右翼与中央军联系。（3）我左翼广福以北各师，仍于今晚八时起继续向敌突击，牵制敌人。（4）原守广福附近第十三师，因苦战二旬余，伤亡甚大。其阵地已交由第九十八师接替，并已令该师开昆山集结整理。谨闻。职陈诚。养亥。玄。印。

陈诚致蒋介石密电

(1937年10月23日)

特急。南京委员长蒋、部长何:3109密。(1)蕴藻浜南岸之敌今晨以来仍以主力继续向我廿一集团军阵地猛烈攻击,激战至本日下午,我廿一集团军因伤亡过大,部队混乱。至北侯宅、沈宅、谈家头之线相继被敌突破。该集团军现在向京沪铁路以南地区撤下整理。(2)我第六十一师、第三十三师在右翼与第十八师连结小人桥、老人桥、新泾桥之线。第五十三师之两团在新泾桥亘孟家宅之线,已分别占领阵地。第六师一部在唐家桥据守。(3)第十四师刻正向梗未电所呈之线前进中。已令其于本夜之前到达指定地点,占领阵地构筑工事。(4)我左翼各师昨夜仍各以一部出击,继敌也向我反攻,未有进展,现仍固守原阵地。谨闻。职陈诚。梗亥。玄。印。

顾祝同致何应钦密电

(1937年10月24—27日)

(1) 10月24日电

南京部长何:3109密。连日敌倾陆空全力向我蕴藻浜南岸阵地猛扑,我军奋勇攻击,战况极烈。郭汝栋部仅剩团长二、战斗兵百余名。韦云淞军伤亡旅长四、团长十员,损失奇重。梗夜即以第八十七师主力,在冯宅、厅〔?〕行、李家楼之线。第三师在李家楼、许巷之线。八十七师之一部,在许巷、塘坊桥之线。第十八师在大场、小石桥及胡宅至小石桥之线。第卅三师在老人桥、凉泾桥之线。第五十三师在新泾桥、孟家宅之线。第六师一部,在唐家桥附近占领阵地,而撤调廿六师至新浦。十九师至倪家巷,第七军、第四十八军至西堰头、钱家湾、陆家湾、大明、双庙附近整理,并以第十四师控置于卅三师、五十三师阵地后,策应该方面战斗。谨闻。

顾祝同。迥酉。参。印。〔吴县〕

(2) 10月26日电

南京军政部部长何：0942密。综合战况：(1)昨夜我中左两翼军连合与大场以西之敌激战甚烈，卒因伤亡太重，未能恢复走马塘原阵地。(2)今(寝)晨敌集中机炮火向我轰击，继以战车卅余辆掩护步兵，向我大场西南八十七师阵地猛冲，被其突破，其步兵被我截击，激战甚烈，其战车突至大场南侧地区，与我卅六师之一旅，在浦宅、杨家本桥附近激战，至午后，敌战车沿公路分向彭浦及国际无线电台两方进扰，战况激烈，各部队仍尽力支持中。(3)本晨敌同时向我白墙宅、仙师庙反攻，反复争夺，我军终以伤亡过重，两地仍陷落敌手。(4)大场似为我十八师及八十七师之一团固守，我八十七师在真太公路附近。第三师在朱家桥宅、周泾桥、张家桥之线。第十四师在严家浜、新宅、老宅、张家巷、金家巷、陈家宅、羊马巷、陆家窑之线。第十一师两团在陆家宅、张家宅、吴家湾、吴家坟，一团在洛阳桥，一团在金家角附近。第五十三师在新泾桥、钟行、孟家宅之线，与敌对战中。谨闻。顾祝同。寝酉。参。印。〔吴县〕

(3) 10月27日电

南京部长何：○密。综合战况：(1)本感日我八十八师之一团，在北站、新闸桥之线，与敌激战甚烈，敌炮落在租界内甚多，英方已提出抗议。但我军损伤亦甚重。(2)第十一师在洛阳桥附近，本日亦有激烈战斗，敌我伤亡均重。(3)暨南新村之保安总团已撤回，敌现迫近虬江北岸，与我警戒部队隔河对峙。(4)丰田纱厂英军，于本日上午十时退出，即被日军占领，日机因是以机枪向英军扫射，颇有死伤，英军还击，毁日机一架。(5)我三十三师连日抗战，伤亡甚重，冯师长及雍、王两团长受伤，张旅长池及张团长失踪，官

兵仅剩十分之一。第十四、第十八两师伤亡亦甚重。谨闻。职顾祝同。感酉。参。印。〔吴县〕

蒋介石致邹作华密电

（1937年10月28日）

急。昆山邹作华炮兵总指挥：○密。据施太乃斯报称：(1)杨树浦固定观察所报告，连日我浦东炮兵之射击，对敌建筑物及后方联络无甚影响，查此种射击，唯有集中火力长时间对一目标发射，直至目标消灭为止。又浦东炮兵阵地及观察所之位置过于退后，亟应极力向前推进，以便指挥及发挥威力。至在试射之后，宜作长时间休息，然后始行效力射，尤以实行急袭射为最有利。(2)我浦东炮兵于24日向杨树浦敌飞机场射击，所有弹着点均系落于目标前面数百公尺，未克予以损害。(3)近日敌有一运输舰满载飞机到达上海日本邮船会社码头，另有一舰满载战车到达大坂码头。等语。仰转饬所属切实修正为要。中○。俭戌。一作元。印。

顾祝同致蒋介石密电

（1937年10月30日）

南京委员长蒋：○密。综合本卅日战况：(1)死守闸北孤军抗战之我军一团，本日大部由团长率领冲出重围，到达真如附近，一部由团附率领，仍在四行仓库与敌鏖战中。(2)本日上午敌向我五十三师正面进攻甚为激烈，似有真面目攻击，但其飞机甚少活动。(3)俭日敌以毒瓦斯及步炮兵猛攻我第四军葛家头、清水显阵地，我欧师官旅乘风相反攻敌阵之际，奋勇出击，毙敌数百，缴枪数十支，俘敌数名。官旅长惠民不幸殉国。(4)五七师孟家宅及一五九师马家宅阵地，俭日亦受敌猛攻，马家宅附近因敌施放催泪性毒气，致被敌攻陷，经派队增援，反复冲击，卒将原阵地恢复。谨闻。职顾祝同。卅酉。参。印。〔吴县〕

顾祝同致何应钦密电

（1937年10月31日）

南京军政部长何：0313密。本日战况：一、闸北我军一团，本日下午已完全撤退，到达梵王渡附近。二、本晨敌炮击我丰田纱厂及其以西阵地，以步兵分别在周家桥镇、陈家渡、张家宅附近强渡苏州河，我税警总团与之激战，因地形隐蔽，除姜家宅外，余两处均被渡过百余，经包围歼灭，截至现时止，周家桥镇南岸仍有数十余名，负隅顽抗。由陈家渡南渡之敌，亦被我军包围中。三、艳晨敌攻我十五、十六两师前进阵地，战况甚烈，迄晚我以伤亡过大，退守金宅、郭家宅、陆宅、范家宅及西浜范家宅前进诸据点，与敌对峙中。四、昨日午后四时，敌攻我五三师谢家宅、张仙庙、王塘桥、杨家宅前进阵地，并数以战车冲击，均被击退。其后复以战车卅余辆，掩护步兵猛烈来犯，我军沉着应战，击毁敌战车二辆，我亦损坏平射炮二门。其一部突入我阵地，致前进阵地被敌攻陷。入晚我第六师派兵一部，向王桥、杨家宅；第五三师派兵一部，向谢家宅、张仙庙之敌突击，驱逐敌军，除焚毁房屋一部外，未克奏效。五、广福南马家宅附近，我一五九师阵地左翼，昨陷日十时至十八时，被炮击数千发，战况之烈，为近来所罕有，老陆宅我一五九师一排，与阵地同殉，其后派兵一排前往夺取，亦被牺牲。至晚十时，我一五九师复派兵一连，前往袭击，卒将老陆宅阵地夺回，该处敌完全消灭，遗弃敌尸五六百具，检其符号，系属敌第二师团。谨闻。职顾祝同。世酉。参。印。〔吴县〕

顾祝同致蒋介石代电

（1937年11月2日）

南京军事委员会委员长蒋钧鉴：据第三师师长李玉堂十月三十日报告称：查职师于本月廿五、六两日，在葛家桥宅附近之抗战，最为壮烈,亦最有价值。当廿四晚,原奉令至该处集结待命,不意部队甫经到达,而前方老人桥、小石桥第一线之卅三师及十八师各阵地,相继被敌突破,纷纷后退,敌且凶猛紧追,职师遂仓卒应战,力抗强敌。职以该处极为重要,关系全局,倘再不守,非但我前线阵地被敌切断,而右翼各友军必陷重围之中,遂立即严令赵旅长锡田指挥各部死守该处阵地。惟职师迭次牺牲,仅余战斗兵千余人,前有数倍之敌激烈攻击,左右翼皆无友军协同,但以孤军固守葛家桥宅、周泾桥宅、宗港巷宅之阵地,致被敌重重包围,死力苦撑,卒以仅少兵力牵制大敌,使不得长驱南下,并掩护我右翼各友军从容移转新阵地。虽职师几全数牺牲,然于全般〔盘〕作战上颇收显著效果。此次我第八旅旅长赵锡田指挥得宜,第十五团第一、三两营、十六团第一营及十八团合编之一营官兵,忠勇血战,拟请予以分别嘉奖。其战死之十五团团附苏坚、一营营长袁鸿恩、三营营长熊进、十八团二营营长李长和,请予从优给恤,是否有当。附绘作战要图,呈请鉴核。等情。除另案报请奖恤外,理合据情转呈鉴核。职顾祝同。冬酉。参。

桂永清致蒋介石代电

（1937年11月8日）

委员长蒋钧鉴:(一)数日来敌倾全力争我屈家桥、八字桥阵地,密集炮火集中射击,守军伤亡过众,敌屡突入,我屡逆复,彼此均以八字桥为争夺焦点,我马团、李团两团,均使用加入战斗,李团长及欧阳营长负伤,马团王营长受伤、陈营长阵亡,下级官以下伤亡,约在三千以上。(二)总队抱定与阵地共存亡决心,刻乃固守屈家桥、八字桥之线,与敌激战中。(三)虞日黄昏战斗最烈,几濒于危。旋奉张总司令电话,饬五十八师何旅归职指挥。经职转知该旅于陆家宅、倪巷上之线,占领预备阵地,而何旅以未奉书面命令,借词推诿,未能如期到达指定线。不得已,职率本部必要人员及特务连亲赴前线杨家宅督战。(四)庚辰何旅进入第二线阵地,以其一营加入八字桥西端施家巷之线,刻屈家桥、八字桥仍由总队誓死固守。职桂永清。庚巳参叩。代。

中华民国二十六年十一月八日十五时译发

第三战区淞沪会战经过概要
（1937年8—12月）

第三战区作战经过概要

第一期　阻止登陆战斗　八月十三日至九月十六日

第一章　战争之爆发

自八月十日虹桥飞机场事件发生后,淞沪方面战云弥漫,中日大战,大有一触即发之势。是时驻沪之敌海军陆战队为数六千人,在引翔镇至苏州河下游一带地区,寻衅启衅,形势恶劣,无以复加。我卫戍京沪之9AG(36D、87D、88D)为应付非常事变计,于十一日起,陆续向淞沪集结,至十三日双方前哨开始接触,全面战争遂告爆发。我以根本扫除敌之淞沪根据地为目的,即以已达到之87D、88D向其陆战队进攻。其部署如附图第一,即八月十三日态势图。〔原缺〕

第二章　我攻击之不奏功与退守

我9AG之攻击,虽获进展,且一度迫近汇山码头,然敌借其既设之坚固工事,顽强抵抗,以待其国内之增援,延至八月□日敌之陆军首由张华浜登陆,沿淞沪铁路南犯,战至九月二日,与我36D、87D对峙于南泗塘河两岸,至九月十二日,我9AG受迫退守北站—江湾—庙行、顾家宅之线。

我15AG(14D、11D、98D、67D)于八月二十二日集结于南翔、苏州、常熟一带。斯时据报敌在川沙、狮子林、宝山等处,同时登陆,当以攻击之目的向宝山、罗店、浏河之线推进。二十四日起,各部由宝山、月浦、五图角、罗店北端之线开始攻击,只以敌阵地构筑之迅速、铁丝网之坚固、海军之炮击、空军之轰炸,与我战术上之错误,至二十八日未能奏功(参照插图第一,图原缺)。嗣后敌之后续部队陆续登陆,并以主力犯罗店,至八月十九日罗店即告失守,我虽数度反攻,均未收效。九月一日至七日,吴淞、宝山相继失陷(参照插图第二,图原缺),至十七日全线撤守北站—江湾—庙行—朝王庙—罗店西南—双草墩之间。斯时敌我态势及兵力如要图第二(即九月十一日作战经过图,图原缺)。

第二期　阵地战　九月十七日至十月十八日

第三章　由刘行至蕴藻浜

九月中旬,已到淞沪之敌,计有1D、3D、11D及8D、16D、6D之各一部,共约十万人,炮三百余门,坦克车二百余辆,飞机二百余架,而我之右翼、中央、左翼各军,共计五十个师,野山炮四团,重炮两营。自九月十七日起,敌我在北站—庙行—刘行—罗店西南—浏河之线,两翼依托租界及江滨,开始互相争夺之阵地战,其间敌以其1D、3D之主力于刘罗公路间猛犯,但因我增援部队之强烈抵抗,进展甚缓,战至二十七日,敌我位置如附图第三(即九月十七日至二十六日作战经过图,图原缺)。

九月三十日,我77D正面之万桥严宅及57D正面之陆桥等处,同时被敌突破。左翼军为巩固阵地计,向蕴藻浜南岸—陈行—广福—施相公庙—浏河之线转进。是时敌我态势如附图第四(即九月二十七日至十月二日作战经过图,图原缺)。

第四章　敌渡蕴藻浜

我军自转进至新阵地后,一周无激战。敌之102D、107D、106D、114D、116D之各一旅及台湾军伪李春山、于芷山部,此时均已先后到沪,总计其兵力约二十万人。十月七日,敌之3D、9D借其炮兵之掩护,由蕴藻浜北岸向我8D正面之黑大黄宅及一军正面之西六房开始强渡。我8D、61D、1A及税警总团各部激战数日,未能将其悉数歼灭。至十月七日,敌于黑大黄宅至东西赵家角之线,构成宽约二公里之桥头堡阵地。参照附图第五(即十一月一日至十日作战经过图)。十月十一日以后,敌借其南岸部队之掩护,继续南渡,企图扩张战果,一举突破我阵地,进占大场、南翔,断我闸北、江湾、庙行方面中央军之归路。我因该处为全阵地之锁钥,不能不死守,故战争之激烈较前尤甚,至十七日止,敌之进展仅数百公尺至千公尺而已(参照附图第六)。

第五章 我军之攻势转移

第三战区司令长官以恢复我蕴藻浜南岸阵地之目的,决行全线出击,其部署(参照附图第七):

1. 以新到之48A为第一路攻击军,由黄港北侯宅、谈家头附近向蕴藻浜南岸之敌攻击,进出唐桥站、田都之线。

2. 以66A为第二路攻击军,由赵家宅附近向东攻击,进出杨家宅、徐宅之线。

3. 以98D为三路攻击军,由广福南侧地区向孙家头至张家宅之线进出。

4. 原任守备之各师,各编成一个至三个突击队,向当面之敌攻击,协助各路攻击军之前进。

5. 各部攻击准备,限十九日黄昏以前完成。

十九日夜,各部按照预定计划开始前进,至二十日,陈行以北之二、一路攻击军及各师突击队之前进,至敌之抵抗,然皆突进数百公尺至两千公尺不等之距离(参照附图第六)。惟蕴藻浜南岸之各部攻击,因前进时方向混乱,致有相冲突者,且误认敌之烟幕为毒气,各自恐惧。同时敌之主攻方面,亦选于此处,故其飞机与炮兵之轰击特烈,至此我之牺牲极大,而进展反难,旋于二十一日全线停止攻击,固守原阵地。

我各军各部因伤亡綦重,阵地似现动摇,二十二日勉强支持,二十一日即被突破,不得已撤至小顾家—大场—沿走马塘—新泾桥—唐家桥之线。是时我闸北、江湾、庙行方面之中央军及陈行以北之左翼军,因敌无真面之攻击,仍固守原阵地(参照附图第八)。

第六章　大场被陷

大场及其以西走马塘南岸阵地为18D、23D担任守备,其已构筑之野战工事,非常薄弱。十月二十四日,敌挟其陆空之主力,猛攻大场,我18D苦战竟日,至二十五日阵地大部被毁,逐被突破。我中央军因归路将断,欲求避免歼灭,不得不为战略上之撤退,故于二十六日,各以一部占领北站、彭浦、暨南学校、王家宅附近之阵地,迟滞敌之前进。以36D于虬江南岸,占领前进阵地,主力向苏州河南岸—江桥镇、小南翔之线转进(参照附图第八)。我中央军及左翼军走马塘各部之转进,因敌无猛烈攻击,二十七日安然到达预定阵地。十月二十八日、二十九两日,我虬江南岸之36D与敌稍为战斗后,即撤回。三十日敌开始向周家宅、姚家宅两处渡过苏州河,其由周家宅南渡之敌,人数甚少,匿据于坚固建筑物内,经我税警总团之连日攻击,虽未悉数歼灭,但至十一月八日敌未扩大其过河点。由姚家宅南渡者兵力较大,且利用河川之湾曲部构筑工事,掩护其后续部队之渡河。我87D、61D、3D及教导总队围攻数日,非仅不能将其歼灭,至十一月七日敌已于蔡家宅、陈家巷、虞姬墩之线,筑成桥头堡阵地,十一月八日因由金山咀、全公亭上陆之敌进迫松江,我腹背受敌,不得已向青浦转移阵地(参照附图第九其一)。

第七章　金山咀全公亭之敌登陆

敌为减少损害而根本瓦解我淞沪方面之阵地计,以其18D、6D于十一月五日,由金山咀、全公亭登陆,我右翼军原以63D任乍浦、澉浦,同62D任全公亭、金山咀间,55D、45BS任浦东之守备,因中央军撤至苏州河南岸后,浦东方面骤形吃紧,遂将62D之主力向该处转进全公亭、金山咀之线,仅有62D之一部担任守备。五日晨敌兵登陆时,我以兵力悬殊,无法阻止。当时大本营之处置:迅调浦东62D主力45BS及新到枫泾之79D攻击登陆之敌,并令新到青浦之67A向淞江推进,以资策应(参照附图第九其二)。

各部队虽遵令移动,时以天雨泥泞及敌机轰炸,行动甚为迟缓,而敌之后续部队源源登陆,其6D主力沿沪杭路前进,一部直扑松江,企图攻击我苏州南岸守军之背后,松江、枫泾于十一月九日同时失于敌手(参照附图第九其二)。

第三期 退却战与守城战 十一月九日至十二月三十一日

第八章 由苏州河至锡澄线

十一月九日晨一时,我中央军开始向青浦、白鹤港之线转移阵地,因退却命令之下达太迟,各部队非仅无余裕之准备,竟有未接退却命令而随邻部队之撤退而撤者,且对于退却之道路未予明示,各部均拥挤于公路,秩序至为混乱,故预定之青浦、白鹤港线于十一日又不能守,敌之便衣队将近安亭,此时左翼军不得不与中央军协同向吴福阵地撤退。因退却部署之不适当,与敌机之轰炸,部队混乱情形较前尤甚。吴福线之国防工事,无图可按,无钥开门,加之各部队完全脱离掌握,士气沮丧,故不能阻止敌之前进,而向锡澄线溃退。至十一月二十四日,敌追至无锡附近,次日该处又被占领。我军为脱离敌由京杭国道大包围,于二十六日以一部沿京沪铁路向常州,主力向浙、皖、赣边境退却。

第九章 由嘉善至吴兴至芜湖之作战

沪杭铁路方面,敌之6D及GD之一部,自占领松江、枫泾后,其主力即沿该铁路进犯嘉善。我右翼军之10AG因攻击计划不能实施,于十一月九日占领乍、平、嘉之国防既设阵地,阻止当面之敌,战至十一月十四日,嘉善被陷,至十九日嘉兴又告失守。而右翼方面因敌之陆战队无积极之企图,仍在乍浦、平湖、新丰之线。

由青浦经湖沼地西进之敌,于十一月十三日占领平望,尔后与其由嘉兴前进者会合,沿太湖南侧地区,长驱直入,二十日攻占南浔。我为巩固吴兴方面之战局,令新到之7A先头部队在昇山市至大钱镇线占领阵地,以川军之五个师集结广德、泗安、安吉一带地区,以为策应。敌之主力自占领南浔后继续西进,于二十四日突破昇山市,二十六日夺取吴兴。当时大本营虽令泗安、安吉之川军三个师即向突入之敌攻击,但限于部队之素质与指挥官之企图心未得实施。此后敌以一部向泗安、广德、宣城、芜湖西犯,主力由郎溪会攻南京。

第十章 江阴战斗

十一月二十六日,我军放弃锡澄线后,江阴要塞已陷于孤立,该处守军在南岸者为103D、112D及要塞守备队等,其周围山地为天然之坚固阵地。但我限于兵力,仅用之前进阵地,而主阵地则选于要塞及城厢附近。至十一月二十八日,敌之先头部队由青阳镇方面攻我南闸镇、花山之前进阵地。我守备该处之112D两营即将其击退,敌误认此处为我之本阵地,于二十九日猛攻。激战竟日,我伤亡虽大,但未放弃。该处三十日敌继续攻击,南闸、花山即被占领,向我本阵地接近。是夜112D以一部夜袭南闸,冲入敌之某司令部,刺杀其中将一员,因出发时间太晚,不久即将拂晓,故即撤回。十二月一日,敌之攻击一度冲破我本阵地,经我预备队之逆袭,旋又恢复,此时守备要塞附近之103D正面,尚无激烈战斗,我军为保持实力计,决心放弃要塞,十二月一日夜,103D、112D由夏港镇突围,向镇江方向转移。

(四)国民政府与驻沪各国领事之交涉

俞鸿钧致军委会等密电

(1937年8月14—15日)

(1)8月14日电

急。南京军事委员会钧鉴、军政部何部长勋鉴:关于【日军】利用租界为军事根据地一节,今晨市府正式照会各国领事提出警告后,各领于下午召集紧急临时会议,发电时仍未散会。但事前美总领事非正式向鸿钧表示,各国或将于会议时决定放弃苏州河以北地段,将各国防军及义勇队撤至苏州河北岸,定为避难区,严守中立。苏州河以北地段,双方军事行动均不顾问等语。确否,当继续陈报。上海市市长俞鸿钧叩。寒申。印。

(2) 8月15日电

急。南京军事委员会钧鉴、军政部何部长勋鉴:1957密。今日下午领袖领事复来访,告以日总领事同意日方飞机将不飞至苏州河南,并希望我方亦做同样表示。当据理拒绝。谨闻。上海市市长俞鸿钧叩。删戌。印。

陆海空军大本营第一部致外交部代电稿
(1937年8月23日)

外交部勋鉴:奉交下贵部梗电,关于义国军舰现停求新厂旁要求出口一案,批交海军部会同当地军事长官察看情形,妥为办理。除电海军部外,相应电复,查照为荷。陆海空军大本营第一部。

中华民国廿六年八月廿三日

外交部致陆海空军大本营电
(1937年8月23日)

陆海空军大本营勋鉴:顷准上海俞市长电称:准义大利总领事函称:义国军舰加罗土停泊黄浦江求新厂旁,现奉命出口。但该厂北面河道已被中国当局予以阻塞,故该军舰未能下驶。查当时江面阻塞,事前该舰并未接有警告。除提抗议外,请即设法让出一口,以便该舰下驶,否则本总领事声明保留本国政府采取相当行动之权。本总领事以为如开一出口,在技术方面并无困难等语。此事究应如何应付之处,特电请查核见复,以凭转行答复为荷。外交部。梗。

陈绍宽致黄绍竑密电

（1937年8月23日）

陆海空军大本营第一部黄部长勋鉴：密。漾代电敬悉。关于义国军舰以求新厂北面河道阻塞,请即设法让出一口,以便下驶一案。兹将本部意见分述如次：一、港道既经阻塞,自不可开,倘此例一创,别处亦必援例,倘允义大利之请,而其他各友邦亦必相率援例,则堵塞工事,必致无效。二、义方所云保留采取相当行动之权,倘果实行,我方自应以武力制止,发生冲突事态必致扩大,恐非所宜。三、此事拟请上海俞市长向义总领事劝阻,不再要求开口。四、由大本营令饬外交部向义大使劝阻。除电张总司令会商并电上海俞市长就近向义总领事劝阻外,管见所及,敬请转陈为荷。陈绍宽叩。漾戌。

杨虎致何应钦密电

（1937年8月24日）

南京部长何钧鉴：7200密。本日下午二时,我便衣队在曹家渡破毁敌方间谍机关一处,当场击毙日人两名,并获汽车一辆,手枪、地图数件。现英国领事方面向我提出抗议,并要求撤退我武装警察。我方以该处为越界筑路地带,向由我方使行职权。且查沪西一带日本商厂,高悬英旗,实则敌方便衣军队潜伏甚多,时出骚动,亦属违反国际信义。又所杀日人两名,是否为我便衣队所击毙,实属无从证明。已由俞市长据理交涉,容续电呈。职杨虎叩。敬。印。

外交部致陆海空军大本营密电
（1937年8月24日）

陆海空军大本营勋鉴：密。准美国大使函称：本月二十三日下午一时左右，有炸弹两枚，自天空落于公共租界之苏州河以南，其一落于美孚公司大厦及美国驻沪总领事署附近之美国海军仓库，其一落于南京路永安公司附近。据调查结果，落于美国海军仓库之炸弹，为义国出品，计重八百公斤等语。究竟我方有无此项炸弹，用特电请转饬查明密示为荷。外交部。迥。

外交部致陆海空军大本营第一部代电
（1937年8月25日）

陆海空军大本营第一部勋鉴：准美国大使来函，以据美国驻沪总领事电称：本月二十三落在苏州河南公共租界内之炸弹，似系来自华方，此事虽无确定之证明，但消息殊属可靠。根据在上海目睹者之报告，当事变发生时，见有银色单翼双发动机飞机一架，似系中国航空公司飞机改作轰炸之用者，另有一机护卫，出现于公共租界之高空投掷炸弹，该项炸弹，虽如上文所言，是否来自华方，并无确定之证明。但本大使以为应将上海方面对此事之印象，函达查照。等由，准此。查此案业经本部于本月二十四日电请大本营查明此项炸弹是否属于我方在案。究系如何情形？应请转饬查明电复为荷。外交部。有。
中华民国二十六年八月二十五日

何应钦致杨虎密电稿
（1937年8月25日）

机急。上海杨司令啸天兄：敬电悉。并转蔡局长、吉总团长：○密。望严禁我警察、保安队、便衣队等，在英、美、法军防区或苏州河以南区域内与各该国军发生误会,更须严禁特务队、便衣队等,在其防区内用武器、手榴弹或其他手段伤害日人,致惹纠纷。何应钦。有。参。印。

杨虎致何应钦密电

(1937年8月26日)

南京部长何:○密。曹家渡事件,曾于敬日电陈鉴察中。市府连日交涉,未获解决。本日英军径将曹家渡警察局及分所枪械缴去,市府暨警察局颇觉辣手。旋经职以私人交谊,向英军司令商榷,已将缴去枪械送归卡警所保存。该处警权亦由我国行使。知注。谨陈。职杨虎叩。宥申。印。

蔡劲军致何应钦密电

(1937年8月26日)

南京部长何:7200密。本月敬日,沪西曹家渡警察分所境内,发生市党部陆京圆〔?〕之工人别动队击毙日人关猛、击伤川口一案,当时英军司令部认事出越界筑路,系该军警戒范围,要求我方警察解除武装,全数撤退。旋经报请俞市长、杨司令交涉,尚无结果。本日下午三时,英军司令率同捕房西区区长及武装兵七十余名,前往曹家渡分局,将该分局及位居越界筑路之各分驻所、派出所所有武器强迫缴出,当缴去一部分枪械七十余支。经奉俞市长、杨局长谕避免冲突。前项武器当被带往英军司令部暂存。嗣由杨司令派员一再交涉,方准将前项武器提送界路上,交由本局取回。现越界筑路地段,沪杭铁路以东,由该分所徒手警士值岗,其余该地段未经缴去之武器,移存安全地带。除遵照钧座有电通饬所属官警力持镇静、妥维治安及请俞市长抗议外,理合将本案经过情形,报请鉴核。职蔡劲军叩。寝。印。

陆海空军大本营第一部致周至柔密函稿

(1937年8月26日)

密函令作字第71号

案查关于本月廿三日,落在上海方面苏州河南公共租界内之炸弹,请查明是否我方所投,业经函达查照见复在案。兹又准外交部有代电,以据美国驻沪总领事电称:该炸弹据上海目睹者之报告,当事变发生时,见有银色单翼双发动机一架,似系中国航空公司飞机,改作轰炸之用,另有一机护卫,出见于公共租界之高空等语。请查明见复等由,准此。兹再函达,即希迅饬查明见复为荷。此致
空军前敌总指挥部周总指挥

外交部致陆海空军大本营第一部代电

(1937年8月29日)

陆海空军大本营第一部勋鉴:顷据本部驻沪办事处转到美国驻沪海军参谋长,以本月十四日,我空军在吴淞轰炸日舰时,炸弹落于英舰之旁,曾向我上海空军司令严提抗议等情。兹特译录该项抗议文电达查照。外交部。赚。

附抗议译文乙件

中华民国二十六年八月廿九日

照译驻沪英军参谋长致上海中国空军司令函　八月十四日

奉本国驻华海军司令李特尔海军大将 Admral Little 训令,以本月十四日下午六时左右,英国 Cumberland 号兵舰,停泊于吴淞之际,中国军用飞机两架,向之作下冲之攻击,投掷炸弹数枚,落于该舰附近水中等因。查李特尔海军大将与中华民国主席阁下和平相处,友谊素敦,对于此次中国空军向英舰妄施攻击之举动,不得不严提抗议。

其时英舰 Cumberland 号悬有白色旗徽,并于前后炮塔上绘有英国国旗,所有英国船只,均有此项标志,以资识别,相应函达,查照。顺颂。

日祉

黄绍竑致蒋介石签呈稿

(1937年9月2日)

签呈　九月二日午后
　　　时于大本营第一部

顷准外交部东代电,略以准德、美、法、英、义五大使馆会衔照会称:查中国在江阴一带江面封锁扬子江航行,致使目下有若干本国军舰及商船无法下驶,大使等以为在最短时间以内,将江阴江面暂时开放,以便从事撤退侨民,其不撤退者,亦可予以接济等由。如何办理之处,特抄录该项照会中文译文,电请查照等由。准此。理合抄录该项译文,签请鉴核示遵。

谨呈

委员长蒋

职黄○○谨签

附呈德、美、法、英、义五国大使来照译文一纸

照译德、美、法、英、义五国大使来照　八月卅一日

径启者:关于封锁扬子江下游江阴一带江面一事,下列外交代表中,曾有以书面向贵部长表示者,惟此事对于本大使个人暨居留沿江各埠之本国侨民,关系如此重要,爰向贵部长共同表示意见如次:

就本大使等之了解,封锁之意义,在防止日舰之溯江上驶。本大使等虽不否认中国政府有权采取此项步骤,然此项步骤之采行,并未先向下列签名各大使所代表之政府提出任何警告,以致各该国之兵舰暨商船以及多数侨民,困于长江流域。此外其他交通工

具,又经迅行阻塞,以致本大使等于沿江各埠撤退侨民以及侨民等收受接济两事,困难日增。

本大使等以为江阴一带之封锁,于一简短时间以内(如有充分时间之通知,以作必要之准备,则时间不过数日即可),暂行开一小口,俾一船得以通过,并非事不可能。如是凡欲撤退者得以撤退,其不撤退者得以运收接济。至于封锁地段以下无标志地带,航行上之困难,自有富有经验之领港人员冒险解决之。上述请求,应请转陈贵国政府查照为荷。

本大使等顺向贵部长重表敬意。

张发奎致蒋介石密电

(1937年9月5日)

限一小时到。南京委员长蒋:卧密。准俞市长支未电开:美、法、英总领事顷联名来函,内附英、美、法三国驻沪舰队司令联名致中、日两方军事当局通知书一件,译意如下:美、英、法三国海军总司令,请日本第三舰队司令长官及中国军事当局注意昨日中午中、日双方在上海港内第五六七段地界互相炮击之结果,有数弹坠于公共租界苏州河南岸及租界内,人民死伤者有四五十名之多,浦东方面产业亦受重大损失。本总司令等以为此种攻击,如继续不已或扩展,则外人居住区域之安全,必蒙重大影响,外人生命财产,亦将重受为害。本总司令等为避免同样事发生,及保持受彼等保护之外人居住区域内之生命、产业之安全起见,提议及请求中国与日本双方应照下列二项撤退:(1)日本军舰应撤退至黄浦江第七段以下。(2)中国在浦东之军队应撤退至浦东路以东张家渡浜以南。美国亚洲舰队总司令耶纳尔、英国驻舰队总司令立德尔、法国远东舰队总司令雷比古。等语。法、美、英总领并请将本件转达我方军事当局等情。除函复照转外,谨闻。等由。查该建议,我浦东部队应撤退至浦东路以东张家渡浜以南(即张家浜在董家渡码头对岸),若照此履行,不啻将我将士在黄浦江东岸数度血战之结果完全放弃,而轻易让与敌人,即使仅撤退至浦东路以东,其张家浜以北沿岸我军仍维持原状,但敌舰虽撤至第七段下游(即指招商局下栈码头以下一段浦面而言)仍可派队乘小船向我撤退地段从容登岸。该司令等能否确实保证亦是问题,殊难接受。除电复俞市长据理力争外,究应如何办理之处,理合呈具意见,并请钧座鉴核示遵。职张发奎。微十六时。参一。印。〔嘉兴〕

何应钦致顾祝同密电稿

(1937年9月30日)

急。苏州顾副司令长官墨三兄:0942密。美国武官驻苏事,经询据参谋本部复称:美武官史迪威上校,因日人在华北所宣传上海方面战争,不明真相,特派其助手萨德伦上尉南下,亲自观察,俾得真实资料。当以武官观战,不乏国际先例,且可借此宣传。曾于真电顾主任代为介绍。嗣得复电,以招待不便为辞,即饬主管人员,向该员婉却,该员乃径赴苏,此系个人行动,未便干涉等语。特达。何应钦。卅。参。印。

外交部致军事委员会第一部代电

(1937年10月3日)

军事委员会第一部勋鉴:密。关于日军欲利用公共租界一部分攻击北站等处,事经电据本部驻沪办事处复称:此事确属实情。(一)据英军驻沪司令司马电脱氏称:苏州河以北英军警备线,本为北河南路,后经万国商团将北江西路防线让出,即由英军接防,已有六星期。九月三十日,日方曾要求英军退回原警备线(即北河南路),当遭拒绝,嗣要求以士兵约二十人通过而至河南路,又被英军严词拒绝。该司令表示,苏州河以北英军驻防地段,决不放弃,倘有移动时,允设法使我方先行知悉。(二)又访英大使许阁森时,据称:关于上述问题,英军司令曾与彼商及,大使表示,该段防线,决不予日方便利,曾切实通知英军司令格外加紧该段之防务等语。特电查照,以资接洽。外交部。江。

中华民国二十六年十月三日

俞鸿钧致何应钦密电

(1937年10月20日)

即到。南京何部长敬之先生勋鉴:应密。日本新派来沪之前任波兰公使伊藤氏,今晨十时往访法大使祁齐亚,密谈半小时,内容未详。伊藤与法大使闻为旧交。据报伊藤所负任务,除进行国际宣传及为外交上之联络外,并将就地于英、美、法外交当局交换解决沪局之意见。伊藤今日告美记者谓:在日本海军、陆军未与上海华军予重大打击前,一切问题都谈不到云云。谨闻。弟俞鸿钧叩。号戌。印。

外交部致军事委员会第一部代电

(1937年11月4—12日)

(1) 11月4日电

军事委员会第一部勋鉴:据本部驻沪办事处电称:准法大使馆陆军参赞萨拔铁函送抄致淞沪警备司令部函并附图到处。该函略称:法当局已与公共租界北区英驻军商得同意,将法租界防线展至如附图划有红线一带,此纯系本于友谊精神及人道目的,且属临时性质之办法,将来决不援以为例,一俟时局平静,所有进驻该处之法军,当即撤退。且保护租界亦即为保护中外避难人民之生命财产,贵司令如无异议,法军则拟于本月五日移驻该处。至详细办法,可由中、法当局面商,并请知照现驻该处之中国军队,移至如附图划线之处。等由。查该附图所示,俾展防线范围北至乔敦路,西至沿铁路之凯旋路,南至康衢路西端,东至海格路及蒲西路,包括徐家汇、天主堂、天文台及交通大学等处。再闻此事已由江防驻沪陆军司令与朱总司令绍良接洽,由朱总司令向南京军事当局请示。法大使馆亦将派员与钧部接洽,谨先电呈鉴核。等情。特电查照,即希迅予酌示意见,以便法大使馆派员来部接洽时,得资因应。外交部。支。

中华民国二十六年十一月四日

(2) 11月12日电

军事委员会第一部勋鉴:据本部驻沪办事处电称:法大使表示南市方面贵国难民逃命入租界者,源源不绝,法租界自来水厂弥近战区,如受意外,食水有恐慌之虞。计算多增难民,治安颇感困难。本大使兹为人道及法租界治安起见,请在该区域弭止战争。贵国军队现解除武装入法租界者,已有数百人。最好贵国军事当局明令准予军队撤退,则法当局当照国际法办理,尽量收容及照料等语。特电请查照核办,并见复为荷。外交部。文。

中华民国二十六年十一月十二日

军委会第一部复外交部代电稿

(1937年11月13日)

外交部勋鉴:密。文代电诵悉。我南市部队已令撤退,即希转知法当局为盼。军委会第一部。元。作元。

〔三〕南京保卫战

（一）战前部署

何应钦致刘光密电稿

（1937年7月30日）

军事委员会办公厅刘副主任勋鉴：机密。昨（廿九日）会报会议，沿江各重镇居民，应逐渐疏散，南京市百余万人口，战时甚感不便，必要时，可先将妇孺迁移他处，各机关职员之眷属，亦宜有秘密移动之准备，以免妨害公务。等语。查此事关系重大，应由军委会召集各院部会开秘密会商讨，妥拟方案，呈委座核示后，再逐渐实施，希即查照办理。何应钦。卅戌。参。印。

何应钦致冯玉祥密电稿

（1937年8月16日）

急。苏州冯副委员长：删酉电敬悉。〇密。连日以来，首都空战甚剧，我空军士气旺盛，击落敌机十余架。市面秩序极为安定。南口浴血苦战，阵地毫无移动，特此奉闻。何〇〇。铣。参戌。印。

蒋介石致何应钦电

（1937年9月2日）

何部长：首都附近各线阵地，应即编成招募民夫，由教导总队派兵指导赶筑工事,应分第一期、第二期、第三期,完成日期与工事计划,详报为要。中正。二日。

何应钦批:由徐参事约集南京警备司令部参谋长、教导总队长及该队参谋长等,于今晚会商遵办。何应钦。九。三酉。

何应钦致谷正伦桂永清代电稿
(1937年9月3日)

代电。南京谷司令、教导总队桂总队长:奉委座手谕:首都附近各线阵地应即编成,招募民伕,由教导总队派兵指导,赶筑工事,应分第一期、第二期、第三期,完成日期与工事计划详报为要。等因,奉此。除分电教导总队遵照(谷司令文)/谷司令(教导总队文)外,合亟电达,仰即遵照,赶即计划具报为要。何应钦。江亥。参。

蒋介石致谷正伦电稿
(1937年9月4—9日)

(1) 9月4日电

南京谷司令鉴:九月二日呈悉。宪兵第一团第二营所担任监护之国防工事任务,准由第一二一师接替,除分电外,仰即派员与吴师长接洽,并将接替情形具报。中〇。支。一作。

(2) 9月9日电①

本京谷司令:已电令第五十三师、第七十七师、第一百二十一师迅速开南京,归该司令指挥,加强首都附近之工事。预定七十七师担任常州、宜兴、长兴一带;五十三师担任浦镇、滁州一带;百二

---

① 此件未注明发电日期,其签注时间为9月9日。

十一师担任句容、天王寺一带。希妥为计划,并于到京后,分别予以指示为要。中〇。( )。一作。京。

唐生智等致蒋介石密电
(1937年9月24日)

南京委员长蒋:外密。关于吴福线野战工事之构筑,本日在苏召集上官军团长云相、张总指挥钫、鹰屋顾问及其他有关之幕僚商讨决定如下:(1)由上官军团长负全般战术上指导之责,由杨副主任负技术上指导及材料准备之责。(2)筑工部队由第三十三师之三团附民工七千人,担任福常段,第七十六师之四团附民工一万三千人,担任昆汤湖以南西塘镇一带之工事。并限期分区召集各部队连长以上各级官长,详为指示构筑阵地一切要领与方法。(3)工事进行程序,先完成吴福线本阵地,次及前进阵地及伪工事,尤为注意常福段及各公路线两侧,特别加强提前完成。(4)民工两万人,由就近各县征集,已用钧座名义电苏省府及施专员,限二十六日以前征齐。(5)阵地之编成,由鹰屋顾问指导,并令杨副主任率各机关部队构筑、采用、疏散、纵深、伪装,以期加强抗力,减少损害。(6)开工日期预定为二十七日,并限于双十节前完成。以上各项,除饬迅速照办外,谨呈鉴核。职唐生智、顾祝同。回酉。苏。印。

唐生智致何应钦函
(1937年9月)①

敬之先生勋鉴:顷代总顾问斯达开来此建议数事,颇有可采之处,兹特另纸开陈,以备参考,即祈查察,酌核施行为荷。顺颂勋祉

弟唐生智敬启

附代总顾问建议事项一纸

---

① 此件无时间,根据其他有关文件查核,系为1937年9月。

抄代总顾问斯达开建议事项

一、日使通知各使团,预备明日正午以后轰炸南京,请速离开。请考虑政府应否迁移。

二、请指定各顾问安全办公地点,并缓扣各顾问借薪(已通李处长办理)。

三、前奉委座令派资深顾问三人前往津浦、平汉、平绥各正面,现除总顾问已赴前方外,只有斯泰秋、斯达开、史培曼三人为将官阶级,斯如前去,此间将无人主持。又前经时请先说明情况,并规定隶属关系。(似可许其派将官二员、校官一员,余请作战组拟办。)

四、前购之鱼雷帽及十五公分炮皆已到香港,请设法运至江阴。

五、江阴之封锁,除船只水雷外,应再加木料圆材一层,以增强之。

六、第十团之重炮,现在福山三连、浦口一连皆无用,请改派至前方使用。

七、上海方面防御战车之地雷,因前方部队不习使用法,皆弃而不用,请派工兵学校人员前往指示。

八、上海考尔夫球场,外人消息停有敌机一百七十架,皆暴露场上。我炮兵(在我射界内)或飞机若能急予轰炸,实为破坏其大举空袭之最有效方法。

九、昨日人广播我军在沪使用毒瓦斯,或为故意造谣,为彼方使用地步,亦未可知,应速更正(斯并之〔知〕我之化学工业尚在幼稚,决不宜采用,予人口实)。

唐 生 智 签 呈

(1937年10月)

抄唐生智签呈　　廿六年十月

兹谨拟具第三战区与第五战区作战地境区分意见如左:

甲、作战地境

第三战区与第五战区之作战地境,拟选定于桥墅镇(扬州东北约二十公里)—姜堰镇—海安镇—(如皋北约二十公里)亘海之线。

乙、理　　由

一、淮阴与海州有密切关系,无论就作战之策应上及后方之交通上,均应属第五战区。

二、长江为敌重要之侵入路,启东、如皋、泰县等地,逼近长江,直接影响江防,以属于第三战区为妥。

三、缪军仅有两师,且与江南有长江之隔,欲以江南之兵力增援,殊感不便。故其守备区域宜小,泰县以北,由第五战区负责为当。

以上所拟是否有当,伏祈批示。

谨呈

委员长蒋

批:依照白副总长指示办理。

刘湘致蒋介石报告

(1937年11月20日)

报告　十一月廿日午前十二时
　　　于南京赤壁路司令长官部

一、效西一作元电奉悉。

二、职部遵照部署如下:

1. 第二纵队行动如次:

A. 以一个师担任长兴,一个旅担任宜兴附近湖岸之警戒,并于廿三日完全到达。

B. 以两个师集结于五里店、广德、七里店、十八里店地区间,并推进一部至泗安镇附近警戒,廿二日前须到达一个师。

C. 以一师半集结于溧阳张渚镇、戴埠镇地区间,限廿二日全部到达。

2. 直属部队行动如次:

A. 独立十三旅集结于清水河附近(芜湖以东廿公里)。

B. 独立第十四旅集结于芜湖。

C. 宪兵营驻南京。

右呈

委员长蒋

第七战区司令长官刘　湘呈

陈继承致蒋介石密电

(1937年11月20日)

特急。南京委员长蒋:〇密。按目前情况、敌情判断如下:

(1) 敌当以一部沿京沪线进逼,以主力循京杭国道绕攻南京,此路敌军到达长兴后,必分兵出广德、宣城,循江南铁路袭取芜湖,断我后路,并与京沪、京杭三面夹击,作围攻首都之企图。

(2) 处置:我军为粉碎敌之企图计,拟请于广德、郎溪附近火速抽控有力兵团扼要固守,相机出击,情况有利时,则直蹑京杭道上敌军侧背,与南京方面友军遥相呼应而夹击之。谨呈管见,当否？乞核。职陈继承。哿。印。

蒋介石致唐生智电

(1937年11月25日)

南京唐司令长官勋鉴:兹颁定首都卫戍部队战斗序列如下:(一)司令长官唐生智。(二)第七十二军孙元良部。(三)第七十八军宋希濂部。(四)首都警备军谷正伦:(甲)桂总队;(乙)宪兵部队。(五)其他特种部队之一部。中正。有酉。一作元。

蒋介石致顾祝同等密电稿

(1937年11月30日)

军急。南京顾副司令长官、刘司令长官、唐卫戍司令长官:〇密。兹规定第三、第七战区及首都卫戍军之任务如下：一、第七战区除固守现地外，其左翼须以有力部队留置于安吉、孝丰山地，向机攻击敌侧背，迟滞其前进。二、第三战区依前令开始转进以后，须以有力部队分别留置于龙潭以南、广德以北各山地，迟滞敌之前进，掩护主力之行动，并破坏重要交通线。三、各战区须与首都卫戍军相策应，对敌作战保持动作之自由。其损失过大之部队，应酌令其撤退于宁国、芜湖以西地区，积极整理补充待命。四、首都卫戍军除固守南京既设阵地外，应与第三战区部队密切协同相互策应，击破敌之攻围军。五、将各战区之部署具报，为要。中〇。卅辰。

（二）战斗经过及突围情况

唐生智的命令稿

（1937年12月）

（一）

卫戍作命特字第一号　地名参看卅万分一图

命令　十二月　日　午时
　　　于首都铁道部卫戍司令部

一、敌情如贵官所知。

二、首都卫戍部队决于本（　　）日晚冲破当面之敌，向浙、皖边区转进。我第七战区各部队刻据守安吉柏垫（宁国东北）、孙家铺（宣城东南）、杨柳铺（宣城西南）之线，牵制当面之敌，并准备接应我首都各部队之转进。芜湖有我第七十六师，其南石炮镇有我第六师占领阵地，正与敌抗战中。

三、本日晚各部队行动开始时机，经过区域及集结地区，如另纸附表规定。

四、要塞炮及运动困难之各种火炮并弹药，应彻底自行炸毁，不使为敌利用。

五、通信兵团,除配属外部队者应随所属部队行动外,其余固定而笨重之通信器材及城内外既设一切通信网,应协同地方通信机关彻底破坏之。

六、各部队突围后运动务避开公路,并须酌派部队破坏重要公路桥梁,阻止敌之运动为要。

七、各部队官兵应携带四日分〔份〕炒米及食盐。

八、予刻在卫戍司令部,尔后到浦镇。

右令

计附表第一第二两纸〔略〕

司令长官唐○○

(二)

命令 十二月十二日下午三时于南京司令部

一、本部各部队奉命向徽州附近地区转进。

二、本司令部直属部队及三十六师着于今(十二)日晚渡江,向乌衣、花旗营附近先集结待命。

三、各部队之行动,如另表规定。

右令

附各部渡江次序规定表一份〔略〕

司令长官唐○○

唐生智等致钱大钧密电

(1937年12月13日)

机急。牯岭钱主任:护密。飞呈委座钧鉴:谨将奉到真侍参、真戌侍参两电时情况及以后处置经过概要呈报如下:(1)光华门自佳至真,被敌突破三次,先赖教导总队支持,继赖一五六师苦战,歼敌获械,幸告无恙,而真午起雨花台方面,恶报频传,安德门、凤台门各要点均陷敌手。即令八十八师缩短阵地,七十四军、七十一军

南京卫戍军突击计划（卫戍作命特字第一号附件表一）

队号	突围时地境区分	开始时期	行军地境	集结地	连络法
74A	铁心桥—谷里村—陆郎桥	12日午后11时	74A 淳化镇—溧水县郎溪县十字铺—宁国—绩熙〔溪〕歙县	一、74A 祁门附近	如附表第二之规定
71A	飞机场东侧—高桥门	12日午后11时	71A		
教总队 72A	（按教导总队 103D 112D 66A）之次序 淳化镇—溧水	12日午后11时	72A	二、71A 黟县附近	
66A 103D 112D	紫金山北麓—麒麟门—土桥镇—天王寺各相连之线线上属右		66A	三、66A 休宁附近	
			教导总队 相连之线线下主要道路属右	四、83A 歙县附近	
			103D 绩熙〔溪〕歙县	五、教导总队 昌化附近	
83A		13日6时	83A 112D	六、103D 112D 于潜附近	
附记	一、第二军团应极力固守乌龙山要塞封锁线，万不得已时，渡江向六合集结待命。 二、第三十六师应掩护各机关及直属部队渡江后开始渡江，向乌衣附近集结待命。				

与之密切连系,飞调一五四师应援。讵文日八八师雨花台、八七师工兵学校、孩子里,教导总队紫金山第三峰均告失陷,城内各地亦被敌之机弹炮弹轰炸。十四时,雨花台、中华门突入敌人三百余。八十七、八十八两师溃兵退至铁道部,为卫戍司令部特务队阻止,反被包围,比须急紧当严令调三十六师一团入城戒备,秩序暂定。申,中山门城垣被敌轰塌三处,紫金山东部火光四起。据报敌一部由采石矶渡江,进犯江浦乌龙山,江面发现敌舰三艘。徐军阵地亦被突破数幢〔处〕,已退守乌龙山附近,情势益急。十七时,召集各军长会议决定,分头突围,当晚实施(另电呈报),散会后返铁道部,交通阻隔,已不能入。原定偕宋军长渡江计划,不克实睡〔现〕。职等于是夜九时渡江,徒步至六合,本晨乘车抵滁。本部员兵五百余人,现已渡江会集者仅约百人,现在六合、乌衣等处分头收容中。职唐生智、罗卓英、刘兴同叩。元。印。〔临淮关〕

唐生智致蒋介石密电

（1937年12月17日）

特急。武昌委员长蒋:○密。(一)顷据宗南电话报告,粤军约两团今日已退至滁县,四十一、四十八两师已到来安。浦口方面之敌,似未前进。(二)桂、俞、王耀武、王敬久及其他各部,职以在徐州附近不便整理,已令开汴,日内均可陆续到达。(三)职篠西偕墨三乘车抵汴,随经郑到汉待罪。职唐生智叩。篠亥。汴。印。

南京保卫战战斗详报

（1937年12月）①

南京卫戍军战斗详报②

---

① 此件未注明时间,南京保卫战为1937年12月。
② 文件中所有附录原缺。

一、作战地点

1. 南京东南正面阵地(江宁镇、牛首山、淳化镇、汤山、龙潭之线,十二月四日至八日)

2. 南京复廓阵地(雨花台、紫金山、乌龙山、幕府山及南京城垣,十二月九日至十二日)

二、作战部队(战斗序列同)

南京卫戍军司令长官唐生智
　　　副司令长官罗卓英
　　　　　　刘　兴

第二军团	军团长徐源泉
第四十一师	师长丁治磐
第四十八师	师长徐继武
第六十六军	军长叶　肇
第一五九师	师长谭　邃
第一六〇师	师长叶　肇(兼)
第七十一军	军长王敬久
第八十七师	师长沈发藻
第七十二军	军长孙元良
第八十八师	师长孙元良(兼)
第七十四军	军长俞济时
第五十一师	师长王耀武
第五十八师	师长冯圣法
第七十八军	军长宋希濂
第三十六师	师长宋希濂(兼)
第八十三军	军长邓龙光
第一五四师	师长巫剑雄
第一五六师	师长李　江
教导总队	总队长桂永清

第一〇三师　　　　　师长何知重

第一一二师　　　　　师长霍守义

宪兵部队(约二团)　　司令萧山令

江宁要塞部队　　　　司令邵百昌

炮兵第八团之一营(十五榴)

炮兵第十团之一营(新十五榴)

战车防御炮八门、轻战车十辆

防空司令部所属各高射炮队(大小共二十七门)

城防通信营

本部特务队

三、作战前敌我双方之情况及布置概要

敌在杭州湾登【陆】成功后,与淞沪方面之敌策应西进,我乍、平、嘉、吴、福、锡、澄诸阵地及吴兴、长兴诸要点相继失守。当时首都防御军仅有八十八师、第三十六师、教导总队及宪兵部队,皆属上海抗战后最近到京新加补充者,当决定以固守附郭据点及城垣之目的,策定防御部署要旨如左:

(一)以第八十八师任右地区雨花台及城南之守备。

(二)以教导总队任中央地区紫金山及城垣东部之守备。

(三)以第三十六师任左地区江山、幕府山及城北之守备。

(四)以宪兵部队任清凉山附近之守备。

(五)以旅长指挥教导总队之一团及乌龙山要塞部队,警戒长江封锁线。

并令各部队征集民伕,于各地区内赶筑工事。迄复奉令增加七十四、六十六、八十三各军(皆经久战补充整理尚未完毕),乃决定东南阵地为第一道防御阵地,其配备如左:

(一)第七十二军派出右侧支队至江宁镇附近,任右翼掩护。

(二)第七十四军任牛首山至淳化镇附近之守备,并向秣陵关、湖熟镇派出前进部队。

（三）第六十六军任淳化镇附近至凤牛山之守备，并向句容附近派有力之前进部队。

（四）第八十三军任凤牛山附近经拜经台至龙潭之守备，向下蜀派出前进部队。

是时以第九师团全部为主力，约二师团之敌军，配有强大之炮兵及机械化部队，已以一部由武进向丹阳、一部由京杭国道向首都前进（附录）。适我八十三军复奉令转进至丹阳、镇江作战（附录），其龙潭至孟塘一段阵地，改由第二军团徐源泉之一师担任守备，乌龙山要塞亦由该军团派队接防，其后续之一师，俟到达后，准备以主力在杨坊山、乌龙山线上构筑工事。但截至四日晚，徐军到龙潭者只一团，其余甫进至栖霞山附近（附录）。此时我六十六军之前进部队，已在句容与敌开始交战。此作战前一般之概略情形也。

四、战斗经过概况

十二月四日

是日，句容以东四十里处及天王寺西北上葛村附近各发现便衣敌军，与我派在前方之游击队接触。南渡、溧阳间及丹阳以西公路，有敌步炮联合纵队与机械化部队，其进攻南京企图，业已明了。当即令各部努力搜索敌情，并严加戒备。

我左翼八十三军之一五四师（一五六师尚在丹阳、镇江间作战）奉令调往东昌街策应镇江部队作战后，其接防之第十军四十一师部队正在输送中，先头之一团，本日开抵下关，即令向龙潭急进。其他第一线、第二线兵团，已占领阵地完毕，努力赶筑工事。

十二月五日

本日拂晓，第六十六军派在句容占领前进阵地之两团（一营守句容城，主力在句容西北栗子里附近占领阵地）与敌接触，略经射击，敌即后退。午后土桥镇、牧马场诸地发现敌部队，似有向我两翼包围企图。当命六十六军严加防范，并命前进部队，于不得已时，可相机归还建制。

湖熟镇方面敌骑颇为活跃,与我在该处之五十一师前进部队接触,当被击毙数名。索墅镇及禄口镇亦有敌骑、敌探出没无常。

第二军团之四十一师部队,本日一团到达龙潭,二团到栖霞山、龙王山之线,正开始占领阵地,其余一团开驻乌龙山,担任要塞守备。后续之四十八师,俟到达后,准备向龙潭推进。当以情况渐次严重,该军团右翼尚不能与六十六军衔接,中间发生空隙,随时有被敌侵入可能。入晚会议后,即令在栖霞山线上之四十一师部队迅向保国山、拜经台之线先行推进(附录)。

本日敌机十余架轮流轰炸,大校场及明故宫机场略有损失。

十二月六日

昨晚句容之敌约三联队,以一部向我前进阵地正面攻击,主力分两路向土桥镇、牧马场前进包围,其一部并由土桥镇转向新塘市迂迴〔回〕,截断我句容部队归路。当经六十六军派兵一团向新塘市之敌攻击,并命在东昌街之一五四师向句容前进助战,但新塘市之敌得有增援,未能迅速驱逐。我前进部队是日陷于苦战,情况不明,事后调查,该部被敌包围,损失颇大。

午前十时,向牧马场前进之敌,突有一部由九华山北麓侵入孟塘,虽经派部堵剿。但该敌一面抵抗,一面利用凹地继续西进。午后二时,其先头在高家庄大胡山附近,发现金汤大道及六十六军后方连络线有被截断之虞。当命三十六师抽兵一团,配属战车防御炮等前往扑灭(附录),并命四十一师由北、六十六军由南,向孟塘、大胡山间凹地围攻。是晚各部布置完毕,准备明拂晓将敌一举肃清。同时固守镇江之七十一军及一五六师,亦奉命以主力向南京转进,冲击孟塘敌之侧背(附录)。

由天王寺经上葛村前进之敌,约一联队,本日向湖熟镇我前进阵地猛攻,五十一师守军积极抵抗后,不得已撤回。而昨晚由土桥镇前进之敌,本早进至索墅镇,向我淳化镇阵地行威力搜索,更有大批敌机竟日在淳化镇阵地轮流轰炸。我守军沉着应战,并派队向索墅镇驱逐,得敌旗数面,枪十余支,斩获颇多。

京建关道,本日有敌步炮纵队,由溧水向南京前进,其先头向我派在秣陵关部队进攻,另有敌骑绕道向江宁镇方向前进。

十二月七日

午前二时,据六十六军不确情报,进据孟塘、大胡山之敌突然失踪,似有向北转进进攻龙潭模样。当命三十六师之一团,暂控置在麒麟门附近待命。四十一师照常占领阵地,并向孟塘前进,与六十六军左翼确实连系。七十一军径开高桥门附近待命。拂晓后,得知大胡山附近之敌,仍盘据未去,因令各部继续连系前进,迅将该敌消灭。终以通讯困难及敌机之骚扰,各部队未能同时进展,未克奏效(附录)。是日我汤水镇前面第一线阵地,受在炮兵营房展开之优势敌军攻击,各处被敌突入,不得已于入暮后,撤退至第二线,固守汤山及汤水镇。同日龙潭、拜经台、保国山之线,亦到处发现敌踪,与四十一师发生混战,双方各有伤亡。

淳化镇之敌,本日以步炮飞机协同向我阵地猛攻,机枪掩体亦被击毁十余座。我五十一师守军奋勇抗战,杀敌甚多,阵地屡失屡得,我部队伤亡甚大,嗣调该师预备队前往增援,得维持原状入暮(附录)。

秣陵关前面之敌,分两路向我进攻,本日已进至杜桥、杨山之线,并有向我右侧大山迂回模样。

第四十八师部队,本日到达南京,即命开往杨坊山、乌龙山之线占领阵地,赶筑工事。八十七师之一团,乘车到达高桥门,准备在河定桥、上坊门、高桥门线上接防原五十一师第二线阵地。

在东昌街之一五四师,本日攻击前进,到达白兔镇、行乡镇附近,惜因汤山方面情况变迁,半途中止。

十二月八日

本日敌以主力及炮兵机械化部队进攻汤山第二道防线,与我守军发生混战,至八时许,汤山镇状况不明,汤山及两侧高地,始终在我手中,其后方珠山、青龙山之线,复经一五六师派部队接防(该师已有二团于七日晚间,由镇江到达麒麟门,归六十六军军长指挥),阵地渐形稳固。惟占领大胡山、高家庄之敌,昨晚得增援后,本日拂晓向我进攻部队激烈反攻,并调主力向栖霞山方面包围,我四十一师及三十六师之一团,反复冲击,毙敌甚多,终以敌机轰炸及炮兵优势,到处呈苦战状况,未能将侵入之敌依限解决,我进攻部队伤亡很大(附录)。

淳化镇方面,本日敌进攻愈烈,并分向东樵村、西庄附近包围,企图截断归路。我五十一师部队奋勇抗战,伤亡累累,其中五营官兵几全部壮烈牺牲。后援不继,该镇遂于午后四时失守。

本早进攻牛首山之敌,以战车四十余辆为先导,向将军山附近猛扑,经我战车防御炮击毁六辆,即迅速后退,全日战况极为沉寂。惟右侧支队受敌有力部队攻击,渐呈不支状态,下午自动向板桥镇后移。

八十七师本晚大部到达指定地点。一五六师余部及一五四师正向南京转进中。

鉴于上述情况及集中兵力固守南京起见,是晚下令退守复廓阵地,其部署要旨如左:

右侧支队固守板桥镇大山之线。

第七十四军固守牛首山一带据点至河定桥之线。

第八十八师固守雨花台。

第七十一军之八十七师固守河定桥至孩子里(江南铁路北)之线,右与八十八师及五十一师、左与教导总队连系。

教导总队固守紫金山。

第二军团固守杨坊山、乌龙山之线及乌龙山要塞。

第三十六师固守红山、幕府山一带。

第六十六军至大水关附近集结整理待命。

第八十三军之一五六及三十六师之一团,在青龙山、龙王山线掩护撤退。

在镇江之一〇三、一一二师向南京急进。

十二月九日

敌乘五十一师撤退、八十七师当时仅到二团、阵地占领尚未稳定之际跟踪而来,高桥门、七瓮桥及中和桥均不及破坏,敌遂得,于拂晓进至光华门外,将大校场、通光营房占领(敌约步兵二千、坦克车十余辆)时,光华门附近仅有教导总队少数守兵,见情势紧急,比将城门紧闭,敌将野山炮推进高桥门附近,向光华门轰击,不一时洞穿二穴,敌军小部突入,当被我军击灭。此后随堵随破,几频于危者凡三数次,赖八十七师后续部队之反攻及直属特务队之增援,至午后四时,始将大校场之敌击退。但盘据通光营房内及城门洞内之少数敌人则始终顽抗(附录)。

同日,牛首山方面五十八师与敌激战竟日,因八十八师派出之右侧支队过早撤退,敌军一部进占大胜关,且有沿江北犯模样。我五十八师阵地形成孤立,入晚下令撤退,与五十一师连合担任双涧镇至宋家凹守备(在八十八师右翼延伸线上)。

十二月十日

敌向雨花台、通济门、光华门、紫金山第三峰同时攻击,战斗较九日为激烈,光华门复被敌突破二次,但冲入城内之敌百余人,悉被歼灭。比以一五六师增援通济门及光华门之城垣守备,一面于城内赶筑工事(附录),并以一五九师控制明故宫附近策应一五六师作战,另以新由镇江撤退回京之一〇三师任中山门附近城垣守备,归桂总队长指挥。是夜一五六师选敢死队坠城,将潜伏城门洞内之少数敌军焚毙,将盘据通光营房之敌歼灭,光华门及通济门方面遂得转危为安。但雨花台八十八师阵地右翼稍形动摇,失去阵地前要点三数处(附录)。至第二军团方面,本日情况稍缓,不甚紧急。惟该军团四十一师以攻击孟塘方面受挫,正撤退收容中(附录)。

十二月十一日

敌以主力一面向紫金山、雨花台攻击,同时以一部攻占杨坊山及银孔山,并以一部由大胜关渡江至江心洲,向我七十四军右侧背射击。至午后二时,我八十八师雨花台右翼阵地为敌突破,中华门城门亦被敌炮击毁,有少数敌军突入,但被歼灭。我第二军团因银孔山失守,与城内连络已断,午后战况不明。是夜令八十八师缩短阵线,固守城外主要阵地,右与七十四军左与八十七师密切连系,其城垣防务(除中华门、雨花台附近外)由一五六师及七十四军分担。原拟将六十六军或八十三军诸部队转移攻势,但考虑各部队疲瘠〔惫〕已甚,无此力量。至一一二师、一〇三师因新自镇江方面撤回,其疲劳则过之。

十二月十二日

本日自拂晓起,敌以飞机炮兵同时猛烈攻击,战况较昨尤为激烈。至正午止,八十八师雨花台主阵地全被敌军占领,紫金山第二峰亦失,第二军团则被压迫,退守乌龙山至吉祥庵之背水阵地。遂令一五四师增援中华门方面之作战,但八十八师退入城内之部队混乱异常,云梯城门撤闭不及,为敌侵入约三百余【人】,雨花门及中山门城垣均为敌炮击毁数处,遂调三十六师一团进城准备巷战。至午后三时,八十八、八十七两师各一部溃退部队,经中山路北走拟出挹江门,至铁道部附近为本部特务队及三十六师所阻,不听,秩序益紊。午后五时,召集各高级将领会议,决定大部突围,一部渡江,因十一日晚,曾奉到委座两真电:如情势不能久持时,可相机撤退,以图整理而期反攻之要旨也。遂下达命令要旨如下:

(一)七十四军由铁心桥、谷里村、陆郎桥以右地区突击,向祁门附近集结。

(二)七十一军、七十二军,自飞机场东侧高桥门、淳化镇、溧水以右地区向敌突击,向黟县附近集结。

(三)教导总队、六十六军、一〇三师、一一二师,自紫金山北麓麒麟门、土桥镇、天王寺以南地区向敌突击。教导总队向昌化附近集结。六十六军向休宁附近集结。一〇三师、一一二师向于潜附近集结。

（四）八十三军于紫金山、麒麟门、土桥镇东北地区突击，向歙县附近集结。

以上各部队突击时机为十二日晚十一时后开始，但八十三军为十三日晨六时。

（五）第二军团应极力固守乌龙山要塞，掩护封锁线，于不得已时渡江，向六合集结。

（六）三十六师、宪兵部队及直属诸队，依次渡江（另有渡江计划表），先向花旗营、乌衣附近集结，但三十六师应掩护各部队渡江后，然后渡江（又最后口授命令要旨：87D、88D、74A、教导总队诸部队，如不能全部突围，有轮渡时可过江，向滁州集结）。

十二月十三日

突围部队除一部按照计划实施外，其余多向下关渡江者，遂命令各部向临淮、蚌埠集结。

五、所见

一、此番防护首都部队，多系历经战斗损失重大，老兵缺少，新补士兵未受训练即加入火线，官兵多不认识，一遇敌机敌炮，相率复溃，致无法统御，实为固守南京之计划重大打击。

二、各部到达南京为时过迟，对于地形之认识、工事之赶筑，皆迫不及待。官兵体力精神俱感疲弊〔惫〕，故对于敌情搜索，殊欠周密。而旺盛企图心及机动力更为缺乏。

三、国府西迁后，各项交通器材随之俱行，各军经上海撤退损失，亦所存无多。致弹药之补给、伤兵之救护，与夫抢堵城垣缺口材料之运输，俱极缓慢，一被突破，即有牵动全线之虞。

四、首都防护永久工事虽早经构筑，但正面过广，与兵力不相称，临时土工兴筑不多，新兵又不知利用，处处呈遭遭〔糟〕状态，以致不能演成阵地战。

五、各级指挥官对上级命令不重视，尤其不按指定之时间履行任务，是为最大之弊端。此外部队对新兵器使用之智识缺乏，每遇敌之特种兵器，即形慌乱，无所措置。

六、各部队长缺乏互信观念，无独立作战精神，往往道听或悬揣友军情况之不利而自乱其作战步骤。

七、畏惧敌人心理过甚，但求局部苟安，全无旺盛企图心，故部队一经占领阵地，即无法活用，敌得集中力量，任意选择攻击目标。以我军素质装备与敌悬殊，欲固守一地，自亦难矣。

第三战区南京会战经过概要①

（1937年　月）

南　京　会　战

战斗前我军之位置。我军自放弃锡澄线后，以主力向浙、赣、皖边境撤退，以一部向南京背进，参加南京会战。十二月初我守备南京各部约十五师强，其配备如左：

1. 主阵地，板桥至淳化镇之线，以74A之两师担任，孟塘至龙潭之线，以83A担任（后改为10A担任）。

2. 复廓阵地，狮子山及城北一带，由36D担任，安德门至雨花台，由88D担任，河定桥至工兵学校，由87D担任，其北经紫金山前缘至蒋王庙，由教导总队担任。

战斗经过。十二月四日，敌以主力沿京湖路，一部沿京杭路，各出现于秣陵关及句容我前进阵地前，遂发生战斗，至晚该两地即失陷。敌以兵力劣势，对我之主阵地不能作全般之攻击，乃以主力指向淳化镇，一部攻击汤山阵地，该两地赖既设之永久工事，得支持至七日正午尚未变动。而龙潭一带83A早经奉命开赴镇江，遗防由甫经抵京之10A接替，该军以先头之48D占领龙潭以北之阵地，而龙潭以南至乌鸦山间，因其41D未能如期到达，发生空隙，

---

① 此件选自国民党第三战区作战经过概要。

敌即乘机以一部由九华山窜至汤山左侧背之孟塘。当时总部令36D、66A之各一团对该敌攻击,以期一鼓歼灭,殊各部行动迟缓,而敌之兵力又复增加,不能如期解决,至此汤水陆地之左侧背感受莫大之威胁,而告放弃。同时龙潭方面之10A,本未占领确实,加以汤水我军之撤退,乃即向栖霞山后退。尔后该军至乌龙与敌稍行接触后,即行渡江。在淳化镇一带之74A,闻龙潭之不守,同时淳化镇东北之上庄亦被敌侵入,亦遂相继向牛首山撤退,此为七日之大略情形也。

各阵地之退却,因无预定计划,敌之迫击接踵而至,七日傍晚牛首山、高桥门均发现敌人。

复廓阵地之战斗。我复廓阵地守军之战斗准备,大部均已完成。惟奉命占领高桥门、河定桥之87D,甫由镇江战斗后,逐次来到,至七日晚仅有两团占领该线,其余正在转进中。此时即蒙敌之攻击,故立脚未稳,被敌击退于孩子里、通光营房、七瓮桥、工兵学校之线,至八日晨,该师后续部队到达,得维持原阵地。是时,紫金山之教导总队,亦与敌开始战斗。

八日情况无大变化,九日正午,牛首山守备74A向雨花台以西之地区撤退,敌遂一部尾迫,主力转向雨花台阵地攻击。关于东南正面,敌先以主力攻击通光营房之87D,因该处城垣为一凹部,不易奏功。至十日其主力移攻紫金山之教导总队阵地,至当日午四时左右,运动场及谭墓一带即被占领,我退守遗族学校、总理墓及第一峰一带。十一日,敌以主力转向雨花台方面,一部向74A攻击,该军即逐次向水西门撤退,至是雨花台即陷于孤立。至十二日午后四时,伤亡过大,遂成混乱溃退之状态。各军知雨花台既失,无法挽回战局,故亦相继入城,情形更为混乱,敌在中华门、水西门略经攻击,即得入城。

退却时之景况。我城外各部战败后,均相率入城。惟城门未启,无法进入,除少数攀登城墙者外,余均由城下向下关逃奔,同时城内部队亦向下关拥挤,终以人数过多,除一部渡江及泅水而过者外,大部均作壮烈之牺牲。

徐源泉致蒋介石密电

(1937年12月23日)

武昌委员长蒋:为密。职军先头部队,歌口先后抵京,即编入卫戍军战斗序列,奉令担任栖霞山、中山墓之线,构作第二线预备阵地。鱼日因汤水镇北之孟塘,发现敌人数千向我挺进,旋奉令推进至龙潭、拜经台、射乌山、孟塘之线,以与汤水友军齐头,借固左翼刻〔刘〕师。(246R)进至石洞山附近,即与敌遭遇,发生激战,肉搏终日,而占领石洞山。同时(241R)占领拜经台、龙潭一带后,亦与敌接触。但(246R)被敌重围困,处核心顽强抗战,尤为壮烈。遂令(242R)于阳日拂晓前向石洞山左翼增援,予敌痛击,反复冲锋,其乌山、丁家山、鸡笼山、东山头等处为我所夺,毙敌甚多。但我(246R)、(242R)亦伤亡过半。迨至庚晨汤山失守,友军后撤,本军阵地右后方各要点,遂为敌有深受威胁。同时敌另有一股,约千余人,突破我石洞山、丁家山之间,占领红绹头、漳桥等处,断我联络。是日适(48D)(42B)赶到,即令进占龙王山,以一部逐漳桥之敌而占领之。其(144B)晚亦到达,故即占领栖霞山、中山墓之线以遥援之。当晚又奉令撤至左自乌龙山到曹庄赶经和尚庄至杨坊山北麓薛氏坟止,并以(142B)欠(273R)专任乌龙山要塞守备,右与教导总队连系。青日拂晓遵命撤至所命之线,该线不特无预筑之阵地,即要塞区之工事,亦未完成,兼之杨坊山要留守,教导总队未及占领。职察知该山位置两军结合部间关系甚重,若置而不顾,危险堪虞,不得已勉抽(287R)第三营占领此山,支撑重点,借维战局。蒸日下午二时许,敌乃向我和尚庄方面猛攻,我予痛击,未能得逞。真晨敌以炮卅余门,飞机十余架,连合不断向我杨坊山一带攻击,将工事毁平,随以坦克车十六辆掩护步兵二千余人围攻此山,我守该山秦营长慎符指挥全营反复混战,卒以敌炮火飞机轰炸过烈,全营壮烈牺牲。当其激战之际,职恐该山一失,后方连络即被截断,由我左翼抽调(283R)第一营进占银孔山抢筑工事,以为之备,而敌占杨坊山后,随以全力继续猛攻,轰炸惨烈,尤倍于前。我守该山乔营长喆渊身先士卒,血战半日,饮弹殉国,而全营亦壮烈随之而牺牲矣。斯时,职军损失已达三分之一以上,而预备队亦使用无余。至晚六时许,只得整理残部,缩小阵线,退入乌龙山要塞区内坚守,誓共存亡,以作南京城外廓之支点。讵知我军退入后,台长即失通信,设备亦被毁坏,至文日敌机与陆炮连合猛攻,下游敌舰亦炮击炮台,所有要塞重炮及配属高射炮,均为炸毁,区内房屋多被烧焚。至下午五时许,小金庄下游江面封锁线,似已被敌破坏,敌舰逐渐上移,同时要塞区西南两面被敌冲破,同时我军粮弹俱绝,不得已率残部由东面冲出,乘夜渡江,再图报国。幸至元日午前七时许,陆续渡竣,于通江集略为收容。而敌机复跟踪轰炸,敌舰复向之射击,不能久留,仓卒指示来安县为集合点,令各师分寻小道渐进。十七日到来,集合半数,旋即向定远转进,今抵寿县矣。该详查(41D)官长阵亡57员,受伤38员,士兵阵亡1 725名,受伤581名,骡马阵亡90匹,受伤26匹。(48D)官长阵亡44员,受伤45员,士兵阵亡2 093名,受伤435名,骡马阵亡95匹,伤5匹。军团部特务连士兵阵亡47名,受伤13名。(41D)损失步枪1 580支,匣枪19支,轻机枪3挺,重机枪3挺,信号枪3支,工作器具3 946把。(48D)损失步枪1 244支,匣枪63支,轻机枪7挺,重机枪13挺,信号枪一支,工作器具1 936把。军团部特务连损失步枪4支,匣枪8支,工作器具89把。(41D)虏获步枪87支,轻机枪6挺。职军渡江,迄今尚幸高级官长均亲身率队相照料,沿途秩序庶免混乱。而沿途他部无归宿之散兵触目皆是,其状况之惨,随时予以收容,期免零散。而沿途县镇壮丁,复以敌人旦〔临〕近,惧陷沦后受敌压迫,请求加入我军者尤众。职亦略于收容,借资补充,因是两师士兵增加不少。刻查(41D)现有官长472员,士兵5 778名,骡马174匹,步枪3 130支,匣枪327支,轻机枪39挺,重机枪43挺,迫击炮16门,信号枪22支,工作器具2 180把。(48D)现有官长407员,士兵5 046名,骡马131【匹】,马步枪3 064支,匣枪284支,轻机枪31挺,重机枪31挺,迫击【炮】16门,信号枪12支,工作器具1 562把。特务连现有官长7员,士兵141名,马2匹,步枪72支,匣枪33支,轻重机枪各2挺,工作器具61把。惟各旅团现在建制极不完整,而新兵又多,必须给予时间整训,以图继续抗战。所有本军京东战斗经过概况及人员马匹伤亡、武器损失并虏获与沿途收容补充各情形,理合电呈鉴核。再连日行军所经各地电报不通,以致报告延期,并乞垂察。职徐源泉叩。(23.03)印。〔寿县〕。

陆军第七十八军南京会战详报
(1938年1月)

陆军第七十八军南京之役战斗详报

军于二十六年十一月十八日,在无锡归入第三战区总预备队序列,旋奉总预备队指挥官第十七军团长胡(宗南)面授命令,着即开赴南京集结待命等因。军遵照以所部于二十二日集结南京麒麟门附近(当时部队状况如附表第一),奉南京卫戍司令长官唐(生智)卫参字第三号训令:以主力位置于汤山附近,担任观山至朝真观地区之警戒,并于警戒地境内指导民伕构筑复廓阵地等因。二十三日,军遵照命令行动,并于指定之复廓阵地位置侦察地形、计划工事。当时态势如附图第一〔略〕。

二十四日,所要民伕无着,军以所余部队进入工作地区,自行担任构筑,其阵地构筑计划,如附图第二〔略〕。惟部队因补充新兵逐次到达,必须整理,原有实力甚微,而担任工区过广,故迄二十五日止,工事殊少进展。十七时,军长奉召赴卫戍司令长官公署会报,并随司令长官晋谒钧座听训,面奉南京城垣守备计划。军于当晚即策定新部署,下达翌日军之行动命令,并使各旅团长及直属部队长准备于翌晨随军长侦察新阵地之地形。二十六日午后,军之态势,如附图第三〔略〕。并由侦察之结果,重新决定,详细部署,下达军阵地构筑命令,其要旨如附图第四〔略〕。

二十七日,补奉司令长官卫参作字第一号命令要旨与守备计划同,军正遵照施行。其作战地境及军队区分之规定,如附图第五〔略〕。迄三十日之三日间,军主力所任红山、北固山、煤炭山及象山附近之阵地工事,逐日进展,并以城防部队担任玄武、中央、新民、兴中、挹江(留一孔)各城门之堵塞,军之战备始奠初基。同时一周以来,逐次补充整理部队,亦大体完毕。统计军当时之实力,如附图第六〔略〕。

十二月一日,奉司令长官卫参字第一七一号合同命令,所示敌我态势及军队部署如附图第六。军授予各部队战斗任务下达守备命令,其部署如附图第七〔略〕。

二日以后,军一面监察所部工事之进行,军长率全部幕僚每日视察阵地,作种种研究,以指导工事、改正弱点,并于阵地中随时召集各级干部作精神讲话,及预想战斗上之指导,凡属官兵无不踊跃从事,互相策勉,故克以什一之力集十倍之事。

三日,补充第二团所任红山要点工事,先限完成,因另使其担任北固山、幕府山阵地前外壕之构筑,同时军一面考虑万一疏虞时之准备,而策定城内街市战之工事设施,预拟于城外阵地完成后,调还城防部队,使之担任构设,其要领如附图第八〔略〕。

六日午后三时,奉司令长官命令如左:

"1. 我第六十六军在汤水镇前方与敌激战中,孟塘附近发现敌之一部。2. 着三十六师派步兵一团进驻麒麟门附近,向前面酌派警戒部队。"

军即以补充第二团开赴麒麟门附近担任警戒,其指导要领,如附图第九〔略〕。并为该团离京之故,重新部署军队,下达命令,其要旨如附图第十〔略〕。

七日,军得知一般状况如左:

1. 汤水以东附近之敌,约步炮混合加强一联队,仍与我六十六军部队激战中。

2. 栖霞山东南之江陈村,发现敌约丁余人,与我在该处之友军亦发生激战。

3. 孟塘附近之敌,兵力未详。昨(六日)午以来,有继续向西挺进之模样。

4. 军补充第二团归司令长官直接指挥,于本(七)日上午十二时,奉令展开于葛家边、复兴桥、北冈之线向东攻击,该团由麒麟门出发,午后二时许,以步兵先头到达东流镇西端,得知许巷、复兴桥已先被敌占领,遂以所部展开于眼前庙南北高地之线,向许巷、复兴桥攻击。午后六时,占领许巷。惟复兴桥附近之敌猛烈顽抗,且较我优势,我左右均无依托,且新兵畏战,不能再攻,遂成相持之局。各于原地彻夜,其态势如附图第十一〔略〕。

八日,军得知一般状况如左:

1. 淳化镇附近,自六日以来,敌我发生激战,本(八)日午后已入于混战状态中。

2. 我六十六军于本(八)日午后已放弃汤水。

3. 栖霞山附近,本(八)日拂晓以来,敌我激战甚烈。午后七时以后,亦入于混战状态。

4. 军补充第二团(轻战车七辆协同)本(八)日,向复兴桥、大小胡山之敌行拂晓攻击十时许,连续冲锋数次,得攻占马基山。惟是时,敌大部增援到达,全线转移攻势,并有战车五辆,由小胡山掩护步兵向西出击,我战车被击毁二辆,余均撤退,旋马基山南半部被敌占领。敌主力更向我左侧后移动,该团自团长以下虽奋勇力战,屡次突破敌之包围,卒以所部究属新编,连排长指挥能力薄弱,意志极不统一，士兵亦无训练，类多束手待毙。其第二营大部遂被敌完全歼灭，其余众亦完全溃散，营长朱丹负伤，第一、三营共伤亡连排长以下百余名。迄午后七时，遂仍退守原阵地，与敌对峙。此役团长李牧良衣襟被穿两弹，卒仍于第一线掌握部队，依次撤退，据守原阵地，实堪嘉慰。当时战斗态势如附图第十二〔略〕。

是晚，奉司令长官八日十六时卫参作字第二十八号命令，其军队部署，如附图第十三〔略〕。但军之阵地无变更。

九日晨，军长赴红山、北固山、煤炭山一带视察，亲见全线阵地工事，悉已如规定程度完成。遂召集守备部队营长以上主官于红山，面授南京北郊附近守备计划，并征询各员所见——解答之。归更下达命令，使各部队悉就令定位置，严重戒备。午后所得之一般情况如左：

1. 敌占领大胜关，我七十四军刻仍在该处东北附近地区与敌激战。

2. 光华门外飞机场、东光营房一带我八十七师及教导总队一部，正协力恢复中。

3. 军补充第二团昨（八日）晚，在原地掩护两翼友军撤退后，于当晚十二时许，奉令经麒麟门、尧化门以西岔路口附近开回南京，归还建制。本（九）日午后四时到京，整理中人员伤亡、武器弹药损失消耗如附表第三〔略〕。

4. 马群附近我教导总队已与敌接触。

5. 我四十八师仍与敌在栖霞山附近对峙中。

十日，奉司令长官九日午后七时卫参作字第三十六号命令如左：

"1. 本军目下占领复廓阵地为固守南京之最后战斗，各部队应以与阵地共存亡之决心，尽力固守，决不许轻弃寸地，摇动全军，若有不遵命令擅自后移，定遵委座命令，按连坐法从严办理。2. 各军所得船只，一律缴交运输司令部保管，不准私自扣留，着派第七十八军军长宋希濂负责指挥。沿江宪、警严禁部队散兵私自乘船渡江,违者即行拘捕严办。倘敢抗拒,以武力制止。"

军遵照,下令由下关守备部队第二一二团协同宪、警负责遵办,并出示布告,使各友军知照。其要旨如左:

1. 无司令长官公署通行证而渡江者,认为私行渡江。

2. 私行渡江不服制止者,准一律拘捕转送核办。

本日敌围攻东南城更为逼近,午后曾一度突入光华门外廓,黄昏时始得恢复。其一般态势,如附图第十四〔略〕。

十一日,军奉令增厚城防作巷战准备,当时军队部署如附图第十五。午后一时许,奉司令长官面授命令要旨如左:

"第四十一、四十八两师,务须固守朝阳洞至乌龙山之线阵地,如有部队散兵自行后退,着由该军严予制止,倘敢违抗,准以武力执行。"

军当经命令北固山一带阵地守备部队妥慎遵办。

十二日午前,军所得一般状况如左:

1. 昨(十一)日以来,敌一部已占领江心洲,其大部与我七十四军在上河镇附近激战中。

2. 敌第九师团主力,攻雨花台、光华门一带甚烈。

3. 敌另约一旅团攻陵园、遗族学校、吴王坟一带甚烈。

4. 敌另约一旅团突破我四十一、四十八两师在和尚庄附近之阵地,已占领杨坊山、银孔山附近一带,继续向退入乌龙山要塞之四十一、四十八两师攻击中,并有一部向西搜索前进。

军炮兵当即以准备之火力,向杨坊山、银孔山、尧化门一带地区行急袭射击。迨后该方面敌情沉寂。正午十二时许,军长奉司令长官电召,面谕要旨如左:

1. 下关通浦口为我军后方,惟一交通路,该军应竭力维持秩序,禁止散兵游勇麇集,以确保要点。2. 七十四军在上河镇与敌激战,其后方交通,由汉西门与城内连络,禁止一切散兵及部队通过三汊河退入下关。

午后一时,复奉司令长官电话命令:着于下关宣布戒严,禁止一切行动各等因。军均遵照办理。并令第二一二团除留兵力四连守城外,余均开入下关,宣布戒严。此时并得知雨花台已失守,敌攻城甚激。我八十八师部队由城外爬城入内,向挹江门溃退。二时许,经我挹江门戒严部队劝堵,收容约二千余人,由孙师亲自率领,仍回中华门附近。四时许,据下关戒严部队报告,七十四军在三汊河向下关搭浮桥等语。军以与戒严令抵触,向司令长官公署请示,奉令制止等因。当亦遵即执行。五时,军长赴司令长官公署开会,当时经司令长官宣示全般状况,征询各主官意见后,即授予印刷命令,军奉令掩护司令长官公署及直属部队由下关渡江后继续渡江。此时深以大局夷陵部队未发一枪、未杀一敌即行撤退,并未能与各友军同一行动突破敌之包围,引为遗憾。军长回部后,已至午后六时,因一面令附属之炮兵第三连即刻归还建制,一面下令召集各部队长于军部面授掩护渡江之部署。八时三十分各部队长先后到达,军长即面授命令,其要旨如左:

1. 军掩护司令长官公署及其直属部队渡江后,待命继续渡江。

2. 各部队任务及行动详细规定如要图,附图第十五〔略〕。

3. 现在无任务之部队,本(十二)晚十一时开始移动,至和记公司附近集合,受一〇八旅刘旅长指挥。

4. 各部队概由金川门出城,不准经过挹江门。

5. 余仍在原地,十二时以后,由金川门至和记公司附近。

九时许,各部队长回队部署。迄十时挹江门内拥挤,炮兵及教导总队、六十六军、七十四军、八十七师、八十八师各部队甚多,均争先抢过城门,互不相让,秩序顿形混乱。加以先有各机关汽车拥挤不能通过,委〔丢〕弃城门附近,通路更为狭窄。各部士兵前停后挤,迟到者更急不可待,任意开枪,甚至自相冲突。随之下关秩序亦无法维持,仅有之少数船舶,至此人人争渡,任意鸣枪,船至中流被岸上未渡部队以枪击毁,沉没者有之,装运过重沉没者亦有之。十二时三十分,城南一带枪声尚甚稀,战况殊为沉寂。是时,军长率幕僚至和记公司附近,军直属部队先已到达,非掩护部队亦渐次到达集结,适先派往浦口觅船者觅得小汽艇两艘,又约五百吨之小河轮一艘,民船十五只,皆系重金雇用。计小汽艇运一次给资十元,小河轮运一次给资百元,民船运一次给资五元。军长因受各部队长之敦促,随军直属部队(欠工兵营)于第一次渡江,到达浦口后,更使各船继续往江南装运。但因麇集下关之其他各部队均行向和记公司拥挤,于是军【直】属各部队悉被冲乱抢渡矣。当时概计本军完全未渡江者,计在三汊河担任掩护之二一一团第三营全部、在三牌楼担任掩护之二一二团第一营全部、在中央路担任掩护之补充第二团第三营全部、在红山担任掩护之二一五团第三营全部、在卖〔迈〕皋桥、北固山担任掩护之二一六团第二营全部及在江边不得渡过之工兵营全部、二一六团第三营全部、辎重营第一连全部、通信营第一连全部、无线电排全部,军马及预备械弹、被服、辎重全部,其他渡过之部队,亦残缺不全。军长在浦口亲自指挥船渡,鹄候部队,遥闻隔江嚎恸之惨,惟有相向唏嘘默然泪下也。当时已渡江之部队,即令陆续向司令长官指定之乌衣镇前进集结待命。军长于十三日上午四时许,下令各旅团长须待至正午十二时,始能离开浦口向乌衣镇前进。

十三日午后四时许抵乌衣。

十四日,奉令开蚌埠集结,清晨军长召集各旅团长面授收容整顿部队事宜。

十八日开始以列车输送至信阳,以后续奉命由列车输送至萍乡整理。迄本(十二)月三十日全部到达。至此清查部队,经沿途收容约尚共有官兵四千余员名,其实力概况,如附表第四。至南京之役,经清查人员伤亡,如附表第五。武器弹药器材损耗,如附表第六。被服装具全数损失,因无档可稽,无法查报。

惟战后追怀,百感丛集。良以深负党国之重托,领袖之期望,虽未敢失职违命,然力不足挽邦国之夷陵,而厚民族以玷辱。纲常惟重,谨束身以待罪(完)。

军长宋希濂

中华民国二十七年元月　日

第五十一师战斗详报

（1938年1月）

陆军第五十一师于卫戍南京战斗之经过

一、本师奉命保卫南京,于十一月二十八日,由句容开抵上方镇附近,当奉到司令长官唐命令:着以主力担任方山至淳化镇之守备,以国防工事为主,构筑野战阵地,尽量联系加强之,以一部位置于高桥门、河定桥(不含)之线,构筑预备阵地,于湖熟镇派出警戒部队,严密监视,左与66A、右与58D切取联络。当以三〇一团占领右由宋墅(含)经淳化镇迄上庄(不含)之线,左与66A切取联络,以三〇二团占领右由方山(含)左迄宋墅(不含)之线,右与58D切取联络,限三日内完成,可御中口径炮弹之防御工事。以三〇六团为师预备队,位置于宋墅附近,策应第一线部队之战斗,重点保持于左翼,以三〇五团位置于高桥门至河定桥(不含)之线,构筑预备阵地,师部位置于上方镇之城墙里湖熟镇。又由三〇一团派步兵一连,担任警戒句容、汤水、秣陵关一带,均派有严密之斥候幕监视敌情,并与各友军保持联络。此战斗前我军之一般状况与部署概略。

二、在淳化附近之国防工事,均系距离甚远、而目标显明之机关枪掩体,欲构成坚固而纵深之阵地需工甚大,而担任外线作战之部队输送力量薄弱,爆破材料及障碍物材料极感缺乏,虽经星夜赶筑,终以正面过宽,材料缺乏,阵地未能完成预期之坚固程度。且本师任罗店附近恶战两月,官兵伤亡过半,后复担任青浦、昆山、望亭数次之掩护任务,孤军苦斗,精锐尽失,中间虽经数度补充,然皆为来自田间之新兵,故战斗工作力量均感不足。

三、十二月四日下午二时,由土桥、索墅西犯之敌,约五百余人,炮四门,与我淳化前进部队接触。同时由天王寺西犯之敌骑百余,后续步兵五百余人,则直趋湖熟,亦与该处警戒部队接触。迨至五日下午,淳化正面之敌,已增至二千余人,炮十余门,终日激战,其飞机、大炮轰炸尤烈。至六日下午,我湖熟之连,仅剩二十余人,遂突围退出,其余官兵均与阵地共殉,而我左翼汤水镇亦于六日失守矣。以是淳化成为畿辅战局之焦点。

七日晨,由湖熟北进之敌,约五百余人,由咸墅、李墅攻击我宋墅、下王墅之阵地,并向方山迂回,与我三〇二团接触,复以一部约二百余人,向上庄攻击,企图由左翼窜入,威胁淳化之侧背,对淳化正面则以炮火、飞机竟日轰炸,其步兵又复猛烈攻击,战况异常激烈。三日以来,我官兵伤亡达九百余人,然士气旺盛,阵线巩固。敌倾全力来犯,总计不下十余次,均经我军击溃。是役,我共缴获敌步枪三十余支,战旗十三面,地图二副,毙敌二百余,伤三百余名。我军亦伤亡过重,左翼依托空虚。敌复以精锐部队向我猛烈攻击,我即以三〇一团之一部,对左翼形成勾形配备,以确实掩护左侧背,以三〇六团之一部,增加宋熟〔墅〕对下王熟〔墅〕之敌攻击前进,恢复原有阵地,彻夜激战,敌卒退出下王墅。八日晨,敌由湖熟开到之生力部队,约二千人,炮十余门,加入下王墅至淳化方面之战斗,同时以主力部队由上庄抄袭破口山,断我归路。其正面部队又在飞机、炮兵坦克车掩护下向淳化猛攻,战况之烈,炮火之密,前所未有。然我宋墅、淳化之守军,虽在硝烟弹雨中仍拚死撑持,与敌肉搏冲锋,杀声振天。相持至下午九时,仍在淳化附近与该敌胶着中。是日,我三〇一团代团长纪鸿儒负重伤,连长伤亡九员,排长以下伤亡一千四百余名。敌亦伤亡极重,尸横遍野。当晚奉到司令长官唐命令，放弃淳化、方山阵地，向河定桥（不含）、麻田之线转移。于九日拂晓，始安全脱离，进入新线阵地。我三○五团担任之高桥门至河定桥之线，于七日晚，奉命交由八七师接替。当以该团位置于管头左翼构筑阵地，掩护淳化部队之战斗。八日晚，我奉命放弃淳化，该团即负责掩护我第一线部队之转移，在管头上方镇附近与敌激战甚烈，该团团长张灵甫负伤，连长伤亡五员，排长以下伤亡六百余名。惟河定桥先期为敌占领，该线又未构筑工事，仓卒应敌，激战半日，始恢复阵地。九日晚，复奉命转移于藏家巷、毛官渡、新闸、杨庄之线占领阵地，奈该线亦先为敌人占领，经彻夜之混战，始将该敌击退。十日拂晓，敌七八百名，沿京芜铁路由小行攻击我军左侧，激战甚烈，迄十一日晨，敌已增至二千余名，又飞机、炮兵不断轰炸，相持至午刻，敌以主力由孙家凹绕攻华岩寺、姜家营，复以一部沿天后宫大堤，企图突破毛官渡，华岩寺失而复得者数次。据守该处之三○五团营长于清祥负重伤，连排长以下伤亡四百余名。十一日午刻，因我雨花台之守军先行退去，以致我毛官渡、华岩寺阵地，腹背受敌，然犹奋力拚战，不敢轻弃寸土，相持至本晚十一时，奉命换守赛公桥经沈家圩迄关帝庙以东之线，并以一部担任水西门以南八百公尺处起迄西南城角之城垣守备，左与88D右与58D切取连络。当以一五一旅之程团全部及三○五团之残余，扼守赛公桥至关帝庙以东之线。一五三旅邱团全部及三○一团之残余，据守水西门以南八百公尺处起至西南城角之城垣构筑工事，掩护附廓阵地之战斗。

十二日拂晓，敌即集中炮火轰击赛公桥及西南城角，旋以坦克车十余辆，飞机二十余架，掩护步兵进攻赛公桥，战况之烈，空前未有。赛公桥为敌突破数次，幸赖官兵英勇与敌肉搏，经三小时之恶战，终将赛公桥阵地完全恢复。是役，我三○二团团长程智阵亡，营长曹恕初受伤，连长以下伤亡一千七百余名。我击毁敌战车四辆，毙敌五百余名，获轻重机枪十余挺，步枪四十余支。十二日午时,中华门以西城垛被敌炸毁数处。至午后二时,敌爬墙登城者约二百余名,而我左翼守兵又复不战而退,东段城垣翕无一人。我三〇六团虽奋力将该敌驱逐,然因受雨花台敌火之瞰制,兵力又极单薄,相持至晚七时,已阵亡营长万琼、胡豪二员,负伤团长邱维达一员,连长以下一千三百余名。是夜八时,奉令突围,即集结残余兵,协同58D向双闸镇冲锋,至元日拂晓渡江完毕。

四、战斗经过,如附图一二〔原缺〕。人员、武器、弹药损失,如附表一、二、三〔略〕。

师长王耀武

中华民国二十七年一月　日

宪兵司令部战斗详报

（1937年12月）

宪兵司令部在京抗战部队之战斗详报

甲、战斗前彼我形势概要

一、本部历驻南京,故全国宪兵勤务,均以首都为中心。自上海失陷,敌军西渐。政府为顾虑宪兵勤务不至中断起见,于二十六年十一月,命本部副司令张镇率领一部分人员迁湘办公,俾全国宪兵在任何环境下,不致失其主脑。其余在京之部员及所有宪兵部队,统归副司令萧山令(原系本部参谋长)指挥,协助友军防护首都。嗣敌进逼苏州,南京防务益形吃紧,副司令决于是月十八日,以在京之宪兵教导团为基干,指导民工构筑雨花台一带工事,同时我宪兵第十团加紧巡察及城防勤务,以妨〔防〕汉奸之活动。宪兵第五团之一部,负护卫长官及监护运输之责。至二十六日,本部宪兵第二团、教导团特务营及宪兵第五团之一部,受命为清凉山守备队,并将雨花台一带之工事交第八十八师接收,防务交代后,即计划清凉山阵地之构筑,同时我宪兵第十团,撤收郊外宪兵队,担任明故宫飞机场至第三十三标附近高地一带之守备任务。

二、敌自十二月七日侵入句容、溧水后,即沿京杭国道及京湖公路向南京前进。

三、本部参加作战部队之军队区分:

1. 清凉山守备队长、宪兵第二团团长少将罗友胜

    宪兵第二团

    宪兵教导团

    宪兵特务营

    宪兵第五团之一营及重机十连

2. 明故宫守备队长、宪兵第十团团长上校陈烈林

    宪兵第十团

　　乙、兵力部署

一、清凉山守备队之兵力部署如左:

教导团第一营附宪五团之重机枪连,配备于上新河棉花堤之阵地。

教导团(欠一营)配备于水西门、汉中门至清凉山二十八号机枪掩体之线。

第二团配备于清凉山至老虎洞阵地之线。

特务营为预备队。

二、明故宫守备队之兵力部署如左:

第一营附重机枪一排,配备于明故宫附近。

第二营(欠一连)附重机枪一排,配备于复成桥。

第三营附重机枪一排,配备于第三十三标附近。

第五连为预备队。

　　丙、战斗经过

十二月九日七时,由方山前进之敌,约数百名,坦克车三十余辆,进占光华门外防空学校,并猛力向我光华门——通济门之线。守备该处之友军教导总队之一部,兵力薄弱,势甚危急。我清凉山守备队奉令派兵二连,迅速向该两处增援,当由

周团长亲往部署。斯时也,敌机约十余架,分向该地带轰炸,掩护□□□□□□□□□□□,但以我增援部队之沉着射击及友军教导总队之迫击炮命中精确,遂将已突进至光华门外护城河之敌击退。十六时,友军教导总队之后续部队到达,我增援部队以任务已完成,一部奉命归还清凉山防地。同时我明故宫守备队之当面,亦遭受由中山门外而来之敌之猛攻,不得已奉命放弃原来阵地,占领淮清河、逸仙桥至竺桥之线,阻止敌之前进。是夜,我清凉山守备队即开始进入阵地,当由守备队指挥官罗友胜下进入阵地命令。

1. 敌人业已逼近城垣,突入光华门之敌已被我军包围歼灭。我军在各城垣之阵地尚无变化。

2. 本队以拒止敌人之目的,即时进入阵地,并严防敌利用夜暗之爬城。

3. 宪兵第二团为左地区队,即时进入清凉山以左之阵地。

4. 宪兵教导团及第五团之一部为右地区队,即时进入清凉山以右至水西门一带之阵地,并派兵警戒城墙。

5. 特务营为预备队,位置于右地区队后。

6. 叶排长率兵六名,并携带炸药,准备爆破水西门、汉西门外之桥梁。

7. 予〔余〕在金陵大学附近。

至十日十二时,我派出至上新河棉花堤之部队,被约有骑兵一连及便衣队二百名之敌猛烈攻击,卒以我坚强抵抗,敌未得逞。同日,我向光华门增援部队之一部,亦协助友军将又突破光华门之敌予以歼灭。我防守逸仙桥一带之守备队,于是日十五时,奉命退至古林寺、五台山一带严阵以待。至十一日拂晓,有步骑炮联合之敌,大举犯我棉花堤之阵地,势甚凶猛,因我之前仆后继,阵地迄无变化。但因友军五十八师遭受敌之猛烈袭击,向江东门一带转进,我在棉花堤之阵地,遂形突出,不得已,乃退至棉花堤稍后之线,继续抵抗。至十一时许,敌机数十架轮流轰炸我城内之各守备队阵地,至十四时顷,枪声更密,敌我相距益近,然我阵地迄然未动。至十二日拂晓,南京城外附近之敌约约〔纷纷〕向我固守复廓阵地之友军猛攻,斯时我城外之部队,竭力协助友军作战。八时许,敌炮兵开始射击我水西门、清凉山一带之阵地,我虽伤亡奇重,但阵地始终未能摇动。十二时,奉命在南京之部队,须有与南京共存亡之决心,并增筑准备巷战之工事。全部闻命,气为之一壮。十六时,奉命将水西门之阵地交于友军五十一师,移交尚未清楚之际,我在南门守备之友军纷纷向后撤退,城中秩序遂形紊乱。我宪兵部队正拟严阵以待,与敌作殊死战。正部署中,即转奉卫戍长官命令,向花旗营集结待命。本部各团营遂按各部队渡河次序规定表之规定,于六时向下关江边集结,遵时渡江。斯时,萧副司令以身兼首都警察厅长未能随队出发,所有在京之宪兵部队,暂由少将团长罗友胜指挥。当令宪兵教导团派兵两营,占领蛇山、龙蟠里、五台山一带阵地,掩护所属部队之退却,其掩护部队务于十时到达江边。不意,行至铁道部附近,即被友军三十六师之阻止。斯时,友军纷踏而至,拥挤不堪,枪声四起,血肉横飞,于是队伍为之散乱,行装为之全失。迭经交涉,方许通行。至海军部门前又被该师所阻,本部所属团营益形紊乱,致能至下关江边者为数甚少。斯时,江中已无船可渡,乃扎木筏渡江。渡江后,指挥官罗友胜本拟将所属稍加统制,再至花旗营集结,谁知沿途屡被友军三十六、五十一等师之阻,屡经交涉,始到达徐州集结,遵令开湘整理。

丁、此次战斗中之所见

一、各级指挥官多乏积极的企图心,不能适时乘敌军之弱点而转取攻势。

二、指挥不统一,尤以各部队之连络欠佳,致予敌以各个击破之机会。

三、指挥官多缺乏战术头脑,致敌情判断多不正确。

四、步炮协同不良,任务尤不能彻底达成。

五、纪律废弛,致命令不能彻底。

六、渡河准备不充分,致十余万大军云集江边,均无船可渡,不得已而扎筏,当时溺毙于江中者甚多。

七、命令下达过于迟延,致背进部队屡被友军之阻止。

八、背进部署应事先计划,而退路之规定尤应详密,今以一把江门(沙袋均未撤去)而退出十余万大军,致被踏死者堆积如山。

九、信号连络之规定太不确实,致友军隔河对射。

十、沿途互相缴枪,甚至将有组织之部队亦予以围缴,影响尔后抗战军之心理。

十一、缺乏新兵器之认识,致有误烟幕为毒气,见坦克车而溃退之现象。嗣后新兵教育,应予以各新兵器见学之机会。

陆军第六十六军战斗详报
(1938年7月4日)

陆军第六十六军南京突围战斗详报

一、突围前敌我形势(如附图二)〔略〕

民国二十六年十二月十二日,早朝〔?〕以来,敌以主力(约两师团)向我紫金山(教导队防守)、雨花台(八十八师防守)之线猛烈攻击,敌我争夺甚烈。至午后一时,雨花台及紫金山第一峰据点相继失守,八十八师之一部,直向下关溃退,为驻铁路部之卫戍司令部特务营所制止。时中山、中正马路上兵民混杂,枪声四起,秩序大乱,交通几断。职军除一五九师归八十三军指挥,于是早驱逐雨花门、中华门之敌外,而一六零师及军属炮工兵营集结于玄武门、水西门一带,构筑工事,准备巷战。

职军自十日由大水关入城待命后(如附图一)〔略〕,以作战日久,伤亡甚巨,乃权命一五九师缩编为两团,归林旅长伟涛(原九五零团团长)指挥。一六零师缩为两团,归喻旅长英奇(原九五六团团长)指挥。全军人数不足一师。人事整理虽略已就绪,但械弹补给,则尚未完备。

二、影响于战斗之天候气象及战斗地状态

突围出城时,因一部胶着于第一线,撤收不易,而太平门沙包堆积,竟一时许之搬运,部队始通过。时又值教导总队撤入城内,互相挤拥,队伍紊乱。出城后虽经整理,又因此途地雷满布,触发不少,颇有死伤。以至队伍益形紊乱,而敌战车又往来驰突,节节拦阻,以致我军伤亡甚巨。

三、突围理由及所下达之命令

我军死守孤城,虽可稍延时日,然我守敌攻,主客互易,处处陷于被动。敌可集中陆空军击我一点,城池虽固,势难持久。况十二日雨花台、紫金山第一峰之要点,亦已失陷,城内全被瞰制。若向后转移,则有长江之阻,大部队渡江,甚感不利。与其为敌歼灭,或自淹死江中,如何反攻,与敌作殊死战,则胜负之素,未可定也。兵法有云:置之死地而后生。故宜以旺盛之企图,出敌不意毅然反攻也。是日午后日〔?〕时,接奉卫戍司令长官唐突围命令后,即下达要旨命令如左:(如附图三)〔略〕

1. 敌约五、六联队向雨花台、紫金山我友军阵地猛烈攻击中,紫金山以北有敌一联队。我守军全部于本(十二日)夜突围,向安徽转进。

2. 军以突围之目的,于本夜九时由太平门出发,经紫金山北麓东西流镇、句容、溧阳、郎溪等地向宁国集中。

3. 第一六零师(欠四八零旅)应于黄昏后到太平门集合,撤除城门沙包,依九五六团、九五五团次序,经紫金山麓向句容方向之敌攻击,掩护主力前进至高骊山后,即向南转进。

4. 军属炮兵营、工兵营应于黄昏后,依次到太平门集合,在一六零师之后跟进。

5. 第一五九师(欠四七七旅)应于黄昏后,将守城部队逐次撤退,到太平门附近集合,在工兵营之后跟进。

6. 笨重行李及机密图书文件,不得已时自行焚毁,勿入敌手。

7. 行进时,予在九五五团先头。

下达法:集合团长以上口授要旨,使自行暗记。

附记:1. 左臂缠白手巾为识别。2. 口令,丢那妈。

四、各时期战斗经过

第一五九师于十三日拂晓,行抵尧化门、仙鹤门时与敌遭遇,发生激战,我军奋勇冲锋,将敌击退。十三晨行抵东流镇附近,又与敌遭遇,肉搏数小时,卒将敌击退,毁敌炮四门。十三夜行抵珠山、火龙山附近整理队伍,重行编队。十四晨行抵汤水镇公路,又与敌千余人发生激战,在敌陆空军协击之下,不顾一切,奋力冲锋,再三肉搏,将敌击退,向九华山、高骊山前进(如附图四)〔略〕。第一六零师于十二月十二日午后十一时,九五六团行抵岔路口附近遇敌警戒部队,发生接触,我师即以一部向敌冲锋,几经肉搏,敌不支而退。我师乃以一部向敌施行掩护,主力向东迅速前进。十三日二时,行抵仙鹤门东端,又与步炮联合之敌遭遇,我军奋不顾身,向敌炮兵阵地攻击,毁敌炮数门,敌不支而退(如附图五)〔略〕。至午前五时,到达复兴桥附近,一部向空山前进。派职军参谋处长郭永镳率领一部向火山前进,职率主力向狮子山前进。到达空山、狮子山后,与步炮空联合约四五千之敌遭遇,发生激战,屡围屡攻,再三肉搏,牺牲壮烈,得未曾有。毙敌千余,毁敌炮数门,战车三辆,铁甲车一辆,汽车二辆。黄昏后敌纷向汤水镇、龙潭方向溃退。我军乃以一部跟踪追击,掩护主力向九华山附近前进(如附图六)〔略〕。入夜后,因部队混乱,指挥困难,乃各自为战。职乃与部队失却连络,一部由华副师长率领,抵汤山附近被敌拦阻,乃转向青龙山东南,经老虎洞南转,一部向龙潭之敌追击,至江边后,乘隙渡江,经郑州南返。我主力于本(十三)日夜半,行抵九华门附近,因疲劳过甚,乃于九华门、乌鸦山附近休息。至十四日,由职军部参谋处长郭永镳于九华山、高骊山间地区开设收容处,收容各师官兵千五百人,并组织民众担任游击,屡挫敌人。至十二月三十一日率领南返,经茅山、溧阳、郎溪、广德至目的地集中。(郭处长永镳突围经过如附录)〔略〕

陆军第六十六军军长叶肇

中华民国二十七年七月四日

陆军第一百六十师战斗详报

(1938年4月)

陆军第一百六十师锡澄、南京两役战斗详报

一、战斗前敌我之态势

本师自加入上海方面以来,即转战于刘行、广福、南翔、周家笪地区,凡两阅月。至十一月十一日,奉命撤退时,又因友军掩护不力,以致在安亭之徐公桥附近受敌袭击,损失奇重。后复奉令占领港田里、九谦桥之线,掩护我军占领吴福国防工事线,随又奉令占领原线,掩护全军总退却。至十一月十八日晚,奉令撤回洛社镇,立足未定,又复奉令即开锡澄线,占领石塘桥、长寿镇、郁家桥之线。当时收容所得全师战斗员兵不足三千,虽自十一晚由前线撤退以来,日夜未停,绝无整理与补充机会,因此实力大减,幸官兵深明大义,咸存必死之心,士气尚未用耳。

二、各时期战斗概况

十一月二十日,初到洛社镇,即奉军令要旨如左:着该师限即日开回锡澄线,占领石塘桥、长寿镇、长泾镇、郁家桥之线已设阵地。师基上令要旨,即开始行动,经前洲镇、北七房向青旸镇前进。

二十一日三时许,全部到达青旸镇附近,即以四七八旅展开于石塘桥、长寿镇、长泾镇、郁家桥之线,以四八零旅为预备队,位置于青旸以东附近地区。至午,奉令以原任务交十九集团军后,集中青旸东南地区整理。

二十二日十二时,接防部队尚未到达,我九五六团在长泾镇之一部,已与敌先头部队接触,相持至晚。交防后,九五六团撤至璜塘附近,主力在青旸附近整理。

二十三日三时,又奉令以主力占领石塘桥、璜塘镇为主阵地,以一部占领长泾镇二分里为前进阵地,并限天明配备完毕。师奉令后,即先以电话卜达命令要旨如左:一、九五六团迅即占领长泾镇二分里之线前进阵地,极力迟滞敌之前进,以掩护主阵地之配备。二、四七八旅(欠九五六团,附九五九团)应即占领庄塘桥至璜塘镇之线,积极加强工事。三、九五八团着即并编九五九团,至九五八团部队编余官佐随师行动。

拂晓后,接九五六团喻团长报告称:(一)防守长泾镇之友军,不待接防,已先行退出,致该地为敌占领。(二)职团现占领祝塘、艾家桥之线,与敌对峙中。师据报后,即令该团占领祝塘、艾家桥之线,并须派出有力便衣队,积极侦察敌之兵力行动。九时,我便衣队进至长泾镇附近,受优势之敌压迫,不得已退回前进阵地。至十一时,我九五六团遂与步炮连合之敌千余人,激战于祝塘镇附近地区,相持入夜。

二十五日拂晓,敌又向我前进阵地猛烈攻击,虽经该团官兵沉着应战,敌不得逞。但我左翼友军之郁家桥、华墅镇阵地,被敌冲入。八时,步骑联合之敌数百人,已窜至我璜塘阵地,向我九五九团刘振标营进攻,致防守祝塘、艾家桥阵地之九五六团,陷敌三面包围之中。师根据上述情况,遂令九五六团由右翼撤回璜塘镇西端,为总预备队。十三时,敌炮向我璜塘阵地猛烈轰击,约一小时,继以步兵五六百向我冲击,我俟敌进至最近距离,即以机枪猛烈射击,毙敌甚多。是夜阵地无变化。

二十六日拂晓,敌又向我璜塘阵地炮击,至七时,即以步兵向我全线进攻,尤以璜塘附近阵地为最激烈。十六时,奉军令要旨如下:

(一) 军奉令转进于句容附近地区。

(二) 该师应即经郑陆桥、丹阳城向句容转进,但到达丹阳时,须派出有力之一部,占领丹阳,掩护军之通过,候命归还建制。

师基上令要旨,即作如下之处置:

(一) 命大小行李及伤兵,速经郑陆桥、丹阳城,向句容前进。

(二) 派先遣参谋速赴丹阳侦察地形。

(三) 派设营队先行侦察退却道路而标志之。

(四) 命九五六团即在青旸附近占领收容阵地,俟师主力通过蕉溪镇后,即改为后卫。

(五) 命四七八旅(欠九五六团)附九五五团于黄昏后开始行动,经蕉溪镇、三河口向郑陆桥转进,但须每团各留一连在原阵地掩护,至明(廿七)日二时方得撤退。

(六) 将处置经过报告军长后,自率师部及直属队,先向郑陆桥转进。

是晚各部均照预定计划安全撤退。

二十七日七时,本师部队全数到达郑陆桥,闻横林方面枪声颇烈,知敌已进抵横林,向我收容阵地攻击。师有派兵一部占领丹阳掩护全军通过之任务,不能不迅速前进,遂决心白日行军。是日天气阴暗,敌机侦察比较困难,十时出发,按师部四七八旅九五九团之次序,经小新桥镇向罗墅湾前进,二十时许,到达该处宿营。

二十八日八时,续向西行,经访山桥,十七时抵丹阳,各方情况,仍不明了。

二十九日七时,奉军令要旨:该师除以一团留守丹阳,一团留守句容候命撤退外,余部着开赴麒麟门、白家场附近地区整理。十三时,除令九五九团留守丹阳候令撤退外,余部续向西行,是晚抵白兔镇宿营。

三十日七时,续向西行,除着九五五团留守句容候命撤退外,余部抵炀家村宿营。

十二月一日,师部及四七八旅(缺九五五团)已开抵麒麟门、白家场附近收容整理。

二日十时,在麒麟门接九五九团十一月三十日于丹阳之报告称:本(三十)日十四时,敌各以炮四门,步兵四五百名,分别攻我杨、许两营阵地,经我官兵奋勇抗战,毙敌七十余人。我亦伤亡连排长共四员,士兵百一十余名,阵地现仍固守中。同时得悉一五四、一五六、三十六、五十一、五十八、四十一、四十八等师及教导总队与宪兵两团,防守南京城垣及龙潭、保国山、汤山、半边山、淳化镇之国防工事阵地带。我师除留守丹阳、句容两团外,余部占领珠山、多子山、青龙山之第二线阵地。十二时,奉令将留守丹阳之九五九团拨归八十三军邓军长指挥。

三日,师在麒麟门、白家场附近地区休息,但留守句容、丹阳之两团,因任务关系,无法整理补充,能掌握者仅有九五六团约千人。

四日,接九五九团翟团长由句容电话略称:本团奉令于本(四)日一时,由丹阳绕道经镇江到达句容城。师据报告,即着该团开回汤水镇。十四时,又奉军令要旨如下:

(一)着四七八旅(欠九五六团)附九五九团,迅即占领句容西端已设阵地,为前进部队极力拒止敌之前进,无令不得撤退。

(二)着九五六团即在珠山、青龙山、多子山之线占领阵地。

师基上令要旨,即于十四时四十分,下达如左之命令:

(一)敌之先头部队三四百人,现已到达天王寺附近。我一五九师现占领汤水镇、仙澜桥南北之线已设阵地。

(二)师以协同友军固守南京之目的,决以主力占领句容西端已设阵地,以一部占领珠山、多子山、青龙山已设阵地。

(三)四七八旅(欠九五六团)附九五九团,应即占领句容西端已设阵地,为前进部队无命不得撤退。

(四)九五六团应即占领珠山、多子山、青龙山第二线已设阵地,归本部直接指挥。

（五）通讯连应即以师部为基点，向军部及各旅团架设电话专线。

（六）野战病院，即在麒麟门附近地区开设。

（七）弹药交付所设坟头村。

（八）本师兵站分站设麒麟门。

（九）余在白家场师战斗指挥所。

五日十一时，我潜伏句容东端之便衣队，与敌百余发生接触。十三时，敌数百人进入句容，向我万家边、朱家下、邵家村阵地施行威力搜索。十六时，据邓旅长报告：午后四时，有步炮连合之敌三千余人，到达土桥镇，有向新塘市前进模样。又有敌兵一队，约千余人，于同时经牧马场向汤水方向前进。师据报后，除转报军部及通报一五九师外，并令邓旅长严密防范。

六日三时，弹药车二辆，运至新塘市附近受敌截击。六时，电话不通，前进部队完全受敌包围。十二时，虽奉撤退令，但无法送达，遂由华副师长率九五六团两营前往策应。至十五时到达汤水，敌已与我一五九师接触。公路方面之敌，且进占炮兵营房，当即分两路冲出，送达撤退命令（命令用密码译成）。十六时，因左翼友军未遵令到达指定地点，致敌由九华山北麓，绕我左翼孟塘，当即令九五六团派两连，由刘营长厚率领速调孟塘，以主力集结珠山，并分一部至大胡山占领阵地，与敌相持入夜。

七日三时，防守句容之邓旅长，已率九五五、九五九两团突出重围，到达白水场附近。据邓旅长报告如左：

（一）步炮联合之敌五六千人，于六日拂晓，将我阵地四面包围，水泄不通，敌机二十余架不断轰炸，敌炮亦同时向我猛烈轰击，步兵则轮回向我阵地后方冲击。

（二）职以未奉命令，不敢擅移，因固守原阵地，与敌激战至十六时。闻汤水方面枪声甚烈，知敌已向我主阵进攻，遂决心于黄昏后突围归队，以免受敌各个击破。当时之部署如左：

1. 命中校团附刘栋材率兵一营向土桥方面佯攻,俟主力突出重围时,即随队尾跟进。

2. 九五五团应于黄昏前完成攻击准备,黄昏后,即由京杭国道以南地区,向汤山方面之敌攻击前进。

3. 九五九团缺一营为预备队,随旅部行进。

十九时,依照部署开始行动,当时敌之主力,似在炮兵营附近,京杭国道以南地区,兵力较为薄弱,经我官兵奋勇冲击,凌敌不堪,纷纷溃退,旋炮兵营房之敌,即向我右侧攻击,职即派九五九团之一部拒止该敌,余部且退且战,至七日二时,到达白家场附近。

(三)是役,毙敌三百余名,我伤亡官兵十余员,士兵三百余人。

拂晓正面之敌,向汤水猛攻。孟塘之敌二千余人,于七时进至复兴桥附近,我九五六团即向该敌侧击,歼其一部,敌未敢前进。八时敌主力转向我大胡山、岘山、龙山阵地攻击,企图进出白家场,断绝我军后方联络,赖九五六团拚死抵抗,敌不得逞。但敌之后续部队仍不断向孟塘方面移动。十二时,遂增调三连,归刘营长厚指挥,堵截孟塘之敌,掩护我军左侧。

八日二时,奉军令要旨:着该师协同三十六师补充团及四十一师,于本(八)日拂晓,向侵入复兴桥之敌,包围攻击而歼灭之。是时本师兵力,仅有九五六团不及千人,经昨(七)日与敌激战终日,损失不少,而九五五、九五九两团,又新由句容突围归来,残破不堪,不能使用。当即决心以九五六团担任第一线,其余编配完毕后为预备队,随即下达命令如左:

(一)侵入复兴桥方面之敌,约千余人,现与我对峙中。我三十六师补充团及四十一师,现已进出东流镇狮山之线。我炮兵连现在东西流之间地区占领阵地。

(二)师以先行歼灭该敌之目的,拟即协同友军包围敌之左侧背而歼灭之,攻击重点,指向复兴桥东南地区。

（三）九五六团第一营（附一连）应固守孟塘原阵地，截断敌之后方联络。

（四）九五六团（欠第一营又一连）应在原线，于拂晓前完成攻击准备。

（五）四七八旅（欠九五六团）附九五六团，附九五九团应即迅速整理补充，限拂晓前编配完毕，控置于大胡山、岘山之间以南地区，为预备队。

（六）本师与三十六师补充团之战斗地境为（地名无从查考）之线，线上属本师。

（七）余在白家场师战斗指挥所。

拂晓全线开始攻击，至九时大胡山方面，虽略有进展，但汤水阵地，被敌突破，现我一五九师在汤山、半边山等处与敌激战。至防守孟塘之九五六团一营，亦被敌四面包围，现浴血抗战中。师据上述情况后，认为必须先行扑灭复兴桥方面之敌，然后能解孟塘之围，以分敌势，而救汤水之急。遂决心用全力向复兴桥方面之敌进攻，无如友军踌躇不前，未能协力，至未得手。十四时，我防守孟塘之刘营，已全部殉国，营长阵亡。而汤水方面情况非常危急，而敌之生力军仍源源增加，我则全无预备队可供调用，幸官兵咸抱与阵地共存亡之决心，不稍后退。十六时，奉军令撤至大水关、燕子矶附近地区整理，即于十六时三十分下达如左之命令：

（一）敌情如贵官所知。我防守近郊之部队，现已进入阵地。

（二）师奉令即撤至大水关、燕子矶地区整理。

（三）九五六团应于黄昏后，经麒麟门、仙鹤门向燕子矶前进。

（四）余部即按师部、四七八旅、九五五、九五九团之次序，向燕子矶前进。

二十四时，各部完全到达燕子矶附近集结。

九日，在燕子矶附近整理待命。

十日晚,奉令调入南京城,驻中央党部及中央大学待命。

十一日,奉军长兼师长叶令,将全师编并为九五五、九五六两团,擢九五六团团长喻英奇为四七八旅代旅长,师参谋处长蔡如柏调充九五六团团长,遗缺以中校参谋钟汉柏升充,并委司徒非为少将参谋长,部队仍在原地候命。

十二日七时,奉令构筑玄武门至水西门之南正面阵地,准备巷战。至十八时,各友军纷纷退入城内,致城内西南方秩序大乱,而突围命令适于此时突然下达,其要旨如下:军即按一六〇、一五九、一五六、一五四师之顺序,由太平门突围,经汤水、句容向安徽、宁国集中。师奉令后,以时间仓卒,遂先以电话告命令要旨,着各部即将所有辎重,完全毁弃,余枪分发伕役使用,士兵一律轻装,即至太平门内集合。

十九时各部在太平门内集合完毕,即召集连长以上下达口头命令如左:

(一)敌情如贵官所知。

(二)师以突破重围,集中宁国之目的,拟即由太平门经紫金山北麓东西流镇、汤山、句容、溧水、郎溪向宁国集中。

(三)逐日行进目标规定如左:

第一日(十三)句容东南地区。

第二日(十四)溧水东南地区。

第三日(十五)郎溪东端地区。

第四日(十六)宁国附近。

(四)九五六团为第一线,循师行进路向当面之敌攻击前进。

(五)九五五团为预备队,随师部行进。

(六)行进时,余在师部先头。

是夜月色皓洁,气候清和。十九时三十分,开始移动,费一时余之时间,始将堆塞城门之沙包除去,而防守紫金山之友军,又复败退入城,无人指挥,秩序大乱,中途复因自埋之地雷及障碍物所阻,队伍非常凌乱。至岔路口附近,略事整理,始归掌握,而岔路口之敌业已发觉,向我射击,于是副师长指挥九五六团在前,军长指挥九五五团殿后,即向当面之敌轮回冲击,二十二时突破岔路口之敌阵,二十三时越过京芜铁路,二十四时夺取仙鹤门以南阵地,毙敌兵三四百名,敌骑五六十匹,毁敌炮二门,沿途电话线,均被我军剪断,敌狼狈向东南逃窜。

十三日一时三十分,到达麒麟铺,拂晓到达汤山、空山、棘山一带。敌即以战车五十余辆,往来驰逐,截我去路,飞机三十余架,猛烈轰炸,敌兵以排山倒海之势,向我攻击,经我军屡次冲锋,均未能突出,且被截成数段。此时与军长亦失却连络,遂占领山头,各自为战,拚死抵抗,入夜取仅统率官兵六百余人突出重围,向预定目标前进。于二十日到南陵,二十四日到徽州,交四八零旅副旅长莫福如负责收容。

另一部由参谋处长钟汉柏率领人枪四百余,于二十七年一月一日到达徽州,其余百十成群之小部队,亦陆续归队集中。

嗣据参谋处长钟汉柏报称:职自与钧座被敌冲散失却连络后,只率传达兵九人,于十三日晚到达土桥镇附近村庄。十四日集合官兵百余人,被敌沿京杭国道及京容支路点面包围,放枪向各村庄射击。而我化整为零,处处向敌逆袭,复集零为整,乘夜向南由戴家边冲过公路时,敌人后方之交通通讯被我零星部队切断,秩序异常凌乱,敌步炮兵均沿公路向东狼狈溃退。十五日过岔路镇到谢村,在乌山镇附近公路击毁敌装甲汽车四辆,毙敌十余人。到谢村后,又收容官兵百余人。据报溧水、红蓝埠、孔镇均经有敌司令部,沿路有敌梭巡。即将二百余人分编为两连,一由一五九师机枪连长邓华才率领,一由九五六团步炮连连附徐祥率领。并知我军有六七百人已过谢村,向小丹阳转进,乃率队赶至小丹阳,只见散兵数百人,群龙无首,幸秩序尚好,商民异常协助,同时知我六七百人之部队已到薛镇,被敌阻拦,正设法渡河中,但不明率领人姓名。

即下如左之通报：

（一）据报当涂有敌骑二百余，并有兵力未详之大部队沿河拦阻，石臼湖有敌汽艇十余只出没，我渡河困难。

（二）余已率兵两连到达小丹阳，决本晚向溧水、红蓝埠方面转进。

（三）贵部今后行止如何？请即示知，以便连络。

晚间七时许，九五五团营长陈剑光及九五九团军需主任辜国华等率七百余人，自薛镇回至小丹阳，士气委靡。职为行军长径及沿途驻地给养等种种关系，即商定将一千余人，临时以江南游击支队名义，编为一、二两支队，第二支队决定由辜国华率领，即晚回谢村，向溧水北方之袁家铺经十四牌、蕙封山转向南进，到宁国集中。职亲率第一支队，号称三大队，即由邓华才、徐祥、黄德才三大队长率领，共有官兵七百余人，轻机十二挺，步枪二百二十一支，驳壳五十余支，乘夜通过红蓝埠北约十余里之仙人桥至新桥市，复经芝山、又溪港到邓埠镇北约七八里之某村停止。侦知固城湖、三塔荡间横断南北交通之胥河，所有上坝、下坝、邓埠河口等各处桥梁，均有敌扼守，河中时有汽艇梭巡，并连日敌由胥河拖船东运之尸体、辎重等络绎于途，东窜情形非常忙急。乃决心令第一大队夜袭邓埠当面之敌，掩护本队通过，激战一小时，敌且战且退，第一支队得完全通过邓埠，经梅渚镇出东桥、独山界牌而至广德东二十余之甘溪沟，复经卢村、谢村、刘村、张村而至新布桥，进入我十三师游击队周司令所部之警戒线，再经石口、胡乐寺、绩溪到徽州，遵令将所部交莫副旅长收容编配。因伤亡、落伍、散失，到达时尚有官兵四百二十名，轻机枪八挺，步枪一百七十二支，驳壳枪五十支。沿途民众见我军戴钢帽，穿草黄军服，咸以为敌军过境，惊〔竟〕相避匿。待领路之工人传知为"我们中国自己的军队，是广东队伍"。又复争趋慰问，自动供给茶水、饭菜，并派人领路等，信形亲热，而于昔日十九路军淞沪抗战之良好印象，更加称道不置。一路日夜兼程迂回转折，所有经过路程时日，多所忘记。等语。

三、战斗后之措置〔略〕

陆军第一百六十师师长叶振中

中华民国二十七年四月　日

〔四〕太 原 会 战

(一) 作 战 计 划

第二战区作战计划

(1937年？月？日)

晋绥军作战计划

敌情判断

敌人现利用伪军李守信、包贵庭等部凡一万二千余众,有准备分途进攻绥东之势,并调其本国军二联队,进占张北,作伪军后援。揆其意,似将乘机攻克绥东五县,企图向张北西南推进,截断平绥线,进占大同,断我晋、绥、察三省之连络,为再窥晋、宁、陕、甘之根据,其次利用阴山以北空虚地区,以图窥窃绥西,使我力分,期压迫我军于长城以内,以截断中俄之连系而遂其蚕食之阴谋。

方　针

晋绥军以决战防御之目的,拒止敌人于阳高—隆盛庄—奇尔泊—陶林—章丹—三原井之线以东,保持主力于两翼,相机移转攻势,将当面之敌人击灭之。

兵力部署

甲、兵力之预定

步兵七师;

炮兵三团;

骑兵一师三旅；

预备队：由阎主任抽调晋省驻军二师为预备队。

乙、兵力集结地

〔略〕

指导要领

一、晋北、绥东不仅为宁、甘、晋、陕之门户，而且为国军进战退守之枢纽，地位非常重要，防军如遇敌之攻击，应死力固守勿稍退让，如遇好机即转攻势，勿稍犹豫，且敌不轻易将本国部队加入攻击，所利用者尽为叛匪三部，战斗力薄弱，尤应注意此点，切勿被其虚张之声势所眩惑。

二、敌如以主力攻击我集宁—丰镇—大同方面时，我集结和林格尔附近之部队，由左翼陶林方面移转攻势，将敌压迫于长城而歼灭之，敌如以主力攻击我武川—归绥方面时，我集结大同、丰镇附近之部队，由右翼转移攻势，将敌背后连络线截断，协同右翼军包围而歼灭之。

三、各阵地之要点，应迅速构筑工事为死守之准备。

四、集结于东达乌苏附近之骑兵，应以主力在乌兰伊尔哈河以北之地区活动，并掩护我军之左翼。

五、右翼应与察省部队切取连络。

第七、二、八战区作战指导方案①

（1937年？月？日）

方　针

国军为挽救北方战局，应以西安为基地，以主力确保太原，陕北及宁夏三要地，相机进出晋北及绥东，以一部分扼绥新、绥甘各要道，维护中外交通。

---

① 此件沿用原标题。

要　　领

一、第七战区以一部向娘子关,以主力【对】寿阳敌之侧背攻击。

二、第二战区固守太原附近地区,俟后续部队到达,转移攻势。

三、第八战区以主力(五师或六师)确保陕北,为收复晋绥之根据地,以有力之一部固守宁夏(约三个师),另以一部分布于榆林、安边堡、盐池、公呼都克、苏汗都克、居延各要道(以骑兵为宜),防敌西窜,确维中俄交通。

四、绥西各部努力向东推进。

兵团部署

一、以邓锡矦〔侯〕部之四师及已到河南之川军,均使用于第七战区,专对晋东作战。

二、第二战区之各部队,固守太原,俟徐源泉之41D、48D两师及李及兰之49D到达后,转移攻势。

三、以邓宝珊之86D、165D、新11B及樊松甫之28D、140D、陕西警备两旅,向陕北集中,构筑坚固工事,确保陕北,视情况之转移,进出晋北或绥东。令马彪之骑兵第一师,进至榆林、靖边一带。

四、以马鸿逵部35D、168D之两师及两警备旅、步兵独立第十旅、新十一旅,在石咀山以南构筑阵地,固守宁夏及定远营,其骑兵两旅可令移公呼都克及苏汗都克一带,防敌西窜。

五、令孔令恂部43D、97D推进至定边、靖边一带,策应陕北及宁夏之作战。24D推进潼关,构筑工事。

六、马步青之骑兵师推进至居延、酒泉、张掖等地,维护中俄交通。马步芳之一〇〇师集结于民权、武威一带,策应宁夏之作战。

七、令绥西各部努力东进。

八、一九一师杨得亮部控置兰州。

第六、一、二战区第二期作战指导计划

(1937年9月27日)

九月二十七日亥刻,程总参谋长电委座暨白副总参谋长、黄部长电:兹定第六、一、二战区第二期作战指导计划如下:

第一、方　针

1. 第六、一、二战区以确保山东、山西两战略要地,使国军尔后作战容易进展为目的,在冀省中部竭力抵抗并固守晋北,以待增援部队之到来,再转攻势击灭敌人。

第二、指导要领

2. 第六战区和沧州抗战到万不得已时,应在南皮泊头、献县之线竭力抵抗,以一部沿运河东岸,以主力沿运河西岸地区持久抵抗,最后须在德州东西之线竭力拒止敌人,以待第五战区兵力之转进。

3. 第一战区固守滹陀河畔阵地,并以一部在该河左岸各城及沙河之线逐次抵抗,并须确保正定、桥头堡,迟滞敌之前进,特派出有力部队以平山西北方山地为根据,与阜平山地第一战区机动部队相呼应,对沿平汉线南下之敌相机断行攻击敌之侧背,万不得已时,以有力部队向井陉及娘子关方面转进,增强山西东正面之防御,余在平汉线持久抵抗。

4. 第二战区以一部今〔于〕集宁、绥远线节节抵抗,阻敌西进,各集主力南下须袭击敌侧背,以主力固守雁门关、平型关现阵地,另以机动部队在平型关外及阜平一带山地为根据,见机袭击晋北方面及沿平汉线南下敌之侧背,与第二、第一战区正面兵团相策应击灭敌人,并酌以各一部在龙泉关、黑山关、娘子关各隘路增强工事。

5. 各战区、各兵团对于阵地前方之铁道、桥梁、道路、电线、准备必须之器材于必要时行彻底之破坏,以迟滞敌之前进,等语。是否可行,请委座裁夺,电令第六、一、二战区遵照实施。

(二) 平型关战役

第二战区平型关战役作战计划

(1937年)

晋北战役及平型关会战　二十六年九月三日至十月三日

一、作战方针

本军以利用山地歼灭敌人之目的,以主力配置于天镇、阳高、广灵、灵丘、平型关各地区,以一部控制于大同、浑源、应县附近,以策应各方之战斗,相机移转攻势。

二、指导要领

1. 敌情判断

敌攻我晋北如下述两途:

(子)以一部兵力由蔚县向灵广行佯攻,以主力沿平绥路西进夺取大同,以图切断我晋绥之连络线。

(丑)以一部兵力向天镇行牵制攻击,以主力向广灵进攻,企图截断我雁门后路。

2. 我为打破敌人以上两种企图计,在灵丘、广灵、东井集、天镇各地区附近,配备强有力之部队,以阻绝其前进,以一部配备于大同附近,以大部控置于浑源、应县附近,以策应各方之战斗。

3. 如敌以主力进攻广灵时,该处守兵应固守待援,以总预备队主力应援该方面之战斗,此时东井集之部队应向广灵敌之侧背威胁,以使该方面之战斗容易成功。

4. 如敌以主力进攻天镇时,我天镇守军拼死待援,以大同附近之总预备队应机向天镇附近推进,以浑源附近兵力渡桑乾河,向天镇右翼实行侧面攻击,以图牵制敌人,俟其顿挫,由天镇两翼夹击之。

5. 骑兵军以主力位置商都、尚义、化德等处,相机威胁敌之侧背,以一部守备大庙、百灵庙各据点。

6. 第十八集团军到达后,应进出灵丘、蔚县附近,威胁敌之侧背,以使进攻之敌不敢孤军深入,在敌我决战时期,该军应向敌侧背实行猛朴〔扑〕,以期我军确获战捷。

三、敌我两方之兵力(附表第一、第二)〔略〕

四、兵团部署

第二战区军除汤军之第四、第八十九两师开顺德整补,九十四师(朱怀冰)开马黄峪归卫(立煌)指挥,刘(汝明)军在蔚县一带依山作战,十七军开广灵布防,仍归汤总指挥指挥外,晋绥各军固守晋绥,部署情形如下:(一)六集团三十三军章拯宇旅布防灵丘,刘奉滨师布防广灵,孟宪吉旅控制大营,三十四军梁鉴堂旅布防东井集,姜玉贞旅控置浑源,应县郭宗汾师拟控置,【七一师控置】岱岳,金宪章师控置沙河。(二)七集团之六十一军李俊功师固守天镇,刘醰馥旅布防阳高,马延守旅拟控置大同以东地区,三十五军王子修旅固守兴和,安荣昌旅控置隆盛庄,董其武旅固守集宁,孙兰峰旅控置绥远,方克猷、田树梅两旅控置大同、丰镇。(三)预备军陈长捷师拟控置应县,段树华旅控置怀仁以北,杜堃旅控置雁门一带,陈庆华旅控置平型关一带,杜春沂师控置太原附近,骑兵军主力在商都、尚义、化德等处布防,一部守大庙、百灵庙。(四)司令长官行营于八月二十九日进驻岭口。

阎锡山与蒋介石往来密电

(1937年9月3—4日)

(1) 阎锡山致蒋介石密电(9月3日)

限一小时到。南京蒋委员长钧鉴:居密。冬戌行一电计呈钧览。顷接汤军长冬辰参一电开:顷奉委座东酉侍参京电开,第四、第八十九两师速开平汗〔汉〕线顺德,切实整理补充,兄本人及其余部队仍留涞源、蔚县、广灵一带布防为要,等因。已令第八九师王师长指挥第四、第八九师于江日开易县,乘车赴顺德整理,八四师开广灵、廿一师开蔚县、九四师开涞源布防,职于江日向涞源前进,预计于微日可达。等语。山接阅之后,急迫万分,汤军两师南调,二师撤防,非特第二战区陷于危殆,即第一战区影响亦大,请钧座迅赐电令阻止,钧座如有指示,亦须先电山筹划布置,以免遗误。山叩。江巳。行。〔岭口〕

(2) 蒋介石复阎锡山密电(9月4日)

岭口阎副委员长勋鉴:江巳行电敬悉。○密。已电令阻止矣,特复。中〇。支。侍参京。印。

阎锡山致蒋介石密电

(1937年9月3日)

限一小时到。南京蒋委员长钧鉴:冬侍参电敬悉。○密。敌人此着最辣,此等兵团显系欲在山地作战。涞源地形有天然山地要塞之形势,尤为第一、二战区之枢纽,则此地一失,一、二两战区后路均受威胁。钧座前虽指定第八路军在此集中,惟为期尚早,请迅在涞源派得力部队二、三师固守,以□县涞水之间防其东去,并令灵丘之兵堵其西来,此部署如成,并可相机歼敌,请裁酌。山叩。江酉。行一。印。〔岭口〕

蒋介石致阎锡山密电稿

(1937年9月11日)

限即到。岭口阎副委员长:佳戌行一电敬悉。6210密。集中兵力于一点,与敌决战,是失我所长,而补敌短,此非不得已,切勿轻用。弟意晋绥阵地□取积极防御为主也。中〇。真午。侍参。京。

蒋介石致卫立煌密电稿

(1937年9月13日)

卫总司令：文申参战电悉。密。敌入蔚县，应速令朱师向马黄峪、龙门口急进，并设法截断怀来、蔚县之连络为要。另电汤总指挥，命廿一师攻击蔚县之敌，即不得已，亦须保持接触，以待第八路军之到达。此复。中○。元酉。一作。

蒋介石致阎锡山等密电稿

(1937年9月13日)

特急。岭口阎司令长官、广灵汤总指挥：○密。蔚县失陷，已令朱师【向】马黄峪、龙门口之线，截敌与怀来之连络。应速令廿一师即攻蔚县之敌，即不得已，亦须保持接触，待第八路军到达，力图规复为要。中正。元酉。一作。

徐永昌致何应钦等密电

(1937年9月13日)

南京何部长敬之先生、黄部长季宽先生：○密。据汤总指挥文午电称：1.李师一二四团于灰晨赶到蔚县、西关、南关，与强大步、骑、炮连合之敌遭遇，剧战至晚，该团施行夜袭，血战彻夜，真晨仍与敌激战中，伤亡颇大。2.李师主力真晨到达广灵西北南村一带，构筑预备阵地。又，汤文末电称：1.真日谒阎副座，奉命指挥第十七军及七三师，在广灵作战。现以八十四师在马山、火烧岭，七三师在马山南亘施家店、荞麦川之线布防，廿一师以主力控置南村，于贺家窑、曹家窑、马庄村一带构筑预备阵地，并以一团于蔚县东廿里暖泉镇掩护。2.西进之敌已越阳高，攻聚乐堡，各等语，特闻。徐永昌叩。元辰。行一保。印。〔清苑〕

阎锡山致蒋介石密电

（1937年9月14日）

即到。南京蒋委员长钧鉴：介密。元早以来大同电话不通，留同部队被敌压迫退至大同西方山地，桑乾河南岸我军因受火烧岭敌军侧击，已渐次向恒山左右构成坚固阵【地】。广灵更经义、元两日激战，我刘师伤亡奇重，吕团长阵亡，官兵牺牲千余人。寒晨广灵失守。余部在广灵南方各要口扼守。灵丘东敌约千，猛攻终日，终未得逞，经出击后，敌虽稍退，左翼仍激战，似在企图截断灵广连络。八路军先头，今夜可达灵丘。谨闻。山叩。寒戌。行一。印。〔岭口〕

李仙洲等致蒋介石密电

（1937年9月14日）

即到。京委员长蒋：烟密。本师元午因八四师火烧岭（广灵西北约卅公里）左方刘家沟阵地被约二千余之敌包围，当令六一旅崔旅长率兵两团向刘家沟之敌攻击，同时令六三旅吕旅长率兵两团在望抓村（火烧岭西南）、乱零关以北高地占领阵地，防敌迂回。职率一二四团进驻赵家坪督战。至夜十时我广灵之七三师因战况不利，将数年所构筑之国防既设工事放弃，我八四师右侧背感受威胁，决心撤退。职部奉总指挥汤【令】，撤至鳌峪、上白羊（火烧岭西南）、石人山、陈家沟之线预筑工事，已于寒申先后到达指定地点，师部鄹竺子沟（广灵西约三十五公里）。谨禀。职李仙洲、黄祖埙叩。寒。参。印。〔崞县〕

何柱国致何应钦密电

（1937年9月15日）

即到。南京军政部长何钧鉴：励密。职元晚抵岭口，谒阎主任,知大同放弃,即面谒请示关于职军尔后用途。决定第一步进出阳方口,维持朔县、平鲁、杀虎口间晋绥之交通,敌如同攻雁门,则侧击之。第二步与赵承绶军协力维持绥远,并扰乱敌之后方,以期待外蒙发动。第三步保守五原、临河,以屏障西北路线。职部先头部队铣日出发,经宁武向朔县前进,其余须两日后乃能集结原平续进。谨电奉闻。职何柱国叩。删。原。机。印。

阎锡山致何应钦密电

(1937年9月16—18日)

(1) 9月16日电

特急。南京何部长敬之兄:5647密。1.战况:元日敌步兵二千余,向我火烧岭西方刘家沟一带八十四师阵地猛烈进攻,敌机、炮不断轰炸,刻该师尚在苦战中。广灵正面之敌,亦猛扑我洗马庄各阵地,我刘、李两师均与敌激战甚烈。又,由蔚县经石门峪南进之敌,本日已向我刁泉一带(灵丘东北约八十里)阵地攻击,战况极烈,敌死伤甚众,我官兵为敌飞机、炮轰击,伤亡亦多。激战终日,敌未得逞,惟另有敌一大部,向该阵地左翼尹家店一带迂回,有切断灵广连络之企图。2.敌情:浑源北境桑乾河北岸,发现敌骑兵三四百名。南壕堑方面之敌大部集结于哈拉沟一带。特闻。阎锡山。铣辰。行一谍。印。〔岭口〕

(2) 9月18日电

特急。南京何部长敬之兄:5647密。一、战况:甲、灵广方面,自十二至十五四日剧烈激战后,敌我伤亡俱甚奇重,铣日以来,战况和缓,仍在对峙中。乙、篠日午后,有敌步骑数百、炮数门向丰镇车站进攻,旋又增兵千余,向东北迂回,截断铁道,并将我铁甲车击毁,正激战中。丙、商都方面,敌骑兵五师、蒙古军一部,篠日已向我天成梁向我攻击,守兵奋勇迎击,毙敌五六百名,敌向后退。二、灵丘、驿马岭、黄土岭均发现敌之便衣队。留家庄之敌,篠日在涞源西北之金家井盘据,灵丘东北约百里之北口,发现新到敌人七八千,炮四十余门。特闻。闻锡山。巧酉。行谍。印。〔岭口〕

黄绍竑致蒋介石密电

（1937年9月20日）

特急。京委员长蒋：〇密。一、第二战区部署如下（查五万分一图）：第三独立旅、第七三师、八四师、二一师占领刁泉村、义泉岭、王成庄、南洞沟之线,由南洞沟经恒山至北楼口为刘茂恩部阵线,由北楼口至狼峪、崞县东南十五公里为一百零一师,由狼峪至恍门峪为卅四军之一九六旅、二零三旅,由恍门峪至青羊山岭为十九军之二一五旅、二零五旅。二零岭至曲民堡为新编第七独立旅及新编第三步兵团。作战地境：沙河镇、长城沟、小辛庄之连线,右归杨爱源,左归傅作义指挥。右翼地区预备队为独立第八旅、新编第二师之两团,控置大营、沙河；左翼地区预备队为卅五军之四个团,控置阳明堡；总预备队七一师、七二师、独立第一旅,控置代县、繁峙。二、一一五师刻在冉骱、上寨镇一带,已派一营向涞源奇袭,闻已与敌接触,一二零师已到忻县、原平一带。三、绥远方面有卅五军步兵两团,骑兵第一师、第二师、第七师及新编步兵第五、六两旅、骑兵第二旅、补充第二团、国民兵五个团等部,归赵承绶。情况：白旷堡、灵丘东北二十五公里有敌一二千,与我独三旅接触。谨闻。职黄绍竑叩。号亥。印。〔岭口〕

介景和致黄绍竑密电

（1937年9月21日）

即到。南京大本营第一部部长黄：中密。灵丘独立第三旅阵地，号日被敌突破，我军右翼各部队马日午奉命齐向马跑泉、平型关、北谷寺口、柴树沟、小西沟、北楼口之线撤退。该作战区经屡次背进，士气颓丧，一处失利，即全线动摇，常此深恐影响大局，请特加注意。再：该区近日除灵丘被攻外，全线无战事。职介景和叩。马酉。印。

阎锡山致军委会第一部密电

（1937年9月22日）

特急。南京军委会第一部鉴：6210密。号一作元京电悉。查雁门关内不适骑兵行动，在关内而尚令其出关，此间并未令门师开回雁门，现该师仍在集宁以北协同作战。顷已电赵司令遵照电示办理矣。阎锡山。养巳。行一。印。〔岭口〕

阎锡山致蒋介石代电

（1937年9月23日）

南京蒋委员长钧鉴：谨续将本区铣至养日一周间战况汇报于下：一、灵丘方面：篠夜有步骑五六千、炮四十余门之敌，分数路向我灵丘以北阵地猛袭，均经我守兵用手掷弹击退。巧午该敌又连合机、炮向我白旷堡阵地猛攻未逞，至夜十时，敌更竭全力猛攻，我官兵抗战肉搏数次，敌兵优火猛，我官兵伤亡殆尽，各连余一、二人至十余人者颇多，敌之伤亡在我二倍以上，经派兵驰援，始将顽敌击退。皓晨敌两千余人利用机、炮掩护突入我白旷堡阵地，肉搏混战甚久，我官兵伤亡过半，经我左翼刘师派兵侧击，敌始后退。二、应浑方面：皓日应县之敌向我阵地扰攻，经我守兵痛击退去。浑源之敌巧日下午炮击我阵地，旋即停止。三、商都方面：铣晨日伪骑兵约五师，战车、装甲汽车三十余辆，依飞机之协助向商都、天成梁一带猛攻，激战至午后二时，情势始缓，我门师以丰镇失陷遂乘机向赉红转进，以固集宁。四、平绥路西段方面：铣日午后有步、骑、炮连合之敌千余,分数路向丰镇进攻,激战至夜,敌增兵三列车,篠日拂晓,将丰镇包围,机、炮集中火力轰城,激战至午后三时,南门摧毁,敌战车乘势冲入,我守兵伤亡过多,抢堵不及,城遂失陷。五、左云方面:篠晚敌骑千余、战车、装甲车十余辆,由大同向左云进攻,未逞;巧晨继攻,酣战甚久,敌以装甲车五十余辆向北绕攻,我孙师四、六两团损失甚大,不堪压迫,节节抵抗,皓日退至右玉至威远堡之间拒止敌人;号日拂晓,敌分两路向我四、六两团猛冲,我炮兵在右玉城上放列,对敌猛击,激战至午后七时,我孙师退威远、威平两堡之线整顿抵抗,此役我骑四团伤亡甚重,只余骑兵一连;马日,敌之一部续进至杀虎口外附近,与我骑五团对峙中,当派步骑各一团往援中。六、兴和方面:我王旅巧晚出城袭敌,激战两小时,敌不支向大涧沟退击,该旅因商都及丰镇失陷,养日转进至集宁西约三十公里之旗下营附近。除损伤俘获等查实另报外,谨闻。阎锡山。漾。行一谍。

阎锡山与蒋介石往来密电

(1937年9月23—26日)

(1)阎锡山致蒋介石密电(9月23日)

限即到。京蒋委员长钧鉴:○密。今晨二时,灵丘方面之敌分两路约一师团攻平型关及团城口,激战剧烈。至梗二时,将平型关之敌击退追击,下午四时,将团城口之敌亦击退,分三路追击中。我伤团长一、伤亡营长三、士兵二千余人,敌伤亡尤众,虏获人枪另报。谨闻。阎锡山。漾戌。行一。印。〔岭口〕

(2)蒋介石致阎锡山密电(9月26日)

岭口阎副委员长勋鉴:漾戌行一电敬悉。吉密。捷报传来,至为欣慰。吾兄指挥若定,克奏肤功,行见视寇溃灭在即,失地之收复非远矣。特复。中○。寝辰。侍参京。

介景和致黄绍竑密电

(1937年9月23日)

南京大本营第一部部长黄：夹密。敌人一旅团、坦克车、甲车各二十辆，昨夜十时起向平型关、团城口攻击，我独八旅、八十四师出击应战，敌向蔡家峪溃退。我七十一师，本晚已抵大营、第八路军定明拂晓由上寨村、冉庄村、灵丘、南山中向敌出击。二十一师、十五路接续部队。本午有敌八百余向小窝单、讲堂村攻击。应县、浑源大道有敌千余向东移动，战事决在平型关外决战。军部奉委座电各种密码均失，故改用夹密，以后通讯方法，请电示。职介景和。漾戌。印。

阎锡山致蒋介石密电

(1937年9月24日)

南京蒋委员长钧鉴：谨密。顷据啧河杨总司令爱源、孙副总司令楚梗申参战电称：梗丑敌以坦克车等猛攻我平型关附近东西跑池阵地，致汽车路右侧最高山头陷于敌手。经职等悬赏，于梗午由第十七军独立第八旅、第七十二师各抽派劲旅猛烈反攻，前仆后继，伤亡惨巨，幸赖将士用命，卒于梗午后一时完全克复。拟每部赏洋五千元，以励士气。请电示遵。等情。除电复照准外，谨电奉闻，敬请鉴核。阎锡山。迥戌。行二经。〔岭口〕

阎锡山致大本营密电

(1937年9月24日)

特急。南京大本营：〇密。(一)战况：养日，灵丘方面之敌，向我平型关、蔡家峪前进阵地进攻，我守兵极力抵抗，是夜敌以大部猛袭平型关阵地，我军奋勇拒敌，肉搏多次，将敌击退。漾晓，敌以一师团，分两路进攻平型关及团城口，战况剧烈，因敌我争夺山头，伤亡奇重,激战至午,卒将敌击退,追击廿余里,团城口之敌,亦于午后四时被我击退。金崎店、小窝单方面(平型关东北约六十里),拂晓时亦有敌八百余,向我阵地猛攻,经我击退。此役我伤团长一,伤亡营长三,士兵约两千,敌死亡尤重,俘获人枪正在查报中。(二)敌情:梗早,有敌千余,向浑源以东运动。马邑发现敌二百余名,装甲车七辆,并向人民查问阳方口道路。消息尤新得。阎锡山。敬申。行一。印。〔岭口〕

阎锡山与蒋介石往来密电

(1937年9月25—27日)

(1)阎锡山致蒋介石密电(9月25日)

南京蒋委员长钧鉴:谨密。漾戌行一电谅呈。进攻平型关之敌自漾日经我痛击后,复增兵以图再逞,遂决调重兵出击,连络八路军林师包抄该敌。有日拂晓,我出击部队正前进之际,敌主力向我团城口河北高军阵地猛攻,经我郭师迎头痛击,激战至午,将敌右翼击溃。林师及七十三师一部向敌左侧背挺进,占领蔡家峪,将平型关通灵丘之汽车路截断,敌机械部队及重兵器均不能退走,已获敌汽车五十余辆,均满载军用品。现已将平型关正面之敌约千余人解决,团城口之敌包围在一深沟中,已令迅速解决,以免逃逸。查敌系铃木兵团,配合蒙古军。阎锡山。有戌。行一。〔岭口〕

(2)蒋介石致阎锡山密电(9月27日)

岭口阎副委员长:有戌行一电敬悉。6120密。肤功克奏,欣慰良深,希将出力官兵呈报,以便奖励为盼。中○。感午。侍参京。

李仙洲等致蒋介石密电

(1937年9月25日)

京委员长蒋:珊密。一、本午八四师伤亡较重,全部溃退,致团城口（平型关北五里）阵地被敌突破。查此地为晋北主阵地之要点，一被突破，则雁门关感受威胁，关系重大。傅总司令已率生力军十余团到达平型关附近，准备反攻，现正在部署中。二、本师现仍固守西河口（团城口北八里）、亘水（乞加土旁）朵至杨庄四十余里之原阵地，以为左翼之支撑。但当面之敌，不过一团，现仍与我对战中。三、此间作战不利原因：（一）指挥官能力薄弱。（二）指挥不统一。（三）上下欠联络。（四）友军互不相信，各不相救，致敌各个击破。四、查山西为华北据点，一旦不守，则平汉、津浦均受影响，但晋军战斗力较差，殊不可持〔恃〕。以现在情况观察，除中央速派五师以上精锐部队并派大员前来指导外，山西前途，殊觉可虑。所见是否有当，恭候钧裁。职李仙洲、黄祖埙叩。有亥。参。印。

阎锡山致大本营密电

（1937年9月26日）

（1）

限即刻到。南京大本营：○密。战况：集宁方面之敌，自马日以来屡向我榆树湾、贾家村、毛不浪各阵地猛攻，均经我安、王两旅及四三五团死力抵抗，将敌击退。漾日敌约三千余向集宁右后方迂回，贾家村当面之敌同时猛攻，我军伤亡甚巨，复因进逼凉城之敌乘我骑兵彭师激战猛烈，无兵可援，安、王两旅损伤过重，至迥日各阵地卒被突破，集城遂陷，各该旅退守旗下营。凉城彭师亦受约两千之敌并战车、装甲车百余辆之压迫，连日剧战，伤亡奇重，于有日变换阵地，至石匣子、蠡绍、忙牛山之线，阻住敌之北进。此役我骑兵伤亡三分之一，骑二团仅余一连，安、王两旅及四三五团损失三分之二，敌伤亡尤重。阎锡山。宥亥。行一战。印。〔岭口〕

（2）

限即刻到。南京大本营：○密。本晚传达各集团军命令如下：

(一)廋〔庾〕蜋关正面之敌,连日与我激战,已被我击溃。宥日,敌由浑源、灵丘增援甚众,煌捃部约两千余,炮廿余门,向我越口一带进攻,敌似有进入关内之企图。(二)我决集中兵力,迅速抗拒各个正来犯之敌。(三)六集团军应联合十八集团军及总预备军,迅速击破进攻平型关之敌,七集团之杨爱源军,应竭力抗拒在越口一带之敌,其余各军固守阵地,以待我主力转移反攻该敌。(四)各集团军应本以上要旨,妥筹部署,即行开始动作。谨电报闻。阎锡山。寝亥。行一。印。〔岭口〕

阎锡山致蒋介石密电

(1937年9月26日)

特急。京蒋委员长钧鉴:鸣密。巧未一作京电奉悉。遵将第二战区内新属部队遵照电示意旨分陈如下:第六集团军司令部,繁峙高色〔?〕庄;第三十三军部,军砂河;第七十三师师部,繁峙□□村;第一九七旅,平型关附近;第二一二旅,繁峙红□村;独立第三旅,繁峙口泉村;独立第八旅,繁峙大营镇;炮兵第二十五团,繁峙沙河镇;第三十四军军部,繁峙魏家庄;第七十一师师部,繁峙齐□村;第二〇二旅,繁峙□□□;第二一四旅,繁峙齐城村;第一九六旅,繁峙胡家□;第二〇三旅,繁峙书堂崖;炮兵二十六团,繁峙;新编第二师,繁峙下孤村;炮兵第二十二团,□县西留属村。第七集团军司令部及第二十三军军部,代县马站堡;第二一一旅,代县下班镇;第二一八旅,代县王董庄,第二〇五旅,代县李家磨;补充第二团,□曲;炮兵第二十一团,代县阳明堡;第六十一军军部,繁峙沙河;第一三一师师部,繁峙白蟒石;第二〇一旅,繁峙泉沟;第二一三旅,繁峙正南沟;第二百旅,崞县原平镇;独立第七旅,宁武;炮兵第二十九团,集宁附近;第十七军军部及第八十四师师部,繁【峙】上台村;第二五〇旅及第二五一旅,团城口附近;第二十一师师部,繁峙牛心堡;第六一及六三两旅,繁峙西河口各朵上一带;新编第五旅旅部,集宁附近;第六旅,绥远旗下营;炮兵第二十七团,五台台怀镇;十九军军部,代县长郝村;第七十二师师部,繁峙伙营;第二〇八旅,繁峙齐城村;第二一七旅,繁峙水磨上;新编第四旅,大营西嵬;第二一五旅,代县后腰脯;独立第二旅,代县;第二十四团,代县阳明堡,第八十六师及第二〇四、二〇□两旅,均驻太原;第二〇九旅,代县盘□梁;独立第一旅,代县;新编第一团,太原;新编第二团,神池;新第四、七两团,繁峙大营附近;新编第五团,临汾;新编第八团,五台台怀镇;新编第九团,太原;第十团,叶子关;炮兵第二十三团,繁峙隆兴;炮兵第二十八团,繁峙齐城村;骑兵司令部,绥远归绥;骑兵第一师,凉城附近;骑兵第二师,右玉至威远堡间;骑兵第七师,集宁附近;新编骑兵二旅,绥远赉红附近;第十五军军部及第六十五师,繁峙下崧野;第六十四师师部,浑源黄崖村;第一九一旅,浑源官儿上,第一九二旅,浑源北土岭;第一九四旅,浑源西胡〔葫〕芦头;第一九五旅,浑源油房沟。第十七〔八〕集团军司令部,五台茹村;第一一五师及其所属各旅,均在灵丘、冉庄一带游击中;第一二〇师师部及第三五八旅,正向朔县前进中;第三五九旅,向五台前进中。何柱国军部及骑骑〔骑字衍〕三师师部,朔县;骑兵第六师,集宁附近。除以后移动情形随时呈报外,谨复。山。宥酉。行一战。印。〔岭口〕

介景和致黄绍竑密电

（1937年9月26日）

南京大本营第一部部长黄:1135密。昨敌我在平型关附近决战竟日,我八路军占蔡家峪、东西跑池各地,将敌主力包围于鹞子涧、六郎村山。昨夜敌一部向王庄堡突围而去,我除分队追击外,余仍在包围歼灭中。又,本日午前各方报告,十五军当面之敌,除师福沟附近夜间不断进攻外,其左右地区,均向后退浑源、应县大道上。拂晓起,先有敌大队步兵队形,混乱向西移动,后又有汽车约二百余辆,满载士兵向西驶去。综上各情形,敌似有改变企图模样。职介景和。宥午。印。

刘茂恩致蒋介石等密电
(1937年9月26日)

京大元帅蒋、军政部长何:○密。一、据职部姚旅长北辰宥七时三十分电称:昨夜敌约五六百人,向师福沟以西三八七团第二营阵地袭击,炮火异常猛烈,激战四小时,肉搏三次,毙敌四五十人。我四连连长杨温如率兵一排,在阵地前二百公尺之小高地奋不顾身指挥杀敌,竟身殉国,全排伤亡殆尽。现令三九零团邢团长国光,率一、三两营增加固守,与敌对峙中。二、昨晚有敌一部,向东茶房六五补充团警戒阵地进攻,当予痛击。今日拂晓,敌向大小全岭退去,大砖窑尚有敌人。三、与我师福沟对峙之敌,盘踞对面山上,各处均有工事,并附有山炮四门,与大小全岭敌人密切联络。等语。除复令严密戒备要为防□外,谨闻。职刘茂恩叩。宥未。总参冶。印。

阎锡山致蒋介石密电
(1937年9月27日)

南京蒋委员长钧鉴:○密。本日战况:(一)平型关方面被我包围之敌,一部分突围,又增加二三千名,向我左翼绕攻。该方战事,全线激烈,敌人顽强,被围之敌,坚不檄〔缴〕枪,只有硬打之一法。西河口廿一师右翼亦有敌千余,分路进攻,激战亦烈。大小石口、茹越口、朔县均有敌人进攻,朔县之敌约二千余名,茹越口敌人攻击甚烈,炮卅余门,炮击一昼夜,我守兵两营损失殆尽,已令杨军长抽兵今晚出击,歼灭该敌。(二)由敌阵亡少佐身上搜得命令,系板垣指挥,其目的在突破雁门后路。谨闻。阎锡山。沁戌。行一。印。〔岭口〕

刘茂恩致蒋介石等密电

（1937年9月27日）

特急。大元帅蒋、军政部长何：〇密。据姚旅长北辰宥廿时电称：本日派六五补充团第一营陈营长宝三率队赴阵前之敌后方游击截袭，十五时许，该营行抵柴树沟附近，与敌步、炮连合之敌五六百遭遇，激战三小时，肉搏三四次，双方伤亡甚重。我陈营长及机一连连长、一、二、三连连长阵亡，并伤亡官兵百余名，确数正调查中。又据杨旅长宥十八时电称：敌本日拂晓前，沿凌云口以北汽车路西退，三八四团便衣队遂进至汽车路附近，潜伏监视，相机进击。拂晓敌汽车约百余，满载步兵由浑源西进，我便衣队待至最后数辆，以手榴弹、步枪向敌猛击，毙敌数名，余遂下车抵抗，旋亦乘车逃去。又，韩团第二营司营长率队十六时已进抵裴村，正在该村附近破坏汽车路、桥梁。各等语。除令各以有力部队，向敌抄袭，勿使安全逃逸外，谨闻。职刘茂恩叩。感巳。总参。印。

高桂滋致蒋介石密电

（1937年9月27日）

京大元帅蒋：烟密。职军马巳奉令向灵丘西南王成庄附近转进，养申接替(1886.4)高地，经团城口、霸河口、上寺讲堂村至(1981.4)高地防务，曾于漾辰参一执呈。自养戌起，敌板垣第五师团第九旅团长所属(11)、(41)、(21)三联队，野炮兵第四中队及伪蒙军部队共约六七千人，我晋军独一旅由蔡家川后撤，【敌】跟踪由路迫近(184.4)防线，猛攻(1886.4)高地，另以一部【向】团城口猛扑。我各部为巩固(1886.4)高地阵线，率队增援，因奋勇受伤，营长李荣光阵亡。漾日拂晓，敌攻我阵线未逞，乃以全力攻东跑池以南独八旅阵地，旋被占领。为维持全局，复经吕团选拔奋勇官兵再次夺回，毙敌甚多，我亦伤亡甚众，伤亡排长(20)余员，士兵百余名。敬日敌仍陆续增援,激战竟日,官兵虽无预筑工事,以资掩护,仍奋不顾身,拚死肉搏。职一面严令与阵地共存亡,不得稍退,一步〔面〕勘连电阎司令长官并孙总副司令,陈明伤亡过重,不能维持本日战局,请增援固防。虽申,准派遣,迄未加入,同时弹药消耗已尽,待弹不至,士兵赤手肉搏,悲惨万分。直至有巳及午,该师全线被敌攻破,各守据点。斯时下级干部伤亡十之六七,无人指挥,代理艾团长之杜团附亦受重伤。职催送弹药将到,已被敌人遮断,此时仍盼援军加入,或可挽回,力竭声嘶,终未到达,致各据点均被包围,大部官兵壮烈殉国,各部尚奋勇冲出,退回后防,逐渐收容。旋奉阎司令长官有戍行一电,我军大部已于今晨开始攻击,将当面之敌击溃。计漾、敬、有三日,伤团长一员、团附二员、营长二员、营附连排长六员、士兵(985)名,阵亡营长一员、营附连排长卅员、士兵(820)名。查八四师自经沙城、火烧岭战后,所属(950)旅官兵伤亡过半,此次激战,伤亡尤重。现集结上台庄、茸家庄附近之战斗兵,不过两千余,继续抗战。至应如何整理补充之处,敬乞示遵。职高桂滋叩。沁。屯参一。印。〔阳曲〕

李仙洲等致蒋介石代电

(1937年9月27日)

委员长蒋钧鉴:自敬日我右翼横岭一带阵地被敌突破后,我第二固守区之右侧背感受威胁,当由驻榆林堡之参谋长蔡棨,派骑兵向右翼搜索。据报敬日午怀来城南十八家,发现敌骑数百名,即请求总部迅速将驻延庆九十四师之两团或怀来独立第七旅之两团抽出,驱逐敌骑,封锁突破口,以维后方。因夜与总指挥汤不能通话,遂与总部驻怀来之蔡处长商议,亦未得结果。至有日拂晓,敌一面扩大其突破口,一面以大部队向我右翼包围,同时向我阵地全正面猛攻,几经肉搏,我军仍扼守原阵地。至正午,十八家东北方之大山口发现步、骑、炮联合之敌约千余人,将我南辛堡骑兵连击退后，即跟踪进犯，至午后二时许，遂将东西旧榆林占领，同时将我榆林堡师部包围，炮火猛烈。时职正在前方督战，一面令在榆林堡整顿之一二二团第二、三营及一二六团第二营残部共二百余人固守，一面由青龙桥及东西大岭方面，各抽调两连兵力增援。至申时，我增援部队均到达指定地点，并向围榆林堡之敌猛攻，激战三小时，因敌众我寡，围未能解。黄昏后，敌仍继续增兵，并以一部向铁道以北运动。又据赴大同送伤兵之副官电称：张家口往西之火车不通，本师伤兵车开回下花园，重伤者送红十字会，轻伤者徒步赴大同。此时怀来、延庆及卫纵队方面情况暨总指挥汤位置均不明，无线电亦不通，上下联络完全断绝，请示无从，反攻无力。在此情况之下，如不迅速变换阵地，势必将我居庸关以西血战念昼夜之诸将士完全包围。职当时与八九师王师长电商，决定于有夜以职师向围榆林堡之敌作局部之反攻，再转向怀来以北地区变换阵地，与友军取得联络后，再图反攻。当即率部向榆林堡之敌猛攻，激战二小时，榆林堡东门之围始解。稍顷，敌复增兵向我反攻，并以一部沿铁道向西迂回，企图其一翼包围，切断我后方联络。不得已即一面抵抗，一面向怀来以北撤退，至妫川河口北时，驻延庆之九四师已先过此西去。此时友军情况均不明，总部无线电仍不通，怀来以西之西院子已发现敌情，遂于宥夜继续西行，于感日到达永定河右岸之桑园附近，并沿河布防，再图反攻。谨此禀闻。职李仙洲、黄祖埙叩。感亥。参。印。

阎锡山致大本营密电

（1937年9月28日）

即刻到。南京大本营：〇密。（一）在平型关方面被我包围之敌，顽强抵抗。宥日敌板垣师团廿一、四十一、四十二三联队，由浑源、灵丘方面增援，与我激战终日，敌我伤亡均重。沁日敌二千余向我左翼绕攻，全线战斗激烈。大小石口、茹越口、朔县均有敌人进攻,朔县及茹越口之敌,各约二千余,并野山炮二三十门,炮击甚烈,我守兵伤亡惨重。(二)由敌阵亡少佐身上搜得板垣命令一件,企图突破平型关,威胁雁门后路。谨闻。阎锡山。俭午。行一。印。〔岭口〕

阎锡山致大本营密电

(1937年9月28日)

限即刻到。南京大本营第一部:谨密。据军长孙楚、高桂滋等感电称:此次在平型关作战,掳获敌人日记、命令等,得悉由涞源西进之敌,为板垣第五师团,到涞源后,以国崎少将指挥第九旅团,转向东南,威胁保定,以三伺少将率第四二旅团,辖(11)、(41)、(21)三联队,(21)联队长为(粟饭原),另附蒙古军一部,野山炮各一团,战车若干,向平型关进攻。又:刘茂恩军俘日兵内岛善松一名,据供为山炮第三联队弹药兵,八月十日在门司上船,十五日到天津,该联队配属第五师团,联队辖三大队,大队辖三中队,中队有山炮四门,弹药□□,一中队每叚列有马十匹,驮弹十二发,每中队共有士兵约二百人。各等情。特闻。阎锡山。俭戌。行参谋。印。〔岭口〕

阎锡山致大本营密电

(1937年9月28日)

特急。京大本营:〇密。甲、战况:平型关方面,我陈师于感夜由黄圪底凹向六郎城出击,迄俭丑将六郎城完全占领,其余各部无进占。二、茹越口方面,我杨军赵团沁晚出击,未见成果,当夜以来受敌步、炮连合约三千余众之猛烈攻击,野山炮三四十门不断轰击,杨军长及梁旅长亲临前线指挥,官兵均抱牺牲决心,努力抵抗,得保全阵地,我梁旅长鉴堂俭午以身殉国,所部向团伤亡三分之二,赵温先团亦伤亡半数以上。三、汤方口方面,约有以骑兵为主体连合兵种之敌二千余名,感日将我何军骑兵压迫于朔西山地一带,自俭寅以来猛烈围攻朔县,我守兵沉着应战,敌未得逞。四、俭辰大小石口方面,敌约三四千人攻我李师阵地,战事激烈,伤亡颇重,至黄昏仍在对战中。乙、敌情判断:敌以一部在汤方口、茹越口方面牵制,以主力攻击平型关。谨闻。阎锡山。勘亥。行一战。印。〔岭口〕

徐永昌等致蒋介石等密电

(1937年9月28日)

急。南京委员长蒋、参谋总长程、军政部长何:谨密。情报:一、我八路军一部迂回敌之侧背,在灵丘附近截获满载辎重汽车五十余辆,并俘虏敌二百余人。二、我八路军林师已到涞源南插箭岭一带,即取涞源。三、我紫荆关方面之朱师亦与八路军取得连系。谨闻。徐永昌、林蔚。俭午。一作石。印。〔石家庄〕

蒋介石致卫立煌密电稿

(1937年9月29日)

急。无线电。卫总司令:○密。顷据汤军长俭亥电称:敌有向涿鹿前进模样。刘汝明部向蔚县撤退,已令七二师及马旅归还建制。八四师占矾山堡、桑园、鲍家口前一带,九四师占马家庙、石门子,四师集结龙门口,二一师集结谢家堡,暂为编整,再与卫部协同反攻。等语。特电知照。中正。艳午。一作。印。

阎锡山致蒋介石密电

(1937年9月29日)

(1)
即到。京蒋委员长钧鉴:般密。艳行电计呈。本日平型关、团成口、铁脶梁等处战事均异常激烈。平型关方面,敌以两个纵队突犯我阵地,数频危殆,幸赖我官兵奋勇牺牲,卒挽回颓势。铁角岭方面,梁旅长丁〔鉴〕堂阵亡,敌我损失奇重,现正在肉搏中。据俘敌军官供称,平型关新增之敌系板垣全师,铁角岭之敌为关东军。谨闻。阎锡山。艳戌。印。〔沙河〕

(2)

限即到。南京蒋委员长钧鉴:般密。欲解决平型关战事,山于昨晚来前方督师,到后,知我敩晃部队四团,连夺山头、村庄数个,歼灭敌人计千余,但我陈师陈团,因突入太深,被敌包围,仅余下级官士兵数十人,其余团长以下均殉国。日来,涞源方面敌增加四千余人,平绥方面敌增加六七千人,欲包围歼灭,殊不易达到目的,暂作固守,另谋击敌。再:茹越口得而复失者三、四次,敌我损伤均甚奇重,现在繁峙以北三四十里之铁角岭布防。谨闻。山。艳。行。〔阳曲〕

阎锡山致大本营密电

(1937年9月29日)

南京大本营鉴:○密。甲、战况:(一)平型关方面东正面,俭辰以来,敌由上下铺西之小道,陆续向东西跑池增加,愈聚愈众。我陈、郭两师各以一部出击,拟先击破鹞子涧之敌,然后再转向东西跑池方面,期一举将敌歼灭。激战终日,敌我伤亡甚重。我陈师程团长及两营长阵亡,一营长受伤,全团官兵,壮烈殉国。我郭师四二八团阎、李两营长受伤,官兵约伤亡半数。虽未能达到歼敌目的,今尚能坚守迷回村至二一四一点九六高地,待机反攻。北正面,感辰以来,有步、炮连合约两千之敌,分三路向我高军李师西河口二二零□高地及水垛之阵地攻击。因我守兵沉着抵抗,敌未得逞。(二)茹越口方面,因我杨军伤亡甚重,俭晚敌已进至铁角岭一带。小石口附近,俭辰以来有敌步炮约五六千余众,正向我李师阵

541

地攻击中。(三)阳方口方面,俭巳朔县失守,刻敌已近迫阳方口至利民堡正面,我贺师准备由利民堡向井坪镇方向出动,攻敌侧背。乙、敌情判断:敌已有后续部队到达,于最近有攻破我阵地之企图。阎锡山。艳酉。行一战。印。〔岭口〕

介景和致黄绍竑密电

(1937年9月29日)

即刻到。南京大本营部长黄:中密。查我军将士无战力,遇敌即退。平型关之敌不过一旅团,以十六团兵力,傅总司令亲临指挥,几日且并无丝毫进展,而时以溃退。闻俭日,敌以一联队攻茹越口,已长驱直入,刻杨、傅二总司令已作向五台山退却准备。此线失后,第二线更无法守,请中央速筹大计,以免遗误全局。以上情形均职在杨、傅总部所亲见,千万请注意。职介景和叩。艳子。印。〔台县〕

阎锡山致蒋介石密电

(1937年9月30日)

限即刻到。南京蒋委员长钧鉴:〇密。山到平型关督战,该地战况虽稍佳,敌由平绥路用汽车转运大部兵力,专攻铁角岭,杨军长澄源以全部兵力与敌血战两昼夜,山并将总预备队三团加入作战。卒因众寡不敌,致敌冲到橄峙。山得讯后,拟抽平型关部队回兵堵击,而此时平型关方面,敌复猛攻,阵地左翼高地,失而复得者数次。黄昏,我军复牺牲一团以上之兵力,将该高地夺回,该高地为平型关锁钥,正拟由平型关抽兵两旅,雁门关抽兵两旅,刘茂恩军前方,敌人尚不甚多,并拟将该军撤下,由山亲自督战,夹击敌人,命令已下,而晚九时,该高地复被敌人夺去,平型关方面成危局。高军长桂滋亦以刘军一撤,该军左翼暴露,绝难维持,遂不得已于今早一时,决定由五台山经橄峙、代州间达雁门关,占领斜角阵地。山于今早八时到台怀镇指挥布置,至损失及占领之阵地另行电报。山指挥无方,丧失关隘,遗误国事,非特自疚,实为国法所不容,恳钧座呈请政府严予惩处。山。卅申。印。〔台怀〕

刘茂恩致何应钦密电

(1937年9月30日)

急。南京军政部长何钧鉴:5257密。茹越口附近之敌约二千,于艳日占领繁峙。奉阎司令长官命令,本军缩短防线,暂据神堂堡、车厂、茶方子、对方水坪、峨口、峪口经代县、雁门关至阳方口之线占领阵地,令职部向黄草里东方高地、巡检寺、西水坪、葫芦咀、羊草渠、楼屹梁及其西方五公里之一八六三点四七高地(不含)之线占领阵地,遵于卅子由原阵线开始向新阵线转进。除详细部署另行电陈外,谨电禀陈。职刘茂恩叩。卅亥。总参。印。〔榆次〕

何柱国致何应钦密电

(1937年9月30日)

特急。军政部长何钧鉴:励密。职军于有日推进井坪镇时,以杨方口工事薄弱,朔县空虚,且马邑方面有敌情顾虑,当令七八团中校团附谷峻峰,率徒步兵两连及机枪、迫炮各一部附骑炮二门,驻守朔县。当职军在井坪以北与敌激战之际,尚以电话令该部协同独立第七旅之一连固守该城。俭晨敌即以精锐将朔县包围,以野炮、坦克猛攻,我守城部队誓死抵抗,激战竟日,死亡相继,卒因北城尽毁,敌之坦克车攻由北门、东门冲入。我守城部队,仅谷团附率领十余人自南门冲出,其余官兵七百余人均全部殉国。城内官绅、民众被屠杀者在三千以上。燕云□冒州相继失陷,而此邑军民能与城共存亡,亦云烈矣。除将殉国官兵详查另报外,谨先电闻。职何柱国叩。陷

亥。参一。印。〔神池〕

李仙洲等致蒋介石密电

(1937年9月30日)

特急。京委员长蒋：励密。此间因繁峙被敌占领，全线撤退。本师奉命撤至五台山东十五公里之东台沟附近待命，本日已到达五台山东北四十公里之麻子山附近，明日续向目的地前进。谨禀。职李仙洲、黄祖埙叩。卅亥。参。印。〔忻县〕

蒋介石致阎锡山密电

(1937年10月2日)

台怀阎司令长官百川兄：卅酉电敬悉。〇密。吾兄躬亲督师，为国宣劳，殊深嘉佩。平型小挫，请毋介怀，仍盼策励各军，继续杀敌，以争最后胜利。弟中正。冬申。一作元。

陆军第七十一师平型关战役之经验教训①

(1938年2月1日)

一、我军官兵吃苦耐劳及牺牲精神均远过敌人，惟士兵作战技能太差，指挥官指挥能力太古板，不知利用时机，寻敌弱点，兼以通信连络太欠灵活，致处处被敌牵制不能互助。

二、我军士兵欠沉着，仍有早放枪早投手掷弹之弊，与敌作战间只知死拼，而不知巧用方法，尤其每遇长官伤亡，即失其团体性与作战能力。又官兵受伤后，常有多数士兵随护而下，因之战斗力大减。

三、我军派出侦探极少，敌情不易明了。盖因一般居民早已逃避一空，不能利用本地居民报告敌情也。

---

① 选自陆军第七十一师平型关会战团城口方面战斗详报。

四、敌军自动火器固胜于我,而其战斗技能及指挥灵活亦为我军所不及,且其通信调动,均甚迅速。故与敌作战,应力避小部队向远处绕攻,免陷于不利,反长敌人之士气也。

五、我军战略,素主先为不可胜,以待敌之可胜。然守阵地者,多不能按预期时日守住,出击部队未见机会即须参战,常陷于主力冲突。不能寻敌弱点,致多不能奏功。

六、步炮协同太差,其原因平日无演习,临时少连络,战场机会稍纵即逝,致步兵无论攻防,甚少得炮兵之协助。炮兵对炮兵,亦颇为劣势。

七、军队素质不同,临时归其指挥者,多不能达到预期之效能,结果虽有军队,亦不能如意使用。

陆军第七十三师平型关战役之总结[①]

(1943年2月)

(一)敌军步、炮协同密确,兵力转运迅速,增援适机,我各级指挥官均可取法。

(二)部队出击应力求秘密,出敌不意,使敌无所措手,慌于应付,乘机痛击,最易成功。

(三)山地防御,自动火器应配置于山峰两侧,既可避免敌炮之射击,又可出敌不意,发挥火器侧斜射之效能。

(四)山地防御,预备队应分置数处,可获应援适机之效。

(五)对于附有炮兵之敌夜间向我攻击时,宜预指定袭击敌炮兵之部队,以便伺机袭击。

(六)一地区之作战部队应互派连络员,确保连系。例如广灵、灵丘之役,本师与左翼高师数日未能取得连系,致陷于孤立。

---

① 选自陆军第七十三师广灵、灵丘、平型关战役战斗详报。

（三）忻口战役

第二战区忻口战役作战计划

（1937年）

忻口会战　二十六年十月三日至十一月四日

一、忻口会战方针

（一）本战区军以攻势防御之目的，以主力占领蔡家岗、灵山、界河铺、南怀化、大白水、卫家庄、1482高地迄阳方口既设阵地线，两翼依托五台及宁武各山脉，缩短战线，集中兵力，对侵入之敌乘其立足未稳，迅速击灭之。

（二）以一部占领五台山、罗圈沟、峨口至峪口之线，另以主力之一部占领中解村、阳明堡、虎头山、黑峪村之线，竭力阻止敌之前进，不得已时，撤据崞县、原平、轩岗一带，逐次消耗敌之实力，以掩护大军之集中。

二、敌情判断

（三）敌以主力由大营、繁峙，以一部由大同、雁门沿汽车路进攻，另以一部由阳方口附近实行牵制攻击，以使其主力攻击容易。

三、指导要领

（四）在阳明堡、虎头山一带之部队，应竭力阻止敌之前进，以掩护后方部队之集中及主阵地之占领。

（五）以十八集团军之林、贺各师，分由平型关及雁门关施行包抄，并截断敌后方连络线，以使主力之作战容易，并派有力之一部，由马兰口方面相机威胁敌之右侧背，形成优越之包围态势。

（六）主阵地之部队，借前方之掩护，竭力充实战斗诸准备，在战斗间竭力阻止敌之进展，相机出击，并协同林、贺各师，包围敌人于原平以北地区而歼灭之。

四、战斗前敌我态势(附图一、二)

〔略〕

五、兵团部署

(一) 以第十八集团军(欠一百二十师)、第七十三师(附炮兵一营)、第一百零一师(附炮兵一营)及新编第二师为右翼军,归朱(德)总司令指挥,在五台山、罗圈沟、军马厂、翠岩峰、挂月峰迄峨口、峪口之线,占领阵地。

(二) 以第十四集团军、第九军(欠第四十七师)、第十五军、第十七军、第十九军及第一百九六旅、炮兵二十七团(欠第四、第六连)为中央军,归卫(立煌)总司令指挥,在蔡家岗、灵山、界河铺、南怀花〔化〕、大白水至1482高地之线占领阵地,以另一部在中解村、阳明堡、虎头山、黑峪村之线占领阵地。

(三) 以六十八师、第七十一师、第一百二十师及独立第七旅、炮二十三团第三营、炮兵二十四团第三营、炮兵二十八团第三营为左翼军,归杨(爱源)总司令指挥,在黑峪村迄阳方口之线占领阵地。

(四) 以第三十四军(欠一百九十六旅)、第三十五军、第六十一军(陈长捷)、第六十六师及独立第一旅、独立第三旅为总预备军,归傅(作义)总司令指挥,位置于定襄、忻县一带,策应各方。

忻口战役前敌我态势①

(1937年?月?日)

平绥线敌计有第三、第五两师团全部,第一、第八、第一九各师团之一部及铃木、酒井兵团、满蒙军等,总共不下六七万,由板垣中将指挥。自八、九两月来,攻占我怀来—大同,继陷我广灵一怀

---

① 选自第二战区第十四集团军(卫立煌)晋北忻口战役战斗详报。

仁—浑源—山阴—马邑各要地后,直越长城,分由平型关—雁门关—朔县各路侵入晋北,企图直捣太原,夺取黄河以东、以北整个华北地区,借达大陆政策之迷梦。

我晋绥军及第十八集团军、第十三军团等,虽经分途节节强韧抵抗迭予敌以重创,然卒因敌火优越、损失奇重,一时无法挽回。为待援反攻计,除朔县方面由第一二〇师、崞县方面由第十九军及独立第七旅,步步拼死力抗外,其在五台方面之第十八集团军(欠第一二〇师)仍在原地游击,其余第七集团军(七十二师及第三十五军宋、董两旅)、第十三军团、第十七军、第三十四军(七一师及独立第二旅、独立第八旅两旅)等部,遂由十月二日起,分向忻县东西地区转移,情势极为危急。

程潜致蒋介石密电

(1937年10月2日)

限一小时到。南京委员长蒋钧鉴:〇密。(甲)百川今晨返省,据言敌先头已达代县南二十公里之郑家营一带。(乙)其部署:派王靖国率主力在崞县之线将作顽强抵抗,以一部配于五台一带,以十团归朱总指挥德指挥,在紫荆关一带,游击敌之后方。(丙)卫部输送到太原,从本日起,最速尚须四日。加此有力增援,晋危可解。职程潜。冬戌。印。〔高邑〕

阎锡山致蒋介石密电

(1937年10月2日)

南京蒋委员长钧鉴:5301密。卅申电计呈钧览。现在卅三、卅五、十五各军,沿五台山由龙泉关至代县南之峪口布防,十九军及卅四军之残部,在阳明堡、崞县一带布防。卅五军在沙河附近,十九军在阳崞附近,均与敌激战中。宁武、朔县一带,我十八集团军之贺师及马延守旅,已将朔县克复,正计昼歼灭敌人。十七军退

忻县整顿。山为指挥便利计,已于奉晨经台怀、五台遄返太原。阎锡山叩。冬未。参。印。〔阳曲〕

卫立煌致蒋介石等密电
(1937年10月3日)

限到〔刻〕到。南京委员长蒋、部长何:0942密。一、职部奉总长程东日命令移援晋北,除附郝军之五四师已于昨(冬)日由石庄附近输送完毕外,余第八五师、独五旅、炮五团、第十四军之顺序,本(江)日起分由获鹿、井陉乘车昼夜向太原赓继输送。职拟本晚先赴太原。二、昨日敌机十余架到石庄附近轰炸,正太路石庄车站附近被炸甚重,白昼输送颇堪顾虑,如无阻碍,预定全部真日左右输送完毕。谨闻。职卫立煌叩。江寅。参。印。〔石家庄〕

何柱国致何应钦密电
(1937年10月3日)

急。南京军政部长何:0536密。据派赴平鲁、井坪间扰乱敌后方部队报称:井坪、平鲁间已无敌踪,我骑兵之一部业已协同贺师之宋支队克复井坪,等情。现正续派部队分向井坪、朔县间及平鲁方向,行大规模之活动,以期肃清当面之敌。除尔后情况续报外,谨闻。职何柱国叩。江辰。白参一。印。〔咸阳〕

卫立煌致蒋介石等密电
(1937年10月4日)

分送。即到。京委员长蒋、军政部长何:安密。一、职本晨先行来并,谒阎司令长官,所得一般情形如下:甲、敌情:平型关方面侵入者为板垣兵团(辖第五、第六师团确否未定),雁门关以西侵入代县、宁武省,为关东军及伪满蒙军,兵力约二师团以上(机械化部队),占崞县之敌二千余,昨北退三四十里。乙、部队位置:(1)第十八集团军朱、林在五台（附晋军十团），贺师在朔县方面，刘伯承师由侯马输送，约齐可运毕。（2）晋军杨爱源（七一师、独三旅、独八旅、十七军）部虞左右可由五台转到忻县西北奇村镇、前后播明、西冯城一带，傅作义部七二师、三十五军宋、董二旅微日可由五台转到忻县东北白村、高城一带。（3）刘茂恩军鱼可由五台转到部落镇。丙、据晋军内部人称，晋军除王靖国部三、四团未参战，尚可战外，其余士气太劣。此外，高军损失最重，刘军较轻。丁、顷奉阎司令长官规定：一、职部除郝军已开忻口镇（一旅在太原候车）掩护外，余悉开忻县集中，今后使用方法未定。二、十四军约今晨前可将正定、石庄防务移交三十二军，已令徒步至井陉或以西候车。陈铁师刻有一团到达，已令即向忻县续进。谨闻。职卫立煌叩。支申。参。印。〔阳曲〕

程潜致蒋介石密电

（1937年10月5日）

即到。南京委员长蒋：据阎司令长官支巳电开：谨密。据崞县王总指挥江电称：约二千之敌已到崞县以北地区，该部正准备迎击。又，马旅长江日报称：阳方口之敌约千余，已进至宁武城北，现该旅拒守轩岗隘路，各等情。现郝军已于本晚到并，业令开忻口。等语。谨闻。职程潜。微午。印。〔邢台〕

卫立煌致蒋介石等密电

（1937年10月5日）

（1）

急。南京委员长蒋、部长何：〇密。谨将职部输送及集中掩护配置情形择呈如下：甲、输送：一、八五师江午由获鹿开始输送，今夜明晨可全到并。二、独五旅在八五师后输送，预定麻晚可全到并。三、十四军支先由正定、石家庄徒步移动，鱼日可到井陉、娘子关一带候车输送,预定真日左右,可全到并。四、炮五团另令由顺德登车尽先向并输送,尚未具报。除先到之郝军五四师于忻口镇东西一带高地担任集中掩护外,预定后续各部集中配置:一、八五师,忻县以南附近。二、十四军于关城镇东西地区。三、独五旅于黄寨附近。四、炮五团于太原以北地区下车待命。乙、除已饬各部加紧输送到并后,即转车继向指定位置集中,过并后,如有空袭顾虑,即行徒步星夜前进外,谨闻。职卫立煌叩。微未。参。印。〔阳曲〕

(2)

急。南京委员长蒋、部长何:〇密。一、平型关方面侵入之敌,根据确为板垣师团及铃木兵团。二、据我空军昨日侦察,繁峙有敌大部。三、我第八路军王兆相部约二千,刻由岢岚向五寨前进。又,刘伯承师于本日可到达侯马,开始输送。四、进犯原平之敌约千余,据报已向北退。崞县之敌与我王靖国部对战中。谨闻。职卫立煌叩。微亥。参。印。〔阳曲〕

阎锡山致大本营密电

(1937年10月6日)

南京大本营:〇密。本战区军自由平型、雁门转进之时,即令十九军王靖国部固守崞县,卅四军江〔姜〕旅固守原平,独立第七马旅固守轩岗(宁武东南约廿公里),阻敌南下,以掩护大军在忻县附近之集中。迭据报告:敌自支日以来,连日向崞县及原平我军阵地猛烈进攻,昨今两日,终日战斗,极为激烈。崞县之敌,以飞机、重炮不断轰击,城内外房舍多被摧毁,刘团一营阵地,击毁殆尽,士兵伤亡三分之二。围攻原平之敌,昨夜已进迫至百米附近,冲锋五、六次均被我用手掷弹击退,敌军伤亡三倍于我。本日,敌仍不时冲锋,我姜旅浴血搏战至为激烈,现仍在对战中。我轩岗马旅,本日亦受敌猛烈攻击,以该隘路地形险峻,敌未得逞。除尔后战况续报

外,谨闻。阎锡山。鱼亥。参。印。〔阳曲〕

黄绍竑致蒋介石密电
(1937年10月6日)

即到。限四小时到。京委员长蒋钧鉴:○密。(一)综合情报:敌在平汉正面不过一师,其余主力合关东军、北支军约三师以上,目的在迅速占领太原,自东日起攻击崞县,并以一部越攻原平。原平守军不多,迭次告急,本日恐难维持。(二)晋、绥军及刘、高等部自五台转向忻口镇、忻县附近,尚须两日方能到达,惟秩序尚须整理。(三)郝梦龄师〔军〕已到忻口镇,卫部八十五师今晚可到忻县以南地区,十师、八十三师仍正输送,须五日始能到达,刘伯诚〔承〕师今晚到侯马,即开始输送。(四)现决心派兵一部死守崞县、原平、忻口镇、忻县各要点,迟滞敌人前进,以待后续部队到达,而后由两翼出击而歼灭之。(五)职意:敌以主力攻晋,我应厚集兵力与之对战,石家庄方面既不能持久固守,自不宜多置兵力与敌作战,应以主力守娘子关侧面,以一部监视平汉路正面,抽兵二、三师以上,转移太原,俾长久保持太行山高原之地利,实为目下最要决心,敬请核示。(六)〔略〕。职绍竑叩。鱼戌。〔阳曲〕

阎锡山致大本营密电
(1937年10月7日)

(1)

特急。南京大本营:固密。战况:(一)鱼日上午,崞县方面之敌约两千余人、炮廿余门,三面围攻,逐渐进迫至阵地前百米附近构筑工事。午后三时,敌集中炮火猛轰我刘团阵地,该团阵地完全摧毁,全团官兵殉国。(二)原平之敌,微夜三度猛攻,均被击退,惟炮战终夜不息。鱼拂晓,敌以数倍兵力向我谷团(谷树枫391R)三营实行冲锋,全线亦猛烈攻击,敌近迫至二十米达,双方停止射击,实行肉搏战,格斗之烈,向所未有,我方以手榴弹、白刃与敌激战至七时许,始稍停顿。阵地附近,尸体狼藉,敌较我伤亡加倍。在激战间,敌机投弹百余,我炮被击毁五门,阵地多被破坏。我官兵抱与阵地共亡之决心,精神仍甚旺盛。(三)轩岗之敌,本日上午增加四五百人向我猛攻,并以一部向左翼迂回,已被击退。谨闻。阎锡山。虞辰。行一谍。并。印。〔阳曲〕

(2)

急。南京大本营:敏密。(甲)战况:一、原平之敌,本日午后三时许,由原平西北方向堡内轰击,步兵仍与对峙。二、崞县之敌,自我刘团阵地沉没后,敌乘势猛攻城西北隅,敌兵增加甚众。午后,敌机二十余架轮流轰炸,敌重炮四门、山野炮十余门行地区射击,我伤亡甚众,现仍炮击中。三、轩岗之敌与我马旅激战甚烈,该旅正苦战死守。(乙)敌情:一、由敌尸检获图囊一具,知崞县之敌系黑省汤浅部队,受板垣指挥,经张家口、大同、茹越口、代县到崞县。二、代县有敌三千余,苏龙口(崞县东北约十二公里)有敌千余。(丙)消息无新得。阎锡山。阳亥。行一。并。印。〔阳曲〕

卫立煌致蒋介石密电

(1937年10月8日)

限一小时到。委员长蒋:复密。一、各部可于灰日赶在忻县及西北奇村镇一带集结完毕。二、如两翼行动能如期到达,预定真日开始攻击原平、崞县附近之敌,力求歼灭。三、窃查此战至关重要,宜有空军协助。据空军支队陈司令栖霞面称:由南京或汉口方面拨驱逐机一队来晋,即可敷用等语。拟恳核饬照拨于灰日前到晋,为祷。卫立煌叩。齐午。参。印。

介景和致黄绍竑密电

(1937年10月8日)

南京大本营第一部长黄：0022密。王靖国军侯团长已由崞县过此,崞县于本日七时失守。敬闻。职介景和叩。齐酉。

阎锡山致大本营密电

(1937年10月9日)

特急。南京大本营：固密。(一)战况：围攻崞县之敌,自虞日以飞机、重炮对县城猛烈攻击六小时,城垣摧毁,守兵尽亡,城内通信网完全破坏,敌兵蜂涌登城。我抽调东西两城援兵夹击于城上、街巷,反覆〔复〕冲锋,已将破口缩小,惟我军伤亡惨重,计阵亡团长二,中校参谋一,田旅长生死不明,伤亡官兵尚未查明。原平之敌,上午攻击颇急,午后稍缓,仍不断炮击。轩岗之敌,本日仍与我马旅激战,其一部向东北方活动。(二)消息无新得。阎锡山。佳午。行一。并。印。〔阳曲〕

卫立煌致蒋介石等密电

(1937年10月9日)

特急。京委员长蒋、军政部长何：〇密。据刘茂恩齐亥电称：据报崞县附近有敌约三四万,正在该县以东架桥中,其主力似有向我东冶方向进犯企图。又代县为敌根据地,兵力较少。等语。除复继侦续报并加强阵地工事严加戒备外,谨闻。职卫立煌叩。佳申。参战。印。〔阳曲〕

刘茂恩致蒋介石密电

(1937年10月9日)

特急。南京大元帅蒋钧鉴：敏密。我十九军王军长靖国固守崞县,与敌苦战七昼夜,卒因敌炮火猛烈轰炸,我军伤亡过甚,于庚夜被敌攻陷。王军长率部已过滹沱河到大莫村。谨陈。职刘茂恩叩。佳巳。参。印。〔榆次〕

阎锡山等致大本营密电

(1937年10月11日)

(1)

特急。南京大本营:○密。(一)战况:(1)围攻原平之敌,灰日以飞机、战车、装甲车掩护步兵迭次进攻,激战终日。我姜旅死力抵抗,与敌肉搏多次,双方伤亡极众,并击毁敌战车两辆。我骑兵孙师,虞日经宁武北进,与敌遭遇,发生激战,现仍对峙中。(2)绥远方面,我骑七师与安旅在陶林、武川一带连日与敌对战,刻仍节节抵抗中。(二)敌情:朔县敌人有向北移动模样,崞县到敌大部,平鲁、朔县一带有汽车二百余辆,往来频繁。(三)消息无新得。阎锡山、黄绍竑。真未、一谍。印。〔阳曲〕

(2)

急。南京大本营:○密。一、战况:真日敌仍猛攻原平,我姜旅伤亡奇重,仅余二三百人,山炮全毁,刻仍据守原平东北角与敌巷战中。我中央军真日全日推进到达东西岔村以西高地,经桃园村、狡平、地泉之线,遭遇敌顽抗,获敌战车一辆、防毒面具若干,我第十师阵亡营长一员,连长数员,现仍激战中。二、敌情:苏龙口滹沱河对岸,有敌二千余人,阳明堡机场有敌机卅余架,代县到敌宪兵一队,阳明堡至太和岭及繁峙沿途,近一、二日夜间,灯光甚多,有汽车多辆西去。三、消息无新的〔得〕。谨闻。阎锡山、黄绍竑。真亥。行一战。拜。印。〔阳曲〕

刘茂恩致蒋介石密电

(1937年10月11日)

即到。南京委员长蒋钧鉴：敏密。庚午参战电计邀鉴察。顷奉卫总司令灰亥参电节开：一、军拟以有力一部驱逐围攻原平之敌，主力完成攻击准备。二、第九军应于真日拂晓，以有力一部驱逐原平附近之敌，解姜旅围。三、第十三军团、第十四军真日拂晓，应以威力侦察当面敌情，并增强有力部队，巩固东西岔村迄其以西高地及神山南侧一带高地，协同第九军驱逐原平附近之敌。四、各军均应于真晚以前完成攻击前进准备等因。兹遵令处置如下：一、六五师一九四旅姚旅长北辰，着即进至淤泥村，并派三八七团确实巩固东西岔村及其以西高地，实行威力侦察当面敌情，并协助第九军向原平方面之敌进攻。二、六五师右自上社村以东高地，左至营房里（不含）之线，四师右自营房里（含），左至滹沱河以东地区，均以坚固工事，并于本晚完成攻击前进准备。再：第九军派兵一团协助原平姜部向敌进攻，刻在平地泉附近与敌唐克车对峙中。谨闻。职刘茂恩叩。真晨。参战。印。〔榆次〕

刘茂恩致何应钦密电

(1937年10月11日)

即到。南京军政部长何钧鉴：敏密。原平镇本日晚被敌攻陷，守兵姜旅官兵正沿滹沙〔沱〕河东，现向界河铺集合中。再：敌现在桃园、桃唐、林岗、东西泥河、永兴村之线，与我五四师、八五师及第十师对峙中。谨闻。职刘茂恩叩。真亥。总参宏。印。〔榆次〕

阎锡山致大本营密电

(1937年10月13日)

急。南京大本营：固密。一、战况：崞县、原平之敌，连日准备进攻,我方亦积极备战。本早七时,敌飞机、战车各三四十架,掩护步兵向我忻口北方各阵地猛力进攻,双方炮火极烈,敌机不断轰炸,敌我步兵在南槐〔怀〕化阵地肉搏多次,卒被我击退。激战至午后七时,敌伤亡惨重,即行退却,我军正乘势反攻。计敌伤亡在三千以上,击毁敌战车二十二辆,我军因阵地良好,伤亡仅数百人。二、敌情:崞县以北有汽车百余辆,满载伤兵向北运送。三、消息无新得。阎锡山。元亥。参。印。〔阳曲〕

卫立煌致蒋介石等密电

(1937年10月13日)

限即刻到。南京委员长蒋、部长何:〇密。(一)本拂晓以来,敌机约三十架竟日往复在我郝、李两军阵地及忻县轰炸,并以战车约五六十,炮约四五十门,掩护步兵约五千,猛烈分向南怀化、阎庄我五四师、十师阵地攻击搏战,迄晚未停。(二)据原平方面我侦探报告,本日敌人运回伤兵络绎不绝,计数千人。(三)敌战车被我击毁二十辆。(四)我五四师南怀化阵地未刻被突破,正由二十师、十师及陈长捷部协力夹击规复中。(五)黄昏时,敌大部仍继向我阎庄、大白水增加猛攻。判断敌主力将由此方来犯。(六)已令李军长本夜以第十师一部及傅总司令所部先歼突破口之敌,再向平地泉、小原平,以第八三、第八五师由左翼方面向永兴村以北亘马家山一带之敌猛烈围击中。职卫立煌叩。元亥。参。印。〔忻县〕

介景和致黄绍竑密电

(1937年10月14日)

特急。南京大本营第一部部长黄:〇密。本日晨乘我十五军抽调部队准备向桃园村出击之际,约有一联队之敌在南下郭渡滹沱河猛攻我灵山阵地,我军在灵山及东西荣华与敌决战,迄今双方均死伤重大,我拟日没前将该敌歼灭,同时我右翼军方面战亦甚

烈。敌渐向原平溃退之势。据报,本日我林彪师占阳明堡,贺龙师占崞县(?)南之大牛庄。介景和。寒申。印。〔榆次〕

黄祖埙等致何应钦密电

(1937年10月14日)

特急。南京部长何:烟密。(一)本师奉令归郝军长梦龄指挥,于真日派一部接替五十四师界河铺东岸至三家庄以北高地之线。(二)元丑,敌二十四联队约步兵二三千名,在炽盛炮火掩护之下,向我五十四师南怀化阵地猛攻,激战九时,该师以伤亡过巨,至该阵地被敌突破。我师长当率部陆续增援,自元巳迄今辰,与敌血战一昼夜,往复冲击,前仆后继,山头失而复得者数次,战况最为惨烈。时我师长卫士伤、亡各一,仍奋不顾身、率部先登,始将五十四师所失阵地及南怀化村夺回,并将敌主力完全击溃。(三)是役毙敌三百余人,师长身负重伤。除敌自焚尸外,阵地遗尸百余具,掠获步枪二十五支、掷弹筒十五个、革背包四十个,军旗一面,其余书籍、文件、饼干、罐头甚多。(四)我除师长重伤外,阵亡营附一员,连长二员,伤连长二员,其余伤亡连附以下二十七员、士兵四百零四名。(五)现我当面残余之敌仅百余人,正在包围歼灭中。第二十一师副师长黄祖埙,参谋长蔡棨。寒酉。参三一。印。〔忻县〕

蒋介石与阎锡山往来密电

(1937年10月15—16日)

(1)蒋介石致阎锡山密电稿(10月15日)

急。阳曲阎司令长官:○密。据卫总司令文酉电节称:现在石庄已放弃,晋省情况益见严重,此后战势开展系于晋北正面。刻晋北各军单位虽多,但在第一线兵力,并非绝对优势,与敌决战在即,故第一线各军,必须统一指挥,始能适机运用决战,以期收歼敌之效。等语。即希核办,径令遵照为盼。中○。删辰。一作元。

(2)阎锡山复蒋介石密电(10月16日)

特急。南京蒋委员长钧鉴:删辰一作元电敬悉。〇密。此次晋北作战,虽区分中、左、右、两总预备各四军,除十八集团军外,实际上则均归卫总司令指挥,并决定以后增加部队均归卫总司令统一指挥。谨复。阎锡山叩。铣午。印。〔阳曲〕

卫立煌致蒋介石等密电

(1937年10月15日)

急。南京委员长蒋、军政部长何:2376密。据刘戡寒午电称:敌于文未刻起,以重轰炸机二十余架,向我四九八团髻髻山阵地往复轰炸数小时,投弹数百枚,元拂晓迄午,敌复以轻重炮数十门掩护步兵团一联队指向髻髻山攻击,发炮二千余发,我阵地工事全成灰土。守军浴血抗战,与敌肉搏,阵地进出数次,均经击退。团长曾宪邦两次饮弹,殉国,营长三员,相继负伤,连长以下官兵伤亡殆尽。至午后一时许,阵地遂被陷落。当时抗战之勇敢,与阵地同存亡之精神殊为壮烈,而损伤之奇重亦为前所未有。等情。查当日激战情形迭经文、元亥各电电呈在案。该团长率同全团官兵,卒以受敌炮火轰击,与阵地同亡,壮烈牺牲,至堪嘉尚。除饬详报呈请优恤外,谨闻。职卫立煌叩。删午。参。印。

〔批示〕复。曾团长以下各官兵,与阵地同存亡,壮烈牺牲,可歌可泣,希转饬照章请恤并对该师全体官兵致慰勉之意。〔何应钦印〕。通电、通报上均加入。钦。

李仙洲等致蒋介石等密电

(1937年10月15日)

特急。南京委员长蒋、部长何:0536密。本日拂晓以来,敌继续以炽盛炮火仍向我六十三旅官村以南阵地及六十一旅(1300)高地一带阵地猛击,并以步兵千余分三路进犯,我官兵沉着应战,激战至午,毙敌甚多。至下午二时,敌复集中炮火,以全力向我六十一旅左翼阵地轰击,炮火之烈,前所未有,致将我前进阵地完全击毁,守兵一连全部为国牺牲。敌即利用其炮击效力,以步兵猛攻,我官兵因为有与阵地共存亡之决心,当即全部出击,一举将敌击退。敌攻击发生钝挫后,复再实行炮兵掩护其步兵攻击,复被我击退。下午以来,敌在其炮弹掩护下,反复向我猛扑七次,均被我击退,至下午八时,敌气尽竭,已成强弩之末,不敢再犯。我现仍在原阵地与敌对峙中。是役敌伤亡枕藉,我亦阵亡营长焦秀民一员,负伤团附白英书、营长吴步云、宋天修二员,其余伤亡官兵连长以下六、七百名,详数正在调查中。查当面之敌为板垣师团之四十二联队,因连日损失甚重,极狼狈,如全线出击,不难歼灭。谨禀。职李仙洲、黄祖埙。删。参一。印。〔忻县〕

阎锡山等致大本营密电

(1937年10月16日)

特急。南京大本营:敏密。(一)战况:甲、原平方面,寒夜我军向敌猛攻,今晨我李默庵军已攻占新旧练庄、卫家庄之线,我傅军已攻占板市、下王庄、弓家庄之线。旋敌增兵反攻,并以唐克车数十辆横冲,肉搏终日,仍成对峙状态。惟突入南怀化之敌两千余,除经我傅军五四师、二一师数度围攻,敌仍顽抗。我右翼刘军灵山阵地亦被敌攻,失而复得。敌主力在永兴村、安家庄一带与我李、郝、陈各军激战甚烈。我一二零师之一旅本日亦向永兴村夹攻,现敌仍顽抵抗中。计今、昨两日敌伤亡约五六千,我亦伤亡约五千。李师长仙洲、于旅长镇河、董旅长其武均负伤。乙、我一二零师及骑二师各一部先后进占阳方口。丙、我一一五师之一团元晚确实占领平型关,双方均有伤亡,并将团城口东河南间汽车路破坏十余里,寒日,在该关东之小寨村附近,截获敌援军汽车一百三十余辆,刻正激战中。(二)敌被我八路军特务团寒突袭代县时,见敌一联队(附坦克车、汽车等)东开,判断其往援平型关。(三)消息无新得。谨闻。阎锡山、黄绍竑。铣午。二参谍。印。〔阳曲〕

阎锡山致蒋介石密电

(1937年10月16日)

特急。南京蒋委员长钧鉴:○密。盐未一作元电敬悉。除已令晋东各部查报备转外,谨将晋北各部队位置呈报如下:七三师在台怀北古华岩、军马厂、柏子岩线;新二师,大沟里、翠岩峰、挂月峰;第一零一师,黑山庄、西田庄线;六五师,善护山附近;六四师,上零村、灵山线;五四师,界河铺、官村线;六一军,旧河北、南怀化、旧练庄线;二一师,忻口西附近;十师,兰村附近;八三师,阎庄、卫家庄线;八五师,水油沟、西庄线;独五旅,〔在〕忻口附近;七一师,麻港村、山水村线;六十八师,奇村附近;独二旅、独三旅、独五旅,金山铺、张家沟一带;独七旅,轩岗东西线;八四师,东呼延村附近;独一旅,东冶;七十师,右岭关、大盂镇一带;七二师,大盂西之高村;二零三旅残部,忻县;一九六旅残部,黄寨附近;骑一师,宁化铺一带;骑二师,三马营一带;骑三师,考营堡一带;骑六师,绥远一带;骑七师,包头一带;一一五师,平型关、沙营一带;一二零师,崞县、原平以西地区;一二九师一部,繁峙、代县一带游击;六六师在太原、石灞关一带,炮兵各团已配属各部。阎锡山。铣未。参战。印。〔阳曲〕

阎锡山等致大本营第一部密电

(1937年10月16日)

特急。南京大本营第一部鉴:○密。甲、战况:一、晋北方面,删日右翼十五军向桃园村、北郭下村之线进攻,与敌千余激战竟日,未能进展。中央傅部,由第九军正面出击,占领板市、弓家庄之线,并将突入南怀化之敌围歼,旋敌增兵三千余,复侵入南怀化,肉搏多次,仍在围攻中。左翼十四军及八五师与敌主力约七八千,激战一昼夜,往复进攻,敌我伤亡惨重,卒成对峙之势。铣日,激战仍烈,双方无进展,惟将南怀化之敌歼灭殆尽。我八路军删早在广灵、灵丘间截获敌粮食车一百三十余辆,毙敌八十余,克复涞源之支队进占紫荆关。二、晋东方面,敌仍在旧关西南高地,第三军以一部警戒九龙关,主力协同二十七师包围旧关之敌,限铣日拂晓开始攻击。二十七路及三十一师一部仍固守阵地。本日已将旧关、关沟之敌歼灭殆尽,敌向地都逃窜,计毙敌少佐一,上、中尉官兵五百余,获山炮二门,我伤亡官兵百余名。铣日复在关沟、大小龙窝及旧关西南高地击毙千余人,我军伤亡四五百人。乙、敌情:晋北之敌系第五师团、第二、第三师团各一部及酒井兵团、铃木兵团、骑兵联队、一重炮联队,一共约十个联队。晋东之敌系川岸兵团、第八、第七七联队,步兵约五千余。丙、消息无新得。阎锡山、黄绍竑。铣亥。参。印。〔阳曲〕

卫立煌与蒋介石往来密电

(1937年10月16—17日)

(1)卫立煌致蒋介石密电(10月16日)

即到。南京委员长蒋:我密。此间抗战兵力原不优势,攻战六日,伤亡及半。昨日,敌以汽车三百余辆运来援军万余,故今日战况空前激烈。维念消耗过剧,部队复杂,拟请迅筹增兵,用维危局。除督饬各部尽力抗战外,谨闻。职卫立煌叩。铣亥。参。印。〔忻县〕

(2)蒋介石复卫立煌密电稿(10月17日)

限即到。军急。忻县卫总司令:○密。铣亥电悉。已令孙震军兼程入晋增援矣。仍望抗战到底,以竟全功。中○。篠西。一作元。

蒋介石致卫立煌密电稿

（1937年10月17日）

忻县卫总司令：〇密。删酉电悉。忻口会战关系至大,望督励所部一鼓歼敌为盼。中〇。篠午。一作元。印。

何柱国与蒋介石往来密电

（1937年10月17—22日）

（1）何柱国致蒋介石密电(10月17日)

急。南京委员长蒋：〇密。转奉删亥一作元电敬悉。窃以晋北方面中路突入之敌已受挫折,我林师在广灵、灵丘、平型关、沙河镇等处将敌背后截断,宁武、朔县、岱岳及其以北地区有贺师之宋支队及职军屡次迂回截击,敌人已大感恐慌。此时,两翼友军应以广大之游击,柱深入其后方乘隙蹈间,作局部之战斗。因晋北多山,敌之优点已失,而我之特长尽可发挥。如此,方可挽回战势,克奏肤功。愚见谨请裁谕。何柱国。(17·16)战。印。〔岢岚〕

（2）蒋介石致何柱国密电稿(10月22日)

岢岚何军长柱国：励密。所见极是,八路军已发挥机动效能,希饬部果敢实施扰乱牵制,使正面作战有利为要。中〇。养巳。一作元。

阎锡山等致大本营第一部密电

（1937年10月18日）

特急。南京大本营第一部：〇密。甲、战况：一、篠日晋北方面左翼战况仍烈,正面南怀化阵地,上午敌仍猛攻,下午和缓,计前后共获敌步枪五百余支、轻重机枪四十余挺、炮三十余门,击落重轰炸机一架,敌我伤亡均甚重。敌强迫人民搬穰,昼夜不停。二、晋东方面,旧关之敌仍据险死守,我军正围攻中。三、我八路军之一师删晚在平型关击溃敌之援兵,获掷并枪二支、步枪五十余支,敌伤亡二百余,铣占团城口。另一部删日在灵、广间截获敌马车后,复击溃敌骑兵二百及步兵汽车卅余辆,进占广灵,现向蔚县追击中。铣日敌机扰太原,击落敌机一架。本日敌机在太原投弹十余枚。乙、敌之消息无新得。阎锡山、黄绍竑。巧丑。参谋。印。〔阳曲〕

卫立煌致蒋介石密电

（1937年10月18日）

急。南京委员长蒋:○密。(1)我右翼刘茂恩部连日与敌争夺东西荣花村及灵山一带据点,激战过猛,伤亡三分之二,敌尤惨重。刻附八十四师固守蔡家岗亘灵山、界河铺之线,与由南郭下村方面来犯数千之敌仍在激战。已饬九十四师即占营房里迄龙王堂之线,对敌侧击中。(2)中央方面,刻由王靖国指挥。敌炮、空昨(篠)日起向界河铺、忻口镇及南怀化一带猛烈轰击,其步兵千余人,附以唐克车,仍不断向南怀化方面进犯。我独五旅应战至烈,伤亡奇重。(3)左翼方面,本午大白水、卫家庄附近有敌唐克车卅余辆,掩护其步兵约三千攻击。刻与我第十、第八十三、第八十五各师仍在激战中。(4)篠日起,敌机数度来忻轰炸,掷弹百余枚。谨闻。职卫立煌叩。巧戌。参。印。〔忻县〕

李仙洲等致蒋介石密电

（1937年10月18日）

即到。南京委员长蒋:励密。本巧未以来敌增加部队在炽盛炮火掩护之下,向我六三旅阵地数度猛攻,该旅阵地几全为炮火轰毁,我官兵等誓死抵抗。虽经击退,但该旅旅长吕祥云、一二六团团长王元堂均负伤,一二四、一二五两团营连排长伤亡殆尽,每连枪兵仅七、八名,至多不过十余名。屡向军长陈长捷数度请援,该军孙旅四三二团迟迟不前。除指挥该旅淬励士气、暂维现状,并电恳总司令卫火速派队增援外,谨闻。职李仙洲、黄祖埙。巧申。参一。〔忻县〕

阎锡山致蒋介石密电

（1937年10月19日）

特急。蒋委员长钧鉴:敏密。皓我各部位置如次:一、晋东方面,卅师一部,辇泉、胡雷线,主力【在】兴家庄东西、旧舟附近;卅一师,娘子关以南高地、互片梁附近及程家楞底一带;廿七师,大小龙窝亘苇泽关以南高地;四四旅,六岭关附近;十七师,乏郊岭一带;七师,梁家脑一带;一二师,新关一带。二、六五师,营房里、蔡家岗线;八四师,蔡家岗、上下联村;六四师,灵山东西线;九四师一部,营房里东侧,主力龙王堂附近;五四师,界河铺附近;独五旅,官村以南高地;独二旅,新练庄;独三旅,界河铺及南铺;廿一师,秦家庄、东常村线;十师,大白水、卫家庄;八三师,卫村、水和沟;八五师,麻巷村、山水村;六八师,刘村;七一师,杨胡村、鱼龙沟,一部庄王村、东岔沟;(?)七旅一部,水山村、西庄,一部穿道白家梁;二一七旅、二一八旅、二一一旅、新四旅因铣篠向板市、旧河北、南怀化等地出击,损失颇重,刻在金山铺、张家窑整理;七十二师分驻张家窑、高城村、新练庄东侧等处;七十师部,落镇、秦城村一带;六九师在忻县以东集结中,一一五师在平型关、灵广等地区,一二零师在片园县、原平、雁门关等地区,一二九师在繁代地区游击,骑一师宁武以南段家岭一带,骑二师阳方口、大水口一带,骑三师偏关一带,骑六师绥远以西地区,骑七师包头以西地区,新二师在台怀以北扼守各要隘,独一旅(欠一团)扼守通繁峙、代县各要口。阎锡山。效戌。参战。印。〔阳曲〕

卫立煌致蒋介石密电

(1937年10月19日)

急。南京委员长蒋：(1)篠午、酉两仗〔?〕作兄电均奉悉。敏密。已选下严令，督励各部与阵地共存亡，死力抗战。(2)惟以连日争夺要点，各部浴血苦拼，伤亡过巨，现在十四军及八五、廿一各师余部均不过五、六营，独立旅仅余战斗员五六百。每日消耗均在二三千左右。若不火速补充，诚恐守备无人。谨复。职卫立煌叩。皓。参。印。〔忻县〕

阎锡山致何应钦密电

(1937年10月19—20日)

(1) 10月19日电(一)

南京何部长敬之兄鉴：0942密。寒亥、删亥两参电诵悉。通报：(一)铣晚，敌对我忻口东西一带阵地，继行攻击，并以多数战车冲锋，入我大白水内，旋经我军奋勇击退，计获敌炮九门、步枪四百余支、轻重机枪四十余挺、无线电机两台并毙敌千余。(二)篠日，敌对我东西荣花村、南怀村、大白水三处，以烟幕掩护步兵前进，以炮、空、战车轰炸，均未得逞，敌伤亡极重。(三)此役获敌华北日军配备地图一份，计津浦方面为第十六、第十四、第二十三个〔各〕师团，平绥方面为第五师团及酒井旅团，惟晋北之敌，确已增至十个联队。特闻。阎锡山。效。孙参谋。印。〔阳曲〕

(2) 10月19日电(二)

急。南京何部长敬之兄鉴：2404密。铣亥参电诵悉。通报：一、巧日，晋北方面敌分三路猛攻，一路约千余人，攻我右翼刘军，已被我军进退，一路约四五千人，攻我中央陈军，上午炮击最烈，下午步兵冲入阵地，经反复冲击，阵地尚能维持，一路以战车三十余辆,掩护步兵约三千人,向我左翼李军进攻,飞机轰炸甚烈,刻在激战中,敌我伤亡奇重。二、晋东方面,巧日午后敌攻击旧关甚急,我教导团损伤殆尽;经将孙部一师加入,始将敌军击退。三、佳日以前雁北之敌为兴民军,共有步骑五千余人,野山炮八十余门、战车二十辆、飞机二十二架(已被我方击毁七架)并有装甲车及载重车六七百辆。新岱岳及青庄东北有敌飞机场各一。岱岳以北铜〔同〕蒲路已改为双轨,能与平绥相联。谨闻。阎锡山。效酉。参谋。印。〔阳曲〕

(3) 10月20日电

南京何部长敬之兄:2404密。篠亥参电诵悉。(一)晋北方面,敌皓辰以来猛攻我右翼,经我刘军拼死逆击,午后渐趋和缓。中央各部,与敌争夺官村南阵地,敌我伤亡均重,现对峙中。永兴村有敌大部,向我施行烟幕弹。连日激战,我击毁敌战车十余辆、装甲车卅余辆,均遗弃于湖中河槽。皓午我孙旅小炮队,击落敌机二架。(二)晋东方面,皓日旧关附近,敌我仍在对峙,乏驴岭激战甚烈,现仍相持中。(三)我八路军张旅之一营,巧驰抵雁门关,破坏交通,敌急由崞县、繁峙调兵两团进击,战斗甚烈。特闻。阎锡山。号未。参谋。印。〔太原〕

阎锡山等致大本营第一部密电

(1937年10月20日)

特急。南京大本营第一部:固密。(甲)战况:一、晋北方面,本日上午敌猛攻我官庄一带阵地,并用催泪瓦斯弹射击,当敌我争夺高地,敌伤亡甚重,我伤团长二员,官兵约三分之二。右翼灵山阵地,敌攻甚急,终被我击退。左翼大白水一带,敌炮击甚烈,迄午后二时许,战况方渐和缓。二、晋东方面,本日已将旧关敌消灭尽,残敌东退,旧关已恢复。敌约一师进由井陉西进攻,孙部已准备迎击。(乙)敌情无新发现。(丙)消息:日军部命令长谷川部队向忻县移动,萱岛联队由津开晋,今田助、川藤、邻田三部向邯郸移动。特闻。阎锡山、黄绍竑。驾亥。参。印。〔阳曲〕

卫立煌与蒋介石往来密电

(1937年10月20—22日)

(1)卫立煌致蒋介石密电(10月20日)

特急。京委员长蒋钧鉴:成密。铣日攻击南怀化之役,我第九军长郝梦龄、五十四师长刘家麒、独立第五旅长郑廷珍均身先士卒,肉搏殉国。当弥留时,仍大呼所属杀敌而逝。似此忠勇,足式群伦。拟请钧座优予议恤,赐以国葬公祀,并追赠郝梦龄为陆军上将,刘家麒、郑廷珍为陆军中将,用表忠烈而励来兹。当否,乞赐钧核。职卫立煌叩。号。印。〔忻县〕

(2)蒋介石复卫立煌密电稿(10月22日)

忻县卫总司令:0942密。号电悉。郝军长、刘师长、郑旅长等忠勇殉国,殊堪哀悼,惜其身后议恤葬礼等项,已交管理部核办矣。中○。养午。一作元。

卫立煌致蒋介石等密电

(1937年10月21日)

特急。南京委员长蒋、部长何:0942密。(甲)昨夜、今晚,敌以一部攻我灵山阵地未逞,正对峙中,另以烟幕护主力向我官村以南及大白水阵地猛攻。又,官庄以南之敌因我守兵一部伤亡过重,阵地稍向后移,仍在对战。迭据王靖国、陈长捷报告,因伤亡太多,每旅残存均不足三数百人,敌如再猛攻,诚感难以支撑。(乙)现全线态势:一、右自营房里经龙王堂、灵山至界河铺为右地区,由第八四、第九四两师及十五军担任。二、界河铺经官庄、南怀化、新练庄为中央地区。但自南怀化被敌突破后,现阵线系由界河铺经官庄、官村西南约一启罗处折东南向成钩头,以达于秦家庄东之1300高地,迄新练庄之线,由第二十一、第五四两师、第一七七师许团、晋军第二一一、第二一五旅、独五旅及第二一七、独二各旅担任,位置顺序概同。三、旧练庄、兰村、大白水、卫村、南峪线为左地区,由第六八师、十四军及第七一、第八五各师担任。(丙)除已抽八五师及十师一部正由秦家庄方面向南怀化侵入之敌与中央队夹攻,并严督各部死力夹击。(丁)综据两日谍报及高山观测所得,前、昨两日原平方面仍有团以上纵队陆续过原平南下增加。谨闻。职卫立煌叩。马酉。参战。印。〔忻县〕

阎锡山等致大本营第一部密电

（1937年10月22日）

急。南京大本营第一部：固密。甲、战况：一、晋北方面,本日上午敌仍续向官庄西南一带猛攻,机、炮轰炸甚烈,该阵地全毁。敌兵突近,我增兵逆袭,情况甚形严重。我军虽死伤甚众,仍奋勇搏战,至午后始将敌击退,现在对峙中。右翼于上午敌炮击灵山甚烈,左翼战况较为和缓。二、晋东方面,由井陉西进之敌占领乏驴岭后,我增援部队赶往阻击,现于南峪及一〇〇〇高地之线对抗中。旧关之敌已被我包围,仍然据险顽抗。三、敌情：乏驴岭新增之敌系伪回军卅七师团。四、消息：日军部令各飞行队分向包头、娘子关、太原轰炸。阎锡山、黄绍竑。养。官参。印。〔阳曲〕

卫立煌致蒋介石等密电

（1937年10月22日）

特急。南京委员长蒋、部长何：固密。一、昨晚敌攻占我官村以南数山头,忻口西北发生动摇,我八五师受地形限制向南怀化进展困难,因令该师连夜转移忻口。本子先头到达即向该敌猛攻,激战四小时,卒将昨夜所失山头悉行夺回。我方伤亡极众,毙敌约三百,缴获步枪二百余、轻机枪廿余挺。现敌放射呕吐催泪瓦斯弹及烧夷弹、烟幕弹向我反攻,正激战中。二、向我左右翼进攻之敌,连日未逞。刻以炮兵向我各要点射击中。三、连日原平南北敌汽车仍甚活动。四、检获敌文件载:独立山炮兵第三联队及关东军守备队仪我部队均在左正面。又,本正面之敌属关东军系统,第五师团为新改隶者。谨闻。职卫立煌叩。养午。参。印。〔忻县〕

介景和致黄绍竑密电

(1937年10月22日)

特急。南京大本营第一部长黄:○密。(1)第十五军阵前突发现蒙军甚多,纯操国语。(2)敌昨今两日虽较沉寂,然局部攻击仍甚激烈。本日午后,敌集中炮火向我灵山射千余发,我阵地被击毁大半,然损失甚小。(3)敌军本午后,闻在南怀花〔化〕附近用催泪毒气,我阵地被占据一部,现由八五师设法恢复中。介景和。养戌。印。〔榆次〕

蒋介石致卫立煌密电稿

(1937年10月23日)

忻县卫总司令:马戌电悉。○密。我增援部队即到晋,希鼓勇歼灭该敌为盼。中○。梗申。一作元。印。

阎锡山等致大本营第一部密电

(1937年10月23日)

特急。南京大本营第一部:○密。据卫总司令号亥参电称:一、南怀化之役敌第五师团大场联队(即第四二联队)歼灭殆尽,毙敌部队长大町少佐以下官佐四十余,我廿一师夺获敌七五步兵曲射炮两门、重机枪十一挺、轻机枪卅二挺、掷弹筒廿二个,步枪

(342)支、手枪十余支、信号枪一枚、无线电两部及背包五百个、防毒面具三百余、炮兵剪形镜三架及重要文件册籍颇多(另案详呈);我独五旅夺获重机枪六挺、轻机枪十余挺、步枪百余支及其它军用品无算。刻各该部伤亡虽众,士气尚盛。二、连日我十四军彭师于大白水、刘师于卫家庄与敌往复争战,毙敌极众,曾击毁敌军之队部,除缴获械弹不计外,获敌作战命令及重要文件、书籍多种(汇案详呈)。三、其他各部斩获亦众,正清查中。等情。谨闻。阎锡山、黄绍竑。漾子。参战。印。〔阳曲〕

卫立煌致蒋介石等密电

(1937年10月23日)

(1)

特急。南京委员长蒋、部长何:0942密。(一)据由敌方逃出难民报:(1)据闻敌军官兵谈话,敌军来晋北者六万余人,刻已死伤万余人,兵心颇为恐惧。(2)因旬日遭我各处猛烈攻击,频频失败,故决采用瓦斯弹、烧夷弹。指挥官寺内寿一,现带兵两师来晋增援。(3)南怀化、池上村一带居民被日寇惨杀三百余。各等情。谨闻。职卫立煌叩。漾辰。参。印。〔忻县〕

(2)

急。南京委员长蒋、部长何:○密。(一)我正面经陈师将要点恢复后,敌仍不断进攻,使用催泪弹、烟幕弹、烧夷弹、达姆弹,并新添大口径炮集中射击。我五四师左翼官村阵地亦激战中。(二)我右翼军灵山及以西阵地,养夜起,敌以优越炮火掩护步兵千余,更番猛扑,均未得逞,毙敌数百。(三)左翼炮击甚烈,其步兵有继攻之样。连日见其部置甚忙。据郭师获敌日记:该师正面为第卅联队及大泉混成队。(四)九四师一部养晚进占东西贾村、蟻子庄一带,敌向河西溃退。(五)据由敌方逃来人云,敌惟恃火炮、飞机、战车助战,

其步兵现极恐慌,等情。谨闻。职卫立煌叩。梗亥。参。印。〔忻县〕

黄绍竑致蒋介石何应钦密电

（1937年10月23日）

急。南京蒋委员长钧鉴、何部长勋鉴：设密。(1)二区决战已到最后阶段,虽极力苦撑,既无大力增援,亦仅时间问题耳。此后除以一部死守太原,以八路任游击阻敌南进,其余各部拟酌量南移,整理补充,以图再战。(2)此次损失,计晋绥军六十余团,现合并不足二万五千人,廿六路损失三分之二,第二十一、八十四师损失三分之一,第十、五十四、八十三、八十五师损失二分之一,第十一路损失三分之一,第三军损失四分之一,卅七路损失三分之一,十七师损失四分之三,九十四师损失三分之一,三十八军教导团损失四分之三。此后损失,尚难计算。(3)如此巨大损失,应请中央迅予统筹补充,否则,决难再战。(4)此次各战区有作战不力、闻风溃退之部队,现正纷集于北岸,争欲渡河。请派大员趁机整理,限制补充。否则,坏军日增,好军日减,前途殊多隐患。(5)补充整理,宜按作战成绩制定办法,公布施行,庶可泯其自私之心,而收一致牺牲之效。所陈当否,敬乞察纳。黄绍竑叩。漾亥。印。〔阳泉〕

〔批示〕一、②③④⑤项抄送补充兵监、兵役司,速妥拟扩充计划呈核。二、复悉。各部队之补充,现正积极筹划中。何应钦印。

李仙洲等致蒋介石等密电

（1937年10月23日）

即刻到。南京委员长蒋、部长何：励密。查本师自八月中旬抗战以来,历经参加南口、蔚县、广灵、平型关、忻口各战役,转战数千里,血战三月余,牺牲之大,为他师所未有。迄本日止,计伤亡旅长一员、团长三员、中校团附二员、少校团附四员、营长十二员、连长五十七员、中尉连附以下军官二百九十员、士兵五千六百三十四名。现六十三旅仅存战斗兵二百五十一名,六十一旅亦伤亡三分之二。本师已无战斗力,拟恳速予指定地点整理补充,俾资再战。是否有当,乞电示遵。职李仙洲、黄祖埙叩。漾申。参。印。〔忻县〕

国民政府军事委员会第一部情报组抄电

(1937年10月23日)

据报:

二十二日晨娘子关吃紧,孙连仲部退阳泉。又,忻口敌用重量毒瓦斯,损伤重大。

傅作义谈一周内敌我均到最后关头,但我无精锐援军,前途可虑。晋军十五,现只余五万。

卫立煌致蒋介石何应钦密电

(1937年10月24日)

急。南京委员长蒋、部长何:〇密。一、本日全正面之敌以步、炮、空连合向我四次猛烈进攻,往复争夺各要点。迄现在止,敌大部均经击退,我七二师、八五师伤亡甚重。二、因正面各部伤亡过多,火力无法维持,已勉将九四师本夜转移忻口方面。三、为继续围困,伺机决行歼灭该敌起见,已令中央地区各部队并力抗战,力图规复南怀化突破口。另令左、右两翼今夜起全线以小部队深入敌方,袭敌侧背。一俟援军到达,即行大规模之出击。四、敌自雁门被截断,粮秣极感困难,现向地方征发杂粮中。谨闻。职卫立煌叩。敬亥。参。印。〔忻县〕

卫立煌致蒋介石密电

(1937年10月24日)

南京委员长蒋:〇密。梗申一作、马辰侍参电均奉悉。

(一)此间血战半月,官兵伤亡三分之二,均能恪守钧令,死力抗战。(二)迭据难民及俘敌所供,敌死伤亦在万余人,士气极为颓丧,怕战情绪充分表露。(三)川军到晋,已转向晋东。倘能立派有力三师参加晋北作战,则此残敌必可指日消灭,此股解决,则华北问题、国际情势,必尤转变。若旷日后援到达或兵力平分,前途必俱感危险。谨电呈核夺。职卫立煌叩。敬亥。参。印。〔忻县〕

卫立煌致蒋介石何应钦密电

(1937年10月25日)

(1)

特急。南京委员长蒋、部长何:敏密。(一)全面之敌昨竟日以步、炮、空猛攻未逞。中央区官村以南及右地区灵山以北之敌,迄敬戌被我击退,毙伤敌约五六百。左地区七一师南峪、刘庄正面之敌,昨夜、今晨仍在向我猛攻,战况异常激烈。(二)昨夜我左线均以小部队向敌袭击,均得小胜利,毙敌不下二三百。(三)现以八三师主力转移左翼方面,并令独七旅主力同〔向〕南峪方面转移,夹击来攻之敌。弟卫立煌。有戌。参。印。〔忻县〕

(2)

特急。南京委员长蒋、部长何:○密。(一)正面之敌午刻以步、炮、空连合三度猛攻,均经击退。毙敌三四百,内有尉官数名。获枪百余、军刀十余、其他军用品甚多。(二)板市、下王庄、南怀化一带敌步兵续有增加,车辆骡马运动频繁。(三)左翼我七一师正面自晨至晚肉搏至烈,我伤亡营长以下官兵五六百,敌受创更巨,我八三师一部已向该方增援,日暮后战况渐沉寂。(四)向灵山进攻之敌被击退,毙敌尸中有敌十一联队中队长三屋杰武,并获其战刀、日记、面具等物。又,官村方面之敌,据敌尸所检,为山下旅团萱岛部队,似为新转移者。(五)据获敌日记载,敌方第一军司令官寺内大将、第二军司令官上田中将、第三军司令松井大将。谨闻。职卫立煌叩。有亥。参。印。〔忻县〕

(3)

特急。京委员长蒋:我密。(一)此间剧战半月,伤亡奇重,现在八五师编一营余。第十、第廿一、第五四、第八三各师各可编三、四、五营不等。独五旅编两营。晋、绥军参战各旅亦各仅余二三百人,火炮损坏十余门。(二)敌七次总攻未逞,锐气摧毁殆尽,又受我十八集团军在后截扰,兵心益散。(三)连日所期望之十八集团军,刻因其主力仍在平型关以东灵丘一带,然雁门方面直接协力已不可能。顷闻寺内寿一所率援军即将陆续到达,倘即刻不能运用内线有利条件,万一援军到达,前途殊感棘手。务予严厉指派、增加部队三、四师先歼此股,再行转击晋东之敌。再迟即无法挽救。兵少亦难可完成此次之歼灭战。职卫立煌叩。有亥。参。印。〔忻县〕

卫立煌致蒋介石等密电

(1937年10月26日)

特急。南京委员长蒋、部长何:我密。(一)本日敌增窭野联队之两大队向我右翼灵山猛攻,激战至晚,毙敌三百余,缴获轻、重机枪十五挺及步枪、军用品无算。残敌溃退南郭下,仍顽抗。(二)正面之敌几度进攻,均击退,毙敌五百余,并生擒敌上等兵森田一名,正审讯中。连日来,第五师三浦旅团攻我南怀化及其附近地区,今复猛增兵近两千、炮廿余门。判断该敌又将行猛烈之进攻。(三)左翼盟誊村、南峪之线,我郭师正面敌自夜续攻,本日复加炮、空协同,战况异常激烈。(四)攻盟誊村之敌为河边混成旅团天津守备队骑兵联队,旅团部在南北大常、北庄头之间。(五)王家庄、安家庄有敌炮兵,卫家庄、卫村间有其战车队。谨闻。职卫立煌叩。宥亥。参。印。〔忻县〕

宋思一致何应钦电话记录

(1937年10月26日)

太原宋主任思一电话　　上午二时十分

1. 今(25日)敌以全力及飞机、大炮猛攻六次,左翼方面曾发生动摇,经83D加入,得以维持。因我军之奋勇,终将敌击退。敌伤亡四五千人,我亦伤亡三四千。至下午四时,敌已全部被击退。现敌力已疲,无法进攻;我亦无力出击,成对峙状态。我士兵虽在敌飞机、大炮轰炸之下,但已司空见惯、毫不畏缩,士气旺盛,正面坚固。

2. 现已将冯钦哉部由娘子关方转用于北正面,今日正在输送中;所遗防线交由川军孙震部接替。

3. 现在最重要问题为补充问题。我军伤亡过多,如不能赶速补充,则无法再战,现估计10D、85D、83D、21D、54D五个师,每师约缺四千人;尤以85D与独5旅非完全补充不可。又,64D、65D每师约缺三千人。合共需补充兵三万人,请速法拨补。现仅由陕、鄂两省各拨五千人,实不济事。

4. 娘子关方面,川军加上后,因作战无经验,发生动摇。现在或尚不要紧,因该方面我有八个师,敌仅二个联队,如能极力抗战,当不致有问题。现阎长官已严饬抗战不得退却,黄副长官亦在该方督战。惟该方部队对黄之命令似有阳奉阴违现象。现在山西局面,若娘子关不守,则全局危殆。请部长报告委座,下一严切命令,饬该方部队不得擅自后退。

5. 现与彭德怀商定一新计划(电话中不便明言),约明日下午可实现。成功与否,似〔俟〕有结果再电告。

阎锡山等致何应钦密电

（1937年10月27日）

即刻到。南京大本营第一部何部长敬之兄：固密。甲、战况：一、晋北方面，敌白宥早猛攻左翼，迄午后二时许将八三师盟誉村阵地一部突破，已派队恢复中。正面之敌攻我数次未得逞，惟南怀化敌增一二千，前后城头敌增兵一二百者已数次。右翼敌猛攻我灵山及南郭下以南阵地，亦未得逞，惟敌已增兵，复将东西荣花夺回。二、晋东方面，敌以三联队为基干之兵力迂回我右侧背，已令新到川军集结石门口附近，并令廿六路孙部除留置一部于娘子关正面外，以主力经巨城镇、移穰镇进出于柏井驲、桥头镇、石门口一带夹击迂回之敌。宥晚该路可到指定地。刻敌已到新庄及〔与〕一二三师激战中。我第三军现在固驲镇附近，与敌激战甚烈。三、八路军游击结果，宋支队漾日黄昏在周徙附近埋伏，遇由大同开广武之敌汽车卅二辆，毁车十八辆，毁其所载粮弹，并俘日兵十余名，获轻机枪及步枪十余支、军刀数十把，敌伤亡百余。该敌系关东军独立守备队步兵第十七大队第一中队。我张旅之七一五团将敌骑百余击溃于北岗上，获马卅余匹，轻机枪、步枪数十支。又，王旅刘团一部，梗埋伏于壬董村附近，遇由配〔崞〕县北开之敌汽车八十余辆，当毁其汽车廿四辆，获步枪十余支，子弹两箱，军毯数十条。乙、晋北全正面之敌皆已增加。丙、消息无新得。特闻。阎锡山、黄绍竑。沁酉。参谋。印。〔阳曲〕

卫立煌致蒋介石等密电

（1937年10月27日）

(1)

特急。南京委员长蒋、部长何：我密。（一）昨向我左正面进攻之敌约五千以上,集中炮、空力猛攻我盟誉村北侧及西北高地主阵地,迄午后,我八三师及七一师守兵牺牲殆尽,各该高地遂为敌陷。日暮后,各抽一部反攻,血战竟夜,冲锋十余次,卒将各该山头规复,敌遗尸五六百具,获步、机枪四五百,正清查中。我八三师四九四、四九七两团各剩百余,干部牺牲殆尽,排附已升任营长。(二)正面昨夜以小部队出击,小获胜利,计步枪五、掷弹筒一。(三)右正面之敌昨日攻击失败后,夜间尚较沉寂。计毙敌三百余,获轻、重机枪廿余,步、手枪三十余。(四)昨夜南庄头逃回难民称,昨夜敌增到该处部队甚多,拂晓以来以炮火向我阵地猛击,刻以大部队复向我盟誉村一带攻击,正剧战中。谨闻。职卫立煌叩。感辰。参。印。〔忻县〕

(2)

即到。南京委员长蒋:宥未一作元电悉。○密。一、援兵迄无到达,冯钦哉部闻可抽三团,漫无开来消息。二、此间剧战迄今半月,战斗员伤亡三分之二以上,现多以杂役兵参战,士气虽盛,但日耗两团上下,兵额迄无补充,故阵地日感薄弱。三、根据朔县、岱岳间敌机械化部队增多,有转移兵力于晋北模样。谨复。职卫立煌叩。感午。印。〔忻县〕

(3)

特急。南京委员长蒋、部长何:6703密。据王靖国、陈长捷感电略称:中央地区自敬日鏖战以来,毙敌甚多。我亦伤亡奇重,各部现余兵力,计八三师四五百人,段树华师及二一七旅共不足五百人,二一五旅仅余二百人,一七七师许旅亦仅三四百余人。现在当面之敌正继行增兵强攻,我仍督励各部拚战中,等情。除已迭次严令虽剩一兵一卒亦须抗战到底外,谨闻。职卫立煌叩。感亥。参战。印。〔忻县〕

阎锡山等致何应钦孔祥熙密电

(1937年10月28日)

特急。南京何部长敬之兄、孔部长庸之兄：2019密。甲、战况：一、晋北方面：右翼东西荣花村之敌，感午向我西南贾村猛攻；中央前之敌距我甚近，现采用坑道攻击法逐段进迫，我各部用对壕前进及小部侧击应付之；左翼我盟誉村北高地于午时复失，旋由我第十师派队夺回，双方伤亡甚众，迄今全线尚在激战中。二、晋东方面：为夹攻向我右侧背侵入之敌起见，我各部队感日正向指定各地分别前进中。川军除已加入该方面之一二三师外，其一二四师之先头旅已到达石门口附近。三、八路军游击结果，刘师七七二团第三营于宥日在七亘村侧击西进之敌一百余人，获骡马一百余匹，敌一部已解决，一部尚在包围中。林师杨支队有日黄昏占领广灵后，乘胜尾追，于宥拂晓袭占蔚县城。该队连日与敌激战，敌伤亡三四百人，获步枪卅余支，轻机枪二挺，毁敌汽车四辆，我伤亡约三百人。又，林师东进挺进队于有日袭占唐县，获步枪十余支，宥日袭占平汉路之清风店车站，敌守兵向望都逃去。乙、敌情：一、据晋北俘敌伤兵云：敌限三日攻下我阵地。二、据袭占清风店之支队报称：近两三日平汉军运极忙，南下者纯系空车，北上者满载汽车、战车及大炮等。曲阳、定县间公路桥梁被敌自动烧毁。北平来人称，平津敌军近日向关外开拔。丙、消息无新得。特闻。阎锡山、黄绍竑。俭未。参谍。印。〔阳曲〕

宋思一致何应钦电话记录

(1937年10月29日)

太原宋主任电话 下午六时

1. 本日晋北忻口战事仍甚激烈。我83、85两师打得很好，敌几次猛扑均被我击退。

2. 所可顾虑者因连【日】伤亡,每师兵力太单薄,敌人每日均有援兵运到。

3. 冯钦哉部本拟用于晋北方面,因晋东吃紧并未前往,现仍用在晋东方面。

4. 川军战斗力太差,且无战斗经验。娘子关之失,川军被敌击破,敌始由右侧迂回而进。

5. 现已调川军赴晋北作战,但他们又不愿意。

6. 现在我军已守娘子关以西约十余公里之阳泉附近。阳泉情形十分紊乱,但敌人并未前进。

7. 黄副司令长官已由阳泉到芦家庄。

8. 晋省军事并非兵力不足用,实因指挥系统太乱,兵力不能转用,作战不分重点。

9. 据彼个人之意,最好东路归孙连仲负责统一指挥,因彼尚有作战经验,并由部长转呈委座来一训令电报,警惕一番,或可较好。

阎锡山等致何应钦孔祥熙密电

(1937年10月31日)

即刻到。大本营第一部何部长、孔部长庸之兄:应密。甲、战况:一、晋北方面,艳日敌增加新锐第十一师团七十一联队向我左翼盟誉村猛扑,经我奋勇肉搏,战至未刻,将敌约二千人完全歼灭。我八三师连日牺牲,全师不足一团。本日敌在南怀化、下王庄增加野炮廿余门向我猛攻,激战终日,迄晚七时,我南郭下南方高地被突破二、三里宽,其最高山头仍在我手,正左右夹击中。二、晋东方面,自艳晚起,敌向我全线总攻,夜以继日,我卅师伤亡奇大。卅午,在平定西方高地据守,平定城混乱。迄晚六时,我部队右自下庄亘刘家庄、冶村、苇池、赛鱼、千毕坪,左迄三都之线占领阵地。全线成中央凹入形势。敌即跟进,刻仍激战中。又,艳日在新旧关激战之我十二师,卅日其主力已转进至上下荫营。乙、敌情:晋北敌军除第二、第三、第五师团等部队外,新发现十一、第十九两师团,第七三联队及第十五、第十六、第十七各守备队。今日敌在弓家庄、永兴村等处施放烟幕弹,其后方有汽车约三百辆荫蔽前进,显系增兵进攻。丙、消息.:由原平逃回难民报称,大白水之役,敌寺田师团长被我击毙,连日复遭我夜袭,损失甚大,故对陷入敌方人民残杀泄愤。又,崞县现增敌伤兵五六千,每日北运至少七八百。特闻。阎锡山、黄绍竑。世丑。参谍。印。〔阳曲〕

卫立煌致蒋介石密电

(1937年10月31日)

即到。京委员长蒋:复密。一、本日敌复以炮、步、空全面进攻未逞,毙敌甚多。二、检敌尸发觉新增我左翼正面前者为第七十一、第七十三联队及独立守备队第十五、第十六、第十七大队。三、晋东战况日趋恶劣,前线过赛鱼村,并闻仍有部队续在溃退中。默查情势似难维持。四、正太交通早已停顿。同蒲路太原南因秩序破坏,太原以北因无车,均形停顿。五、晋北各师战斗员伤亡三分之二以上,每师所余由一营余至一团余不等,火力不能维持,援兵无法赶运,补充兵短期内不能送到。此后抗战至堪顾虑。除仍励属虽存一兵一卒继续抗战外,谨据情转呈,伏乞鉴察。职卫立煌叩。世戌。参。印。〔忻县〕

阎锡山与蒋介石往来密电

(1937年11月1—2日)

(1) 阎锡山致蒋介石密电(11月1日)

限一小时到。南京蒋委员长钧鉴:○密。世酉电话奉悉。除督饬本战区各部队努力支撑相机反攻外,希仍恳饬速催第一战区各部队早日北上,断敌归路,以歼顽敌为盼。阎锡山叩。东午。参

战。印。〔阳曲〕

(2) 蒋介石复阎锡山密电稿(11月2日)

阳曲阎司令长官：○密。东午电悉。据宋总司令哲元俭辰电：即令刘汝明、郑大章两部星夜由平汉线右侧前进，向顺德、石家庄侧击敌人等语。特电知照。中○。冬申。一作元。

阎锡山致蒋介石密电

(1937年11月1日)

即刻到。南京蒋委员长钧鉴：致密。得天津确报：敌人以晋省战事棘手，将平汉津浦两路军队悉数调往山西，冀于最短期间攻下等语。除严饬各部努力抗战外，谨闻。山叩。东戌。参。印。〔阳曲〕

阎锡山等致大本营第一部密电

(1937年11月1日)

即刻到。南京大本营第一部：谨密。(甲)战况：(一)晋北方面，卅晚我以一部恢复右翼南郭下东南阵地，肉搏激战，毙敌甚众。世早业将该阵地附近小高地夺回，我军伤亡七十余人。中央、左翼较为和缓。(二)晋东方面，世日敌仍向我续行猛攻。右翼仍固守原阵地，中央敌众我寡，退守侧石驷，左翼稍后退，廿七师黄旅长被敌机炸毙。(三)八路军游击结果，刘师一部感夜进袭七亘村附近约一营之敌，毙敌百余名，获马五十余匹及军需品甚多，敌分向东西溃退。宋支队一部感晚袭击怀仁尚希庄敌之粮站，敌向怀仁城逃去，获粮一部。(乙)敌情：(一)敌近日强迫我人民搭滹沱河桥，有向苏龙口进兵旬台之企图。(二)桑乾河安营桥，俭晚被敌修复。(丙)消息无新得。阎锡山、黄绍竑。东巳。参谋。印。〔阳曲〕

卫立煌致蒋介石密电

(1937年11月1日)

特急。委员长蒋:戒密。一、当前之敌以各种攻击手段失败后,其死伤极大,故近来全线敌均采用坑道作业,积极进攻,并携带多量炸药,于接近我阵地时施行爆炸突破。二、正面我七三师阵地,敌冬子用两次坑道作业向我袭炸,工事多被爆毁。卒以我官兵忠勇沉着,以手榴弹与之肉搏近旦,始经击退,刻仍激战中。三、右翼敌由南郭下向我构掘坑道甚多,昨夜战况沉寂。四、左翼卅日起敌向我九四师盟誉村西北阵地猛攻,均被击退。东子复利用坑道数次进犯,彻夜激战,敌伤亡极重,终未得逞。连日敌机在我阵地轰炸甚烈。谨闻。卫立煌。东午。参。印。〔忻县〕

蒋介石致程潜密电稿

(1937年11月2日)

急。新乡程司令长官:〇密。据阎司令长官东午电:除督饬本战区各部队努力支撑相机反攻外,仍恳催第一战区各部队早日北上,断敌归路,以歼顽敌等语。即希转令各部速进为要。中〇。冬申。一作元。

阎锡山等致何应钦孔祥熙密电

(1937年11月2日)

限即刻到。南京大本营第一部、军政部何部长敬之兄、财政部孔部长庸之兄:应密。甲、战况:一、晋北方面,突入南郭下东南高地之敌,经我军数度激战,卅已夺回一部,双方伤亡均重。东日,敌仍向灵山猛攻。中央之敌,向南怀化增兵猛攻,我数处高地被夺,刻正派队堵击中。左翼军和缓。二、晋东方面,卅日我正太正面部队被敌猛攻,节节抵抗,刻在张净镇附近对战中。右翼、左翼无新情况。八路军已有大部到达晋西南横河村、马介川、上龙泉地区，伺机杀敌。邓、孙总副司令已抵马首，会晤黄副司令长官。三、八路军游击结果，东挺进队艳辰袭占定县城，获辎重甚多，守城敌兵等东逃去崞县；王旅一部艳日已将太和岭口桥梁破坏。乙、敌情：世未，晋北永兴村到敌汽车百余辆，似满载援兵。据崞县逃出难民称：敌给养困难，现吃高粱。丙、消息：天津电讯，敌在晋北之指挥官三浦敏灼少将删日受伤，现改由小林角太郎中将指挥。特闻。阎锡山、黄绍竑。冬丑。参谍。印。〔阳曲〕

卫立煌致蒋介石等密电

（1937年11月2日）

（1）

南京委员长蒋、部长何：○密。一、本日敌复向我全线以炮、空轰炸，我阵地工事多为摧毁，饬步兵继行猛攻，我官兵以手榴弹及白刃奋勇迎击，肉搏至烈。二、正面五四师陈团及一七七师杨旅、官村西南阵地守兵伤亡殆尽，阵地被敌陷。已严饬勉抽部队力图规复中。三、左翼盟誉村方面九四师逆袭得手，乘胜出击，连夺重要山头数个，获枪甚多，敌增加一个联队以上，并以战车应援，刻仍对战中。谨闻。职卫立煌叩。冬辰。参。〔忻县〕

（2）

即刻到。南京委员长蒋。○密。（一）一周以来，晋东情形异常混乱。昨夜铁路正面我军已退寿阳附近，两翼情况不明。顷据铁路报告，我军昨夜、今晨已过寿阳西溃，各部余兵不多，太原极感恐慌。（二）此间剧战将及一月，虽均获胜利，然后防在在堪虞，且兵员消耗过多，交通早陷停顿。奉司令长官阎谕，为确保太原计，不得已忍痛定今夜向太原以北青龙镇东西线既设阵地转移。谨闻。职卫立煌叩。冬未。参。印。〔忻县〕

忻口战役经验与教训①

(1937年12月)

(一)敌每以飞机轰炸我后方重要都市及交通路线,借引起我民众生活之恐慌及我军接济之阻滞,应极力扩充积极、消极防空利器,破坏其企图。

(二)敌侦察机于每晨先向我阵地及后方侦察一周,将所得目标飞回报告后,轰炸机始继来寻我目标侦炸,我对显著目标动作应于夜间行之,昼间力守隐秘〔蔽〕。

(三)我对敌机射击每于机来机去距离过远时行之,故命中公算甚少,应配高射火器俟机飞临上空距离接近时,一齐射击,其命中较为可靠。

(四)敌每于步兵前进之先,以炮、空连合轰炸,并以多辆战车冲锋,借开进路,我当炸轰期间,除留少数哨兵对敌严行警戒外,大部应避入掩蔽部内,借免重大牺牲,俟敌步兵接近时,密配机枪及手榴弹、白刃等格杀之。

(五)敌多于昼间动作,夜间休息(有时警戒极疏懈),我应于昼间避免真面目战,夜间出奇偷袭之。

(六)敌之前线部队不能持久吃苦时,与后方预备队换班,我应乘其交替站脚未稳之际,实行猛袭。

(七)敌军战时待遇极优,不惯粗恶食用,我应多配游击队深入敌后方扰袭,阻滞其输送,截夺其物品。

(八)敌之主攻火器为炮、空、战车,其步兵攻击精神与牺牲精神均较我劣,我应于绪战开始力求与敌接近,发扬步兵威力制压之。

(九)敌善转移兵力集攻甲点,得手后再集攻乙点,我应对敌集攻之点多取纵深配备及注意侧防支援之,又应乘敌转移间所暴

---
① 选自第二战区第十四集团军(卫立煌)晋北忻口战役战斗详报。

露之弱点,同时亦集全力突破之。

(十)敌兵员短少,每于非主攻方面以少数混合兵种早上由甲地开乙地,晚间由乙地回甲地,企图迷我耳目,误认为增加重兵,我应详辨虚伪,乘机扑灭之。

(十一)敌炮射程多半较我长大,其阵地多在我炮射程以外,当敌发射时,我炮只可以一部制压,借省弹药,俟敌步兵拥进时,即举全力歼灭之。

(十二)我与阵地之外,选目标显露处束草为假人,摆列牛车为假炮,使敌机及敌炮观测误认为我炮兵阵地,集中火力轰炸,虚耗弹药,收效甚宏。

(十三)我于阵地前之交通路口,若时间许可,多掘垂直式深坑,上敷薄砂,使敌战车陷落,或多埋地雷爆炸,收效钧巨。

(十四)我与敌战,其牺牲重大当为预料□□及对兵员之补充,及宜先事储备于战区附近,俾得及时补充,永维战力。

陆军第三十五军忻口战役经验教训①

(1938年)

一、军队部署各师、旅、团分割使用,以致指挥系统紊乱,减低部队实力甚大。

二、我军炮兵劣势而又使用无计划,战斗无指导,步炮协同亦差池,与敌野战重炮、行炮战,徒见其消耗弹药,未能收得协助步兵之效果。

三、向南怀花〔化〕大举逆袭时,未予部队以充分准备之时间,顷刻决定发动,企图及取义至善,然在大兵团行动容有未当。

四、郝军长梦龄之指挥所距第一线守兵不过千余公尺,已属至近,又于夜色朦胧中率刘师长及郑旅长等挺身前进督战,

---

① 选自陆军第三十五军(傅作义)忻口战役战斗详报。

勇敢精神殊足敬佩，惜殉职后指挥无人，影响士气，功败垂成，可为殷鉴。

五、袭占旧河北后，已将南怀化敌后方连络切断，使其与重炮兵隔绝，敌于十六日完全陷于窘境，当时我后方总预备军控置兵力尚多，如能源源增加新锐兵力投入弓家庄以北及新河北方面，在敌后扩张战果，或不难将敌歼灭。惜因郝军长等阵亡后，一般皆着服巩固正面，忽视敌后成功，甚至将敌后成果放弃，撤回兵力专供正面填补损害，甚为失策。

六、占领阵地之前，指挥官应先率必要人员行阵地侦察，就地适切指示。二一一旅自接替南怀化正面阵地以来，能于敌人步、炮、空惨烈进攻之下而始终屹立不动者，应归攻〔功〕于详密之侦察与步、炮兵之指示。

七、关于劣势炮兵之使用与勉避炮战，专任猝击敌之重火置，殊为有利。配属二一一旅四二二团之山炮营，自始即依此要领指导，故能于最初即将制压我全正面小红山之敌机枪巢予以扑灭，使敌攻势顿挫。

八、敌我阵地相距甚近，彼此均无法进展时，敌人往往利用坑道作业实行突击，我右翼友军即有因此而失守阵地者。

九、我军阵地守兵伤亡后，多将武器遗留阵地，而各级指挥官亦多不知利用，运送粮弹人员检收后，运用致最后全行遗失，甚觉可惜。

十、我军官长受伤后，往往随带许多士兵退出战线，不惟减弱战力，且足以影响士气，其害甚大，故今后各级指挥官受伤后，送准其随带之士兵数目应有明确之规定，以资限制。

十一、我军夜间撤退，各部队争先恐后，拥塞于途，以致行进迟滞，而且人叫马嘶，声音杂沓，夜间教育之不够实无可讳言。

十二、破坏道路，埋设地雷，应在我大军撤退后适时施行，方为妥当，此次退却，我方先沿公路埋设地雷，以致大军退下，误触地雷毙命者甚多,高等司令部计划之欠周,以及参谋业务之拙劣,未有甚于此者。

(四) 娘子关保卫战

第二战区娘子关保卫战作战方针和指导要领

(1937年)

娘子关会战　二十六年十月十四日至十一月四日

一、作战方针

为保固山西,将来收复华北失地容易,使我晋北作战军无后顾之忧起见,以第一战区由保定南移之部队,进占娘子关一带山地,确实保守之,并相机进袭石家庄,威胁由平汉路南进之敌军。

二、指导要领

1. 在开战之初,应于雪花山前进阵地配备强有力之部队,以迟滞敌之前进,并掩护主力部队迅速占领阵地。

2. 主力在北青掌、梁家垴、旧关、核桃园、乏驴岭、大台山之线占领阵地,总预备队分置于槐村铺、好汉池、娘子关附近,以应援各方之战斗。

3. 为防遏敌人由我阵地右翼迂回攻击,在西回村、张家垴、南垴沟、神仙洞、娘子关之线摘要构筑预备阵地。

4. 如敌由核桃园方面进攻时,该处部队应竭力阻止其前进,娘子关之预备队由核桃园之右翼袭其侧背,以期击破其攻击能力。

5. 为防万一计,在桥头村、城子岭、驯穰镇、东道沟、上董寨之线构筑阵地,准备尔后之作战。

〔下略〕

战前敌我形势概要①
（1937年10月）

自十月中旬以来,晋北之敌陷我五台后,其主力继向崞县、忻口猛攻,积极南犯,连日经我友军竭力抵抗,战局似已好转。平汉方面之敌陷我石家庄后,并新增土肥原师团,在漳河一带与我商集团对战,另以川岸师团附伪满军一师,由正太路进犯,企图进出娘子关以西地区,威胁太原,而策应其晋北方面之作战,乘我友军各部向娘子关附近转移时,以七七、七九两联队侵入雪花山、旧关及关沟附近地区,占领我国防工事,并积极进攻。我担任守备娘子关一带之二十七路、第三军及本集团第三一师,遂与敌接触,展开激烈之山地战。

黄绍竑致蒋介石密电
（1937年10月12日）

即到。南京委员长蒋钧鉴:掣密。一、预定向西转进各部,于灰日由冯总指挥命令实施。其部署概要:以第三军担任九龙关,十七师担任井陉,卅师担任曹泉以北至胡仁一带,百六十九师担任洪子店,四十二师为预备队。二、灰晚,职受命担任东正面作战,真午抵井陉,晤冯,知命令未能全部受领,又无掩护部队,情形颇为混乱。比〔此〕命(17D)到井陉之一部,趋南河头警戒,(30D)派队在上庄到南陉向北警戒,第三军向井陉附近靠近,主力集结于旧关、大小梁家。但上项命令,至今尚未能证实达到。三、真十四时,(169)师在贾庄与少数敌骑接触,因未向北就指定阵地,现闻尚在栾庄。真十八时,井陉前面发现敌人,现正向雪花山、长生口

---

① 选自第二集团军娘子关战役战斗详报。

(17D)阵地攻击中。四、洪子店方面,因(169D)尚未就指定位置,颇形混乱,而(17D)正面亦感单薄,各部尚无法切实连系,手中亦无一预备队,现正竭力补救中。谨闻。职黄绍竑。文。参。印。〔娘子关〕

阎锡山致蒋介石密电
(1937年10月12日)

南京蒋委员长钧鉴:吉密。冯总指挥(14军团)钦哉等部,刻已向井陉以西地带转进,敌便衣队已进至洪子店及井陉附近,已请黄副司令长官亲往布置,所有冯钦哉等部即归黄副司令长官指挥。谨电报闻。阎锡山叩。文申。参。〔阳曲〕

曾万钟致军委会第一部密电
(1937年10月13日)

急。南京军委会第一部:敏密。(一)我正面之敌,真日陷井陉,文日进至大〔长〕生口,其一部约五六百人,由获鹿西南到达大尖山,经我痛击,已退附近。(二)本军第十二师,本日奉黄副司令长官命,由南北障城向大小梁家、旧关西进,策应左翼我十七师。(三)第七师十九旅刻由侧鱼镇进至骆驼坛、西沟村为机动部队,第二十一旅仍在九龙关口、白城口、雁过口,防敌由东南入侵。职寒日由侧鱼镇进至马山村。曾万锺。元申。参一。印。

孙连仲致蒋介石等密电
(1937年10月13日)

委员长蒋、司令长官程:远密。(一)本路奉令援晋各部业已开始西进,适晋东战况紧张,洪子店被敌占领,我左翼廿七路远在栾庄附近,我右翼第三军在侧鱼镇、九龙关间,正面只有本路卅师占领曹泉高地经桃林坪至观音驼之阵地及十七师占领井陉北高地与乏驴岭之线,与敌对战中。(二)奉司令长官阎、黄面令,以晋东情势紧张,着本路先开晋东,以救目前之急。文夜面奉黄部长命令,廿七师一部占领北峪南北地之线,主力在娘子关,卅师仍占领原阵地,卅一师暂在寿阳、阳泉两地集结,以资策应四四旅占领六岭关。(三)职现在阳泉附近。谨禀。孙连仲。元午。参。印。

黄绍竑致蒋介石等密电

(1937年10月14日)

急。南京蒋委员长、阳曲阎副委员长钧鉴:○密。(1)敌乘我向西转进,跟踪尾进,分攻贾庄、井陉方面,又以一部约八九百人绕攻长生口,直抵旧关,进迫娘子关侧后。当时兵力未集,部署未定,情形危急万分。元夜令十七师以一部向长生口出击,迟滞敌人前进,初时颇为得手,后被敌反攻,将井陉向西南之雪花山失陷,不得已退守乏骡岭。该师此次攻守皆颇尽力,损失颇重,殊堪奖慰。寒晨令廿七师之一团由苇泽关向校桃园、旧关,又一团由新关向旧关进攻,激战至午,始将其一股四百余人歼灭,又一股窜向校桃园东南高地,现正围歼中。此役胜利虽小,关系极大。(2)现廿七师全部已到达娘子关附近,第三军亦向旧关、新关附近集结,采正面纵深配备,或可持久。(3)该方敌人已发现者约五千人,如不大量增加,当无顾虑也。职绍竑叩。寒戌。印。〔娘子关〕

曾万钟致军委会第一部密电

(1937年10月15日)

限即刻到。南京军委会第一部:○密。本日攻击旧关之敌,寒、删两日战况如下:一、旧关之敌约七八百人据险顽抗,企图死守待援。二、十二师卅五旅,元日【由】南北障城经大小梁家西进,夜占甘桃驲东南高地,并以一部向旧关攻击,与敌肉搏数次,我伤亡官兵数十名,终未得手。寒日拂晓,敌举全力向我反攻,均击退,敌退据王家岭西端山及东南高地顽抗。三、寒辰三四旅由大小梁家亘王家岭向旧关攻击前进,围攻旧关,自删辰至晚,我全线数次猛攻,敌已有动摇模样。四、第七师十九旅,现控制梁家垴附近,为机动部队,其余各率领仍守备侧鱼镇东南各要口警戒。五、军部本日到固驲镇,克复。两日激战,敌死伤甚众,我亦伤亡二百余。六、据报:文日有敌机十二架,在井陉附近低空投掷物品。曾万锺。删戌。参一。印。

孙连仲与蒋介石往来密电
(1937年10月)

(1)孙连仲致蒋介石密电(10月16日)

南京委员长蒋:远密。谨将本路娘子关附近近日战况报告如次:一、寒辰敌七七联队共千三四百人,分向旧关镇及苇泽关侵入,经我七九旅迎头痛击,另派有力部队绕袭核桃园,分向关沟之敌猛力夹击,激战两日,肉搏十余次,当将关沟之敌歼灭殆尽。其占领旧关之敌,协同第三军围攻中。是役毙敌大队长中岛利男、少佐鲤登及上、中尉官兵三百余名、马数十匹,获山炮二门,其余枪械、马匹、文件甚多,详数查明续报。我伤亡连、排长十余员,士兵百余名。二、元辰另有步、骑联合之敌约五六百人,由小枣村、贾庄向我卅师阵地猛攻,我孙、李两团沉着应战,激战三小时,毙敌二百余,其余仓皇遁去,现令该师抽调一部协同十七师担任正面作战。三、我四四旅已占领六岭关。四、卅一师九三旅,删寅开抵程家楞底,协同围攻旧关,余部在阳泉附近。谨闻。余情续禀。职孙连仲。铣巳。参谋。印。

(2)蒋介石致孙连仲密电(10月18日)

娘子关孙总司令:铣巳电悉。远密。贵部喋血抗战,斩获甚多,深堪嘉慰,仍希再接再励,以竟全功为盼。中○。巧申。

一作元。

曾万钟致军委会第一部密电
（1937年10月16日）

南京军委会第一部:敏密。1.唐师朱旅删夜三次强袭旧关之敌,已占其东南高地据点,毙敌三四百人,我亦伤亡官兵二百余,获轻机枪二挺、步枪数十支。2.唐师马旅删夜攻占核桃园后,铣日拂晓核桃园东北(1000)高地之敌以猛烈炮火向我射击,敌机不断轰炸,无法固守。3.现唐师两旅仍在旧关东南各高地与敌对战,相机出击。4.铣已以后敌机十余架不断向我新关附近及各阵地轰炸,使步兵活动困难。5.自元夜开始攻击后,我唐师伤亡官兵共约八百余人。职曾万锺。铣未。印。

曾万钟致蒋介石密电
（1937年10月17日）

急。京委员长蒋:○密。十二师朱旅元夜驰抵新关,先陷旧关之敌约千余、炮六、七门,即向我进犯。仓卒应战,幸官兵沉着将敌击退,并占领甘桃驿及其两侧高地,敌退据旧关东西高地顽抗。删夜朱旅夜袭,已攻占旧关东南高地,惟正东之高地斜面长冲,屡阻于侧防机枪,因未得手。两日来,不时与敌发生争夺战,毙敌甚众,我亦伤亡官兵六百余名,夺获轻机枪两挺、步枪四十余支。现七师之一部已加入战斗,正激战中。职曾万锺。十七日亥。参。印。

黄绍竑与蒋介石往来密电
（1937年10月18—21日）

(1) 黄绍竑致蒋介石密电(10月18日)
急。南京蒋委员长、阳曲阎副委员长钧鉴:○密。据冯总指挥钦哉转该部教导团团长李振西报称:职团于铣日下午在旧关西南高地加入战斗,当时敌约千二三百名,野炮七、八门,向我猛烈轰击,同时步兵在其炮火掩护下,向我猛冲,职部官兵沉着应战。至黄昏后,决心以主力向敌攻击,计夺敌固守之山头三座,肉搏五、六次,遂将敌压迫至旧关以东高地,旧关已在我瞰制之下,虽伤亡众多,而士气极旺。十七拂晓,敌又增援大部,向我反攻,我军仍奋勇在敌猛烈炮火下浴血抗战,同时敌机九架、六架不等,连续在我阵地低飞,轰炸扫射。战况如斯,与敌相持至日没前,终将敌击退。至巧日拂晓,始由廿六路派队接替。是役计营长三员、营附二员、连长十四员、排长卅余员均负重伤,士兵伤亡近二千名,而敌伤亡亦等于我,武器弹药容查照详报等情前来。查该团长李振西在平山王母庙之役已受伤,此次战役该团长负伤督战,故士气极盛,伤亡甚多。等情。除令嘉奖外,谨电奉闻。职绍竑叩。巧。印。〔娘子关〕

(2)黄绍竑致蒋介石密电(10月20日)

限三小时到。南京蒋委员长钧鉴:○密。晋东方面,自真酉接触,敌乘我部署未定,将长生口突破,直趋旧关,当时部队散乱,无法堵阻,旧关乃于元日失守。职不得已仍将调晋北之廿六路调回,令第三军向中靠陇〔拢〕,冀以优势力包围歼灭之。自零【凌】晨攻击,激战六昼夜,虽将敌人两联队歼灭大半,但残敌负隅死守不退,我三十八军教导团几全团殉国,其他各师伤亡亦重。本日午后二时,敌复由正面攻击乏驴岭,我十七师残部无法抵抗,以致失陷,赵师长不知下落,现正由三十师在南峪、北峪庄(1000)高地抵抗中。查增之敌除日军外,有伪满军三十七师师长曹某,经令前方极力防守,毋任西进。晋北方面,自寒晨激战已六昼夜,敌人伤亡在六七千人以上,我军伤亡更多,现敌人攻势仍极猛烈,我部队使用已尽,恐难持久。两方面情形如此,若无大量增援,败溃之后,决难继续再作决战,为保山西境地,唯有以少数部队扼守据点,实行游击战,方能持久,且可得休息之机会。如何。致候示遵。职绍竑。号子。印。〔阳泉〕

(3) 蒋介石复黄绍竑密电稿(10月21日)

军急。阳泉黄副司令长官:巧、皓至号子各电均悉。○密。晋东、北两方,应以现在态势努力抵抗,以待增援队之到达。中○。马申。一作元。

孙连仲致蒋介石密电

(1937年10月18日)

委员长蒋:○密。职率廿七、卅一师增援晋北,正在途中,晋东忽然紧张,复奉令开回。职文夜抵娘【子】关,得悉旧关及各要口大半失陷。本路除卅师仍住曹泉至西板山之线与敌对峙不能调动外,当令廿七师恢复娘【子】关前方关沟、大小龙窝各要口,并扼要之。并令卅一师星夜东开,该师九十三旅到达后,即守备新关西北诸高地及廿七路师部防务,余亦陆续到达,准备增援。惟旧关之敌确有一旅团,且该镇地交要冲,为晋东关键,曾军连日夜袭,终未收复,且有陆续增援之样。查本路房山良乡之役,各师损失均将半数。连日以来,廿七师及九三旅,更协同友军与敌搏战,双方伤亡均重,惟敌焰仍炽,刻正遴选敢死队,随卅一师部队,与盘据旧关之敌作最后之一拼,成败利钝在所不计,一息尚存,誓与敌周旋,以报党国。谨闻。孙连仲。巧亥。参。印。

曾万钟致军委会第一部密电

(1937年10月18日)

南京军委会第一部:○密。本军篠夜进攻旧关情形如下:(一)篠夜十二时以唐师马旅杨团及曾师王团分向校桃园及旧关东南各高地攻击,同时朱旅亦以一部向旧关出击。至本日午前二时,王团已突破东南高地敌阵地,因受正东最高山顶敌火制,致未奏功。杨团同时迫近校桃园,敌据村缘顽抗,激战至拂晓时,因旧关高地未克,不能收夹击之效,现仍在对峙中。(二)是役毙敌甚众,我亦伤亡官兵二百余。职曾万锺。巧午。参一。印。

黄绍竑致蒋介石等密电
(1937年10月19日)

南京委员长蒋、阳曲阎副委员长:○密。由旧关攻我娘子关之敌虽日有增加,但始终在我包围圈中。敌军两个联队,连日约经我歼灭二千以上,我军综合伤亡总数为四千九百名。刻该敌一方作困兽之斗,一方移转南下兵力,本日攻我国防主要线之乏驴岭甚急。详情俟续报。职黄绍竑叩。皓酉。印。〔阳泉〕

孙连仲致蒋介石密电
(1937年10月20日)

京军委会委员长蒋:致密。我方池、冯两师攻击旧关、核桃园之敌,战斗经过业已电陈在案。今午抽调卅师李旅来娘子关,原拟增援池师,扩张战果,恢复国防工事,嗣因下午二时,十七师失陷乏驴岭,全部溃退,当令李旅占领该方面南北峪之线。此时据各方报称:旧关街及附近高地尚有敌千余人,长生口及井陉附近敌增有一师。南北峪正面之敌陆续增加,卅师侯旅正面蔡庄西北花税岭,敌先头部队约四五百正与对战中,尚有大部续到。职已无控置兵力,除蒙副司令长官黄电话允缩短防线外,重新部署如次:进攻之卅一师一部撤回原阵地,廿七师仍固守大小龙窝、核桃园、地都各高地之线,卅师李旅占北峪至东西葛舟之线,其侯旅之一部候交防再撤外,其主力南移,在横漕河附近集结,准备节节抵抗。谨闻。孙连仲。20。参战。印。

黄绍竑致蒋介石等密电

(1937年10月21日)

(1)

南京蒋委员长、阳曲阎副委员长钧鉴：0942密。据曾军长万锺皓巳参电称：(一)我唐师皓丑向旧关之故攻击,至皓寅全线接触,敌虽顽抗,但我官兵奋勇冲击,辰刻东南西三面,已逼近旧关。(二)我唐师吕团与卅一师取得联络后,即攻夺旧关西侧高地,我官兵前仆后继,互相掩护,已于巳刻占领敌阵地。现敌炮兵正集中炮火向我射击,我仍沉着猛攻中。(三)唐师尹团及工兵营,现正向旧关东高地猛冲,马旅及七师三团已攻至核桃园附近。旧关至核桃园通路,已被我火力封锁。等情。谨电奉闻。职绍竑叩。马。印。〔阳泉〕

(2)

特急。南京蒋委员长钧鉴：固密。娘子关方面综合号晚及马日战况如下：(一)旧关之敌仍据高顽抗,惟核桃园及大小龙窝号晚十一时完全被我占领。(二)娘子关正面敌攻击甚烈,乏驴岭、北峪阵地被敌占领,我军固守(1000)标高地及南峪以北附近高地。(三)据孙连仲号电,增加〔援〕娘子关正面之敌为伪满军第卅七师团龙淞一部。(四)我全战线总态势(按五万分图)由小梁家、九梁家至红土岭为第七师主力,由核桃园南端高地向西南延伸至红河西端(985)标高地西端为十二师,接十二师左翼经神仙洞至好汉地附近为三十一师阵地,接三十一师左翼线核桃园北端、小龙窝折而向北,经指北沟至张家凹南端铁道线为二七师,由张家凹折向西北至尚桥岭为三十师,至冯钦哉所部之二七路更在尚桥岭西北地区,部署不明,亦无报告,敌军位置除因守旧关及占领旧关西南高地外,其余在雪花山、乏驴岭及其以北高地向我对峙中。(五)现拟将

两翼竭力向中靠拢,并在中央抽出三一师克复乏驴岭、北峪阵地。职黄绍竑叩。马戌。印。〔阳泉〕

阎锡山等致大本营第一部密电

(1937年10月22日)

特急。南京大本营第一部:固密。(甲)战况:1.晋北方面,官村一带连日敌我反复冲击,敌机、炮连续轰炸,敌我伤亡奇重。本日我八五师增援反攻,连夺数山头,获步枪三百余支、轻重机关枪数十挺,现仍在对战中。左右翼战事较为和缓。2.晋东方面,本日拂晓敌猛烈进攻南峪东南一千等地(十万分图),守兵全数殉国,敌进迫地都。卅师在铁道以北台头村以东与敌激战,伤亡亦重,现在苇泽关亘狼窝庄之线占领阵地。旧关之敌仍与我军顽抗中。(乙)敌情:板垣之司令部在崞县,李守信在南庄头(丙)消息无新得。阎锡山、黄绍竑。祃亥。参。印。〔阳曲〕

黄绍竑致蒋介石等密电

(1937年10月22—23日)

(1) 10月22日电

军急。南京蒋委员长、阳曲阎副委员长钧鉴:固密。综合马晚及今日娘子关附近战况如下:一、据总司令养电,今晨敌步炮空连合向我总攻,至十二时,(1000)高地守兵全数殉难,阵地失陷,敌已迫至地都附近,第九旅伤亡殆尽,现扼守绵山阵地。夔〔溃〕泉阵地同时亦被突破,并悉敌部增加部队约三四百,山炮十二门,向我左翼移动。现以伤亡过重,拟在本晚缩短防线,将二方正面移至绵山及娘子关以北高地固守,以节兵力。二、我十七师已无战斗力,现在神灵台集结整理。三、本日午后六时,始接冯指挥电话,二七路刻在臭水、桃林坪、观音陀山一带构阵地。职黄绍竑叩。养戌。印。〔阳泉〕

(2) 10月23日电

特急。南京蒋委员长:固密。综合养晚、梗日战况如下:(一)据第三军曾军长漾电,由横口车站南下之敌三千余,养晚主力停止南北障城,一部到侧鱼镇,今晨已与我刘家棚、支沙口警戒部队接触。我一二九师之陈旅在侧鱼镇附近,与敌战斗甚烈。(二)本日除侧鱼镇外,全正面均无激烈战斗,惟晚间第三军在大小龙窝及核桃园南端高地与敌冲突,伤团长一,士兵伤亡颇众,敌伤亡倍于我。(三)第一二二师本晚开始向岩会站(阳泉站东方)运送。职黄绍竑叩。漾戌。印。〔阳泉〕

孙连仲致蒋介石密电

(1937年10月23日)

京委员长蒋:远密。谨将号马养各日战斗经过列陈:(一)查〇高地雄居雁〔?〕门东南,为军事必争要点,系廿七师黄旅固守。旬日以来,悍敌猛攻数十次,损失最大,迄未得逞,敌乃增调卅九联队约四五千人,辅以飞机大炮,用烧夷炸弹。号日起,即昼夜猛攻,敌我施行争夺战,肉搏混战数十次,因伤亡过重,附近各山顶均被敌攻陷,仅余数十人,死守最高峰,不少退让。养晚因左翼南峪攻陷,三面围顶山顶工事完全毁平,数十人殉国,阵地遂陷。黄旅现只余战斗员四百余人,其阎旅亦不过千余人。(二)乏驴岭被敌攻陷后,赶派卅师李旅四营力约千人,占北峪葛舟阵地抵抗。敌以八联队之主力,马日猛攻,血战终日,伤亡极重,乃转守南峪东北阵地,赶调侯旅一营、工兵营协同固守。养日敌复猛攻南峪,全日浴血抗战,伤亡极重,现该部只余战斗员六百余人。(三)为恢复已失阵地计,马晚向敌袭击,并调正在交防中之卅师侯旅,向北峪方面敌人攻击,以挽危局。各部夜袭,均予敌以大损害。侯旅孙团攻敌进至北峪附近,被优势之敌包围,激战终日,至养晚我正面阵地被敌攻破,乃令孙团向左翼转进,现侯旅只有千数百人。(四)卅一师仍固守原阵地,约有两千余人,四四旅只两营约七八百人。(五)本路经此惨烈血战后,全路战斗员不过六千余人,各级官长伤亡五分之三,战后已经无队号之区分,而所守正面,尚有数十华里,处处有被敌击破之虞。不得已,乃禀承副司令长官同意旨,整理所部,累觉率领,右翼自旧关北高地经绵槃,左翼至苇泽关、羔北高地、石人湾之线,抵抗敌人。本路官兵伤亡甚重,而忠勇之气牺牲精神,丝毫不懈,一息尚存,均抱与阵地共存亡之决心,成败利钝,在所不计也。谨闻。孙连仲。漾参。印。〔阳泉〕

曾万钟致军委会第一部密电

(1937年10月23日)

南京军委会第一部:○密。(一)步、骑、炮连合之敌约三四千人,养日由井陉东渡河南下,其先头已经南北障城西进,企图由我右侧迂回。(二)漾晨旧关东之敌即炮击我柏树岭西北高地十二师马旅阵地,继以机炮掩护步兵猛冲,往复争夺,足将敌击退,敌死伤甚众,我亦伤六九团张代团长及以下官兵三百余人。(三)梗申,长生口、大小龙窝之敌复向北羊沟、红土岭及以西高地七师李旅阵地猛攻,激战甚烈。薄暮时,我即乘敌机、炮失效,全线攻击,始击退,毙敌无算,我亦伤亡官兵三百余。我士气甚旺,阵线稳固。(四)三师沈旅现在固兰村、魏家凹之线阻止西进之敌。职曾万锺。梗亥。参一。印。

蒋介石致黄绍竑等密电稿

(1937年10月24日)

阳泉黄副司令长官并转孙总司令仿鲁兄:致密。养亥、漾辰及仿鲁马戌电悉。贵部转战各方,奋勇杀敌,至为欣慰,仍希淬励所部,确保晋东门户。中○。敬申。一作元。

黄绍竑致蒋介石密电

(1937年10月24—25日)

(1) 10月24日电

急。南京蒋委员长:〇密。综合梗晚敬日战况如下:一、由南樟城侧鱼镇方面企图迂回我右翼之敌部三千余众,本日早有步、骑联合之敌数百,在七亘村与我一二九师之一部冲突,我颇受损失,固兰村蒋家方面小有接触。二、娘子关附近及其以北,本日无剧战,并悉台头村(五万图南峪东北)之敌有撤退模样。三、朱〔?〕军第一二二师,本早到一旅,在移穰镇下车,已命其进驻马山村,其余一旅,本晚续到。谨闻。职黄绍竑叩。迥酉。印。〔阳泉〕

(2) 10月25日电

即到。南京蒋委员长钧鉴:固密。综合敬晚有日战况如下:一、因曾军右翼固兰村之线过于突出,乃决定向后缩短:右起(五万分一)一三一四高地,经北青掌、大青岩、梁家垴、甘桃驿与三十一师相连接,控置有力部队于固驿镇,再以一二二师之三六四旅迅往占领马山村东方高地,于敬晚开始行动,有拂晓前曾军转移完毕。二、全正面除旧关稍有炮击外,颇形沉寂。三、一二九师之一部,因梗日在七亘村受创后,复向南移动。敌约一联队附二三百骑兵,遂由营庄北边向西迂回前进。三六四旅之一团,有辰由马山村前进时,左翼受敌不意之侧击,溃退于西回村北方高地,现敌占据十字路、乱安,与曾军之一部对战中。四、除令一二二师坚固现时地步集结兵力攻击敌人外,令曾军抽右翼主力由敌侧后方夹击,务期于寝午前将其击灭。谨闻。职黄绍竑。有酉。印。〔阳泉〕

阎锡山等致蒋介石密电

(1937年10月25日)

南京蒋委员长钧鉴：〇密。谨将有日各部之位置胪列于下：(一)晋东方面，鲍旅东阳关，一二九师之一旅九龙关一带，一二二师主力水峪营、圧〔压〕火梯、圪洞线，一部马山村附近，第三军部固驿铺，其第七师右自(1314)高地、庙咀、梁家垴线，第十二师西黄岩、甘桃驲、旧关西北高地，第二六路总部在移穰，其三一师右自(1091·5)高地经苇泽关至王家嫣线，二七师右接三一师至张家峪线，三十师右自张家峪北端经溃泉村西方高地至驴桥岑〔岭〕线，一七师刻在白石头、神灵台一带整理，四四旅驻石榴咀，一二九师之一部在六岭关一带，二七路冯钦哉部正向阳泉集结，尔后开赴忻县附近，归卫总司令指挥。(二)晋北方面，除一零一师之王旅、八五师、九四师已移于忻口镇、金山铺，二零九旅段树华部在高城村整理，七三师在忻县以北地区作工，一零一师之杨旅、三五军之董旅、独一旅正向太原开拔外，其余仍旧。阎锡山、黄绍竑。有戌。参战。印。〔阳曲〕

黄绍竑致蒋介石密电

(1937年10月26日)

即到。南京委员长蒋:固密。综合有晚、寝日经过如下:(一)有骑兵为主体之敌数百，自昨午后，由马山村方面闯入我第三军右翼后十字道、乱安村及固驿村(军部即在此)南端高地，彼我冲突甚烈。新加入作战之川军(122)师亦同时遭遇强大敌军于西回村西方高地，自昨迄今，在猛烈冲突中。(二)昨晚十时许，接刘伯诚〔承〕师长电话，确告敌军前后共四个联队由马山村方向侵入。此时马山村通平定大道除(122)师(战斗力薄弱)外，别无部队可遣，当即商得司令长官同意，抱最大决心以(26)路留一小部守娘子关，主力移至巨城镇、移穰镇,进出柏井驿、桥头村,以本日第二次新加入之川军(124)师之一旅推进石门口,准备对敌总攻,并暂留调赴北正面之冯钦哉部三团,于上下盘石至巨城镇间抗拒娘子关方面敌军之进入。(三)上述决心由本晚四时开始行动,本夜可到预定地点,感早实行总攻。现第三军及(122)师仍确保阵地,惟通信连络由午后四时中断。谨闻。职黄绍竑叩。宥戌。印。〔阳泉〕

蒋介石致阎锡山等密电

(1937年10月28日)

限一小时到。太原阎司令长官、寿阳黄副司令长官:○密。娘子关失守影响全晋,我为保障晋北最后胜利及待川军增援起见,在娘子关方面作战各军应在寿阳以东地区利用山地坚强抵抗。如无命令,即将全部牺牲亦不许退至寿阳以西,如有不听命令者,决依军法从事。望即转令遵照为要。中○。俭午。

孙连仲致蒋介石等密电

(1937年10月28日)

南京委员长蒋、XLga司令长官阎、XLgg部长黄:远密。本路军奉命当移动转用兵力部署之际,我两翼友军曾军、川军、廿七路武师、赵师均受敌压迫,逐次后退,本路军两翼已无友军,现陷于孤立艰苦之境。为贯彻抗战决心,拟如下作战:一、第一期作战,死守石门口北1121高地、上庄、罨庄、乱柳村以北山地阵地,顽强阻止敌人。二、第二期作战,以四二军确保阳泉附近地区,以卅师确保平定附近地区,以卅一师确保平定、榆次大道,在平定以南地区占领阵地,扼要死守。三、施行第二期作战地区等候命令。四、所规定第二期作战地区,除有令外,不准再向后移动一步,违者以军律处罪。以上四项,已严令本路军各部队遵照施行,以平定等地为最后坟墓,以报国家。谨闻。职孙连仲。俭酉。参。印。

阎锡山致蒋介石密电
(1937年10月29日)

限即刻到。南京蒋委员长钧鉴：〇密。顷接黄副司令长官电闻：自元日敌两联队占领旧关，乃令廿六路及第三军主力合歼该敌，激战四昼夜，虽将其一部歼灭，余敌仍负固待援。巧日敌增一联队，同时反攻，双方伤亡奇重，我乏驴岭及南北峪与(1000)高地卒至失陷，不得已缩短防线。廿六路由旧关西端高地经地都至驴桥岭，第三军由(1314)高地经南青垂〔?〕、北青掌、甘桃驿至旧关西端高地，与廿六路相含接。号马两日，全线颇形沉静。养日敌一联队向侧鱼镇我一二九师攻击，康日复增加一联队，将一二九师阵地突破，向马山村西进，其后续两联队于敬有等日亦由该路西进，在东回镇附近，将我一二二师王旅击溃，乃转向北攻我一二二师另一旅及第三军后方，截断平定、阳泉道路，情形至为危急。我乃决心令孙总司令备一部警戒正面，抽主力转向柏井驿、桥头村前进，令歼该敌，巩固侧后。乃并未及到达，而第三军及一二二师之一旅，已为敌击溃，同时娘子关正面之敌，亦将我警戒部队击破，致敌深入，无法挽救。现令廿六路及一二四师、二七路之一部，占领西郊村、移穰镇、巨城镇之线，拒止敌人西进，详情续报。职此次指导无方，丧师失地，请予处分，以申纪律，不胜屏营待命之至。等语。除电复慰勉并仍督饬各部努力抗战不得再退一步外，谨闻。阎锡山叩。艳戌。参战。印。〔阳曲〕

黄绍竑致蒋介石阎锡山密电
(1937年10月29日)

即到。南京委员长蒋、阳曲副委员长阎：固密。综合本日经过如下：(一)本日全线除小有出入，大体无变动。川军(122)、(124)师部队已脱离指挥官掌握，刻在后方收容中。本日主要正面只有二六路独立苦战。(二)午后五时,廿六路报告(31)师方面(常家沟)有敌三千余猛攻,守白蒙掌阵地守兵两连全数牺牲,现(31)师主力仍坚守常家沟,一部退守水峪沟、老虎涯。(30)师(欠一旅)方面(王家庄),刻全部仅剩数百人,并有、无线各电均不通。(27)师方面(乱柳),据受伤营长张敏永回称,与敌激战甚烈,该营官兵只剩士兵六人,但仍守原阵地,敌军死亡亦奇重。又,本早接冯钦哉电,我步兵约四团守圪套村、水峪村、山头村、高垴庄、黑十堰阵地,与二千余之敌对峙中。(三)综合一、二两条,虽伤亡过大,部队减少,但各级指挥官均抱死拚决心,遵照钧座俭午电,迈进待援。续报,职黄绍竑叩。艳亥。印。〔寿阳〕

黄绍竑致蒋介石密电

(1937年10月29日)

即到。南京委员长蒋:因密。综合昨今两日会战经过如下:一、自敌增加四个联队突入我右侧背后,此刻战线位置:一二四师曾旅,在西郊村东方高蹯;卅师(欠一旅),石门口北方上庄附近高地;一二二师,在白羊壁亘乱柳村附近,该师王旅无法连络;三一师在平定东南首;卅师之一旅,在坡头;廿七路除调北线外,余两团尚未得连络;十七师残部在巨城镇(已严令廿七路及十七师向铁路靠拢)。二、第三军在铁路线收容,已到一千人,余仍无下落。三、据孙总司令电,敌有二千余攻我南翼川军;又据赵寿山电,有敌七八百,炮六、七门,飞机七、八架,攻我北翼。按以上情势,敌抄我两翼包围,我南翼川军曾旅,除西郊村转南罄石(平定东南),北翼赵寿山转赵家庄外,余均在原线无变动。四、艳早接廿六路电话:南翼川军曾旅被敌攻击甚猛,已西移,敌即猛攻卅一师,昨晚正面之卅〔?〕师与敌冲突甚烈,现只剩数百人在王家庄附近;北翼昨午后起,敌增往一千以上,赵寿山刻退三郊村,该敌现分两部,一追赵师,一趋阳泉。职黄绍竑叩。艳巳。印。

孙连仲致蒋介石等密电

(1937年10月29日)

特急。南京委员长蒋、司令长官阎：致密。本路军为遵奉委座俭午电，在寿阳以东地区坚强抗战待援，计拟定各期行动如下：一、抵抗地带，从现阵地为第一次，以赵家庄、南茹村、辛兴镇为第二次，以台泉上、龙泉镇、郭家庄、南沟为第三次，以松塔镇、范□岭、芹泉镇为最后死守地带，如有退至此线以西者处罪。二、各部队活动范围：四二军沿正太路向右四公里，并与卅师连系，向左两公里；卅师在道路内侧各二公里，右与卅一师左与四二军连系；卅一师在平榆大道两侧各二公里，并与左翼卅师连系，各按此规定节节抗战。三、各部队变换抵抗地带，须以本部命令施行。以上四〔三〕项，除饬各部遵照外，谨闻。职孙连仲。艳辰。参战。印。

黄绍竑致蒋介石密电

(1937年10月30日)

急。南京蒋委员长钧鉴：仞密。谨陈娘子关失守之因果及改善意见。(1)娘子关国防工事仅完成十分之二，而技术上多不合实用，且陆地之交通、通信更毫无设备，故作战时，完全未得工事之利用，实与平常野战无异。(2)平汉线部队转移，事前既无准备，复以路最远、力量最弱之十七师担任铁道正面，第三军、廿七路则分置两翼，距离甚远，各自为谋，连络尽失。故于巳刻尚未占领阵地，敌即跟踪侵入旧关。全线既无总预备队即地区预队，亦无控置，坐视旧关失陷，无法挽救。(3)部队夹杂，无一可作中坚，临时令冯钦哉指挥，能力既欠，组织毫无。职虽勉任艰难，亲赴指挥，亦因组织不完，极不灵活。(4)旧关失后，已陷被动的地位，攻击战损耗兵力太多，失却防御意义，敌再增加，无法应付。(5)川军械劣力薄，至敌皆入侧后。今后改善意见:(一)国防工事须求点之完备,勿贪线之延长。(二)部队指挥宜早定,其平时永久之组织及系统,不可临时凑合夹杂使用。(三)宜以作战之成绩确实补充办法,勿使好丑同受损失,或同样补充。(四)确定晋省以后作战方针,勿再迟误,致难收拾。以上所述当否,敬乞钧察。职绍竑叩。卅亥。印。〔寿阳〕

阎锡山与蒋介石往来密电

(1937年10—11月)

(1) 阎锡山致蒋介石密电(10月31日)

即到。南京蒋委员长钧鉴:建密。据黄副司令长官世午电称:廿六路有日前仅余五千余人,自宥日起激战一周,张师仅六七百人,被优势敌军压迫,只能逐步抵抗以延时日。第三军仅余二千余人,经令开上龙泉占领阵地,作最后抵抗。川军及廿七路皆溃不成军,已失掌握。兹第八路侧击不能奏效,敌军继续进攻,至多三日即到寿阳,职除严令作最后牺牲外,谨请速作不得已之准备,以免延误。等情。除电复严饬各部努力支撑并催邓总司令迅赴前方督战外,谨闻。山。世酉。参战。〔阳曲〕

(2) 蒋介石复阎锡山电稿(11月1日)

特急。阳曲阎司令长官:世酉电悉。已电邓总司令晋康,协同晋东部队夹击西进之敌矣。中○。东申。一作元。

黄绍竑致蒋介石密电

(1937年10月31日)

即到。南京委员长蒋:固密。综合昨今两日经过如下:(一)主要战线概略位置:冶西、苇池村、南山村、后山村、甲鱼沟、南峪、河底镇之线,据点式阵地。敌军兵力,冶西方面诸兵连合约二千,苇池村约一千，南山村、后山村约二千，甲鱼沟经南峪至河底镇约二千。（二）我概略部署：冶西方面，三一师；苇池村，三十师（欠一旅，控侧石驿为预备队）；南山村，独四四旅；后山村，二七师；甲鱼沟至河底镇为冯钦哉部及赵寿山师。以上为第一线阵地。第三军残部，上龙泉以北；一二二师残部，上龙泉以南；一二四师残部，辛兴镇等各地区附近。一方整顿，一方布防，为第二线阵地。（三）我军现有战斗员：三一师，现已改编为六个连；三十师，现剩六百余；二七师，千二百余；四四独【立】旅，约五百；赵寿山师，已无战斗力；冯钦哉部，除调一团赴北正面外，此间只有四团，伤亡亦甚重，数目未详；第三军第七师，已缩成二团；十二师，刻已出险者约千余人，尚未集结；川军大半均溃散。（四）昨今两日，敌攻击甚烈。本日五时情报，敌已向辛兴镇突进。（五）八路军本晚可部署完毕，开始攻击，主力于平定西南地区向北侧侧击。余续陈。职黄绍竑叩。世亥。印。〔寿阳〕

蒋介石致阎锡山等密电稿

（1937年10月31日）

特急。阳曲阎司令长官、寿阳黄副司令长官亲译：○密。据程司令长官卅日电：第一战区为策应第二战区之作战，已下达攻击命令，决于东日开始攻击漳河附近之敌而歼灭之，尔后向正定、石家庄前进。特电知照。中○。世酉。一作元。

蒋介石致程潜密电稿

（1937年11月1日）

限一小时到。新乡程司令长官：○密。由娘子关西窜深入之敌，正与我晋东部队苦战于平定附近，情形紧急，着汤恩伯迅率所部参加晋东方面作战，攻击该敌侧背。仰即饬遵。中○。东子。一作元。

黄绍竑致蒋介石密电

(1937年11月2日)

南京委员长蒋:○密。自敬有宥等日战斗后,我第三军仅收容两团余,四一军(孙震)溃乱不堪,皆不能即时使用,正面任务完全由廿六路担任,左翼由冯钦哉部(二十七师)担任。自廿七日不断不断〔衍〕激战,廿六路各师共存战斗兵二千余人,故只能守要点,全线空隙甚多。原拟令第八路主力,东日由平定方面侧击,以制敌之进攻,因八路准备未周。东日间据报,敌约一旅一团由九龙关直趋昔阳,一二九师无法集结,侧击计划完全顿挫。敌乃集中左右翼部队,专向铁路线攻击。东日午后四、五时,二十六路及第三军皆被优势敌人攻击或包围,彼此无法援救。东戌,敌直抄张净镇廿七师后方,前后包围,该师曾极力撑持待援,因伤亡太重,卒至溃败。当时手无部队,无法挽救,乃令卅师残部三百余人及我保安队两连,固守寿阳城,其余各残部则仍令占领铁道高地,以阻止敌向榆次及太原进犯。敌众我寡,决难支久。职现率兵两连在大安驿收容孙部。余情续报。职黄绍竑叩。冬巳。印。〔阳曲〕

(五) 太 原 保 卫 战

第二战区太原保卫战作战计划

(1937年)

太 原 会 战 二十六年十一月三日至八日

一、方　　针

本会战在利用太原四周既设阵地线,实行依城野战,以阻敌前进,消灭其兵力,待我后续兵团到达,再施行反攻夹击而聚歼之。

二、指导要领

（一）在殷家堡、西吴村、大吴村、黄陵村、北营、村窑子上、赵家坡、张河村、店儿上、菜水塌、横岭上、常峪村、西黄水、青龙镇、周家山既设阵地线上，竭力加固工事，尤其对南北铁路正面及周家山方面，更应坚固编成之。

（二）如因北面作战影响，敌由黄寨镇方面向南进攻时，拟定作战要领如左：

1. 本阵地以持久防御之目的，在阻绝敌之前进，逐渐消灭其力量，以待后续兵团之到达。

2. 主战斗正面，东由小岗头，西至周家山，长约十五公里，须以步兵二万、山炮兵二团、野炮兵一营、骑兵四连守备之。

3. 兵力部署，以主力配备铁道正面，以强有力之一部配置于周家山，以预备队分置于青龙镇、周家山后方地区。

4. 敌情判断——敌将以主力沿公路南攻，以强有力之一部攻周家山，以协助其主力之攻击。

5. 指导要领

A. 此阵地以持久战为主，为达成持久战之任务，各地区队应相机逆袭敌人，以消耗其兵力。

B. 后续兵团到达后，应由思西村（周家山西北）地区出击，以期在黄寨附近地区包围敌军而击破之。

C. 在会沟至青龙镇东北地区，构成浓密之火网。

（三）如因东路军作战影响，敌人由正太路方面沿铁路进攻太原时，拟定作战要领如左：

1. 在殷家堡、黄陵村、北营、东西砖井之线，右翼依靠汾河，左翼依靠山地，竭力阻绝敌之前进，以待后续兵团到达而夹击之。

2. 主战斗正面由殷家堡至赵家坡，长约十六公里，须以步兵二万五千、山炮一团、野炮兵二营、骑兵二连守备之。

3. 兵力部署，以主力配备于铁道正面，以强有力之一部配备于赵家坡、河口村附近,以预备队分置于许坛村、五龙沟附近地区。

4. 敌情判断——敌将以主力向河口附近进攻,以有力之一部沿铁道进攻,以协助其主力之攻击。

5. 指导要领

A. 此阵地以持久战为主,但为达成持久战之任务,各地区队应相机袭击敌人,以消耗其兵力。

B. 俟汤兵团大部到达子洪口附近时,主力应由砖井村附近出击,包围敌军而聚歼之。

(四)为巩固北正面计,在凤阁梁、欢咀村、郭家窑、陈家窑、拦岗村、岗北村构筑内部防御线,以期达到持久战之目的。

(五)将太原城编成复廓要塞,以资作最后之战斗。

(六)敌如由正太及黄寨两面同时进攻时,应在主战斗线东西以配备少数部队掩护侧背,其战斗计划临时再按情况拟定之。

三、战斗前敌我态势(附图一、二)〔图略〕

四、兵团部署

(一)着第三十五军(第二二旅、第二一八旅)、独立第一旅、第二一三旅、新编第三第八第九各团、第七十三师之一旅及炮二十三团刘团长(倚衡)指挥之炮二十一团、炮二十二团(欠第二营营部及第三六连)、炮二十五团第一营、炮垒大队并由忻口开拔中之第七十一师、独立第七第八旅等部,统归傅总司令(作义)指挥,布置太原城防。

(二)以黄副司令长官指挥之各部,在北营、赵家坡、张河村、刘家河及孟家井、上庄一带占领既设阵地,以卫总司令(立煌)指挥之各部队,在菜水塌、青龙镇、天门关一带占领既设阵地,统归卫总司令指挥,在太原附近准备依城野战。

(三)以达到黎城东阳关之汤恩伯军向榆次附近推进,俟敌攻太原时,与太原附近部队夹击而歼灭之。

(四)太原近郊并城周重要工事,由新编第六旅、独立第一旅之步兵一部及骑兵连担任警戒。

〔下略〕

太原城防工事计划①

（1937年10月）

太原城防工事指导要领

甲、要　　旨

一、城防各种兵器之配备，应能集中所有火力，以达歼灭敌人之目的。

乙、指导要领

二、为使接近城垣之敌完全消灭于我火网内，城外近距离之死角，须以最大之努力削除之。

三、各城角、各瓮城及城根掘洞，伏藏山炮，对接近城墙之敌，以零线子母弹构成交叉火网。

四、各城墙突出部，构筑机关枪地下室，以侧射火辅助山炮火力。

五、监视哨所一律设置于城墙腹部，采用互相监视法。

六、城内房院可形成复廓者，须加筑外壕，形成纵横无数之方形阵地，以备阻绝突入城内之敌。

七、城内较高坚之建筑物配备远射炮，并能向各方随时集中射击。

阎锡山致蒋介石密电

（1937年11月3日）

即到。南京蒋委员长钧鉴：吉密。我东路军黄部退至寿阳以东附近地区后，连日被敌猛攻，仍不能支持，不得不准其逐次向西

---

① 选自第七集团军战斗详报(南口会战迄太原守城)。

撤退。在此千钧一发时机,若不速令西路军卫部向南转进,一旦敌突至阳曲城下,不特该城防部队陷于孤立,难以固守,即卫部后方,亦感莫大胁迫,攻守两难。为策万全计,已拟以依城野战之目的,令卫部于冬晚向叶水墕、青龙镇、天门关之线转进,占领阵地,与敌决战。除撤退及占领阵地,详情另电呈报外,谨先奉闻。山。江子。参战。印。〔阳曲〕

阎锡山等致大本营密电

(1937年11月3日)

限即刻到。南京大本营钧鉴:应密。兹为本战区作战指挥统一起见,特委卫立煌为第二战区前敌总司令,所有第二战区各军均听该总司令指挥。除分电外,谨电。请备案。阎锡山、黄绍竑。江未。参战。印。〔阳曲〕

李仙洲等致蒋介石密电

(1937年11月3日)

特急。京委员长蒋:〇密。一、本师奉令占领石岭关东西之线掩护军之转进。二、遵于冬日黄昏后由忻口附近原阵地向指定地点转进,业于本江日拂晓后先后到达,占领阵地构筑工事。余情续陈。职李仙洲、黄祖埙。江午。参一。印。〔汾阳〕

阎锡山致蒋介石密电

(1937年11月4日)

特急。蒋委员长钧鉴:吉密。自东路军节节后退,已至无抵抗能力,山不得已令东北两路,均撤向太原,依城野战,破保太原。将各部队整理为八个单位,骑炮兵各一,步兵六个集团。第三军归第二集团军,廿七路、第十五军、第十七军、九十四师并归十四集团军,川军均归廿二集团军,新二师并归十八集团军,晋绥留太原者全归第七集团军,余归第六集团军。骑兵军仍在雁门关外游击,炮兵除附属各部队外,均由炮兵副司令统管,并委卫立煌为第二战区前敌总司令,除第十八集团及第六集团军外,均归其指挥,委傅作义兼太原守备司令。省政府为统筹省政使利计,移驻临汾,第二战区司令长官行营,移至近省地方指挥。尔后情况续报外,谨先电闻。山叩。支戌。印。

阎锡山致何应钦孔祥熙密电
(1937年11月4日)

特急。XH2A大本营第一部何部长敬之兄、孔部长庸之兄:应密。甲、战况:(一)晋北我军因受晋东之影响,于东晚向青龙镇东西线之既设阵地自动撤退,江午后,已到石岭关之线。我忻县收容队,正竭力阻止敌进中。(二)晋东敌先头骑兵及便衣队,江日已窜抵太安驿东数里之高地,我军正节节抵抗,黄副司令之卫队两连,亦已加入抗战。已令四五军(邓锡侯)在上下潘家峪、卢家庄迄王村之线(榆次东北六十里)担任收容,并令八路军林师由平定西南地区取捷径追袭沿铁路西侵之敌,刘师迟滞侵入昔阳境内之敌。乙、消息无新得。阎锡山。支丑。参谋。印。

军统局通报
(1937年11月4日)

通 报　勇字第952号
　　　　　廿六年十一月四日

据报:

太原守城部队决定城内兵力三旅四团,计独立一旅陈庆华部,六一军六八师(师长孟宪吉)二一三旅杨维垣部,三五军二○八旅董其武部,新编第三团王辅部,第八团李廷秀部,第九团韩文彬部,此外有炮兵第二十二团刘倚衡部,城外由卅四军杨澄源部负责,以上各部均受傅作义指挥。至守城防线共分三道,第一道在城外,第二道以城墙为防线,第三道左翼三桥街一带,并定西河街一带民房为守城兵营房,另任卅五军副军长曾延毅为戒严司令。

右件通报

作战组

阎锡山致蒋介石密电

(1937年11月6日)

限即刻到。南京蒋委员长钧鉴:吉密。因东路部队除孙连仲部,余均南撤,城南防务无法布置。北路部队于青龙镇阵地亦未能立足。已令卫总司令将北路部队集结西山,东路部队集结东山,整顿补充,俟援军到后,再图夹击攻城之敌。傅固守城垣,并告黄副司令长官转到平遥,堵队南下,山在交城指挥一切。谨禀。阎锡山叩。鱼戌。印。〔交城〕

阎锡山等致大本营密电

(1937年11月6日)

南京大本营钧鉴:〇密。据傅总司令微电称:(一)卫总司令据王军长报告,微午五四师转进至青龙镇,因敌机轰炸,站脚未稳,即退至阳曲湾,霎时阳曲湾亦形混乱,各部队分向南、向西撤退。(二)据守备北城二一八旅警戒骑兵报告,新店附近有敌枪声。(三)据南城守备队杨旅长报告,昨夜鸣谦镇见敌骑兵二百余。(四)已令城防各部,正占领阵地。等情。谨闻。阎锡山、黄绍竑。鱼。参战。印。

卫立煌致蒋介石密电

(1937年11月6日)

即到。委员长蒋:远密。一、昨日职部无线电机被炸,有线电悉断,致无报告。二、忻口转移后,敌步、炮、空、唐克紧接追击,各部均有损失,忻县、石岭、灵关之线掩护,均各激战,步、骑伤亡奇重。微未,敌猛攻青龙镇、曲阳镇,我守兵以伤亡过巨,被敌突破,正面各军、师,形成溃退,曾竭力督饬,终以战斗员太少,无法挽回。刻先头计已退过清源及以北山也,职正督饬其余各部,巩固城防,力图继战。三、新配属之晋东各军、师,除令冯钦哉部及赵寿山师占阳曲东北亘正稔,第廿七师进占小店镇、北营村一带外,其余尚未取得连络。四、晋东之敌步、骑兵约千余,微晚已迫切城南北营村。谨闻。职卫立煌。鱼晨。参。印。

傅作义与蒋介石往来密电

(1937年11月7—10日)

(1) 傅作义致蒋介石密电(11月7日)

即刻到。南京委员长蒋:挺密。太原附近原定作战计划。职余新旧各六团,皆经过作战损失之余有每团仅二百余人者,计实数战斗兵共约六千余守备太原,全军主力在外依城野战,城内外均归卫总司令指挥。讵东、北两路各部队转进时,未能按原定计划,立足不稳,致卫总司令两日失却联络,友军位置悉不明了,刻环城附近已无友军。昨今两日,敌已将城之东、北、西包围,开始接触,南面敌相距十余里,刻敌已使用主力,正式猛攻。我守城部队经职训话,士气旺盛者结局几有两千余,职正用各种方法,激励士气,决心与敌死拚,吸敌兵力,以待我之主力进展击敌。职傅作义叩。虞酉。参。运城办公处转齐。印。

(2) 蒋介石复傅作义密电稿(11月10日)

限即刻到。太原傅总司令:○密。虞酉电悉。贵部迭挫敌锋,现更能激励士气,据守孤城以待后援,举国上下均极钦佩,仍希努力抗守,牵制敌兵,俾后方部队有整备出击之暇为盼。中正。蒸已。一作。印。

阎锡山等致蒋介石密电

(1937年11月8日)

即到。南京蒋委员长钧鉴:○密。虞日敌对太原东北、西北两面竟日猛烈炮击,城垣上部工事多已摧毁。又:敌步骑千余名、战车四辆、炮十余门,与我守太谷城汤部激战,汤军长率主力拟经榆社北进,抏敌侧背。由晋东撤回之孙(连仲)、曾(万锺)等部,现在太谷西南之子洪镇附近。川军沿同蒲路向介休溃退。由晋北撤下之卫(立煌)、王(靖国)、李(默庵)、刘(茂恩)等部,现在交城、汾阳一带,一面布防,一面集结整理。我军此次转进,因受敌机轰炸,颇形混乱,除饬各部迅速收容整理,以备再战外,谨闻。阎锡山、黄绍竑叩。08.22。参。

曾万钟致蒋介石密电

(1937年11月9日)

特急。南京委员长蒋:固密。(1)本军自新关附近脱围后,即奉令开松塔镇阻止沿平定大道西进之敌,江夜又奉令驰回太原以东地区为预备队,借资整理。即于支丑北开,微晨驰抵榆次西北之鸣李村附近,与敌遭遇,正激战间,榆次突陷,因腹背受敌,即转向小店镇北进,又受阻混战竟日,仅先头朱旅一部突围北进,其余因失去连络,乃于鱼丑撤至北截镇收容。但与太原始终未取得连络,各友军又纷纷南移,不得已即于阳子向南移动,本日已到武乡属范权店,拟到沁县附近收容整理待命。(2)两师现到官兵:七师约二千人,十二师一千二百人,朱淮旅现到何处尚无消息。职曾万锺。佳戌。于权店。印。

阎锡山致蒋介石密电

(1937年11月10日)

(1)

限即刻到。蒋委员长钧鉴:吉密。我军此次向太原附近转进,经令傅部守城,东路军撤至东山,北路军撤至西山,以期夹击攻城之敌。惟因东、北两路之敌猛烈追击,致东、西山部队均未能立足,复退至交城、文水及祁县东南之子洪镇一带。鱼、虞两日敌猛攻城,庚晚迄今,省城电台不通,情况不明,除饬卫总司令在前方速查明原因续报外,现黄副司令长官在灵石,卫、孙两总司令在汾阳,邓、孙总副司令自太原出发至今始终位置不明。谨闻。阎锡山叩。10.10。参。

(2)

限即刻到。蒋委员长钧鉴:吉密。据卫总司令转据李军长默庵电话报称:太原城墙齐日被敌炮摧毁数处,敌由破口冲入,遂与我傅部发生激烈巷战。激战终日,因众寡悬殊,傅于齐晚率部冲出,尔后庵行踪不明,仅陈副军长炳谦率少数部队,自冲出后,佳晚至文水,陈已受伤。敌约三千余,现已追至交城附近,卫总司令已派兵一部,在汾阳一带布防,阻敌西进中。除傅部激战详情续报外,谨先奉闻。阎锡山。蒸。参战。印。

何柱国致蒋介石密电

(1937年11月10日)

急。南京委员长蒋:敏密。据报太原已于佳晨失陷,我军刻正纷纷南退中。……何柱国。(10.12)。战。印。〔咸阳〕

阎锡山致蒋介石密电

(1937年11月11—14日)

(1) 11月11日电

南京委员长钧鉴：般密。谨将卫总司令报告该部转移作战经过概呈如下：晋北军支晚到达青龙镇东西之线时，敌步、骑兵三、四千附坦克、装甲车数十辆，是晚已将我石岭关掩护阵地突破，继向南犯，与我守青龙镇阵地之王靖国部激战竟日，微未遂复突破。同时，晋东之敌，其先头已将廿六路第三军截断，迫近阳曲南之北莹村，完全脱离指挥官掌握，其位置概不明了。我右翼极感危险，乃决心即以一部占领敦化坊、沙河、北三角村、松树坡之线，主力移集太原县吴家堡东社坪带，待机转移攻势。微晚，晋北敌军即续向小沙河、松树坡阵地攻击，晋东敌军即由小店镇向河西阵地攻击，经与傅协商后，鱼晨即赴河西义井准备抽队援助。是晚，我六四师阵地已被敌突破，渡河西犯，我两翼受敌包围，同时第廿六路、廿七路各一部忽由东纷纷渡河西退，军心更感动摇，为暂避决战，即向太谷、交城线转移。待职到交城时，各部先头已纷向汾阳行进，当令第十四军在交城力拒敌之前进，旋即赶赴汾阳，督令各部在汾阳集结布防。职属各军在忻口剧战兼旬，伤亡极大，各部尚有兵力，十五军仅两团余，十四军一团余，八五、廿一、五四等师及独立旅约各〔未译出〕，十九军、六一军共约两团。等情。谨闻。阎锡山。11.16。参战。印。

(2) 10月14日电

限即刻到。南京蒋委员长钧鉴：吉密。顷据傅作义真亥电称：齐日敌以飞机、大炮猛烈围攻，致将北城破坏十数口，东北、西北两城角塌陷，各部拚命抵御，逐次将破口封锁，仅剩一口，敌乃以飞机载兵降落城内小教场，增加扩张战果。至七时绥署后门及三桥街皆有敌兵冲至，局势已不可挽救，遂令各部由大南门冲出，复向汾河桥冲击，向西山撤退，刻抵古洞道。职此次守城，丧师误事，请予议处。等情。谨电。请鉴核。阎锡山叩。寒亥。参战。印。

傅作义致蒋介石密电
（1937年11月17日）

即到。南京委员长蒋：伊密。守备太原省城情形前已电陈，而失事原因约计有三：一、原定计划，本系以太原省城为复廓，以在城外三四十里之既设阵地，依城野战。计策东、北两局各军，由前后撤退，有立足不定者，有不接受命令者，原计划遂行变更。二、原定加入守城之部队，因东、北两路各军之未能集结，亦未进城，而城内部队复因加以守城部队之未入城，士气大受影响。三、守城官兵当全省局势一再失利连溃之余，对于守城之任务多而生畏，再加以临时拨之新编各团，既无训练，而精神系统又不联贯，未见敌人，先行逃散，仅凭旧部及比较老练之农兵共两千余，激战三日，牺牲殆尽，敌已深入司令部，始令残余部队冲出。以上三者，职于事前非不虑及此，且卫总司令亦曾屡告以能守则守，不能守则撤，然职深痛国家之前途，深知太原之重要，故榛计将来强若以一己之精神，鼓既涣之军心，计划设备不遗余力，讲解演习日日不懈。不料职有坚守之心，下鲜同守之兵，企图未达反遭损失，言念及此，痛心曷极，除已电阎、黄请予惩处外，谨此电闻。抑职尚有进者，战事虽屡失利，职终不承认敌不可胜，惟我军自己本身之缺点太多，似应痛加深省。职傅作义叩。篠。参战。印。〔运城〕

太原保卫战战斗详报摘要
（1937年11月3—8日）

三日，晋东之敌进至寿阳，即将县城包围猛攻，我守城部队与敌激战终日，双方伤亡颇多，终因众寡悬殊，我守城部队遂于夜间突围出城,且战且退,向榆次之太安驿、芦家庄、上下潘家垴线之收容阵地转进,黄副司令长官遂令各部队退据太原东南,协助傅(作义)军依城野战。

四日晨,晋东之敌与我东路军孙连仲部在榆次附近激战终日,敌后续部队陆续到达,因众寡悬殊,我军被压迫于榆次西南地区,敌遂占据榆次县城。

六日,为阻止晋东之敌沿同蒲路南犯,以巩固晋南计,卫(立煌)军决在平遥、汾阳之线以南附近地区集结,准备尔后战斗,遂将太原城周之部队遂〔逐〕渐向太原县附近转移。

七日晨,东路敌川岸兵团之先头部队约一千五百余,亦进迫城南狄村附近,一部进抵双塔寺,与城东之北路敌人会合。此时城西之汾河各桥,均被敌占领,太原城遂完全陷于包围状态。同时,东北两面敌步、炮连合向城垣猛轰、猛扑,直至黄昏,敌机仍在城内轰炸。我城外部队受敌压迫,伤亡殆尽,城垣之炮垒队炮位,多被敌炮火制压轰毁。入夜,敌炮击更烈,城内汉奸隐伏,四出活动,电话随修随断,消息梗阻,形势极为险恶。傅总司令亲巡各城,一面鼓励士气,一面指画方略,人心始稍稳定。

八日晨,敌两路兵团主力步、炮全集城下,东、北两面攻击剧烈,敌机十三架轮流轰炸,北城楼被焚,东、北两城到处起火,电话逐段被毁,火焰弥漫全城。至九时,东北及西北两城角,敌集中炮火连续轰击,该两城角遂被轰陷,旋东、北两面城墙亦相继轰开破口十余处,城墙各掩蔽部及弹药洞多被轰塌。敌步兵在其机、炮掩护下,向城内猛冲,我城墙埋伏之炮垒队亦被敌击散,歼敌计画概失效用。我东、北两城步兵誓死不退,一面拚歼入城之敌,一面封锁城墙各口,敌我皆争取最后胜利,死亡异常惨重。至午后四时,城墙各口皆被我封锁,仅东北城角一处,入城之敌千余与我激烈巷战,亦被我歼灭大半。最后敌机数次在城内大教场降落,又向城内增加大量步兵,复利用夜间隐蔽,夹杂混战,处处突袭,我官兵伤亡甚多，而西、南两城部队及预备队亦为敌人袭散，应战残余兵力益感不敷分配。盖第三十五军及第二一三旅均在绥东及晋北连续作战，伤亡甚重，疲惫之余，喘息未定，而新编各团亦成立未久，概无相当时间之整训，炮垒队编组又不甚健全，以致预行部署之伏枪、伏炮未能发挥其效用；而敌则板垣、川岸两兵团，乘胜会师城下，其机械化部队，固属望尘莫及，即兵力亦复数倍优越于我。血战之余，我官兵寥落无几，城遂被陷，我守城残部遂经文水一带向离石附近集结，准备尔后战斗。

〔五〕徐州会战

（一）作战计划与初期战况

徐州会战作战指导方案

（1938年4月）

国军作战指导方案

（一）方　　针

一、国军以确保徐州之目的，应对沿津浦铁道及沂河南下之敌切实阻止，并以有力部队威胁敌之侧背，俟迂回部队达到临沂、费县、滕县线上并集结相当兵力于徐州附近后，然后以主力由南面转取攻势，歼灭敌军。至万不得已时则用逐次抵抗，退守洪泽湖至微山湖中间地区。第二、三战区除以一部直接或间接支援徐州方面之作战外，主力应积极进攻当面之敌，使敌不得放胆转用其兵力于津浦北段。

（二）指导要领

二、第五战区之部队，应以主力固守郯城以南经邳县至韩庄二线，并以四师以上之兵力，由济宁至东平间地区突入敌后方，对峄县、郯城之敌攻击，并以集结之兵力加入南北夹击，以收歼灭当面之敌之效。至不得已时，我南面部队须利用逐次抵抗退守洪泽湖、微山湖中间地区，待机转移攻势。迂回部队则专任敌后方之游击。

三、第一战区部队，主力积极向济南方向活动，破坏津浦铁路北段交通，并向敌军后方发展游击战，一部攻击当面之敌。第二战区部队应积极攻击当面之敌，牵制当面敌军之转移，并抽调一部向徐州附近集结。

四、第三战区应抽调一部控置于相当地点，作战略预备队，主力努力攻击当面之敌。

五、即以现在控置于后方之部队，向徐州附近集结，准备将来之攻势转移。

军令部作战计划

(1938年4月？日)

敌近日抽调他方面(即我第一、二、三战区方面)

兵力集中于津浦北段以求与我军决战应采取何种对策

我军应调后方已整理之部队及他战区可抽调之精锐部队，迅速集中于第五战区方面以求与敌决战，同时第二战区利用优越态势极力反攻收复晋省，第一、第三战区相机反攻以牵制敌人。各地游击部队更应极力活跃以期能随时随地妨害敌人而求得决战方面之胜利。

拟抽调之部队列左：

(一) 武汉除担任卫戍之185D外余均调出。

(二) 由一战区抽71A(王敬久)。

(三) 由三战区抽调18A(罗卓英)。

(四) 由广西抽调莫树杰军。

(五) 由陕西调1A(胡宗南)。

(六) 再由沿江抽调57D、167D两师。

中国军队作战指导方案

(1938年5月1日)

国军作战指导方案　廿七年五月一日拟

(甲) 敌情判断

判决：

敌当集中兵力打通津浦线,并求击破我军主力,以达速战速决之目的。

敌可能之行动与兵力：

基于右述之判断,敌可能之行动及使用之兵力如左：

(一) 就现有鲁南兵力(依第二厅判断为六师半、依前方部队报告则仅两师,但依作战力及战斗正面等而估计当为三师强)继续攻击。

(二) 再尽量抽调京沪平汉晋绥兵力(假定三至四师)仍由鲁南攻击。

(三) 除上条外并由国内及关东军更抽调三至四个师以为孤注一掷。

(四) 同时并在淮南方面行助攻。

(五) 苏北仍以小部队(至多不过一旅)相机前进,策应鲁南之作战。

(乙) 方　针

国军以阻止敌打通津浦路之目的,在鲁南集结相当限度的兵力,行攻势防御。但敌如由国内大举增援至兵力较我绝对优势时,则应避免决战,逐次抵抗,以消耗敌之战力。同时在武汉及郑州以西集结兵力,准备诱敌深入与之决战。

(丙) 指导要领

(一) 鲁南之敌依(一)案行动时,我就现有兵力迅速击破之。

(二) 敌依(二)案行动时,我就现有兵力并准备再增二至三师行攻势防御。

（三）敌依第（三）案行动时，我仍以前项兵力为限度避免决战，行逐次抵抗以消耗敌之战力，并以大部散布于鲁南及津浦路东侧地区作游击战，一面侧击敌人并扰乱其后方。

行持久抵抗时第一步将右翼退至运河后方，以两翼依托洪泽湖、微山湖，第二步退守蒙城、涡阳、亳州、归德之线（此时津浦南段亦退至合肥、寿县，连结于蒙城之右翼）。

（四）津浦南段对铁道正面行佯攻，对含、椒间应取积极攻势，牵制敌之北犯。

（五）对苏北洪泽湖以东之敌应极力阻止之，如可能则击破之以掩护徐海我军之侧背。

（六）第三战区皖南应求切断京沪交通，确实钳制江南之敌。浙东宜取守势，可抽出二师转用。

（七）第一战区应在黄河以北继续游击并阻止敌之渡河。

（八）第二战区应一面对归绥攻击，一面扫荡同蒲路南段三角地带之残敌。

（九）第八战区应协同第二战区攻略归绥。

（十）集中两个有力兵团，一在武汉附近（廿个师以上），一在陇海西段（约十五个师），准备未来之作战。

（丁）处置概要

（一）鲁南方面：

（1）乘敌现在攻势顿挫之时，就目前态势，右翼以樊松甫、石友三两部共五师对敌行包翼攻击。正面加入 50D、140D 全线出击，期在敌后续部队未到达以前击破之。

（2）其余控置之 3D、9D、132D、68A、77A 暂不使用，以机动态势应付敌增援部队。

（3）抽调萧之楚（或彭进之）军两师至归德加强预备队兵力（已有冯治安军两师）。

(4) 孙桐萱、曹福林部继续前任务,努力遮断津浦路敌后方连络。

(二) 津浦南段:

(1) 以桂军四师、徐源泉军三师(含87A 罗树甲师)、杨森军一师向含、椒间攻击,制敌先机,打破其北犯之企图。

(2) 杨军安庆防务调唐式遵部一旅接替。

(3) 7A(欠一师)集结于蒙城附近为第五战区之战略预备队。

(4) 调俞济时军(51D、58D)至六安附近以屏障武汉。

(三) 苏北:

以 24AG 韩〔德勤〕部相机向盐城之敌攻击。如不能奏功可行逐次抵抗,但在鲁南未决战前应确保淮河之线。必要时以缪澂流军一部加强之。

(四) 第三战区应以 19AG、23AG、24AG 派出有力挺进部队力求切断京沪交通,确实箝制江南之敌,不使转移于长江以北。刘建绪部对浙东取守势,并抽调二师至武汉集中待命。

(五) 第一战区在黄河以北部队应继续游击并远至平津活动。河防部队应阻止敌渡河,对郑州以东特须注意。

(六) 第二战区以傅作义部会同第八战区部队进攻归绥,以晋东、晋西、晋南部队先截断同蒲南段沿线要点敌之连络,再软硬兼用扫荡三角地带之残敌,以便晋南我军之转用及节约河防部队,准备集结。

(七) 第八战区门炳岳、马鸿逵部协同傅军进规包头、绥远。

(八) 集中二十个师以上兵力于武汉外围及核心。

(1) 现在武汉卫戍部队十个师:14D、55D、185D、61D、18D、15D、109D、57D、167D、77D。

(2) 广东调二师(李汉魂部)、广西三师(莫树杰一师、夏威二师)、四川约八师(王缵绪三师半、王陵基约廿团)、云南一师。

(3) 浙东刘建绪部抽出二师。

(4) 其他：53D、82D、193D、197D、190D、52D、159D、160D、36D、46D、121D、103D,迅速补充亦可使用。

(九) 集中约十五个师于陇海路郑州以西地区。

(1) 现在豫西部队：87D、88D、195D、196D、95D、106D。

(2) 西安行营所属部队 1D、78D、40D、102D、8D、24D、43D。

(3) 山西或甘肃部队亦可抽调两师。

(十) 预备师应迅速尽量充实。

附记：

我鲁南使用相当限度兵力计算之标准：

(1) 截至廿九日止,我展开于第一线之部队：110D、27D、30D、31D、44BS、6D、93D、113D、114D、182D、183D、184D、4D、25D、2D、21D、13D、139D、38D、180D 共十九师半。但大部(如孙连仲、汤恩伯、周碞、张自忠各军)均已于前次战役损耗过半,故实际仅能以十二个师力量计算。对敌三师团约五、四与一之比。

(2) 现已到达而未使用之部队：28D、140D、49D、92D、50D、187D、26D、132D、3D、9D、37D、179D、119D、143D 共十四个师。假定敌由京沪、平汉、晋绥再抽调三乃至四师团之兵力增援,我们以四与一之比对付之约需十二乃至十六师,故宜再调萧之楚(或彭进之)军二师乃可达阻止敌打通津浦之目的。过此限度不再增加兵力。

庞炳勋致蒋介石密电

(1938年2月9—23日)

(1) 2月9日电

急。武昌委员长蒋：规密。08·17令元鄂电奉悉。谨将职军近日情形及遵电令处置办法分陈：(一)职军奉李司令长官令将东海防移交一一二师,即全部向临沂集结准备,以一部配合游击队攻击蒙阴泗水而占领之。向泰安曲阜间威胁敌之侧背,以一部协力海军陆战队,固守莒县沂水以北要隘,并以该方面游击队向诸城临朐方向游击。(2)职于虞日到达临沂,一一五旅及师直属部队明晚可到临沂附近。(三)查鲁省第三、八两行政区游击队,各约二千余,多系民众,枪枝恶劣,亦乏训练。海军陆战队,计两大队,共约二千人。又刘震东游击队正在集合中,刘本人在莒县。又有杨士元奉李长官令,委为鲁南民众抗日自卫军司令,所部现有五百余,在集合中,此五部均归职指挥。名目虽多,战斗力微弱。(四)诸城现有敌三四百,装甲车增至卅余,有西犯模样,已派厉司令文礼、刘司令震东派队截击。日照、石臼所海面,现泊敌舰两艘,连日炮击石臼所及日照县城。又日照东北泊儿镇有敌数百,已令张司令里元派队截击。(5)综合以上情形,拟定处置:①以协力友军攻击为主,以一一七旅二三四团担任泗水,先头部队已到朱满,以补充团担任蒙阴,先头部队已到青驼寺并各附以地方游击队施行侧面威胁之任务。②以一一五旅之步兵两营协力海军陆战队及该方面游击队,以莒县沂水为基,向胶济路及其以北施行截击。③其余集结临沂固守鲁南重地,兼以策应各方。庞炳勋。09·16。参。印。

(2) 2月23日电

武昌委员长蒋:勉密。(一)据一一五旅朱旅长报称:职率队驰援莒县,于21·24到达时,城内守军均已撤走,异常空虚。敌早乘势潜伏关内,旋至(22)早四时,即联合大部猛攻,战斗经过,均已电报,激战至23·10,情形好转。而扼守城东北角之游击队,以刘司令震东阵亡,气馁疏防,突被攻入,该部溃退。敌继以炮火飞机轰炸,掩护大部,由此续进,纯为由胶济路经安丘来板垣部队元野联队千余人。而刘桂堂部二千余人,则围城环攻,牵制守军。职亲率守城部队仅两营,连日激战,团长及此两营长均已受伤,士兵伤亡亦众,当此之际,众寡悬殊,竭力抵抗,节节巷战,而伤亡愈增,援军为敌所阻,又不得助,不得已放弃县城,现在夏庄一带,一面抵抗,一面整顿。等语。(二)该部莒县作战情形,均于22·12、22·19电报钧鉴,现受伤团营长及轻伤官兵约三百人,均已运回,其重伤者,因情况急迫,复以人民逃避,势未运出。至损失详情,另饬查报再陈外,已令该旅长迅速集结所部,遵照电令,反攻莒县。此次该旅长朱家麟放弃县城,虽因牺牲重大寡不敌众,亦属指挥不善,拟请革职留任,带〔戴〕罪图功。(三)职部二三四团、补充团奉令进攻泗、蒙及其以西游击,遂令重新布署,将其调回,业经电报。然以路程较远,顾虑前敌,现尚未到。刻泗、蒙、沂、莒、日各县,敌皆盘踞,各游击队未能强予阻扰〔挠〕,只职孤军应付各方,似感兵单,但决与周旋。庞炳勋。23·20。参。印。

李宗仁致蒋介石密电

(1938年3月5日)

(1)

即二小时到。武昌委员长蒋钧鉴:0517密。据天津确报,敌放弃直接打通津浦线之计划,由鲁南及济宁双方会攻徐州。现在敌板垣师团由莒县向临沂压迫,情势显然。庞军五团苦战经周,损失颇巨。兹拟移张自忠军于临沂接庞军之防,庞军则东向日照移动,兼可侧击莒县之侧背。是否有当,请即示遵。职李宗仁。05·13。印。

(2)

限即刻到。武昌委员长蒋、何总长、徐部长:0022密。据密报:(1)徐州攻略战津浦南段之敌军,因被我军侧击,改攻合肥为中心,故敌方对徐州攻略改以北支军负责,由西尾中将指挥第五师团、第十师团之全部,第二师团之一部、第七师团之一部等约十万人之兵力,由山东省及东南部津浦路北段,分为东、西两方面分进合击南下。以沂州为中心,重用早先攻徐州之计划。先以临沂县攻略战为重要据点,以威迫徐州、海州间,然后由济宁南进之敌军第十师团,亦即同时开始攻击商丘(归德),作津浦路南北两段之军事声援。等情。李宗仁。05·13。徐。印。

庞炳勋致蒋介石密电

(1938年3月5日)

特急。武昌委员长蒋:0517密。(一)本(5)日拂晓前,各部队安全撤至新阵线。查此役虽两度变更阵地,临□战略,势须中止,盖以职军区广兵单,西攻蒙阴泗水,北挚莒沂。两旬以来驰劳未息,立即血战昼夜,苦劳疲乏过甚,伤亡虽极惨重,但抗战牺牲精神,始终奋盛,即二三三团第八连在傅家池草披一村之争,寨碉尽毁,巷战肉搏,全数殉国,可以概见。职受命保守鲁南山地,无论如何,誓必以此精神与敌周旋,决不放弃任务。(二)下午二时后阵地前沿沂河两岸,均发现敌情,有直迫临沂城企图。(三)以卅九师为野战军,即在现地竭力抵抗拒敌。以地方团队为守城军,固守莒城,待援军到达,再相机反攻。(四)海军陆战队现在沂水西南地区游击,已令赶回临沂城北柳官庄、朱满一带,威胁敌之侧背,现尚未到。(五)令第二游击司令郭鸿儒部一队,百五十人到城东相公庄游击。(六)为防敌偷袭陇海东段,请对新安镇车站注意。(七)同时已报委座。庞炳勋。05·20。参。印。

张自忠致蒋介石密电

(1938年3月6日)

武昌委员长蒋钧鉴:中密。05·11令一元电奉悉。谨当恪遵钧谕,努力协【同】以靖寇氛,而副钧望。顷奉司令长官李05·21参电略开:着张军解除邓军之指挥,即日由滕县输送至峄县转赴临沂接庞军防务,击破莒沂方面之敌,恢复莒沂两县而扼守之。等因。遵于鱼日开始由滕县输送。除尔后行动续报外。谨闻。职张自忠叩。06·12。参。印。

李宗仁致蒋介石等密电
(1938年3月7日)

急。武昌委员长蒋钧鉴、军令部勋鉴:勉密。临沂战况吃紧,除张〔自忠〕部先头明八日可到达外,兹授徐参谋长①以机宜,派赴临沂指导作战。特闻。李宗仁。07·12。印。

蒋介石致庞炳勋密电
(1938年3月7日)

即到。临沂庞军团长:15·20参电悉。0517密。此次鲁南莒沂诸役,该集团军作战以来,坚〔艰〕苦奋斗,至堪嘉尚。今后希与张军长自忠部确切协同,捕捉突进之敌而歼灭之为要。中〇。07·21。令一元。鄂。印。

汤恩伯致蒋介石密电
(1938年3月7日)

急。武昌委员长蒋:中密。据八十五军王军长鱼午二电称:据金乡电称:万福河水不深,两岸形势缓,障碍力弱,沿岸土质不良,我阵地工事,并不坚固,五五军经数战役,人员损失十分之四,现不足万二千人,且阵地亘数十里,处处感薄弱。惟士气甚佳。又据该军鱼未一电称:据报敌情沉静,友军位

---

① 指第五战区司令长官部参谋长徐祖诒。

置,济金间二九师,全乡七四师,城武廿师,单城间二二师,巨野三五师。冬日据警局称:日军八千、坦克四十辆,由小郭有南窜模样。等情。除分呈外,谨闻。职汤恩伯叩。07·22。参谋。印

蒋介石致李宗仁密电

(1938年3月12日)

即到。徐州李长官:勉密。(一)据报:怀远只有敌数百盘踞,并派队奇袭而占领之。(二)张自忠军须与庞军密切协力,以迅速行动击破临沂方面敌人后,应向蒙荫〔阴〕、泗水方向移动。(三)沈鸿烈部陆海队,勿使用于正面作战,应以破坏胶济铁路、扫荡胶东伪组织为主任务。中〇。12·24。令一元。

李宗仁致蒋介石密电

(1938年3月13日)

急。武昌委员长蒋:勉密。徐参谋长祖诒12·12由临沂电称:与两军长商定,本日十四时以钧座名义下达命令要旨如左:(1)五九军以一部确占石家屯一带高地,向葛沟、白塔间分途侧击,牵制敌之增援。主力由船流至大小姜庄间渡河,向南旋回,与四十军呼应,包围歼灭敌之主力于相公庄、东庄屯、停子头以南地区。在高里附近之陆战队暂归指挥。(2)四十军以主力由沂河东岸与五九军呼应,包围敌之主力歼灭之,在沂河西岸之一部渡河侧击尤家庄附近之敌。(3)两军作战地境为十字路(临沂北方约二十里)、范家墩、相公庄、张旺庄之线(线上属四十军)。(4)以上各部着于十三日晚准备完毕,十四日拂晓开始攻击。以上乞转陈。等语。谨电呈察。职李宗仁。13·15。参一。印。

（二）台儿庄大捷与临沂保卫战

李宗仁致蒋介石等密电

（1938年3月14日）

武昌委员长蒋、何总长：0022密。（A）邹县敌现约三千，炮兵、坦克数量不详。两下店敌约千余，并有炮兵及坦克车。八日以来，敌机时在临城、滕县、界河一带侦察并投弹。（B）两下店正面之敌于14·07向我界河正面进攻。石墙、羊宿之敌步骑约四百余、炮四门，同时向我左翼吕旅进攻，我军在原阵地奋勇迎击，与敌激战中。（C）另一部敌步骑约三四百，炮四门，十三日开抵石墙西南之垓庄。（D）香城方面十三日晚已有敌进至博丘村。（E）前攻刘耀庭部之敌已北退。十三日又有由济宁之敌步骑、炮兵约五百余进占微山湖东之张家桥。我刘部已向鲁桥撤退。李宗仁。14·15。参谍。徐。印。

汤恩伯致蒋介石密电

（1938年3月14日）

限一小时到。武昌委员长蒋：合密（极密）顷奉李司令长官14·14电开：敌于津浦北正面，增加兵力，大举反攻，以牵制我鲁南之作战。邓部兵少械劣，正面薄弱，两翼空虚，恐难拒敌。已电呈委座调贵军团八五军驻商丘之一整师，由火车输送至滕县附近，作二十二集团之总预备队，望即出动为荷。等因。似此分割使用，非特力量分散，于指挥上亦感困难。职意如有向该方增援之必要，可用本军团全力，向该方出击。若以零碎补孔，不但于战局无益，力量无代价之消耗，殊属可惜。究应如何，乞速电遵。职汤恩伯叩。14·18。参战。亳。印。

李宗仁致蒋介石等密电

(1938年3月15日)

(1)

急。武昌委员长蒋、何总长：2691密。临沂徐参谋长电话：(1)沂河东岸我庞〔炳勋〕部昨晚已进占相公庄，今早又占领东西沈庄之线。现正向傅家屯进攻中。尔后继续向北推进。(2)沂河西岸我张军一部强渡后，昨晚迄今晨，已进至亭子头、大太平之线，激战甚烈。卅八师现由沙岭子北方向罗官庄方面迂回攻击中。(3)当面之敌约五千余，炮卅余门，较前增加千余人，迄现在止，敌无援军增加。(4)此间预计今日或明日可将汤头镇以南之敌完全解决。李宗仁。15·10。参谋。徐。印。

(2)

限即到。武昌委员长蒋：0022密。(1)截至15·08止，津浦北段界河阵地因受敌骑至柳泉庄之夹击，以致失陷。现敌军突入二十里铺附近。我守兵向左翼大山阵地移转。右翼龙山仍在敌包围激战中。(2)滕县附近有我之一营及三连兵力，现合力固守滕县。(3)令王军先行之第四师①以先头之一部开往滕县附近以增强之。职李宗仁。15·10。叩。印。

蒋介石致程潜密电稿

(1938年3月15日)

即到。郑州程长官：中密。(一)临沂方面张、庞两军反攻顺利进展中。(二)津浦正面敌向界河攻击甚烈。(三)着汤军团长亲率王仲廉军开临城归李长官指挥，关麟徵军开商丘，张轸师仍在蒙城

---

① 王仲廉第八十五军所部之陈大庆第四师。

待命。除分令外,特达。中〇。15：23。令一元。

汤恩伯致蒋介石密电
(1938年3月15日)

限即刻到。武昌委员长蒋：0022密。(一)津浦北段之敌不上一万人,连日与我廿二集团在界河龙山一带激战,我廿二集团界河阵地被突破,现在北沙河阵地相持,尚稳定。(二)临沂方面敌约四五千人,本日我五九军及四十军攻击颇顺利,一、二日内或可将该敌完全歼灭。(三)职奉李司令长官命令,本晚派一团控置于滕县日南山地,巩固廿二集团右侧背之安全,第四师、八十九师主力,拟即集结临城东北地区,待机出击。(四)为集中本军团全力,解决津浦北段残敌,拟恳准调五十二军开来铜山待命。现驻蒙城之一一〇师拟调商丘填防,如该师一时不能调动,商丘防务,拟由商震派队担任,可否？敬乞电遵。职汤恩伯叩。删亥。印。

李宗仁致蒋介石等密电
(1938年3月16日)

(1)

武昌委员长蒋、何总长：3177密。康①16·08电：顷据一二二师电话称：东北两面之敌已于七时顷向我进攻,现北面在沙河附近激战,东面正进攻滕县东门,我已闭门死守待援。李宗仁。16·13。参谋。徐。印。

(2)

即到。武昌委员长蒋、何总长、白副总长、军令部：2691密。

---

① 第22集团军总司令邓锡侯,字晋康。

康16·12电称:(1)据一二二师16·11电称:刻敌人正猛烈围攻滕县城,东、南、西三门现督部死守中。(2)现一二七师陈师长已到城外,状〔收〕容该师前日在界河撤退步队。现派一二二师王师长铭章、一二四师□副师长梯青率驻守兵七连守该城待援。(3)一二二师守太平邑之童旅,据报昨15·19在赶赴滕城途中,于城头村附近与多数之敌遭遇,致被截断,刻情不明。(4)恳饬汤军团部队沿滕城东南门出击,俾临、滕交通不致中断。等情。刻八十五军之第四师已到临城下车,八十九师正向临城输送中,二十五军〔疑系五十二军之误〕将续开韩庄。谨闻。李宗仁。16·17。参谍。徐。印。

(3)

武昌委员长蒋、何总长、白副总长、徐部长:0022密。(1)约四五百之敌向我滕县东关猛攻,我一二四师李师长率兵七连死守城垣。第四师之一团在滕县东南关与敌接触,一团正向沙河前进,先头一营已到达。(2)由太平邑调来之一二二师童旅一部已到达城东之土城,与敌遭遇,激战甚烈。(3)一二七师陈师长率所部由大小坞村增援滕县之吕、曾两旅各一部会合,正与向滕县西北进攻之敌千余(附战车十余辆)激战中。谨闻。邻。16·20。参二。印。

蒋介石致李宗仁等密电稿

(1938年3月17日)

即到。徐州李长官、临沂庞军团长、张军长:勉密。临沂捷报频传,殊堪嘉慰。仍希督励所部确切协同包围敌人于战场附近而歼灭之。如敌脱逸须跟踪猛追,开作战以来之歼敌新记录,借振国军之气势,有厚望焉。中○。17·11。令一元。

李宗仁致蒋介石等密电
(1938年3月17日)

(1)

急。武昌委员长蒋、何总长：中密。汤军团长17·13电称：(1)川军除原守滕县城之外,现由左翼撤退之四营已退入城内。(2)请令孙副总司令震饬令该守城部队务努力支持该城至十八日拂晓,伊负责解围。本十七日先以一团支援守城。(3)汤军团现以一团在滕县东方高地直接支援守城,以一团位置官桥,并推进一营驱逐南沙河之敌(二百余人)。临城以北之正面布置两团,其余主力均在官桥东方高地,枣庄方面已派骑兵两连对北方严密警戒。(4)拟十七日侦查地形敌情,决于十八日拂晓攻击敌人,恢复滕县之线。李宗仁。17·14。参谍。徐。印。

(2)

急。武昌委员长蒋、何总长：0022密。祖诒16·23电：(1)临沂北面之敌约三四千,炮一二十门,竟日向我茶叶山、船流、钓鱼台三八师正面猛攻,战斗激烈。我伤亡约二千,惟士气奋发,敌终被我击退。现我为预防敌之一线突破起见,将渡河一部改取守势,大部由东调集钓鱼台方面,准备向敌侧击。(2)四十军正面仅余敌少数部队,大部均调往北方,向我反攻。我正积极向北推进,以收夹击之效。(3)本日敌机在城内西南方面轰炸,毁民房千余间,伤亡住民百余人。李宗仁。17·15。参谍。徐。印。

汤恩伯致蒋介石密电
(1938年3月17日)

即到。武昌委员长蒋：勉密。(一)本晨敌约步兵二千余人,炮十余门，坦克车十余部，猛攻我官桥八十九师五三三团阵地，激战至午，将该敌击退。午后一时，敌复增援二千余人，又行强烈反攻，我已将五三四团加入，正在激战中。并有敌之一部及坦克车五、六辆迂回至临城附近，职已派八十九师二六五旅迎击中。我第四师倪旅，本晨由虎山、龙山向滕县东北东沙河、桑村之线攻击前进，初甚顺利，至午刻，敌三千余由桑村附近，向我倪旅右侧背迂回，目下相持于党山、虎山之线，战斗甚为激烈。(二)车辆运输极缓，迄今八十九师尚有两营未到，关军全部未到，军团部亦全部未到。(三)二十二集团部队星散临城、枣庄，溃兵极多。与孙副总司令电话不通。(四)关军本晚如能到达一师，明晨拟以八十九师拒止正面。职亲率两师向滕县南北迂回猛攻。(五)职现在临城东北袁山指挥。谨闻。职汤恩伯叩。篠申。印。

庞炳勋致蒋介石等密电

(1938年3月17日)

武昌委员长蒋、何部长：3177密。(一)昨晚迄今与敌激战一昼夜，先后将柳行头、尤家庄、傅家屯、甘屯、冠屯、东西水湖崖、东庄屯、大小张家寨子、沙岭官庄等村占领，毙敌甚多。我伤亡正调查中。计获装甲汽车一、马十余匹，轻机枪一、步枪十九及用具给养等。(二)敌向五湖方向溃退，我二三四团已追至左蒯官庄，一一五旅部进驻尤家庄，一一七旅部进至青墩寺，师部进至尤家斜方。(三)敌在甘屯退却时，将未逃出之老弱男妇二十余，尽杀泄气，并发现敌烧尸体多具。(四)郭鸿儒部昨到许道口，已将夏庄附近公路桥梁破坏。本日郭率队向汀水袭击敌司令部。(五)17·10敌机三架在临沂城南傅家庄投弹十余，伤军计卅余。庞炳勋。17·22。参。印。

李宗仁致蒋介石密电

(1938年3月18日)

(1)

即到。武昌委员长蒋:中密。(1)临城据汤军团长昨报失陷。王军主力在临城东南附近地区,汤本人在南棠荫。(2)关军二师之一旅在沙沟附近与敌接战中,关军长率二师另一旅在运河布防,其廿五师正运输中。(3)王仲廉军另一部在滕县与二三千及炮十余门之敌激战中。(4)由滕县方向南下到临城、沙沟方面之敌,共约步兵七千、炮兵三十余门、战车五十余辆。(5)守滕县之川军至篠日十五时后无消息,其余川军各部散至临枣路及韩庄、利国驿等处不少,已饬分途派员收容。孙震现在利国驿。(6)北段状态紧急,现已调驻蒙城之张轸师至宿县登车运徐,以便策应。谨呈。职李宗仁。18·14。参一。印。

(2)

武昌委员长蒋、何总长、白副总长、徐部长:0517密。(1)据临沂张〔自忠〕军长16·12电:敌新增加一旅团由汤佛崖渡河,向我崖头、刘家湖、苗家庄、钓鱼台之线猛攻,并以飞机十余架轰炸。我卅八师沉着应战,正激战中。我一八〇师已将亭子头之敌肃清,现已向东西水湖崖等处攻击中。(2)沙沟邓〔锡侯〕总司令17·13电:今晨敌以大炮将滕县城东南角轰毁数处,吕旅之王团长麟负伤,官兵伤亡甚重,现在督部死力堵塞抗战中。惟情势危迫,已饬死力支持。等情。谨闻。李宗仁。18·10。参二。印。

(3)

军急。武昌委员长蒋、何总长:0022密。顷接徐参谋长电话:

(A)临沂方面之敌约三个联队已于本日被我完全击灭。残敌大部现向莒县方面、一部向北溃退。我正分兵猛烈追击。(B)汤头镇现尚有少数敌掩护部队,正扫荡中。(C)此役敌伤亡过半。我军并在刘家湖击毙敌联队长长野一名、牟田中佐一名及大队长一名,其它将校多名。敌主力被我击破不支溃退,非自动退。(D)我四十军〔疑系五十九军之误〕今晚即向费县转进。李宗仁。18·18。参谋。徐。印。

(4)

限即刻到。武昌委员长蒋、何总长、徐部长:0517密。18·20下电令,鲁南我右翼军本日完全将敌人击破,毙敌并俘虏甚众。我主力北向追击中。另以庞军团全部本晚经费县、泗水向曲阜猛进,以形成三面之极有利之围攻。拟将敌聚歼于邹、滕、临地区。着贵官督促所部积极挺进,以收夹击之大效,立空前之大功为要。谨闻。李宗仁。18·20。参。印。

邓锡侯等致蒋介石密电

(1938年3月18日)

特急。武昌委员长蒋:勉密。一二四师自滕县冲出之通信兵丁世俊报称:我军死守滕城,自删迄篠,敌军大部突攻,飞机、大炮猛轰不绝。铣日城已轰塌数处,随以麻袋填补。友军连络迄未取得。篠日城垣轰毁尤多,王师长、税副师长督临官兵浴血抗御,伤亡无数。至篠日敌乘城倾塌冲入城内,我军誓死巷战,全军完全壮烈殉城。等语。职军迭受军训成仁尽职。此次为保障津浦北段,王、税两师长及王永械团在滕城、谭团在龙山、姚团在普阳山均全部牺牲以尽军人天职。除派员侦查最后冲出官兵设法收容外,谨呈。职邓锡侯、孙震。18·14。柳战。印。

汤恩伯致蒋介石密电

(1938年3月18日)

即刻到。武昌委员长蒋：中密。(一)八十九师仍在井家峪、东巨山、张家庄,第四师在山口、枣庄、卧虎寨、李山口一带,掩护五十二军集中。(二)廿二集团军前方已无一兵。职为顾虑徐州并为部队集中,不得不先巩固正面。已令职军先到之第二师扼守韩庄沿河防务。廿五师迄今尚未运到。(三)本日十时敌向沙沟二师六旅阵地猛攻,迄未得逞,该旅已与八十九师连络。(四)敌有急取徐州企图,职拟以关军担任台儿庄至韩庄沿河据点守备,以八十五军在运河北岸侧击,乘敌主力进出河岸时夹击之。(五)连日作战,第四师、八十九师阵亡营长三员,伤二员,伤团长一员,伤亡连排长廿余员,士兵二千余人。八十九师因仓促应战,伤亡较大。(六)职为视察河防,本日到达杜山圩。第二师师部明日午后回南棠荫。谨闻。职汤恩伯叩。巧亥。印。

蒋介石致孙连仲等密电稿

(1938年3月19日)

即到。曹县孙代总司令、城武曹总司令：勉密。(一)临沂正面敌五六千已于巧日被我庞张两军击破,遗尸遍野,分向莒县、沂水溃窜。我正乘胜猛追中。(二)津浦正面敌七八千已迫近沙沟,遭我汤恩伯军之反击,敌攻击已顿挫,与我汤军团激战中。(三)希贵部神速行动袭敌侧背策应正面之作战,以期各方面确切协同,一举聚歼敌人,挽回国军全盘之战势,有厚望焉。中○。19·09。令一元。

汤恩伯致蒋介石密电

(1938年3月19日)

即到。武昌委员长蒋：0517密。巧亥电计呈。(一)顷据八十五军王军长(仲廉)巧戌电称:敌步兵二千余,坦克车廿余辆,由临城向枣台支线挺进,正与我五三零团激战中,已令第四师主力在枣庄东北埋伏痛击等语。(二)韩庄附近河防,大概已部置就绪。惟廿五师未到,台儿庄方面尚较空虚。(三)此次犯我之敌,为北支军两个联队及一二零师两个联队,重炮及骑兵各一联队,坦克车百余辆。(四)职本日拟经台儿庄回峄县指挥。(五)因无线电欠机密,不敢报告重要情况,故报告较缓。谨闻。职汤恩伯。皓辰。印。

李宗仁致军令部密电

(1938年3月19日)

武昌军令部:中密。苂17·08电:攻我崖头、刘家湖、钓鱼台之线之敌16日猛烈进犯,激战竟日卒未得逞。自16·22起至17·05止复出全力攻我崖头、刘家湖、茶叶山三处,密集炮火猛烈攻击,我军阵地被毁,该三处被敌攻入。我38RD援队赶到,奋力反攻,激烈争夺,肉搏多次。刘家湖失而复得乃者四次,崖头失而复得三次,茶叶山一度被敌占领旋即夺回,卒得将该敌击退,毙敌甚众,我亦伤亡甚大。现敌仍向我发炮射击,意图再犯。已饬属严阵以待准备迎击。李宗仁。19·11。参谋。徐。印。

李宗仁致蒋介石密电

(1938年3月19日)

(1)

急。武昌委员长蒋:流密。由临城南犯之敌,步、炮兵约千余,附战车十余辆,本日不断向沙沟附近我第二师第六旅阵地猛攻,激战至酉,敌未得逞。我第十一团伤亡甚大,敌亦受巨创。职为避免被敌各个击破,并因后续部队车运迟缓,河防空虚,已饬该旅酌留一部与敌保持接触,迟滞其行动,主力本晚撤至韩庄附近运河南岸占领阵地。等情。谨电呈察。职李宗仁。19·11。参一。印。

(2)

武昌委员长蒋、何总长、白副总长、徐部长：勉密。庞炳勋18·24电：(1)本日敌被我猛攻，全线纷向东北及北溃退。五十九军向汤头、葛沟，职军向傅家池、草坡分途追击。现一一七旅至郭家塔、塾草步河，其先头二三四团正向傅家池、草坡探进中。(2)据报傅家池、草坡一带尚有敌人扼守。(3)本日又获敌械弹、给养、装具、图书、文件甚多，正检查中。(4)据俘虏玉利陆夫供系第五师团全部，现到此者为十一、二十一、四十二三个步兵联队及炮兵联队、骑兵大队各一。自作战以来，全师团伤五千余，亡三千余，本人系预备兵，去年十一月第三次应征入伍。本大队伤亡已尽，弹药常接济不继。本日占领各村内，发现敌尸甚多，均无右手，询此俘虏，云：凡伤者必须运回，阵亡者则烧尸取灰。如势来不及，则剁取右手或取发一束携回面交其家属。等语。(5)奉徐参谋长祖诒面转长官李令，卅九师补充团转赴费县以巩翼侧，遵于18·17已令该团出发。(6)18·06、18·11先后来敌水上机七架，在城内投弹十余，毁房数十间，伤民人十余。李宗仁。19·13。参谍。徐。印。

张自忠致熊斌密电

（1938年3月19日）

特急。武昌军委会熊次长哲公：0517密。本军黄师董旅在刘家湖俘获敌军一等兵玉利陆夫一名，转解到部，据供：(一)在此间作战之部队为板垣第五师团之长野(十一)、片野(二十一)、粟饭原(四十一)三个联队，约九千余人，骑兵四五百人，战车廿余辆，装甲车五六十辆，飞机十数架，炮卅余门。(二)在沂河两岸作战，伤亡约三千余人，官长伤亡者甚多，刘家湖之役，第三大队长牟田、第九中队长中村均阵亡。第三大队全部覆没。(三)作战时均喜白昼，以地形不熟,极畏夜战与冲锋。(四)国内普遍厌战,士兵来华后,自缢身死者甚多,因退后必被杀,前进必阵亡,又惧俘虏,故不如自缢,全尸而死也。等语。除将该俘虏解送司令长官部外,谨闻。张自忠叩。19·12。参沂。印。

汤恩伯致蒋介石密电

(1938年3月19日)

即到。武昌委员长蒋:勉密。职军团本日以第八十五军对由枣庄向峄县前进之敌出击,激战终日,刻情况如何,尚未接到该军报告。第五十二军以第二师扼守六十子至韩庄间运河南岸。第廿五师一部在台儿庄至六十子间担任警戒,主力控置于郭凹、马安、梁湘一带,准备乘敌半渡猛击之。本日下午二时以来,敌步兵约千余,附炮十余门,战车廿余辆,不断向韩庄进犯,刻与我隔河炮战中。谨闻。职汤恩伯叩。19·12。印。

李宗仁致蒋介石密电

(1938年3月20日)

(1)

限二小时到。武昌委员长蒋:中密。(1)峄县城昨晚被敌占领。我八十五军之第四师在峄县东北端高地准备侧击敌人。八十九师主力在峄县西南之黄山与敌对峙,一部已到台儿庄之西北附近,阻止敌之东窜及南窜。(2)关军军部在柳泉北之新庄。其第二师沿运河南岸由韩庄致曹林间直接配备,第二十五师则由曹林至台儿庄在运河南岸间接配备。(3)张轸师(110D)于20·15先头可到宿县,即陆续由宿运至柳泉下车,约于20·06前到齐,准备与第二师交替河防。(4)孙连仲部之三十一师已令其到台枣路之宿羊山墟〔站〕下车,约20·20可到宿羊山墟〔站〕完毕,在汴塘以北附近集结,暂归关军长指挥,准备接替二十五师之河防,另附之四十四旅在铜山控置。(5)各师交换运河防务后,以关军转移河之北岸联系王军,对峄县西南运河以西之敌保持重点于右翼而夹击之。谨呈察核。职李宗仁。20·12。印。

(2)

急。武昌委员长蒋:中密。据关军长19·15电称:(1)敌步兵约七、八连炮十余门附战车廿余辆,本日下午二时卅分推进至韩庄车站附近与第二师在韩庄附近运河北岸警戒部队发生战斗。我阵亡连长一员、排长一员,刻尚在激战中。(2)第二师第六旅现已撤至运河南岸,该旅昨在沙沟附近掩护军之集中,与敌经一日之激战,伤营长一员,其余官兵伤亡数俟查明另报。(3)职军现以第二师扼守六十子至韩庄间运河南岸,第二十五师以一部接第二师右翼,担任台儿庄亘六十子间警戒,主力控置于朱园前后高地一带。等情。特转电呈。李宗仁。20·15。参一。印。

(3)

武昌委员长蒋、何总长:1693中密。伯19·22电:顷据八十五军王军长皓戌电称:本日敌步骑四千余、坦克车四十余辆、炮廿余门,在峄县与我四师主力激战,彼我伤亡均重。我廿三团陈团长纯一负伤。刻仍在激战中。李宗仁。20·15。参谋。徐。印。

汤恩伯致蒋介石密电

(1938年3月20日)

武昌委员长蒋:勉密。谨将本军团于津浦北段战斗经过情形,电呈如下:删日奉钧座电令,推进津浦北段,相机出击。遂令各部于当日由商、亳分别开拔。职亦于铣日先行赶到铜山。当时所得情报,龙山、滕县、大乌村一带,有我孙震部占领,故令王军集结临城,迨职于铣晚抵临城,晤孙副司令,始知所得情报,与实际状况完全不同,除滕县县城有少数部队驻守外,其他各处已一律放弃,正面完全空虚。当时深恐被敌长驱直下,直取徐州,并在我尚未集中前企图各个击破,情况颇为险恶。当晚即令王军先头部队,在官桥一带占领阵地,并派一部篠晨由虎山、龙山向滕县东北东沙河桑村之线攻击前进,以牵制敌人之南下,并掩护关军之集中。迄篠辰,敌果不出我意料,分四路沿铁路正面及其以西地区向我阵地猛攻,并迂回向临城挺进,当时王军尚未全部到达,且临城附近地形开阔,无可利用,当经该军猛力抵抗,故双方伤亡均大。本拟即率该军向北挺进,直驱两下店,挽回战局,以各部士气之旺盛,当可予敌以彻底打击,乃以关军尚未到达,铜山附近防务空虚,故令王军暂时占领临城东南高地,并派有力之一部进出山口枣庄之线,以策关军集中及铜山之安全。篠晚关军郑师之邓旅到达,即令在沙沟附近王军左翼占领阵地。巧辰,敌复向王军张师及郑师邓旅阵地猛烈攻击,激战终日,张师及邓旅阵地被敌突破,伤亡甚大。巧日郑师全部到达,即令在韩庄沿运河布防,当时判断敌之企图,似有袭取峄县、台儿庄,威胁铜山之企图,当令王军东进,占领峄县东北及西南一带高地,以便尔后之出击。皓辰敌果来犯,与我王军陈师激战一昼夜,彼我伤亡均大,刻仍在对峙中。关军张师昨(皓)晚始全部到达,已令向台庄移动,并已请李长官将一一〇师及卅一师克日接替韩庄、台庄间运河河防,一俟接替完毕,职即率关军由台庄渡河,与王军一同出击,各部士气均极旺盛,祈释念。职汤恩伯叩。20·19。印。

李宗仁致蒋介石等密电

(1938年3月21日)

限即刻到。武昌委员长蒋、何总长、徐部长:0517密。兹颁发作战如下:(1)临城、峄县、韩庄间之敌约步兵三联队、骑兵一联队、炮兵一联队、坦克车五六十辆,自十四日以来在界河、滕县、南沙河及临枣各地与我邓集团及王军激战。现分部南进，已达韩庄及峄县附近，其主力似尚在临城。(2)战区以收复鲁中广大地域之目的，以一部在运河之线取攻势防御态势，以主力由峄县东南方及东北方山地侧击南下之敌，聚歼于临枣支路与韩庄运河间地区。(3)各部队之部署及任务如左：(甲)汤军团新配属31D(欠110D)应集主力于峄县东侧及枣庄西北方焦山头附近一带山地，于三月廿日拂晓全线开始攻击，务先击破峄枣之敌，向临城、沙沟两地附近侧击，压迫敌于微山湖东岸而歼灭之。其一部集结于台儿庄北方地区，准备对峄县及其西北地区协力于主力之作战。(乙)孙集团新配属110D(欠31D)应以一部在侯新闸以西运河南岸防御，待机渡河北进，主力控置于贾汪附近及荆山茅村镇间。(丙)张军(欠一旅)在费县集结整顿后，乘虚向滕县南北地区与由南阳镇附近渡河之第三集团部队呼应，截击南下或北退之敌，对泗水方面自行警戒。(丁)三集团军(欠五十一军)应超越济宁南北地区，再向衮〔兖〕州邹县间及界河官桥间，与张军及临城以南之攻击部队呼应，袭击敌之侧背，并阻止敌之增援或截敌归路。(戊)庞军团(张军之一旅属之)迅速扫除汤头附近之敌后，以一部向莒县方向追击，主力集结于汤头附近布防，对沂水、蒙阴方面自行警戒，陆战队命归该军团之指挥。(4)予在铜山。谨附呈核。宗仁、品仙。21·18。参一。印。

蒋介石致李宗仁等密电稿

(1938年3月21日)

即到。徐州李长官并孙总司令仿鲁、汤军团长恩伯、曹县孙代总司令、城武曹总司令、临沂庞军团长、张军长：0517密。对津浦北段之敌决依20·21令一元电之企图围攻聚歼之。其部署修正如下：(1)汤军团进出运河后以约两师对峄县方面佯攻，以三师由峄县以东梯次迂回，求滕县以南亘峄县间敌之侧背攻击之。(2)张辖师及独四四旅归孙仿鲁指挥守备运河。(3)孙仿鲁部两师集结徐州待机。(4)张自忠军除以主力仍须与庞军团相协力肃清临沂当面残敌外,以约三至四团经泗水进出曲阜方面牵制敌人。(5)孙曹出击部队除以主力向邹县、两下店间地区挺进外,另以两团由汶上方面向肥城、大汶口挺进游击,限宥日到达,准予悬赏。万一敌有增援队由济宁出击时,除守势部队竭力阻止外,其出击部队仍须在铁路线上游击,不得撤回运河西岸。中○。21·21。令一元。

李宗仁致蒋介石等密电

(1938年3月21日)

武昌委员长蒋、何总长、徐部长:中密。据张军长19·14电称:本军自14至19日止,连日在沂河两岸激战。计我38D官长阵亡36员,受伤80员,士兵阵亡680名,受伤1 057名。180D官长阵亡39员,受伤54员,士兵阵亡341名,受伤1 195名,共计阵亡官兵3 474名,敌伤亡达四千余名等语。谨闻。李宗仁。21·22。参二。印。

庞炳勋致蒋介石等电

(1938年3月21—22日)

(1) 3月21日电

特急。武昌委员长蒋、部长何:中密。(一)昨五九军正面之敌连续攻陷白塔、沙岭子,其势焰甚锐。(二)五九军奉令转进滕县,于20·21即将全部西撤,敌步骑二千余,炮七、八门,乘机沿公路南进。(三)三九师初因与五九军分途追击,故在公路以东,相距尚远,当此情况,急以一部由滕家官庄、左家官庄侧击该敌,同时令在停子头、东庄屯之部队阻击,以主力急由各柴步河、魏家林迂进增援。斯时战斗激烈,我二二九团一营代营长游联纬受伤,三营营长汪大章阵亡,此两营官兵伤亡殆尽,其余亦伤亡惨重,数目待查,未及增援,部队到达停子头、东庄屯之线,即被突破。(四)兹以调整部队集结兵力,向桃园、蒋家庄、石埠岭、黄山之线既设阵地转进。(五)沂河以西五九军均已开动,留有卅八师一一二旅归职指挥。此旅亦伤亡众多,现有千余人已令在石埠头、古城、冉家屯、小官庄之线占领阵地,并沿沂河西岸布防。(六)昨日敌增援反攻,五九军他调,揆之各部损失,现有力量,情况危急。庞炳勋。21·23。参。印。

(2) 3月22日电

特急。武昌委员长、何部长:中密。(一)一一五旅朱旅长22·08电,职率二二九团21·24驰抵莒县,是时当招贤失陷后,陆战队损失奇重,退在夏庄整顿。刘震东一部二百余人在城内,北面空虚,致于今晨四时,刘桂堂二千余(枪全),并附有日军四百余,炮四门,重汽车卅余辆,迫临攻城。现已侵至南北关,正向守【城】部队激战中。(二)二三〇团赵团长21·24电,职于号夜率队驰抵招贤,比到罗米庄,招贤已失,斯时我在沂水北官庄与敌激战之第三营,至筒晨敌步骑炮联合增至千余,装甲车七辆,均俱载车,在飞机掩护下向我猛攻,同时以一部迂攻沂水县城,地方游击队、陆战队弃守,去向不明,该营前后受击,竭力抵抗,损失极大。职即率部驰援,抵七里桥时,沂水县城已失,职即转至城南司马店子,阻敌南侵,并收容准备反攻。(三)职据报告以莒县兵力单薄,且情势急迫,已令二三〇团即转向聚〔莒〕县夹击该敌,至对沂水方面,另派二三三团之一营,驰赴河阳、汤头一带警戒。俟莒县收效后,再转兵力攻击之。(四)21·14电报,职军布置,现李旅长率两营尚需两日,方能到达临沂,此地原有部队,连日以来,均派赴各方增援,刻只系两营,而各游击队名不符实,遇敌退避,不详所在。当此三面敌侵,虽感兵力不敷分配,但矢志抵抗,决不摒弃守责,请释锦念。庞炳勋。22·12。参。印。

张自忠致蒋介石密电

(1938年3月22日)

特急。武昌委员长蒋:中密。职部哿晚奉司令长官李电令后,除黄师之112旅归庞军指挥外,其余于箇日由现地向滕县前进。22·05到达费县附近,适奉庞军团长转来李司令电话,着职军仍原地集结待命。等因。除饬属遵照外,谨闻。职张自忠叩。22·13。参。印。

汤恩伯致蒋介石密电

(1938年3月22日)

即到。武昌委员长蒋:勉密。据八十五军王军长22·14参战电称:峄县附近之敌,本日经我八十九师猛攻后,城外歼除过半,其残部退据县城顽守,本晚拟再选一团夜击等语。谨闻。职汤恩伯叩。22·16。参战。印。

庞炳勋致蒋介石等密电

(1938年3月22—23日)

(1) 3月22日电

特急。武昌委员长蒋,部长何:中密。(一)本拂晓前,各部均安全撤至新阵线,敌尾追猛攻我桃园、各家、于埠庄,利用炮火,终日未停。曾一度攻入王家、于埠庄,当被击退。本日计毙敌四五百,我昨、今两日,伤亡四百余人,二二九团二营长石润生,今日受伤。该团营长全伤亡,多炮弹及白刃伤。职军苦战月余,伤亡甚众,官兵疲劳,临沂危急。(二)厉司令文礼报:篠日有敌汽车(140)辆,满载尸体,并有步兵500余,骑兵80余,沿台潍路向东退去。(三)据赵家庄谍报员及在敌后方游击队报告,现敌系新到部队,约四千人,前板垣残部已退走。证之现敌作战方式与前不同,似属确切。(四)据卅七师炮兵冯营长书堂派赴池草坡侦探报告:该处发现自缢日兵八人,均系琉球籍,留有遗字,望祖国军民保全掩葬其尸体,足见倭兵反战情绪之浓。(五)令三十九师补充团返回临沂,本夜可到达。(六)敌机三架,在临沂城南东附近投弹十余。无损失。庞炳勋。22·20。参。印。

(2) 3月23日电

限即到。武昌委员长蒋、何部长:勉密。(一)敌自攻击以来,陆续增加,现至四千余(据莒县游击队报告,在夏庄亲见敌汽车马日48、养日32辆,俱载新来士兵南进增援)。炮火昼夜不停,往复突击,肉搏多次。我师旅长躬在阵地,督饬指挥,战斗之烈空前,毙敌无算。我伤亡惨重,仅现剩有战斗兵计一一五旅全旅五六百人,一一七旅八百余人,补充团亦七百,其余尚在调查。本日已将军特务营(加入瞬时即牺牲一全连)、学生队等,均加入阵线,现军师部即一连之预备队亦无,再所有轻重火器被敌炮毁及箱子损坏者,已逾半数。现正激战中。(二)职军前擢破敌坂〔板〕垣部队,已苦战月余,今当敌新锐之众,纵伤亡十之七八,然为国家为主义而奋斗,全体官兵,抗战精神始终贯注,死而无怨。盖自北伐十余年以来,革命素志,如愿以偿。惟当此紧要关头,遭此摧残,杀敌有心,恨乏实力,揆之现势,临沂城危急万分。庞炳勋。23·24。参。印。

张自忠致熊斌密电
(1938年3月24日)

限即刻到。武昌军委会熊次长哲公:0517密。奉委员长蒋23·09令一元电,饬职军务必赴泗水、滕县,以整个军协力庞军击灭临沂方面死灰复燃之敌。等因。遵由费县即出动,业于24·07到达临沂附近。现正积极侦察布置,并与庞军团长协商歼灭该敌。谨闻。张自忠叩。24·12。参。印。

庞炳勋致蒋介石密电

（1938年3月24日）

（1）

特急。武昌委员长蒋：中密。职军伤亡情形，于23·24电陈，苦战月余，疲惫已极，官兵牺牲，武器损失，均甚奇重。职本革命军人并不气馁，乃实无战斗，请令五九军先接职军现在防线，以固临沂。否则，出击尚未成功，而城垣不守，前功尽弃，影响战局。即职自问殊无以对国家及牺牲之官兵，现督励残部，誓死扼守，仍在激战中。伏请迅予定夺示遵。庞炳勋。24·09。参。印。

（2）

特急。武昌委员长蒋、何部长：流密。（一）本日敌机九架，先后到我阵地大施轰炸，敌炮九门，内有重炮，竟日射击未停，尤以24·14后更烈，全线对我攻击，侧重两翼，其攻我右翼卜前店（城南指毂南）之敌三四百，当被击退，稍获战利品，其攻我左翼三官庙之敌五六百，24·19迫近阵地前一二百公尺，被我击毙甚众，现仍对峙激战中。本日伤亡正在调查。（二）莒县许县长22·06报告，20·08、20·15各有敌汽车卅余辆，满载伤兵，现莒县城内留有战伤兵五六百。又：莒县维持会传出敌息，最近汤头以南战役，敌伤亡总计二千一百余。庞炳勋。24·22。参。印。

李宗仁致军令部密电

（1938年3月25日）

（1）

军急。YC8。军令部：0517密。（1）24·12，步骑二千、炮廿余门之敌由东北方向台儿庄猛攻，并有飞机三架助战。我卅一师在台儿庄、南洛之线激战中。(2)24·16,敌又进台儿庄东北方之边庄,向台儿庄反攻。五时已逼近城边,五时半城北门被敌炮击毁一部,并冲入百余人,当已被我歼灭,刻仍在激战中。(3)我守台儿庄之186R团长受伤,现已调181R到台儿庄,准备由台儿庄北出击。(4)北洛、欢堆之敌仍与我185R激战中。德、鹤。25·09。参谍。徐。印。

（2）

提前。洛阳委员长蒋:勉密。据前方25·16电话:(1)我卅一师之一部在刘家湖与五六百之敌激战中。北洛、欢堆方面敌已增加三四百,尚有后续部队。(2)关军长25·12发给卅一师电:敌主力向台儿庄前进,有企图袭击运河模样。谨闻。李宗仁。25·17。参二。印。

（3）

急。武昌委员长蒋、何总长、徐部长:勉密:(1)据汤军团长25·10电:枣庄之敌约一联队,经我第四师猛攻后,即退入枣庄东部之中兴煤矿公司顽强抵抗。该公司房屋坚固,敌并设外壕电网,不易攻击。枣庄西部均为我占,并经火焚毁敌战车七、八辆。刻仍在激战中。经饬该师如再不能奏效,即以一部对敌监视,主力仍撤回枣庄以北高地,本晚再行攻击,并一部进出枣庄南端之铁路线上夹击之。峄县县城及其附近有敌约三千余人。关军昨晚已开始攻击,请饬空军迅速前来轰炸枣庄之中兴公司及峄县县城。等语。(2)据王军长仲廉25·11电:职部主力刻在马山、荆山、云谷山、科拉岗一带高地,一部在井庄山口附近。等语。(3)据孙总司令连仲有未电:台儿庄附近之敌经我卅一师有(25)日拂晓攻击后,分向东及东北溃退。残留台儿庄以北之碉楼者尚存有百余人,正包围解决中。另派廿七师一团在铁道右侧向红瓦屋屯追击前进,并与关军取得联络。廿一师一八一团在铁路左侧向獐山头追击前进。等语。等情。除径电航委会请派机轰炸中兴公司及峄县县城外,谨电呈察。李宗仁。25·24。参。印。

(4)

武昌委员长蒋、何总长、徐部长:流密。据孙总司令连仲敬戌电称:池师长24·12电:昨夜师与当面之敌保持接触,今晨七时敌向右绕攻台儿庄,其炮六门于卓〔刘〕家湖向台儿庄、三里庄轰击。师骑仍在潘家巷监视中,九三旅刻在台儿庄、三里庄、南洛、马兰屯之线对战中。九一旅以一团控置于台儿庄,以一团担任河防。师拟相机歼当面之敌。等语。谨闻。李宗仁。25·24。参二。印。

庞炳勋致蒋介石等密电

(1938年3月25日)

武昌委员长蒋、部长何:中密。(一)昨晚以来,敌续攻炮击未停,约有二千发,将我左翼桃园、各家、于埠庄、三官庙、胡家庄各线阵地,完全摧毁,往返肉搏,我守兵伤亡殆尽,现改守九曲店、赵家庄、褚家庄、小李家庄之线,至右翼仍在激战。临沂危急。(二)敌机先后共来六架,到阵地轰炸助攻。(三)现与张军长协商,已令五九军渡河侧击,正动作中。庞炳勋。25·22参。印。

李宗仁致军令部密电

(1938年3月25日)

限即到。武昌军令部:0517密。据池师长峄城(24·21)电称:侵攻台庄之敌经我九三旅185团由南洛向敌右翼后进攻,颇为得手。激战竟日,卒将敌主力击溃,斩获甚众,待查详报,并攻占刘家湖、邵庄。敌已分离一部约三四百人沿铁道在三里庄附近,正由我禹功魁营及185团围攻中,一部约五百余名仍抗据台儿庄以北【我】数集团军压迫,攻台庄北面。城垣轰毁殆尽,守城王团长震负伤,营长负伤二员。刻已由韩团由台庄北站北端侧击敌右翼,守城部队同时转移攻势,以期聚歼。为防敌东窜,已令80旅以一部进出台庄以东地区。等情。特闻。李宗仁。25·24参二。印。

张自忠致蒋介石密电
(1938年3月25—26日)

(1) 3月25日电

武昌委员长蒋:柱密。本军黄师,本日占领古城村前后明王坡一带后,敌增加部队到达,猛攻我冉家屯,并将我古城包围,激战终日,我刘师逐渐增加,卒将该敌击退,在我冉家屯、古城村与敌激战时,适庞军阵地,极形危急。为确保临沂击灭当面之敌起见,急令黄师抽调三团兵力,于25·20经由七沟朱皋渡河向三官庙、桃园、独树头一带袭击。以期解除庞军之围,并相机歼灭该敌,我沂河西岸部队,刻仍与东西城子、官庄一带之敌激战中。谨闻。职张自忠叩。25·24。参沂。印。

(2) 3月26日电

即到。武昌委员长蒋:柱密。本部(250D)由朱皋、七沟渡河,部队向敌猛烈袭击,彻夜激战,当经占领桃园,并将三官庙之敌包围,毙敌甚众,我受伤营长、营副各三员,官兵伤亡五六百名,敌调大部向我桃园及三官庙反攻,激战甚烈,现庞部之围已解,我正继续扩张战果,以期击灭该敌。(二)敌一部经由船流渡河,向我左翼扰击,我已派队迎击。(三)我挑选游击队一队,25日出动向莒沂公路之汤头、白塔一带扰击,以期断敌归路。谨闻。张自忠叩。26·08。参沂。印。

庞炳勋致蒋介石等密电

(1938年3月26日)

(1)

武昌委员长、何部长：中密。(一)职军连日激战情形,均逐日电陈钧鉴。25·24前,敌仍向我左翼九曲店、赵家庄、褚家庄、小李家庄之线,用猛烈炮火援助步兵,数次突击。经我竭力抵抗,虽未得逞,惟以伤亡众多,兵力单薄,当此情形,亦颇危急。幸经卅八师出击,昨夜已渡过沂河三个步兵团,抄袭敌背,当时将桃园、孙家、于埠庄占领,敌则转移兵力回击,该师忠勇奋斗,截至现在,已伤亡营长营副各四、连长十,其以下官兵,因正激战,尚待调查。职军正面因以和缓。正筹调部队援助之。(二)乔家湖(诸葛古城西)发现敌千余,是否新到增援,刻尚不明,已由五九军派队截击。(三)当昨日敌攻猛烈之际,张军长即来职处,共同协商作战方法迄今留此未回,两军和衷共济,无分畛域,一致抗战,并力歼敌,以符钧令。庞炳勋。26·12。参。印。

(2)

即到。武昌委员长蒋、部长何：勉密。(一)五九军出击受挫,复撤河西。26·16以后,敌又向我阵地总攻激战中。(二)职军伤亡殆尽,总计战斗兵,现不满千人,既奉令保守临沂,誓死相拚,流此最后一滴血。(三)敌机三架,到我阵地及城关投弹,微有损伤。庞炳勋。26·20。参。印。

李宗仁致何应钦密电

(1938年3月26日)

限即刻到。武昌何总长：(徐部长另发)：0517密。已先派缪军一旅,汤军团骑兵一团,即开临沂增援,分别归更〔庞炳勋字更陈〕、荩〔张自忠字荩忱〕指挥,并另令饬知矣。仰更、荩务协同坚守阵地,确保临沂城。荩并应整理阵线,控置一部预备队为要。李宗仁。26·21。参一。徐。印。

李宗仁致蒋介石等密电

(1938年3月26日)

武昌委员长蒋、何总长、白副总长、徐部长:0022密。徐参谋长26·15自临沂电称:(1)庞军兵力损失过巨。现虽勉守九曲店、小李家庄、石埠岭、黄山之线,但敌如再攻击,河东难支。(2)张军占朱高、古城村、南曲坊之线。昨天下午以数团兵力渡河占领桃园。今早攻三官庙,损害极大,遂停进展。下午独槩头方面反攻桃园极烈,又同时营子乾、沂庄、沙埠庄亦发现步炮联合约千名之敌(临费公路上距临沂约廿里),不得不以一部应付。正面过大,已无攻击能力。(3)敌似又有增加,实数未详。约不下四五千,兵器及弹药似均充足。现在临沂城在敌炮有效射界内,军团部虽拟后移,但恐摇动前方意志及影响于守城部(张里元二团),张之军部尚在古城,亦受义堂集方面威胁。(4)总之,此方兵力庞军已失战斗力,张军实力虽剩半数,而士气较前甚差,非有生力援军,临沂难守。祈早决定。等情。谨闻。职李宗仁。26·24。参二。印。

庞炳勋致蒋介石等密电

(1938年3月27日)

即到。武昌委员长蒋、部长何:流密。(一)27·05我左翼部队,对当面继续增加炮火猛攻之敌,不得已用全力逆袭而击溃之,将三官庙、小钟庄、胡家庄克复。获轻机枪八、步枪六十余、掷弹筒二、倭马数匹及弹药给养文件等,我军亦伤亡甚众。(二)敌临退将该各村居民尽行杀戮,且遗有未运走之敌尸甚多,极形惶恐。(三)现以兵力太少,势须先固阵线,防敌转移兵力复攻,暂扼守阵地,相机推进。庞炳勋。27·11。参。

李宗仁致蒋介石等密电

(1938年3月27日)

（1）

急。武昌委员长蒋、何总长、徐部长：0022密。据汤军团长27·06电：关军第二师由黄山、马山向次城、郭里集一带，王军第四师由卓山向枣庄及东南地区猛烈攻击，激战达旦，毙敌甚多，枣庄已由第四师完全占领焚烧。敌由临城方面又增加约千人，刻正在枣庄东南地区对峙中。各军俘获正在清查中。谨闻。李宗仁。27·15。参二。

（2）

武昌委员长蒋、何总长、徐部长：0517密。据孙总司令宥午电：据查敌尸笔记得悉：最先向台儿庄进犯之敌为步六三联队第二大队(附野炮、步兵、炮车各半连)，联队长福荣大佐。该部有确保台儿庄附近运河之线任务。又宥戌电称：本军以歼灭由峄县南下协同刘家湖之敌为目的，拟感日拂晓施行攻击。(一)令廿七师由上村、张楼之线向北洛、刘家湖之敌攻击。(二)卅一师守台儿庄北站原阵地，并以主力乘机由左翼出击。(三)四四旅由胡鲁沟、吴坡之线向高家庄、西邵礼接近，并协同袭击敌后背，并派一部占领獐山，切断敌连络线。(四)关军之一部已电令向具隆桥协同廿七师侧击泥沟之敌。(五)关军与四四旅对峄县之敌特加注意，等情。谨闻。李宗仁。27·16。参二。印。

（3）

武昌委员长蒋、何总长、(徐部长抄送)：延0517密。据孙总司令感午电呈今晨战况简报如下：(1)廿七师今晨五时开始，七时已将孟庄、邵庄、裴庄、岔路口,〔以上原文如此〕十时进占潘坠、枣庄、孙庄、刘家湖。敌战车往返冲击,激战甚烈。我伤亡团附八员,连长以下伤亡二三百名。刻该师黄(79)旅向西,侯(80)旅向南压迫夹击中。(2)台儿庄以北敌人因受廿七师压迫及卅一师出击,仍集中炮火向台儿庄猛攻,企图占领该庄。九时敌机十一架在台空助战,北寨门被毁,敌步兵二百余由破口冲入,我守寨王(186)团及工兵营奋勇与敌巷战,卒将侵入敌人大部解决。刻台儿庄仍在我手中。但我已占领各村庄中尚有少数敌人占据碉堡相抗。等情。谨闻。李宗仁。27·18。参二。印。

(4)

即到。洛阳委员长蒋:(另发孙总司令仿鲁)0517密。查台儿庄为徐州前方要地,又为汤军团后方联络要道,关系重要。据报该处附近敌人约一混成联队,我军兵力数倍于敌,早当解决,乃经几日战斗,台儿庄围子反被敌冲入一部,殊深诧异。着贵总司令负责严督所部,限于廿九日前将该敌肃清,勿得延缓,致误戎机为要。职李宗仁。27·21。参一。徐。

李宗仁致何应钦等密电
(1938年3月27日)

(1)

即刻到。武昌何总长、军令部徐部长:据汤军团长27·07电:综合关、王两军在枣庄、郭里集附近俘虏敌矶谷师团之步兵少尉上尾一马、山田信雄等供称:津浦北段之敌为105及110两个师团。除105师团有两联队在临沂方面外,余均在滕县、枣庄以南地区。110师团师团长矶谷廉介所属33及68等旅团,其企图在攻下徐州等语。特闻。李宗仁。参二。27·17。印。

(2)

急。武昌何总长、徐部长：密。据汤军团长27·08电：(1)枣庄东西及郭里集一带之敌,经我关王两军昨(宥)晚猛烈攻击,伤亡甚大。残敌向东南方向逃窜。已饬关军派队在平山、傅山、青山堵击,并请孙总司令派队向傅山方向连络。(2)由临城、齐村方向增加之敌仍陆续不断,已饬王军以第四帅攻击齐村,并由八十九师派有力之一部攻击临城。等情。谨闻。李宗仁。27·18。参二。印。

李宗仁致蒋介石等密电
（1938年3月28日）

急。武昌委员长蒋、何总长、徐部长：0517密。据李专员兼保安司令明扬28·20电话称：27日24点攻入临城,巷战数小时,敌已大半解决。一小部窜入敌之司令部闭门顽抗,乃一面围攻,一面焚烧敌之辎重,所有弹药粮秣等均着火。至28日6时敌增援已到,乃率部退出。是役毁敌辎重甚多,火光至今晚尚可望见。等情。谨闻。李宗仁。28·20。参二。印。

林蔚刘斐致蒋介石等密电
（1938年3月29日）

限即到。武昌委员长蒋、总长何、部长徐：柱密。（一）临城方面,俭下午敌又反攻攻〔攻字衍〕庞军。三官庙失陷,张军九曲店、小岭及南北郊已失。俭晚向十里铺、韦家屯、东西钦宿、前后冈头之线,变换阵地,缪军一旅已到。拟卅日出击。（二）汤军团之关军全部感晚由太平山、傅山、青山一带南进,协同孙军夹击台儿庄附近之敌。王军主力感晚集结于向水泉、神山、猪山一带,并留一部占领卓山、黄山、马山一带高地,掩护关军侧背。敌向我黄山、马山第四师刘团阵地猛攻。午后敌约二千余人,炮十余门,战车二十余辆,向周村东北高地第四师傅团阵地迂回攻击,均在激战中。双方死伤均大。王军主力准备出击。(三)台儿庄北端之敌,俭日与孙军激战终日,敌一部三四百人,窜入台【儿】庄一角,正聚歼中。连日击毁敌战车十余辆,夺获敌炮一门。孙军正北进中。(四)展师昨晚袭大汶口敌飞机场,焚毁敌机八架。(五)已令(139D)向临沂增援,约世日可到。并饬孙军迅速前进,击破当面之敌。限陷日黄昏进出黄家埠、天桂山、白山西之线,准备围攻峄县。(六)职等随健〔白健生〕公本晚再赴台庄督战。职林蔚、刘斐。29·13。丁一。徐。印。

李宗仁致军令部密电

(1938年3月29日)

急。武昌军令部:3177密。鲁〔孙仿鲁〕俭戌电:(1)敌自感日以后增援约四千余、炮廿余门、战车三四十辆,与我廿七、卅一两师在台【儿】庄、刘家湖一带激战甚烈。俭晨五时,廿七师开始向刘家湖、园上、台【儿】庄东北附近地区敌人反复猛攻,敌恃占据碉楼及战车各七、八辆,向我攻击部队阻击。我士兵均壮气精神猛扑,以致伤亡惨重。刻仍对峙中。(2)自晨至午,台【儿】庄北站当面之敌续有增加,向我攻击。我步、炮协力奋勇抗战,刻该站仍在我手中。(3)台儿庄西北城垣被敌炮攻毁数处,敌冲入一部,我卅一师守寨部队将此敌已大部解决。外〔敌〕据碉顽抗并退据大庙内。(4)今(29日)早五时,四四旅到达龚庄、贾家口、大河崖之线后,七时即向台【儿】庄以北之敌夹击,刻仍在激战中。(5)黄庄、张楼各发现敌便衣队及骑兵各二三百人、坦克车数辆,午刻攻我岔路口阵地未逞。(6)交战以来我炮七团被敌击毁炮一门,敌战车被我击毁九辆、装甲车两辆。(7)查昨、今两日,我每有进展,敌即以多数战车猛冲,我攻击部队屡为之顿挫,尤以刘家湖为甚。该地似为敌指挥部所在。我空军如能按时对之轰炸支援,必能奏效。德、鹤。29·14。参谍。徐。印。

汤恩伯致蒋介石密电

(1938年3月29日)

限即到。XK2B委员长蒋:勉密。(一)敌一部约二千余人,炮十余门,战车廿余辆,昨乘我部队移动,向黄山、马山、周村一带我第四师十旅阵地猛烈攻击。激战一昼夜,双方伤亡均大。迄本日午前九时,该敌一部仍向我周村附近攻击,大部向郭里集方面撤退。同时接孙总司令电告,敌主力陆续向台儿庄增加,企图南窜,刻仍在激战中。等语。(二)本军团以先行歼灭台儿庄附近运河北岸敌人之目的,重新部署如下:甲、第四、廿五两师及第二师之一旅,由关军长指挥,本(艳)晚,由女峰山经尚岩、兰陵镇向台儿庄沙凹攻击前进,协同孙集团歼灭当面之敌。乙、第八九师及第二师(欠一旅)由王军长指挥,本(艳)晚确实占领平山、傅山、石城岗、青山、女峰山一带高地,向峄县佯攻,以牵制当面之敌,掩护关军之右侧背,并对临沂方面戒备。职本(艳)晚随关军行动到达四户镇指挥。谨闻。职汤恩伯叩。29·15。印。

庞炳勋致蒋介石等密电

(1938年3月29日)

武昌委员长蒋、部长何:3177密。(一)三官庙之敌千余,炮四门,昨夜以来,迭次攻击,被我击毙甚众,除炮兵仍对我射击外,其步兵攻击受挫。职部守军无力出击,现仍对峙中。(二)一一一师三三三旅29·07全部到达。庞炳勋。29·20参。印。

李宗仁致蒋介石何应钦等密电

(1938年3月29—30日)

(1) 3月29日电(一)

即到。武昌委员长蒋、何总长、徐部长:0022密。据张军长自忠29·04电称:(1)当面之敌自27·07开始向我古城、南沙埠、小岭北道攻击后,复于廿八日增加约千余人,炮十二三门,附以飞机往复轰炸,密集炮火射击。村中房屋多着火焚烧,烟焰弥漫。我军喋血抗战,前仆后继,毙敌甚重,遗尸遍野,战事激烈为前所未有。我守军血战两昼夜,全部壮烈牺牲。现为节约兵力计,在七得、前后七里屯、韦家村、前后冈头一带占领阵地。(2)据报28日午有敌步骑约五百余人经费县东南之探沂庄向西南运动。(3)汤部骑兵团及缪军之一旅均未到达。(4)职军两日以来伤亡两千余人,连前此伤亡达万余人。职一息尚存,决与敌奋战到底。等情。谨闻。李宗仁。29·23。参二。印。

(2) 3月29日电(二)

武昌委员长蒋:0022密。顷接鲁艳辰电,池师长廿八日报告:(一)敌于廿时由台儿庄城西破口冲入三百余人,联合原在之敌与我复发生激烈混战,城内一时混乱。经王师副冠五督队将新侵入之敌歼灭中。(二)刻令卅师袁团长[176团]率兵两营进台儿庄,协力肃清城内之敌。职亦于斯时率手枪队入城整顿,已恢复今日廿时前状态。等情。谨闻。李宗仁。29·24。参。印。

(3) 3月30日电(一)

急。武昌委员长蒋:中密。谨将30·01下达汤军团长之命令电呈察核:(1)台儿庄附近之敌三千余人,重炮四门、野山炮若干,占据台儿庄北部及刘家湖、三里庄、南洛一带村庄顽强抵抗,我孙集团虽将该敌三面包围,但双方胶着对峙,一时不易歼灭该敌。(2)我军以先行扫荡台儿庄附近敌人之目的,付予汤军团如下之任务:(甲)王军明(卅)日应对峄县之敌佯攻,以牵制该方面之敌南下。但应保持由东向西之原方向。(乙)关军明(卅)日应速向泥沟、北洛前进,到达该地后,以一部向南洛协助孙集团解决台儿庄附近之敌,以主力极力破坏铁路、公路,遮断峄县与台儿庄之连络,并与王军协同阻止峄县南下之敌。但王军应保持由东向西之原方向。(3)汤军团长应速向孙总司令密取连络。(4)予在铜山。等语。职李宗仁。30·01。参一。印。

(4) 3月30日电(二)

即到。武昌委员长蒋、何总长、徐部长:2691密。诒29·19电:(1)本日庞军方面无动静。(2)张军方面敌猛攻东西钦宿,三次争夺,毙敌数百,仍据原线。(3)缪军王肇治旅本早已到。下午职赴各团训话后,即偕王旅长赴张军部。该部士气旺盛,已令十九时由东高都出发向十里铺(临沂东北)前进。拟明早向大小岭出击。(4)汤部骑兵团本日午后抵胡子峪(古城西方廿里),已令向义堂集以北进攻。(5)十九时抵张军部。据报告:敌连日约伤亡千余,有退却模样,已准备穷追。李宗仁。30·01。参谍。徐。印。

(5) 3月30日电(三)

即到。武昌委员长蒋、何总长、徐部长:0022密。鲁艳申电称:(1)攻台儿庄之敌今晨六时正值敌我在寨内搏斗时,敌猛攻北站,经卅一师官兵奋勇击退。(2)廿七师于今晨三时开始攻击,刻已占园上、孟庄,仅少数敌人据碉顽抗。毙敌甚多,获炮一门,继向邵庄、斐庄攻击。我以迫击炮击中敌汽油库起火,敌战车七、八辆向刘家湖移动,乘敌动摇之际,一鼓攻占邵庄。但我占各村,被敌用烧夷弹集射起火,并以战车协同步兵反攻。我战车防御炮协同步兵防御,击毁敌战车二辆,我射手被敌机枪扫射阵亡,车辆毁一个。(3)台儿庄正面之敌自昨夜迄现在连击猛攻,并与我三一师剧烈巷战,未尝稍停,刻仍在肉搏中。(4)我四四旅猛攻三里庄之敌,

665

毙敌甚多,并即占领之。敌以战车协步炮千余,由公路向该旅左翼猛冲,我伤亡甚重,三里庄复失。刻该旅占据铁路沿线,准备续攻中。(5)卅师(欠八九旅)铁路西渡河,切断敌连络线,并侧击敌根据地之刘家湖。进展情形尚无根据。我官兵伤亡容待续报。谨闻。宗仁。30·01。战谍。印。

庞炳勋致蒋介石等密电
(1938年3月30日)

特急。武昌委员长蒋、部长何:勉密。(一)职军正面之敌,正攻击受挫。30·07向北退却,我部追击,已至独树头,仍向前侦追中。(二)在后河湾发现被我军击落敌飞机一架及汽车等,均已焚毁。(三)五九军方面之敌,现亦分两部经角沂庄南曲坊,向汤头及经义堂集向丰程方向退却。(四)已令缪军三三三旅及汤军骑兵团分途追击中。庞炳勋。30·09。参。印。

军令部致李宗仁电稿
(1938年3月30日)

急。铜山李司令长官:密。李明扬28·20电话暨28·21参二电均悉。张军坚忍〔韧〕抗战毙敌累累,希传谕慰勉。李明扬部攻入临城,焚烧敌粮弹甚多,着传谕嘉奖。中。30·12。令一元。鄂。

李宗仁致军令部密电
(1938年3月30日)

即到。武昌军令部:0022密。鲁卅子电:刘家湖之敌借坦克车十八辆、重炮四门、飞机六架掩护反攻园上、邵庄、彭村,房舍均中弹着火,烧毁殆尽,战斗异常激烈,幸我官兵誓死不退,卒将该敌击溃,并毁战车、装甲车各二。我干部伤亡颇多,士兵伤亡五六百名,毁山炮五、战车炮一。又:敌步、炮兵数百、坦克车数辆绕攻我岔路口,全村多被焚毁,战况剧烈,现仍血战中。台【儿】庄城内,敌我仍互相攻击,三里庄在我猛攻中。德、鹤。30·15。参谍。徐。印。

李宗仁致蒋介石密电

(1938年3月30日)

(1)

武昌委员长蒋钧鉴:0517密。(1)据徐祖诒30·17电称:临沂之敌自昨晚攻击受挫后,确已向沂河东岸汤头镇退却,现以新到之王旅及汤部骑兵相机追击,与敌保持接触。(2)我为彻底解决台儿庄附近之敌起见,经将黄光华师改调台枣路宿羊山附近集结,为孙集团之总预备队。(3)敌用战车、飞机于30·06及30·15两次侦察万里闸河岸。已电张轸师令在运河南北岸之各一部严密警戒,并与孙集团取连络,以备不虞。(4)据仿鲁称:关军尚未取得联络,已电催关军速照昨日命令,星夜向西方泥沟北洛间前进,并由仿鲁设法转令关〔麟征〕遵照。余续闻。职李宗仁、白崇禧叩。30·17。印。

〔军令部批示〕:限一小时到。复黄〔光华〕师仍以使用于临沂方面,彻底与〔予〕敌打击,并须确实到达莒县以北,破坏莒县与诸城间交通为要。三、卅一。熊斌。印。

(2)

武昌委员长蒋:(另发汤军团长)0022密。敌主力似南下,其一部绕出台儿庄东侧27师背后,另一部企图由万里闸方面渡河包围孙军后方。着贵军团长以一部监视峄县,亲率主力前进,协同孙军肃清台儿庄方面之敌。限世日拂晓前到达,勿得延误为要。谨电呈核。职李宗仁。30·20。参一。印。

667

李宗仁致军令部电摘要
（1938年3月31日）

(1)敌步兵四五百、骑百余向向城溃窜。台庄之敌攻势已挫,我关军在大庄附近歼敌一大队。(2)指定各军进攻目标:甲、展书堂确占界首为根据,截断济泰、泰兖间铁道,张测民支队协同李明扬部攻占临城,向枣庄合围,限冬(2)日到达。乙、孙连仲协同关军击破当面之敌,将敌向峄县压迫。丙、汤军团以关军与孙连仲联系,向峄县前进,王军主力向枣庄、峄县压迫,并适时进出于枣庄北方山地,断敌北窜。一部歼灭向城之敌后跟进。(3)此次决战为我整个国家民族生死关头,不使一人漏网为要。谨呈核。

李宗仁致军令部密电
（1938年3月31日）

(1)

即到。武昌军令部:密。鲁卅申电:(1)据池师长报告,30·16台【儿】庄寨内之敌又冲破我军阵地一段,刻正力图恢复中。(2)今日敌机来台【儿】庄方面连续转炸四次。(3)据河防黄旅长报告,敌战车三辆向万里闸侦察。(4)敌增援队向我两翼运动。判断该敌似向我总攻模样。(5)据报关军25师先头部队抵甘露寺,其一旅在常沟附近。等语。德、鹤。31·08。参谍。徐。印。

(2)

特急。武昌军令部:密。鲁30·13电:(1)我44B昨(29)夜袭三里庄,四时占领。旋敌步、炮、战车联合增援反攻,肉搏甚烈。敌我伤亡均重。刻在铁道线附近与敌对战中。(2)卅师已占南洛截敌,连同廿七师正向刘家湖附近孙庄攻击中。(3)台【儿】庄及北站方面之敌今晨以来向我卅一师猛攻,康副师长法如率队与敌肉搏数小时。同时敌重炮击毁台儿庄寨内民房,该副师长受伤。(4)步、炮联合之敌千八九百名,刻由北洛陆续向西南运动,炮兵向我南坝子以东地区轰击。我卅师李团已向该敌激战中。德、鹤。31·08。参谍。徐。印。

(3)

特急。武昌军令部:0022密。池峰城30·13电:本师昨夜作最后之攻击。官兵勇敢用命,冒最大牺牲,卒将城西北角盘踞之敌歼灭大半。残敌仍据要点顽抗。我康〔法如〕副师长负伤,官兵伤亡三百余。刻城内之敌除西北城角少数外,东南半部仍为敌据。顷间官兵百余人义愤填胸,自报奋勇复仇歼寇,不成功即自杀以报国家,决不生还见我长官,悲壮激昂。师今夜为沉痛之格斗。今午前敌炮仍在猛轰,寇机十一架狂炸西关,北站渐成焦土,损失甚微。德、鹤。31·14。参谍。徐。印。

(4)

急。武昌军令部:中密。荩〔张自忠〕30·02电:当面之敌连日与我激战,损失甚巨,疲敝已极,已呈动摇模样。我军于29·22全线猛烈出击。我官兵全日接战,义愤莫遏,均勇跃猛扑。当面之敌,被我击退,已向北退却。我正猛烈追击,并令缪军王旅沿沂河、汤部骑兵向艾山、义堂集一带追击中。德、鹤。31·15。参谍。徐。印。

李宗仁致蒋介石密电
(1938年3月31日)

武昌委员长蒋:0317密。31·11令一元鄂电奉悉。(1)昨午后六时,孙部告急。台儿庄东西被敌包围,且街市敌人又突破第二防御线,有不支之势。又:据孙及张轸报称:午后三时,敌于运河万里闸以坦克车数辆侦察渡河点。其后方张庄、胡鲁沟有敌汽车数十辆云集。敌飞机下午以来在万里闸、顿庄闸间之沿河村落大施轰炸,似有由此袭入,向西截断台儿庄或直南下袭击徐州之企图。而当时适接临沂之捷报,当缪军王旅尚未加入战斗之前,敌已溃退,故即命黄师①转移至台儿庄方面为预备队,以稳定该方战局也,谨复呈核。职李宗仁。31·14。参。印。

李宗仁致军令部密电
(1938年4月1日)

限即到。武昌军令部:柱密。伯〔汤恩伯〕01·10电话:(1)已抽调两团协攻台儿庄方面之敌。(2)据第二师报告,昨晚有敌千余由台儿庄向西北方向来(即增加向城附近者)。(3)21D在洪山镇、兰陵镇以北地区向向城以南爱曲、秋湖一带之敌攻击中。我第二师一旅控置于鲁坊,警戒右侧。(4)85A〔军〕由向城东北向向城方面攻击敌人,已与第二师之一旅取得连络。(5)当面之敌约三千余人,炮数门,现有飞机三架助战。拟本【日】将其解决。德、鹤。01·13。参谍。徐。印。

蒋介石与李宗仁等来往密电
(1938年4月1日)

(1)蒋介石致李宗仁等密电稿

限一小时到。徐州李长官、白副总长、林次长:密。对于台儿庄之敌务须歼灭。倘兵力不足可用援军,并须注意步炮协同。中〇。01·15。令一元。

(2)李宗仁等复蒋介石密电

急。武昌委员长蒋:中密。01·15令一元电奉悉。顷我军兵

---
① 黄光华第一三九师。

力已占据优势。自当恪遵钧嘱达成任务,以副期望。职李宗仁、白崇禧、林蔚叩。东申。印。

汤恩伯致蒋介石等密电

(1938年4月1日)

武昌委员长蒋、徐州长官李:中密。(一)昨未由临城窜到之敌,经我第四师迎头痛击,受创甚巨,刻仍在兰陵镇、洪山镇、李庄、乔北之线激战中。我廿五师及第二师一旅,除以一部仍在北洛附近牵制台儿庄附近之敌外,主力于本晨东移,已由凤乐向敌侧背迂回攻击。(二)第八九师及第二师(欠一旅),昨晨向峄县攻击,因临沂之敌南下,除八九师一团仍向峄县佯攻牵制外,主力向南下之敌跟踪追击。(三)根据台儿庄附近之敌一部向东北移动,似有向兰陵镇增援模样。(四)东日王军仍固守兰陵镇、洪山镇、李庄、乔北之线,并相机出击,关军仍向敌侧背迂回攻击,以期一鼓歼灭。谨闻。职汤恩伯叩。01·24。参战。印。

李宗仁致军令部密电

(1938年4月2日)

急。武昌军令部:0022密。鲁〔孙仿鲁〕01·23电:(1)昨竟日围攻我园上、孟庄之敌,经廿七师夜袭击退,毙敌百余,并击毁战车两辆。(2)今日敌炮火仍集中向我卅师阵地、炮兵阵地及台【儿】庄寨内猛射。我野炮被击毁一门,尚堪用。敌重炮亦被我重炮击毁一门。(3)今晨敌步兵二三千、战车七辆包围岔路口阵地,与我廿七师郭团一部混战数小时,该团数次增援逆袭,敌势已为之稍挫。另:步、骑、炮二千余之敌,今午由马庄南犯,我廿七师黄庄游击队被迫后撤。敌即继向常沟、平滩一带猛进。(4)十五时敌以汽车卅余由峄至龚庄,内有步兵、炮车兵。另十余辆向台【儿】庄方面驶。其炮兵阵地在插花庙、龚庄附近。又:敌步、骑兵及战车在程庄、张庄、五里房一带活动。我卅师李文彩团(177团)顷在马兰屯、南坝子与敌对峙中。(5)敌用炮车由峄往台庄输送军用品,满载敌尸而归。德、鹤。02·15。参谍。徐。印。

李宗仁致蒋介石密电

(1938年4月3日)

武昌委员长蒋:中密。张自忠两次保全临沂,牺牲颇大。敌惫之余,未能扼敌迂回西进,诚为美中不足。已饬其努力破坏敌之交通,截断敌之补给矣。职李宗仁。03·20。参一。印。

李宗仁致军令部密电

(1938年4月4日)

(1)

即到。武昌军令部:0517密。(1)池师长峰城03·09电称:据获敌文件查悉,三月廿六日台儿庄当面之敌系濑谷少将支队所辖步六三联队福荣大佐部及第十联队野炮、第十联队野战重炮旅团,第二联队屯驻军重炮第五队并临时更编成之山炮一连,独立机枪一大队,【独】立轻装甲车一连及屯驻军临时编成之战车队、自动车三中队、工兵一中队。廿六日后又发现山本部队之番号。(2)汤〔恩伯〕军团长03·14电称:据廿五师江日在刘庄获敌文件查悉:当面之敌为北支派遣军(板垣兵团)辖小曲坶部队(大庭队、谷井队)、片野部队、西山部队、仙岛部队。等情。特闻。李宗仁。04·02。参二。印。

(2)

武昌军令部:0517密。伯〔汤恩伯〕02·23电:(1)兰陵镇、洪山镇一带之敌经我第四师连日攻击,受创甚巨,一部仍在顽强抵抗,但已经我关军迂回包围,不难歼灭,其大部已向东南方向撤退,似有联合台庄附近敌之一部,经岔河镇以西南窜模样。该敌先头本【日】未已到达陈瓦房、耿庄附近,我一三九师已派队迎击,刻在对峙中。(2)判断敌之企图以一部攻占岔河镇,掩护其主力由廿七师右侧渡河南窜。(3)明(江)日拟以周军由岔河镇向敌迎头痛击,以王军八十九师由小良璧向敌侧击,并令关军以该师接替王军,全部由小良璧出击。三三三旅本晚可到达,暂控置于四户镇。德、鹤。04·09。参谍。徐。印。

(3)

限即到。军令部:0517密。鲁〔孙仿鲁〕江巳电:(A)廿七师正面连日敌炮三四十门,集中轰击园上、焦营、孟庄、田营庄。邵庄之王营,上村、陶沟桥之王营,均与阵地作壮烈之牺牲。(B)敌江拂晓集中炮火猛射,以坦克包围,攻我沧浪庙、边庙、边庄、赵庄、五窑路、大山桥、刘庄一带阵地,战况极烈,渐形危殆。我廿七师继续八、九日夜,与敌恶战,官兵伤亡殆尽。其黄旅除精锐六百人入台儿庄城外,已无战斗力。侯旅战斗员亦极寥寥,刻已牺牲到底,与阵地共存亡。德、鹤。04·09。参谍。徐。印。

(4)

武昌军令部:密。伯〔汤恩伯〕03·10电:(1)兰陵镇、洪山镇一带之敌,经我第四师、廿五师前后夹击,歼灭大半,并获轻机枪十余挺、步枪百余支、马四五十匹、服装辎重甚多。残敌六七百名仍在林屯、曲湖一带占据村寨顽抗。刻仍在围攻中。(2)据关军长电话:临沂方面仍有敌陆续开来增加,敌后方接济亦经由该路输送。等语。除已严令更、苋栖断敌之补给及增援外,特闻。李宗仁。04·16。参谍。徐。印。

673

(5)

即到。武昌军令部：0022密。张师长金照02·21报称：(1)自昨晚迄今，敌向我彭家楼、插花庙一带连续进攻。彭家楼以南云巫山已被敌占领。刻敌四五百名(附坦克车四辆)正向彭家楼猛冲中。同时小屋子、范口亦被敌攻击。(2)马兰屯、南城子一带被敌步炮联合数百协力猛攻，我李文彩团(177R)第二营守兵伤亡过半，现在李沟附近收容整理。(3)敌占领板桥、龚庄、马兰屯、南坝子、顿庄闸、张庄各村后，仍继续进迫。(4)本师(30D)除以两团增加台儿庄寨内与敌对战外，现计兵力不过残余。(5)仍占领插花庙、小屋南、李沟、侯新闸一带阻敌南犯。等语。德、鹤。04·16。参谋。徐。印。

李宗仁致蒋介石密电
（1938年4月4日）

武昌委员长蒋钧鉴：勉密。台儿庄之敌经我汤军团由东北向西南攻击后，敌主力已移向台儿庄之东顽抗，孙军正面已较缓和。除令汤部继续猛攻及孙部同时出击外，为贯彻迅速歼敌计，拟由新闸子附近使用两师兵力渡河，由泥沟以南、北洛以北地区，向东南攻击敌之背后及遮断敌向峄县之退路与阻敌增援，务将【其】聚歼于战场内。惟现只有张轸一师已于江、支两晚(三、四日)渡过运河，甘丽初师(93D)急切未能赶到。经与颂云兄商妥，以李仙洲师改调来徐参加决战，并以张轸师改归李指挥，甘师则令改开郑州移缓就急，于郑无妨，于徐则甚有利。除分别先行处理外，谨电呈察。李宗仁。04·17。参。印。

蒋介石致汤恩伯密电
（1938年4月5日）

限两小时到。汤军团长恩伯：〇密。台儿庄附近会战，我以十师之众对师半之敌,历时旬余未获战果。该军团居敌侧背,态势尤为有利,攻击竟不奏效,其将何以自解?急应严督所部于六、七两日奋勉图功歼灭此敌,毋负厚望,究竟有无把握,仰即具报为要。中〇手启。05·12。令一元。

李宗仁致军令部密电

(1938年4月5日)

(1)

武昌军令部:4272密。鲁〔孙仿鲁〕04·10电:(1)当面之敌约三联队以上,炮四十余门,战车三四十辆,自昨夜对我廿七师及卅一师猛攻后,今拂晓以来,更以主力指向我廿七师方面,企图粉碎我右翼阵地,即将廿七师后堡、五圣堂、陶沟桥、裴庄、孟庄一带阵地截成数段,混战终夜。今日复以战车连续冲击,炮火集中轰炸约二千发以上,附近村落、民房及工事毁成平地,我阵亡官兵亦多同归于尽。该师第二线部队在赵庄、刘庄、东庄、黄林庄、赵村一带与敌顽抗。惟因敌炮火集中与战车、步兵冲击包围,伤亡殆尽。该师现集残余战斗员约二千在古梁王城。(2)盘踞台儿庄寨内之敌,本日以平射炮十余门向我卅一师守寨部队连续炮击,并以飞机四、五架竟日轰炸,步兵乘势反攻,迄夜未息。该寨守兵现犹顽强苦撑中。(3)板桥之敌(附坦克车十余辆)向我彭家楼、插花庙卅师李团数次猛攻,卒因众寡不敌,守兵伤亡,致彭家楼陷于敌手。(4)统计昨、今两日,各部伤亡最为惨重:廿七师现仅余战斗员约二千名,卅一师一千四百余名,卅师、四四旅正查报中。德、鹤。05·13。参谋。徐。印。

(2)

急。武昌军令部:柱密。(A)伯04·14电:(1)台儿庄附近之敌昨(江)晚企图由台儿庄东南邑黄林庄、石拉一带渡河,经我孙集团奋勇堵击及本军团抽军由岔河镇、王军由大良壁同时出击,故未得逞。周军已攻占萧汪,刻正向贺庄、小前庄东攻击前进。王军已先后攻占东西范墩、黄渊、郁庄、落虎山、鸾墩、蔡庄、大顾珊、朱庄,刻正向关庄攻击前进。敌因受王、周两军夹击,似有向西北溃退模样。(2)关军于本支日(4日)先后攻占爱曲、秋湖,已令关军迅将兰陵镇东北地区残匪歼灭,即向甘露寺、柿树园、泥沟攻击前进。(B)鲁江申电:敌步骑千余、炮十余门、战车十五辆,逐次围攻我园上、孟庄、裴庄、上村、陶沟桥。七九旅阵地连日肉搏血战,伤亡已重,今尤惨烈。各该村守兵冒火撕〔厮〕杀,渐与村庄共成焦土。李庄、五圣城〔堂〕、五窑路、小庄各处敌约二三千,激战竟日,战况险恶,日暮均发生混战,侯旅亦牺牲壮烈。廿七师战斗员现尚有约二千余人。德、鹤。05·14。参谋。徐。印。

(3)

限即刻到。军令部:0022密。鲁04·21电:(1)火石埠敌百余、炮四门,由廿七师派队夹击,已北退。敌二百余向卓师(30D)左翼活动,黄林庄敌增二三百,炮三、四门,时向我四四旅河防部队猛射。(2)台儿庄城内之敌步、炮协力,自今一时至十七时连续向我猛攻四次,肉搏巷战达十余次。敌并用烧夷弹燃烧我占据之房屋,均经我卅一师守城部队奋勇击退。十六时敌步兵五百余、战车三【十】七辆,以炮火掩护,猛攻我台庄西北角,我守兵又与敌激烈搏斗,毙敌百余,敌势顿挫。刻我仍固守阵地与敌激战中。(3)愠〔顿〕庄闸敌增加五十名,溧〔万〕里闸附近时有敌骑出没。已饬廿七师派队进攻黄林庄,卅师派队攻占顿庄闸。德、鹤。05·14。参谋。徐。印。

李宗仁致何应钦等密电
(1938年4月6日)

即到。武昌何总长、徐部长:0517密。据张军长自忠03·22

电称:据津台东电,敌连日在津浦北段惨败,结果已大感兵力不足。此间敌军部连日电关东军求援,结果仅一日及二日开来三千余人。关东军现已调出十分之七,内部极为空虚,关东军参谋长东条英机因此于卅日特飞东京请示。等情。谨闻。李宗仁。06·08。参二。印。

李宗仁致蒋介石密电
(1938年4月6日)

(1)

提前。武昌委员长蒋:05·08令一元鄂电奉悉。2691密。已严令并督饬各部队于最短期间歼灭台儿庄附近之敌人矣。谨复。职李宗仁。06·09。参一。印。

(2)

即送。武昌委员长蒋:据孙总司令连仲微酉参谋电称:中密。敌连日在台庄城内使用催泪性瓦斯,我军受其损害颇重。除将廿七师俘获之敌人之催泪毒气罐及卅一师缴来之催泪空罐另呈外,谨闻。等情。除将所获敌之毒气罐及空罐缴呈,请迅分解化验,以筹防制之方法外,谨电呈察。职李宗仁。06·14。参一。印。

李宗仁致军令部密电
(1938年4月6日)

(1)

军急。武昌军令部:0022鲁歌未电:(1)占据赵庄、黄林庄各三四百、炮四门之敌,经廿七师派队夜袭,毙敌百余人。05·01时前将赵庄、黄林庄完全占领。迄今午,敌仍以炮火向我已占各庄猛烈集射中。(2)台庄城内我夜袭敌阵地,肉搏三、四次,敌我无进展,双方伤亡均在二百名以上。今午敌又【以】步兵四五百、战车数辆,协同猛烈炮火,向我北城角冲击,城内之敌亦与我守兵激烈巷战。刻仍在搏斗中。(3)卅师夜袭顿庄闸、南坝子、褚家埠之敌,今晨一时前将褚家埠、南坝子确实占领,顿庄闸占领四分之三。(4)顿庄闸东北角少数敌兵负隅顽抗,正努力肃清中。敌今晨又增援步兵四五百、炮四门,向我反攻,我伤亡颇重。迄现在敌我各据一半,激烈苦战中。(5)张轸师李旅今晨已将獐山、高皇庙之敌驱逐。一部破坏敌交通,大部向泥沟攻击前进。其师部及一团今晨抵金陵寺,正向泥沟前进中。第六师十七旅刻在岔河镇、互载庄之线,十八旅在胡山、禹王山之线。此线以北后堡、杨庄、刘庄一带为我廿七师八十旅占领与敌对峙。今晨第六师以一部向萧汪之敌攻击,未成功,仍退原阵地。德、鹤。06·15。参谍。徐。印。

(2)

军急。武昌军令部:中密。伯05·23电:(1)本军团昨晚开始攻击以来,关军进展顺利,刻已到达底阁、杨楼、陶沟之线,毙敌甚多,并获轻机枪一挺、步枪廿余支。王军八九师自到达朱庄、潭庄、黄渊之线后,经敌数度猛力围攻,一进一出,不下三、四次,我虽稍有伤亡,但敌尤倍于我,并获轻机枪四挺、步枪廿余支。周军曾一度攻占贺庄、萧汪,因敌猛烈反攻,故复退出。各军刻仍在继续攻击中。(2)当面之敌经我连日攻击,伤亡甚大,现极恐慌,似有向北退却模样。已严令在本晚十二时前关军到达张楼、王军到达刘庄,周军到达东庄,务将敌压迫于台庄北岸而歼灭之。德、鹤。06·15。参谍。徐。

李宗仁致军令部密电

(1938年4月6日)

即到。武昌军令部。密。黄光华江戌电:(1)职部(一三九师)于冬晨奉调至岔河镇归汤军团长指挥。早十时岔河镇西北之陈瓦房一带发现步、骑、炮联合之敌约千余人,职部当即占领马甸、互载、锅山三线,并以有力一部由西马甸出击,以苏第二集团军之困。敌我均有伤亡。(2)职师第二旅于江辰五时卅分攻击贺庄、高家楼、耿庄之敌,我炮四团亦加入战斗。迄未时止,毙敌甚众,敌仍顽抗固守,我亦伤亡官十余员、兵百余名,现第六师已向萧汪之岔路一带之敌攻击。职令第二旅继续向敌猛攻外,并以第一旅之一团向右移动,协同攻击。德、鹤。06·10。参谋。徐。印。

李宗仁致蒋介石密电

(1938年4月7日)

(1)

紧急。武昌委员长蒋:中密。伯06·08电:(1)当面之敌经我关〔麟徵〕、王〔仲廉〕、周〔碞〕各军彻夜猛攻,肉搏十余次,毙敌三千余人,俘获正在清查。我军伤亡亦大。关军一部已挺进至张楼附近。王军已将谭庄堡子完全克复,一部挺进至刘庄附近。周军已占领大石埠、辛庄,一部挺进至东庄附近,均仍在继续追击前进中。(2)顷据十三军骑兵团李团长由作城电报:临沂方面之敌又向台儿庄挺进,刻已到达中村。又临沂西南之朱陈有敌三百余人,我张自忠军一营在北沂汤堵击中。等语。除派十三师立刻开到鲁坊、南桥、官庄一带准备迎击,并令关、周、王各军仍向当面之敌攻击,一意迈进。李宗仁。07·08。参谋。徐。印。

(2)

急。武昌委员长蒋:柱密。此次鲁南之敌为第五、第十及第九师团之一部,炮兵两联队,坦克车百余辆及空军等,企图自临沂、峄、枣方面会合南下,夺取徐州,打通津浦线。我军自临沂方面两次击破敌军后,峄、枣之敌仍迭次猛攻台儿庄,东西援应,顽强驰突,并使用催泪弹,企图贯彻其意志,于鱼(6日)晚已被我三面包围,渐次封锁。敌弹尽粮绝,始于当晚狼狈溃退。现除饬各军于峄县以南地区解决残敌并分途向临、滕方面跟踪追击,且以后方有力部队分段截击以期歼灭外。谨闻。李宗仁。07·10。印。

(3)

武昌委员长蒋:流密。顷下达职属命令如下:命令追击布署如下:(1)台庄附近经我孙、汤两军击溃之敌,现向峄县方面逃窜中。(2)汤军以一部肃清战场,以主力由台枣支路(不含)以东,沿夏庄、马山、九山、潭山以南地区向峄县追击前进。(3)孙军指挥张轸师由台枣支路(含)向峄县追击前进。(4)曹福林应于峄县以北地区截击敌人,勿使窜逸。(5)敌如退据峄县城,孙、汤两军各以一部占领峄县东西方高地。主力协同击灭城外敌之野战军后,围攻峄城。(6)敌如以峄县城为后卫阵地,孙、汤两军各以一部监视之。主力尾敌穷追。(7)孙震军应由新闸子渡运河,追击韩庄方面之敌。(8)李仙洲师应继续经作城向东,扫荡临沂以西之残敌,向临沂前进。到达后归张军长自忠指挥。(9)予在铜山。传达法:孙、汤两军先以电话传达命令要旨,后以无线电拍发曹军张轸师。庞军团长、张军长以无线电传达。谨电呈察。职李宗仁。07·18。印。

李宗仁致蒋介石等密电

(1938年4月7日)

急。武昌委员长蒋、何总长、徐部长:流密。据派赴台儿庄高级参谋胡若愚07·11电称:(1)左翼兵团① 06·20起继续猛烈攻击台儿庄附近之敌,激战至07·10始完全击破之。其主力向峄县退走,一部向东北方向溃退。遗弃死伤者约四五千人。

---

① 指第五十一军、第六十军、第七军及第一一〇师、第一四〇师等部队。

其襟章符号为第十师团。我夺获战车、飞机及弹药、辎重甚多,正在清查中。(2)该兵团自半月以来之战斗,死伤自副师长康法如以下约近万人,弹药消耗过半数,目下正在清查中。(3)左翼兵团除以一一〇师跟追向峄县败退之敌,以 部搜索歼灭向东北溃退之敌外,主力已推进至北洛、欢堆之线,占领阵地,整理补充,并连络右翼兵团①乘势歼灭败退之敌。等情。谨闻。李宗仁。07·24。参二。印。

汤恩伯致蒋介石密电
(1938年4月8日)

即到。武昌委员长蒋:中密。当面之敌,昨虞日经我关、王两军猛烈攻击,不能脱离战场,故于底阁、杨楼、陶墩、底石桥一带,负隅顽抗,与关、王两军肉搏不下十余次,关、王两军士气极旺,毙敌甚多,王军并获山炮两门,轻机枪三十余挺,步枪约百余枝,辎重甚多,马二三十匹。关军俘获甚多,正在清查中。迨至黄昏时,敌因受创过巨,势成崩溃,纷向峄县方向退却。我王军跟踪追击,刻已到达柿树园、兰成店附近,敌一部仍节节顽抗,已令该军迅向峄县东南地区挺进,关军廿五师尾敌穷追,第二师已由倪家堂向马山、双山、九山截击。周军已令其开至杨楼、底阁一带,扫除战场。谨闻。职汤恩伯叩。08·09。印。

蒋介石致曹福林密电稿
(1938年4月8日)

即到。曹总司令福林:流密。台庄方面之敌迄七日拂晓已歼灭过半,开始北溃,除严令各军穷追外,着贵部迎头猛攻,以期一举歼灭。中〇。08·19。令一元。

---

① 樊松甫第46军。

李宗仁等致蒋介石密电

(1938年4月9日)

(1)

急。武昌委员长蒋：中密。职齐(8日)晚抵台儿庄,截至09·09止,关军已占九山,王军已由红瓦屋〔地〕向西北前进,本晚可迫峄县附近。一三九师一部解决向城之敌(该敌约四五百、炮四门)。主力与廿一师在关军右翼后跟进。孙集团沿铁道正面,已击破泥沟之敌。六师改归孙仿鲁指挥。张轸师仍在白山西、金陵寺一带高地与敌对峙中。汤军团长即赴九山,孙总司令即赴南北洛督饬前进,准备攻击峄县之敌。因作战各部伤亡颇重,为增加战力及巩固后方计,已商准程长官将甘师调徐。职即驻台【儿】庄附近指挥,来电请由徐州转。谨闻。职李宗仁、白崇禧叩。09·09。印。

(2)

武昌委员长蒋、何总长、徐部长：0022密。据一一〇师张师长07·12电：本日拂晓前将南北洛之敌击溃后,即以主力向峄县方向追击至金陵寺、白山西一带,遇敌人占领阵地并以大炮十余门、坦克车十余辆向我包围攻击,我现与敌激战中。同时又据该师长08·13电称：(1)由泥沟、獐山、赵村企图围攻我师之敌,一度冲入白山之腹,被我部肉搏猛冲击退,敌我伤亡均重。(2)朱庄东二里之葛村被敌坦克六辆冲入,我守兵一班正凭碉楼抗战,正午以后敌我激战尤烈。(3)据便探由香城回报,敌坦克车、汽车五十余辆,昨由西东开,临、枣间已通车。等情。谨闻。李宗仁。09·10。参。

(3)

即到。武昌委员长蒋：0517密。谨将截至09·13止,综合情况开列如下：(1)汤军团关军主力已确占领九山阵地,敌仍在双山、潭山顽抗中。(2)退至峄县、枣庄之敌正构筑工事,有固守待援模样。峄县之敌大部在峄城西南地区。(3)已命汤、孙各部本晚积极行动,务求占有峄县东西两侧高地,迫敌不能在该地线稳定据守。(4)曹福林部到达税郭,已命迅速向西行动,破坏峄、枣、临间交通线。(5)向城之敌数百名已北窜,该处无敌踪。(6)我一八〇师兵力三连占领费县、临沂,敌情无变化。(7)据张师长轸九时报告:昨晚在高皇庙、刘村之线敌人向该师反击,经拒止后,今晨发现该敌已向峄县方面撤退。又:泥沟之敌本日亦经孙部驱逐北窜,已命张轸师即向卧虎寨前进,掌握该高地。谨闻。职李宗仁、白崇禧叩。09·14。印。梗。

蒋介石致沈鸿烈密电稿
(1938年4月9日)

即到。曹县沈主席:勉密。(1)查鲁南敌主力已崩溃,其小部向北分窜。除令各军分途追截务期歼灭外,希通令所属地方武力协力截击。(2)希迅速整理山东各游击队积极扰袭敌人,妨害敌由鲁北或鲁东增援为要。中〇。09·16。令一元。

(三) 徐州会战经过与总结

李宗仁致军令部密电
(1938年4月10日)

即到。武昌军令部:0022密。据汤军团长09·22电称:(1)据八十五军王军长报告:当面残敌刻在倍山、潭山、曹庄、七里店、田楼、杨楼、王庄、吴家林、乱沟、獐山一带占领阵地。(2)萱庄之敌仍在加强工事。09·15并向我郭里集、南安城曹福林部攻击,刻仍在对峙中。(3)我关军郑师刻已确实占领九山,王军已挺进至苏家埠、潘家巷一带。一三九师以一部围攻向城,主力在平山、傅山、青山一带,掩护关军之右侧背。二十一师仍控置于洪山镇附近。等情。谨闻。李宗仁。10·15。参二。印。

蒋介石致李宗仁等密电
(1938年4月12日)

徐州李司令长官、白副总长:○密。台【儿】庄之捷已逾五日,峄、枣、韩、临尚未攻下。踌躇审顾,焦虑至深。以乘胜之军更加主力部队追援绝溃惫之寇,不急限期歼灭,一旦敌援赶至,死灰复燃,是无异隳已成之功而自贻将来之患。万望激励将士,努力进攻,一面分途堵击,务于一、二日内将残寇全数歼除。庶敌兵再至,我更有以待之。如何盼速报。中○手启。文西。令一元。

李宗仁等致军令部密电①
(1938年4月13日)

〔衔略〕

现敌改攻为守,凭借峄县附近山地为据点,以枣庄为犄角。我因阵线过广,处处薄弱,连日攻击,甚难成效,欲彻底消灭敌人,事实上恐难如愿。第二期抗战之方针原在避免阵地战,以运动战消耗敌之兵力,而收"集小胜为大胜"之功。拟在包围阵线上仅配置少数监视兵,将主力分别集结于便于机动之位置,一面破坏敌后方交通,一面以小部先游击,诱致敌人于阵地外求决战,无论敌由何方增援,均可应付裕如。此为职等连日在前方实地观察认为迅宜改用之战法原则。如蒙裁可,拟即相机实施。乞示。李宗仁、白崇禧。13·12。

附:蒋介石致李宗仁白崇禧复电(4月15日)

---

① 此件系军令部抄呈蒋介石之李宗仁、白崇禧电。

即到。台儿庄李长官、白副总长:13·12台电悉。所拟机动攻势案甚妥,应速实施。中〇。15·15。令一元。

蒋介石致孙连仲等密电稿

(1938年4月13日)

即到。台儿庄孙总司令:(无线)汤军团长:中密。仍盼督部迅歼残敌,限两日内攻下峄、枣。中〇。手令。元酉。令一元。

蒋介石致程潜等电稿

(1938年4月14日)

即到。郑州程长官、三原阎长官、屯溪薛代长官、正阳关李副长官、长安蒋主任、兰州朱副长官:匡密。据确报,敌自鲁南惨败后,自晋绥、冀豫、江淮各方抽调兵力增援鲁南,以图挽救。仰各战区本前颁游击计划,严督所属积极行动牵制敌人,使鲁南作战容易,用期彻底歼灭该方面敌军以收最后胜利为要。中〇。寒申。令一元。

庞炳勋致蒋介石等密电

(1938年4月15日)

武昌委员长蒋、部长何:勉密。厉司令文礼14·20电称:派往诸城军官谍报回称:由佳日至寒日,向临沂增加之敌约有五千,并有于删日总攻临沂讯。庞炳勋。15·09。参。印。

李宗仁致何应钦等密电

(1938年4月17日)

限即刻到。武昌何总长、徐部长次宸兄、熊次长哲明兄、林次长蔚文兄:0517密。(1)津息:台【儿】庄胜利已激起日方反战运动,致预定由国内增加八师亟早解决华北战局之计划打消,现在向鲁南之增兵均由各战场抽调而来。(2)我如能把握台【儿】庄胜利之果而早日解决峄县之敌,则可扩大敌之反战运动,怂动国际之观听。确立我胜利基础,在此一举。拟请委座集中所有力量争此一着,务盼兄等主持一切,以期早观厥成,是所盼祷。弟李宗仁、白崇禧。17·17。印。

蒋介石致李宗仁白崇禧密电稿

(1938年4月19日)

即到。徐州李长官、白副总长:敌密。(一)于学忠军应星夜开临沂,先击破该方面之敌。其进路务经台潍公路以东道路,以免中途被敌迟滞。(二)卢汉军在敌主力动向未明以前,以主力位置台儿庄,以一部位置柳泉、利国驿附近为宜。(三)曹福林部除以一部留置枣庄北侧山地牵制枣庄之敌外,须以主力转用于两下店附近,确实遮断铁道,阻敌南下。万一敌主力由济宁攻鲁西时,须以铁道东侧山地为根据,连续袭敌背后,策应孙军之作战为要。中○。皓未。令一元。

李宗仁致何应钦徐永昌密电

(1938年4月19日)

限即到。武昌何总长、徐部长:1486密。据张军团长皓辰电称:当面之敌自应晨以来猛烈犯我,着着进逼迄未停止,啸(18)晚继续彻夜激战,炮火猛烈。我阵地全毁,房屋均着火,炮弹已渐达城垣,我官兵于火光烟焰中流血抵抗,前仆后续〔继〕,伤亡累累,而干部伤亡尤重,陷于苦战状态。现援军仅到一部。廿一师尚无消息。现时情况二十一师如今晨不能到达,危险堪虞。职已严饬所部无论伤亡如何,即余一兵一弹亦须拼其全力,苦撑到底,以实保卫临沂之任务。等情。谨闻。李宗仁。皓酉。

参二。印。

庞炳勋致蒋介石等密电

(1938年4月19—20日)

(1) 4月19日电

武昌委员长蒋、部长何:勉密。(一)巧酉张军右翼大柳园(临沂城西北)被敌攻陷,即继向北关攻击,当被我二三四团击退。(二)本辰敌续增部队向北关西关进攻,至午时我扼守西关保安队不支退走,致被敌突入城内。临沂城墙经民十六年驻军拆毁,又被两日敌之炮击,到处皆可通过,我守北关部队受敌夹击,即撤入城,并将守备沂河以东阵地之二三三团,亦飞调入城,由一一七旅旅长李运通指挥以上两团及军属特务营。但各该部苦战两月,伤亡惨重,战斗力甚微,虽奋勇堵击,而竟被敌占城内北半部及北关西关,余仍由我占领相持巷战。申时以前,尚在混战中,以后情况不明。(三)本午敌占领水田(临沂城西)继占苗庄(城西南)刻向南关包围中。(四)我二三三团三营钟营长毓麟受伤,官兵伤亡甚众,毙敌亦多,虽以较劣之兵器,而三八师、黄师在五里铺,仅余士兵数十名仍固守,卅九师李旅长,在城内亲率手枪兵数十名,与敌突击肉搏。庞炳勋。19·20。参。

(2) 4月20日电

武昌委员长蒋、部长何:勉密。(一)昨(皓)突进临沂城内之敌,截至申时,增至约两千,并迫攻东关向我守城部队包围,我奋勇抵抗,巷战肉搏,毙敌无算,计伤营长一,阵亡连长三及以下官兵六百余,约占守城部队十分六七,旋奉司令长官电话,令守部向城外冲击,夜十二时以后,集结余部向东门冲出,拂晓到白道口青山庵(沂河东岸临沂城南)一带收容。(二)本已奉司令长官电话,令职军全部向李家庄附近及其以南地区集结整顿。遵令本夜移动,军师部驻黄楼,直属部队驻黄楼附近,一一五旅驻李家庄附近,补充团驻八里屯,一一七旅驻北墩附近,骑兵连在王家店东北地区活动,以上地点,均在沂河东岸李家庄以南。庞炳勋。20·20。参。印。

李宗仁致蒋介石密电

(1938年4月21日)

武昌委员长蒋钧鉴:岱密。张军团长自忠鄂西参战电已于马辰参一电转呈钧阅。查张军团长协守临沂两次,与敌苦战月余伤亡已重,此次适在峄县敌我主力决战之间,敌突增兵猛攻,该军仍在沂城西北地区激烈反攻以图挽回战势,以增援部队沿途受敌迟滞不能适时到达,致兵力单薄应援不及,尚非作战不力之咎。拟恳免予置议以示宽大。至于沂城重镇未能事先妥予布置,致令在峄枣会战激烈之时突告陷落,指挥未造机宜,请即予职以严厉处分,以振纲纪。谨电呈察。职李宗仁。马未。印。

张自忠致熊斌密电

(1938年4月21日)

限即刻到。武昌熊次长哲公:○密。职部此次转战临沂,为时月余,激战四次,逐次伤亡,力量减削,而敌人陆续增加,志在报复。职部以兵员疲惫,器械残缺之余,当生力增援机械化之敌,预料必危。今日徒以国势至此,分属军人,义无反顾,是以激励部属,奋斗到底,而在援军未赶到前,守城庞军退出临沂城垣,战局顿挫,是所痛心。兹查职部黄师伤亡殆尽,刘师伤亡达三分之二,两师现以战斗员并编一旅,尚觉不敷。职忝绾军符,以身许国,救国有心,杀敌无力,殊觉俯仰疚心,素蒙庇佑。谨电奉闻。职张自忠叩。箇申。参。印。

李宗仁等致军令部密电

（1938年4月22—23日）

(1) 4月22日电

武昌军令部：岱密。孝〔于学忠〕马未电：本军当面之敌现增至三千余，炮、坦克各十余，以全力向陶墩猛攻。我牟师刘团牺牲殆尽，已饬周师张团增援。现全线激战甚烈，并已令所属死守该线，不准放弃守土。等语。李宗仁、李品仙。参谍。徐。养。印。

(2) 4月23日电

武昌军令部：岱密。洲〔李仙洲〕漾子电：(1)本军遵令于养日十四时开始向目的地攻击前进，于养日廿四时第十三师占领山南头朱陈、崔庄之线。第廿一师占领何庄、傅家庄、朱张桥之线。(2)朱陈之敌约七八百经于马日将该处房屋焚烧后即回临沂城。据报临沂附近现仅存残部。其主力沿沂河两岸南窜。(3)本军决心即分别向沂河两岸急进以威胁其后侧背。李宗仁、李品仙。23·14。参谍。徐。印。

庞炳勋致蒋介石密电

（1938年4月24—25日）

(1) 4月24日电

特急。武昌委员长蒋：1486密。（一）职军鲁南抗战，三月于兹，所有战役经过及伤亡损失情形，并最近奉令在郯城附近整顿各节，均已随时电陈钧座。（二）临沂之敌，皓日以来，尾随我军节节向郯城进迫，初仅千五六百，炮七、八门，后增至二千余，炮十二门，猛烈向我攻击。我部奋勇抵抗，毙敌甚众。终以残敝之余，实力武器均逊于敌，且工事未遑巩固，伤亡奇重，最后扼守郯城部队，几全牺牲，无力应援，于敬晨失陷。现所有残部在郯城西南停车庙、景家庄、徐围、前后坊、赵庄一带收容中。查职军自鲁南战役迄今,总计伤亡团营长八员,初级官约十分之七,现除特种兵及在后方训练新兵外,而步兵伤亡殆尽,战斗力已无。(三)奉李司令长官 23·04 电令十三师归职指挥,当令向郯城急进,于漾酉到马头镇,是时郯城被敌围正急,即令向郯城进击解围,未及到达,而郯城已失,现令即在郯城以西地区侧击该敌,牵制勿使南犯。(四)职军前于沧县战役,旧日干部伤亡甚多,元气未复,又经此次惨重之牺牲,致未能达成任务。职及卅九师师长马法五指挥无方,咎有应得,请予惩处。庞炳勋。24·14。参。印。

(2) 4 月 25 日电

特急。武昌委员长蒋、部长何:岱密。奉司令长官李敬戍电,令职军即移师沛县整顿训练,遵于敬夜开动。有午,各部队陆续到达炮车镇附近,准备乘车转赴沛县,先头部队一列,本日可开。庞炳勋。25·12。参。印。

陈诚致蒋介石快邮代电

(1938 年 4 月 25 日)

武昌委员长蒋:据第十三师吴师长良琛敬电称:本师此次参战未及兼旬八易指挥,今日附甲则留置一部,明日附乙又抽调若干,建制过于分割,征调实觉频繁,且本师多系新兵,既未受相当训练更无作战经验,而各指挥官辄付以困难任务及要冲地段,以致牺牲甚重而代价无多。第七十五军周军长嵒 24·10 电称:本军张、甘两师自参战后官兵伤亡及现有实力业经先后电报在案。自养日以来,敌集中正面兵力凭九柱山、獐山有利形势与隐蔽地形,对本军张师正面红家庄、前城之线昼夜猛攻,官兵牺牲殆尽。至本辰止,张师每连仅有战斗兵二十余名,如三十六团步枪兵仅六十余名,官长上尉以下仅六员,全师共存残部二营余。中级以下干部伤亡殆尽,若非加以整理恐难达成任务。甘师虽经整理,但连日作战,实力亦仅四营。因初次抗战经验稍浅而平原防御战亦非擅长,本军防守铁道正面责任重大,除督饬官兵与阵地共存亡外,不得不将实际困难情形向钧座陈述。各等语。除复慰外,谨闻。职陈诚。有未。战。

李宗仁等致军令部密电

(1938年4月25日)

武昌军令部。岱密。(1)关军当面之敌敬辰以来续有增加,并有敌机六架协同步兵向该军碾官庄、连防山、米步、店子、虎皮山一带阵地猛攻。经二【十】五师奋勇迎击,双方伤亡均大。至敬日未刻,连防山城寨东北两方被敌机炮炸平,其步兵坦克车亦冲入一部,发生巷战。该师高团全部牺牲,团长高鹏阵亡。(2)王军正面敌敬已开始向马甸进犯,经该军出击毙甚多。窜进西马甸敌百余全部歼【灭】,获步枪廿余。(3)敌攻萧汪、耦堡卢军阵地甚烈,前后堡、萧汪相继失陷。宗仁、品仙。25·16。参谋。徐。印。

李宗仁与蒋介石来往密电

(1938年4月)

(1) 李宗仁致蒋介石密电(4月25日)

限即到。武昌。委员长蒋:1486密。顷下达作战【令】第六号如下:(一)鲁南兵团军队区分:右翼军樊军长崧甫:第四十六军。中央军汤军团长恩伯:第二十军团(欠一一〇师)、第二十七军团(第九十二军仍属之)、第五十师、第一三九师。左翼军孙总司令连仲:第二集团军、第五十一军、第六十军、第七十五军(欠一师)、第一一〇师、第九十三师。挺进军石军长友三:第六十九军、骑兵第九师、骑兵第十三旅。六十九军进出郯城以北后归其指挥。韩庄守备军孙代总司令震:第二十二集团军(五十一军之一团仍属之)。

战区总预备队:约三师。(二)作命第六号第五战区命令:(四月二十五日于徐州)(1)临沂峄枣之敌合约两师团,其主力似已深入我四户镇、台儿庄间地区。(2)战区以消灭敌主力之目的,拟以鲁南兵团向左旋回攻击该敌,并与鲁西兵团相策应,围困之于峄县附近山地而逐次击破之。第一攻击目标为向城、傅山口、响连屯、獐山之线,攻击开始预定二十七日早。鲁西兵团(以孙、曹、刘三部编成,由李副司令长官品仙指挥之)以全力西出津浦线,阻止敌南下之增援及遮断其补给,并以有力之部队南下与鲁南兵团策应,夹击峄枣附近之敌。(3)挺进军应速集结于沭河、沂河间陇海沿线地区,向郯城、临沂方面挺进,掩护兵团之右侧,阻止敌之增援,并切断其后方之交通。(4)右翼军应集结于运河以东、陇海线北侧地区,速进出于马头镇、后湖以北之线后向左旋回,即向向城、青山之线攻击前进。(5)中央军速夹击驱逐正面之敌后,与右翼军联系向傅山口、鹅山之线攻击前进。(6)左翼军集结主力于其右翼,与中央军联系,向响连屯、獐山之线攻击前进,其左翼应保持现在之线施行佯攻。(7)主力各军之作战地境如左:右翼军与中央军在后湖、河湾、秋湖、石城岗之线。中央军与左翼军在马甸、陶墩、出头林、土山之线。以上各线属于左〔前〕方军。(8)韩庄守备军固守韩庄附近运河之线,阻止敌之突进。(9)战区总预备队(约三师及炮兵若干)分置于徐州归德间策应两兵团之作战。(10)关于通信补给等另令之。(11)予在徐州。谨电呈察。职李宗仁、李品仙。有酉。参。印。

(2)蒋介石复李宗仁电稿(4月26日)

限一小时到。徐州李长官:有酉参电悉。岱密。(一)部署适当,希坚决实施。(二)须着眼求敌主力包围于战场而歼灭之,勿为作战地境及到达线所限制,以免樊军扑一大空再回转攻击之烦。(三)外翼如有小数敌人须由石军驱逐,勿分割樊军兵力。(四)马头镇及其以南之敌须由张自忠及吴良琛部阻止之,攻击军应果决向敌侧背迈进。(五)须尽量由左翼于孙军抽出有力部队以供机动使用。中○。宥酉。令一元。

蒋介石致李宗仁等密电稿
(1938年4月27日)

即到。徐州李长官、李副长官并转所属各总司令、各军团长、各军、师长:○密。查第二期抗战开始以还,我各战区本运动战、游击战相配合积小胜为大胜之最高原则,以攻为守指导作战,屡遏凶焰,挫彼顽敌,士气振奋精神日旺。台【儿】庄胜利足为表征。惟是各军无论拙守一点抑或转战匝月,其伤亡之重均感痛苦,苟为情况所许则抽调整理补充早在计划中,然为顽敌所迫,势有难能,当此时若非以最后五分钟坚忍之精神难保已得之胜利。试观前此残寇负隅峄枣,虽极小部之敌,在我包围攻击之下亦保持攻击精神堪资借镜。诚恐我军各部久战之后不无精神弛缓贻误战局,即希该长官等严令所属共体斯旨,纵部队在残缺苦战中亦不得稍堕志气放弃任务,致干罪戾。本委员长决本信赏必罚用达民族复兴之目的。望各勉之。中○。感辰。令一元。鄂。印。

李宗仁致军令部密电
(1938年4月28日)

即到。武昌军令部:6912密。平方感日探报:(一)敌柴田部队九百人携炮四十门、机关枪百挺于敬由丰台开枣庄、台儿庄增援。敌本周内由关外向津浦前线增援部队有四个师团。其番号极秘,但极不整齐,大部分为十六、七面年及长须老翁,精神颓丧。(二)敌杉山陆相皓晚与寺内对于目前作战计划大体决定集中精锐民〔日〕军于津浦线,务于五月上旬占领徐州,恢复南北交通,以收军事上之便利、政治上之发展早期明朗化。等语。特闻。李宗仁。

俭。参二。印。

李宗仁致蒋介石密电
（1938年4月）

(1) 4月28日电

提前。武昌委员长蒋：衡密。顷致李副长官27·23参电如下：(一)鲁南兵团须待樊军先将郯城以南之敌扫荡后始能向左旋回。特将攻击开始日期改于五月东日，照原定计划实施。(二)据李明扬感酉报称：夏镇被敌攻占。(三)鲁西兵团应速增步兵一师(四团)、卜福斯山炮一连加强曹军使其南下，与鲁南兵团策应夹击峄枣附近之敌外，并应以全力进出津浦线，阻止敌南下之增援及遮断其补给。仰速即策定计划实施并具报为要。谨电呈察。职李宗仁。俭子。参印。

附：蒋介石复李宗仁密电稿(4月29日)

即到。徐州李长官：密。俭子参一电悉。密。大体可行。惟总攻日期须提前实行。又：樊军应不顾马头镇之敌断然挺进，因此据点未易攻略，不如另派张自忠部监视之。中〇。艳申。令一元。

(2) 4月29日电

限即到。武昌委员长蒋：冲密。感未手令奉悉。鲁南敌情及作战概况已于沁午电详陈。关于尔后作战指导，当遵手令要旨实施，以期迅速决战。惟沂河东岸马头镇之敌已增至一旅团约三千余，并向张自忠军压迫。张残部战斗兵只剩二千余，决难达成牵制任务。樊军进路被阻，自亦不能放胆迂回以形成会战有利态势。一四〇、五〇师现在邳、台后方，非不得已决不使用，但为援应第一线之危急，已以一部增加汤军正面。王长海师不甚完整，已开利国驿，拟仍以三、九两师控置运河至台儿庄间构筑阵地，并准备策应第一线之攻击。刘汝明军遵令调徐,俟攻击进展时可由左翼正面出击。是否有当,谨电呈核。职李宗仁、白崇禧。艳巳。印。

刘斐致白崇禧密电
(1938年4月29日)

急。铜山白副总长钧鉴：○密。中央为贯彻在鲁南继续与敌决战方针,已下令调粤、滇、川部队开至前方为以后作战准备。粤余〔汉谋〕已遵令调李伯豪两师即开武汉,滇龙〔云〕复电遵办,惟无确期,川军则因内部意见分歧仍难如愿以偿。乞钧座致电川滇当局促其实行。职斐。艳酉。叩。

李宗仁致蒋介石密电
(1938年4月30日)

急。武昌委员长蒋：冲密。据卢汉艳午电称：职军奉命正向关庄、五窑路以东地区集中之际,前方情况突变。养日十时,不期与敌主力在陈瓦房、邢家楼、五圣堂、李庄等处遭遇。因未及构筑工事,遂以血肉与敌炮火猛搏。至漾日十五时,一八三师牺牲甚巨,漾卯一八四师奉命以三团由陶沟桥出击,迭克黄庄、庄场、车墩等处。由漾迄感,除一八四师一部守备台儿庄外,其余协同一八二、三两师与敌在耿庄、小庄、五圣堂、萧汪、五窑路、辛庄、戴庄、后堡、杨庄、胡山、锅山等地反复争夺不知凡几,每一阵地失去官兵均少生还。一八二师固守萧汪伤亡奇重。一周以来艰苦奋斗,未尝稍馁,惟兵力损失不敷部署。截至本日六时止,阵亡旅长一、团长四、代团长一,伤旅长一、团长四、代团长一,团附、营长以下伤亡尤重。一八二、三两师战斗员均不满千,一八四师不足四分之三,详数续报。查职军连日全线被敌主力猛攻,经职军坚强反击,毙敌约五千以上,而职军损失近万余人。现在禹王山、大石埠两点争夺最烈中。除严饬所部牺牲到底以冀达到任务完成大计外,谨呈。等情。

谨电呈察。职李宗仁。卅未。参一。印。

蒋介石致李宗仁密电稿
（1938年4月30日）

限三小时到。徐州李长官：岱密。训令：（一）鲁南方面：（1）敌之攻势已顿挫。（2）决全线转攻势，加敌以更大之打击。（3）石友三军不攻郯城、不顾任何敌人之牵制，向敌后方挺进，并以一旅以上兵力向青岛攻击前进。（4）樊崧甫军避开马头镇据点之攻击向敌主力后方挺进袭击。（5）其余守势〔卫〕正面各军可增加第五十、第一四〇两师全线转移攻势。（6）转攻以后无论效果大小抑或万一顿挫均须适时抽出损害过重部队至运河后方构筑据点工事并整顿补充。（7）其他已到未到控制部队不得使用。（二）淮南方面：（1）敌总兵力不过四万，我占绝对优势。惟敌立内线，如向我任何一点进攻均感应付困难。（2）以打破敌策应鲁南企图，使其陷于被动之目的，决制敌机，先采取攻势。（3）韩德勤部应集结兵力迅速攻击突进之敌。（4）廖磊部先以一部佯攻，诱敌离开阵地而击破之。（5）徐源泉部到达合肥即向当面之敌攻击前进。（6）杨森所部主力应开前方，攻击巢湖以南之敌，酌留一部守备安庆及沿江要点。（7）已令罗树甲师开合肥归徐源泉指挥，并令唐式遵抽调两团至安庆增防，归杨森指挥。（三）各方面攻击部署细部由战区决定，务须迅速开始为要。中〇。卅未。令一元。

李宗仁致军令部密电
（1938年5月1日）

限即刻到。军令部：〇密。（甲）张师长轸东申电：（一）昨、今两日与我作战之敌约三千余，由卜集村南攻。（二）据前一二七师被敌掳去由峄县逃出之兵二名云：敌由临城方向增来万余人，一部由横山口南进，一部向峄前进。（乙）卅日津讯：感至卅，先后由津开津浦前线敌军共五千五百余,山炮八门,重炮二门,括木键部队钢甲车十七辆,内六辆装有平射炮两门,余装弹药五百箱,由新店装车开津浦前线。等情。谨闻。李宗仁。东亥。参二。印。

李宗仁李品仙致军令部密电

(1938年5月5日)

十万火急。XGZW军令部:○密。(甲)冬夜江晚卢军当面之敌猛攻禹王山,反复争夺甚烈,毙敌数百,获战利品甚多。(乙)于军三日拂晓向郁庄、车墩、平滩、大王庄之敌攻击,当将该处之敌完全驱逐。(丙)三日甘师(93D)一部向刘庄前进,张师向红家庄、小王庄之敌攻击,均未得手。02·04敌偷袭姚家庄阵地未得逞。三日早敌增数百猛冲数次,我黄师(27D)时营与阵地俱陷,敌与我九一旅仍固守大小掖庄原阵地。(丁)张军张庄、朱庄阵地二日受敌猛攻,守兵牺牲殆尽致被陷。我现守东邵礼、高皇庙、曹庄、大王庄阵地。(戊)我一三二师三日拂晓继续袭占卜洛村后并令王旅进攻金陵寺,一团进击南庄子,激战甚久未得手。是役我旅长子亭负伤,官兵伤亡四百余,敌伤亡尤重,我夺获亦多。光、远。05·15。参谋。徐。印。

李宗仁致蒋介石密电

(1938年5月6—9日)

(1) 5月6日电

提前。武昌委员长蒋:奎密。据卢军长江亥电称于枣庄营前方敌第十师西大条部队步兵中尉北川贤男及长野部队上等兵长田上治尸内搜获日记得知:(A)狨:四月十七日命令兵力部署如次:5D在四户镇、郯城方面。10D之39R、40R、63R在台、韩以北地区。14D控置于枣庄东方。16D在峄、台线以东地区。114D在济宁方面。(B)敌野战联队之编成分三大队,每大队六中队,每中队二二八人,外有重机【枪】三。中队步兵炮一队,战斗员七千,加附属部队合计万人。(C)台儿庄之役敌5D及10D之33B残破不堪,63R几全灭,并有为挽回皇军威信速行徐州最后大会战。等语。李宗仁。06·08。参谋。徐。印。

(2) 5月7日电

武昌委员长蒋钧鉴:5897密。综合支日以来据廖磊、韦云淞报称,淮河北岸及肥河、涡河等处已发现敌之番号兵力为第十三师团全部、第三师团一个旅团及第七联队,总计约在七个联队以上。连日敌以炮空猛轰及战车六七十辆冲击,继以步骑兵攻击,致一七〇、一七一两师大部被冲散,现正收容整理继续战斗中。至铁路正面之卅一军,因有较强之阵地工事,故敌未得逞。等情。查敌企图策应其鲁南方面之作战,于淮北方面所用兵力将达两师团,自必力求猛进,窥伺徐州,且淮北地形开阔地域广大阻止困难,窃以鲁南敌我已成胶着状态,彼此进展均属困难。故职意淮北情况实较鲁南为紧急,拟即集中兵力准备于固镇分设阵地将敌击破,以解徐州后顾之忧。谨电呈察。职李宗仁。阳巳。参。印。

李宗仁致军令部密电

(1938年5月8日)

限即刻到。武昌军令部:〇密。据张自忠鱼酉电称:(甲)江日敌由关外开平汉线军车四列,载兵六百余人,载重车七十二辆、军用品等。开津浦线军车三列,计铁甲车一列、军用品车两列。(乙)江日敌由平汉及山西方面调来兵车七列,载兵二千五百余人、马九百匹、载重车七十九辆、大炮十二门,经津转津浦前线。(丙)江日敌由津浦前线运回伤兵四百余人,在津下车。津浦北段之敌现又图向我左翼进犯,连日积极准备船筏渡过微山湖。等语。谨闻。李宗仁。庚。参。印。

李宗仁致蒋介石密电

(1938年5月9日)

急。武昌委员长蒋:岱密,顷以庚亥参一电令下达鲁南兵团各部如下:兹遵照委座阳申令一元、齐未令一电令,为准备尔后之攻势重新规定鲁南兵团部署如左:(一)四六军之三师、二军之两师、五十师、汤军团较完整之一师为右翼军,归汤军团长恩伯指挥。除四六军仍续行前任务外,其余占领沟上集至鹅鸭城现在之线。左与右翼军连系,准备攻击当面之敌。(二)六十军编成完整一师,并以一四〇师配属之。五十一军之两师、六八军之两师仍配属一三二师及孙集团,编成完整一师并配属九三师为左翼军,归孙总司令连仲指挥,以主力占领禹王山至阴平现在之线,左与二二集团连系,准备攻击当面之敌。一部守备台儿庄。(三)挺进军及韩庄守备统〔军〕仍续行前任务。(四)九五师受孙总司令之区处在运河南岸构筑工事。(五)汤军团其余部队及一一〇师交替后开兰封整理补充,周碞军开砀山附近整理补充。孙集团其余部队开归德附近整理补充,张自忠部(并指挥一三师)开运河站附近整理补充,并受汤军团长之区处构筑工事。一三九师开兰封、考城一带归还商部建制。三三三旅归还缪军建制。(六)前条抽出各部队交替后,第一步先移于运河后方,第二步再候令向指定整补位置运送。(七)交替部队所有配属之各种炮兵着孙总司令及汤军团长妥为支配于新接防各部队。(八)李仙洲率二一师速经宿迁向淮阴前进,归韩代总司令德勤指挥。(九)各部队之交替由孙总司令连仲、汤军团长恩伯妥为计划实施,仍将交替情形具报以凭转报为要。谨电呈察。职李宗仁、李品仙。佳子。参。印。

蒋介石致韩德勤密电稿

（1938年5月9日）

即到。淮阴韩副总司令：岱密。查阜宁之敌不满三千，长驱千里如入无人之境，目下竟有窥东海遮断陇海路之趋势。该副总司令所部兵力优敌五倍而丧师失地影响主力军侧背之安全，将何以自解？除令李长官派队增援外，希好自为之无负委任。中○。佳申。令一元。

蒋介石致李宗仁等密电稿

（1938年5月10日）

徐州李长官、白副总长：○密。一、鲁南战场不宜急转消极，应处处决行战术上之攻击，不仅我军交替容易，敌之抽出转用自必困难，尤以严防敌向鲁西转用，粉碎其策应由蒙城直趋归德使徐州不攻自陷之企图。二、孙桐萱【军】正面直采取攻势防御，在其两翼应控有力部队以备转移攻势之用，俟敌攻我孙军阵地时予以击灭之打击。三、合肥方面亦宜采取二项策略。四、对蒙城突进之敌务用夹击抄袭消灭之。五、津浦南段及台潍公路与兖州至临城间铁路公路之破坏俾确实掌握则敌之计穷矣。希确实施行为盼。中○。灰巳。令一元。鄂。

李宗仁李品仙致蒋介石密电

（1938年5月10日）

即到。武昌委员长蒋：1486密。顷下达作命第七号要旨，命令如下：（1）淮北方面之敌约两个师团、一旅团，其主力似已移向蒙城方面，一部仍在蚌、怀附近。鲁南方面我汤军团、孙集团与约三师团之敌于大王庄、沟上集、岔河镇、台儿庄亘金陵镇、阴平、韩庄之线对峙中。鲁西方面我第三集团之一部与约一旅团之敌于万福河亘嘉祥之线激战中。另约二千余之敌与我二十三师在郓城东南黄堆集附近激战中。(2)本战区以不待集中完毕先行击破淮北之敌,打破其向北进或西北进,截断陇海路之企图为目的,即向怀远、蒙城攻击前进。(3)廖集团军应以卅一军之一部固守原阵地。卅一军主力连系七七军及罗奇师分为数纵队由现地向怀远至蒙城间前进,求敌主力攻击之。但罗奇师应取捷径先向临沂前进,准备截击敌之侧背或阻止敌之北进,尔后归冯军团长之指挥。区支队司令寿年指挥区寿年师、程树芬师应由蒙城附近尾跟敌后以行攻击,以与主力军相呼应。徐启明师应连系区支队左翼前进。(4)后续兵团俞济时军(两师)、李汉魂(两师)于五月十五日前向永城附近集中,归入廖总司令磊之指挥。(5)各部队之攻击部署及作战地境着由廖总司令磊详细拟定实施。(6)予在铜山。除令廖总司令磊、冯军团长治安实施具报外,谨电呈核。职李宗仁、李品仙。10·15。参一。徐。印。

李宗仁致蒋介石密电

(1938年5月10日)

武昌委员长蒋钧鉴:2420密。本日综合各方电话报告如下:(甲)津浦南段:(A)淮北连日发现敌部队,番号计有十三师团全部、第九师团、一〇二师团之一部及其他伪军。估计不下兵力两师团。(B)淮南上窑、刘府、凤阳一带约各有一联队。(1)齐日敌以飞机掩护其步、骑、炮各一联队猛攻蒙城。周副师长元率部固守。(2)支持至佳辰失陷。周元下落不明。凌团长云上已带九人冲出。此外该团仅剩前在城外作战之一连约一百廿人。(3)据探报蒙城内已无敌踪。一部由小涧集向北进至坛城集附近。判断其主力或向西北进。(乙)鲁南方面:左翼军正【面】敌似已换防,内杂有伪军。判断其抽调兵力增加鲁西或在我右翼压迫迂回。(丙)鲁西方面:(1)现在济宁正面与我对战之敌约一旅团,似尚有后续部队增加。(2)福兴集及河长口前进阵地均已被敌攻破。(3)浑〔郓〕城附近八里河、沙湾、刘官屯一带之敌与我廿三师对战中。(4)南阳、微山两湖约有敌多数小汽艇有渡湖企图。谨闻。职李宗仁。10·18。印。

蒋介石致汤恩伯密电稿
(1938年5月11日)

限四小时。运河站飞送汤军团长：○密。(一)以缩短战线抽出多数部队整补之目的,已令李长官逐次向运河线转移阵地。(二)为防敌向台庄以南突贯攻击及向我右翼包围,着该军团注意如次：(1)新安镇南侧高地须控制有力两师,准备反击,以掩护我右侧。(2)如状况许可则以一部进入向城山地扰敌后方以分散敌兵力。(3)对于转移阵地应秘密准备,逐次实行。(4)该军团转移计划与右外翼控置兵团限文日径报本委员长。中○。真巳。令一元。

蒋介石致程潜等密电稿
(1938年5月12日)

即到。郑州程司令长官、铜山李司令长官、白副总长、淮阴韩副总司令、宿县廖总司令、冯军团长、台儿庄孙总司令、沛县庞军团长、兰封商总司令、砀山俞军长、归德黄军长、李军长、洛阳宋军长并转各军、师、旅、团长：密。查日寇自鲁南屡败惊慌万状,近竟放弃晋绥江浙既得地位,仅残置小部扼守要点苟延残喘,而调集所有兵力指向陇海东段孤注一掷,以图幸逞,其总兵力合两淮鲁豫至多不过十五万,较之我军使用各该战场之兵力约为四倍以上之劣势,且敌之后方处处受我扰袭,补给不便。较之我之后方有良好交通线者,其补给及兵力转用之难易相去甚远。目下敌不顾其兵力之不足及战略态势之不利,竟敢采用外线包围作战,其必遭我军之各个击破而自取败亡殆无疑问。仰我忠勇将士明察彼我熟权利害，鼓舞所部以旺胜企图心各向任务迈进，击灭当面之敌以寒寇胆而扬国威为盼。中〇。文辰。令一元。

蒋介石致李宗仁密电稿
（1938年5月12日）

即到。徐州李长官：密。训令：(一)国军决先击灭淮北及鲁西之敌。(二)鲁南方面在敌抽调兵力转用鲁西之情况下，除应以有力部队增强右翼防敌包围外，须即刻设法抽出三、四师兵力位置徐州，为该战区预备队，必要时用蒙城方面之攻势。(三)鲁南方面即决心取守势，于必要时可依运河逐次抵抗，至不得已时则固守徐州国防工事线，以获得攻势方面决胜之时间。(四)总之五战区第一任务在击灭蒙城方面之敌，使全盘态势有利，否则保有鲁南阵地亦属无益。希当机立断，速决实行具报。中〇。文午。令一元。

李宗仁致蒋介石电
（1938年5月12日）

武昌委员长蒋：1486。据报今日下午四时卅分有敌战车三辆、装甲十一辆、步兵二三百围攻永城，并有敌机十一架轰炸助战。城内只常备队一中队，该城旋为敌攻陷。等语。谨闻。职李宗仁。文酉。参。印。

李宗仁致军令部密电
（1938年5月13日）

限即刻到。武昌军令部：〇密。(A)臣佳电：(甲)七日敌由平汉及山西调来兵车十四列，载敌四千五百人、马千三百余匹、大口径炮百零八门及军用品，均由津转津浦线。(乙)闻山海关秦皇岛截至八日止共到法国兵舰廿余艘，法兵□日登陆游行，日人甚为重视;又北平城内敌戒备森严。(B)范筑先灰电称:濮县之敌已增至五千,骑炮兵甚多,并在续增中。敌指挥部设濮县东南,帆布汽船甚多,确有渡河企图。该部现在道沟、古云集一带准备攻敌。李宗仁。13·16。参谋。徐。印。

陈诚致蒋介石何应钦快邮代电

(1938年5月14日)

武昌委员长蒋、总长何:据六十军赵参谋长锦雯真未电称:六十军奉命参加鲁南会战,兼旬苦斗壮烈牺牲,经过情形计邀钧鉴。惟以残余疲惫之师,扼守禹王山一带阵地,不断被敌局部攻击,既无部队换防,又不能在阵地前从事编整,虽六十军将士忠勇,咸以赤忱拥护抗战大计,誓与阵地共存亡,惟恐牺牲至最后时,一旦阵地不守仍不能达成任务,如能暂调后方稍事编整,以两旬来作战所得教训,不久又成劲旅,将益矢忠诚再供驱策也。职以庸材谬荷派参六十军戎幕,心所谓危不敢缄默。谨贡刍荛,伏供采择。等语。谨电呈詧。陈诚。寒未。编。

李宗仁致徐永昌代电

(1938年6月16日)

武昌军令部徐部长:○密。据商总司令震元戌参战电开:据一三九师李(兆瑛)师长由许昌报称:窃职师于参加鲁南战役后,此残破之余奉令归还整理,于删已到达徐州。因萧县告急,复奉李司令长官手令,限当日下午六时开抵萧县担任该城之守备,以待援军到达。旋以该城四面环山,欲保城垣,非守城外高山不可。当派七六二团及补一团之各一营向帽山店、丁里集东西之线推进,以期阻敌于远方而得时间之余裕。不料行至中途即与敌遭遇,于凤凰山及龙山之线占领阵地。铣晨以后,敌军每日夜以飞机重炮、战车猛攻,城外高地及四关先后落于敌手,后方连络完全断绝。至篠日止,忽奉白总长电谕,得悉一四三师、一八〇师、二一师已分别到达萧县附近之祖栖、孤山集、姚楼等地,但均为敌所阻,无法作积极之动作,以解萧县之危。职师以疲惫之余困守孤城,官兵浴血苦战,伤亡惨重,加以四面被敌重围,粮弹俱绝,电信、电话均被破坏,危急万分。迄巧晨,敌复以步、炮、空连合猛攻,守兵死伤殆尽,城垣塌陷多处,敌遂乘机由北门附近冲入城内,师旅预备队均已用尽,职乃率两旅长及幕僚等亲督守兵并罗致非列兵等数十人与敌巷战,经数时之久。战斗之惨为空前所未有,官兵牺牲之壮烈,亦实可歌可泣也。彼时职及石副师长均受轻伤,少将参谋长邓佐虞、上校副旅长吕汝爽、马骥德、中校团附陈芳荣、少校营长李彦文、黄超云、李廷舟等同时阵亡。目击城内守兵寥寥无几,城垣阵地仅剩东门一隅,于万不得已中遂被迫出城,冒弹雨冲出重围。皓辰,同孙、张两旅长、石副师长及官兵二百余人到达师部,于敬日到太康,沿途收容职师官兵,现已达千余人。此后职在何处集结,请电示为祷。等情。除分令暂在襄城、叶县集结待命并饬将人马械弹损耗详情清查呈报外,谨闻。等语。特闻。李宗仁。参二。铣戌。印。

李宗仁致军令部密电

(1938年5月15日)

军急。XH26。军令部:XOZH颂。1486密。(甲)宿县张参谋长电话:寒日临涣敌一部数百人东进南平集,浍河南岸有敌约一旅团,向我北岸冯攻击两日〔?〕。寒日上午,敌又增加兵力攻击甚烈,我仍守原阵地。(乙)刘军长元午电:(一)元十七时,敌由吕庙到刘庄,以战车四辆、步兵五百余、骑二三十,向我驻张寨之六九三团第三营攻击,经我还击后敌向崔小楼方向运动。(二)据探报,文夜敌由石弓山向北运动,终夜络绎不绝,似有经永城向砀山前进之模样。(三)永城东南两关有步〔?〕卅余,炮卅余门。(丙)砀山贡县长转永城陈集乡长元本电话,永城北十五里发现敌骑千余,企图不明。又敌骑数百、坦克车四、五,向火神庙进犯,有犯砀山企图。谨闻。李宗仁。删巳。参二。印。

徐永昌致程潜密电稿
(1938年5月21日)

限二小时到。郑州程长官:〇密。(转呈委座)皖北鲁南作战推移,判断敌必乘我皖北鲁南撤退,一面行猛烈超越,一面沿陇海线向西追击突进,企图攻略郑州,转窥武汉。基于上记之判断,拟定尔后作战计划恭呈钧鉴:一、应迅速结束鲁西作战,免为敌算。二、以皖北、鲁南、鲁西之作战军,各以一部与敌保持接触,一面以寿县、董家集、涡阳、亳县、归德、考城为游击据点,并定计划在此线以东地方扩大积极游击战,迟滞敌之前进及掩护尔后之作战。第五战区应积极规复合肥、蒙城,至少亦须阻止该方面之敌不得西进,一面以主力军向固始、新蔡、确山、罗山三角地域,以有力兵团向扶沟、开封、许昌三角地域撤退。以一部向周家口撤退,准备尔后之作战。三、令陈卫戍总司令速布长江大别山脉之防,布防重点置于武胜关方面。四、令第三战区除牵制当面之敌不得他移外,尽量抽转兵力协助江防并北渡作战。五、如敌打通津浦线后向西方猪突冒进,应开放确山、许昌间平汉线,以上记之一部向豫西撤退,吸引多数敌兵于同方面由南北夹击之。若敌专向信阳、郑州一方突进时则由南北互相策应以击其背,用符长期作战方针。六、离散之兵除由一、五战区自行收容外,已令军法部协同驻军(含李品仙及平汉线上各部)于适当交通线上收容。职何〇〇、徐〇〇。马午。令一元。鄂。

何应钦致蒋介石密电
(1938年5月22日)

即到。郑州委座:岱密。据李司令长官宗仁马酉电,战区主力决定转进部署后,鲁南部队由孙指挥仁等即南下亲率汤、廖两部拟突破包围,夹击萧、永之敌,因通信阻梗,事先未便以无线报告。现汤部已到永城西南地区,仁与廖部今早到涊、涡之间,本晚决由界沟附近渡过涡河,再与汤军连系向北攻击。等语。谨闻。职应钦。22·17。参。武。印。

张自忠致熊斌密电

（1938年5月25日）

武昌熊次长哲公：3010密。职部突围经过,业于廿三日电呈在案。现奉委座电令,开赴许昌集结。本晚即遵令西进。知关垂念,谨电奉闻。职张自忠叩。有午。印。

蒋介石致李宗仁密电稿

（1938年5月27日）

急。阜阳李长官德邻兄：宥巳参阜电悉。○密。鲁南撤退各军整然,殊为欣慰。吾兄公忠体国,备著辛劳,至深怀念。希继续努力,完成复兴大业为盼。余已返汉,并转健、蔚、为诸兄。中○。感申。令一元。鄂。印。

蒋介石致韩德勤等代电

（1938年5月28日）

特急。淮阴韩副总司令即转孙总司令、樊军长并所属各部队长：（一）徐州失陷,我军整然西撤,损失甚微。现在六安、寿县、阜阳、太和、亳县、归德、曹县、荷〔菏〕泽概略线上准备尔后之作战,已部署就绪。（二）五战区正围攻巢县、合肥之敌,一战区已将土肥原师团包围于兰封西三义寨附近,正解决中。徐州之敌感日以来渐向涡阳、亳县、归德前进,已与我刘汝明、黄杰、曹福林、孙桐萱各军接触。蚌埠以南津浦沿线敌守备兵力概属薄弱。（三）着樊军长指挥所部、周碞指挥吴良琛、王文彦及其他零星部队依情况以游击之目的分途向铁路以西转进,否则断然分向大江以南并苏鲁边区及津浦南段游击,牵制并吸引敌人。(四)着韩副总司令仍指挥缪征流军,务尽守土之责,万不得已时可实行有午参淮电呈之计划,分区游击。(五)仍希将实施经过情形随时具报。中○。俭午。令一元。鄂。印。

李宗仁李品仙致徐永昌代电

(1938年6月10日)

武昌军令部徐部长勋鉴:据廖总司令磊参一冬戌电称:兹将涡城失陷日期及区、程部署详情汇报如下:艳夕敌于高炉集附近以坦克及装甲车三十余辆在敌炮火猛烈掩护下强行渡河向我猛冲。敌复于西阳集及涡阳西北之彭步口积极向我压迫。(○密)我区、程两师以全力及徐师一部,分头一面迎击,激战终宵。(○密)此留守涡城之罗师尹团正奉命归还建制急于西撤,而我区支队正在高炉集、张窑、汪庄、王庄、田少家及涡阳西北一带各与当面敌人行激烈之胶着。战斗中勉抽郭团接守城防,于情况紧急之际接收尚未确实即为敌所乘,以致涡城于全〔5月31日〕晨乃告失陷。此后敌复数处急进,卒以敌坦克及装甲车之猛冲。(○密)。程、区两师乃各以一部控置邦集、王方届及李官桥、后信家湖。(○密)主力移旧城集、江家桥、赵桥及花沟集、徐大庄,沿黄河南岸构筑工事,拒止敌之前进。徐师仍在蒋町集、吕望集附近积极游击。职据报后(○密)即饬周军长(7A)率杨俊昌师之一团进驻东城集指挥并令覃师移驻王市集之程三王庙附近相机应。此涡城失陷之前后情形。等情。特电奉闻。李宗仁、李品仙。参一。灰。潢。印。

蒋介石致军委会快邮代电

(1938年5月31日)

武昌军令部徐部长勋鉴:据李品仙感六电称:徐州鏖战,原为持久之争,最后胜利,尚有待于将来。惟徐州之失原因固多,而事先忽略南段之敌鲁西之防亦为重要因素。曩昔南段敌军一度北进,以我军迅转淮南予敌侧击,敌受重创,数月来徘徊于怀蚌之间未敢再进。嗣因于军北开,廖、韦各部换防,淮北淮南空虚,敌遂伺隙而动,鲁西方面,曹军进出湖东,刘军复调台枣,长清河北之敌得以长驱而下。职奉命赴曹回皖,目击形势以津浦南段及鲁西为可虑,故迭电请增派得力一军控置淮南、一军增援淮北,总预备队控置于商丘。终因输送困难均未能及时到达。职回抵六安后又欲以区、程两师用在淮南,合并徐部,一面驱逐巢含之敌,一面集中主力,经定远出刘府攻怀蚌以图挽救,旋以区、程又复北调,不能实施,终致蒙城之围不及援,合肥之守遂失利,一著之差摇动全局。合肥之失虽有前因,而部队脆弱、官兵怯敌无可讳言。职统率偏军待罪营中,既不能纾宵旰之忧复不能坚肥巢之守,疚心无已。近复据各方情报,江南之敌继续渡江至今未已。长江敌舰增至十余艘,停泊刘家渡(无为县属襄安镇南)从事扫海,大征民工尽量修理合巢公路、合肥机场,西进野心昭然若揭。窃以皖西近接武汉,水陆交通,我军对敌无论攻防,皖西一隅仍属重要,非有重兵不足遇敌人西进之念。拟恳(一)从速策定整个作战计划布置部队。(二)请将卅一军控置淮南、吴奇伟军速开六安、罗树甲部训练未成力量微弱,吴军到后调回后方从事工作。(三)长江封锁线若无重炮自不能确实掩护,请饬刘总司令速派炮兵与得力部队扼守封锁线巩固江防,阻止敌海军主力之西进。以上三项伏乞俯准以便戴罪图功。若仅以现在兵力防水陆西进之敌委实困难,倘再有失职虽万死无补戎机。谨贡愚忱,尚乞裁夺等情。希查照核办。中正。卅一。待参。鄂。

军委会电令

(1938年6月4日)

电令参加鲁南战役各总司令、军长、师长、独立旅长及司令长官：此次鲁南战役，相持最久。其中胜败得失之原因、敌我长短之比较，必有深刻之经验，堪为国军尔后教育作战之准绳。原期于战役完成后，召集参加此一战役之各部队长开会检讨，兹因军队正在转移，各部队长未便离职。兹规定办法如左：

（一）凡参加鲁南战役之司令长官、各总司令、军团长、军长、师长、旅长在作战经过中，对于本人所率之部队及毗邻友军之行动与本人之作战指导，应有极忠直之自我批评。将此中得失及错误坦白指出。关于所见之敌方情形亦须详述。

（二）就此间取得报告，在鲁南战役中，在前线之初级军官及士卒，始终未见高级指挥官之抚循视察。在部队移动中，竟有部队长离开部队单独行动。

以上两点望于自我批评中自行检举。上开各员之检讨录，应由各人缮就盖章，直寄武昌军委会。

（三）凡参加鲁南作战之师或独立旅、团，俟此次转移到达指定地点后，应即召集连长以上之军官佐，开一战后检讨大会，关于本师（旅、团）之过失缺点，尽量自我批评。此会议纪录，须于开会后十五日以内呈武昌军委会，不得敷衍延误为要。

〔六〕武 汉 会 战

（一）作战计划与初期战况

对武汉附近作战之意见[①]
——统帅部指导方案
（1938年？月？日）

一、未来战况推移之预想：

甲、敌情判断：

按目前敌之行动而判断，其最近之企图在先求打通津浦线已甚显然。惟敌人打通津浦线后当以郑州及武汉为其作战目标，且判断其侵袭郑州及武汉之路线约有三：

（1）以一路沿陇海线西进图取郑州，以断我平汉线之连络，同时安阳方面之敌沿平汉南下，以夹击黄河北岸之我军。

（2）以一路由合肥经六安、潢川趋信阳，以图截断平汉线，再转而南下进逼武汉，或待陇海一路占领郑州后，再沿平汉线南下取信阳、武胜关，同时以一路由合肥、六安经商城、潢川，再南转经麻城、黄安，与平汉路之敌会攻武汉。

（3）以一路沿长江北岸经大别山脉南麓，由安庆、太湖、宿松、黄梅与海军协同而会攻武汉。

---

① 此标题系原件所有。

再，敌若兵力许可，则待浦信（合肥、六安线）及平汉两路作战得手后，更转移一部兵力沿京赣、浙赣两路趋南昌、长沙或于九江登陆，沿南浔路进攻南昌，以截断浙皖我军之后方连络线。

敌无论取上述判断中之任何一策而彼占领南昌后当向长沙、武汉前进。此时敌或以一路沿湘赣攻长沙，或由南昌经武宁越幕阜山脉而逼武汉，或两路并进，当视情况而定。惟根据敌之兵力及时间性之关系并过去攻南京时所取之策略而论，则似由江南方面西进之一路公算甚少，盖浙皖赣边区地形复杂，利于守不宜于攻，敌果若由此方面而来则必需甚大之兵力与时间，在以速战速决为主义之敌军未必出此。又彼攻南京时亦仅能由江南方面包围，如江北一路兵力始终甚单，惟当时因我扬州、六合方面备而不周，故微弱之敌得略有进展而已。至由九江登陆而攻南昌、占领南昌后再转向长沙、武汉前进，则仍需较大之兵力，且在未将浙皖方面之我军压迫之前则不能不顾虑其侧背而冒然向武汉直入也。且该方面路迂而缓，费时必久，故判断敌之将来必先图略取大江以北之地域而继以攻犯武汉也。

至闽粤方面，则判断敌为牵制扰乱之行动，惟对粤因欲阻我海上交通之关系，敌或有以一部实行登陆以图封锁我海口之企图，证以日来之情况或有可能。

乙、我军作战之预测：

根据上述之敌情判断，更按目前国军之配置，将来我军之作战，若处处得手自无容言，倘就不利方面一加考量，则我各战区在不得已之情况下当成如下之局势：即第五战区在安庆方面之部队将沿江北岸、在合肥方面之部队或将沿浦信线而西移，在津浦路方面之部队，或沿陇海路西移，或由徐州、商丘西南转经亳州、淮阳而转移至平汉线郾城、信阳间。至江南方面，第三、第七两战区则将形成浙皖对东及沿江对北之两正面。

二、目前应有之筹划：

由前述之假想，我应未雨绸缪，预为适切之筹划，若就全盘言，将来之战况，果如我所不利之假想而推移，则此时由湘赣之幕阜山脉至豫鄂皖境内之大别山脉，尤以在大别山脉之东北两正面应预为布置，盖该方面预想为将来之主战场也。

按现在丁炳权、刘膺古、徐源泉、孙连仲及关麟征等部之配置对于各要地均已预有准备，且位置亦甚适当。刘膺古部可就现在位置积极准备将来对南(沿江)、北(麻城、黄安方面)两方面均可策应。又徐源泉部似以推进至双门关、经扶、大胜关一带为宜，敌若分由商城、潢川趋麻城、黄安时，则可凭险固守，若由潢川趋信阳时则可侧击其背。此外信阳虽有布置，但武胜关为鄂北门户，敌若由西进攻信阳之同时以一部由罗山南下，则武胜关之险难保，而鄂北门户已去，敌将直窥堂奥矣，此宜注意者也。

三、为确保武汉应有之准备：

(甲) 关于作战指导者：

武汉已为我抗战之政治经济及资源之中枢，故其得失关系至巨。惟武汉三镇之不易守，而武汉近郊尤以江北方面之无险可守尽人而知，更以中隔大江外杂湖沼，尤非可久战之地，故欲确保武汉则应东守宿松、太湖，北扼双门关、大胜关、武胜关诸险，依大别山脉以拒敌军，并与平汉北段之积极行动相呼应。若敌悬军深入则可临机予以各个击破，或在大别山预为隐伏待其深入，出奇兵以腰击之。如此方可制胜，方可以确保武汉，否则据三镇而守、于近郊而战，则武汉对我政治经济资源上之重要性已失所保者，仅此一片焦土而已矣，且受敌之包围，则势如瓮中之鳖，困守南京之教训实殷鉴之不远，故欲确保武汉而始终保持武汉为我政治经济资源之中枢，则应战于武汉之远方，守武汉而不战于武汉是为上策。如一九一四年秋季欧战时东战场之作战，德国在该方面之兵力仅为一部，为确保其柏林首都，且初有退守外克塞尔河之计划，待兴登堡将军莅临后，不惟不采此消极之策，抑且作惊人之举，盖鉴于俄第一、第二两军为湖沼地带所分离,乃决心转守为攻,集结优势兵力于南方而造成坦能堡之空前歼灭战。迨百余战,德军在东战场始终占于有利之地位使西战场之德军无后顾之忧,而柏林得以无恙也。但德军若依当初计划退守外克塞尔河,则东战场之资源既失而首都之能否安全保障亦成疑问也。虽以衡目前之形势未必为当,但其以攻为守之精神则一也。若我万不得已而战于武汉近郊时,亦应于武汉以北地区,如孝感、花园及广水、武胜关间配置重兵,使成犄角之势,敌若以主力趋武汉则可依武汉之既设工事坚韧抵抗,以吸引敌之兵力,同时由孝感、武胜关间击其侧背。敌若不直攻武汉而先攻武胜关、孝感时,则以武汉之守备部队出击,是为中策。如一九一四年马尔纳河会战,法军依其巴黎要塞为依托,待德军由巴黎东侧侵入时,乃由左翼转移攻势,击德军之右侧背,结果德军不支而退,亦属良好之战例。

(乙)关于战区问题者：

欲确保武汉,则黄梅、英山、罗田、麻城以至信阳各部队作战之行动,均有直接之关系,且该地带部队之作战,亦即为武汉中枢之外围作战也,故将来此方面各部队之作战指挥,必须与武汉守备部队统一于同一指挥官指挥之下,方能收指挥灵活、协同一致之功。基此见解,拟将岳阳、通城、武宁、德安之线以北及由襄樊、桐柏、长台关(信阳北)、息县、固始之线以南(如附图)定为一预备战区,并将现在此地区内之部队如刘膺古、徐源泉、孙连仲等部统归此预备战区司令长官指挥,俾可先行充分之准备而收战时如臂使指协同一致之效果。

(丙)关于地方行政者：

在全面战争原则下,所有地方之物力人力以及全民之抗战精神均应纳入抗战元素中,因此地方行政如教育、经济之设施、物资交通之统制、公用机关之管理、轻重工业之指导及人民服役之规定等均应在战区司令长官指挥之下统一办理,以资迅捷而应非常,否则彼此牵制,动辄制肘,未有不偾事者。

武汉会战第九战区作战计划

(1938年？月？日)

其一　方　　针

(一) 本战区以持久战与消耗战之目的,以幕阜山、九宫山为根据地,于永修、武宁、通山、咸宁构成坚固据点,以积极行动,策应武汉核心之作战,待主力补充整理就绪,即协同第五战区转移攻势,包围敌于武汉湖沼地带而歼灭之。

其二　指导要领

(二) 第一兵团,以最大之努力,侧击敌人,迟滞其西进,与第二兵团互为犄角,万不得已时须固守永修城、武宁之线以北各要点。

(三) 第二兵团,以主力会合在武宁(不含)、通山、咸宁各部作战,一部向保安、金牛,利用山地节节抵抗,阻止敌之西进,求得时间之余裕。

(四) 以第二线兵团,位置于永修、武宁、通山、咸宁各要点,构筑阵地,力图固守,并积极策应武汉之作战。

(五) 各兵团主力整理就绪,即协同第五战区转移攻势。

(六) 位置敌后方之游击部队,积极活动,破坏敌之交通通信,增加其困难。

(七) 攻势转移时,主力置于第一兵团,以完成包围圈,聚歼武汉附近之敌。

其三　兵团部署

(八) 现第一兵团,积极侧击敌人,断绝敌之归路,同时于永修、武宁之线,构筑预备阵地。

(九) 第二兵团为离心的退却,以主力会合在武宁(不含)、通山、咸宁之各部,占领广大的侧面阵地,吸引敌主力于我阵地前,以策应武汉防守部队之作战。

（十）第三师、第十五师在武宁附近，任该地区阵地之构筑及守备。

（十一）以李仙洲所部及荣誉师，位于通山附近，任该处阵地构筑及守备。

（十二）以关麟征部及五十五师，位于咸宁附近，任该处阵地之构筑及守备。

（十三）两兵团尔后之作战地境如左：

第一兵团
第二兵团 } 上高—武宁—阳新—蕲春之线

线上属第一兵团。

（十四）交通通信另行计划之。

其四　兵站补给

（十五）兵站补给另行计划之。

第五战区作战命令

（1938年7月？日）

作命第15号

第五战区命令　二十七年七月？日
于商城司令长官部

一、敌以长江为进攻我武汉干路，其江北岸之主力似集结怀宁、合肥，将以主力由潜山趋太湖、宿松，一部由岳西、英山迂回，与长江各口上陆之敌呼应，策应其主力之作战。合肥附近之敌或向我六安、霍山攻击，以资牵制我兵力之转用。

淮河增水黄流泛滥，阜阳、霍丘、固始一带半成泽国，公路亦尽量破坏，敌我之运动均感困难。

二、战区应置重点于右，以积极之行动确保豫鄂皖边区山地及长江沿岸各要点，击破或阻止侵入之敌，以屏障武汉之翼侧。

三、右翼兵团应以主力之二十六集团军及卅一军集结于潜山、小池驿西北侧及弥陀寺、太湖、宿松附近,向东作战,以积极之手段阻止西向突进之敌。

以二十九军团集结于黄梅、广济附近向南作战,应直接配备于黄广南侧湖沼地及其北侧山地缘线、构筑数线工事防敌之突进。敌少数部队登陆务歼灭之于湖沼地区,并与第九战区田家镇要塞部队密切连络协同作战,务勿使敌迂回要塞侧背。

八十四军在浠水附近集结训练,抽出军官指挥民夫在蕲春、巴河市间江岸各要点及巴河西岸(罗田以南)对东构筑工事。

该总司令部应南移浠水附近。

四、中央兵团应保持重点于霍山以南地区,以主力之第四十八军及第七军在六安、霍山、管家渡、磨子潭、岳西间地区集结,准备向合肥、舒城、桐城、怀宁方向攻击,先各以一部支援地方武力,竭力挺进,扰乱敌之集中及运动,可能时攻占合怀道上各要点,以为向前游击之根据。

第十九军团集结于叶集、商城附近地区,速行编并,并随时准备向六安方面推进。

该总司令部应移立煌附近。

五、左翼兵团应以第二十六军、八十七军重点在右集结于潢川及新蔡附近,各推进一部于霍丘、颍上、阜阳以为根据,向淮北地区游击,并与第一战区在太和、沈丘一带之部队密切连系。

第二集团军仍在拱卫线附近整理训练增强工事并护路。

该总司令部应移信阳附近。

六、第二线兵团主力仍在拱卫线上监护并增强工事,应以一部协力于右翼兵团构筑罗田以北巴河西岸之工事(由李总司令品仙统筹之),并速侦察决定黄冈、金台冈、黄陂、祁家湾、襄河(新安渡)间向南之阵地线。

七、苏北兵团应仍在津浦以东、陇海以南之区域内力图肃清苏北之敌主力,策动地方武力向徐浦间之津浦线游击。

八、中央及右翼两兵团在田家镇要塞尚能保持以前应确保六安、霍山、岳西、太湖、小池口、龙坪镇之线。

九、第一、五、九各战区及五战区各兵团之作战地境：

(1) 第一、五、九战区之作战地境：

第九战区 ⎰ 长江—龙坪镇—蕲春—长江—团风(不含)—金台冈
　　　　 ⎱ 黄陂—新洲(新安渡)—汉水—襄阳(含)—孟家楼
第五战区 　孟家楼—豫鄂边界—桐柏—明港—阜阳—新蔡
第一战区 　蒙城

线上属右〔上〕战区，以长江为界者两战【区】分任江面之作战，但北岸之田家镇要塞区域及团风、黄冈旧城两点暨汉口卫戍区均不属本战区。

(2) 右中左三兵团之作战地境：

右翼兵团 ⎰ 横川铺(桐城南三十公里)— 余家井(潜山东北十五公里)— 衙前镇
中央兵团 ⎰ 河头铺 — 金家铺 — 罗田 — 宋埠 — 河口集 — 花园
　　　　 ⎱ 淮河—正阳关—三刘集(东湖南端)—河口集—黎家集
左翼兵团 　樟柏岭 — 和风桥 — 泼皮河 — 守军山 — 黄陂站 — 广水

线上属右〔上〕兵团。

十、各兵团与兵站总监部管区之境界为浠水、麻城、广水、桐柏之线，线上属各兵团。必要时得在兵团管区内推进总监部之补给点。

兵站主要之设施应在汉口、浠水、广济、黄梅、宿松道(右翼兵团)，汉口、黄陂、麻城、商城、叶家集道(中央及第二线兵团)，平汉线信潢公路(左翼兵团)及以上各道之平行道。蕲春以西之长江为补助。

十一、本战区通信机关之管理补充以通信指挥官统一办理，通信线之设施另令行之。

为减少电信之拥挤,本部与各兵团司令部间以下各司令部相互间应利用车马及当地交通材料设置连络哨。其详细另定之。

十二、各兵团管区内交通路之修补重设由各该司令部自行计划实施。

由宋埠经河口至花园及广水之道路应由总监部饬令沿途各县加以修整。

十三、本部预定七月廿八日移宋埠。

代司令长官　白崇禧
副司令长官　李品仙

武汉卫戍部队作战计划①

(1938年9月3日)

(甲) 敌情判断

敌将于压迫我武汉以外战区部队得势后,肆其包围之惯用战法,以主力经阳新、大冶向咸宁、贺胜桥,并各以一部沿江及由蕲水向我仓子埠、黄陂、孝感,协同海空军三路向我进犯,以达其速占领武汉之迷梦。

(乙) 作战计划

第一　方　针

一、武汉卫戍部队为确保武汉达到最后胜利之目的,以主力配置于武汉外围,一部控置于武汉核心,利用既设阵地坚固守备,乘敌兵力疲惫或分散之际,与我五、九战区部队夹击于湖沼地区而歼灭之。

第二　指导要领

二、武汉卫戍部队因应敌情采内线作战要领,适时转移主力

---

① 此份计划分为甲、乙两案,这里选辑的是乙案。蒋介石在案卷扉页上批示:"准以乙案为主,可也。中正。"

于长江南岸或北岸,利用既设阵地坚决固守,并牵制敌主力,以使我第九、五战区野战军攻敌侧背容易。

三、如敌以主力向我第九、五战区野战军追击前进而仅以一部对武汉行牵制监视时,卫戍部队应断然出击,以收夹击之效。

四、应乎状况减少武汉外围阵地守备部队时,卫戍部队应集结主力固守南岸外围阵地,以核心区部队固守北岸汉口、汉阳核心阵地,积极拒止两岸进犯之敌,但敌若仅由江北岸一路进犯时,应将江南岸主力适时移转,固守北岸外围阵地。

五、视情况黄州、团风及大冶、鄂城各沿江守备部队可参加武汉城防作战,协力固守之。

六、至万不得已时卫戍部队亦应独立固守三个月以上,以消耗敌之战力,并使各战区有准备尔后会战之余裕时间。最后亦须固守武、阳、汉任何一镇,以表现国军抗战守土之精神。

七、如敌借兵舰掩护冒险突破封锁线沿江深入时,内外围部队应就近以有力部队协同歼灭之。

八、各部队于未与敌接触以前应迅加强工事,并加紧训练。

第三　兵团部署(如附图)〔略〕①

第四　作战地境

九、卫戍区与第五、九两战区之作战地境为武汉外围阵地前方五公里之线,但前方要点得酌派前进或警戒搜索部队。

---

① 同一计划(草案稿)中有关"兵团布署"的"军队区分"内容摘录如下:

(1)鄂城守备部队:(一个师,轻、重炮兵各一营)指挥官:×××。(第×师)。(2)江南区:(六个师及一旅,轻炮兵六营,重炮兵三营)指挥官:第七五军军长周碞。第七五军(6D、13D、55D)(应增三个师及一旅)、黄鄂要塞部队、江南岸湖沼别动队、工兵一营。(3)江北区:(六个师、轻炮兵六营、重炮兵二营)指挥官:第十五军团军团长万耀煌。第六军(49D、93D)(应增二个师)、第十六军(28D、102D)、工兵一营、江北岸湖沼别动队。(4)核心区:(四个师警备部队,轻炮三营、重炮一营)指挥官:第九十四军军长郭忏。第九四军(185D)(应增一个师)、第四三师、第三七军(92D)、所属警备部队、工兵一营。(5)总预备队:第一六七师。

江南区—江北区：以大江为界。江由两区共同负火力封锁之责。

江南区—核心区：金沙洲、洪山、二郎庙、徐家棚，线上属核心区。

核心区—江北区：谌家矶、戴家山、禁口、博学书院、煤子山、鹦鹉洲，线上属核心区。

第五　防毒、防空

十、已派防毒军官至各部队教授防毒知识，须常行演习，所需防毒面具口罩另向军政部请领（如现有数少时则先发给要塞及核心区部队）。

十一、武汉附近防空仍按鄂省防空司令部之设施实行，各部队之防空应指定防空部队及完成对空伪装，并将可用对空之武器加以高射装置。

第六　交　　通

十二、各地区应将原交通路加以修缮，完成阵地内部交通网，以能通过重炮车为度。其路线如附图第二〔略〕。至必要时之道路破坏及河川阻绝如附图第三（各图皆同卫戍总部原计划，从略）。

十三、卫戍区内应编成汽车一队（一次以能运输步兵一团为标准），船舶输送二队（每队一次以能运输步兵一营为标准），以备转用兵力及补给之用。

十四、长江两岸应修补及利用新成各码头，必要时征集汽船及民船，以备转移兵力之用。

十五、汉水应将现筑之三座军桥迅速完成，以便交通。

第七　通　　信

十六、利用卫戍区既设有线电话为主（如附图第四）并添设对军师专线（如附图第五）〔略〕，以无线电为辅。

十七、补助通信，应利用通讯鸽、汽车、三（二）轮车并传骑。通讯鸽哨所配置如附图第六（图略）。各部队连以上应各设补助通信班,练习其他各种补助通信法。

第八 补　　给

十八、粮秣:各部队阵地附近应储存两月份,另由兵站囤集三月份,疏散存储于适当地点。

十九、弹药:应按两个月份所需基数,由兵站请领,分发各部队存储。另由兵站请领三个月份分别妥存。

二十、兵站设施另定之。

第九 卫　　生

二十一、在武昌、汉口、汉阳等处应酌设兵站、后方陆军重伤各医院,以能收容武汉卫戍部队伤病者为标准。至各师野战医院,应在各师近后方设置之。

二十二、各种医院应储备五个月之卫生材料。

武汉会战作战计划

(1938年9月16日)

一、国军以自力更生持久战为目的,消耗敌之兵源及物质,使敌陷于困境,促其崩溃而指导作战。

二、武汉核心之守备,以第一八五师、第四三师、第九二师分任汉口、武昌、汉阳之固守。其外围阵地,以第九十三师、第十三师、第六师及孙桐萱部防守。

三、第五战区以大别山、大洪山为作战根据地,以麻城、黄安为据点,以策应武汉核心之作战(详细部署由该战区自定)。

四、第九战区以幕阜山、九宫山为运动战根据地,以武宁、永修、通山、咸宁为据点,以策应武汉核心作战。

五、第九战区第一兵团,以最大之努力侧击敌人迟滞其前进,万不得已须固守永修、武宁之线以北地区各要点。

六、第九战区第二兵团,以主力会合在武宁、通山、咸宁之各部作战,以一部利用保安、金牛之山地,节节抵抗,阻止敌之西进,务求得时间之余裕。

七、预定以李仙洲所部及荣誉师,位置于通山附近;关麟征所部及第五十五师,位置于咸宁附近;第三师、第十五师,位置于武宁附近,担任各该处阵地之构筑及守备。

八、以孙渡(五十八军)所部为本战区总预备队。

武汉会战目的方针与策略指导
(1938年9月？日)

(一)以目前国际形势观察,"自力更生"仍为我政略上最高原则,基于此而产生之作战指导方针,亦即持久战与消耗战。

(二)敌企图之判断:依据其战术上至当之行动,有左列三种:

1. 挟其海陆空军之威力,溯江西上,直接夺取武汉。

2. 采取锥形战术,沿江两岸,向武汉为窄正面之推进,企图攻略武汉。

3. 将逐渐增加或转移兵力于德安、南昌及潢川、信阳作大包围。

目前敌第一项行动已告失败,现在似以采取第二项之公算为大。

(三)武汉固守之主要目的:

1. 武汉为我政治、文化、经济、交通之中心点,不能轻易放弃,影响国际观听。

2. 阻止敌利用舰艇及快速部队,冒险溯江西上,以直接威胁、攫取武汉。

3. 使我第五、九两战区之作战部队,有转进部署之时间,不影响于两战区之作战指导。

4. 为保持粤汉路交通动脉之主干,首应保守南北连络之枢纽武汉。

(四)基于上述目的,固守时间愈久愈有利,方可充分获得时间之余裕,以支援第五、九两战区积极夹击围攻武汉之敌,歼灭其于湖沼地带。

(五)武汉之守备,既为我第三期会战之轴心、利害变换线之据点,应增加强有力之部队两个师,方可达成任务。

(六)武汉会战之策略与指导:

1. 武汉会战之兵力消耗,以百分之六十为标准,其余百分之四十,备作第四期会战之基础,预料其在攻略武汉后,敌当作较长时间之考虑,我可得恢复实力之机会。

2. 第五、九两战区沿江部队,须绝对固守,其部队配置及江防阻塞尤要注意周到,步步为营节节抵抗,以短小空间换取长大时间。

3. 第五、九两战区为顾虑今后之作战,第五战区以大别山、大洪山一带为根据地,第九战区以九宫山、幕阜山一带为根据地,取积极行动,夹击围攻武汉之敌,同时截断敌后方之连络线。

4. 武汉会战指导,须江北与江南第五、第九两战区,除努力建设其根据地外,尤须注重襄阳与宜昌及南昌与长沙间之交通线。以后两战区之联络线应以宜昌为中心。

5. 关于兵员之补充,第九战区预定为湖南长沙附近,第五战区则为湖北襄樊附近地区,弹药武器补充亦以此为准而储备之。

(七)将来兵力转移时,王陵基所部,宜置于鄱阳湖以东地区,归第三战区指挥。

附: 陈诚批示:

奉委座谕,分令遵照办理。此致

慰文兄

弟陈诚
九月十日

武汉会战作战方针及指导要领①

（1938年？月？日）

〔蒋介石批示〕可照办。抄一份呈阅备查。中正。

最机密　第二号

方　　针

国军以聚歼敌军于武汉附近之目的,应努力保持现在态势,消耗敌军兵力,最后须确保大别山、黄、麻间主阵地,及德安、箬溪、辛潭铺、通山、汀泗桥各要线,先摧破敌包围之企图,尔后以集结之有力部队由南、北两方向沿江夹击突进之敌。

指导要领

（甲）第五战区:应以现在态势确保大别山主阵地,积极击破沿江及豫南进犯之敌。

一、广济方面:

1. 李延年、许绍宗、刘汝明、曹福林、萧之楚、覃联芳、韦云淞、张淦、张义纯、何知重等部,确保现阵地及田家镇要塞,积极击破当面之敌,并酌派部队在浠水（44A）、巴河（81A）两线占领阵地。

2. 田家镇要塞沦陷后,应改用持久战要领滞迟敌之西进,并利用浠、巴两线之阻止,转用约五师兵力于宋埠、黄陂间,与武汉守备部队协同作战。

二、豫南方面:

1. 孙连仲、宋希濂、张自忠部固守黄麻以北大别山阵地,并控置冯治安、徐源泉部于麻城、宋埠间,策应各要路口作战。

2. 胡宗南及于学忠部取侧面攻势,与占领阵地部队相连系,

---

① 编者注:据台湾"总统府机要档",内有:"军事委员会保卫武汉作战计划",1938年6月7日,最机密第3号。内容与此件基本一致。

努力击破该方面包围之敌。

3. 必要时,十三师可抽调使用于宣化店附近固守隘路。

4. 最后应确保大别山阵地及信阳,使武汉部队作战容易。

三、尔后游击部署:

1. 应指定十二个师①以上兵力,在大别山分区设立游击根据地,向安庆、舒、桐、合、六及豫东、皖北方面挺进游击,尤须积极袭击沿江西进之敌。

2. 苏北兵团,应以有力部队,向淮南游击,破坏交通。

(乙)第九战区:应极力维持现在态势,并须确保德安、箬溪、辛潭铺、通山、汀泗桥要线,以维持全军后方,使尔后作战容易,尤须先击破经瑞武路及木石港西进之敌。

1. 南浔路星子方面,以吴奇伟指挥王敬久(52D、190D)、俞济时(51D、58D)、叶肇(159D、160D)、陈安宝(40D、79D)、欧震(59D、90D)各军及102D、139D,确保德安以北现阵地,为全军之右翼。

2. 薛岳亲自指挥王陵基(N13D、N14D、N15D、N16D)、黄维(11D、16D、60D)、李玉堂(3D、15D)等部及133D、141D、142D、91D、6RD,迅击破沿瑞武公路两侧进犯之敌,确实控置箬溪横路铺各隘路口,以阻止敌之迂回,并乘敌突入向北侧击。

3. 阳新河以南,卢汉(184D、182D、183D)、汤恩伯部(23D、N35D、4D、110D)及14D应以现在态势阻敌西进,万福麟(4RD、190D、116D)、张刚(193D、82D)部,应确保阳新河北岸及沿江半壁山等要点,并以黄国梁军(92D、30D)推进至三溪口,准备在辛潭铺、三溪口、下浮屠之线,截击西进之敌。

4. 关麟徵(2D、25D、荣誉师)、李仙洲(95D、197D)、周祥初(43D)以主力控置于高桥、通山附近,一部于金牛、保安,准备在通

---

① 原稿为"八个师",蒋介石改为"十二个师"。

山、李家铺、金牛、保安、鄂城前方高地线,布置坚固阵地与敌决战,并保持重点于南翼,汤恩伯部转用后及孙渡(N10D、N11D、N12D)、邓龙光(154D、156D)部到达时,均加入该线向敌反攻,情况许可时,上述各部更应向前推进作战。

5. 九战区尔后应以四个师以上兵力,在九宫山建立游击根据地,常川向敌后方游击。

(丙)武汉卫戍部队,准备改守沿江要点及核心阵地,应以现有兵力之一部(13D)准备推进使用于五战区,3D、55D使用于第九战区与敌决战,最后应固守核心阵地,使两战区野战部队得从新部署向敌夹击。

(丁)第一、二、三各战区仍以现在部署,积极向敌袭击,以牵制敌向武汉转用兵力。第三战区沿江要击炮兵,更应排除万难妥为部署,俾发挥威力,截断敌舰长江连络线。

该战区等作战方针早经指示,并已由各该战区计划实施中。

陈诚致蒋介石电

(1938年5月28日)

特急。委员长蒋:(一)有巳令一亨鄂代电奉悉。查麻城方面甚为重要,吴奇伟部已令仍开麻城、小界岭一带布防。(二)各部开拔及集中位置已于有未战电呈报在案,兹已令吴奇伟、何知重、李觉、刘膺古、萧之楚各军编为本部所属野战兵团,归第八集团军总司令张发奎指挥,并以吴奇伟为副总司令。张驻宋埠,吴驻麻城。(三)已令在武胜关一带之第十四师陈烈部及正由沙洋向广水集中之预备第九师张言传部归第五十四军军长霍揆彰指挥。霍军部即进驻广水。谨闻。职陈诚①。俭酉。战。

---

① 陈诚时任国民党第九战区司令长官兼武汉卫戍总司令。

大本营作战情报

（1938年5月？日）

（一）

上海廿八日电

一、敌决以全力（如晉电：（一）华北军出信阳南下。（二）华中军出六安、安庆西进。（三）海军溯江而上，分路直攻武汉，无休息整理意。海军业已发动爆〔炮〕击我沿江阵地。沪军部谓半月内即可抵汉。

二、沪敌居留民请愿早下武汉以便安居乐业。

三、厦门尚有我军抵抗。敌陆战队现加紧攻击，拟办结，即于月底全数北调攻马尾。

四、敌海相电称：内阁改组志在强化海军，既定方针不受影响。对华问题，仍与陆军协力迈进。

五、沪敌陆海军观察，近卫仍将于八月间辞职，将由未次组阁，而荒木则在阁内有绝大之发言权，对内对外将益趋强硬。

六、廿七日，野村对属员训话：对华政策，秉既定方针迈进，务必得一总结算，并使俄美认识日海空军之力量，决不虞其干涉。

（二）

敌军进攻武汉之作战计划

天津五月艳申电：据津敌特务机关息：敌军今后对华作战计划，以武汉为目标，即将开始其对武汉攻略之外线作战。以北支军为主，中支军为辅，视战机之进展情形，协同并进。今后作战改以立体式之海陆空战。陆战系以机械化大兵团为制压作战，与海空军结成一体，以强化战斗力，保持完全之制空权，对机械化兵团更加调整，总期减少损害，迅速决定战果。

敌现以攻略武汉外线作战之第一线，由太和、归德、曹县，以迄黄河沿岸之我军阵线,已被突破。而第二线太和、鹿邑、兰封间之我军防御坚固,并在开封、郑州间以及周家口等集结重兵,且系精锐部队,并配备有新式武器,对攻略武汉,难免在此激战。故在战争初期,拟以中支军由合肥进攻颍州、正阳关而至太和,同时抽调津浦南段主力进攻六安、商城等地,袭信阳,策应平汉正面南下之北支军。该两部敌军企图在信阳会师后,再以内线作战制压武汉,则第三线我军不血刃即可崩溃。

杭州敌军亦须积极进攻,作战略之迂回,淮南敌军,则协同沿江海军共同进攻安庆、九江等地,待机威胁武汉。

敌拟在山西之朝鲜军及在蒙疆守备之关东军各抽调一部,编成大兵团,作为机动部队,担任外线作战。由风陵渡攻潼关、函谷关等要冲,作侧面之迂回。敌以该项朝鲜军及驻满军皆在大陆训练,善于山岳战,故以之担任将来伏牛山脉及大别山脉等地之苦战,协助南路敌军之不足。

敌军现以兵力不足,对陕甘宁青各省,拟以利诱手段,企图完成其五马联盟亲日反共政策之获得。

李品仙致蒋介石密电

(1938年6月4日)

(1)

限二小时到。武昌委员长蒋:(另发光)①劳密。据王副军长本晨报告:洛河方面之敌步骑连合约五六千人,本晨起猛攻我寿州东方阵地,同时飞机多架,炮空联合轰炸,我守兵以工事已被敌炸毁,第一线阵地为敌突破,现正在混战中。又:凤台方面昨晚起我守兵撤回河南岸扼守。本晨敌有一纵队步、炮兵约数千人、战车数辆,由禹王宫方面渡过肥〔淝〕河,向西南方东西台子南进,有过淮河南岸,

---

① 光为第五战区司令长官李宗仁代号。时李驻光山。

截击我寿正大道之企图,同时,凤台正面之敌亦有二三千向我正面猛攻,已有一小部被敌强迫渡河,现在剧战中。惟敌兵力甚多,我军除多老兵外,余均新到新兵,抗战力量不足,阵线非常动摇。等语。查寿州方面之敌合蚌埠西进及蒙城南下约在一万余人以上,围攻凤寿既设阵地,正阳关又无兵控置,空虚已极,禹王宫西进之敌必定进占正阳。除令苏师(135D)兼程由颍上开正阳外,但恐时间不及,请饬淮北兵团主力向颍上南进截击该敌,阻敌西窜。北路敌兵,势必乘虚由正阳、三河尖、固始道西进,并请派兵防堵为祷。职李品仙。支。印。

(2)

限即到。武昌委员长蒋:另发潢川光。寰密。遵光江午参一潢电令要旨,于04·18下达淮南各军训令如下:(一)诸兵连合之敌约万余,主力由蒙城以南楚村铺、顺和集方面向凤台南进。其一部由芦桥、灰沟方面向寿县西进,刻与我左翼军(第四八军)在寿、凤附近激战中。合肥、巢湖附近之敌,目前尚无积极行动。(二)淮南各军为遵照委座长官作战方针意旨,以皖西山地以东地域为游击区,以攻为守,予敌消耗,行逐次抵抗,迟滞敌之西进。(三)兹规定各军之任务行动如下:1.江北守备军(以第廿七集团军之第廿军、附野炮兵第六团之一连为基干)应即以主力移于怀宁、桐城、舒城之线。一部在芦江、无为间地区游击,并对江北岸之敌警戒。尔后以太湖、潜山、桐城西北山地为决战地带,特须与中央军切取连络。2.中央军〔以第廿六集团军之第十军第一九九师、附野炮兵第六团(欠第一第二营)为基干〕应于本(四)日晚,以主力(第十军)移至六安附近,一部对寿州、正阳关大道警戒,第一九九师移至六安南廿里铺附近,保安第五、第七团移至山南馆附近,并各以一部配合地方武力,于合肥、六安间地区游击,尔后以叶集西南地区为决战地区,特须与左翼军及江北守备军切取连络。3.左翼军〔以第四八军(欠一师)、附野炮兵第六团第一营(欠一连)为基干〕应于本日晚即由近河集以南地区(或由正阳关附近)渡过淮河,对凤台及寿州、淮河东岸警戒,并留一部在瓦埠湖、淠河间地区游击。尔后以叶家集西南为决战地区,特须与淮北兵团切取连络。(四)各军对通敌方之路、桥梁,应派兵督同民工速行大破坏,不得延误,并预派员侦察后方之地区逐次抵抗地带构筑所式之工事。(五)行营候第廿六集团军总部到达六安后,移叶家集。上各项仰各遵照,速完整后方准备,务切实施具报。以上各项,谨电呈查。职李品仙。04·20。参一。行。六。印。

(3)

武昌委员长蒋、潢川光:劳密。(一)寿州、正阳关自下午二时因敌机狂炸致有线电报、电话不通。(二)自下午二时至八时,综合各方探报,得悉正阳关附近约两个联队之敌与我新兵陈炯团在混战中,旋复据报正阳关被敌侵入。(三)寿州、凤台本日午后敌我仍在激战,我军固守第二阵地,但敌兵力优势,难于久守。(四)因正阳关被敌侵入,对寿州后路断绝顾虑,同时为遵照光(李长官宗仁)江电意旨,避免与敌决战,行逐次抵抗阻敌西进之意旨,从新将各军部置。至部署大要,另电呈报。谨电呈察。职李品仙。04·23。参一。六。行。印。

蒋介石致李宗仁密电稿

(1938年6月5—6日)

(1) 6月5日电

限二小时。潢川李长官:○密。五战区除一部守备安庆、无为、庐江各要地并在苏北及两淮游击外,应以淮北兵团(廖部)①择要逐次抵抗,最后集结商城附近,以该地为根据,准备侧击由两淮向西南

---

① 第二十一集团军总司令廖磊。

突进之敌。以淮南兵团(徐部)①情况迫不得已,择要逐次抵抗后,集结六安、霍山及桐城、舒城附近,以该地为根据,准备侧击由长江左岸向西突进之敌。五战区司令部以位置商城为宜。又:信阳方面,已令萧之楚部②布防,并闻。中〇。微申。令一。元。

(2) 6月6日电

即到。潢川李长官、六安李副长官:微电悉。〇密。(一)立煌附近及霍山以西山地,将来情况迫不得已时,由徐源泉军以一部逐次抵抗后担任,以主力配置桐城、舒城,协同杨军阻敌,以宿松为后方。(二)杨森部将来情况迫不得已时,以英山或宿松为后方,须在安庆北方山地与敌决战,万不得已时即保潜山、太湖山地,对于怀宁以东江防,务以一部长久担任,妨敌上陆。(三)战地谍报网须预行部置。(四)交通线须积极破坏。(五)李副长官尔后指挥位置于潜山。中〇。麻辰。令一。元。

李宗仁致军令部密电

(1938年6月6日)

即到。武昌军令部:05·13密。据李总司令微酉电称:昨因正阳被炸交通阻断,正阳方面情况不明,凤、寿之敌猛攻终日,四十八军主力昨日黄昏由近河集以南地区渡河对正阳关及东岸警戒。等情。谨闻。李宗仁。鱼未。亥二。潢。印。

李宗仁致蒋介石密电

(1938年6月7日)

武昌委员长蒋:劲密。据廖兼军长支申电称:(甲)寿县方面:

---

① 第二十六集团军总司令徐源泉。
② 第二十六军军长萧之楚。

(1)一七四师当面之敌约步骑三千余并附炮数十门、飞机数架,协同向我阵地猛攻,并放射催泪瓦斯。我右翼牛团刻在第二线沙搁岗、唐家山亘白家郢子之线与敌对峙中。(2)支【日】十四时,敌约三千余停止于癞山东鸭背埠马路,停放战车三十余辆。(乙)凤台方面:据报:(1)支午敌已渡过洇河者约数百,未渡过淮河停此者约五六千,在洇河北岸准备渡河之坦克汽车共约八九十辆。(2)支十一时前,敌分两纵队前进,一沿淮河向寿县、一向正阳关,其兵力在三联队以上,并附战车汽车甚多。等情。谨电呈察。职李宗仁。阳。参二。潢。印。

杨森致蒋介石密电

(1938年6月8日)

即到。武昌委员长蒋:寰密。查淮河附近之敌积极西进,职部遵光〔李宗仁〕、远〔李品仙〕指示,以主力转移至舒城、桐城、怀宁之线避免决战,逐部抵抗,尔后以潜山、太湖、桐城西北山地为决战地带。在目前兵力单薄情况下,自以此种部署为适当。惟敌人如以大部兵力由合肥南下,与由长江西上之敌会合攻占安庆,则江南我军之正面太大,愈难防守,马当封锁线亦容易被敌突破,再沿北岸西进九江,武汉将受最大威胁。职意欲求江南防线巩固,欲确保马当封锁线,必须确保安庆及巢湖西南地区,且以舒城、桐城间大关附近山地及庐江、盛家桥、白湖南侧山地至江岸间地区之地形尚属良好,若以相当兵力布守,再以一部配合地方武力,在巢湖东南地区游击,必能阻敌西进。惟正面甚大,职部现有兵力不敷分配,拟请钧座抽派两师兵力以用之,兵力使用于上述地带,以期确保马当之蔽武汉,巩固江南。如兵力过大,职不便指挥,则请钧座派大员负责,以利军机。谨呈所见,伏乞垂察。06・12。辅〔杨森〕。参一。印。

蒋介石致李宗仁等密电稿
(1938年6月9日)

限三小时。潢川李长官、六安李副长官：劳密。(一)安庆屏蔽马当封锁线,关系重大。(二)希严令杨部固守安庆及桐城北方之大关,以待夏威军①之到著。(三)严令徐部②攻击由合肥向舒城转进之敌。(四)李副长官速率有力部队至潜山,统一指挥。中○。佳酉。令一。元。

(二) 武汉外围保卫战

李宗仁致蒋介石密电
(1938年6月10日)

急。武昌委员长蒋：劳密。据报敌拟分四路会攻武汉,与我作最后决战,并预计在本年底将战事结束。一、攻取郑州,沿平汉路南下。二、由合肥趋安庆,与皖南之敌联合,沿江西上。三、厦门为根据,突破闽境,与浙江部队会合,趋南昌。四、由广东登陆,沿粤汉北上。等情。谨电呈察。职李宗仁。蒸。参二。潢。印。

蒋介石致李宗仁转徐源泉密电
(1938年6月11日)

限二小时。潢川李长官转徐总司令源泉：○密。该军三师之众当两三千之敌,使敌如入无人之境,既失合肥,复陷要地,以致安庆告急,将何以自解？着该军迅速侧击向安庆突进之敌,否则安庆

---

① 第四战区第十二集团军第八军团夏威部。
② 第二十六集团军徐源泉部。

失陷,该徐总司令须负全责。中○。手令。11·10。令一。元。鄂。

李宗仁致徐永昌等密电

(1938年6月12日)

加急。武昌徐部长:2513密。据廖总司令辰电称:一三五师在正阳关附近俘敌兵松本农三郎,讯据供称:属十三师团荻洲部①之一一六联队第三大队机枪连,系大正十四年退伍之后备兵,该师团于五月宥日(26日)将永城防务交由徐州来之第十师团后,率四个联队及配属骑兵一中队向寿南下,二八及六二两联队回寿州,一零六联队向凤台,一一六联队由禹王宫渡河(西淝河),沿河(西淝河)、沿淮河北岸西进等语。又:据××探报,正阳关现有敌千余,其大部已沿正六公路向南运动等情。谨闻。李宗仁。文酉。参二。潢。印。

蒋介石致李宗仁等密电稿

(1938年6月14日)

限二小时。潢川李长官、武汉陈卫戍总司令诚、(无线)李副长官、徐总司令源泉、九江刘总司令兴、潜山杨总司令森:密。训令:(一)徐部主力:速求舒城方向之敌,击其侧背。(二)杨部主力:死守上下石牌、潜山待援,虽牺牲至最后一人,不得擅退,以掩护马当封锁线,并须与望江江防部队确取连络。(三)刘部酌派队直接守备华阳、望江。(四)杨总司令对太湖正面,须酌派部队先占领阵地,以资固守。(五)陈卫戍总司令对宿松附近要地须即派有力部队占领前进阵地。希将部署速报。中○。寒辰。令一。元。

---

① 即日军第二军第十三师团荻洲立兵部。

李宗仁致军令部密电
（1938年6月14日）

急。武昌军令部：2589密。据十一集团总部13·22电话报称：【一、】寿县、凤台、正阳关地区内有敌约一师团及一旅团。寿县之敌无动静，或已抽一部转移于合肥舒城方面。又：淠河及各河水涨，渡河不易，敌西进行动暂停中。二、徐源泉总部已到霍山，一九九师及四一师已向舒城前进，判断元（13日）晚可与敌接触。四八师一团随总部行进。四八师牛旅暂守六安。三、无为由游击队负责，老洲头到安庆间尚有步兵四营警戒。谨闻。李宗仁。盐。参二。潢。印。

徐永昌致廿七集团驻鄂办事处主任代电稿
（1938年6月15日）

急。廿七集团驻鄂办事处李主任：译转之寒申源参一电悉。据报犯安庆之敌只陆战队数百，未经力战，轻弃名城，腾笑友邦，殊属遗憾。委座对杨总司令森极器重，徒以御众关系，尚祈转致杨总司令努力前途，有以自见，最小限须固守潜山、石牌，以策马当封锁线之安全为要。至于舒、桐西方山地并太湖，如有余力仍望兼顾，并请与徐克成部切取连络。徐〇〇。删巳。令一。元。

军委会军令部第二厅致第一厅公函
（1938年6月15日）

抄安庆六月九日电：舒城于八日失守。我一四五师孟庆云旅及保安第五、第七两团及宋世科一团退七里河。北路敌军仅四五百人，我军自合肥廿里铺退至七里河，均无激战。士兵乱放空枪，纪律废弛，敌来即退。又：四十一师丁治磐部、四十八师徐继武部、一九九师罗树甲部战斗力甚弱，自官亭撤退未放一枪，沿途拉夫扰民则无所不至。

右件抄送第一厅。

军事委员会军令部第二厅第一处 印

六月十五日

李宗仁致徐永昌密电

（1938年6月15日）

加急。武昌徐部长：13·43密。据六安15·12转徐军团长电话报称：（一）敌约三千余向舒城南下，已到北之桃溪镇。拥敌〔?〕二百余人在大小关被我红枪会消灭。（二）该集团之一九九师在舒城西北约十余里已与敌接触，另一师向舒城以南舒桐间挺进。谨闻。李宗仁。删申。参二。潢。印。

李宗仁致军令部密电

（1938年6月16日）

急。武昌军令部：0575密。据一三五师师长文戍电称：据报正阳关敌大部于真（11日）向六安运动，留少数部队驻守，并在正阳关征集民船甚多，满载粮械，似有进攻六安企图，等情。除饬廖总司令饬属注意防范外，特闻。李宗仁。铣辰。参二。潢。印。

蒋介石致李宗仁密电稿

（1938年6月18日）

限二小时。潢川李长官：〇密。（一）据旬日以来情报，敌沿长江进窥武汉之企图渐至明了，贵区应准备对沿潜太公路突进之敌适时侧击，方于全局有利，而由金家寨、霍山方面向太湖方面进出诸道路，希预为侦察准备。（二）应饬韩德勤部及游击诸部，应向津浦南段挺进，妨敌兵自由南运，至少亦须牵制敌之兵力，诸希施具报。中○。18·11。令一。元。鄂。

李品仙致蒋介石密电

（1938年6月19日）

即送。限二小时到。○密。委员长蒋:劲密。本早接本处参谋处长龙炎武由黄梅递转杨部①郑参谋转太湖该部政训处长电话报称:劳密。潜山已于巧午复失陷,杨部之大部似退入潜山西南高地线,其一部现尚在桃花铺附近,太湖空虚,无兵布防。等情。除令该军死扼守现地,以待徐部②到达外,谨闻。品仙。19·12。行。济。

李宗仁致陈诚密电

（1938年6月19日）

限三小时到。武昌陈司令长官:0513密。顷据报:据删谍报:东京电:松井顷向海陆空当局提出二次意见时,略谓:黄河决堤,皇军受意外挫折,余意补救军事困难,得两项孤立武汉战略:(一)郑州急不能下,可调主力军利用平汉、道清路之便,在黄河北岸之温县强行渡河,以最大之努力抢占巩县两重要据点,东向背击郑州,与中牟、开封我军集结西向,威迫陕州,策应运城、平陆,我军集合此四路日军,以占领西安为最大目的,截断西北与汉口方面之敌一切连络为止点。(二)海、陆、空军主力齐向广州进攻,志在必得,既可截断香港军火运入武汉,仍可断绝内地食盐接济,破坏新华军之训练。余始终认据广州为一最好根据地。苟得赐,海陆空军精神将有极大发扬。空军可粉碎粤汉路基,不仅汉口孤立,及华军在湖南经营之新根据地亦被我粉碎。其次文附论□鼓励海空军谓:日海军应立下十年战斗史,试验海空军实力,轰炸华南,不宜便刻停

---

① 指第二十七集团军杨森部。
② 指第二十六集团军徐源泉部。

止,对华以外之另一意义,俟是准备轰炸香港及新嘉坡、缅甸之演习,云云。李宗仁。巧亥。潢。印。

李宗仁致蒋介石密电
（1938年6月19日）

即到。武昌委座:劲密。据韩代总司令德勤巧戌电称:据蒋坝顾旅长报称:现由陇海路东段撤退敌军甚多,均由津浦南段南下,在浦口乘兵舰向上游驶去。谨电报闻。职李宗仁。皓亥。参二。潢。印。

蒋介石致李品仙密电稿
（1938年6月19日）

限一小时。广济李副长官、并转杨总司令森、徐总司令源泉:○密。篠午参一、巧酉、巧亥各电均悉。一、潜太公路必须设法彻底破坏。二、潜城必须死守支撑。三、徐源泉两师皓日(19日)必须进出潜山东南地区。四、李副长官亲率一师,今日由广济赶往该总司令部处指挥。中○。19·07。令一。元。鄂。

李宗仁致蒋介石密电
（1938年6月19—23日）

(1) 6月19日电
限二小时到。武昌委座:劲密。顷据李副长官19·12电话:潜山已于巧(18日)午后失陷,杨部之大部似退入潜山西南高地线,太湖空虚无兵布防等语。除令该部死力扼守现地以待徐部到达外,谨闻。职李宗仁。皓亥。参一。潢。印。

(2) 6月22日电
急。限二小时到。万勿延误。武昌委员长蒋:劲密。马辰令一元电奉悉。谨就敌我情势缕陈愚见于下：黄河泛滥后，敌已不能利用陇海铁路西犯，淮北地区又有多数河流梗阻，复有黄水泛滥可能。至郑州以西，我凭河防守亦易，逆料敌由平汉线进犯公算较少，且迭据近日情报，连日由陇海路转移津浦路南下之敌兵车络绎不绝，必不外一路溯江西犯，或一路由浙侵赣之两途。惟溯江一路江水方涨，运输捷速；由浙侵赣，则迂远迟缓。此时对策，应充分采用内线作战原则，迅速集中绝对优势兵力，先于太湖、宿松、英山、广济间狭隘地区，将溯江西进之敌聚而歼之，然后转移兵力，将敌各个击破。若处处设防，逐次使用兵力，反予敌以各个击破之机会。拟请于宿、太、英、广间使用五师以上之完整部队，选择有利阵地，拒止敌人，另以五至七个完整师之兵力，控置于潜山、英山间地区而侧击之，必可将此深入敌寇于最短时间予以歼灭。否则正面防守兵力既不雄厚，侧击力量又感薄弱，歼敌之效必不可期。此时他方面并无紧急敌情，当可尽量转移兵力，运用自如。时机迫切，恳赐垂察，并乞示遵。职李宗仁。22·02。参一。潢。印。

(3) 6月23日电

急。武昌委员长蒋：劲密。据报敌因黄河决口，不得不中止向郑州前进。敌现将陇海方面之主力转调皖西，分四路西犯。一由蒙城进攻阜阳趋新蔡、汝南，犯确山。二路由正阳关犯霍邱趋固始、光山，犯信阳。三由合肥犯六安，越叶家集、商城。四由安庆犯潜山、太湖，趋黄梅、广济。等情。谨闻。职李宗仁。梗午。参一。潢。印。

陈诚致蒋介石电

(1938年6月23日)

委员长蒋：据第七十军军长李觉皓申参一广电称：巧未潜山已

放弃,守备该处之部队分由两侧退走。太湖各处敌似有进犯太湖企图,已饬顾师即派六十一团扼守通潜山太湖要道,严密警戒,以小兵力之游击队搜索前方敌我情形,并令李师以一团进驻黄梅,余填补十五师广济方面所遗防务。等情。谨闻。陈诚。漾申。谍。

蒋介石致陈诚顾祝同等密电稿

(1938年6月24日)

限二小时。武汉陈长官、屯溪顾长官转唐、罗总司令、潢川李长官、英山李副长官转徐、杨总司令,九江刘江防总司令转马当李指挥官韫珩:〇密。(一)乘江河湖长〔涨〕水之期,凡在我军作战有利方面,务处之构成泛滥,并望先行后报。(二)江北方面:在宿松以东,江北岸地方,务尽量构成泛滥,以利我军作战为要。实行经过,望随时电告。(三)构成泛滥后,对敌汽艇勿庸顾虑,因较敌陆军易于击灭也。中〇。24·19。令一。元。鄂。

白崇禧致蒋介石密电

(1938年6月25日)

限一小时到。武昌委员长蒋:劲密。职自抵武穴后,因通信机关不备,对各方连络均极困难。本日中午,始接刘处长运乾自田家镇来电话称:敌自敬日(24日)由东流登陆后,连陷黄山、香山,且马当之娘娘庙仍在战斗中,窥其主力乘虚进攻我军南岸,其企图益为明显。职于上周视察马当时,即感该地兵力之不足,曾将薛师①全部推进马当而以彭师②接防湖口,昨与向华③、鹤龄④两兄会晤

---

① 指第一六七师薛蔚英部。
② 指第十一师彭善部。
③ 张发奎,字向华。
④ 李品仙,字鹤龄。

后,又知北岸兵力之薄弱,故改变部署,已于敬巳电详陈。以目下形势论,南岸危迫万状,李军①恐难持久。据报薛师长此刻位置不明,其部队无法调动。恳速令马当东北之第三战区部队星夜驰往增援,且督罗总司令迅速前往指挥,俾可挽救危机于万一也。职本日未刻离〔广〕济,即晚上驶,明日视察黄鄂区后即赶回汉。谨闻。职白崇禧。有午。济。印。

白崇禧致蒋介石密电

(1938年6月26日)

限二小时到。武昌委员长蒋:劲密。(一)综合近日情报:敌目前企图似欲借陆海空军之优势突破马当,然后以大军沿两岸西上,以侵犯武汉。我军欲保马当,必先巩固望江,欲固望江,必须先增强太湖、望江之兵力。经与向华、鹤龄两兄会晤,于此间决定部署于下:(1)以宿松之汪之斌师向宿松、太湖间地区推进,以策应望江、太湖,同时以七十军李觉部防于宿松、太湖,以阻敌西进。(2)以八四军控置于广济附近,三一军控置于太湖西北高地,作为攻击兵团,俟机攻击敌人。(3)以杨集团控制于岳西,徐集团控制于潜山西北高地线一面,从事整理。(二)据向华、鹤龄两兄称:凡以前徐、刘等部所构筑武汉外围之工事,多不能用,现督饬所属重新构筑中。(三)马当战机已迫,北岸兵力今已加强,南岸关系尤重,请速饬罗总司令迅速前往指挥,俾野战军与要塞军得收统一协同之效为祷。职白崇禧。宥巳。济。印。

李宗仁致蒋介石密电

(1938年6月26日)

提前。武昌委员长蒋:余密。顷据廖总司令敬午电称:据廖军

---

① 指第十六军李韫珩部。

长祃午电称：(一)寿、正方面步骑炮混合敌约两联队为一三师团五八及二六联队，师团长为荻洲。寿县为五八联队，正阳关为二六联队，联队长为添田真琴。由六月江日(3日)起在寿、正一带似有向西南侵犯模样。(二)舒、桃、合肥方面步骑炮混合敌约三千余，舒城千余，桃溪约二千余，合肥数百，其番号主官姓名未详。除饬详查具报并饬属注意准备拒止外，谨闻。潢。职李宗仁。26·10。参二。印。

陈诚致蒋介石代电

(1938年6月27日)

委员长蒋：据刘总司令兴宥巳参电称：顷据马当要塞司令部电话报称：我要塞守备队本晨与敌在张公矶肉搏后，伤亡既重，弹药亦尽，渐形不支。现敌已攻至白果树附近，王司令①正在娘娘庙督战中。等情。陈令死守待援并再严催增援各部驰救外，谨电报察。等语。谨闻。职陈诚。27·13。战。

陈诚致蒋介石密电

(1938年6月27日)

即到。武昌委员长蒋：志密。兹为迅速恢复马当计，已对罗总司令及李军长等下达如下之命令：香山、马当为皖、赣门户，其得失影响于今后作战之胜败甚巨，着罗总司令卓英督率第十六军、第四十九军及十一师、十六师等部，务速恢复香山、马当要塞阵地而确保之，并规定攻克香山及马当要塞区者各赏洋五万元。如有作战不力、畏缩不前者，即以军法从事。凡我官兵务必奋勇争先，以歼灭当面之敌。仰即督励所属，一体恪遵，是为至要。谨闻。湖口。陈诚。感戌。战。印。

---

① 指马当要塞司令王锡涛。

李宗仁致蒋介石密电

(1938年6月28日)

即送即到。武昌委员长蒋:助密。顷据第三十一军韦军长参二感申电称:据镇经午电称:据周团便衣队敬日报称:(1)梗(23日)午入正阳关搜索已无敌踪。闻敌全部于马日(21日)循公路向寿县方向退去。(2)现正阳关四周均被水淹并续涨中,惟正寿公路尚可通行。又:据逃回正阳关之民夫云,敌约步兵一旅、骑兵一营、炮兵一连由正阳经寿县、蚌埠移动,等情。拟请浩〔廖磊代号〕迅饬将正寿公路破坏。兹寿县敌亦退去,则可破坏寿田公路。各等情。除电令廖总司令酌派有力部队进驻正阳关,相机收复寿凤并破坏正寿、寿田各公路外,谨电呈察。潢。职李宗仁。参一。俭戌。二。印。

陈诚致蒋介石密电

(1938年6月28日)

限即到。武昌委员长蒋:场密。刻香山已由我军克复。为继续扫荡马当要塞核心之敌,已下达如下之命令:(1)香山已被我克复,犒赏照发。(2)我军应即歼灭侵入马当要塞之敌。(3)第四十九军即防守香山、香口并确保之,以掩护我军对马当之攻击。(4)着第五十三师周师长待四十九军防妥当后,即指挥现在香山之第五十三师、第一六七师之部队,继续由东向西夹击马当要塞之敌。(5)着第一六七师薛师长指挥在青山坝方面之第五十三师、第一六七师之部队,继续由西向东夹击马当要塞之敌。(6)夹攻马当之部队务密取连络。湖〔口〕。陈诚。28·12。战。印。

李宗仁致蒋介石等密电

(1938年6月28日)

武昌委员长蒋、军令部徐部长:守密。据韦军长俭辰电称:

(一)凤台之敌步骑兵约千余、小钢炮八门,梗日(23日)向田家庵撤退完毕。(二)敬日(24日)下午凤台城南南约十余里之某山发现敌百余,旋被地方民兵完全解决。等情。谨电呈察。潢。职李宗仁。28·24。参。印。

罗卓英致蒋介石密电

(1938年6月29日)

武昌委员长蒋:骋密。据四十九军刘军长俭电转据一〇五师高师长报称:攻击香山、香口经过如下:(一)职师到秋浦后遵令攻击香山之敌,于感(27日)晚以三一三旅(欠六二五团第二营)附山炮二门为第一线攻击部队,展调于香山东北侧,以六二五团第二营为预备队,位置阜民圩附近,攻击重点指向香山北侧。俭(28日)子攻击开始,乘夜向香山东方山麓前进,直逼敌阵,战至俭卯,敌不支,向香山溃退,我遂收复香山。当以有力一部行战场追击,其余部队确保香山,补修阵地,扫除战场,准备翌日攻击。(二)俭戌仍以该旅展开香山西侧,西攻香口残敌,与敌冲搏,艳(29日)子卒以敌阵坚固,士兵疲劳过度,敌增援二千余反攻,反复肉搏数度,加以拂晓敌机、敌舰轰炸猛烈,致未奏功。当令该旅固守香山与敌对抗。(三)香山、香口两役,伤中校营长李指阁一员,伤亡尉官廿余名,士兵六百余名,详呈另报。等情。职于俭辰亲赴下隅坂侦察,香山三面环水,山坡急峻,不易进攻,此次攻击奏功,系由东南面前进。香口为敌登陆,根基工事坚固,敌机、敌舰随时支援,已严饬该师死守香山,不得放弃一步。查该师由宁国远来此间,喘息未定,即立此功,该师长及副师长事先计划周密,亲冒弹雨,亲临指挥,官兵用命,殊堪嘉尚。职已与该师长计议,艳晚抽有力部队再袭香口,以挽大局。请速饬五十三师及一六七师与该师协力,俾竟全功。等语。除已迭令五十三师及一六七师协力共歼残敌外,谨报鉴核。罗卓英。29·23。吉涛。印。

陈诚致蒋介石密电
（1938年6月29日）

武昌委员长蒋：驰密。据刘军长多荃28·12电略称：第一〇五师感(27日)晨到达下蜀坂以西地区即行攻击准备。俭(28日)子开始攻击，该师师长、副师长亲临指挥，官兵因之振奋用命，至俭卯卒将香山克复，陷敌甚多。现以一部确保香山，扫荡香口残敌。等语。除电复慰勉外，谨闻。浔。职。陈诚。29·14。印。

蒋介石致李宗仁密电稿
（1938年6月29日）

即到。潢川李长官：俭戌参一电悉。密。希各派一部进入正寿方面，威胁安庆及蚌埠，并任编组民众武力，扫荡伪组织，破坏交通线，袭敌辎重及小部队，扩大游击战为要。中〇。29·06。令一。元。

陈诚致蒋介石代电
（1938年6月30日）

军事委员会委员长蒋：据江防要塞守备司令谢刚哲艳午鄂代电称：(一)第二总队长鲍长义感戌(27日)代电称：职队已牺牲四分之三，昨晨因敌屡攻屡败，伤亡在二千以上，致羞恼成怒，不顾国际公法，竟施放毒气，我方中毒者极多，敌即乘机以千余人向我包围，致我牺牲极大，各中队长、队副大部均作壮烈牺牲，指挥所亦被包围。斯时，各山遍插日旗，各中队电话均不通，援兵不到。职不得已，率同残余员兵冲围而出。(二)第三总队副崔重华感亥电称(总队部在湖口)：第三大队已牺牲三分之二，炮毁四门，合计第一、三两大队共有炮十四门，现仅余七门。颜总队副刻在彭泽负责收容，已收容者约二五〇名。此间给养极端困难，有线电及长途电话均炸断不通。(三)陆战支队第二大队长金宝山感戌电称:职队七五野炮八门,被炸毁六门,现仅余二门,已运到湖口,子弹均已用尽。(四)第三总队长康笔祥(该员本驻湖口,因两个大队调赴前方,遂前往督率)俭酉(28日)电称:马当区自与敌接触后,我守备各队苦战三昼夜,弹尽粮绝伤亡惨重,援兵不到,今上午全线不支后退,本军大受影响。此役敌舰被职属各队击伤起火者甚多。第三大队大队长、副各一员,中队长、副各二员均为国捐躯,士兵伤亡甚重。职队各炮被炸毁及击损者甚多,现残余员兵均已离开马当区。各等情。谨闻。职陈诚叩。卅辰。谍。

李宗仁致蒋介石等密电

(1938年7月1日)

武昌委员长蒋、军令部徐部长:4161密。据廖总司令全日午未亥电称:(一)正阳关及枸杞园一带敌悉向寿县撤退,宥日(26日)我霍丘团队驰驻该关。(二)寿县敌养日(22日)起陆续向龙岗淮南路东窜,有集结合肥模样,至有日(25日)一部分向凤台撤退。现寿县、九龙岗、田家庵一带仅有少数敌人。(三)舒城、桃溪镇敌已向三乳镇撤退,舒城县长于感晨(27日)率队回城。(四)敌无论大小部队行动均分三纵队行进,倘遇敌机即脱帽画圈。各等情。谨电呈察。潢。职李宗仁。01.14。参二。印。

李品仙致蒋介石密电

(1938年7月2日)

武昌委员长蒋:(另发光皓)劲密。(一)迭据前方报告:正阳、凤寿一带之敌,已尽数向蚌埠方面退去,舒城、桃溪镇之敌亦向东撤去,舒城已为自卫军收复。现潜山之敌约数千,仍向徐军①阵地

---

① 第十军徐源泉部。

攻击,俭、艳、卅数日战况颇剧。(二)似此桐城以北之敌为数无多,大部已向下游输移,应一面饬皖保五、七、八、九各团配合四八军一部,向舒城、桐城推进,牵制怀宁、潜山之敌,另相机袭击潜山,宋部、李部速向合肥境守之,张善俊部迅向寿州推进,收复各地,维持地方,可否尚乞裁夺。远〔李品仙〕。东戌。行。英。印。

李宗仁致蒋介石等密电
（1938年7月3日）

急。武昌委员长蒋、军令部徐部长:助密。据冯军团长02·23报称:淮河决口,在颍上属之南照集东约十数里,向南泛滥至霍丘庙台集一带,黄河【水】尚未到阜阳,涡河已有黄水灌入。等情。谨电呈察。潢。职李宗仁。03·18。参二。印。

蒋介石致李品仙密电稿
（1938年7月3日）

英山李副长官:东戌电悉。○密。可乘敌兵力转用之际,先行规复潜山、上下石碑及望江、安庆等处,牵制沿江西进之敌。其合寿方面利用游击队相机规复可也。中○。03·18。令一。元。鄂。

蒋介石致程潜等密电稿
（1938年7月5日）

限即刻到。洛阳程长官、屯溪顾长官、兴集阎长官、潢川李长官:雪密。查敌现倾注全力进攻武汉,并以大部出关防俄,一部救援晋南,东抽西调,不敷分配,故在京沪杭、津浦、平汉北段沿线及冀、鲁、苏、皖北、豫东、晋、绥等处,兵力极为薄弱,现值青纱帐起,正游击最好时期,各该战区指定担任游击部队应积极行动,努力袭击敌人,尽量破坏交通、通信,以分散进攻武汉兵力。若认为游击实力不足时,须酌量增派,务使彻底遮断敌交通线为要。盼速拟定部署,确切实施具报。鄂。中〇。05·12。令一。元。

蒋介石致李品仙密电稿
(1938年7月18日)

限两小时到。英山李副长官:〇密。九江对面小池口应派兵一团守备,并分一部至杨家湾、代家营(小池口东)驻守。须附能击军舰之炮四门或二门能配属战车炮更佳,以便协助九江方面之河川防御。鄂。中〇。18·06。令一。元。

陈诚致蒋介石密电
(1938年7月23日)

限即到。武昌委员长蒋:寰密。5869。顷据张总司令发奎、李军团长汉魂二三零四参电称:顷据李军长玉堂报称:大王庙东岸于二时闻有汽艇声向鄱阳湖前进,二时卅分姑塘附近发现敌汽艇多艘。我军向之射击,敌稍退。三时许敌舰在鞋山方面发炮掩护,更用飞机在马祖山盘旋,我步炮兵一面还击敌舰,一面拒止敌登陆。经令预十一师将预备队增加,并由十五师派兵一团增援。等语。当即面张总司令饬一二八师发兵一旅,由廖家坡经霓桥铺向水仙等附近之敌攻进,务于拂晓前将该敌歼灭。等情。谨电转报。牯。职陈诚。23·11。战。印。

白崇禧致蒋介石密电
(1938年7月24日)

急。武昌委员长蒋:最密。(1)第五战区新战斗序列,经奉令颁,作战计划亦已拟定,并将主力向前推进至宿松、黄梅,俾与九战区互相连接,巩固沿江防务。以前工事,多对东北,现令加紧构筑对东南及江面工事,同时使各部就新定作战地境,按预想敌情演习,以资实地训练。(2)皖北民风强悍,从军者极众。此次受敌摧残,多起而组织武力自卫,到处游击,时有效果,且向与驻军感情融洽,数逾十万。兹欲向合、巢、淮、蚌一带,发动广大正面攻击,拟以正式军队一师以上配合民众武力,以专人统一指挥,以期切实收效,则消极可截断敌之南北交通,使其疲敝,积极可牵制敌军力,使江南作战容易,且免地方丁壮被敌征用,所费甚少,其益甚大。(3)为对江岸右翼指挥兼顾起见,拟将长官部移设宋埠,现正架设通讯网中。漾、敬(23、24日)此间大雨,车路不通,已电李副司令长官品仙先赴宿松、黄梅方面视察,俟路通,即亲往视察。谨闻。职白崇禧。敬辰。印。

李宗仁白崇禧致蒋介石等密电

(1938年7月25日)

(1)

即到。武昌委员长蒋、军令部徐部长:0513密。顷据密报称:谍报:东京电:(1)日敌外相宇垣顷对日敌驻德、义、英、美、波兰、芬兰等国大使发出秘密训令,指授各使对各驻在国相机揭示中法、中苏间确已成立一种密约,故有在日军进攻武汉紧急之时,法军占据西沙岛、苏军夺取满洲珲春边境。查悉法、苏之举动,全为应中国之请求,牵制日作战兵力,亦即该约在武汉危殆时开始发生效力,促请各国注视其演变。因是日本或再考虑对华宣战,云云。(2)近卫领导之阁员座谈会,各相对现在日本局势抱悲观态度,一因国内元老重臣已暗中表示无法支持军部长期侵略计划,二因内地水灾,各重要军需工厂暂无军用品供给,但宇垣提议除仍照原定购储军火计划进行外,拟向加拿大定购飞机数百架,日运二百五十万金存于加拿大,作购军火之用。此外,更向菲律宾商购军火原料品。未次、板垣等均赞同其提议。等情。特闻。商〔城〕。李宗仁(白崇禧代)。有申。参二。印。

(2)

特急。委员长蒋、军令部徐部长：劲密。顷据英山李副长官敬参一电报称：岳西职部联络参谋薛奉元马传电称：近日战况颇寂，敌我均无大变化。据报哿午(20日)有千余敌已在源潭铺以西之杨子坊、小路口、韩家河等处活跃，恐系由我四一师正面敌人抽出转用，其军力似为佯动。敌近以多数汽车装载弹药或砖石，往返桐潜、怀潜各公路，沿途遍置草人，夜结灯火，虚张声势，纯系欺骗动作。敌最近仍无积极企图，仍负牵制我江北大兵团之任务，等情。除饬该部迅以有力部队采取攻势并利用地方武力实行游击，牵制敌军免敌安全渡江，俾我大江南岸友军作战容易外，谨特闻。商〔城〕。李宗仁(白崇禧代)。有午。参二。印。

蒋介石致陈诚密电稿

(1938年7月26日)

限四小时。德安陈长官：24·24电悉。2580密。(一)决在德安、瑞昌一带与敌决战，但张家山阵地须固守，掩护大军开进。(二)尔后部署大纲：(甲)薛岳兵团：(1)王敬久军守星子以南湖岸及其西侧隘口。(2)俞济时军守德安及马回岭。(3)商震军位置德安、永修间，为预备队。(4)叶肇军守南昌。(乙)张发奎兵团：(1)王陵基集团守马回岭(不含)、西岭、东岭、项家岭、高岭，重点在右。(2)萧之楚军守高岭(不含)、赤山壇、茨花山。(3)孙桐萱军守天子山、牯牛岭，但须以一师控制瑞昌。(4)霍、李两军①守田家镇要塞，但霍军须固守马头镇。(5)关麟徵军位置杨坊、笠溪间，为预备队。(丙)薛、张两兵团作战地境变更为滩溪市、虬津街、乌石门及其以北铁道西侧约一公里相连之线(线上属薛兵团)。(丁)李玉堂、吴奇伟、李汉魂等部于完成掩护任务

---

① 即第五十四军军长霍揆章、第二军军长李延年。

后,适时调滩溪市、下城、武宁一带整顿,为总预备队。除分电王陵基、商震、关麟徵知照外,其余各部希转饬知照。中〇。26·15。令一。元。

蒋介石致白崇禧等密电稿
(1938年7月26日)

限二小时。商城白代长官、广济李〔品仙〕副长官:0513密。(一)敌已于有日(25日)陷九江及小池口,有沿长江两岸突进之企图。(二)广济阵地与田家镇要塞相连系,极为重要,应置重点于该地,集结兵力,纵深配备。(三)太湖、宿松、黄梅据点,仅以必要各一部守备,为攻势之支撑即可,应以主力机动使用,由北方向南侧击敌人。(四)刘汝明两师分散于黄梅、宿松、广济广大地域,处处薄弱,殊感危险,希适当集结使用于广济阵地为盼。(五)广济以东山地,万一发生破绽,亦无关系,惟广济阵地必须固守。中〇。26·19。令一。元。

李品仙致蒋介石密电
(1938年7月26日)

武昌委员长蒋:(另发商城硕、延)①邦密。(1)昨日小池口被敌登陆原因,据刘军长汝明称:因龙坪至小池口以东一带江岸,前为大江,后为湖沼水田,野炮不能通行,因此炮兵不能到达,仅战车炮一连,工事均在堤上,不能后退配备,受敌空军袭击,并受兵舰炮击,堤上守兵立足不稳,虽经四次将敌击退,终于午后四时为敌登陆,占领小池口。等语。除令该军增加兵力反攻及扼守小池口上游各点外,如反攻无效,敌扩张正面时,即令在龙坪附近决堤泛滥。(2)太湖卅一军一三八师本日清晨起至下午六时,

---

① 硕为李宗仁代号,延为白崇禧代号。

尚在与敌约二联队、炮二三十门、飞机六架之敌,在太湖前方激战中,战事非常猛烈,该师炮弹及迫击炮弹均用尽,已令星夜解运矣。(3)潜山、望江一带之敌约一师团,已开始向我攻击,协同江岸之敌前进。除令各部准备迎击外,谨电呈报。职李品仙。宥戌。参。印。

蒋介石致陈诚电
(1938年7月26日)

限三小时。南昌陈长官:马戌谍电悉。(一)已令五战区向潜山之敌进攻,并加紧津浦、淮南两路游击。(二)已令三战区加强沿江炮兵,并加紧京杭方面游击,且向彭泽、湖口进攻矣。(三)吴奇伟部须集中使用,务勿分割。(四)王敬久军须以有力部队向敌侧背进攻。希转饬遵照。中〇。26.10。令一。元。

李品仙致蒋介石密电
(1938年7月26日)

限二小时到。武昌委员长蒋:另发硕、延。劲密。据刘军团长汝明有西参电称:顷接卅一旅张旅长报称:今午后二时平射炮第二十二连排长到小池口北之常家湾报称:该连在缺堤口一带对敌舰开炮数发,暴露目标后敌舰二十余只向该连集中猛烈炮火轰击,飞机数十架轮炸缺堤口,小池口附近炸成灰烬无存身之处,及后撤守小池口之队伍死伤惨重。等情。谨闻。又据有戌参电称:据卅一旅张旅长报称:(一)小池口附近之敌沿小池口东西侧击我守兵,激战至下午三时,终以损失惨重,小池口为敌占领,刻在分路口、常家湾附近与敌对战中。(二)段窑之敌乘汽艇三只进入感湖,有沿张家湖进窥黄梅企图。以上等情,职除令其努力制止严密戒备外,谨电。各等情。谨呈。浠。李品仙。宥申。参一。印。

李品仙致蒋介石密电

(1938年7月27日)

(1)

限二小时到。武昌委座:(另发硕、延)劲密。综合本日诸情况:(1)据卅一军韦军长转据一三八师莫师长感酉电话称:向太湖附近攻击之敌约一师团,系新由豫东调来,番号为第二师团。本日晨约以三个联队以上兵力向太湖以西花凉亭两侧高地之线攻击,其主力指向花凉亭、隘路口,施行步、炮、空连合猛烈攻击,经我莫师步、炮协击后,即将来袭之敌击伤及击毙于我阵地前约在千六百名以上,尤以我山炮兵部队行奇袭射击,收效更大。现我士气大振,仍在原阵地与敌对战中。总计有、宥、感三日(25、26、27日)敌攻击太湖,共伤亡约在三千余,我亦伤亡千余。(2)由望江向宿松前进之敌,其先头部队宥午与我一三一师之廖团在徐家桥附近激战,其后续部队似无急进模样,判断敌人似因太湖攻击受挫调往增援。(3)宥午我刘〔汝明〕军团派队向小池口反攻,于感晨确已收复小池口。(4)据徐总司令感电称:潜山之敌约二千人,本日开芝麻潭、王家牌楼我四一师阵地,攻击未逞。等情。谨呈。浠。李品仙。感亥。参一。印。

(2)

限即到。武昌委员长蒋:(另发硕、延)劲密。顷接英山战斗指挥所黎代科长转卅一军韦军长电话称:(一)昨(廿六日)起敌约一旅团、炮二三十门、飞机六架,向太湖东部我一三八师第一线阵地猛攻,非常激烈,敌我伤亡在七八百以上,太湖城已于昨夜放弃。我军百余在城内完全牺牲。现我一三八师已进太湖城西关隘路口两侧高地主阵地之线,与敌战中。(二)另有敌之强大纵队约有三个旅团正由望江向宿松前进中。(三)我一三一师之左翼衔接一三八师之右翼正向太湖以南地区推进攻击中。等情。谨闻。李品仙。感巳。参一。行。印。

白崇禧致蒋介石等密电
(1938年7月27日)

急。武昌委员长蒋、军令部徐部长：守密。据密报：(甲)敌侵华兵力已超总兵额三分之一,徐州会战已动员防俄部队。现欲总攻武汉,非再增五师团不敷应用。(乙)张高峰事件倭以恐吓不能生效,遂趋软化,且禁止各机关报对该项事件登载刺激民心言论,企图和解,专力对华。(丙)敌宣抚班在东战场占领区域最近一月内已抽去壮丁一万二千人,送满洲国训练。现每日至少有五百名壮丁继续运沪转汉。等情。谨闻。商。李宗仁(白崇禧代)。沁申。参二。印。

军令部致白崇禧密电
(1938年7月28日)

急。商城白代长官：05·13密。由王高级参谋所呈五战区第三期作战计划、作战命令及附件经核甚妥。惟为打破敌溯江西上之企图计,第二线兵团主力应控置于浠水、罗田一带。又：黄冈、金台冈、黄陂、祁门湾、襄河间之对南阵地线酌为准备,应与武汉城防一事联系,对东构筑阵地为妥。鄂。28·18。令一。元。印。

白崇禧致蒋介石密电
(1938年7月28日)

武昌委员长蒋：守密。顷据赴浠水十一集团军总部转李总司令品仙自广济俭戌电话称：(1)该集团当面之敌总计约二师团,计太湖方面为第二师团及第六师团一部,宿松方面之持家桥另有第六师约一旅团,太湖方面之敌自有日(25日)以来向我31A(军)警戒阵地攻击,我军因太湖地形不利,于寝日(26日)晚放戒〔弃〕太湖城,向二朗河、凤凰岭、穆凉亭、花凉亭及太湖北端之四辆山、风虎山之主阵地线继续与敌战斗中。(2)该集团决心以31A驻守正面,以二六集团主力由潜江、太湖南下,攻击敌侧背。所部仍坚守原阵地。(3)敌我双方自有日战斗以来,敌方死伤约达四千,我31A死伤官兵约二千人。(4)职拟以48A主力全由岳西向合水涧南下,同时以川军王集团拨归李副司令长官指挥,以策应第一线之作战。(5)刘汝明军感日(27日)恢复小池口后,刻仍固守中。(6)兰溪镇已调88A王团附野炮二连前往设防。(7)职本日至达宋埠。谨电禀闻。职白崇禧叩。俭亥。印。

李品仙致蒋介石密电
(1938年7月29日)

限二小时到。武昌委员长蒋:(硕另发)。志劲密。顷据英山行营战斗指挥所黎参谋转据韦军长电话报称:(一)我一三八师太湖城西两侧高地主阵地当面之敌为第二师团全部。本晨复增加两联队,指向我太湖城北四面尖(800)高地反复冲击,于下午三时许为敌占,其南部龙山宫我守军一部被敌重重包围,仍在困斗中,其余阵线均未摇动,惟死伤甚重而已。但敌因仰攻山地,死伤尤倍于我,引为慰快。(二)我一三一师、一三五师仍在大石山、白马寨、严公山及仙人石、亭子岭、江家寨、二郎河镇之线主阵地与敌军第六师团相对峙。敌我死伤虽大,但阵容无变动。(三)军拟于明晨以一三八师努力确保原阵地,以一三一师、一三五师转移攻势,与左翼军徐集团相呼应,侧击敌人。等情。谨电呈察。浠。李品仙。艳亥。参二行。印。

蒋介石致白崇禧密电稿
(1938年7月31日)

急。宋埠白代长官:密。由王高级参谋专呈之第三期作战计划,经核尚妥。为适应现在状况起见,于学忠集团应以一部留驻信阳,主力推进至潢川、光山担任守备,王缵绪集团应推进于英山附近,便于随时策应前方之变,何知重军暂置于麻城,机动使用。仰即遵照并具报为要。郑。中〇。31·09。令一元。印。

白崇禧致蒋介石密电

(1938年8月3日)

即到。武昌委座:(硕)守密。职冬晚偕李副司令长官由浠水出发,本日晨抵广济。当召集刘军团长汝明、覃军长连芳及附近师长面询一切。敌先头二千余昨在黄梅激战后,其一部已绕出黄梅西北广、黄公路附近,黄梅城于本晨八时被敌轰炸、炮击,已陷敌手。已令刘军团逐次抵抗,务须固守大河铺附近之线,同时策应攻击部署,下达命令,预定于六日拂晓开始,务以攻击挫折敌之企图。七军调英山、何知重部调浠水、孙连仲部调宋埠,皆遵办。此次刘汝明部在宿松、黄梅作战,一因部队不完整,一因北方士兵不习湖沼地作战,且水土不服,官兵患疾太多,故不甚得力。川军尚未集结转用,部队在山地行进较缓,故攻击亦不先提前实行。泛滥已开始构成。谨此并闻。职白崇禧。江西。印。

罗卓英致蒋介石密电

(1938年8月3日)

武昌委座:鸡密。据第十一师彭师长艳电称:月来攻击湖口、彭泽之敌所见如下:(甲)敌军弱点:补给线长,守备队素质弱,处处守备,由主动变为被动。(乙)对敌守备队作战法则:(一)争取动〔攻〕击敌弱点或锁钥点,速战速决,不进则退。(二)全战线一致取积极动作,以钳敌疲敌,打断其补给。我沿江部能附与防毒或十五公分炮弹炮一、二门更佳。(三)集中火力、兵力,迅速消灭局部敌人。(丙)敌炮兵及掷弹筒,与我军损害甚大,恳筹划每师成立炮兵一营,团增轻迫炮一连,连设掷弹筒一至三班,并使用手榴弹以制之。(丁)作战有力部队,恳发最优良武器,俾能发挥更大之效力。等语。谨闻。罗卓英。江戌。吉修。叩

李品仙致蒋介石密电
(1938年8月4日)

即到。武昌委座:(另发硕)劲密。据刘军团长汝明江戌电称:敌机二十余架,自昨日起连续轰黄梅凡十一次。其总兵力约两联队。本黎明起,分由东南两面总攻黄梅。我守兵一团誓死抵御,伤亡过半。至暮八时三十分,城被敌炮毁数段,敌乘机涌入,发生激烈巷战。我虽数度突击,终以众寡悬殊,未能将敌逐出城外。至九时三十分,我乃移至城西既设阵地,与六九一团会合整理阵势,阻敌西进。据探报:敌于我军变换阵地后,亦撤至城东南两方高地一带。是役我官兵伤亡达千四百余人,预料敌之伤亡当更甚于我。谨陈。等情。合电呈察核。广。职李品仙。支辰。参一。印。

蒋介石致陈诚等密电令
(1938年8月6日)

限二小时到。阳新陈司令长官、武昌万副司令:最密。武汉附近各部队在其阵地附近须储积二个月之粮弹,必须作固守二个月半以上之准备,待野战军增援时反攻,以期在武汉附近内外夹击,歼灭敌军,务使各官兵皆要有此决心,各部皆作如此计划,以免临时动摇也。应谆谆训示各部,并计划准备为要。鄂。中〇。手令。06·15。令一。元。印。

蒋介石致李延年密电稿
(1938年8月6日)

限四小时。田家镇李军团长、郑师长、施师长、杨司令、马

头镇霍军长、陈师长、李师长：邦密。训令：查田、富要塞为大别山及赣北我主阵地之锁钥，乃五、九战区会战之枢轴，亦武汉最后之屏障，其地位重要，勿待多言，而崇山对峙，江面狭窄，复有相当工事及备炮，洵我国最坚之要塞。查各该部乃国军精锐，其各激发忠勇，以与要塞共存亡之决心，积极整备，长久固守，以利全局，以扬国威，并晓谕官兵共体兹意。中〇。06·21。令一。元。

蒋介石致徐永昌电

（1938年8月6日）

徐部长勋鉴：余程万具申意见二项：（一）敌情判断：倭战事开端，敌必调集我国内倭军，急攻武汉，希图告一段落，专事对俄。其策当以主力沿江两岸西进，一部沿鄱阳西岸南进，牵制南昌。（二）对策：我应调集各处兵力，集结主力于田家镇南北两岸，拒敌西进，相机歼灭。以一部固守鄱阳西岸，延缓至相当时日，敌必自溃。（二）发动各地游击队，扰敌后方，并设法封锁长江马当下游，断敌运输归路。（三）田家镇为武汉门户，地形尚佳。纵不得已敌越广济西进，仍应固守相当时日，牵制敌人。是否有当，请察核。等情。希留供参考可也。中正。支一。侍参。鄂。

蒋介石致薛岳密电稿

（1938年8月6日）

限三小时到。南昌薛总司令：邦密。前线部队自今夜起须编成一营为基干之多数小部队，各方面夜袭敌后方，使不得休息。同时王敬久军亦应编出袭击部队，绕出牯岭，夜袭其侧后，并可沿山示威。仰即转饬确实遵办，并具报为要。鄂。中〇。06·11。令一。元。慎。印。

第二兵团司令张发奎报告书

(1938年8月7日)

职奉令于七月十日离汉,十四日抵瑞昌,十五日到达九江。当时部队虽已陆续到达指定位置,但阵地构筑,后方设施及地方战时组织,诸未就绪。经职分别召集会议,并亲往巡视指导,卒以时间促迫,准备未周,敌乘隙于二十四日零时在姑塘登陆,中虽经一再调队反攻无效,遂于二十五日晓奉令逐步转移。除战斗要报另案拟呈外,谨将此次九江失利原因、撤出狮子山、张家山、蔡家湖收容阵地之原因及经过与各部队作战不力情形先行条陈如下:

(甲) 九江失利原因:

一、交通线破坏过早,阵地未能预先完成:查九江附近公路如九星、九瑞、瑞昌至阳新、瑞昌致德安、永修至箬溪以及南浔铁路北段,早经彻底破坏,九江附近工事,事先亦未构筑。此次于短期内决定固守,九江军队虽勉强集中,而交通困难,筑城材料运输不及,阵地无法立臻巩固,职到浔视察时,野战工事仅及三分之一,因之不能长期固守。

二、运输不良,兵站设施欠缺:九江方面兵站,事前殊欠准备,临时无人负责,使前线部队白昼困于飞机轰炸,夜间一面作工,一面运米,兵力疲敝,警戒自难周全,实为致败之因。故自敌在姑塘登陆后,九星路不能利用,在九江附近部队将近十万,仅恃九江至马回岭小径为后方连络线,因之粮弹之补给、伤兵之后送,均无法实施。士兵枵腹应战,伤兵呻吟道左,作战精神,顿形颓丧。

三、军纪不良,民众逃亡:查此次各部向九江附近集中时,因运输困难,战时增设部队又骤难足额,沿途鸣枪拉夫、搜寻给养,不肖者且因而强奸掳掠,军行所至,村舍为墟。职由阳新徒步经瑞昌至九江时,满目荒凉,殆绝人迹,民众既失同情之心,军队自无敌忾之志。如此而欲其奋勇杀敌,自不可能。

四、连络不确,未能协同:查各部因通讯器材缺乏,致各军、师间及步、炮间纵横方向连络,均欠确实,即连络员亦甚少派遣,各自为政,互不相谋,故不能适时相互策应,收协同之效。

五、警戒疏忽:查防守江湖各部,曾奉令饬团长以上主官值夜巡查,职召集各军、师长会议时,虽亦经传谕告诫,并亲往巡视数次,乃各级官长仍有奉行不力者,致任敌在姑塘从容登陆,事先既失于察觉,事后复无法驱逐。又:敌在十二时登陆,至四时一刻,始接第八军电话报告,致失增援时机。

六、高级将领间缺乏自信心、中下级干部多无力掌握部下:职此次在浔数日,与师长以上各将领晤谈,每多借口新兵过多、防区太广或武器不足、战斗力弱,动摇必胜信念,影响作战士气,益以中下级干部掌握不力,精神涣散,故每遇敌机袭击,多数溃散,甚有未见敌人,溃不成军者。

(乙)撤出狮子山、张家山、蔡家湖收容阵地之原因及经过:

自敌突破鸦雀山并在九江附近登陆后,即令第四军由狮子山、张家山亘蔡家湖之线收容各军,时值昏夜,仓猝占领,工作〔事〕未能构筑。拂晓后,敌遂利用九莲公路,以装甲车及炮兵向我进攻,且该线离九江过近,同时并受敌海军炮之射击。按地形比较,似不如在牛头山、金官桥、十里山、钻林山亘成湖之线阻止敌人为有利,经商请薛总司令代为请示钧座,奉准允行,遂于二十七日晚令第四军于黄昏后开始向第二线转进。午夜接薛总司令转示钧谕,仍守原线,自应遵办,惟当时各部业经陆续移动,若再令推进恐滋混乱,有违钧旨,无任惶悚。

(丙)转进时未能适时报告原因:

职到达瑞昌时,即决定将总部设于马回岭附近,当即令大部人员及有线、无线各通讯部队由瑞昌径开马回岭设置,职携带少数幕僚赴浔巡视,不意视察未竟,姑塘疏防,此时为镇定军心计,不便轻离战地,遂随队逐步经莲花洞、石门涧向马回岭移动。在途两日,因电报局或被敌机炸毁、或正在移动中,无线电又未携带,故未能适时报告,致劳宸系。

(丁)各部作战不力情形:

此次预备第十一师,因警戒欠周,影响九江战局。第一二八师增援不力,反自溃散,虽因新兵过多,且受敌机威胁,但官兵平时缺乏教育,临阵各级官长均无掌握能力,自无可讳言。除详情正饬李军团长、王军长、炮兵史旅长分别查明另案呈报外,至职统率无方,轻失要地,拟请先予严处,以为溺职者戒。

以上各项是否有当,谨呈委员长蒋鉴核。

职　张发奎

白崇禧李品仙致蒋介石密电

(1938年8月7日)

即到。武昌委座:(硕密)劲密。据刘军团长汝明由黄梅前方俘虏敌军柱有林一名供称:(一)敌入皖兵力约四师团。计:(1)名古屋之第三师团,师团长中村中将。一部在黄梅、宿松,主力在宿松以东。(2)仙台之第二师团,师团长冈村中将(前为冈本、近为冈村又传为右之上),在太湖潜山附近。(3)广岛之第五师团,前为板垣,近为呒原中将,部队位置不明。(4)隽通寺之十一师团,师团长及所部不明,主力似在安庆附近。(二)刻在黄梅、宿松之部队为第三师团第六旅团,辖有中野大佐之第九联队(黄梅)、冈岩大佐之第十联队(宿松)、生田少佐之独立山炮大队(在黄梅,有山炮十二门),并附有工兵、通信、卫生各一中队,旅团长为下村少将。(三)敌军入皖后,近患马横利亚及痢疾病者甚众,每中队战斗兵平均已不足百人,每联队战斗员仅存千二三百名。(四)第三师团系由芜湖转用于巢县,渡巢湖沿舒城、桐城、潜山、太湖南端,再越太宿公路北侧山地经二郎河、亭前驿而达黄梅者。(五)太湖、黄梅附近着杂色服装者为日本补充兵,彼云并未见有鲜、满、台之军队协同日军作战。(六)彼诡称为朝鲜江原南道人,春间随父母经商巢县,六月为日军独立山炮大队第一中队(高桥大尉)拉夫,故在该中队任输卒,因鱼日(6日)黄梅之战,彼送饭于前方被俘。等语。除仍设法侦讯外,特电呈闻。白崇禧、李品仙。阳。广。印。

白崇禧致蒋介石密电

(1938年8月8日)

武昌委员长蒋:最密。(1)廿一集团南移,加强太、宿方面兵力,为防舒、桐方面敌之西进,拟以冯治安部接防霍山、磨子潭。(2)六安、商城为通信阳、麻城要道,拟以于学忠部填驻,并以一部兼顾潢川。(3)张自忠已令接武胜关、信阳、罗山防务,虽无敌情,地属重要,且该部亦可稍加整理,拟不调动。(4)万福麟部已奉令调归五战区,拟调黄陂附近,稍加整理,再行使用。(5)孙连仲集团已奉令调浠水,拟令指挥曹福林部、刘膺古部,为战区第二线兵团,并构筑浠水线、巴河线工事。(6)刘汝明部缺额、病兵太多,战斗力大不如前,已令由双城移至蚂蚁河对黄梅。主要正面归八十四军,然对南正面兵力仍觉单薄,已调萧之楚部到广济西南栗木桥附近,向南构筑工事,对武山湖、黄泥湖警戒并策应刘军及要塞区作战。(7)何知重部则令调漕河、刘公河作工,策应右翼兵团。未知当否,谨电呈核。职白崇禧。齐未。印。

刘峙致白崇禧密电稿

(1938年8月8日)

限即到。广济延〔白崇禧〕:〇密。比以我大江南北五、九战区之作战部署,业已布置就绪。敌溯江西犯,其现役各师团概使用于江北,在此方面我军之配备、所处之地形及后方部队进出之方向,在在有利,而敌则逐次增加兵力,实予我以逐次击破之好机。现敌唯一之补给路线即长江之水路,经我空军爆炸及沿江邀击炮兵炮击之下,所予敌舰船之损害,甚著宏效,刻正在下游开始配置浮游机雷,增加长江阻碍,此后敌舰上驶必益感威胁。敌如不放弃西犯企图,势必另筹补给路线。但江南受第三战区之妨害及地形之限制,殊属难能。在北岸则可由合肥向六安、或由安庆至潜山,均可接近大别山脉。故对于合肥、正阳关、寿县、蚌埠一带,宜迅布情报网,而最有效办法,为多派游击队,附以情报工作人员,侦察敌情,免敌蹈虚抵隙,则更周密妥善矣。职刘〇。08·18。叩。元。印。

白崇禧等致蒋介石密电

(1938年8月11日)

急。武昌委员长蒋:劲密。兹据刘军长膺古庚未参一电称:支戍参一转报罗师方旅余家之役并击毙敌联队长。等情。复据该旅长方既平虞(7日)辰电称:被击毙之联队长为谷川幸谷大佐(一零一师团伊东政喜部第一零三联队),在其身搜获东部支那一般图籍、大部队田中部队编成表等件,已呈缴师部以备转缴。各等情。除电令奖勉外,谨闻。浠。白崇禧、李品仙。真未。参一。印。

陈诚致蒋介石密电

(1938年8月12日)

武昌委员长蒋:最密。(甲)据三集团总部本日廿一时电话,我廿二师六四旅及廿师之一团昨晚反攻望夫山,争夺数次,得而复失,敌继续增援,至本日下午,丁家山、马鞍山、平顶山亦落敌。未刻,我在该线西南与敌对峙中。(乙)五四军本日廿一时电话:据探报:(一)由港口登陆之敌增至千余,望夫山、丁家山之敌约八九百。(二)港口通赤湖小河中有敌汽艇十一只。又:敌舰不断向我阵地炮击,马西垄(赤湖西北,图无)附近十一时发现敌汽艇及民船共卅余只。等语。谨闻。陈诚。文戌。谍。印。

蒋介石致陈诚等密电稿

(1938年8月12日)

限二小时到。阳新陈长官、张总司令、瑞昌孙总司令、南昌薛总司令、叶副总司令：〇密。(一)瑞昌东北牯牛岭本阵地必须坚固工事,确实守备,并设置副防御,昼夜赶筑。本阵地关系重大,不可稍忽,孙总司令应亲赴前方,督同守备。(二)张总司令应亲赴瑞昌指挥督战,李仙洲军归张总司令指挥。(三)叶肇军限删日(15日)前推进至德安,仰即遵办具报为要。鄂。中〇。12·10。令一。元。印。

蒋介石致陈诚等电稿

(1938年8月13日)

本会政治部陈部长、军法执行总监部何总监：据张总司令向华报告：此次九江作战失利原因内一项称,查各部向九江附近集中时,因运输困难,战时增设部队又骤难足额,沿途鸣枪拉夫搜寻给养,不肖者因而强奸掳掠。军行所至村舍为墟,满目荒凉人烟绝迹,民众既失同情之心,军队自无敌忾之志。等语。查军纪不良,民众逃亡,影响抗战前途綦大。特电知照,迅速设法纠正,唤发民众抗战情绪为要。鄂。中〇。13·11。令一。元。印。

陈诚致蒋介石代电

(1938年8月15日)

委员长蒋：据汤恩伯文午电称：查目前抗战之重点在湘、鄂两处,职意武汉固宜极力确保,而长沙、衡阳方面尤应顾虑周到,控制有力部队,以防万一。否则,恐又演成徐州会战之结果,以致武汉会战功亏一篑。谨将所见电呈如下：(一)判断敌之企图继以一部沿长江两岸逐次前进,袭取武汉,其主力必先下南昌,侵犯长沙、衡阳,截断粤汉路,破坏我心腹,以遂其速战速决之迷梦。目下南昌方面虽尚无动静,如张高峰事件解决及炎热暑天一过,料敌必大规模之行动。故我方应事先绵密准备,免临时忙乱。(二)目下我长江南岸之部署,似侧重沿江之瑞昌、阳新、大冶及南浔路之德安、湘鄂路之咸宁一带,而忽略湘赣公路及湘赣铁路之主要方面,殊为缺憾。如敌先袭南昌,乘虚以主力由高安、浏阳,一部由丰城、新喻袭取长沙、衡阳,则我以上部署全归失败,且瑞昌、阳新、大冶方面因地形关系机动困难,敌我均不能使用大兵力。至德安方面如部队过多,敌若不沿南浔路南进而由鄱阳湖以东先袭南昌,则非特转用困难,且易自招混乱,至咸宁、蒲圻,亦非决战地区,似无控制多大兵力之必要。(三)职部在丰城、樟树、清江一带部队,现奉令调开鄂南,仅留三个师在高安、上高一带,似此湘赣铁路方面,甚感空虚,似应由第三战区方面转移数师预先布防,殊感必要。谨具所见,伏乞裁核。等语。谨转呈察核。职陈诚。13·21。战。

蒋介石致韩德勤密电稿

(1938年8月17日)

限到。24AG韩副总司令:雨密。敌调集各方兵力进犯武汉,其后方极为空虚,我各战区均忠勇奋发,乘机迈进,连日克济南、迫杭州、袭上海,日有斩获。惟该部对于破坏津浦铁路之命令,尚未确实奉行,进袭徐州之报告,未见努力实现,殊属非是。仰速率部向津浦南段要点进攻,确实破坏铁路,遮断交通,并以一部掩护炮兵进出江岸,妨害敌输送或收复南通为要。中○。17·11。令一。元。

白崇禧致蒋介石等密电

(1938年8月17日)

提前。武昌委员长蒋、陈总司令辞修兄:最密。近敌积极转运兵力,必欲大江南北两岸以海空军协力掩护陆军突进,以逐求进展。敌每用诸种方法掩护登陆,既得据点,驱逐甚难,罗店、金山卫、马当、湖口、望大山等役皆为例证。拟众示〔?〕江【防】要塞及要点方面,多设铁丝网,密排机枪,多用炮兵,务稽留敌于阵地前方以火力消灭之,尤要者为田镇、马头镇附近,务使敌不易接近阵地,始可期保持。并恳加派高射炮掩护田镇要塞,减少敌机威胁。是否有当,谨电呈。职白崇禧。篠酉。参。印。

陈诚致蒋介石密电

(1938年8月22日)

即到。武昌委座:最密。据孙〔桐萱〕总司令电称:(甲)昨敌攻我蜈蚣山之役,竟施放催泪性毒气,呈深蓝色。我中毒者廿余人。(乙)敌今晨使用窒息性毒气向我大屋、何城子镇进犯,我八十一师守兵两营中毒,口鼻出血,除三人逃出外,余均壮烈牺牲。现我扼守沈村、乌龟川之线。等语。谨闻。陈诚。养戌。谍。印。

白崇禧致蒋介石等密电

(1938年8月25日)

急。武昌委员长蒋、总长何:最密。综合近几日情报:敌军在桃溪镇、舒城等处增兵约万余人,并有小部分向六霍进迫,抢修六合公路,召集伪维持会,研究进攻六霍道路。宿黄敌之步兵、骑兵、战车、汽车不断由南向太湖运动。以此种种,表面上似系对我左翼有所企图,然敌进窥武汉,以沿长江两岸为最捷径,不但南北两岸兵力之转用容易,且利用优越之海空军,协同陆军沿江突进易收战果。故职截至今日止,对敌情判断仍然同前。即敌主力侧重南岸,遮断粤汉路,战略上利益较大。至北岸主力仍在黄广方面,南点容易策应,黄广公路可用大兵,六安商城迂回过远,霍山则地险粮缺,六霍方面不过支作战而已。谨陈管见,敬乞睿察。职白崇禧叩。

有亥。印。

徐永昌致周佛海密电稿
(1938年8月26日)

急。重庆中宣部周部长：密。奉谕：对于敌屡用大量毒气进攻情形，应由中宣部分令香港、上海中外各报纸特别登载。等因。查敌近来屡在山西、中阳、离石一带及马当、火龙山（九江附近）、小沿河（潜山附近）等地使用窒息性及催泪性毒气，对我军作惨无人道之放射，实大违背国际公法。除将敌施放毒气情形随时供给材料外，希查照办理为荷。鄂。徐永○。26·18。

蒋介石致白崇禧密电稿
(1938年8月27日)

即到。浠水白代司令长官：有亥电悉。○密。所见甚当。应考虑向合肥之敌先机采取攻势为要。鄂。中○。27·16。令一。元。方印。

白崇禧致蒋介石等密电
(1938年8月27日)

提前。即到。武昌委座。总长何：最密。（一）据廖总司令感午电话称：七军张淦部宥（26日）午攻太湖，当晚克复。十军徐源泉部同日（养）□潜山丢□，占领该两地之敌均各约数百，向东南方面撤退。廖已令七军向宿松、望江，十军向怀宁方面跟踪追击，侦察敌军动态。（二）霍山、舒城之敌共约三万，其先头在六〔安〕合〔肥〕大道之廿里铺，与我五一军于部对峙中，主力正在其后方积极修筑道路。（三）黄梅之敌约一旅团，宥日（26日）以一部向金钟铺，以约一联队之敌，向苦竹口川军一五零师阵地攻击，宥晨将苦竹口、排子山、多云山占领，宥午将油田铺占领，李总司令已令川军派兵一师恢复该阵地。同时令八四军向桃尖后山协助许部夹击该敌,并令三一军之一三五师向张家岗推进,以便策应。(四)敌放弃潜太之企图:一、该地公路在我侧面,不断为我破坏,不能使用,且与〔与字衍〕敌军前与三一军在山地作战受创,不易进展,故放弃之,节省兵力,以宿松、黄梅为据点进攻广济,而以安庆、长江为补给,北以合肥、舒城为据点,进窥六安、商城,而以淮南铁道及巢湖诸水道为补给。二、敌兵主力转用于沿江南北两岸,利用陆、海、空连合作战之优越条件沿江西上,用蚕食政策取渐进主义。(五)职区二次总攻时日,因炮十八团迟迟未到,故改为艳日(29日),顷因战局紧张,已决俭日(28日)实行。中央兵团重点已移向宿松方面转移。谨闻。职白崇禧。浠。感酉。印。

李品仙致蒋介石密电

(1938年8月27日)

武昌。分送委员长蒋、硕:(另发延)朗密。兹遵钧座意旨,下达攻略黄梅及其以东地区之命令如下:(一)盘踞黄梅及其附近约三四千附炮廿余门之敌,自本感日(27日)辰攻击我后山铺、苦竹口、多云山、白杨岭一带阵地。我军已先后收复太湖、潜山,该方面之敌分向望江、怀宁退却。(二)本兵团以占领黄梅及其以东地区之目的,决于明(廿八)日拂晓开始攻势转移。(三)着廿八军团派兵一旅附该军原有山炮两门,归区副军长①指挥。由现位置向黄梅西南地区,攻击黄梅附近之敌,并占领黄梅城。(四)着一七六师派兵两团附野炮一营,归区副军长指挥,由大畏铺向莲花塘及其江北地区攻击前进。(五)着八四军凌师由现地自西向东,侧击后山铺、狮子岩、排子山、桃花尖、柳家大屋、油铺街一带之敌,协同廖师团攻击而歼灭之,尔后进出黄梅北方地区。(六)着廿九集团军以

---

① 即第四十八军副军长兼第一七六师师长区寿年。

有力之一部附山炮一连,增强廖师,反攻油铺街、多云山、苦竹口附近之敌,务收复原阵地。再以一四九师附炮兵一部向右侧击,协同廖师围攻该敌军,尔后进出黄宿公路黄连垴附近地区。另以一六一师主力向英子山、左比寨之敌攻击前进。(七)各部队限明(廿八)日拂晓开始行动。上七项谨电呈察。漕。职李品仙。27·24。参行。印。

白崇禧致蒋介石密电

(1938年8月28日)

提前。即到。武昌委员长蒋:朗密。(甲)据八七军长刘膺古宥(26)日二十四时参战电称:(1)据罗师长树甲宥巳电称:有(25)十七时奉令饬本师向潜山之敌总攻击。等因。当转饬两旅遵照于廿四时部署完了,保持重点于左翼,本晨三时开始攻击。经激烈之战斗后,我方既平旅李华甫团于三时五十分即占领乌石堰,章紫云团五时攻克余家井,刘爱山旅蒲士胜团于七时占领三祖寺。我士气大振,奋勇直前,今早七时卅分,我方旅李团一部占领潜山城,残敌纷向安庆方面逃窜。惟野寨及老岭头两处之敌尚在包围中,犹顽强抵抗,其归路已断,不难歼灭。又:我□旅黄文徽团第三营经数小时激战,亦于本〔日〕九时五十分进入潜城。敌临退时将潜山城全部焚烧,刻犹大火四起,正扑灭中。(2)又据该师长宥午电称:本师将当面残敌肃清、占领潜山后,旋作如下之部署:一、方旅仍以一部固守原阵地,一部驱逐老岭头残敌后,进出源潭铺公路以北十路口占领阵地,对桐城方面警戒,其主力向高河方面追击前进。二、刘旅仍以一部固守原阵地,一部确保潜山,扑灭火焚,主动向甘露庵方面追击前进。各等语。除电复该师努力确保潜城、继续肃清残敌外,谨呈。(3)据第七军军长张淦感申参作电称:感卯克复太湖城,敌分向东南方溃退。除分派部队跟踪追击搜索,经饬五一四旅旅长陈树森及太湖县长进城主持,详情续报。各等情。当即分别电奖〔饬〕徐源泉部速派一部向安庆、望江追击,并注意搜索敌主力之行动。谨先电闻。浠。白崇禧。参一。俭巳。印。

陈诚致蒋介石密电

(1938年8月28日)

武昌委员长蒋:最密。情况:(1)本日瑞昌方面之敌约千余人,分向我磨山、洪山各阵地攻击数次,均被我击退。敌伤亡过半,我亦伤亡二百余名。又:敌约二百余人攻我白龙泉阵地,亦不得逞,并伤亡五六十人。我仅伤亡数名。(2)瑞昌南情况无变化。(3)码头镇方面敌本日向我炮击甚烈,经我还击后退去。敌弹均落我后方,故无损害。(4)据九十五师报称:昨该师俘获敌旗,得知其正面之敌为上海派遣军,为吉住部队及气附表部队。等语。谨闻。职陈诚。28·20。印。

蒋介石致程潜等密电稿

(1938年8月28日)

洛阳程长官、兴集阎长官、渑池卫副长官、屯溪顾长官、浠水白代长官、石军团长汉章、沈主席成章并转吴旅长、鹿主席瑞伯、91A郜军长、97A朱军长、18AG朱总司令、79A夏军长、24AG韩副总司令:〇密。敌溯江西犯,决战之期已迫。我主力军各方面战况良好,各游击部队亦迭奏奇功,殊堪嘉慰。所望百尺竿头更进一步,各尽最大之努力,督饬所属各游击部队积极游击,其在北部队,特应向津浦南段不断袭击,策应五、九战区之作战为要。鄂。中〇。28·12。一元。印。

蒋介石致徐永昌电

(1938年8月28日)

徐部长勋鉴:据法武官卢思乐谈:(一)此间外国人士以为,日本海军或将冒险冲破田家镇,直趋武汉,用大炮轰击,使中国当局不能不放弃武汉,此盖不知兵者。以目下之地势论,日本海军必与扬子江两岸之陆军协同动作,方能收效,决不至单独行动,自陷危境。(二)闻浙江、江苏、安徽尚有中国驻军总数不下三十万,何不出击?倘以一部分进攻杭州,一部分进攻芜湖,最低限度必能牵制日军行动。战争贵攻击,纯取守势似非得策等一节,希核办。中正。俭八。侍参。印。

于学忠致蒋介石密电

(1938年8月28日)

限两小时到。武昌委员长蒋:28·18参情电计呈钧览。朗密。(一)由东南城角爬入城内之敌渐增至四五百人,现与我激烈巷战中。(二)六安城东、北、西三面之敌亦有增加,综计不下两千余,在城垣附近与我激战。另一部在樊通桥约千余。(三)据探报:当面之敌系十三师团所属之沼田部队。(四)莲花庵之敌骑三四十名企图渡河,被我骑击退。现隔河对峙中。谨闻。商。于学忠。28·21。参情。印。

白崇禧致蒋介石等密电

(1938年8月29日)

即到。武昌委员长蒋、总长何:最密。迭据于总司令29·08、28·18、28·03报告:攻六安之敌为枝田部队,主力三千余、炮四门、唐克五、飞机二架。其一部三四百,俭(28日)午起,由东南角入城,巷战激烈。苏家埠发现敌千余。另一部在韩摆渡企图渡河。俭申城北东南敌增加,至艳寅止我军撤至淠河西岸进入阵地,并将沙滩店、吴家巷子、莲花庵各隘口严密戒备。敌西进颇急,已调六〔七〕十一军进驻商城,请派队接防潢固,等情。(二)据廖总司令报告:段家庙敌增四五百,炮四、五门,机枪颇多。舒家庙敌增七百。

炮二门,已进至三尖铺以东之吴家冲附近。我保二、保五团前往攻击,敌据碉顽抗,旋以敌炮机轰击,退至秦家冲固守。至艳申接霍山县电话:冯军①吴旅被敌冲破,霍山城内起火,情形混乱云。迄现在止,尚未得正式报告。又:七军张军长淦俭申报告:我李团攻入宿松,敌向黄梅溃退,毙敌大队长一、士兵百余,获米、盐数十包,军用品甚多,我亦伤亡二三十名。徐源泉仍在潜山及老岭头包围残敌中。(三)据李副司令长官报称:本日下午一五零师将苦竹口、多云山、渡河桥之敌完全击退,【敌】向黄梅退却。八十四军上午进至魏家,凉亭得而复失。敌约一大队,现仍围攻中。(四)除已饬李、廖继续速向黄梅、安庆分督进攻、于部固守浠河西岸外,并对左翼兵团拟定新部署,详情容续电闻。职白崇禧。艳亥。印。

蒋介石致吴思豫代电稿
（1938年8月29日）

本会铨叙厅吴厅长:据贵池陈军长万仞巧申参电:敌舰经乌沙闸时,敌机轰炸甚密,官兵皆避去。第五十八师战车炮赵连中士安德成独发射命中,重伤敌舰数艘。又:陈军长万仞宥已军参电:第五十八师炮连赵连炮手张纶林破片伤面迷目,拂血续射。安德成、张纶林除各提升一级外,并应各给青天白日勋章。将办理情形具报。鄂。中〇。29·10。令一。元。

陈诚致蒋介石密电
（1938年8月29日）

即到。武昌委座:最密。〈1〉据王陵基俭子电称:(1)敌坡田支队于今晨拂晓,以飞机十余架及猛烈炮火,掩护其步兵向我鲤鱼山、笔架山阵地猛攻。激战至午,我唐旅伤亡惨重,不得已退守尖

---

① 第七十七军冯治安部。

门堰亘黄牛庵、药山之线。敌继续猛攻,至午后三时,上述诸要点相继失陷。刻正与我十三师倪旅在大塘堰、姚家岭激战中。(2)职集团拟向皇天脑、北极峰、李家山之线转移阵地,其部署如后:甲、十四师向夏家虞亘皇天脑、王家洲至瑞德大道两侧之北极峰山腹转移阵地。乙、十三师(附吴旅)占领北极峰亘牛金山、团树山、李家山、范家铺前方、鱼岭山之线,以饶家岭、黄丝洞诸要点为前进阵地。其唐旅着迅速收容整顿,位置于李家山后山。丙、该两师之作战地境为新塘埠亘金家塘之连线(线上属十四师)。丁、十五师韩旅迅速移至岷山大屋附近集结,策应刘、范两师,并派一小部占领瑞德公路东西各隘口,施行破坏工作,罗旅仍守原阵地。〈2〉复据俭亥电称:职军团自有日(25日)接替防务,阵脚未稳,敌乘机突破笔架山、鲤鱼山,连日往复争夺,始将鲤鱼山恢复。宥(26日)晨起,敌复以空、炮轰炸竟日,职刘师唐旅、范师之唐团伤亡重大,致鲤鱼山、黄山庵相继失陷,乃转移阵地,决心死守夏家洼、冷山亘皇天脑、北极峰、牛金山、团树山、李家山、鱼岭山之线,以扼守瑞德、瑞武、圣鸡瑞公路。查此线正面宽达六十余华里,用去兵力五个旅,其余唐、罗两旅则在收容整顿中。全集团已无预备队,拟请将现位置于傅家山、陈家垄之罗旅为总预备队,俾便应付战局。等语。谨闻。陈诚。29·24。战。印。

于学忠致徐永昌密电

(1938年8月29日)

武昌军令部部长徐:朗密。综合本日情况:据牟代军长艳电称:(1)合肥县长报称:西犯之敌有三万余,刻正向西急进中。(2)我守六安之六八三团及六八四团之一营,因受敌大部队之压迫,激战两昼夜,伤亡过重,不得已遵令于俭辰(28日)逐次撤守淠河西岸沙滩、莲花庵、江家集之线。(3)俭夜敌一部约四五十人乘夜偷渡淠河,艳午(21日)已被我逐退东岸。但敌炮仍不断向我射击。

又,敌约一联队并附山炮、驮马等【由】六安以东向西激进中。淠河东岸各渡口发现敌军官侦察地形,判断艳日或明晨敌将在行船河。谨闻。商。于学忠。29·20。参情。印。

丁学忠致蒋介石密电
(1938年8月30日)

限两小时到。武昌委员长蒋:朗密。(一)艳亥(29日)六安淠河东岸敌初以催泪弹向淠河西岸射击,强行渡河。卅晨一时继改用窒息弹,我一一四师之一排全部牺牲。其余各部继续抵抗。(二)艳日敌分由韩摆渡、苏家埠渡河,一部于艳未进至南岳庙,初被我六七八团击退,续增千余人,遂被占领。现在康家埠对战中。一部于艳未进至界牌石,与我六七三团、一部于本晨一时进至独山镇,与我六七七团均正在激战。独山镇房舍几全被炮毁。(三)此方面之敌约五千余,其后续部队正源源渡河中。谨闻。于学忠。30·13。参情。印。

白崇禧致蒋介石密电
(1938年8月31日)

急。武昌委员长蒋、总长何:最密。(一)据李副司令长官报告:黄梅之敌约一旅团仍据阵地顽强抵抗,其一部并向我川军方面反攻。苦竹口、排子山仍被敌占领,我八十四军一八九师伤亡约二分之一,一七六师伤亡约三分之一。据自黄梅逃出之难民云:黄梅一带尚有敌军二万余、车数百辆,屯积于黄梅东北地区云。(二)据廖总司令报告:我四十八军主力正由宿松向黄梅攻击前进中。徐源泉部除以一部向望江、安庆前进外,余仍在潜山、老岭头与数百残敌对峙。其由桐城开来增援之敌数百,曾欲修复全家井、源潭铺间公路,被我袭击妨害,不易修复。霍山方面,自昨晚起敌分数路(皆附炮兵)进攻,且霍城在高地瞰制之下,被敌冲入。冯部遂撤至黑石渡、新店河之线,占领既设阵地,拒止该敌。于军于艳日(29日)撤至淠河西岸后,敌竟使用催泪弹及窒息弹,我一一四师之一排全部牺牲。艳午,敌在韩摆渡、苏家埠两处用炮火掩护强迫渡河,至本晨,已窜抵独山镇附近。敌兵力约五千,其余后续队正渡河中。已令宋军集结商城以东叶家集附近地区,准备与敌决战。(三)为迎击六安方面之敌,已令孙总司令率必要幕僚先赴商城指挥。第二集团军以一师开商城,其余向麻城、小界口岭间集结。张军团自忠部除留一部在信阳、武胜间准备交防外,其大部径开潢川集结,并令卅一军开一师至流波疃,策应冯军,并守备立煌根据地,以防万一。余均着续行原任务。谨电闻。职白崇禧。浠。参。印。

蒋介石致顾祝同等密电稿

(1938年8月31日)

急。屯溪顾长官、汉口海军陈总司令:密。(一)各部努力邀击敌舰,收效甚伟,殊堪嘉尚。仍盼努力督促实施,以利全局。(二)着由海军总部派指导员三组,每组军官一、炮兵二,到第三战区指导沿江邀击炮射击敌舰。(三)炮兵阵地应常变换,务选航线接近我岸之处所。(四)射击目标以输送船为主。(五)着第三战区派要员到各组视察射击实况,逐日具报。鄂。中〇。令一。元。

何应钦致徐永昌电

(1938年9月1日)

军令部徐部长次宸兄:据特别情报所副所长俄员某君视察前方归来,对我军事之批评约有下列三点:请即转饬前方高级司令部,迅予设法改善并计划实施:(一)汉奸之防范不严密:高级司令部之行动每为敌人所侦知,飞机随时前来轰炸,第某军团部并有外籍女宾,令人怀疑。(二)情报组织不确实:往往与敌人作战数日,尚不知敌部队之番号与实力如何,此应力求改进。(三)敌人重炮又发现于长江北岸,而我空军及炮兵之威力均不足以扑灭之,惟有派遣游击队,以非常敏捷之行动,破坏此项重炮于敌人后方,但不知我最高统帅部派有专门参谋担任此项工作之计划否?各等语。请查照饬办。汉。弟应钦。01·12。参。印。

陈诚致蒋介石密电

(1938年9月1日)

限即到。武昌委员长蒋:据卅二军团关军团长卅戌参电开:邦密。(一)职军团当面之敌,昨晚举韧洞〔?〕复向第廿五师磨山、洪逼、马鞍泉一带阵地两次猛攻。我官兵力予痛击,激战至本日上午十二时顷,敌军死亡遍野,全线顿溃,我乘胜进占磨山以东之小高地,获敌步枪廿余支、轻机枪一挺、掷弹筒一个、文板一。破瞘文件中知,与职军团作战之敌有其第九、第一〇六两师团。我伤营长两员,连长以下官兵伤亡数百余名。下午,敌据高地整顿队势,企图再犯,当令该师于下午六时卅分向敌续攻。我官兵奋勇出击,于七时许即进占该高地,受敌反击,死伤极重,得而复失,时复冲击,卒将该高地确实占领。敌纷纷溃散,死伤极重。刻复集中火力向我椎高地及洪山一带阵地攻击,我正迎击中。(二)又:敌一部昨晚向我第九十五师阵地进犯,我官兵沉着应战,毙敌班长一名,获步枪二支、旗两面。等情。谨闻。职陈诚。01·11。战。印。

白崇禧致蒋介石密电

(1938年9月1日)

特急。武昌委员长蒋:朗密。据张军团长①卅申电称:据津俭电称:(一)进犯六安之敌企图在牵制我军。其攻击重点仍在长江

---

① 第三十三集团军张自忠。

两岸,犯南昌、长沙之企图已有更变。(二)敌进犯五台之军事布置现已就绪,包围之势已成,不久即行进攻。等情。谨闻。浠。白崇禧。东辰。参二。印。

李品仙致蒋介石密电
(1938年9月2日)

限即到。武昌委员长蒋:〔另发延(崇禧)〕邦密。综合本日战况:(一)上午敌以优势步兵约一联队,空、炮、兵协同向刘军团廿九师①笔架寨、凤凰山阵地猛攻甚烈,并以烟幕射击。该师官兵亦颇奋勇肉搏,卒以屡次作战伤亡惨重,不得已复放弃该阵地。现该路敌人已进至恶金寨附近,与一七六师于恶云寨、香炉山间地区剧战中。双城驲之敌,本日亦以步兵二三千人,协同空、炮向一八八师正面猛攻,并以一部迂回至双城驲北侧孔家湾附近。该师以屡次出击及受空、炮轰炸,死伤颇大,双城驲又被敌突破,现在大坡附近与敌抗战中。敌又一部约一联队,本日仍与一八九师在大洋庙以南地区亘双合尖、鹅公岭之线对峙中。(二)我军各部因疟疾流行,减员甚大,又以作战以来,迭次攻击黄梅,损伤尤巨,以八四军一七六师及刘军团为基。兹为调整阵地节约兵力起见,部署如下:(甲)一七六师因连日鏖战,死亡过重,现复受香炉山及十里铺两面敌人之威力,拟令其撤回荆竹铺整理。(乙)八六军即在笔架山、田家寨、南无井之线占领第二线阵地。(丙)刘军团以其残余部队,集结固守大佛寨、观音寨、团山河附近原阵地。(丁)二六军以一部接替刘军团吴文贵附近之防务外,右翼无变化。(戊)八四军之一八八及一八九两师,因连日在苦竹口、桃子山一带与数次在普天寺、芭蕉丰一带出击,已受重大损失,近数日且该军石家湾、于家湾、英山咀一带前线阵地,终日受敌炮行

---

① 廿九师误,应为一一九师。

地区之轰击,伤亡更多,拟令撤守后湖寨、鹅公岭亘大洋庙之线。(己)卅一军一三五师,除以一部增防大洋庙方面外,其余主力扼守鼓而寨、后湖寨既设地线。一三一师明日可到达广济附近,作为兵团总预备队。(庚)又据报:廿九集团军一六一师主力已于本日午后五时,由渡河桥向大河铺、双城驮之敌攻击前进。以一部对黄梅之敌监视。一六二师主力已由苦竹口、油铺街向三界岭、老鸦尖、后山铺北端之线攻击前进。一部向金钟铺之敌攻击。等语。能否如期到达,尚未具报。上各项谨电呈报核。职李品仙。冬亥。参二。印。

蒋介石致白崇禧等密电稿
(1938年9月2日)

限二小时到。英山宋埠白代长官、蕲水李副长官:密。(一)敌有变更连络线,于小池口方面,以一部守宿松、二郎河,掩护其侧背,以主力直冲广济及张家塝之可能。(二)应以刘汝明、王缵绪、覃连芳三部死守广济主阵地,并推进何知重军于该阵地近后方为预备队,以期确保该地,掩护田家镇要塞,因该地以西无良阵地也。(三)其余各军应以重点指向宿松、黄梅中间地区侧击敌人,方能有效策应广济战斗。如因移动兵力时间不许,亦应逐次注入主力于该方面。对宿松以东,仅以徐源泉部担任牵制的攻击可矣。孙连仲集团应推进宋埠。中○。02·09。令一。元。

蒋介石致白崇禧密电稿
(1938年9月2日)

限即到。浠水白代长官:世未两电悉。○密。处置同意。曹福林部既不他调,仍望贯彻初衷,先行击破六安方面之敌为要。鄂。中○。02·11。令一。元。印。

李品仙致蒋介石密电

(1938年9月3日)

即送。限即到。武昌委座：(另发延)邦密。委座02·19令一元电奉悉。黄梅附近之敌为第六师团①全部及第三师团②一部，近日又由小池口增来一部。右翼兵团部署原以八四军两师(附一七六师)及刘军团所部担任广济正面、萧之楚两师③任大金铺以西至田家镇以北之防守，廿九集团军则在苦竹口至二郎河之线。上月感日(27日)以前我军曾两度反攻均未奏效。感日以该敌又向我大河铺、苦竹口附近进犯，并侵入苦竹口以北，经我军痛击驱逐，后我军乘势出击，俭艳(28、29)两日攻至黄梅附近，剧战两昼夜。卅日敌以主力复向我军反攻，我出击部队反受顿挫，退守原阵地。世、东、冬(31、1、2日)各日，敌分数纵队向我八四军及刘军团正面昼夜猛攻，并以优势之空、炮轰击，我军在破山口、塔儿寨、恶席寨、双城驲、排子山、英山嘴各地与敌血战，各阵地失而复得反复攻击者数次。在〔时〕我军炮兵因敌空军之轰炸及射程之短近不能制压敌炮，加以工事不良，以致我军伤亡惨重。截至本日止，八四军损失已达二分之一以上，一七六师伤亡亦在二分之一附近，刘军团之一一九师及三一旅，据刘军团长报告每团仅剩二三百名，合共不过千余人。查该部原来人员不足额，兼之疟疫流行，病兵已占三分之一，八四军病兵亦占四分之一以上，敌虽未能深入，该两军战斗兵员均不足维持正面之阵线。萧军须任田家镇侧背之守备，未便调抽，仅将大金铺以东至吴文贵刘军防地交由萧军抽部接防，俾刘军得以集结兵力固守现在阵地。但萧军之正面又复过广，兵力单

---

① 日军第六师团属第十一军，师团长稻叶四郎。
② 日军第三师团属第二军，师团长藤田进。
③ 指第四十四师，师长陈永。第三十二师，师长王修身。

薄,一旦龙坪方面有事,必易为敌突入。至廿九集团军,在二郎河、渡头桥之线,始终无大敌情,本拟将其主力集结,由东向西侧击后山铺、大河铺敌之侧背,牵制当面之敌,而该军行动延迟,发令后至今尤未动作,对于协同精神,殊欠恰当。卅一军由英山赶调两师前来增援,昨日仅到三团。我正面之阵线,昨日为敌攻占,各点已无余力反攻,若再勉强出击,兵力损失更大,恐以后全线阵地,恐难确保。因此不能不调整阵线,已于昨晚十二时将正面阵地撤回第二线阵地,以刘军团固守团山河、观音寨、蓝家湾、兴隆寺、大佛寨既设阵地,以何知重军六团(步枪约三千余,轻、重机关枪甚少)固守笔架山、田家寨、南无井阵地,以卅一军之一三五师两团扼守生金寨、鼓儿寨、后湖山之线,八四军沿后湖寨以东经鹅公岭亘大洋庙、土包之线,以一七六师撤回荆竹铺附近整理后策应一三五师,并以一部增强正面之兵力。一三一师(三团)本日可到达广济为总预备队。惟是正面兵力损失已大,刘军与八四军消耗亦巨,萧军正面过大,预备队除一三一师外,已无控置兵力,嗣后应如何统筹,尚乞察核裁夺。职李品仙呈。江午。印。

文小山致林蔚等密电

(1938年9月3日)

即到。武昌军令部次长林、熊:密。田塞失陷后,武汉门户洞开,敌以陆、海、空之优势溯江而上,我防不胜防。似应从大处着眼,以五、九两战区各一部兵力迟滞敌之前进,主力概转移于武汉南、北两侧地区,待敌迫近武汉本阵地,即分别断行袭其侧背,予敌以决定的严重打击,如欧战时法军之大退却与巴黎附近之大反攻,则武汉能保,否则,我无论如何之坚强抵抗,终必为敌突破,而兵力消耗特大,士气颓丧,尔后之作战准备更较困难。若如上之指导,歼灭敌人三师团以上之兵力,则我士气一振,国内外耳目同新,敌或即无攻势复兴之能力亦未可知。生以幕僚地位研究性质,特呈所见,敬乞核夺。陆大十期生文小山。江已。部。印。

白崇禧致蒋介石等密电

（1938年9月4日）

限即刻到。武昌委员长蒋、军令部徐部长：兹据冯军团长31·12电报,朗密。放弃霍山经过如下：下符桥之敌陆续增加至四千余人(附炮十余门),艳寅向我霍山东北圣人山吴振声旅阵地进攻。迄午,敌机九架向我轰炸,并集中炮火向我阵地射击,敌遂乘机冲入阵地。急抽派谢世全旅之一部增援反攻,圣人山失而复得者再,我伤亡五百余人,敌伤亡约四、五百人。敌一部约千名,利用汉奸、土匪引导,由小径绕至圣人山背侧袭击,至下午四时阵地混淆,官兵拚命肉搏,敌又一部兵力攻我十里铺,前、左、后三面被袭,迫不得已,于卅寅放弃霍山以北阵地,占据城南高地。我一三二师王旅由双子潭向左运动中,其余在黑石渡、两河口之线布防,以待大军应援夹击,伤亡详数另报。等情。谨闻。浠。职白崇禧。支未。参。印。

蒋介石致白崇禧等密电稿

（1938年9月4日）

即到。浠水白代长官、漕河李副长官、徐总司令克成：2584密。敌真面目进攻武汉,业已开始。我第五战区各部队应如何忠勇奋发努力杀敌,以打破其进攻武汉之迷梦？查徐集团现在位置,对于由黄梅、叶家集两路进犯敌军,皆处侧背威胁有利态势,任向南北一路积极进攻,皆可抄断敌军后路。仰白代长官迅给徐集团以适当之任务,令其努力侧击以收协同一致之效,不得再行徘徊观望,坐失战机致贻误大局为要。鄂。中〇。04·17。令一。元。印。

李品仙致蒋介石密电

(1938年9月4—5日)

(1) 9月4日电

即到。武昌委座:另发浠水延(崇禧)。最密。敌向我总攻经已数日。今晨四时半起,又复以四路分向我蓝家湾、刘朝二、大佛寨、杨湾冲、田家寨、生金寨、后湖寨之阵地猛烈攻击,且以优势炮兵及大量飞机指向大佛寨、田家寨、生金寨、后湖寨轰击,平均炮击每分钟二十发,飞机【轰炸】迄今未停,各路均有敌数千。我生金寨阵地于八时、后湖寨于十五时失守。田家寨阵地于十七时受敌包围,现正分令反攻中。据报,攻大佛寨之敌系第三师团第六旅团,并炮廿余门。我刘军守大佛寨之一旅伤亡最重,韦军亦损伤甚大。(二)敌人自昼至晚猛攻未停,我军拟今晚并明(微)日拂晓前,令萧军在右翼阵地抽调一师,由大金铺吴文贵向团山河破山口之敌侧背,并由刘汝明军派一部协助,另令卅一军派有力一部由鹅公脑、五峰寨向后湖、生金寨之敌侧背夹击。惟各军预备队均将用尽,应否迅令第二线兵团从速前来增援,以固广济防务之处,乞迅赐裁示。济。职李品仙。支酉。参一。印。

(2) 9月5日电

限即刻到。武昌委员长蒋、李宗仁:另发白崇禧。邦密。昨令两翼部队于今拂晓前出击,夹击敌之侧背,并令廿九集团及四八军竭力向双城驿、大河铺之敌进攻,期将该敌包围歼灭。今据萧之楚电话报称:我三二师已于六时前占领凤凰山、团山河、破山口一带高地,毁敌炮并斩获甚多,正向笔架寨之敌侧击中。因敌机群来轰炸,伤亡甚大,凤凰山恐难支持。破山口尚在我手。又据何军长知重报称:昨窜入田家寨之敌向我笔架山围攻,一零三师牺牲甚大,不得已于九时将田寨、笔架山阵地放弃,干士村未几亦被敌占,现令一二一师守南无井。又据韦军长电称：向后湖寨之敌侧击未奏效。五峰山为敌炮击瞰制，于午前曾一度失守，现正反攻中。至于廿九集团及四八军攻至何处。尚未报来。默察反攻部队在白昼间受敌多量飞机所瞰制，颇难活动，而敌于白昼间利步、炮、空协同之威力向我猛攻，一由公路突击，一由公路南用锥形之攻击，向广济突进。现在各军因连战一周之久，伤亡过重，约在二分之一至三分之二之间，预备队均已用尽，第二线兵团仅剩曹福林军。若以之再填补前线，恐缓急间已无兵力可用，应如何处置？乞速训示。济。职李品仙叩。微申。参一。印。

蒋介石致顾祝同等密电稿
（1938年9月5日）

特急。屯溪顾长官、青阳唐总司令、至德刘军长：虚密。自敌犯马当侵入南岸，我三战区唐、刘各部指挥邀击炮兵击敌舰艇，所予敌人损伤妨害甚著成效。近以敌西犯益趋积极，两岸战事均形激烈，赖将士忠勇，战况稳定，士气亦旺。所望我三战区沿江守备部队，不分昼夜，指挥邀击炮兵，益加努力要击，务期对敌人之增援或补给舰船，予以更大之损害，摧毁其运输工具，而达遮断敌后方唯一交通线，俾我五、九战区作战容易，共期一鼓歼敌为要。鄂。中〇。05·10。令一。元。印。

李品仙致蒋介石密电
（1938年9月6日）

即到。武昌委座、硕（另发延）：最密。本午后敌仍全线猛攻，我八六军一零三师田家寨、笔架山阵地先被突破，旋一二一师石门山、鹅公脑预备阵地又被敌占。曾令廿六军派兵两团增援，而我军总预备队用尽，无法抽调，不得已遵代长官白意旨，令各部于本晚八时向广济西北双方高地转进，并指定廿六军协助田镇第二军之作战。尔后拟立于外线作战地位，依机动的攻势，予敌打击。谨电呈察。漕。职李品仙。鱼辰。参一。印。

蒋介石致白崇禧等密电

(1938年9月6日)

特急。浠水白代长官、阳新陈长官：邦密。训令：查近月来第五、第九两战区沿江战事激烈，各将士忠勇抗战，迭挫倭焰，至用嘉慰。值此敌国内部经济濒于破产，反战情绪日益普遍，国际地位势陷孤立，社会情形杌陧不安，考其战斗力量，迹迥非昔比。而数月来，我之坚强抗战，已引起列强崇视，咸表同情，国际地位倍增荣誉。往者本委员长以顾虑我军装备、训练及战略上之关系，未遽下攻击命令，兹者敌愈深入，其后方唯一连络线——长江航路，舰船不断受我要击损害，补给大感困难，我则在国内作战，随地均可补给，且山地作战，敌重兵器失其效用，是装备上敌我已处对等地位。故我军宿、太、黄及岷山大屋之攻击，敌一战即溃，足证其战斗力已日趋脆弱。此诚我争取最后胜利之良机，非以攻为守、转守为攻，不能保卫大武汉，无以收抗战成果，希即部署所属并使咸喻斯旨，以旺盛之企图，转移攻势，努力杀敌，争取最后胜利。国家存亡，在此一举，其共勉之。中〇。06·15。令。一元。鄂。

白崇禧致蒋介石密电

(1938年9月6日)

急。武昌委员长蒋：邦密。近自广济会战，时仅一周，而前方官兵伤亡极众。且在敌炮、空威胁之下，虽尽极大努力，而阵地终不克保。则以敌我装备悬殊，制空无权，阵地相持，良非上策。若部队脆弱，则辄三、二日即不能成军，乃战术无灵，指挥棘手。职身临前方，深思对敌之策，惟有取机动姿势，求敌侧背相机攻袭,而不限以一地一城之死守。如此,则能常保持有用之力量,获得作战之自由。一年以来计划作战者,率以装备相等之战术,因袭应用,原则未尝不合,胜利卒归泡影。尤以积兵愈多,损害更巨,实力消耗,远逾于敌。设非改变战法,不但胜利难求,且恐持久不易。今对广济及商固之作战,拟即遵照前次俞部长携来手令及昨由林次长传示要旨,照利用大别山山地,改取机动配置,正面仍以一部守御,主力集结敌之侧背,求其弱点,相机攻击,断其后方连络线,以此广大地域,运用广大面之运动战。如此,则易死路为生,机变被动为主动,将士乐于效命,抗战可期长近延迭。据探报,敌拟集中各地兵力,求于武汉行大决战。证以寿县敌数百汽艇之西进及江轮运兵之上驶,其企图甚大,未可忽视。在战略【上】果应如何应付,乞早为策定,俾南北各战场资以实行,深为迫切之需要。谨贡所见,用备采择。特电察核。职白崇禧。浠。鱼午。印。

陈诚致蒋介石呈文

(1938年9月8日)

据报:二十三军所属步炮兵两月来在荻港一带协同击毁敌舰汽艇百余艘,拟恳赐予嘉勉由:

顷据二十三军政治部代主任黄乃安有电报称:本部属炮兵,担任荻港、大通、贵池、东流一带江防。两月以来,经我步、炮协同努力结果,迄至繁昌止,共击毁敌人兵舰、汽艇计一百零九艘。在此期间,敌人曾以兵舰大炮及飞机掩护,迭次登陆,均被我军击退。我沿江阵地及村庄房屋,亦被敌摧毁,尽成浑土,但我方损失甚微,而敌人之牺牲损失甚大。前线官兵在陈代军长指挥之下,努力抗战,均异常忠勇、异常奋发。为激励士气杀敌致果起见,特定本月齐日(8日)为本军击毁敌舰百艘胜利纪念。除电各师政治部发动民众,商请部队长官在驻地一带庆祝胜利外,谨请转呈

领袖,对本军官兵予以嘉勉。等情。除电复外,理合据情转报鉴核。拟恳①

陈诚致蒋介石密电

(1938年9月8日)

即到。武昌委员长蒋:据十一军团李军团长鱼参电称:邦密。日来五战区黄、广方面伤亡惨重,白代长官将全线转移广济西北既设阵地。果尔,则该区与职军地境线上生一绝大空隙,职军对北阵地限于作战,战地境在鄢家、邱家诸山以南,处处受其瞰制。若由职军分遣一部占领该山,至少需要一师,又感力有未足,要塞纵遇腹背受敌固属责所当能,惟地形如此,势欲达成预期任务,势须野战军以为连系,否则孤注一掷事小,遗害全局事大。为此不避冒渎,拟恳将萧军拨归职部指挥,以一权责,而竟事功。等情。查要塞必须有野战军策应,方易发挥效力,所请似有必要,如何之处,谨电呈核。职陈诚。08·11。战。印。

陈诚致何应钦密电

(1938年9月9日)

汉口参谋总长何:顷据第七十七军政治部主任谢励之陷电呈称:2197密。本军张师于俭(28日)晚与陆空之敌约万余,在霍山东北接触,战事激烈,伤亡甚巨,同时官兵水土不服,病者达三分之一,战斗力减少,防线过广,敌众我寡,霍山遂于艳(29日)晚失守。刻敌我在霍山城南土地堂、俞山根相持,王师正在第二线布置,我左翼于部刻在独山镇与敌激战。此次倭寇利用土匪为前导,多从小道攻我,恳转知各军注意为祷。各等情。理合据情电请鉴核。衡。陈诚。叩。佳冶。机印。

---

① 原件至此无下文。

李宗仁致蒋介石密电
(1938年9月10日)

特急。武昌委员长蒋:另发延。忠密。情报:据立煌城防司令孙象震转据谍报:(一)自佳日八时十九分起,敌攻我富金山、石门口各要点,经我猛击退至院前岗。九时五十分复反攻肉搏数次,计两日来激烈战斗片刻未停。(二)敌由富金山、石门口战地分别抬回尸首,络绎不绝。据逃回民夫声称:叶集东之三里店堆集死尸数千之多。(三)攻商城之敌仍在段集、方集一带被我截止,不得进展。富金山、石门口之线已形成敌之左后方,我阵地无变动,敌决难得逞。谨闻。立煌。宗仁。灰。军参。印。

白崇禧致蒋介石等密电
(1938年9月11日)

即到。武昌委员长蒋、总长何:最密。兹将近日广济及叶集、固始方面作战经过摘报:(一)自敌改变后方连络线以后,即集中其怀、潜、太宿一二□、六两师团之兵力,自八月杪开始向我广济正面猛攻,第二师团似控置在黄梅附近,迄至支日(4日)我双城驿一带之主阵地屹然未动。嗣以我苦竹口方面,侧击行动较为迂缓,正面受敌优势压迫,伤亡惨重,遂撤至大佛寨、田家寨、笔架山、后湖寨一带之第二阵地。微日(5日)敌以一部进至干士、石井山附近,未能驱除,我何知重军遂致失守田家寨、笔架山要地,继而又将石门山、鹅山寨失陷,致使左右两翼俱受威胁。当令萧之楚军星夜驰援,迫抵石门山时,何军已在溃退,至鱼(6日)午敌即迫近广济。当时幸经先期调到曹福林军占领广济西方界岭既设阵地,并预为部署,两翼各军对广济孤城取监视态势。虞日(7日)敌约一旅团猛攻界岭与我曹军激战时,我川军已攻占大河铺,四十八军亦攻占望城驿、魏家、凉亭、商河桥,并近迫黄梅,我三十一军亦由山地突出,反攻广济,我萧军亦于齐日(8日)进抵松阳桥。敌后方痛受打击,仓皇〔惶〕后撤。齐酉,敌即反攻,在广济附近及松阳桥一带激战。敌军对萧军使用毒气,企图迟滞我之包围攻击,然其炮兵、辎重、骡马被我俘获及击毁者甚多。(二)六安方面之敌为第十三及第十师团,其后方尚有活动师团之一部,自攻占六安、霍山、叶集后,即以一部西进,于微日(5日)于张老埠、南河,鱼(6日)晨在固始近郊激战,午后进抵东关,适城内六一师之朱旅黄团仅守数小时,鱼晚即放弃该城。以后作战。失此战略要点,作战指导稍形困难。然敌于虞日(7日)集合其两师主力猛攻我富金山及800高地,并以濑谷支队向武庙集、卫家集,企图截我去路。赖我宋军坚【守】该要点,敌于齐、佳(8、9)两日继续反复进攻,敌伤数逾四千,攻势已挫。计毙敌大队长一,重伤旅团长遵田应重,战利品有相当俘获。(三)统计半月以来,南、北两战场,敌大举进犯,希图一逞,并于淮河上游,多方肆扰,滥施轰炸,累用毒气。皆赖领袖德威,将士努力,借地形之便利,予以严重之打击。料顽敌必图再起,除鼓励战区各军继续努力外,谨摘要奉闻。职白崇禧。真酉。浠。参。印。

蒋介石致白崇禧等密电稿

(1938年9月11日)

即到。浠水白代司令长官、界岭李副司令长官并转刘军团长、萧军长、覃军长、英山探交廖总司令并转王总司令、徐总司令、韦军长、张军长:〇密。训令:此次突入广济之敌,经我各部之努力,本既定方针南北侧击该敌,先后克复各要点,予敌以极大之打击,造成现在最有利之态势。我各军应乘敌立足未稳、增援未到之先,各以放胆之行动,更尽最大之努力,对孤悬之敌再加猛烈攻击,以求收彻底胜利之成果,有厚望焉。中〇。11·19。令一。元。印。

李宗仁致蒋介石密电

（1938年9月12日）

特急。武昌委员长蒋：忠密。情报：据立煌城防司令孙象震转据谍报：（一）敌此次攻我富金山、石门口阵地伤亡奇重,死四千余,皆运叶集焚化,臭闻十余里。（二）敌原企图沿叶商公路攻商城,因被我左翼阵地守军牵制,有改由张八岭、常集、雷集顺杨翘河流之上下石桥攻商城模样。（三）敌此次攻我富金山、石门口阵地原为汉奸所策划,及至受此奇重损失,归咎汉奸,遂在开顺街屠杀汉奸百余人。等语。谨闻。李宗仁。文辚。参。印。

李品仙致蒋介石等密电

（1938年9月12日）

武昌委员长蒋：另发白副总长。邦密。据廿六军萧军长真已参二电称：据四四师陈师长永报称：灰（10日）戌派员率领卫生队赴松杨桥南一带高地收拾伤亡,行抵全叩湾附近,瞥见有中毒至死之水牛多头,先行人员亦相继晕倒,比即施救回部。又,据卅二师王师长修身报称：灰亥派遣军官斥候往五里墩、十里铺附近侦察敌情,行至半途中毒抬回。各等语。据此,松杨桥间以南高地敌已完全布毒。等情。谨闻。西界岭。李品仙。参二。文未。印。

蒋介石致何应钦代电

（1938年9月13日）

军政部何部长：密。据第五战区李副司令长官11·16参一电呈略称：昨（10）日当我廿六军占据公路时,敌对松阳桥东南高地曾三度施放持久性毒瓦斯阻我前进,我军死伤惨重。现该方一带阵地尚有毒气未散,不能进入。我死伤人员尚留阵地内,请速派消毒人员携带大量消毒剂及防毒面具前往协助,以利戎机。等情。特达。即希迅派化学兵队分赴第五、九两战区,协助防毒、消毒,并调查毒气性质为要。中〇。元申。令一。元。

蒋介石致孙连仲密电稿

(1938年9月13日)

即到。商城孙总司令:〇密。查此次富金山失守,多因各友军不能协同该地守军所致,或行进迟缓,或为敌小部兵力所牵制,使敌得倾全力攻我要地,殊属非是。须知我军抗战,全赖万众一心,协同一致,争取最后胜利,绝不容有观望徘徊,自陷自绝。仰该总司令严督所部切实遵照为要。鄂。中〇。13·18。令一。元。印。

蒋介石致白崇禧等密电稿

(1938年9月14日)

特急。浠水白代长官、漕河李副长官:〇密。据报:畑俊军部近接东京训令,限九月二十日攻下武汉。将增添空军及化学部队,期结战局。近派运输舰由〔朝〕鲜运来烟幕、机枪、各种毒气甚多,业已运入长江。惟催泪性炮弹有白边一道,窒息性炮弹有黄边两道,并有毒气手榴弹。均于冬日(2日)下午一时由沪运往九江。等语。特电知照。并希转饬所属注意,预为防范。鄂。中〇。14·12。令一。元。印。

蒋介石致程潜等密电稿

(1938年9月14日)

(有线)特急。洛阳程长官、兴集阎长官、渑池卫副长官、屯溪顾长官、韶关何主任、广州余副长官、福州陈主任、浠水李长官、兰州朱副长官、西安蒋主任、阳新陈长官、武昌罗总司令:〇密。富金山之役,自江日起敌以第十三师团荻洲全部与第十一师团,极全力向我宋希濂军阵地猛攻,并以空军及化学部队协同肆虐,激烈战斗,持续达九十日之久,我卅六师自师长陈瑞河以次官兵夫,咸抱与富金山阵地共存亡之决心,坚守阵地,肉搏逆袭,支撑危局,始终保持富金山800高地之阵地线,一再坚强抵抗,屡予敌以反击,士气极旺,迭挫顽敌,至元(13日)午后,敌再举猛攻,以飞机数队,往复轰炸,我预备队使用殆尽,营长及守兵八十余人同时殉难,富金山遂陷敌手。但800高地矻〔屹〕然仍在我手,并未被敌夺取。该师伤亡极重,所存寥寥。在所获敌军官日记载,为其部队入中国以来首次遭遇最坚强之抵抗,并称为最优秀之敌云云。而敌之损失综合各方报告:四联队长伤二、亡二,旅团长沼田德重负伤,生死莫卜,干部、将、校、士兵伤亡达六千以上,即敌之广播,亦自知无以掩人耳目,直认为开战以来空前未有之激战,又部队长之死伤亦未尽讳言。是则宋军陈师之壮绩,已获到超出之代价,尤其精神上足使敌确认我愈战愈强,抗战精神,历久弥增,令其气短。敌十三师团在此严重打击之下,战斗力锐减,实可想见。据确报:敌此次进攻为汉奸所策划,今受此奇重损失,老羞成怒,归咎汉奸,在开顺街将大小汉奸百余名,付之一屠。为虎伥者,堪资殷鉴。查陈师此次抗战之壮烈,予敌巨创,全在官兵一体,同抱牺牲决心,誓洒热血于最后五分钟,歼敌之精神有以致之,殊足矜式。近两月来,我五、九两战区作战部队皆能发挥此种英勇精神,杀敌致果,诚为国军士气提高之表征。希常保持此朝气,各奋英勇,期于大武汉保卫战中,予敌以彻底的打击,证以陈师之事实,足见决心一足,敌即创伤随之。嗣后各战区之作战,特须注意攻防兼施,适合机动部署,要击敌人,并晓谕所属共体斯意为要。中○。14.16。令一。元。印。

陈诚致蒋介石密电

(1938年9月15日)

即到。汉口委员长蒋:雍密。查自敌由港口登陆并侵占瑞昌后,我为保持码头镇关,且地域亦甚狭小,故鲜机动余地,尔后作战地域渐次扩大,并经详考此方面地形,我为积极予敌以迎击计,拟以富池口、半壁山及阳新一带为守备地区,依有利地形,以阻敌西进,而控制马头阳新公路以南之山地,以为攻势地区,倘敌再西进,则随时予以侧击,使我军转于主动地位。谨重新颁各兵团德安、田家镇间会战指导呈报如下:(一)本战区以保卫武汉、并掩护湘赣浙路之安全,应以持久消耗之手段,积极疲惫敌人,并乘机予以局部之歼灭。(二)各兵团之任务及行动要领如后:(甲)第一兵团应掩护湘赣浙路之安全,除固守现阵地及各要点并对于调派警戒外,须不断向马回岭方面及其以北沿南浔路之敌袭击,并乘机依局部之歼灭战,予敌以打击,目前对敌打通星子、德安之企图,须努力挫折之。又:为准备迩后万一之作战,须于永修、虬津、白槎及其以北阳梅山一带选定预备阵地。(乙)第二兵团以保卫武汉外围之目的,除以一部确保田家镇南北要塞、封锁江面外,应以第一线主力于老虎头、九山鸦头亘晒山一带及其以西地区,占领纵深阵地,如遇好机,仍须积极打击敌人,尔后俟情况依下列要领行动。例如:敌以主力沿马头镇、阳新公路继续西犯时,除以十八师固守田家镇南岸要塞外,其余得步步抵抗,逐次向大屋张(老虎头西八公里)、大脑山、黄冈桥(即黄桥铺)、鸡笼山一带转移阵地,尔后即准备依排市、阳新、半壁山一带之既设前进阵地,阻止敌之西进,而以有力部队,控制黄土桥、木石港之线以南山地,对西犯之敌取侧击。配置于现在辛潭铺、排市、港口、阳新、亘半壁山一带之第二线部队,应依既定部署,积极准备,特须注意炮兵之配置,并于大屋以西、经何庄、朗子、髻山亘排市间,准备对北侧面阵地。但田镇北岸要塞守备部队须确保要塞,并与第五战区野战部队相策应。又:视江北情形之推移,应注意半壁山以北至鄂城间之沿江警戒。(丙)第十八军,并暂指挥第百十师,担任瑞昌至大桥河公路方面之作战,策应第一、第二两兵团,其行动要领如下:(一)与第一、第二两兵团协同,任两兵团间之联络,并掩护其侧翼,而应不断派队乘隙袭击敌人,以牵制扰乱之,并乘机予以局部之歼灭。(二)如第二兵团依(乙)项行动时,应即与之协同,向北侧击,并应以主力保持于公路附近。(丁)第三十集团军须于杨坊街、白水街附近加紧训练,并于各隘口构筑据点工事,候令向东进出,策应乌石门、范家铺间我军之大战。(戊)作战地境:第一兵团与第十八军为杨坊街、四下山、五台岭、杨铺、黄龙寺之线(线上属右十八军)与第二兵团为许子坡、老虎头、亭子铺之线(线上属右)。谨电呈察。职陈诚。删午。战。补发。印。

李品仙致蒋介石等密电

(1938年9月16日)

急。限二小时到。武昌委座:(另发部长何、延(白崇禧)、司令长官陈、浠水硕)邦密。职部为策应田镇守军协力作战,已饬各军命令如左:(一)广济之敌有转移兵力攻我田镇要塞企图,其先头约千余人、炮十余门,昨(删)日起与我田镇守备军在得栎桥、潘家山、菩提坝之线相持中。(二)本兵团以策应田镇守军并牵制敌南进之目的,拟以有力之一部攻击田家镇北方敌之侧背,以主力反攻广济,牵制敌主力之转移。(三)八六军及二六军之一师,归萧军长统一指挥,在界牌岭、两山寨之线,向田家镇进攻之敌侧背而攻击之,并由萧军另派一部掩护该军左侧背,以策攻击军之安全。(四)第廿六军及五五军之各一部,于明(十七)日四时夹击龙顶寨之残敌,占领该地后,向四豹、平山之敌围击之。(五)第七军及四八军,各以一师向广济城东、西两侧地区协力突击,并进出公路南方地区,求敌之主力而击破之。(六)第七军及四八军定明(十七)日拂晓开始攻击前进,八六军与廿六军限十八日开始行动。(七)此次本兵团向敌反攻,系保我田镇要塞,任务重大,务须各尽最大努力,以赴事功为要。上七项谨电呈察。界。李品仙。16·22。参一。印。

李宗仁致蒋介石等密电

(1938年9月17日)

(1)

即到。武昌委员长蒋、军令部徐部长：朗密。(一)本【日】十五时据二集团军王参谋长电话报称：(一)铣日十二时(十六日)敌陷商城,潢川方面自铣日无线电亦中断,刻该方状况不明,与陈鼎勋军联络亦困难,已令附近各军侦报潢川情况。(二)我各师位置如下：三一师位置商城以南下家河、葛庙之线,七一军以两团占领余家集,余两团位置沙窝附近地区,三十师位置沙窝附近地区,二七师位置白雀园东北高地。(三)十八时十分所得情况如下：二七师杜团因掩护主力行动,被敌包围于方匡以北山地中,刻已派兵向钟铺袭击,借解杜团之围。(四)商城方面【敌】已集结步骑炮四五千人,有南进姿态。(五)葛庙已有小接触,情况不明,苏山石有敌千余人,有向西前进【趋向】,刻抵四顾当附近,等语。谨闻。职李宗仁。篠戌。参一。印。

(2)

特急。武昌委员长蒋、军令部徐部长：〇密。(一)据商城陈县长守常今日十四时电话：敌于昨午攻入商城,县府人员已于前晚退到新店。(二)又据二集团王参谋长十八时电话：商城方面敌已集结步骑炮约四五千人,有南进企图。现二七师杜团被包围于方匡店以北山地,已派兵二营向钟营铺袭击以解杜团之围,并派兵二连急进侦查该处情形。苏仙石有敌千余向西前进,先头已抵四顾墩。等情。特闻。浠。李宗仁。篠亥。参二。印。

李品仙致蒋介石等密电
(1938年9月18日)

限二小时到。武昌委员长蒋：(另发李宗仁)朗密。窃查鄂东方部归职指挥者共有十军，现萧之楚、何知重两军已令南下，协同李军作战，王缵绪部内容复杂，指挥不灵，已失作战效用，至曹福林军，病兵最多，刘汝明军参战之后，现在前方服务者均不过二千余人，卅一军一三八师已开麻埠，其余两师自经太湖及广济两次会战，损失甚大，现有兵力不过四千人，八四军原仅两师，现每团仅得五六百人，以上各军似应速调后方或加编并、或事补充，恳祈核夺。目前勉强应战者，惟第七军及四十八军各两师而已。依目下情况，敌以一部死守广济，我军屡欲围歼，尚未奏效，若敌增援改取攻势，则更难应付。为求巩固鄂东防务起见，拟恳迅派精锐赶速调防为祷。界。职品仙。巧亥。参一。印。

蒋介石致李宗仁密电稿
(1938年9月18日)

限两小时到。浠水李长官：○密。敌自攻陷广济，迄今旬余，并未积极西进，而近两日来，猛攻我铁石墩及在武穴强行登陆，是敌已转用主力，企由该两方面夹攻我田家镇要塞已可概见。希贵长【官】严督该方面各军，确保圻春以东潘家山、栗水桥之线，以掩护田家镇要塞北侧，并努力策应该镇守军作战为盼。鄂。中○。18·19。令一。元。印。

李宗仁致蒋介石密电
(1938年9月18日)

限二小时到。武昌委员长蒋：朗密。据张军团长自忠篠申戌电称：甲、据刘〔振山〕师长报称：围攻潢川之敌，连日以步、炮、空联合向我猛攻,已历数昼夜,炮火日夜猛烈,飞机流〔轮〕番轰炸,并使用毒瓦斯弹。我军伤亡重大,俱知坚抗,毙敌极众,现敌一面增加大部猛攻,一面以步、骑连合约二千之敌(附炮六门)迂回潢川城西,切断信潢公路,但我士气旺盛,愈战愈勇。乙、(一)据黄〔维纲〕师长报称:我与敌血战数昼夜,因敌不断增援,使用大量瓦斯弹,我官兵中毒甚多。现我卅八师及一八零师各部仍在城西与敌苦战中。(二)据守城安旅长报称:敌以密集炮火攻城,并大放毒瓦斯,全城弥漫如烟,我官兵多自由潢川北城〔此处原文如此,似有脱漏〕。西北两方完全为敌炮火摧毁,我官兵现仍在喋血抗战,坚守不退,双方伤亡均极惨重。等情。谨闻。浠。职李宗仁。巧子。参一。印。

蒋介石致李宗仁等密电稿

(1938年9月19日)

限即到。浠水李长官、界岭李副长官、张家塝廖总司令、麻城探交孙总司令并转各集团军总司令、各军团长、各军长、各师长、田家镇李军团长:○密。通令:溯自抗战以来,赖我全军将士敌忾同仇,忠勇用命,万众一心,屡予敌以重大打击,粉碎敌人"速战速决,三月亡华"之企图,提高国家民族国际上之荣誉,足证精神一致,克服万难。当兹敌寇深入,攻我武汉,我军第三期会战展开之际,凡我官兵,更应如何砥砺,协同歼敌,挽回局势。乃近查有少数部队,或对敌情侦察不明,或对友军支援不力,迹近观望,予敌各个击破之好机,无异坐以待毙,影响全局,殊堪痛恨。须知唇亡齿寒,非团结不足御敌,惟协同乃可致胜。特此令仰各该指挥官咸体斯旨,并严令所属切实遵照,继续努力,共同奋勉,为民族国家之生存,争取最后胜利为要。如再有互相推诿、观望不前,致失机宜,定予严惩。此令。鄂。中○。19·12。令一。元。印。

萧之楚致蒋介石密电
（1938年9月21日）

特急。武昌委长蒋：朗密。奉李副长官马辰电转奉钧座手谕，谨悉。田家镇要塞关系成败全局，遵照钧意，抱有死无生之决心，报效党国。前本军四次猛攻，业牺牲过巨。现四十四师、三十二师实有战斗员均不过一千余人，除四十四师已经竹影庙向香山进攻外，其余一旅与铁石墩以东之敌激战中。三十二师与四望山之敌亦在激战。兵力如此情况。如此，最后只有集合官佐民夫编并成队，与敌拼死一战，成功固佳，成仁亦所甘愿也。萧之楚。马午。参一。印。

蒋介石致孙连仲等密电稿
（1938年9月22日）

特急。麻城孙总司令、冯军团长、立煌于总司令、光山张军团长：〇密。潢川之役，张自忠部担任守备，自铣日（16日）以还，敌以炮火毒气全线开始猛攻，该部攻守兼施，自军团长以次，莫不身先锋镝，抱必死之决心。敌乘炮击之效果冲入城内，巷战肉搏，迭行逆袭，一再击退，倭尸累积，濠水尽赤。我虽伤亡亦重，然卒达成守至巧（18日）日之任务，良足矜式。该部刘师长振山，中毒二次，犹不稍却，尤堪嘉尚。该总司令、军团长等与荩忱或系久同袍泽，或则夙共疆场，闻鸡起舞，当与媲美，思齐之念，岂甘让着先鞭？务须严整纪律，振作精神，并须彼此切实联系，团结互助，协同动作，共灭敌寇。现国联已通过制裁日本案，最后胜利即在目前，若我各军不自努力，无异自暴自弃，以后若有作战不力，擅自撤退，不与阵地共存亡者，将为败亡之罪人。应对部属信赏必罚，照连坐法严惩勿贷，即最高主管长官亦必照连坐法惩处。希共体时艰，勿负谆嘱。鄂。中〇手令。养。令一。元。印。

蒋介石致顾祝同等密电稿

(1938年9月22日)

急。屯溪顾司令长官、青阳唐总司令、至德刘军长:4484密。近来沿江炮兵,因受少数之敌登陆威胁,不能达到妨碍敌舰之企图,即对敌舰每日来往数目及装载情形,亦不得悉。际兹武汉会战紧张关头,国联已通过制裁倭寇之案,正我全国军民努力奋勉争取最后胜利之时,游动炮兵未能努力达成任务,殊属影响全局。为使对敌舰不断侦察,并使我炮兵能发挥威力计,兹定办法如下:(一)应于沿江敌未登陆处多设监视哨,侦明敌舰种及运输情形。(二)战车炮及山炮应适合各种地形及运动性,适时机动,变换阵地,于敌未确定其位置企图登陆妨碍前,业已射击完了,另行变换阵地,如是,则沿江皆我炮兵活动区域,随处皆可射击敌舰。除非敌沿江到处登陆,实不易阻止我炮射击。希即遵照办理为要。鄂。中〇。22·10。令一。元。印。

李宗仁致徐永昌密电

(1938年9月22日)

限即刻到。武昌军令部徐部长:2597密。据孙总司令巧申电称:查此次我第二集团军在商城以东以北地区作战,敌施放之瓦斯弹多系催泪性与窒息性两种,系黄黑色,黄色为毒气,黑色似系烟幕。等情。特闻。浠。李宗仁。养。辰。参二。印。

李品仙致蒋介石等密电

(1938年9月22—24日)

(1) 9月22日电(一)

限即刻到。武昌委员长蒋:(另发李宗仁)邦密。据掳获敌文件得知,敌第六师团稻叶部队前由广济西进时,本企图进犯浠水，后经我夹击，受挫过重，故改变计划，以一部约两联队、炮兵一大队防守广济附近黄广公路，以主力第十一旅团之第十三(中野)、第四十七(长谷川)两联队、纵炮兵约二大队，于本月删日(15日)开始南下，攻田镇北侧，其目的在占领田镇要塞，尚无进取蕲春企图，且恐我蕲春部队攻其前背，故其松山口附近戒备甚严。除掳获文件战利品另文呈缴外，谨电呈察。职品仙。养申。参二。印。

(2) 9月22日电(二)

急。武昌委员长蒋：另发硕(李宗仁)最密。据卅六军萧军长参一马午电称：奉电话转来委座手谕，以田家镇关系成败全局，责备极为严厉。职当抱有死无生之决心，以报党国。惟以本军前经四次激烈猛攻，人数伤亡过巨，现四十四师、三十二师实有战斗员均不过一千余人。除四十四师于旅已经竹影庙正向香山、骆驼山进攻外，其余一旅亦即向该方续进。三十二师现与铁石墩以东之敌、与四马山之敌激战中。兵力如此，最后只有集合官佐兵夫编并成队，与敌拼死一战。成功固佳成仁亦所甘愿也。等情。谨闻。界。职品仙。22·18。参一。印。

(3) 9月23日电

武昌委员长蒋、白副总长：(另发李长官)邦密。兹将本(廿三)日下达部署命令报告如下：(一)敌情从略。(二)本兵团以迅速解决围攻田塞敌人之目的，决增加兵力，于三日以内将敌人压迫于马口湖、黄泥湖中间以北之地区，捕捉歼灭之。(三)着第四十八军张军长率一七三师全部经漕河镇，即迅开赴栗木桥附近集结待命，俟到达栗木桥后，第一七四师即归还该军之建制。(四)第八十四军仍遵前令，迅开西河驿附近整备，为本兵团之第二线部队。(五)各该军于可能范围内，务力求秘匿敌眼，尤其对于敌机空中之侦察特须注意。(六)各该军奉令后,即开始行动,勿稍延误。上六项谨电呈察。界。职李品仙。梗午。参一。印。

(4) 9月24日电

限两小时到。委座:(延另发硕)据萧之楚漾酉电称:邦密。(一)本日八时至下午四时,有敌机十余架轮流不断轰炸我军各处阵线。(二)一零三师正面被敌猛攻,现尚扼守3120高地及松山口亘吴湾之线,一二一师固守2625以北高地,被敌突破,全师崩溃,现由何军长派人收容中。(三)卅二师在孟湾、唐伯、海湾之线,已成混战状况,该师伤亡甚大,王师长尚在田家湾督战,但该师伤亡殆尽,想亦无能再支持矣。四四师陈师长被炸受微伤。等情。谨电呈察。职李品仙。敬。参一。巳。印。

蒋介石致李宗仁等密电稿

(1938年9月24日)

限即到。宋埠李长官、武宁陈长官、界岭李副长官、南昌薛总司令、阳新张总司令、武昌罗总司令、信阳胡军团长:密。极机密。训令:(一)国军以聚歼敌军于武汉附近之目的,应努力保持现在态势,消耗敌军兵力,最后须确保北岸大别山、黄麻间主阵地,及南岸德安、箬溪、辛潭铺、通山、咸宁各要线,先摧破敌包围之企图,尔后以集结之有力部队,由南北两方向沿江夹击突进之敌。(二)第五、第九战区,应照左记要领,适应时机,作部署准备:(甲)第五战区应以现在态势,确保大别山主阵地,须以孙连仲、冯治安、宋希濂、张自忠等部,固守黄、麻以北阵地,以胡宗南及于学忠部,取侧面攻势,先击破由豫南方面包围之敌,并确保信阳,使武汉附近部队作战容易。广济方面,须保有现在阵地及田家镇要塞,务以持久战之要领滞迟敌之西进,并先由该方面抽调有力四个师,控制于宋埠、黄陂间,与武汉守备部队协同作战。该战区并应预为指定八个师以上之兵力担任游击,在大别山分区设立根据地,向安庆、舒、桐、合、六及豫东、皖北方面挺进游击,尤须积极袭击沿江西进之敌,其苏北兵团应向淮南游击,破坏交通。(乙)第九战区应于阳新、金牛以北及沿江各要点,酌派有力部队固守,滞迟敌之西进,主力确保德安、箬溪、辛潭铺、通山、咸宁要线,以维持全军后方,使尔作战容易。须由南浔路抽调部队,控制箬溪、武宁各要路口,阻敌迂回企图。以汤恩伯及卢汉部使用于辛潭铺附近,关麟征、李仙洲、丁炳权部使用于通山、咸宁附近,准备对江南岸西进之敌断行夹击,与武汉守备部队协同作战。该战区于九宫山建立游击根据地,应以四个师以上兵力随时向敌后方游击。(三)武汉卫戍部队应以一部守备鄂城、黄州、团风各要点,主力确保武汉外围及核心阵地,与第五、第九战区野战部队互相策应,击破南北两岸进犯之敌。应于九月底全部布置完竣,并作三个月以上之固守准备。仰即分别办理具报。鄂。中〇。24·18。令一。元。印。

李宗仁致蒋介石密电
(1938年9月26日)

提前。武昌委员长蒋:朗密。张自忠巧亥电节称:顷据安旅长报称:职奉令坚守潢城,因城垣为敌炮火摧毁,敌又凭借北城射击,官兵虽尽力牺牲,卒因中毒过多,伤亡殆尽,于本晚被敌攻陷,等情。窃职昨奉总司令孙电令,饬掩护大军集结至早,于巧夜放弃潢川等因。但野战部队既因损失过大,无力支撑,而城防部队亦以伤亡太重,终于失陷,不克依限多撑时日。等语。查该部孤军困守,遵奉所予时限,卒因伤亡惨重,迫而放弃潢川,不无可谅之处。谨电奉闻。宋。职李宗仁。寝西。参一。印。

李品仙致蒋介石密电

(1938年9月26日)

(1)

武昌委员长蒋：另发司令长官李。邦密。(一)经有亥参一电，令李〔品仙〕、张〔义纯〕、萧〔之楚〕、何〔知重〕各部于本日拂晓前迅就攻击准备位置，十八时开始向进犯田塞之敌攻击前进。(二)职本日下午率指挥所人员移驻中窑坝南方熊家湾。谨电呈察。竹瓦店。职李品仙。26·11。参一。印。

(2)

即刻到。武昌委员长蒋：(另发李宗仁)朗密。委座2411电敬悉，已转令围攻广济各军遵照办理。兹迭据前线各军报告：我七军已将包发达之敌击破，现正向松杨桥前进。五五军已将黄土坂之敌肃清，正向萧家岗一带高地攻击，合围四顾、平山、龙顶寨之敌。又：七军之一部已将燕儿寨、马鞍山一带敌之据点占领，正向广济进展中。谨复。竹瓦店。职李品仙。宥午。参一。印。

李宗仁致蒋介石等密电

(1938年9月26日)

即到。武昌委员长蒋、军令部徐部长：朗密。据孙总司令敬、有各电节称：(一)敬晨(24日)敌竟日集中炮火攻击许家冲三一师工兵营阵地。【我】官兵浴血苦战，伤连长二、亡一，干部伤亡殆尽，全营仅余四十余人。(二)敬夜，敌复四次夜袭，均经击退。有(25日)拂晓复对我总攻，以右翼蔡家凹、左翼之许家冲为最烈。(三)敌接近我阵地时，戴防毒面具，以毒气罐对我掷放。(四)盛家店午后到敌六七百人，现继续南进中。(五)三十师敬日将杨家寨山占领，获防毒面具、钢盔等件。各等语。谨闻。宋。硕。寝未。参一。印。

陈诚致蒋介石密电

(1938年9月27日)

限即到。武昌委员长蒋：朗密。据今日前方电话报称：(一)敌今日攻白水街甚烈，麒麟峰被敌占领。现我王陵基部已增援一团，于本晚向敌反攻。又：我出击部队之九一师及一四二师本晚已进至长冈坪、曾家崖，正向小坳附近之敌袭击。我九十师以一师向范家铺、冯家铺、横港街一带挺进中。(二)沿瑞武路进犯之敌本日下午攻我甚烈，由煤山、覆血山之间冲至李家山及其三〇九一高地。其战车十余辆亦抵李家山附近，我十六师部在极力抗拒中。至昆仑山亘煤山之线仍在我手。(三)我一八四师方面今日下桥铺西南之四八二五高地守兵一连，因敌狂炸完全牺牲，该地被占。敌复向白门楼攻击，经我击退。又，钟日亲敌百余被该师包围激战中。以上各地均在颜子山之南。谨闻。职陈诚。感戌。谍。印。

李品仙致蒋介石密电

(1938年9月27日)

即到。武昌委座：(另发硕)朗密。(一)我四八军及萧部于昨黄昏前协力夹攻马口湖及黄泥湖及其以北一带之敌，四八军在右翼，萧军在左，何部在四望山附近，掩护左侧，各部同时开始前进。我四八军之一部，乘敌不备，一鼓将香山敌之坚固阵地攻下，后骆驼山之敌即来增援，如是肉搏争夺，得失三次，至拂晓后，敌用毒瓦斯反攻，我军死亡颇多，现该山尚有一大部为我占领，仍继续攻击中。另一团攻击2625高地，敌顽强抵抗，并以高度甚大、斜面亦陡，攻击异常困难，经数度猛进，始于上午二时将该地确实占领，敌向南方李镇阁溃退。拂晓时，萧军之右翼部队，亦已将陶寨占领，敌向溯南溃退。左翼正向黄泥湖北岸地区进展中。至本日午后该敌又以全力向我攻得之各阵地反攻,并以飞机廿余架向我轰炸,我军各部仍继续前进,以期扩张战果,是役敌遗尸枕藉,伤亡惨重,我亦牺牲甚大。(二)田镇守军据李军团长报告,昨晚守军同时出击,兵力单薄,未能奏效。敌同时并向我乌龟头、沙子脑各阵地反攻,现正在剧战中,武穴方面之敌,昨日起,又复向西前进,与我守军在仓谷脑附近对峙,南岸敌炮仍向北岸不断射击。各等语。业令各部依照攻击计划继续攻击。(二)职指挥所为指挥田镇守军及攻击军便利起见,已于昨晚推进至缺窑坝与菩萨坝中间地区熊家湾附近。上三项谨电察核。职品仙。沁辰。参一。印。

陈诚致蒋介石密电
(1938年9月27日)

即到。汉口委座:觉密。据黄军长维宥卯电称:(一)昨(有)晚梨口作战状况如下:(一)陈师(第六十师)正面敌人约六七百,二十一时起夜袭我白水街附近阵地,来势凶猛,我军一时应援不及,致白水街、麒麟峰相继失陷,经陈师预备队加入反攻,肉搏终夜,至本(宥)日五时完全将侵入白水街、麒麟峰之敌击溃,敌遗尸约二三百,生擒敌官兵五名,俘获轻机枪五挺、步枪九十余支,该敌为北支驻屯军第三联队,我伤亡四五百员名。(二)何师(第十六师)攻击王家铺附近窜入之敌,昨廿四小时克服血山,激战至晚,敌机、炮轰击至烈,并射毒瓦斯甚多,致未克将敌扑灭。(三)一四一师既恢复上坳山五六五高地,现正继续反攻中。等语。谨闻。职陈诚。27·10。战。印。

李品仙致蒋介石等密电
(1938年9月28—29日)

(1)9月28日电(一)

限一小时到。武昌委员长蒋:〔延(白崇禧)另发硕(李宗仁)〕

邦密。(一)我一七四师、廿六军于宥(26日)申开始攻击,一七四师右翼对于香山往返三次,终于将香山占领,该师左翼亦占领瞰高地,廿六军占领陶寨,敌向云连庙溃退,刻正继续攻击中。(二)广济附近张、曹两军宥申开始,向敌阵地破击,续以步兵反攻,感(27日)子占领四顾坪山、困龙山之一部,敌向龙头铺退去,右翼占领岳家岗,刻松杨桥之敌向肖家岗反攻,正激战中。(三)沙子坳之敌俭(28日)子以后将我第九师鸡脚块、新屋下阵地突破,已严令该师恢复。谨电呈察核。职李品仙。俭寅。参一。印。

(2) 9月28日电(二)

限二小时到。武昌委员长蒋:〔另发4311宗仁〕邦密。(一)据四八军张军长报告:我南下攻击军于本(寅)晓前,已将香山之敌完全肃清,并攻克骆驼山敌之据点及附近各高地,我军伤亡极重,敌亦死伤颇多。拂晓后,敌又复全力向我反攻。(二)据萧军长报告:四四师昨晚已将避难畈附近之敌击退,现敌向我陶寨反攻中。(三)又据李军团长报告:南岸之敌约二(?)在武穴以西地区登陆,现未前进。昨日,敌向我猛攻,黑家山高地嗣未收复,该敌并向我攻击中。等语。(四)敌利用我第二军以前构筑之工事,并增加铁条网、地雷死守,阻我南下。我军猛攻,士气旺盛,迭次攻克敌各阵地所费时间极为迅速,但敌到重要关头,即放毒气弹。我以防毒具不完备,每为敌之中伤。现仍继续前进中。(五)广济方面我七军进攻敌各据点,虽经收复数处,但四顾平山、龙头寨等处,敌筑有坚固工事,屡攻未克,死伤颇大。昨晚攻至敌阵核心附近,拂晓后仍未得手。现正在对峙中。职李品仙。熊家湾。参。俭辰。一。印。

(3) 9月28日电(三)

限一小时到。武昌委员长:另发硕。邦密。四八军本拂晓前继续攻克骆驼山及其附近高地后,敌以全力反攻,我官兵奋勇抵抗,前仆后继,将敌二次击退,拟今晚总攻。兹据李延年电话报称:(一)南岸半壁山已为敌占,敌以水陆战车向田家镇核心攻击。又:武穴之敌本日攻我一九八及五七两帅阵地,黄谷、老苍谷脑、凤凰山、阳城山相继失守,敌已达仙人洞、莲花心附近,我军混乱异常,形势危迫,究应如何,乞即核夺。等语。除严饬坚守核心及四八军、萧军仍继续南攻外,田镇守备应如何办理,恳即核示。熊家湾。职品仙。俭酉。驯。一。印。

(4) 9月29日电

限一小时到。武昌分送委员长蒋、部长何、司令长官陈:(另发李宗仁)邦密。连日以来,我张、萧两军与田塞守备军,在黄、马两湖中间地区对敌夹击,已成合围之势。感(27日)夜我要塞守军对北阵地经敌由鸡脚陇突入,占据黑家山,虽【未】能立时反攻,但尚可勉力支撑。至俭日(28日)敌由南岸渡江,增加二千余人,以海、陆、空合击田镇,对东阵地遂为敌冲破,以致迫近要塞核心,田镇核心守军不战溃走,迭经严令守军固守田镇西部山地以图规复,终未能确实办到,并且部队混乱,群集马口港附近向后退出。至昨日午后三时,田镇遂告失守。同时我南下四十八军正在猛攻沙子坳、鸭掌庙,战况极有进展。迄艳(29日)晨仍在续攻中,旋奉委座指示转移兵力、巩固广济北方正面,十一军团调上巴河整理。等因。遂变更部署如次:(一)何、萧两军在珊驼山、得栎桥之线停止攻击,艳晚起撤回关沙河沿、赤东湖北端原有阵地,四十八军撤回西河驿,仍为本兵团之总预备。(二)第二军及一九八师即转移至马口湖北岸停止布防。艳夜起,第二军撤至上巴河附近整顿,一九八师撤至张湖、管家湖、西湖各湖北岸,并对江岸布防,与萧军右翼连系。(三)广济正面各部仍旧。(四)职艳晚由前方指挥所返界岭指挥部,均经处置完毕。谨电呈察。界。职李品仙。艳申。印。

李宗仁致蒋介石密电

（1938年9月29日）

提前。限即刻到。武昌委员长蒋：朗密。甲、据皖保安处俭亥电称：六安县电话：由合肥开来六安之敌约万余，今晨向叶集西进。乙、据胡军团长感申电称：罗山方面敌人以矶谷师团之三十九联队为主，合以骑炮兵及刘桂堂部。丙、据第二集团军王参谋长艳晨电话报告：据俘虏供称：敌第十六师团原拟增加于罗山方面，现已转用于沙窝方面。丁、据孙总司令连仲意见具申：（一）拟对罗山之敌，以一部兵力予以监视。（二）拟在罗山方面抽调有力之一师，由罗山经光山向沙窝以北与八七师协同围攻第十六师团（约两联队）之敌，趁其后续部队未达以前而歼灭之。（三）第十七军团所指挥之部队，除抽调一师及以一部监视罗山之敌外，其余应向潢川攻击前进。戊、综合各方面情报，敌似有由打船店、沙窝南下攻麻城，并图与第六师团会合进取武汉之企图。孙总司令所具意见不无可取之处，如何？仍乞钧裁示遵。宋。李宗仁。艳巳。参二。印。

陈诚致蒋介石密电

（1938年9月29日）

即到。武昌委座：穑密。据薛总司令电话：（一）进犯何家山之敌为一二三及一四五两联队。昨日以来与我第四军对战甚烈，我九一师及一四二师由小坳折回包围其侧背，迄至本日上午遂将该敌解决，阵地遗敌尸二千具，掳获甚众，正在清查中，残敌向冯家铺溃逃，我军现分兵扫荡中。（二）白水街、麒麟峰方面之敌为山下兵团宫崎联队，本日下午已被我新十三、新十五、第六十各师围攻，敌死伤近千人，遂不支，由朱家塘向北溃退。现杨坊街、白各街一带地区无敌踪。我军仍向火炎坳方面攻击中。等语。详情俟续报。谨闻。职陈诚。29·22。参战。印。

李品仙致军令部等密电

(1938年10月1日)

即到。武昌军令部:(另发硕)据十一军团李延年27·14参电称:○密。昨黄昏后本以炮火支援南下友军,并以一部向敌出击,是时敌竟以黄泥湖西岸分向本军第二线窜扰,今东面之敌,复向乔麦塘、芦家嘴一带猛攻,我因兵力无多,出击部队急于调回,双方遂于芦家嘴、乔麦塘、八峰山、黑家山、东坂之线展开血战,守军伤亡殆尽。至十四时,八峰山、黑家山均陷敌手,我军勇猛反攻,卒将八峰山夺回,而黑家山迄□时止,仍在争夺中。又据27·21电称:本午以来,敌在上川、附般、武穴西登陆部队约两千余人。等语。刻本军对北阵地,仍在混战,并尽全力反攻,黑家山之东仍在蹑谷脑、大范山之线与敌激战。各等情。谨电呈察。界。望(李品仙)。参一。东辰。印。

李品仙致蒋介石电

(1938年10月1日)

提前。武昌委座:(另发李宗仁)邦密。委座30·22令一元电敬悉。查田镇要塞失守原因颇多。至李〔延年〕军团长原任防守专责,要塞陷落,在理亦应负相当责任,至其指挥督率亦欠适当,因部队使用未能集中,指挥位置在王家湾要塞之外,对守兵心理不无影响。及前线部队之溃退,要塞核心守备人员擅自退出,未能严为督饬,不无过失。至萧军长之楚、何军长知重策应要塞作战行动迟缓,未能依照命令及时夹击,亦有相当过失。至其他各官长之失职贻误戎机者,已令李军团长查明详报矣。自职奉命指挥要塞及派遣各军南下作战,供职无状,以至要塞失陷,影响战局,尚乞从严处分为祷。谨电呈复,并候裁核。职李品仙呈。东午。印。

陈诚致蒋介石密电
(1938年10月2日)

特急。委座。汉口。稽密。(1)反攻何家山之敌约千余,昨晚以来,被我五八师、九一师、预六师、四军一部合力解决,并生擒三百余。又:三坪口之敌,本日曾突破我罗盘山一三三师阵地,但人数仅四五百,李家山及马鞍岭以东仅遗少数敌人,现我一四二师已到南田坂附近,该敌颇为恐慌,已令薛总司令督率各部继续围歼中。(2)汪宫章、木鱼墩、黄连洞阵地,昨日被敌突破后,一八四师退守关王山、仰天堂、栗树山、李家湾之线,已电汤总司令以卢军团之一八二师扼守排市、率州间,以二师反攻黄连洞、石梯,并相机恢复颜子山。以五十师、九二师归霍军长指挥,转进桃花尖、王子岗、小寨,切断敌连络线。八五军除以一部控制洋港附近为预备队外,余掩护五十师、九二师右侧翼之安全。四九师、二三师合编约两营,控置于龙港。(3)各部连日作战,伤亡甚大,战力颇弱。谨闻。陈诚。冬未。战。印。

(三) 武汉三镇之战

田塞北区核心阵地失陷原因及战斗经过报告书
(1938年10月)

田塞北区核心阵地失陷原因及战斗经过报告如下:
失陷原因
一、本区外围守备军(第九师、第五七师〔欠一团〕)因伤亡过重,被敌强力压迫,与核心守军失却联系,敌得任意攻击核心阵地。
二、工事未得全部完成。宗鼎于七月九日兼任田塞司令职,当时接收永久工事计二十个,野战工事全未动工,当即区分工段严饬日夜赶筑野战工事,于八月下旬将对武穴方面主阵地各线完成并同时完成对江面之工事。九月初旬开始构筑对北面及西北面山上之工事,其正面宽约七千公尺,全线均为岩石(永久工事仅有五个),施工困难又兼材料缺乏,迄剧战时,工事仍未得完成。

三、地区大守备兵力不足。查本核心阵地对武穴方面右自上公大堤起,左至后壁山(不含)止,其正面宽约三千公尺;对江方面右自冯家山西端起,经盘塘沿大堤,左至上公附近止,其正面宽约六千公尺;对北及西北方面右自郭家冲东口起,经黄谷脑、立儿脑、腊烛垴、阳城山、杨树坪至冯家山西端止,其正面宽约九千公尺;共计四周正面宽约为一万八千公尺。如择要配置,以每营担任三千公尺正面计算,亦须六营守兵方敷分配,而当时核心尚不足三营,曾一再请求增加迄未办到,卒以守备力薄增援无人,一被突破遂致无法维持。

四、对江面封锁无力。因备炮被敌机炸毁(因7.5高射炮调走),轻榴弹炮、野炮调走,南岸失守,以致对于敌舰上驶与其扫雷工作无力制止,敌可在其飞机炮火掩护下任意扫雷,随地登陆。

    战斗经过

自九月七日广济失陷后,北面渐形紧张。因黄马湖以北地区让出空隙,九师乃抽调一部至松山口防堵北岸。要塞区内之77野炮两连、10.5轻榴弹炮、75高射炮各一连奉命于十三、十四两日调赴江南,十五日马头镇失守,南岸要塞自是日渐危急,时以北面情况紧急,九师全部调往应付,以五七师【为】守备要塞之总预备队,三四二团调防黄马湖中间地区,并调留防要塞之炮六营(欠两门)及五七炮兵营山炮两门赴该地与之协同,要塞守备力量因而削弱。嗣以九师战事失利,敌军着着进迫,我三四二团遂于胡家山、鸭掌山、沙子垴、乌龟山之线与敌接触,激战数昼夜。因敌陆空联合兼用毒剂,伤亡惨重。复抽调我三三九团前往增援,激战数日,伤亡情形与三四二团等。复又调三三七团,继又调我守备核心阵地三四零团之一营增援，均颇有伤亡，因之我守备要塞之力量更形薄弱矣。二十四日南岸要塞沦陷，北岸要塞自是不惟失去策应力量反增加受敌瞰制之不利。南岸要塞失陷后，敌即以主力进图北岸要塞，逐日对于炮台区大肆轰炸，一九八师之一团增援，与敌一触即溃。二十六日敌即以陆海空联合力量由东北两面大举进攻。北面我军因伤亡过重，黄马湖中间阵地被敌突破，敌遂进占黑象山、八峰山。东面敌约千余于上午五时在飞机炮火掩护下由阮家湾向我周家山、芦家嘴、兔山、苍谷老猛攻，激战竟日，迄夜仍在相持。下午四时另一部由上洲头向我朱焕耀猛攻，激战至夜，敌虽被我击退，而我守备核心阵地之三四零团团长龙子育于下午八时三十分因督战阵亡。二十七日，敌重轰炸机每组三、五架不等竟日更番轰炸，北岸要塞核心工事大部被毁并炸毁备炮五门，又有敌约七八百人在飞机炮火掩护下由上洲头向我核心阵地猛攻，迄夜未停，双方伤亡均极惨重，并同时向我核心阵地侧背猛攻，肉搏数次，迄二十八日早八时仍在恶战。是时半壁山江面亦发现敌情。是日早二时敌汽艇二十余艘由富池口企图向我盘塘、冯家山登陆未得逞，至早六时敌约百余，借飞机炮火掩护强行在盘塘附近登陆，与我三四零团三营发生激战，被我歼灭殆尽。下午一时，敌由南岸驶来汽艇数十只，载敌兵数百名于上洲头登陆，猛攻我上公、陈家嘴之线，因我守军三四零团五连伤亡殆尽，遂被迫扼守桃园、叶家畈、兔山之线，同时敌机炮大肆轰击，【我】备炮又被毁一门并炸毁弹药库两所。午十二时防守阳城山、凤凰山之一一四二团与敌发生激战，并有敌机十余架助战。至下午一时，阳城山失陷，敌继由该山向玉屏山包抄，与我三四二团之一连发生剧烈白刃战，因该连伤亡殆尽，二时许玉屏山亦告失陷。继而山涧、杨树坪被敌占领并以火力封锁公路，同时敌机又向我炮台猛轰，东面之敌复于同时猛冲，江内敌舰五艘进至柯六营，以猛烈炮火掩护敌兵数百，复由盘塘附近登陆，血战逾时，盘塘沦陷敌手，此时我军仍继续与敌血战，入晚七时，敌乘夜暗各面同时猛冲以致通信断绝,上下顿失联系,遂起混战,卒以力弱无援,战至夜半遂被压迫至冯家山以西地区扼守待援,至二十九早三时奉命转进,田塞遂告失陷。

谨报告

部长　徐

　　兼田家镇区要塞司令　杨宗鼎印〔印字衍〕谨呈

中华民国二十七年十月

李宗仁致蒋介石密电

（1938年10月3—4日）

（1）10月3日电

汉口委员长蒋:朗密。29·16令一元电奉悉。兹改定部署如次:(一)各兵团作战地境:除新划左翼兵团与胡军团之地境外,无变更。(二)除三一军之一师及四八军两师统归韦军长指挥,遵钧座冬午电示集黄安、吕王城、黄陂站一带,徐源泉部集麻城,李延年军在上巴河增筑巴河市至团风间沿河之工事。以上各部归战区直辖,冯治安军归孙〔连仲〕指挥、刘膺古军归李〔品仙〕指挥外,余无变更。(三)各兵团任务:1.右翼兵团:应以纵长之部署,努力保持现阵地,不得已时,以持久之手段,逐次占领漕河、浠水间及浠水、巴河各线,滞迟敌之西进。但第七军应于适宜时机归中央兵团之指挥,并于田家镇上流竭力拒止敌之登陆及防害敌舰之活动。2.中央兵团:以现有之兵力分置于英山、立煌附近,防止东方敌之侵入。尔后受右翼兵团转移之兵力,集结重点于罗田、麻城、浠水间山地,准备向西策应战区主力之作战。3.左翼兵团:极力排除战区左翼敌之威胁,万不得已,悉须确保小界岭、经扶、徒沙河之既设阵地。4.以胡军团所属各部及新到之十三师为豫南兵团,均归胡军长宗南之指挥,受战区直辖,与左翼兵团之作战地境为老君山（黄陂站东南约十一公里）、白马山1 000高地（宣化店东南约十一公里)、邢家湾、汪家乡、(龙升镇东约九公里)之线,线上属豫南兵团,应控置主力于信罗公路方面,侧击南进或迎击西进之敌,万不得已时,亦须扼守宣化店、九里关、信阳之线,特须注意罗山、宣化店道及五里店、广水道,勿使敌迂回至武胜关后方。5.详细部署由各该兵团总司令及胡军团长拟具计划候核。谨电呈察。宋。职李宗仁。江午。参一。印。

(2) 10月4日电

限二小时到。汉口委员长蒋:阙密。综合近日敌情判断如下:敌纠集兵力自合肥、六安西进,判断其意图不外继续增援,由新店、沙窝方面南下,冀突破大别山脉,进出麻城,威胁我右翼兵团之侧背,使敌攻略江北进展容易;或则主力向罗山西进攻信阳,截断平汉路,并转移其主力,一由新店攻宣化趋黄安,一由大新店趋广水。我为应付该敌计,以左翼兵团各部固守大别山脉各隘路,并准备以有力部队随时出击以牵制敌之西进;胡宗南兵团则以主力于罗信公路,如敌南下则侧击之,如敌大部西进,则避免决战,利用五里店、信阳阵地,逐次拒止该敌;另由兵团抽一师至二师向罗山、固始间地区游击,袭击敌侧背,并指挥民众武力,截断其交通。如此,则不论敌西进或南下,皆受我之侧背攻击,并有后方联络线被我切断之危险,必可迟滞敌人围攻武汉之企图。若于五里店平坦地形与敌决战,则消耗兵力,胜算难操。是否有当,谨电呈察。宋。职李宗仁。支午。参。印。

陈诚致蒋介石密电

(1938年10月4日)

(1)

即到。汉口委座:稽密。据报:(一)昨夜我反攻罗盘山未得手。敌二三百,大桥河之敌约七八百,眉眼山无敌踪。又,我一四二师已进至杨扶尖与敌对峙。(二)我一一零师及一二八师(即新卅五一部)昨晚克复木石港,刻已转西,攻至郑均尤,九二师已攻汤公泉,五十师及十四师一部亦已攻至了髻山,并缴获枪百余支、毙敌六七百。(三)今晨八时,敌以舰炮及飞机掩护在半壁山北强行登陆。我一九三师守兵两营均壮烈牺牲。现我改守黄金山、冯家山、王家岭、宋家山、下山矶之线,与敌对战中。谨闻。陈诚。支亥。谍。印。

(2)

汉口委员长蒋:穑密。据薛总司令艳酉忠行电称:沿瑞武公路西犯之敌系山下奉文兵团及一零六师一三六旅,全部计约一师团半之众,分三路向我进犯。艳日(29日)各路战况如下:(子)东路之敌分二股企图围攻我右侧背。一股为敌一二三联队,窜黄梅、田王、面前山、竹坊桂附近。连日被我欧军围攻,敌伤亡惨重。战至艳辰,敌全部向北溃退,我军正猛追中。计毙约千余、马百余匹,缴获炮两门、重机枪两挺、轻机枪八挺、步枪约二百支、马八十余匹。另一股窜头口、何家山附近,系敌一四五联队。战至艳未,该敌被我傅〔立平〕、冯〔占海〕两师各一部击破,亦已陆续向北溃退。我军急进中计毙【敌】约七八百,俘获情形待查。(丑)中路之敌系山下兵团宫崎富雄联队。自感、俭(27、28日)先后占我麒麟峰、九石隘。我傅、刘、陈三师各一部反复猛攻,剧战至艳申,敌因死伤殆尽,其少数残余向西北之朱家桑方面溃逃。计该联队之敌在麒麟峰先后两役被歼,几全消灭。现我傅师仍向火炎山、朱家塘线续攻。赘椽西路之敌自占覆血山后续向我师阵地进犯,现在马家岭之南对峙,已派赵师一旅债应角战〔?〕,并令继续向李家山、马鞍岭、覆血山之敌努力猛攻。卯如明辰再无新敌增援,即令傅、冯两师继向小坳、南田坂之线进击敌背,占海师分向冯家铺、山坳间断敌归路,欧军一部续行进击主力,准备迎击增援队及策应要路作战。〔原件至此无下文〕。

李宗仁致蒋介石密电
（1938年10月4日）

限即到。汉口委员长蒋：朗密。据李副司令长官03·19电称：武汉会战计划未审如何，现敌又采两翼包围南北夹攻方法。我为确保武汉、妨碍敌之企图计，在本战区江北部队，与其分途迎击，不若以主力对北，扼守武胜关、三里店、宣化店，对东控置大军于黄陂以北沿铁路以东地区，俟敌进出黄安、麻城，向武汉突进时，施行侧击之为宜。同时以一部在广、浠巴河道迟滞鄂东西进之敌，不得已时，退至罗田、麻城东方山地，占领侧面阵地，以攻击敌之侧背，即使不能成功，则主力军可以在武汉附近与敌周旋，鄂东部队即在大别山中作牵制之游击战。苟能运用得当，兵力集中，未始不可获一胜利也。欧战时法军之大退却与巴黎附近之反攻即此道也。南岸方面，仿此办法，亦属妥当。若专事迎头堵击，终难取胜。方针既定，则详细规划尚须妥为决定，是否有当，乞裁夺，幸勿再迟为祷。等情。查所陈不无微见。谨电呈察并乞钧裁为祷。宋。职李宗仁。参一。寘申。印。

蒋介石致李宗仁等密电稿
（1938年10月5日）

限即到。宋埠李长官、界岭李副长官：江午参一、支午参及参一、寘申电均悉。2597密。（一）据报：根据29·16令一元电颁发贵战区作战方针改定部署五项甚当，希妥为督促实施。（二）转报李副长官，对于武汉会战意见与所颁方针大体相符，甚属妥善。（三）广济方面如敌无大举增援，当无续窥可能，应以现有兵力就现阵地与敌确保接触，不得轻易退就第二线阵地。（四）我豫南兵团已增加兵力，应照05·12令一元电部署实施，特应注意以于学忠军主力向六叶公路通商城、固始道路方面积极出击,确实掌握敌人后方连络线,求敌侧背猛攻,使商城、罗山两方面作战容易为要。鄂。中○。05·16。令一。元。印。

李宗仁致蒋介石密电

(1938年10月6日)

即到。汉口委员长蒋:朗密。05·16令一元电奉悉。经于微亥先饬李副长官、廖总司令遵行在案。兹将指示该两部行动原电特呈如次:(一)敌主力在商城、罗山间与我左翼兵团及豫南兵团激战中,广济正面之敌,似拟暂取守势,六霍方面敌,亦极为空虚。(二)本战区右、中各兵团,为策应商、罗方面之作战,应即转取攻势,予当面之敌以打击,并截断其连络线,扰乱其后方。(三)右兵团应对广济以西及黄梅间地区之敌,乘虚行广正面之攻击,可能时夺取要点,击退当面之敌。(四)中央兵团应以区师向麻埠方向前进,不待该师之到达即以于军及莫师主力向六、叶、霍、固地区攻击,务须截断其后方连络线,并须以一部扰击淮河方面之敌运输。(五)以上四项仰分别遵照并将部署及每日进度情形具报为要。奉电前因,谨电呈察。宋。职李宗仁。参一。鱼未。印。

蒋介石致程潜等密电稿

(1938年10月7日)

限即到。洛阳程长官、宋埠李长官、(无线)24AG韩副总司令、57A缪军长、10C石军团长、沈主席成章:△密。训令:(一)武汉会战将入决战阶段。敌现在前方作战部队伤亡既众,东抽西调显见不敷,其后方警备更见单薄。各该部亟应发挥全力,协力主战场之作战。(二)缪澂流军应不顾一切超越津浦线,迅向淮南、寿县、合肥间地区挺进,对豫南敌之后方连络线予以遮断,求敌后背,积极攻击。韩德勤军除以一部配合地方团队任现地之守备外,主力应与缪军协同向巢县、合肥间地区挺进,务遮断淮南铁路,求敌后背,积极攻击。(三)石友三军团除以一部留鲁南配合民众武力续行积极游击外,主力应不顾一切进出津浦线以西,向皖北、豫东积极游击。(四)沈主席应以独立第廿八旅为基干,配合地方团队向黄河以北、德州以南津浦铁路积极行动,彻底破坏交通,并切实调整胶东各游击部队,发动胶东民众,指向胶济路活动。(五)以上各部行动,须相互连络,均限十月中旬以前分别到达指定地区,积极行动。否则,严予处分。仍得逐日行动随时具报备查,除分电外,特电遵照。鄂。中〇。虞西。令一。元。印。

李宗仁致徐永昌密电

(1938年10月7日)

特急。武昌军令部徐部长:2597密。顷据沪密报:(一)江南敌决以一零一师担任南浔路,德安方面以主力由瑞阳线进攻新港至通山,企图在咸宁附近切断粤汉线,完成一翼包围。(二)敌在瑞武之一零六、一零三及名古屋第三师团之一部损失惨重,现决增两师团。以上兵力正由上海、九江输送中。(三)敌军在潢川、罗山之敌损失惨重。俭日(28日)由青岛、上海两处各输送一旅团至六安集结,向罗山急进增援,等情。特闻。宋。李宗仁。阳戌。参二。印。

陈诚致蒋介石密电

(1938年10月8日)

即到。汉口委座:鸿密。06·10令一元电奉悉。本战区敌军之死伤数,根据俘获文件、俘敌口供及各部队之报告推算如下:(一)敌一零一师团全员以一万九千人计,在星子曾补充一次,补充比率为全员百分之三七,约七千人,补充后共计二万六千人。又:查该师团一二三联队外,其余三个联队共只分四个联队,其死伤后为补充后三分之二,计全师团计死伤约一万七千人。(二)第一零六师团参战较久,最少亦有一次补充。其总员亦如一零一师团,计为二万六千人。据上月十四日之报告,已死伤二分之一,计之为一万三千人。其一一六旅团近在闵家铺、面前山、河家山诸役又死伤三千以上,全师团死伤亦有一万七千人。(三)第九师团死伤稍少,比照第一零一师团,补充后之总员为二万六千人,以死伤二分之一计,约为一万三千人。(四)波田支队补充后之总员比照一零一师团之半计,为一万三千人。与我接触最早,每次首先强行登陆,其死伤必多。以三分之二计,约九千人。(五)山下兵团四个步兵联队,约为一万二千人,连同特种兵全员,约有一万五千人。该兵团参战未久,而麒麟峰一役宫崎联队死伤殆尽,其死伤总数以三分之二计,约有五千人。综计以上共有五万九千人,连同陆战队及新增部队敌之死伤,除伪军外总数约在六万人以上。(六)俘获敌步枪九千二百支、机枪百余支、炮九门。谨闻。陈诚。齐巳。谍。印。

李宗仁致蒋介石密电

(1938年10月9日)

限两小时到。汉口委员长蒋:朗密。据孙总司令齐亥电节称:田军黄师右地区阵地及新店东南马呢山高地,被敌炮廿余门竟日集中火力轰击,步兵二三千,三面围攻,阵地全毁,官兵牺牲殆尽。孙、李两团长现生死不明。同时约四五百之敌绕至郑彭坳。又,敌约千余攻我一五七团鸦雀尖阵地,刻情势危急。等情。除经饬徐总司令迅率四八师(缺一四四旅)之主力向黄土岗、福田河前进,四一师速进驻杜家河一带归孙总司令指挥外,谨电呈察。宋。职李宗仁。参一。佳未。印。

于学忠致蒋介石密电

(1938年10月9日)

特急。武昌委员长蒋:阙密。谨将五一军袭击情形报告如次:

(一)方师六七九团虞(7日)晨在瓮喇桥附近发现敌步炮连合约两大队附汽车四十余辆,满载弹药沿叶商公路西进。我出其不意猛予袭击,敌顿呈混乱。敌汽车十四辆被我炸毁,十辆起火弹药爆炸。战至午时敌增援队到向我侧击,我以众寡悬殊,未及检获战利品,即撤入山内。是役敌伤亡二百余人,我伤亡排长一员、士兵五十二名。(二)周师出击部队虞晨将大固店以东公路破坏两段,宽深各五尺,并将其电线拆毁数里。又:独山镇已无敌人。据探报数日前向西北开去。(三)据报敌自被我袭击后,对于公路警戒异常严密,汽车无论昼夜间行动悉用装甲车前后掩护。谨闻。立。于学忠。青。参战。印。

陈诚致蒋介石密电

(1938年10月10日)

限一小时到。汉口委员长蒋:朗密。据薛总司令电话:敌一○六及一○一师团两部共约四个联队齐日(8日)被我包围于万家岭附近地区,激战两昼夜。经我各军勇猛进攻,卒于本拂晓全行解决。因敌顽抗,不愿缴械投降,致尽遭格毙,陈尸满谷,弃械遍野,仅数百人向西北豕突,情状至为狼狈。除详情另报外,谨闻。陈诚。灰巳。诰。印。

蒋介石致薛岳等密电稿

(1938年10月10日)

即到。南昌薛总司令、商总司令、德安吴、叶副总司令、白槎李副总司令转各军团长、军长、师长:7703密。查此次万家岭之役,各军大举反攻,歼敌逾万,足征各级指挥官指导有方,全体将士忠勇奋斗,曷胜嘉慰,仍盼再接再厉以竟全功,除应以一部追捕当面残寇并截断向西突进敌之后方连络线外,并以主力剿灭箬溪及其以西之敌,俾进而策应我阳新方面之作战,以粉碎敌攻略武汉之迷

820

梦为要。关于各部犒赏,除陈长官当赏五万元,本委员长另赏五万元,以资鼓励。希斟酌分配办理遵照。鄂。中○。10·16。令一。元。

蒋介石致余汉谋手令

(1938年10月10日)

最急。广州余主任幄奇兄:○复电悉。无论如何,须加抽一师兵力,向武汉增援,如能增此一师,即可确保武汉。否则,武汉将失,粤亦不能幸保。只要武汉能守,则粤必无虑,切盼吾兄不顾一切,勉抽精兵一师,以保全大局。究抽何师何时可到?盼复。蒋中○手令。蒸。

蒋介石致李宗仁等密电稿

(1938年10月10日)

特急。河口镇李长官、界岭李副长官:○密。鄂东沿江要塞炮兵,应迅即部署,由炮兵第十六、第十八两团中抽派,推进至茅山铺、兰溪间沿江各要点,接近江岸配置,与南岸九战区道士袄、石炭窑间江岸炮兵协力掩护封锁线,妨碍敌之扫雷,并须酌派步兵部队掩护此种炮兵,应不避牺牲,遂行任务,希速实施,并将部署情形及尔后射击成果逐日具报为要。鄂。中○。10·18。令一。元。印。

蒋介石致陈诚密电稿

(1938年10月11日)

即到。崇阳陈长官:齐戌战电悉。○密。为使汤集团之攻击奏功容易,应饬薛兵团以有力部队由山下兵团后路夹击而歼灭之,并须迅速扫荡万家岭、张姑山一带残敌,免致死灰复燃。若能集中该兵团一部迫击炮及手榴弹班与敢死队等解决该敌,当能迅速为要。鄂。中○。11·09。令一。元。

李宗仁致蒋介石密电
（1938年10月11日）

汉口委员长蒋：朗密。据廖总司令佳亥电称：佳亥据覃副师长电话：今日我马、吴两团夹击檀树岭、徐家冲、草场河、吹笛尖等处之敌，激战数时，敌不支溃退，经梅家渡窜回霍山。是役计毙敌二三百，我亦伤亡官兵数十名，获战利品正清查中。等情。谨闻。宋。职李宗仁。真午。参一。印。

李品仙致蒋介石密电
（1938年10月12日）

武昌委员长蒋：另发长官李。邦密。据萧军长齐申参电称：九月梗日(23日)四十四师在马口湖北岸、柘嘴镇亘涂寅一带协同友军向香山附近之敌攻击，同时敌亦向我反攻，并有敌机数十架整日在上空轮流轰炸。我四十四师陈师长永亲督所部努力拼战，致被敌机轰炸面部受伤，曾经电呈在案。当时该师长以战况紧张坚不肯去，终能将敌击退保持原线。查该师长受伤不退，殊堪嘉尚，拟请奖叙以资鼓励。是否有当，敬乞钧裁。等情。谨电转呈，敬祈核示。浠。李品仙。文辰。参四。印。

总预备军挺进攻击计划
（1938年10月11日）

应即照改正计划速电陈辞修、薛伯龄照办。

中正 十一日

总预备军挺进攻击计划

方　　针

大本营总预备军以挺进作战之目的，不受任何情况之牵制，选择敌军最感痛苦方面,断行挺进攻击。以主力猛攻敌之背后,一部掩护主力行动,并扫荡敌军后方,协同正面牵制部队,包围歼灭敌人。

要　　领

(一)当挺进实行时,主力应不为少数敌人所牵制猛向既定目标迈进。如为敌大部牵制时,亦应乘夜脱离,仍向指定目标挺进,期达既定线之敌后方,向敌猛攻,协同正面我军歼灭敌人。一部掩护主力之侧背,使其行动容易。另以有力轻快部队编成多数纵队,深入敌军后方,节节截断敌后方连络线,扫荡其补给交通,并扼制隘路,阻敌增援,俾主力挺进部队歼敌奏功容易。

(二)挺进部队各纵队,应各编便衣一队为先导,乘虚觅隙,敏捷果敢,向敌后方挺进攻击。

(三)挺进部队为求出敌不意,得昼伏、夜行、晓袭。

(四)须有在敌后方继续作战二、三星期粮弹之准备。

(五)携带爆破材料、点火具等。

(六)向敌后方深入之轻快部队,须以扫荡敌之补给交通,或伏隘路袭击敌人,或扼制隘路,阻敌向我主力方面增援,或于夜间到处放火,迷惑敌人,其行动可飘忽不定,使敌后方不遑宁处。

(七)关于昼间、夜间之声号视号连络,须预为绵密规定。

兵　力　部　署

(甲)阳新方面:

一、部队:93D、197D、荣誉师。

二、指挥官:关麟征。

三、使用地点:木石港附近。

部署:

以一师向阳瑞公路、双下桥、老屋柯、黄冈桥、石田河各点进出,扫荡敌之后方并扼制隘路,阻敌增援补给,相机占据瑞昌。

主力之一部占领木石港、田畈要点,掩护主力侧背。

主力则向排市、黄连洞、汤公泉、了髻山、小赛贤敌背后攻击,协同正面友军包围歼灭敌人。

四、攻击开始时日:应于十月十五日前全部在横路铺、洋港附近准备完毕。十六日晚开始行动,向攻击目标挺进。

(乙)箬溪方面:

一、部队:以三个师。

二、指挥官:欧震。

三、使用地点:箬溪北方。

部署:

以一师向范家铺、冯家铺、横港、大坳、小坳各点进出,扫荡敌之后方,并阻敌增援补给,相机进占瑞昌。

主力由小坳方面进出,向上坳山、西荣山、马鞍山、覆血山敌背后挺进攻击,协力正面部队,包围歼灭敌人。

四、攻击开始时日:应于十月十五日前在柘林市附近地区准备完毕,十六日晚开始向指定目标挺进攻击。

其它部队行动

(一)当总预备军挺进攻击时,九战区全正面应同时向当面之敌攻击,不可为敌小部之窜入所牵制。

薛岳兵团可以独断之处置,适时缩短右翼阵线,抽出兵力,形成箬溪方面决胜点绝对优势,协力挺进部队歼灭敌人,务彻底达成局部之胜利。

(二)汤恩伯方面,应速消灭王陈附近之敌,俾关军攻击准备容易,尔后应以猛烈攻势,协力挺进部队包围歼灭敌人。

(三)阳新河以北及沿江一带由张发奎负责,确保固守,俾固阳新河南岸后方,而使阳新河以南之歼灭战成功。

(四)李仙洲指挥200D、21D、18D占领通山、高桥、金牛之线作工布防。

蒋介石致陈诚薛岳密电

（1938年10月12日）

即到。崇阳陈司令长官、南昌薛总司令：4484密。训令：（一）该战区应以在后方控置及能抽调各部队，编为挺进军，不受任何情况牵制，选择敌军最感痛苦方面，断行挺进攻击，须以主力猛攻敌之背后，一部掩护主力行动，并扫荡敌军后方，协同正面牵制部队包围歼灭敌人。（二）以关麟征指挥丁炳权师、林英师、甘丽初（或王德）全师于删日前全部在龙港附近准备完毕，铣晚开始行动，向木石港挺进攻击。占领木石港后，以一师向阳瑞公路、双下桥、老屋柯、黄冈桥、石田河各点进出扫荡，相机进攻瑞昌，主力西向华塘、挑市敌背后猛攻，协同正面友军围歼敌人。（三）薛兵团应抽调三师得力部队归欧震指挥，于删日前在柘林市附近地区准备完毕，铣晚开始行动，向箬溪北方挺进攻击，须进出范家铺、冯家铺、大坳、小坳各点，扫荡敌之后方，阻其增援补给，相机进占瑞昌以协同关军作战，并以一部南向大桥河扫荡残敌。（四）挺进军行动要须如次：甲、应不为少数敌人所牵制，向既定目标迈进，如为敌大部牵制时亦应乘夜脱离，仍向指定目标挺进，期到达后向敌侧背猛攻。乙、应以轻快部队编成多数纵队及便衣队，深入敌军后方伏击扰乱。丙、须在敌后方继续作战二、三星期，并准备必需粮弹。丁、多携带爆破材料、点火具、小无线电等。（五）当挺进军攻击时，九战区全正面应同时向敌猛攻，不可为敌小部窜入所牵制，并须确保阳新河以北及沿江一带现阵地。仰即分别酌办具报为要。鄂。中○。12·12。令一元。印。

陈诚致蒋介石密电

（1938年10月13日）

（1）

即到。武昌委座：穑密。（一）张古山、长岭之敌系一零六师团残余,仍与我顽抗,上下桂堂之敌约千余,似系箬溪抽出增援于张古山方面者,现被我阻止于梧树尖、上卢之线。(二)大桥河敌约二百余,曾一度向我罗盘山阵地反攻,未逞。(三)本日,敌山下兵团突破我三七军山脑、石头岩、大山脑阵地,尔因我荣誉师一旅向该敌右翼出击,并解大田畈九二师厉团之围,遂将该敌抑留于现地。(四)第六、第四三师连日与敌激战,伤亡颇大,现转移于大桥铺、余家东塘、观音山、横山嘴、半边山之线固守,待机反攻。(五)沿江敌舰及波田支队攻占小王□及道士袱以东地区,与我八二师对峙,并被我炮兵击伤兵舰一、击沉小艇一。现派九三师之三团集结石灰窑策应。谨闻。陈诚。元亥。谍。印。

(2)

急。武昌委座:据汤总司令恩伯真亥参电称:鸿密。由大桥河西窜之敌,在岩赣山、四固陇、高尖山、脱尊山一带高地,被我八五军迎头痛击,血战四昼夜,肉搏数十次。敌机十余架整日更番轰炸,重炮陆续增加,最后达十余门,亦整日不断向我阵地猛射。但我士气盛旺,前仆后继,卒将敌之北窜企图完全打破,先后毙敌在二千以上,其遗尸亦达一千余具,获轻机关枪十余挺、步枪百卅支。敌以连日向我攻击均未得逞,加之伤亡过大,及本日我挺进部队之迂回侧击,其主力已向野鸡坪及其以南高地转移,并有由西向东进犯我龙港、黄桥卅七军一带阵地。已令黄军主力集结于大山脑附近准备截击。敌近来气焰日减,惟苦于兵力,尤以每次均系一师一旅逐次增加,不能集中优势兵力予敌以歼灭之打击为憾。等语。谨闻。职陈诚。元戌。战祟。印。

蒋介石致吴思豫代电稿

(1938年10月13日)

代电

铨叙厅吴厅长:密。据宋军长希濂灰午参电呈略称:自佳(9日)午以来,敌猛攻我李家山阵地,历十四小时。我第八十七师官兵,咸抱必死决心,奋勇抵抗,固守阵地。迄午夜,我伤亡极重,敌迫近山峰,情势危殆,该师第五一七团李团长之用亲帅〔率〕残部,身先士卒,肉搏苦战,惨烈之况,实所罕见,经反复争夺,卒挫敌锋,稳定战局。惟该团长因重伤殉职,全团仅残余战斗兵六十五名。等情。查团长李之用临危授命,稳定战局,为国捐躯,除另电复宋军长,着将是役其余得力官兵及牺牲将士详报,以凭奖恤外,阵亡团长李之用应从优叙恤,以彰忠烈为要。鄂。中○。13·11。令一。元。

于学忠致蒋介石等密电

(1938年10月14日)

委员长蒋、军政部长何、军令部长徐、军参院长陈、司令长官李、程、总司令孙:朗密。综合情报:(一)五一军出击部队李旅六七八团,昨、今两日在陈家集东南高地与敌激战,敌先后增加至千余,现仍激战中。方师出击部队六八□团昨日将段家集之敌击溃,并占领该地。(二)六安城西龙潭寺附近有敌二千余,大固店附近有敌步骑兵约三四百,霍山之敌元晨(13日)向六安方面撤去,现我游击司令韦高振部已进占霍山县城。(三)真文(11、12)两日敌自商城向固始运送甚繁,长冲口停敌汽车四五十辆。谨闻。立。于学忠。寒戌。参情。印。

李宗仁致蒋介石等密电

(1938年10月14日)

(1)

汉口委员长蒋、军令部徐部长:朗密。据孙总司令连仲元酉电:据田军长文电称:(一)文晨(12日)敌约三千余人、炮十余门向鸦雀尖一带二十七师阵地猛攻,午后战况尤烈,并施放喷嚏性毒气,我官兵冒毒死拚,毙敌无算。是役黄师长、阎副师长因督战,均轻中毒,随从参谋副官各一员负重伤,营长李振魁阵亡,营长负伤三员,连长以下伤亡二百余员名,刻仍在苦守中。(二)三十师方面敌约千余名,炮十五六门,文未向我金鸡岗阵地攻击,我守兵沉着应战,将敌击退。是役毙敌约四百余名,我伤亡官兵一百五十余员名,刻仍在对战中。等情。谨闻。夏。李宗仁。寒午。参一。印。

(2)

特急。汉口委员长蒋、徐部长：25·97密。据报：(1)据密报：敌军为加强沿江兵力起见,庚日(8日)由沪调海军陆战队分乘信阳丸等八大运输舰直驶九江,分向两岸转用。闻该项陆战队大部均由江、浙抽调部队,故上海方面敌军极空虚。敌军誉为"常胜皇军"第六师团之熊本旅团,在罗山一带损失惨重,并将敌军部所赐"常胜皇军"旗帜一面失落,敌军认为奇耻大辱,已电严责。(2)皖省府真电,商城驻伪军师团长王会州,系皖省著匪。黄梅敌大部向孔垄,归德运到敌帆布船甚多,运向未明。(3)廖总司令文戌电：六安北门外飞机场迄西门外平桥,有敌汽车五六百辆,上有装机枪者。六安东廿里铺敌筑地下室十余处,秘存弹药。六安城内守街之敌,多意大利人。虞日(7日)敌骑二千余,山炮八门由六开霍,闻系第二师团,等情。谨闻。宋。李宗仁。寒。参二。印。

李品仙致军令部李宗仁电

(1938年10月14日)

武昌军令部、宋埠司令长官李钧鉴：据八七军军长刘膺古真申参一代电称：职谨将蕲春失陷、谭营全部殉职之战斗经过报告如下：据"英"灰亥电称：据五七二旅旅长曾绍文转据陶团长铸灰酉电话报称:接李团长达材电话谓:本日十八时,有守蕲春谭营被敌冲散,残余士兵廿余人到达西湖北岸,乃亲驰往查询,据上尉附员代理该营第五连连长杨紫南面报称:庚晨(8日)有敌一联队联合海、空军以战车为向导,分途向蕲城猛攻,我第六连及四连之一部分扼东南门沉着应战,反复冲锋,同时我营长率职连及机连又四连之一部从缺齿山、老鸦尖山麓,利用树林出击,敌未得逞。二十时后,敌复乘月色来犯,同时浮游战车八辆,由西湖用小炮威胁我缺齿山之侧背,东南门外亦受敌猛烈之攻击,我第六连经白昼整天血战,伤亡过大,卒以众寡悬殊,与城偕亡。同时敌又向大众山、老鸦尖猛犯,缺齿山阵地居高临下,我阵地处处受其喷射,更以江面敌之浮游战车以小炮机枪从侧背猛烈射击,官长及士兵伤亡殆尽,营长生死不明。职率残余士兵廿余人往来冲击,第四连秦排长亦率廿余人继续冲来,此时确知营长已阵亡,复会合向进占缺齿山阵地之敌猛扑,冀求得营长尸迹。因敌四面包围,激战数小时牺牲过半,敌亦伤亡惨重,不得已率余众向盘龙嘴冲出,企图乘机反攻。卒以经两昼夜之血战,虽经反复冲杀,终以弹尽兵完,不得已乃率冲散残余士兵廿名,于灰(10日)晨觅得小筏三只渡过湖中墩上,本日十六时始达西湖嘴。等语。经职询问士兵始悉蕲城失陷经过,该营官兵全部殉职情形。等情。谨电转呈察核。浠水。职李品仙叩。参一。寒未。印。

陈诚致蒋介石密电

(1938年10月14日)

汉口委员长蒋:据第一零二师柏师长真参电称:稽密。(一)许、陈两团在大金山、扁担山、万家岭东南一带,自佳日(9日)起向当面之敌继续猛攻,激战两昼夜,已于本真日(11日)拂晓前将盘据扁担山之敌完全肃清。其残部约二千余人向西溃退。我部除派兵两营会同友军正向该军追击中外,余奉命占领大小金山、狮子崖、肉罗观之线待命。(二)斯役敌伤亡近千,焚尸遗弃阵地者约二百,被俘数名,我仅伤亡百五十余员名,夺获步枪卅余支、轻重机枪各数挺、马卅余匹、情报器一具,其他军用品甚多,正清查中。等语。谨闻。陈诚。寒戌。战。印。

李宗仁致蒋介石密电

(1938年10月15日)

武昌委员长蒋:朗密。据张军团长自忠文辰电称:(一)步炮联合约千名之敌,自佳辰围攻光山,我骑一旅誓死抵抗,反复冲杀,激战至真晚,毙敌甚多,我亦伤亡连长以下四百余员名,所余不足百名,该城遂被敌陷。刻该旅在鄢桥收容中。(二)据报白雀园之敌,大部西犯,已窜泼陂附近,有经该河西窜企图。(三)已令一八○师在十里墩附近对东戒备,三八师现正向潢罗公路前进,等情。谨闻。职李宗仁。宋。删未。参然。印。

陈诚致蒋介石密电

(1938年10月15日)

汉口委员长蒋:邦密。据薛岳文亥坚电称:(甲)我军缴获敌一○六师九月梗日(23日)于凤凰嘴下达作命:甲、第六一号:师团进出德安西南,自侧背攻击德安。九月养日(22日)敌松浦中将召集师团会议,讨论此次作战特性及要领。足见敌此次迂回实欲出我意表,予我一重大损害。乙、敌一○六师于俭日窜至何家山、万家岭一带,我四军一部在闵家铺、戴家岭、桥嘴王、大小金山等处向西截击,九一师在何家山南北之线向东截击。敌伤颇重,行动因之迟滞。我急调德安方面五八师、永修方面一三九师一旅、乐化附近一八七师增援,由墩上郭东西线迎击,敌被阻,继由星子方面调到援军一四九联队,续向西南犯,我守军伤亡甚重,至支日(4日)势将不支,乃由火炎山方面调一四二师、德安方面调五一师、隘口方面调六六军向万家岭、蚊堡山一带作战,先解决此于我最有危害之敌。同时敌山下兵团突破我覆血山、马鞍岭,急攻箬溪。乃将白水街方面新十三师、昆仑山方面六〇师、预六师转至杨家洼、来龙岭一带对西北占领阵地,迎击南窜之敌。至虞日(7日)六六军、四军、一四二师均向万家岭、石堡山前进,遂以全力围攻敌人,激战三昼夜,至灰丑(10日)将万家岭、石堡山一带之敌【击溃】,毙敌在三千以上,伤敌更众。残敌一部突围西窜,一部窜据长岭、张古山北麓俞军阵地。俞军至灰日下午三时始报,我急调兵回攻。致佳(9日)夜敌遗弃之枪械子弹大部未能检获。此次敌迂回作战之企图虽遭挫折,但我集力围攻未将该敌悉数歼灭,至为痛惜。丙、灰真文(10、11、12)三日继续攻击,窜扰张古山、长岭北端阵地之敌未能歼灭,敌援又续至,而箬溪方面之敌第三联队急攻我刘、陈、吉之师阵地,均不利。文日(12日)敌已攻至康头尖附近,乃急调一四二师、九一师向西增援。刻我有利时期已过,各部苦战伤亡过重,战力无几,为慎重计,于文(12日)夜令四军一一八师、六六军一九师一旅仍先占领乌石门(不含)、永丰桥、实山、郭背山、碗溪、坛岭、黄土尖、王家山、柘林、范家铺、柘林西南、修江南岸、游墩咀、罗塅线阵地。七四军一八七师一旅、一三九师一旅、新一三师、六十师、预六师、一四二师、九一师守备墩上郭、长岭、张古山、杨家山、城门山、杨家洼、猪头咀、康家尖、雷家渡线阵地,并对张古山及猪头尖之敌竭力攻击。丁、佳(9日)夜叶、欧两部获敌轻重机枪五十余挺、步枪一千余支、俘虏三十余人、马百余匹,其他各部尚未报到。等情。谨闻。职陈诚。删酉。战。印。

李宗仁致蒋介石密电

(1938年10月16日)

限两小时到。汉口委员长蒋:14·16令一元电奉悉。阙密。

训令所示为于一星期以内变更现在态势并重新布置五、九战区各部队,窃以为敌现在态势:敌在华南上陆,我不得不转用兵力之一部,尚不影响五、九两战区作战,且武汉中心并未摇动,信阳失陷,然大别山脉埏长为我控置,且敌伤亡甚重,增援补充,亦极感困难,第九战区在鄂南山地,连對湖沼纵横,敌亦不易迅速得手,如此时即变更原来方针,放弃武汉过早,则敌现今种种□□□□□□可解除,且可利用公路及铁路活用兵力变为主动,我如能多守一日,即敌之痛苦困难多一日,亦即我之抗战胜利。职意拟根据钧座所示要旨,拟定腹案,准备于两邻战区战况有重大变化时,再分令实施,目前则仍本【原】定方针固守要线,并竭力破坏敌后方交通,消耗敌兵力,以期长期保卫武汉。最要者,即五、九两战区,应密切联络,以共负此任务,战况不利时,则随时机密互相通报,俾为变更新态势之准备。如此,则与持久抗战、保卫武汉及14·16电旨悉符。如尚可行,祈并令两战区遵照实行。谨电核。夏。职李宗仁。铣未。参。印。

蒋介石致陈诚密电稿

(1938年10月17日)

即到。崇阳陈长官:元戌战崇电悉。○密。九区应乘敌一意向武汉突进之际,在可能范围内集结有力部队,由南向北反攻。至少予敌以打击,获得兵力转移时间,及将来作战地步为要。鄂。中○。17·16。令一。元。

蒋介石致于学忠密电稿

(1938年10月17日)

立煌于总司令:寒未电悉。○密。贵部应乘机袭击敌之辎重,毁其车辆,不可胶着一地,与敌有力部队对峙。鄂。中○。17·09。令一。元。印。

蒋介石致李宗仁密电稿

(1938年10月17日)

限二小时到。河口镇李长官:〇密。铣未参电暨作战计划均悉。(一)查所陈意见,若仅就目前情况而论,其有理由,惟以此期抗战方针,重点在南,现南岸战况紧张,敌在粤登陆,兵力连日续有增加,倘转用之稍一延缓,尔后将感困难。贵战区照14·16令一元电颁训令,应转用江南部队为王缵绪集团萧之楚军、刘和鼎军、刘膺古军共十个师,着先饬王缵绪集团之两师于二十【日】左右到达武汉,萧之楚军即开岳阳,刘和鼎军即开咸宁,并限巧日开始行动,余四师按状况仍再陆续抽调。(二)贵战区应转至第一战区部队,或本原定方针勉力固守要线维持现在态势,或抽派部队出击,可由贵战区熟察战机适时变更新部署,惟应先事准备。(三)第十一、第二十二、第三十三三集团必要时合为鄂北兵团,归李副长官统一指挥。(四)余照所拟计划,分期妥为实施。鄂。中〇。17·20。令一。元。印。

李品仙致蒋介石密电

(1938年10月19日)

限二小时到。武昌委员长蒋:〔另发硕(李宗仁)〕朗密。(一)据刘军长膺古报告:本日敌以兵舰十余艘、小艇数十在兰溪附近登陆,现正陆续登陆中。马家陇附近亦有敌约一大队,已渡过泽湖北岸向我阵地猛攻。我罗、王两师伤亡约千余人。其他兵舰九艘下巴河直进,经我炮击中,二艘受伤。(二)又据许副总司令报告:我正面之敌约两联队向洞儿脑、苏家脑阵地进攻,对我丁家当压迫。孙旅伤亡数百名,王师在麻麻寨被敌突破,收容仅得数百名。我全线至午后九时止正在苦战中。等语。(三)职遵长官李意旨,已令该军今晚撤至尊仙水西岸,如再不得已时,撤至巴河西岸扼守,迟滞敌之西进。尔后刘膺古军及廖震军即转移南岸,向武汉集结。谨电呈报。李家集。职李品仙呈。十九戌。印。

蒋介石致李宗仁等密电稿
(1938年10月19日)

限二小时到。河口镇李长官、崇阳陈长官:邦密。第五、第九两战区应转移兵力,其在后方者,可照14·16令一元代电如期行动,惟前线兵力,须尽量维持现在态势,至下星期二日(即本月二十五日)再行候令转移。又:第五战区麻城附近阵地工事,必须先行完成为要。鄂。中〇。19·11。令一。元。印。

李宗仁致蒋介石密电
(1938年10月22日)

汉口委员长蒋:朗密。(一)据孙总司令报告:徐源泉部四十八师本晨在马家坊受敌压迫已入混乱状态,四十一师自将军寨失守后,又受四十八师影响,本晨已开始撤至双庙关、杜家河之线,孙军本晚转移至大小界岭。(二)兹已下令右翼兵团与左翼兵团仿(孙仿鲁)、濂(宋希濂)两部自敬日(24日)十六时起按第二期计划开始行动,但感日(27日)十时以前不得开放麻城至柳子港间公路。(三)待仿、濂两部主力之后尾通过黄安后,忱(廿七军团杨森)部方得由右翼起逐次后撤,与右翼兵团联系,在三里城、吕王城、河口镇、黄陂之线整顿,待豫南兵团左翼兵力驱逐窜入之敌部后竭力保持平靖关、大庙畈之线,掩护战区之左翼。以上三项谨电闻。职李宗仁。养戌。参一。印。

蒋介石致李宗仁手令
(1938年10月24日)

花园李司令长官德邻兄:黄陂必须尽力固守,使左右前后各部队得以如计转进,务请切实指派第五路军最精良部队负责布防,千万勿误。如何盼立复。中○手令。敬辰。

刘汝明致蒋介石密电

(1938年10月26日)

限一小时到。委员长蒋钧鉴:迅密。职部守应山部队与敌冲杀肉搏,自敬晨战至宥晚全部殉难,城遂陷落。阎旅刻仍在应山城西南与敌激战中。谨闻。职刘汝明叩。宥晨。印。

(四) 战役尾声与检讨

李宗仁致蒋介石等密电

(1938年11月1日)

限即刻到。衡山委员长蒋、军令部徐部长:朗密。顷据李副长官艳戌电称:近查各军撤退以后,均未能遵照指定地点遂行任务,川军各将领多到宜昌,队伍零乱,无法指挥,又无生力部队担任掩护。据报本日正午有兵力不详之敌骑侵入应城,刻皂市电报电话不通,现沙市洋附近仅有保安二团之一营警戒,鄂西防务极难维持。等情。除已调一八八师赶赴沙洋方面布置警戒外,谨闻。襄。李宗仁。东辰。参二。印。

蒋介石致陈诚等密电稿

(1938年11月9日)

限即到。平江陈司令长官、五里牌李军长仙洲、五里牌李军团长延年、南江桥汤总司令恩伯、通城张军长冲、通城孙军长渡、通城周军长嵒、岳阳关军团长麟征:○密。(一)敌人广播称:此次我军退出新店镇、崇阳时,不特枪弹遗弃,即碗筷亦多失落,种种狼狈情形,资为笑谈。(二)查放弃武汉原为预定计划,进至武汉之敌,已极疲惫不堪,南犯之敌不多,而我该方面部队竟不审敌之兵力,我有多数军队,不知筹划使用,有良好地形,不知利用防守,只图逃命溃走,不仅无耻,无以对年余抗战中牺牲诸先烈,且完全丧失革命军之精神,此后应力挽颓风,凡无令擅退,不论各级官长,均照连坐法严厉执行,并着陈长官查明此次从新店镇、崇阳狼狈撤退部队具报,以凭核办。(三)南江桥至城陵矶之线应尽力固守,无命令不得先期撤退,致干惩处。长。中〇。佳巳。令一。元。印。

蒋介石致李品仙电稿
(1938年11月9日)

荆门李副长官:支午电悉。望严督各部遵令布防,如有擅退不奉命之部队,应照连坐法处治,对于各部之高级将领后退者,尤应就地正法,以振士气,而肃军纪,饬希先严惩几个怯懦之高级将领为要。中正。佳。侍参。

陈诚致蒋介石密电
(1938年11月10—11日)

(1) 11月10日电

即到。委座:曲江。希密。情况:(一)通城已放弃,我九十二军现在以南之九岭与敌对战中,第七十五军亦已到达该处。(二)我八十九师及百十师现占领大茅尖、南江桥、板江之线构筑阵地,第十一师已在南江、昇南之黄泥塝、桥上、大屋里、汪坪一带为预备队。(三)第五十八军孙渡部正向平江以南地区转移中。(四)李军团一部以保定关、通城西南、长安桥、保定关与粤汉路间为根据,施行游击,主力向长乐街、平江、西洎水北集结。(五)关军团刻扼守桃林、岳阳东至芭蕉湖、城陵矶北之线,与敌对持中。谨闻。陈诚。灰戌。谍。湘。机转。印。

(2) 11月11日电

急。南岳委员长蒋：令一元佳午三电均奉悉。阙密。已遵派炮十一团四个连分配汨罗、益阳、常德、藕池口。炮十三团之一连配置宁乡,炮十四团之一连配置湘阴矣。谨复。陈诚。真戌。印。

蒋介石致何应钦密电稿

（1938年11月17日）

即到。衡阳军政部何部长：〇密。据陈诚养代电称：一八四师曾怿生团前扼守黄莲洞亘石砭之线,官兵英勇奋战,屡挫敌锋,激战达一周之久,毙敌在五千以上。最后虽仅余官兵九十余员名,仍继续抵抗,阵地屹然不动。此种抗战精神殊堪嘉尚。除由本部赏洋贰千元以示激励外,谨电鉴核备案。等情。除电复外,仰即准予备案。衡山。中〇。篠酉。令一。元。印。

陈诚致蒋介石密电

（1938年12月11日）

特急。重庆委员长蒋：真申铣巳微未三令一元电均奉悉。希密。查本战区各军师考绩表业于南岳会议时呈送在案,谨再电呈如下：一、应赏者：（一）卅一集团军总司令汤恩伯指挥有方。（二）第五四军军长霍揆彰指挥沉着确实。（三）第七五军军长周碞指挥沉着确实。（四）第六师师长张洪〔琪〕在三溪口等役作战得力。（五）第一四师师长陈烈黄土桥等役作战得力。（六）第一四二师师长傅立平箬溪东北地区攻击得力。二、应罚者：（一）第卅集团军总司令王陵基：新塘埠、岷山一带溃退,至影响南浔正面,并不服从命令,私将部队开往湘西。（二）第五八军军长孙渡及新三军军长张冲：放弃崇阳,自动撤退。（三）第一三师长方靖：蒲圻之役,行动迟缓,利用通信困难之际,徘徊瞻顾,影响全般战事。（四）第一四一师师长唐永良：约束不良,部队纪律最坏,对负令奉行不确实。

(五)新十三师第二旅旅长唐□本:于部队接防之际,警戒疏忽,致失要地。(六)第十四师参谋长罗希成:代行师长职务,指挥无方,致部队全失掌握。(七)新十五师第二旅旅长韩任民:部署失当,致所部伤亡甚重,阵地失陷。三、已罚者:(一)在九江作战不力之第十一预备师及第十二师,业已编并,将主官拿办。(二)在岷山、小阳铺作战不力之第七四军业已分别处分。(三)守备富池口作战不力之第一八师师长已调撤。(四)放弃城陵矶之新二三军第二旅旅长张镜远,已悲愤自戕。(五)在瑞昌方面,作战不力之第三集团军孙桐萱已调驻第五战区。(六)其他各部成绩均平常。上六项谨电呈察。职陈诚。真酉。战。印。